Katia Frey und Eliana Perotti (Hg.)

Frauen blicken auf die Stadt

Architektinnen
Planerinnen
Reformerinnen

Theoretikerinnen des Städtebaus II

Reimer

Bibliografische Information der Deutschen Nationalbibliothek
Die Deutsche Nationalbibliothek verzeichnet diese Publikation in der Deutschen
Nationalbibliografie; detaillierte bibliografische Daten sind im Internet über http://dnb.d-nb.
de abrufbar.

Übersetzungen
Aus dem Chinesischen: Frank Meinshausen (Quellentext zum Beitrag Chen)
Aus dem Englischen: Dörte Fuchs (Beitrag McLeod; Beitrag und Quellentexteinführungen
Adler) und Jutta Orth (Beiträge und Quellentexteinführungen Chen, Heynen, Hoekstra und
Pepchinski)
Aus dem Französischen: Anna Hartmann (Beitrag und Quellentexteinführungen Paquot)
Aus dem Italienischen: Gesa Schröder (Beitrag und Quellentexteinführungen Mattogno/
Renzoni)

Redaktionsassistenz: Laura Falletta, Sarah Rageth
Lektorat: Teresa Ende, Katrin Albrecht
Erfassung der Quellentexte: Sigrid Krehl
Layout und Umschlaggestaltung: Nicola Willam, Berlin
Umschlagabbildung: Vivian Maier, *New York City, September 10, 1955* © Estate of Vivian
Maier, Courtesy Maloof Collection and Howard Greenberg Gallery, New York

Papier: 115 g/m² FLY weiß
Schrift: Alright Sans

Druck: Beltz Grafische Betriebe GmbH, Bad Langensalza

© 2019 by Dietrich Reimer Verlag GmbH · Berlin
www.reimer-verlag.de

ISBN 978-3-496-01567-3

Inhaltsverzeichnis

Katia Frey, Eliana Perotti
Vorwort   7

Mary McLeod
Theoretikerinnen des Städtebaus und ihre Konzepte – eine Reflexion . . .   11

Katia Frey, Eliana Perotti
**Adelheid Poninska – die Wohnungsfrage als Angelpunkt
städtebaulicher Theorie**   17
Anhang: Arminius [Adelheid Poninska], Die Großstädte in ihrer
Wohnungsnoth (1874)   49

Katrin Albrecht
**Die Wiederentdeckung der italienischen Bau- und Gartenkunst.
Maria Pasolinis Beitrag zur Städtebautheorie in Italien nach
der Jahrhundertwende**   59
Anhang: Maria Pasolini, L'arte antica in Italia, sorgente di ricchezza
pubblica (1899); Il giardino italiano (1915); Rinnovamento e
conservazione nella edilizia di Roma (1931)   85

Rixt Hoekstra
Eine alternative Geschichte schreiben. Helena Syrkus und die CIAM   97
Anhang: Helena Syrkus, Contribution à l'histoire de la Charte de l'urbanisme
des CIAM (1973)   117

Hilde Heynen
**Die architektonische Essenz des Urbanen. Sibyl Moholy-Nagy
über die Stadt als „Matrix of Man"**   127
Anhang: Sibyl Moholy-Nagy, Villas in the Slums (1960); In Defense of
Architecture (1962); City Planning and the Historical Perspective (1964)   146

Mary Pepchinski
**Für jede Familie eine Alleinstehende. Die Bauhaus-Architektin
Wera Meyer-Waldeck und die Herausforderungen der Unterbringung
älterer Frauen im Westdeutschland der Nachkriegszeit** 163
Anhang: Wera Meyer-Waldeck, Frauenfragen im Wohnungswesen (1950);
Das Wohnen in der Stadt von morgen (1957); Menschlich wohnen –
glücklich leben – für alle (1960) 184

Gerald Adler
**Zwischen radikaler Hoffnung und pragmatischer Realisierung.
Myra Warhaftigs feministische Architekturtheorie und -praxis
im Westberlin der 1980er-Jahre** 199
Anhang: Myra Warhaftig und Bernd Ruccius, 2,26 x 2,26 x 2,26 M. Spiel mit
Wohnkuben (1969); Myra Warhaftig, Die Behinderung der Emanzipation
der Frau durch die Wohnung und die Möglichkeit zur Überwindung (1982) ... 222

Claudia Mattogno, Cristina Renzoni
**Vittoria Calzolari und das Projekt „Landschaft" in Italien.
Eine vielseitige Urbanistin und Intellektuelle** 231
Anhang: Vittoria Calzolari, Gli elementi della scena urbana (1953);
I campi di gioco per bambini e ragazzi nei loro aspetti particolari (1961);
Relazione alla prima conferenza cittadina sui problemi urbanistici (1978);
Il parco nella struttura urbana (1987) 250

Thierry Paquot
**Die Städtebautheoretikerin Françoise Choay. Eine diskursbildende
Propagatorin der Disziplin** 275
Anhang: Françoise Choay, L'urbanisme, utopies et réalités. Une anthologie
(1965); Pour une nouvelle lecture de Camillo Sitte (1977); Sept propositions
sur le concept d'authenticité et son usage dans les pratiques du patrimoine
historique (1995); Patrimoine, quel enjeu de société? (2011) 293

Chen Ting
**Auf dünnem Eis. Wenyuan Wu und die Suche nach Alternativen
für den städtebaulichen Wandel im heutigen China** 315
Anhang: Wenyuan Wu, Probleme und Methoden der Planung in
ländlichen Gebieten (2015) 333

Abbildungsnachweise 343

Kurzbiografien der Autorinnen und Autoren 347

Namensregister 351

Vorwort

Dieses Buch ist der Folgeband der 2015 im selben Verlag erschienenen Publikation *Theoretikerinnen des Städtebaus. Texte und Projekte für die Stadt.* Es entspringt demselben Interesse und derselben nicht nachlassenden Faszination für jene zahlreichen Protagonistinnen, die einen substantiellen und oft alternativen Beitrag zum urbanen Diskurs geleistet, aber bis heute keinen entsprechenden Platz in der Geschichte des Städtebaus gefunden haben. Zugleich verdankt sich dieses Buch dem guten Empfang, der dem ersten Band beschieden war, sowie dem freundlichen kollegialen Zuspruch und Enthusiasmus, die ihm zufielen.

Der „endogene" Grund für die Fortsetzung des Sammelbandes ist aber vor allem historiografischer Natur, das heißt, mit der „Inventarisationsarbeit" von weiblichen Stimmen, die bei der Gestaltung der modernen Stadt mitgewirkt und mitgedacht und grundlegende Überlegungen zu ihrer Beschaffenheit, ihrer Qualität und ihrer Planung beigetragen haben, soll eine Landkarte skizziert werden: Ziel ist eine Kartografierung, die wesentliche Frauenfiguren wie auch wesentliche Konzepte ins Licht und ins Bewusstsein rücken soll, damit die Geschichtsschreibung zur Stadt und ihrer Planung vervollständigt, differenziert und bereichert, aber auch neu ausgeleuchtet werden kann.

Dieser zweite Band erweitert die geografische Perspektive, indem er auch urbane Kulturen und Planungsrealitäten einbezieht, wie beispielsweise diejenigen Chinas, die außerhalb des kanonischen, westlichen Geschichtsradius liegen. Gleichzeitig reicht er zeitlich näher an die Gegenwart heran. Zentral bleibt dabei die Idee, den Beitrag der Frauen zum städtebaulichen Diskurs anhand von Texten zu dokumentieren und zu diskutieren. Auf diese Weise kommen Schriftstücke zusammen, die sehr unterschiedlichen Ebenen und Gattungen zugeordnet werden können – vom kritischen Artikel in der Fachpresse, über spezialisierte Expertenstudien bis hin zum privaten Memorandum – und entsprechend eine heterogene Leserschaft ansprechen sowie unterschiedliche Formen der Kommunikation und der Sprache zur Anwendung bringen. Theoretische Überlegungen werden manchmal über Umwege formuliert, bedienen sich eines historisch-narrativen Duktus oder entfalten sich als objektbezogene kritische Analysen, sie entwickeln eine sachlich-empirische Argumentation oder provozieren mit einer pointiert-polemischen Tonlage. In jedem der versammelten Texte ist jedoch deutlich spürbar eine diskursive Dynamik am Werk, die grundlegende Fragen zur modernen Stadt und den Prinzipien ihrer Existenz und Planung aus anderen, peripheren und alternativen Blickrichtungen her neu artikuliert.

Die thematischen Schwerpunkte dieser Aufsatzsammlung, zu denen die Einleitung von Mary McLeod wesentliche Überlegungen anstellt, lassen eine Kontinuität zum ersten Band aufscheinen, in dem das Wohnen und der Wohnungsbau wiederum eine zentrale Position einnehmen, getragen von den innovativen und experimentellen Konzepten von Architektinnen wie Wera Meyer-Waldeck und Myra Warhaftig. Das Thema des Stadtgrüns und seiner fundamentalen Bedeutung für die Stadt und ihre Planung erfährt im aktuellen Band noch einmal besondere Aufmerksamkeit sowie eine territoriale und politische Erweiterung; bedeutende Beiträge hierzu stammen aus der Feder von Maria Pasolini, Vittoria Calzolari und Wenyuan Wu. Das Argument des Sozialen wiederum, das schon in Band I eine außerordentliche Stellung einnimmt, konsolidiert sich im neuen Buch speziell durch den Beitrag von Adelheid Poninska, die soziale Kriterien als unumgängliche Kategorie in die Systematik der Stadtplanung einführte.

Zum einen sind weniger bekannte weibliche Stimmen dabei, die nun gewissermaßen aus der Anonymität heraustreten, zum anderen haben wir es mit Protagonistinnen mit einem berühmten Nachnamen zu tun, die auf den großen internationalen, von Männern besetzten Aktionsbühnen der Architektur und der Stadtplanung eine Rolle einnehmen – so Sibyl Moholy-Nagy und Helena Syrkus –, daneben sind etablierte Historikerinnen, Publizistinnen und Professorinnen vertreten, so die renommierte und schulbildende Françoise Choay.

Bei den in Originalsprache und Erstausgabe vorgestellten Textauszügen handelt es sich in der Regel um veröffentlichte Schriften, mit der Ausnahme von Helena Syrkus' CIAM-Retrospektive, die als Typoskript vorliegt. Es ist ein Anliegen der Herausgeberinnen dieses Bandes, aus Gründen philologischer Sorgfalt die Authentizität des originalsprachlichen Textes für die Leserin und den Leser zu wahren. Entsprechend werden auch die in den Aufsätzen übersetzten Zitate in den Anmerkungen immer in der sprachlichen Originalfassung wiedergegeben. Nicht zuletzt wurde auch der adäquaten Kontextualisierung der städtebaulichen und architektonischen Texte Sorge getragen, indem jeweils das biografische Profil der Autorinnen skizziert und reflektiert wurde. Aus editorischen Gründen wurde aber auf die Wiedergabe des Bildmaterials aus den ursprünglichen Veröffentlichungen verzichtet, in manchen Fällen vermittelt aber eine Illustration der Originalschriften im Aufsatzteil einen Eindruck vom grafischen und ikonografischen Habitus der Werke.

Den Autorinnen und Autoren dieser Aufsatzsammlung möchten wir unseren sehr herzlichen Dank aussprechen – für die aufwendigen Recherchen, die sie zum Teil in Kauf nehmen mussten, und für das Sich-Einlassen auf die sehr spezifische Perspektive, die als roter Faden durch den Band führt. Für die inspirierende Zusammenarbeit danken wir ganz besonders Mary McLeod, die sämtliche Aufsätze kritisch gelesen und die grundlegenden Fragen gestellt hat, wie auch Katrin Albrecht, die sich an der redaktionellen Arbeit einiger Texte beteiligt hat.

Unsere Dankbarkeit gilt ebenso unseren redaktionellen Mitarbeiterinnen Laura Falletta und Sarah Rageth, die stets für reibungslose Abläufe sorgten, wie auch Beate Behrens, Verlagsleiterin bei Reimer, sowie der Lektorin Anna Felmy, die von Beginn an das Publikationsprojekt kompetent und konstruktiv begleitet haben. Ein großes Dankeschön gebührt den Übersetzerinnen Jutta Orth, Dörte Fuchs, Anna Hartmann, Gesa Schröder und dem Übersetzer Frank Meinshausen, der Lektorin Teresa Ende wie auch Sigrid Krehl, die mit außerordentlicher Professionalität für die Texterfassung verantwortlich war.

Ohne die zuvorkommende Unterstützung des Fachpersonals zahlreicher Archive und Bibliotheken wären diese Untersuchungen, auch im Zeitalter des Internet, nicht zu leisten gewesen. Bei ihnen allen und speziell bei unserer Zürcher Hausbibliothek, der Baubibliothek der ETH Zürich, möchten wir uns ganz herzlich bedanken, wie auch bei den vielen Kolleginnen und Kollegen, die uns mit Rat und Tat zur Seite standen.

Zürich, August 2018   Katia Frey, Eliana Perotti

Theoretikerinnen des Städtebaus und ihre Konzepte – eine Reflexion

Mary McLeod

Die von Katia Frey und Eliana Perotti herausgegebene Aufsatzsammlung *Frauen blicken auf die Stadt – Architektinnen, Planerinnen, Reformerinnen: Theoretikerinnen des Städtebaus II* stellt eine wichtige Einführung in die unterschiedlichen Theorien dar, die Frauen in mehr als hundertfünfzig Jahren über die Stadt und ihre Reform formuliert haben. Die hier versammelten Essays untersuchen die Ideen und beruflichen Laufbahnen von neun Frauen: der deutschen Stadttheoretikerin und Sozialreformerin Gräfin Adelheid Poninska (1804–1878), der italienischen Denkmalschutzaktivistin und Landschaftshistorikerin Maria Ponti Pasolini (1856–1938), der avantgardistischen polnischen Architektin Helena Syrkus (1900–1982), die außerdem ein prominentes Mitglied der CIAM war, der deutsch-amerikanischen, in die USA emigrierten Schriftstellerin und Dozentin Sibyl Moholy-Nagy (1903–1971), der deutschen Architektin, Möbeldesignerin und ehemaligen Bauhausstudentin Wera Meyer-Waldeck (1906–1964), der deutsch-israelischen Architektin und Reformerin des Mietwohnungsbaus Myra Warhaftig (1930–2008), der italienischen Professorin, Landschafts- und Stadtplanerin Vittoria Calzolari (1924–2017), der französischen Architekturhistorikerin und Stadttheoretikerin Françoise Choay (geb. 1925) sowie der chinesischen Stadtplanerin Wenyuan Wu (geb. 1960). Zusammen bilden sie ein bislang unerzähltes Kapitel der stadtgeschichtlichen Forschung. Die aus acht Ländern stammenden Autorinnen und Autoren dieses Bandes haben hier eine bemerkenswerte Arbeit geleistet und Familiendokumente und bislang unerschlossenes Archivmaterial durchforstet, um die Geschichte dieser wenig bekannten Frauen auszugraben und ihren jeweiligen Beitrag zur Theorie der Stadt zu beschreiben.

Diese Anthologie erweitert nicht nur unser Wissen über die Geschichte der Stadt im 19. und 20. Jahrhundert, sondern eröffnet – in Verbindung mit Freys und Perottis 2015 erschienenem Vorgängerband *Theoretikerinnen des Städtebaus: Texte und Projekte für die Stadt* – auch neue Perspektiven für feministische Studien. Obwohl einige Stadttheoretikerinnen – insbesondere Jane Jacobs – auch in der Wissenschaft Beachtung gefunden haben, konzentrierte sich die feministische

Architekturgeschichte bisher vor allem auf außergewöhnliche Avantgarde-Designerinnen wie Eileen Gray, Charlotte Perriand und Lilly Reich, auf Reformerinnen des Wohnungsbaus wie Catherine Bauer und Elizabeth Denby oder Verfechterinnen einer rationelleren Haushaltsorganisation wie Harriet Beecher Stowe, Christine Frederick, Erna Meyer und Grete Schütte-Lihotzky. Im Gegensatz dazu demonstrieren die Aufsätze in diesem Band, dass der Beitrag von Frauen zu Architektur und Stadtplanung weit über die traditionell als ihre „natürliche" Domäne geltende häusliche Sphäre hinausreicht und dass Frauen schon Mitte des 19. Jahrhunderts nach Lösungen für die komplexen Probleme der Stadt zu suchen begannen, die aus der Industrialisierung, dem Bevölkerungswachstum und den kriegsbedingten Zerstörungen erwuchsen.

Aus den Lebensgeschichten und Karrieren dieser Theoretikerinnen wird darüber hinaus unmittelbar ersichtlich, dass ihr stadtplanerisches Interesse entweder spezifischeren Aspekten der urbanen Umwelt oder aber verwandten Disziplinen galt: zunächst und vor allem dem Wohnungsbau (Poninska, Meyer-Waldeck, Warhaftig), aber auch der Denkmalpflege (Pasolini, Calzolari, Wu), der traditionellen, vernakulären Architektur (Pasolini, Moholy-Nagy, Wu), der Gestaltung von Landschaften und städtischen Freiräumen (Poninska, Calzolari), der Regionalplanung (Syrkus, Calzolari) sowie Fragen der institutionellen Organisation (Syrkus, Meyer-Waldeck, Calzolari). Ihr stadtplanerisches Denken war nahezu immer eng mit Forschungen und Aktivitäten auf anderen Gebieten verbunden. So hofften etwa Stadttheoretikerinnen, die sich mit der Reform des Wohnungsbaus befassten, dass neue Gebäudetypen und effizientere Grundrisse Frauen mehr Zeit nicht nur für Beruf und Familie, sondern auch für bürgerschaftliches Engagement und soziale Interaktion gewähren würden. Außerdem veröffentlichten alle hier vorgestellten Frauen entweder eigene Bücher oder Beiträge sowohl in der allgemeinen Presse als auch in Fachzeitschriften, um ihre Vorstellungen zu erläutern und für sie zu werben. Viele von ihnen waren darüber hinaus auch in der Lehre tätig.

Das breite Spektrum ihrer Interessen, die über Stil- und formale Fragen hinausgingen, wie sie innerhalb der Architekturtheorie lange vorherrschten, wirft die Frage auf, ob die Art und Weise, in der diese Frauen über stadtplanerische Belange nachdachten, in gewissem Maße aus ihrem marginalisierten beruflichen Status resultierte. Mit anderen Worten: Ermöglichte ihr Außenseiterstatus es diesen Frauen, die in manchen Fällen über keinerlei Berufsausbildung, aber über nützliche soziale Kontakte verfügten und häufig sehr belesen und kultiviert waren, auf innovativere und umfassendere Weise über urbane Umwelten nachzudenken? Ermutigte ihre Herkunft beispielsweise Frauen ohne Berufsausbildung dazu, sich mit Themen zu befassen, die in den Akademien für bildende Künste vernachlässigt wurden, etwa Denkmalpflege, Landschaftsgestaltung und vernakuläre Architektur? Und wenn wir diejenigen Frauen betrachten, die zwar Architektur studiert, aber nie große öffentliche Bauaufträge erhalten hatten – sei es aus Mangel an Gelegenheit oder aufgrund persönlicher Vorlieben: Spielte dieses angebliche Defizit eine Rolle bei ihrer Entscheidung, sich auf andere Dimensionen der Praxis zu konzentrieren, etwa Führungspositionen in Berufsorganisationen oder Frauenverbänden zu übernehmen wie Syrkus und Meyer-Waldeck oder Probleme zu untersuchen, an denen männliche Architekten nur wenig Interesse zeigten, etwa die Wohnverhältnisse lediger Arbeiterinnen oder Wohnungsgrundrisse, die die Kinderbetreuung erleichtern – große Anliegen von Poninska beziehungsweise Warhaftig? In ähnlicher Weise brachen auch die beiden ausgebildeten Stadtplanerinnen Calzolari und Wu mit den Tabula-rasa-Ansätzen moderner Stadtplanung und entwickelten Strategien der sensiblen urbanen Intervention, die das bereits bestehende physische und soziale Gefüge respektierten. Dies zeigt sich besonders augenfällig an Calzolaris vielbewundertem Parco dell'Appia Antica, einem Denkmalpflegeprojekt, in dem archäologische, ökologische und kulturelle Aspekte sorgfältig aufeinander abgestimmt wurden, sowie in Wus heroischen Anstrengungen, große Städtebauprojekte und Initiativen der Tourismusindustrie auf Nansha und in Haotang zugunsten einer langsameren, nachhaltigeren Entwicklung zu verhindern, die auf den bestehenden ökonomischen Strukturen dieser Gemeinschaften aufbaut.

Ihre Fokussierung auf neue oder unkonventionelle Themen mag einer der Gründe dafür sein, dass die meisten dieser Frauen heute zumindest jenseits ihres jeweiligen nationalen Kontexts unbekannt sind. Einige von ihnen, wie die charmante und im gesellschaftlichen Umgang versierte Gräfin Pasolini oder die vielseitige, hochkompetente Calzolari, wurden von ihren Zeitgenossen sehr geschätzt, Helena Syrkus und ihr Ehemann Szymon waren in Alberto Sartoris' frühem Kompendium der modernen Architektur *Gli elementi dell'architettura funzionale* (1932) gut vertreten,[1] und selbst Poninska, über deren Biografie man bis zu Freys und Perottis Forschungsarbeiten kaum etwas wusste, wurde von späteren Stadttheoretikern wie Werner Hegemann gelegentlich erwähnt. Keine dieser Frauen wird jedoch in den Standardwerken der modernen Architektur- und Stadtgeschichte diskutiert, weder von Sigfried Giedion, Henry-Russell Hitchcock, Leonardo Benevelo und Reyner Banham noch von jüngeren Vertretern der Zunft wie Manfredo Tafuri und Francesco Dal Co, Kenneth Frampton, Alan Colquhoun und William Curtis. Sie wurden übersehen, weil sie keine „Stars" waren, wie Helena Syrkus einmal über sich selbst sagte –[2] und weil sie Frauen waren.

In der Tat: Nach traditionellen kunsthistorischen Kriterien, die vor allem ästhetische und technische Innovationen herausstellen, galten viele Interessen dieser Theoretikerinnen ebenso wie ihre Karrierewege als wenig relevant für die Architektur. Betrachtet man ihre Situation aus einer positiveren Perspektive, könnte man sich jedoch auch die Frage stellen, ob nicht gerade die Qualität vielfältiger Interessen ihnen den Zugang zu Architekten- und Stadtplanerkreisen ermöglicht und Mitsprachegelegenheiten in diesem Bereich eröffnet haben könnte – zu einer Zeit, in der nur wenigen Frauen diese Chance gegeben war. Fiel es Männern womöglich leichter, Frauen zuzuhören, wenn deren Themen nicht in direkter Konkurrenz zu ihrer eigenen beruflichen Identität standen, wie etwa die Versorgung ärmerer Bevölkerungsschichten mit Wohnungen und Sozialleistungen – ein Bereich, der mit der traditionellen Rolle von Frauen assoziiert wurde – oder vernakuläre Architektur und Denkmalpflege, die als Randgebiete betrachtet und bis zur zweiten Hälfte des 20. Jahrhunderts nur selten gelehrt wurden (was mancherorts heute noch gilt)? Tatsächlich haben viele dieser Frauen dazu beigetragen, dass sich das Verständnis von Architektur und Stadtplanung erweiterte. In den meisten Fällen resultierte ihr Einfluss mehrheitlich aus Lehre, Büchern, Zeitungs- und Zeitschriftenartikeln sowie nie verwirklichten Vorschlägen und weniger aus umgesetzten Haus- und Stadtplanungsentwürfen.

Angesichts der Tatsache, dass die meisten dieser Frauen zu einer Zeit arbeiteten und publizierten, in der Männer dieses Berufsfeld dominierten, ist auch die Frage von Interesse, ob es womöglich ein verbindendes Element gab, etwas, das all diese Frauen dazu gebracht haben könnte, sich mit städtebaulichen Themen auseinanderzusetzen. Viele von ihnen waren im Vergleich zu ihren Geschlechtsgenossinnen außerordentlich gebildet, sprachen mehrere Sprachen und unternahmen ausgedehnte Reisen, wurden also mit den Ideen und Konzepten anderer Kulturen konfrontiert, die sie wiederum an ihren jeweiligen Kontext anpassten und ihren Kollegen vermittelten. So half Pasolini beispielsweise, die Schriften des Stadttheoretikers und Brüsseler Bürgermeisters Charles Buls und Edith Whartons Schriften zur Landschaftsgestaltung bekanntzumachen. Syrkus, die fließend Deutsch und Französisch sprach, förderte die Verbreitung der CIAM-Prinzipien in verschiedenen regionalen Gruppen, indem sie Dokumente übersetzte und redigierte und an der Charta von Athen mitwirkte. Calzolari, die Anfang der 1950er-Jahre in Harvard studiert hatte, schrieb in italienischen Publikationen über städtebauliche Diskussionen in den USA. Choay, die fünf Sprachen beherrscht und lateinische Texte versteht, nutzte für ihre eigenen theoretischen Werke nicht nur zahlreiche internationale Quellen, sondern ermunterte auch den französischen Verlag Seuil, viele englischsprachige Bücher über Architektur und Stadtplanung übersetzen zu lassen. Da sie häufig als Gastdozentin in den Vereinigten Staaten lehrte, war sie außerdem eine wichtige Vermittlerin stadttheoretischer Konzepte diesseits und jenseits des Atlantiks. Selbst Moholy-Nagy, die keinerlei formale Universitätsausbildung genossen hatte, aber fließend Deutsch und Englisch sprach und sich ihre profunden Kenntnisse der Architektur und Stadtgeschichte als Autodidaktin angeeignet hatte, erlangte einen Universitätsposten, sprach auf internationalen Konferenzen und veröffentlichte zahlreiche Aufsätze und Bücher. Als eine Art Kulturbotschafterin erklärte sie den Amerikanern die Entwicklung und das Sozialgefüge europäischer Städte und brachte den Europäern – wie auch den Amerikanern selbst – die Qualitäten der vernakulären Architektur Nordamerikas zu Bewusstsein.

Neben dem Faktor Bildung war karitatives Engagement eine prägende Erfahrung für die beiden frühesten in dieser Anthologie vertretenen Theoretikerinnen, Poninska und Pasolini. Selbst aus privilegierten Verhältnissen stammend, waren beide Frauen zutiefst davon überzeugt, dass es zur Verantwortung der oberen Klassen gehöre, den weniger Privilegierten zu helfen: Poninska, die sich für die protestantische Initiative der Inneren Mission einsetzte, war es ein Anliegen, die Lebensbedingungen der armen Stadtbevölkerung zu verbessern. Pasolini, deren Familie Landgüter in Montericco in der Romagna besaß, versuchte die Bildungschancen und die ökonomische Situation der Landbevölkerung, insbesondere der jungen Frauen, zu verbessern und setzte sich später als Mitglied der Associazione Artistica in Rom für die Pflege und den Erhalt städtischer Denkmäler, Gärten und Villen und vernakulärer Architektur ein.

Auch wenn wohl nur wenige ihren Beitrag als „bedeutend" bezeichnen würden (ein Ausdruck, der in diesem Bereich ohnehin selten fällt), stellen ihre bemerkenswerten Leistungen doch die von Linda Nochlin in ihrem bahnbrechenden Aufsatz „Why Have There Been No Great Women Artists?" („Warum hat es keine bedeutenden Künstlerinnen gegeben?") aufgestellte These infrage, dass adlige Frauen gewöhnlich zu sehr mit Standeserwartungen und sozialen Verpflichtungen belastet gewesen seien, als dass sie die nötige Zeit hätten aufbringen können, um als Künstlerinnen vergleichbare Erfolge zu erreichen wie ihre männlichen Altersgenossen.[3]

Eine weitere, insbesondere für feministische Wissenschaftlerinnen bedeutsame Frage lautet, ob es angemessen ist, diese Frauen als „Feministinnen" (ein Begriff, der vor der Frauenbewegung Ende der 1960er-Jahre kaum verwendet wurde) oder sogar als Rollenvorbilder zu bezeichnen. Viele von ihnen beschäftigten sich intensiv mit Frauenfragen. So behauptete etwa Poninska in ihrer ersten Publikation, *Grundzüge eines Systemes für Regeneration der unteren Volksklassen durch Vermittlung der höheren* (1854), dass die Bibel die Gleichstellung der Geschlechter garantiere, und setzte sich besonders für die Bereitstellung von Wohnraum für junge, unverheiratete Arbeiterinnen ein. Pasolini war eine „Wegbereiterin der Frauenbewegung" und eine frühe Befürworterin des Frauenwahlrechts.[4] Calzolari war aktives Mitglied der Unione Donne Italiane, einer 1945 gegründeten linken Frauenorganisation, die sie hinsichtlich der Gestaltung von Freiflächen, Schulen und Standorten sozialer Einrichtungen beriet. Meyer-Waldeck wandte sich Anfang der 1950er-Jahre gegen den eklatanten Sexismus, der weibliche Redner und die Anliegen von Frauen aus den „Darmstädter Gesprächen" ausgeschlossen hatte, was sie als Ausweis von „Frauenfeindschaft" bezeichnete. Auch in ihren Veröffentlichungen zu Wohn- und Innenarchitektur kämpfte sie unermüdlich für die Aufhebung der herrschenden geschlechtsspezifischen Rollenzuschreibungen und stellte sich – in ihrem Essay „Das Wohnen in der Stadt von morgen" von 1957 – sogar vor, dass der „Mann von morgen das Kochen liebt". Ihr letzter Aufsatz aus dem Jahr 1960 beschäftigte sich mit den Wohnverhältnissen alleinlebender älterer Frauen und schlug zwei Modelle zur Umgestaltung bestehender Wohnungen vor, um die Trennung zwischen den Generationen zu überwinden. Auch Warhaftig konzentrierte sich auf die besonderen Wohnbedürfnisse von Frauen. Als leidenschaftliche Feministin führte sie in den 1980er-Jahren einen, wie Gerald Adler es nennt, „hocheffektiven Guerillakrieg" innerhalb der IBA. Es gelang ihr, ihre Vorstellungen von einer frauen- und kinderfreundlichen Wohnanlage gegen alle Widerstände zu realisieren und die „Wohn-Raum-Küche" in den Mittelpunkt ihres Raumprogramms zu stellen.[5]

Für Syrkus, Moholy-Nagy und Choay scheinen Frauenfragen keine zentralen Anliegen gewesen zu sein. Syrkus' progressive (später kommunistische) politische Einstellung und ihre Überzeugung, dass die architektonische Praxis Zusammenarbeit erfordere, waren in ihren Augen wichtiger als der Kampf der Frauen um Gleichberechtigung. 1978 notierte sie in ihr Notizbuch: „Man kann von weiblicher Dichtkunst (Jasnorzewska-Pawlikowska), weiblicher Gesangskunst (die keine Veränderung erfährt) und gelegentlich auch von weiblicher Malerei (Marie Laurencin) sprechen, aber Architektur und Stadtplanung sind Teamarbeit, und ich bin kein Beispiel für geschlechtsspezifische Kreativität."[6] Sowohl Moholy-Nagy als auch Choay haben, was ihre beachtlichen beruflichen Leistungen betrifft, Geschlechterstereotypen aufgebrochen, aber sich niemals öffentlich mit der Frauenbewegung oder mit feministischen Anliegen identifiziert. Der von Choay 1965 herausgegebene Band *Urbanisme, utopies et réalités*, eine Sammlung von 38 Texten, enthielt dementsprechend auch nur einen von einer Theoretikerin verfassten Beitrag.

Bei Wu liegt der Fall insofern etwas anders, als in der Volksrepublik China seit deren Gründung im Jahr 1949 die Gleichstellung von Frauen gesetzlich vorgeschrieben ist. Dennoch beweist ihre Unabhängigkeit als Frau, die männliche Businessrituale ablehnt, dass sie in der Lage ist, ihren eigenen beruflichen Weg auch angesichts der existierenden Machtstrukturen weiterzuverfolgen. Ob sie sich nun als Feministinnen verstanden oder nicht: All diese Frauen stellten traditionelle Geschlechterrollen infrage und leisteten einen wesentlichen Beitrag in Berufsfeldern, die lange von Männern dominiert waren.

Eines der größten Verdienste dieses Buches besteht darin, uns noch einmal deutlich vor Augen zu führen, dass Architektur und Stadtplanung kollektive Berufsfelder sind, die ein breites Spektrum von Aktivitäten und Praktiken umfassen, und dass die Geschichte durch die Berücksichtigung der vielfältigen Rollen und Stimmen dieser innovativen Frauen reicher wird.

6. August 2018

1 Eines von Syrkus' Wohnhausprojekten – Walecznych-Straße, Warschau, 1936–1937 – erschien auch in Lewis Mumfords *Culture of the Cities* (1938), wenn auch ihr Name nicht aufgeführt wurde. Vgl. Lewis Mumford, *Culture of Cities*, New York: Harvast, Harcourt Brace Jovanovich, 1970, S. 372 und Taf.

2 Brief von Helena Syrkus an Cornelis van Eesteren und Frieda Fluck vom August 1970 (The Nieuwe Instituut Rotterdam, State Archive for Dutch Architecture and Urban Planning, EEST X-1048), wie von Rixt Hoekstra zitiert in „Eine alternative Geschichte schreiben. Helena Syrkus und die CIAM" in diesem Band, S. 97–126.

3 Vgl. Linda Nochlin, „Why Have There Been No Great Women Artists?", in: *Art and Sexual Politics: Why Have There Been No Great Women Artists?*, hrsg. von Thomas B. Hess und Elizabeth C. Baker, New York: MacMillan, 1971, S. 1–43, bes. S. 9–10.

4 Vgl. G[iovanni] Cena, „Apputi e impressioni sul congresso femminile", in: *Nuova antologia di lettere, scienze ed arti*, Nr. 135, Mai–Juni 1908, S. 314, wie von Katrin Albrecht zitiert, in ihrem Beitrag „Die Wiederentdeckung der italienischen Bau- und Gartenkunst. Maria Pasolinis Beitrag zur italienischen Städtebautheorie nach der Jahrhundertwende", in diesem Buch, S. 59–96.

5 Vgl. Gerald Adler, „Zwischen radikaler Hoffnung und pragmatischer Realisierung. Myra Warhaftigs feministische Architekturtheorie und -praxis im Westberlin der 1980er-Jahre", in diesem Band, S. 199–230.

6 Helena Syrkus, Notizbucheintrag vom 16. März [1978], zit. in David Crowley, *Out of the Ordinary: Polish Designers of the Twentieth Century*, hrsg. von Czeslawa Frejlich, Warschau: Adam Mickiewicz Institute, 2011, S. 164–165.

Adelheid Poninska – die Wohnungsfrage als Angelpunkt städtebaulicher Theorie

Katia Frey, Eliana Perotti

Der Auftakt zur modernen Stadtplanung

Die Sozialreformerin und Städtebautheoretikerin Adelheid Gräfin von Poninska verfasste mit ihrem 1874 veröffentlichten Traktat *Die Großstädte in ihrer Wohnungsnoth* nicht nur eine der ersten eingehenden Abhandlungen zur Wohnungsfrage in Deutschland, sondern auch das erste städtebauliche Handbuch, das, wie Werner Hegemann bemerkte, Reinhard Baumeisters *Stadterweiterungen* von 1876 den Rang abläuft.[1] Ihre Untersuchung präsentiert sich volkswirtschaftlich, sozialwissenschaftlich und bautechnisch vollkommen auf der Höhe der Zeit und meldet einen deutlichen theoretischen Anspruch an, der sich eines systematischen, gesamtheitlichen und relationalen Denkansatzes bedient. Poninska gelangt hier früh zur Formulierung einer integralen Theorie zur vorteilhaften Anlage moderner, industrialisierter Großstädte und versucht die darin verwickelten Akteure zu einer koordinierten Anstrengung zu motivieren. Indem sie eine Gesamtansicht des Großstadtphänomens und der erforderlichen Planung zeichnet, betritt sie fachliches und politisches Neuland und trägt wesentlich zur Systematisierung und Verwissenschaftlichung der noch in den Anfängen steckenden städtebaulichen Disziplin bei.[2]

Ein bedeutendes theoretisches Verdienst ihrer Abhandlung liegt aber auch darin, die deutschsprachige, technikzentrierte Fachliteratur wesentlich um eine soziale, ethische Kategorie erweitert zu haben. Damit trat Poninska in die Fußstapfen anderer Vorkämpferinnen, wie jene von Bettina von Arnim, die sich mit ihrem *Königsbuch* schon 1843 klar zu den Problemen von Städtebau und Wohnungsversorgung positioniert hatte.[3] Nicht zuletzt beansprucht Poninskas Arbeit auch einen Platz in der Geschichte der sozial engagierten Frauenbewegung und eine Stellung als Bahnbrecherin weiblicher Fachpublizistik in Deutschland.

Eine aristokratische Abstammung

Adelheid Christine Friederike Amalie, geborene Gräfin zu Dohna-Schlodien, kam am 14. August 1804 in der barocken Residenz einer alten aristokratischen schlesischen Familie, auf Schloss Klein-Kotzenau (heute Chocianów), zur Welt.[4] Sie wurde als älteste Tochter des preußischen Offiziers und Großgrundbesitzers Wilhelm Burggraf und Graf zu Dohna-Schlodien (1769–1837) und von Gräfin Friederike von Reichenbach-Goschütz (1785–1839) in eine geschichtsträchtige Sippschaft hineingeboren, die ihren Einfluss im preußischen und zeitweise im europäischen Herrschaftsgefüge bis weit ins 19. Jahrhundert geltend machte.[5] Im 19. Jahrhundert zeichnete sich die Dohna-Familie durch einige reformistisch und liberal gesinnte Politiker aus. Gräfin Adelheids Brüder Hermann Dohna (1809–1872) und Bernhard Dohna (1817–1893) waren beide engagierte Sozialreformer: Hermann, ein nationalliberales Parlaments-mitglied im Norddeutschen, später im Deutschen Reichstag, bekannt als der „rote Graf", beschäftigte sich mit den Lebens- und Arbeitsbedingungen der Arbeiterklasse, worüber er auch publizierte.[6]

Nichts ist über ihre Kindheit, ihre Jugendjahre oder ihre Ausbildung zu erfahren, bekannt ist aber, dass Gräfin Adelheid zu Dohna-Schlodien im Jahr 1841, bereits 37-jährig – was oft als Grund für ihre Kinderlosigkeit angeführt wird – einen Vetter heiratete, den Juristen Graf Adolf Poninski (1801–1878), aus polnischem Adelsge-schlecht, dessen Vater, Graf Ignaz Poninski, das Amt des Regierungsvizepräsidenten von Schlesien ausübte.[7]

Die wechselnden Wohn- und Aufenthaltsorte von Adelheid Poninska sind bis heute nicht lückenlos nachzuzeichnen, es ist jedoch zu vermuten, dass sie zahlreiche Gelegenheiten zu ausgiebigen Reisen nutzte und dass ihr Gatte ihrem Bildungs-drang, ihren humanitären Bestrebungen, der Tätigkeit als Schriftstellerin wie auch als Begründerin von Vereinen und Anstalten nicht im Wege stand. Graf Poninski, evangelisch aufgewachsen und Mitglied des Johanniterordens, war auch ein pro-minenter Anhänger der materialismuskritischen, spiritistischen Reinkarnationslehre des französischen Arztes Allan Kardec und gehörte 1869 in Leipzig zu den Gründern des Vereins für spirite Studien.[8] Den Interessen und Aktivitäten seiner Frau scheint Poninski mit Wohlwollen begegnet zu sein, wenn nicht gar manche ihrer Anliegen geteilt zu haben, denn seine Auffassung von Spiritismus verstand den Umgang mit den Geistern einzig als Grundlage einer neuen christlichen Weltreligion, die sich den spirituellen und sittlichen Fortschritt der Menschheit zum Ziel gesetzt hatte.[9]

Nach den Angaben von Werner Hegemann, einer der frühesten Rezipienten von Poninskas Beitrag zum städtebautheoretischen Diskurs ihrer Zeit, lebte sie mehrere Jahre in Wien, reiste für längere Aufenthalte nach England und begegnete in London den führenden viktorianischen Sozialreformern aus aristokratischen Kreisen, wie dem evangelikalen Politiker und Philanthropen Lord Shaftesbury, dem Begründer der Society for Improving the Conditions of the Labouring Classes (1844), die sich insbesondere mit der Wohnungsfrage der Arbeiterklasse befasste.[10]

Adelheid Poninska, Lichtbild aus der zweiten Auflage ihrer
Publikation *Annunciata, die Lilie des Himalaja* aus dem Jahr 1883

Evangelischer Sozialaktivismus: Die Innere Mission

Das „Handbuch für Weiterbildung einer sittlichen Oekonomie gegenüber den
Nothständen im Volke", wie Poninska das 1854 veröffentlichte Buch *Grundzüge
eines Systemes der Regeneration der unteren Volksklassen durch Vermittlung der
höheren* umschreibt – die erste uns bekannte Publikation der Gräfin –, widmete
Poninska den Anführern und Freunden der Inneren Mission.[1] Ihre Abhandlung, die
die Vorbildfunktion der höheren Stände gegenüber den unteren Schichten postuliert,
wendet sich vornehmlich an die Frauen der Inneren Mission, die „naturgemäss" für
bestimmte Aufgaben vorbestimmt seien, wie die Pflege der Armen, Kranken und
Kinder, sowie die Unterweisung und Erziehung der Töchter zur Arbeit für die Innere
Mission: „Dieser Moment ist gekommen, seit die Idee der ‚Organisation unserer Liebe
an den Armen', das große Feld der barmherzigen Werke zu durchbeben begann,

seit die bisher so verstreuten Bestrebungen auf diesem Felde in dem Begriffe der ‚Inneren Mission' als ein Ganzes hervorgehoben wurden."[12] In einem Brief aus dem galizischen Lonkta vom 11. Juli 1852 an den Verleger Johann Georg Freiherr Cotta von Cottendorf bittet sie diesen, die Einführung zu ihrem Manuskript der *Grundzüge* zu lesen, und verleiht ihrer Hoffnung auf eine Veröffentlichung Ausdruck; zugleich nimmt sie deutlich Bezug auf seine Sympathien für die Innere Mission.[13]

Die Innere Mission, 1848 begründet von dem Theologen, Kirchenreformer und Sozialpädagogen Johann Hinrich Wichern, war im Schoß der evangelischen Kirche in Deutschland entstanden und formulierte als ihr Hauptprogramm die Notwendigkeit eines vermehrten Einsatzes zur Linderung sozialer Not, speziell in urbanen und gewerblichen Gebieten. Die von Wichern organisierte evangelische Sozialarbeit („christlicher Liebesdienst") erwies sich nicht nur als wirksames Instrument der Evangelisation, sondern antwortete auch auf die von der Industriellen Revolution aufgeworfenen gesellschaftlichen Fragen und verfügte, vor allem mit dem Wiederaufbau der Diakonie, über einen hochwirksamen, operativen Flügel der Armenpflege.[14] Die Nähe zur Inneren Mission ist vielen Sozialaktivisten jener Zeit nachzuweisen, so auch einer für Poninska wichtigen Bezugsfigur, dem Reformer und Publizisten Victor Aimée Huber, einem Pionier der deutschen Genossenschaftstheorie, der ebenfalls aus einer christlich-konservativen Position heraus versuchte, Lösungen für die Armuts- und Wohnungsfrage zu formulieren.[15]

Im Jahr 1856 fand in Brüssel der erste internationale Wohltätigkeitskongress statt, an dem Vertreter aus 20 Ländern Fragen zur Leistung der öffentlichen Hand im Sozialbereich und zur Verbesserung der Arbeitsbedingungen, zur Lösung der virulenten Wohnungsfrage, zu verschiedenen Anliegen der Erziehung, dem Problem des Alkoholismus wie auch der Erneuerung des Strafvollzugs diskutierten. Der zweite Kongress, der sich denselben thematischen Schwerpunkten widmete, fand 1857 in Frankfurt am Main statt. Dabei wurden alle in der Mitte des 19. Jahrhunderts am markanten Armutsproblem des krisen- und kriegsgeschüttelten Europa beteiligten Akteure durch die Einteilung in zwölf Bereiche zu einem aussagekräftigen Bild systematisiert.[16] Die Disposition der Kongressthemen zeigt, dass die einzelnen Problemfelder mit den durch Poninska in ihren Schriften identifizierten Punkten übereinstimmen. Dem Kongressausschuss ließ sie 1857 ihre „Mittheilungen über Schutzgärten, über die Neuenburg und über Vereine gegen den Luxus" zukommen, die dann in den Akten des „Congrès international de bienfaisance" abgedruckt wurden.[17]

Philanthropie und Gelehrsamkeit: der lange Weg zur öffentlichen Wahrnehmung

In ihrer letzten Veröffentlichung, dem religiösen Sozialpamphlet *Annunciata. Die Lilie des Himalaja und ihre Mission im Deutschen Reiche. Ein Weckruf zu Lösung der brennenden christlich-socialen Aufgaben*, das 1878 dreibändig in Bremen bei dem Verleger Eduard Müller erschien, schildert Poninska einen fiktionalen Kongress der deutschen Frauen und Jungfrauen in Breslau zur Beratung über Ursachen und mögliche Abhilfe gegen den eskalierenden sittlichen Notstand.[18] Im Rahmen dieser

Veranstaltung hält Annunciata – eine marianisch konnotierte Verkünderin, wie ihr Name suggeriert – eine Ansprache, bei der es um Folgendes geht: „Von dem Antheil der Frauen unserer Zeit an den Werken zur Förderung der gefährdeten höchsten Interessen der Nation, der Sittlichen. Ihre Wirkungskreise liegen unveränderlich in den Gebieten der Familie und der barmherzigen Liebe. Die dringenden Anforderungen an die barmherzige Liebe den Nothständen aushelfend, bewahrend, rettend, vorbeugend und erziehend entgegen zu treten sind gegenwärtig ausserordentlich erhöht. Deshalb sind die Gaben und Kräfte zum Dienste auf diesen Feldern nach ganz anderem Massstabe als bisher aufzusuchen, vorzubereiten und zu betätigen".[19] Damit rekurriert Poninska auf einen bis zum Ende des Jahrhunderts und darüber hinaus gültigen Diskurs, der den Platz der Frauen in der bürgerlichen Gesellschaft genau definierte und sie auf die vermeintlich natürliche Rolle der Pflegenden, Helfenden und Dienenden – die sogenannten „Marthadienste" – festlegte, wobei Poninska den weiblichen Wirkungskreis vom engen Rahmen des Haushaltes und der Familie zur gesellschaftlichen Dimension der öffentlichen Wohltätigkeit hin theoretisch und biografisch erweitert.[20]

Wenn Frauen im 19. Jahrhundert aus den öffentlichen Bereichen, wie beispielsweise der Welt des Handels und der Finanzen oder den akademischen Kreisen, ausgeschlossen blieben, so eröffnete sich für sie im Bereich der Philanthropie, der Wohltätigkeit und der sozialen Arbeit ein Feld der tatkräftigen und teilweise bestimmenden Mitwirkung. In der ersten Hälfte des 19. Jahrhunderts äußerte sich das Engagement der Frauen – aus aristokratischen oder bürgerlichen Verhältnissen – vornehmlich durch Tätigkeiten wie Armenbesuche, Almosenverteilung und Beratung. In der zweiten Jahrhunderthälfte aber waren Frauen bereits als Gründerinnen, Kapitalgeberinnen und Leiterinnen von sozial aktiven Unternehmen, besonders im Sektor des Wohnungsbaus für die ärmeren Klassen, anzutreffen – Positionen, die ihnen auch eine öffentliche Stimme verliehen und sie zu ernsthaften Konkurrentinnen auf dem Wohltätigkeitsmarkt werden ließen.

Während der Napoleonischen Kriege avancierten die Gattinnen deutscher Herrscher zu Landesmüttern: verantwortlich für das Wohlbefinden der Bevölkerung, besonders der Notleidenden; Frauen aus der Aristokratie überzogen das Land in den 1820er- und 1830er-Jahren mit einem dichten Netz philanthropischer und patriotischer Vereine, die von ihnen finanziert und geleitet wurden.[21] Die Abwesenheit des Staates auf lokaler und regionaler Ebene ermöglichte der organisierten Philanthropie den Einzug in öffentliche und politische Bereiche, zum Teil bis in höchste Ebenen, was auch handfeste Auswirkungen auf die physische Realität der Städte hatte, nicht nur in Bezug auf das Wohnen.[22] Philanthropie bedeutete speziell für die Frauen im Deutschland des 19. Jahrhunderts aber nicht nur die Möglichkeit, eine praktische Aufgabe in der Öffentlichkeit zu übernehmen, sondern bot ihnen auch die Chance, Rollen zu erweitern und neu zu besetzen, die vermehrt politische, logistische, planerische und konzeptionelle Fähigkeiten erforderten.[23]

Ein wichtiges Kampffeld der sozialen Mission, auf dem sich Frauen zusätzlich profilierten, war dasjenige der Publizistik. Hier sind neben Poninska, die eine besonders produktive Schreiberin war, auch andere Frauen des Hauses Dohna

aufzuführen, wie zum Beispiel Ottilie Dohna-Schlodien (1811–1870), später vermählte Gräfin von Egloffstein, die volkspädagogische Schriften verfasste.[24] Poninska
selbst debütierte als Publizistin 1854 mit der Abhandlung *Grundzüge eines Systems
der Regeneration der unteren Volksklassen durch Vermittlung der höheren*, die sie
unter ihrem eigenen Namen veröffentlichte, nicht ohne gleich bei der ersten Anmerkung eine kleine Captatio benevolentiae und einen Rechtfertigungsparagraphen
bezüglich der weiblichen Autorenschaft einzuschieben, wobei sie zugleich auf eine
biblisch verbürgte intellektuelle Egalität zwischen den Geschlechtern verwies.[25]
Aus dem bereits erwähnten Brief an den Verleger Cotta – emphatisch begründend:
„Noch immer sind viel zu wenig Arbeiter in der großen Armut" – erfährt man, dass
die Gräfin schon 1852 ein weitgehend abgeschlossenes Manuskript vorzuweisen
hatte, dessen Vorwort vier Jahre zuvor entstanden war: „Geschrieben in Aigen bei
Salzburg im Sommer 1848." In einem Kommentar am Ende des gedruckten Buchs,
das schließlich beim weniger prominenten Leipziger Verleger Wiegand erschien, wird
auf einen bereits „unter der Presse" liegenden zweiten Band verwiesen, der jedoch
in keinem Bibliothekskatalog nachgewiesen werden kann, so dass anzunehmen ist,
dass er nie zur Veröffentlichung gelangte. Andererseits lassen die Inhaltsangaben
zu diesem zweiten Band die Vermutung aufkommen, dass er als Grundlage für ihr
späteres Hauptwerk *Die Großstädte in ihrer Wohnungsnoth* Verwendung fand.[26]

Die Entstehung des Traktats *Die Großstädte in ihrer Wohnungsnoth*

In einem Brief vom 3. Januar 1872 aus Leipzig wendete sich Adelheid Poninska an
den Germanistikprofessor Friedrich Zarncke und sprach ihn als Vorsitzenden der
Leipziger Gemeinnützigen Gesellschaft unumwunden auf die Wohnungsfrage an.
Dabei skizziert sie selbstbewusst ihre Expertise zu diesem Thema: „Seit länger als
einem Jahrzehnt habe ich mich eingehender mit diesem Gegenstande beschäftigt,
von der Ueberzeugung ausgehend, […] daß den gesunden praktischen Bestrebungen
erst eine gesunde Theorie vorangehen muß."[27] Poninska hatte ihre 1854 erschienene
Abhandlung unter ihrem richtigen Namen veröffentlicht, einen Fehler, den sie nicht
wiederholen würde, wie sie Zarncke erläutert: „Noch Eines muß ich erwähnen. Um
einen guten Erfolg der Schrift zu erzielen, scheint mir überaus nöthig, daß man eine
Frauenfeder dabei nicht ahnet. Bei einem Gegenstande der vorliegenden Art würde
von Vorhinein das Vorurtheil erregt werden, daß hier von praktischen Dingen nichts
zu erwarten sei."[28]

Mögen die restaurativen 1870er-Jahre weniger aufgeschlossen gewesen sein
als die unmittelbar von den revolutionären Ereignissen geprägten 1850er-Jahre,[29]
doch die Praxis des anonymen Publizierens oder der Verwendung eines männlichen
Pseudonyms war während des gesamten Jahrhunderts unter Autorinnen sehr verbreitet. Dies erscheint kaum verwunderlich, wenn man bedenkt, wie feindselig sich
damals in Deutschland die Stimmung etwa gegenüber der Zulassung von Frauen
zum universitären Studium ausnahm;[30] eine liberale Haltung zeigte einzig die Universität Leipzig, an der vereinzelte Frauen Philosophie, Jura oder Medizin studieren

Die Feier zur Einweihung des Hermannsdenkmals im Teutoburger Wald am 16. August 1875, Holzstich nach einer Zeichnung von Hermann Lüders

konnten.[31] Eine Begegnung, die die misogyne Haltung gegenüber Gelehrsamkeit oder auch intellektueller Beflissenheit von Frauen in den diskursangebenden Kreisen dokumentiert, widerfuhr Poninska selbst bei einem Treffen im März 1848 mit dem liberalen österreichischen Politiker Viktor Franz Freiherr von Andrian-Werburg, Autor der 1850 anonym erschienenen Abhandlung *Centralisation und Dezentralisation in Österreich*.[32] In seinen Tagebüchern äußert sich Freiherr von Andrian-Werburg äußerst despektierlich über die „sentimentale gelehrtseynwollende hässliche Preussin, Gräfin Poninski-Dohna", die „ein Buch über gutsherrliche Verhältnisse, die sie für einen Ausfluss der göttlichen Weltordnung erklärt, geschrieben hat und nun meine Ansichten erfahren wollte".[33]

Für ihre neue Publikation wählte Gräfin Poninska folgerichtig ein männliches Pseudonym: Arminius, die kriegerisch und patriotisch konnotierte Figur des Cherus-kerfürsten, dem Befreier der Germanen, der es gewagt hatte, sich bei der berühm-ten Varusschlacht gegen das Römische Reich aufzulehnen.[34] Als Kämpfer gegen die Franken wurde er zu Beginn des 19. Jahrhunderts, in Zusammenhang mit den Napoleonischen Kriegen, Emblem der nationalen Propaganda. Im Laufe des Jahr-hunderts avancierte der germanische Hermann zur Symbolfigur für die Forderung nach einem deutschen Nationalstaat, als Personifikation einer neuen, nationalen Heilsgeschichte. Arminius, der Feind Roms, eignete sich auch für den Kulturkampf gegen die katholische Kirche und als Banner der preußisch-protestantischen Nation.[35] Ein beeindruckendes Beispiel seiner Popularität und Strahlkraft stellt das Projekt für das sogenannte „Hermannsdenkmal" dar, einer 1875 eingeweihten, vom Architekten und Bildhauer Ernst von Bandel entworfenen Kolossalstatue im Teutoburger Wald, in dem die berüchtigte Varusschlacht stattgefunden hatte.[36]

Gräfin Poninska wählte diesen Deckmantel für ihre Abhandlung vermutlich mit Bedacht: Damit verbarg sie sich geschickt unter einem stark nationalistisch aufgeladenen Pseudonym, benutzte eine populäre, virile Befreierfigur, die auch als kriegerische Ansage an das im Titel genannte Problem, die Wohnungsnot, gelten konnte, anstelle des Symbols der Palme als Baum des Friedens, wie sie es noch 1854 in ihrem *Grundzüge eines Systems* getan hatte. Hegemann merkte später zur anonymen Autorenschaft der *Großstädte in ihrer Wohnungsnoth* an: „ein solch ungewöhnliches Maß von naiver Logik und stolzer, auf wahrer Allgemeinbildung beruhender Unbefangenheit mit überraschender Detailkenntnis in Fragen der sozialen Praxis […], daß man überrascht nach dem Urheber fragen muß". Seine Unwissenheit war freilich vorgespielt, genauso wie sein Spekulieren über eine mögliche weibliche Autorenschaft: „Die Gesinnung, aus der heraus das Buch von Arminius geschrieben ist, erinnert in so vieler Beziehung an den Geist, aus dem heraus es der großen Jane Addams und anderen amerikanischen Frauen in Chikago und man kann wohl sagen in den ganzen Vereinigten Staaten möglich geworden ist, den Städtebau, namentlich das Wohn- und Parkwesen, nachhaltig und durchgreifend zu beeinflussen, daß man zur Annahme gedrängt wird, hinter dem Pseudonym Arminius verberge sich eine Frau, wahrscheinlich eine international gebildete Aristokratin aus dem Freundeskreise V. A. Hubers".[37] Es handelt sich um rhetorische Täuschungsmanöver, denn Hegemann kannte bereits, wie eine Anmerkung verrät, die Identität der Autorin.[38]

Auch zur Entstehungsgeschichte der Publikation führt uns Hegemann, gefolgt von späteren Autoren, auf interessante, aber etwas spekulative Wege, indem er schreibt: „Die Anregungen zu städtebaulichem Denken hat Arminius von dem großen Wiener Wettbewerb aus dem Jahre 1857 für die Erweiterung der Wiener Altstadt gewonnen, den er mit erlebt und studiert hat, und dessen einseitige Berücksichtigung des Gedankens eleganter Repräsentation (Kaiser Franz Joseph soll sein Streben mit den Worten gekennzeichnet haben: ‚Ich will eine elegante Hauptstadt haben!') und dessen Vernachlässigung des Wohnungsbedürfnisses der großen Massen ihm den Anstoß zur Aufstellung einer gesunderen ‚Theorie über die Architektur der Großstädte' gegeben hat."[39] In diesem Sinne datierte Hegemann die Entstehung der Schrift auf das Jahr 1857, also fast 20 Jahre vor dem eigentlichen Erscheinen. Wenn man aber das Inhaltsverzeichnis für den geplanten, aber nicht erschienenen zweiten Band der *Grundzüge eines Systems der Regeneration der unteren Volksklassen* von 1854 und die Vorlaufzeit seiner Entstehung berücksichtigt, so kann man mit gutem Grund vermuten, dass die Grundanlage zum Manuskript für die *Großstädte in ihrer Wohnungsnoth* schon früher, zu Beginn der 1850er-Jahre anzusetzen ist.

In Leipzig, wo sie in den 1870er-Jahren wahrscheinlich residierte, aktualisierte Poninska das Manuskript und nahm die Schlussredaktion vor. In Berlin fand sie mit Duncker & Humblot einen respektablen Verleger mit guter Reputation in den

Bereichen Philosophie, Geschichte und Sozialreform. Nicht gering mag dabei der Einfluss des von ihr gewonnenen Autors für das Vorwort gewesen sein, des namhaften Agrarwissenschaftlers und Professors an der Universität Königsberg, Theodor Freiherr von der Goltz, auch bekannt für sein sozialpolitisches Engagement.[40]

Poninskas schriftlicher Appell zur Lösung der Wohnungsfrage stellte in der deutschen philanthropischen Szene des 19. Jahrhunderts kein Novum dar, schon 1847 hatten Carl Wilhelm Hoffmann in Berlin und 1860 Johann Georg Varrentrapp in Frankfurt solche Aufrufe formuliert und veröffentlicht, sodass es mit großer Wahrscheinlichkeit vor allem auf ihr Geschlecht zurückzuführen ist, dass sie so lange auf die Publikation ihres Traktates warten musste.[41]

Großstadt und Wohnungsfrage – eine untrennbare Denkaufgabe

Wenn auch die Wohnungsfrage und menschenwürdige Wohnbedingungen stets im Zentrum der frühen Reforminteressen von Gräfin Poninska standen, den konkreten Anlass für ihre Auseinandersetzung mit dem Thema Großstadt und ihre spezifische Hinwendung zum „städtebaulichen Denken" lieferte vermutlich das Erweiterungsprojekt der Wiener Altstadt und der Bau der Ringstraße.[42] Ausgehend vom kaiserlichen Dekret vom Dezember 1857 war ein internationaler Wettbewerb lanciert worden, dessen Ergebnisse Ende Oktober 1858 an der Wiener Akademie der bildenden Künste öffentlich ausgestellt wurden.[43] Poninska, die vermutlich die Ausstellung besuchte, war von dem, was sie sah, verdrossen und stellte fest, dass „fast alle Concurrenten in ihren nahezu einhundert Plänen eines der wesentlichsten Stücke, die bei jeder Stadterweiterung in Betracht zu ziehen sind, ‚die Arbeiterwohnungen', übersehen und sich gar nicht darum bekümmert hatten."[44] Als Gründe für die Wohnungsnot der ärmeren Gesellschaftsschicht nannte sie auch das neue bürgerliche Repräsentationsbedürfnis der sich modernisierenden Metropolen. Indem die Ringstraße dem kaiserlichen Wunsch entsprechend als elegante, urbane Promenade mit großzügigen Grünflächen den Bedürfnissen nach Repräsentation, Bildung, Kultur und Konsum der bürgerlichen Gesellschaft entsprach, verschärfte ihr Bau zusätzlich das Problem der Wohnungsfrage, da er die eingesessene Bevölkerung vertrieb. Der Verlust von Wohnraum in der Altstadt, die Mobilisierung von Kapital in den Gebieten um die Ringstraße sowie die Vernachlässigung der Wohnbautätigkeit und der Stadterneuerungsarbeiten im alten Zentrum verschlechterten die Lebensbedingungen der ärmeren Stadtbevölkerung drastisch.[45] Poninska reflektierte in ihrem Traktat auch „die fast gleichzeitig leidenschaftlich erregte Baulust in Berlin und [...] das colossale Anwachsen der Hauptstadt nach mehreren Richtungen", eine Tendenz, bei der sie ebenso Maßnahmen „bezüglich einer Abhülfe der immer steigenden Wohnungsnot" gänzlich vermisse.[46] Poninskas Großstadtkritik adressiert die städtebauliche Entwicklung in Wien und Berlin, aber auch in Paris und London. Sie nennt in ihrer Schrift die Hauptstadt als ein Parameter, was von Bedeutung ist, wenn es um das Argument der Repräsentation geht, ansonsten verwendet sie die Begriffe Großstadt, Hauptstadt und Metropole synonymisch, ohne einen spezifischen Diskurs zum Thema der Kapitale zu initiieren.

Willy Römer, Meyer's Hof, Ackerstraße, Berlin. Blick von der Durchfahrt des Vorderhauses ins Innere der Anlage, bis zum sechsten Hof, Aufnahme aus dem Jahr 1910

In der Wohnungsfrage war Berlin in der Tat besonders schlecht gestellt: Seit den industriellen Anfängen in den 1840er-Jahren herrschte Wohnungsnot, verursacht durch Zuwanderung von Arbeitskräften, unkontrollierte Bautätigkeit, Grundstücks- spekulation und nicht zuletzt durch das strukturelle Unvermögen der lokalen wie staatlichen Verwaltung, dem Problem entgegenzutreten.[47] Mit dem 1862 in Berlin in Kraft getretenen *Bebauungsplan für Berlins Umgebung*, dem sogenannten Hobrecht-Plan – der ab 1858 von der Baukommission unter dem Vorsitz des Regie- rungsbaumeisters James Hobrecht als Fluchtlinienplan konzipiert worden war –, gelang eine rasche und dichte Besiedlung. Der Bebauungsplan regelte die Führung von Ring- und Ausfallstraßen und die Bebauung der Städte Berlin, Charlottenburg sowie von fünf umgebenden Gemeinden für die kommenden 50 Jahre.[48] Das vorge- sehene Erweiterungsgebiet, zwischen Zentrum und Ringstraße gelegen, sollte durch Diagonalstraßen und Ausfallstraßen in rechtwinklige Baublöcke aufgeteilt werden. Grundlage dazu bildeten Anweisungen zur Straßenbreite, Größe der Baublöcke, Straßenausrichtung, zum Standort für öffentliche Gebäude und Verlauf künftiger Kanalisation, wobei bei der Straßenführung besonders auf Eigentümerverhältnisse geachtet wurde, um die Entschädigungsrate niedrig zu halten.[49] Fehlende Vorgaben wie auch die unzureichende Baupolizeiordnung von 1853 gestatteten es den privaten Bauherren, die Bauparzellen so intensiv wie nur möglich zu nutzen, so beispielsweise mit dem Bau von vier- bis sechsgeschossigen Häusern, die außer der Ausrichtung an der Straßenfluchtlinie und der Mindestgröße der Innenhöfe ohne weitere Einschrän- kungen zugelassen wurden. Aus diesen Bedingungen heraus entwickelte sich die typische Berliner Mietskaserne: Gebäude mit sechs Vollgeschossen und mehrfach hintereinander gestaffelten, lichtarmen Hinterhöfen, Seitenflügeln, Hinterhäusern und Gewerbebauten.[50] Die unhygienischen, dichten und engen Wohnverhältnisse führten immer wieder zu Epidemien, und diese Situation konnte erst mit der Ein- führung des Berliner Kanalisationssystems 1893 entschärft werden.

Die Mietskaserne, die das Bild des „steinernen Berlin" nachhaltig prägen sollte, geriet in den Fokus angeregter Reformdebatten. Hobrecht, der in der Folge als Hauptschuldiger für die Entstehung der Mietskasernen ausgemacht wurde, verfasste 1868 einen Text zur öffentlichen Gesundheitspflege, in dem er dem Staat die Ver- antwortung für das Gemeinwohl und für die Behebung der Missstände zuordnete, zur Gründung eines Zentralamtes für öffentliche Gesundheitspflege aufrief und zur Bereitstellung von Investitionen im Infrastrukturbereich mahnte. Hobrecht rechtfertigte den Wohnblock als städtische Wohntypologie aus einer „sittlich- gesellschaftlichen" Perspektive, die die Durchmischung unterschiedlicher Stände in einem Haus postuliert, kritisierte jedoch die spezifische Entwicklung der Berliner Mietskaserne.[51] 1870 publizierte der Statistiker Ernst Bruch in der *Deutschen Bau- zeitung* eine Reihe von Artikeln zum Thema „Die bauliche Zukunft Berlins und der Bebauungsplan", in denen er anhand der Stadterweiterung allgemeine Grundsätze wie konkrete Beispiele diskutierte und eine eingehende Kritik des Hobrecht-Plans formulierte.[52] Insbesondere bemängelte er den Umfang des Plans, die ausgeprägte Zentralisierung, die Breite und Monotonie der Straßen, die Größe der Baublöcke, die Ringstraße, aber auch das Versagen, die private Spekulation zu steuern.[53]

Arminius' Traktat gehört in diesen diskursiven Kontext der kritischen Auseinandersetzung mit dem Thema der Stadterweiterung und der heftigen Diskussionen um die geeignete Wohntypologie für die Arbeiterklasse.[54]

Menschliches Wohnen – eine materielle und sittliche Notwendigkeit

Gräfin Poninska behandelt die Wohnungsfrage in den Großstädten aus einer sittlich-moralisch begründeten, großstadtkritischen Position heraus. Damit der „gesunde Organismus"[55] der Stadt gewahrt bleibe, sei das Wohnungsproblem der Arbeiterklasse in seinen gesellschaftlichen, politischen und ökonomischen Aspekten gesamtheitlich zu untersuchen und zu lösen. Was sie diagnostiziert, ist die moralische und hygienische Degeneration der Lebensbedingungen der Arbeiterklasse als eine direkte Konsequenz des Stadtwachstums und der daraus resultierenden Übervölkerung. Poninska setzt die Wohnungsfrage, ihrer sozialreformerischen Agenda getreu, ins Zentrum städtebaulichen Denkens und Planens: „Das Wohnen des Volkes ist naturgemäß als das Fundamentale bei der baulichen Construktion einer Großstadt und somit auch bei Erweiterungsplänen zu betrachten."[56]

Neben radikalen Vorschlägen, die Poninska im Hinblick auf die übermäßige Einwohnerdichte ausführt – wie die staatlich geförderte Auswanderung armer und arbeitsloser Bevölkerungsschichten in die Überseekolonien –, formuliert sie auch konkrete planerische und bauliche Maßnahmen und diskutiert ihre Durchführbarkeit. Sie setzt sich mit der Typologie der Arbeiterwohnung und ihrer Anlage auseinander, wobei sowohl Kleinhäuser mit Gärten wie auch Wohnblöcke mit geräumigen Innenhöfen ihre Zustimmung finden: „Soll eine Großstadt erweitert werden, so ist dabei keine andere Aufgabe wichtiger als die dafür zu sorgen, dass die kleinen Wohnungen sowohl ihrer Anzahl nach in das richtige Verhältnis zu den übrigen Baulichkeiten gebracht werden, als daß die Anlage ihrer Räumlichkeiten dem Bedürfnisse entspreche, und dass ihre Lage und Gruppierung zweckmäßig sei."[57]

Stets um eine systematische Analyse der Probleme bemüht, ordnet und bewertet sie die schon existierenden Arbeitersiedlungen. Sie stellt dabei fest, dass das „Fabrikarrondissement wo das Wohlwollen des Arbeitgebers waltet" – das heißt eine frühe Form der *company town* – nur eine geringe Anzahl von Arbeitern begünstigt, und zitiert hierzu deutsche Fabriken mit musterhaften Einrichtungen wie die Seidenfabrik von Wez in Freiburg, die Knopffabrik von Ritzler in Frankfurt und die Zigarrenfabrik Morgenthau in Mannheim. Poninska erwähnt auch die englischen Produktionsstätten in Belmont bei London und Saltaire bei Leeds, von denen sie aus den Berichten von Victor Aimé Huber wusste.[58] Sie schätzt, dass die Arbeiterkolonien einzig der „Elite der Arbeiter",[59] die schon zur Selbsthilfe im Stande wäre, zum Vorteil gereichen könnten; als Beispiel für dieses Modell nennt sie die in jenen Jahren sehr populäre und intensiv diskutierte Arbeitersiedlung in Mühlhausen.[60]

Bei der Kategorisierung von Arbeitersiedlungen lässt die Gräfin weniger architektonische oder städtebauliche Kriterien gelten, vielmehr richtet sie ihren soziologisch interessierten Fokus auf die materiellen und moralischen Zustände der betroffenen

Arbeiterschaft. Als eine „mit den Bedürfnissen der verschiedenen Stände absolut vertraute Frau"[61] interessiert sie sich in erster Linie für die Bedürftigsten – arme Arbeiterfamilien, aber auch alleinstehende ledige Arbeiterinnen –, die nur durch eine organisierte und institutionalisierte Hilfe wirksam unterstützt werden könnten. Für diese Kategorie von Arbeitern, die weder zu den Wohnsiedlungen der Unternehmer noch zu den selbstorganisierten Arbeiterkolonien Zugang finden, sollte eine andere, neue Form von Wohnungen entwickelt werden, in der die notwendige Hilfe strukturell wie baulich in der Konzeption integriert wäre: So entwirft sie selbst einen Musterwohnkomplex, den sie mit Plan und Text erläutert, in der Hoffnung, er würde „in der Theorie begriffen und in Praxis zur Geltung kommen".[62] Die von ihr ersonnene Unterstützung sollte nicht nur das eigentliche Wohnen betreffen – das heißt billigere Mieten, bessere Wohnungen, Gartenanteil –, sondern auch die alltäglichen Lebensumstände, wie die Erziehung und Betreuung der Kinder und Jugendlichen. In diesem Zusammenhang entwirft Poninska das Konzept für eine Wohnsiedlung, bei der die Lage und die Verkehrsverbindung zu den Arbeitsstätten von höchster Bedeutung sind, nämlich: „theils noch innerhalb des Weichbildes der Stadt, in der Nähe von Fabriken […,] theils auch ausserhalb desselben, wo dann die Verbindung zwischen Arbeitsstätte und Wohnung mittels Eisenbahn, meistens wohl Pferdebahn, und zwar zu ermässigten Preisen für Arbeiterzüge, herzustellen ist."[63]

Ein besonderes Anliegen der Gräfin betraf die Wohnbedürfnisse der jungen, ledigen Arbeiterinnen. Mit der spezifischen Berücksichtigung ihrer schweren Lebensbedingungen wurde Poninska zu einer planerischen Pionierin, die prominente Nachfolgerinnen haben sollte, wie die Architektinnen Lux Guyer, Berta Rahm, Wera Meyer-Waldeck und Myra Warhaftig.[64] Die steigende Anzahl der ledigen Arbeiterinnen, die in schäbigen Schlafstellen hausen mussten, verlieh der Errichtung von Wohnasylen einige Dringlichkeit.[65] Die Wohnsituation der „noch unverdorbenen heranwachsenden Töchter im Arbeiterstand" wie auch der dienstlosen Mädchen gehörte für Poninska „zu den brennend nöthigsten Baulichkeiten für jede Großstadt", die man differenziert anzugehen habe:[66] So sah sie für die Unterbringung der jungen Arbeiterinnen große gemeinsame Wohnungen innerhalb von gemischten Wohnsiedlungen für Arbeiterfamilien vor, für arbeitslose Frauen hingegen separate „Wohnungsasyle".[67] Poninska skizziert in ihrem Traktat verschiedene mögliche adäquate Wohnformen für den Arbeiterstand, entsprechend den unterschiedlichen Wohnbedürfnissen, differenziert nach Berufstätigkeit, sozialer und familiärer Situation – eine Herangehensweise, die ein fast soziologisches Verständnis bezeugt wie auch eine vertiefte und dokumentierte Kenntnis des Sachproblems erkennen lässt.[68]

Plan eines „Wohnungsetablissements für Fabrikarbeiter in Berlin"

Ihre theoretischen Überlegungen zu diesen Fragen setzte Poninska auch in einem praktischen Planungsvorschlag um.[69] Den 1857 entstandenen „Plan eines Wohnungsetablissements für Fabrikarbeiter in Berlin" konnte sie aber erst 1874 veröffentlichen, indem sie ihn ihrer großen Abhandlung *Die Großstädte in ihrer*

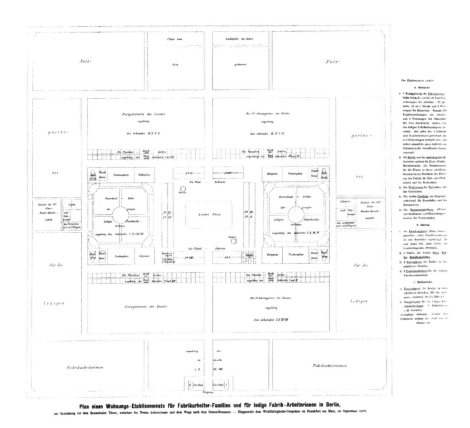

Adelheid Poninska, Plan eines Wohnungs-Etablissements für Fabrikarbeiter-Familien und für ledige Fabrik-Arbeiterinnen in Berlin, 1857

Wohnungsnoth beilegte. Seine Publikation begründete sie mit dem Argument, dass er immer noch von hoher Aktualität und in der Zwischenzeit noch nichts Vergleichbares gebaut worden sei.[70]

Die Ausführung des „Wohnungsetablissements" würde ein Grundstück von 64 Morgen benötigen, wobei die Größe der Anlage durch Addition der einzelnen Teile beliebig erweitert und verschiedenartig variiert werden könne, je nach Lage und in Bezug auf wichtige Infrastrukturen wie Schulen und Krankenhäuser. Damit stellt es ein sehr rationales, modulares System dar. Gräfin Poninska berichtete, dass dieser Plan später in Berlin „an höchster Stelle in Erwägung gezogen" worden sei,[71] lieferte dazu aber keine weiteren Angaben. Allem Anschein nach hätte das Projekt in Berlin auf einem Grundstück der vorgegebenen Größe vor dem Hamburger Tor realisiert werden sollen; trotz des bescheidenen Bodenpreises scheiterte das Vorhaben aus Kostengründen. Poninska erkannte dennoch zur Zeit der Veröffentlichung ihres Traktates eine konkrete Möglichkeit, diesem Plan doch noch zur Verwirklichung zu verhelfen: Ganz zuversichtlich nannte sie ein vom Lichterfelder Bauverein erworbenes Grundstück von 440 Morgen, das mit der „Anhalter Bahn" nur zwölf Minuten von Berlin entfernt sei. Der Lichterfelder Bauverein förderte aber letztlich die Errichtung von Villenkolonien und nicht Arbeitersiedlungen; erst am Ende des 19. Jahrhunderts wurden dort die ersten großen Wohnhäuser realisiert, wie sie der Gräfin vorgeschwebt hatten.[72]

Die Wohnungsfrage, die eigentlich im Kern eine Sozialfrage war, bedeutete für die Gräfin den Ausgangspunkt jeglicher städtebaulichen Überlegungen. Dabei sollten die unterschiedlichen Problembereiche nicht isoliert angegangen oder in Teilaspekte zergliedert, sondern gesamtheitlich, das heißt systemisch durchdacht werden.[73] Ihre Berechnungen gehen von einer durchschnittlich siebenköpfigen Familie aus, für die eine Wohnung mit Küche und drei Zimmern vorgesehen war, so dass der geplante Wohnkomplex mehr als 1.500 Menschen unterbringen würde.[74] Damit dieses Wohnsiedlungsmodell effektiv funktionieren könne, müsse seine Planung eng an diejenige der Verkehrsverbindungen gekoppelt sowie unter Berücksichtigung der Industriestandorte konzipiert werden. Die Industrieanlagen sollten am besten in ländlichen, peripheren Gebieten angesiedelt werden, wo die Bodenpreise und Baukosten niedriger sowie das Brennmaterial billiger sei als in den Großstädten. Poninska schlägt auch vor, die Industrieunternehmer zu einem „freiwilligen Einlenken" zu bewegen:[75] nämlich sie zu überzeugen, ihre neuen Fabriken in einer gewissen Distanz zur Innenstadt einzurichten, und dieses Prinzip schließlich gesetzlich zu verankern. Sie argumentiert weiter, dass der Wegzug der Industrie vom Stadtzentrum und die Errichtung von Arbeiterwohnsiedlungen in den peripheren Bezirken den Innenstädten neuen Raum zur Verfügung stellen würde, der von gemeinnützigen Institutionen eingenommen werde könne, gleichzeitig würden auch vermehrt kleine Wohnungen verfügbar sein. Dies hätte wiederum zur Folge, dass sich die Vermieter unter dem Druck größerer Konkurrenz gezwungen sähen, ihre Wohnungen zu erneuern und zu vergrößern, was insgesamt eine Verbesserung der Wohnverhältnisse im Stadtzentrum bewirken würde und speziell dem kleinen Gewerbe zugute käme.[76]

Das „Wohnungsetablissement" von Poninska – wenn auch ideologisch vollkommen anders ausgerichtet und architektonisch unterschiedlich formuliert – fügt sich gleichwohl in eine lange Reihe utopischer, sozial motivierter Entwürfe zur Frage des Wohnens ein, wie die des englischen Philanthropen Robert Owen, des französischen Philosophen und Gesellschaftstheoretikers Charles Fouriers oder auch des Gartenarchitekten und Publizisten John Claudius Loudon.[77] Gemeinsam sind ihnen gesellschaftsreformerische Grundsätze und Motivationen, die nicht nur das Wohnen in hygienischen Lebensverhältnissen anvisieren, sondern vom Glauben an die Potenziale von Erziehung und Bildung wie auch des Fortschritts als Instrumente einer neuen sozialen Ordnung getragen werden.

Poninska ist sich bewusst, dass die notwendigen Voraussetzungen für die Einrichtung von Wohnungen nach ihren Vorstellungen institutionelle und administrative Reformen sowie eine neue Gesetzgebung sind. Sie vertritt eine innovative, sozialgerechtere Auffassung des Eigentumsrechts an städtischem Grund und Boden: Städtebaupolitik könne erst wirksam werden, wenn der Begriff von Eigentum den

Interessen der Allgemeinheit angepasst würde.[78] Beschränkungen des Privatrechts hätten den übergeordneten Sinn, eine organische Entwicklung des Stadtkörpers zu ermöglichen, im Sinne einer ausgeglichenen Befriedigung der verschiedenen Interessen der Gemeinschaft; so müssten „die neuen Bauten im Weichbilde der Stadt nicht irgendwie störend in das Wohl der einen oder anderen Classe der Bewohner eingreifen".[79] Poninska übergibt den Gemeinden und dem Staat weitreichende Machtbefugnisse, um städtisches Bauland vor Spekulation zu bewahren und es vornehmlich für die Errichtung von Wohnungen zu nutzen. Neben Steuerreformen, die die spekulative Ausbeutung des städtischen Bodens mit Abgaben belegen sollen – so beispielsweise die Einführung einer „Wertzuwachssteuer", die auf Mietpreiserhöhungen und steigende Grundstückwerte erhoben werden sollte –, skizziert sie auch Reformansätze in Bezug auf die Verteilung von Verantwortungen und Kompetenzen im Bereich des Wohnungsbaus.[80] Die Bauherren sollten dazu verpflichtet werden, ihre Pläne einzureichen und sich auf bindende Mietsätze festzulegen. Ein Wohnungsamt sollte anhand von Inspektionen der Behausungen die Bedürfnisse eruieren und Daten für Statistiken zusammentragen.

Poninska scheint von Anfang an von dem Bewusstsein geleitet gewesen zu sein, dass nur ein integrales, koordiniertes Vorgehen, das abgestimmte Einsetzen aller verfügbaren Mittel – Steuerreform, Boden-, Wohnungs- und Städtebaupolitik – wie auch der Zusammenschluss aller beteiligten Akteure – „die Fabrikherren, die großstädtischen Communalbehörden, der Staat, und gemeinnützige Gesellschaften" –[81] das Problem der mangelnden Wohnungen und des unkontrollierten urbanen Wachstums nicht nur baulich, sondern auch gesellschaftlich zu lösen vermögen.

Großstadt und Freiraum: Der grüne Ring um die Stadt

Poninskas Traktat ist nicht nur das erste Buch in Deutschland, das sich sowohl theoretisch wie auch konkret mit der Wohnungsfrage auseinandersetzt, zum ersten Mal in der Geschichte der Stadtplanung beschäftigt sich eine Abhandlung auch eingehend mit der für die Großstadt lebenswichtigen Grünplanung, was Poninska eine herausragende Stellung in der Geschichte der Freiraumplanung sichern sollte.[82] Im gesamten zweiten Teil der Schrift beschäftigt sich die Autorin mit dem Thema der Grünzonen und Erholungsmöglichkeiten für die Bevölkerung in den Großstädten. Dabei bleibt das Motiv des Wohnens zentral, zumal „zur Wohnstätte der Menschen nicht nur Häuser, sondern auch ein grüner Zubehör in freier Natur gerechnet werden muß".[83] Da in den stark industrialisierten Metropolen wie Berlin, London oder Paris das Gleichgewicht zwischen bebauten und freien Flächen nicht mehr gewährleistet sei, sollte die Erweiterung der Städte nicht mehr unkontrolliert zugelassen, sondern in baulicher Hinsicht gelenkt werden, wobei die Planung der Erholungsräume im Freien zwingend mit einzubeziehen sei. Das bedeute primär die Steuerung und Einschränkung der Bautätigkeit durch das Einfügen grüner Schutzzonen, so beispielsweise durch einen grünen, um die Stadt gelegten Ring; diese Gürtelzone solle „freie Flur" sein, „welche die compacten Steinmassen dieser Städte und deren Ausläufer rings *umgiebt.*"[84] Das vorgesehene Erholungsgebiet solle um die bestehenden Städte angelegt werden, wobei einzelne Gruppen schon existierender Bauten innerhalb dieser Zone erhalten bleiben dürften, sofern die Baumasse nicht mehr als ein Fünftel des gesamten grünen Rings besetze. Die Ringzone solle eine halbe Meile breit und innerhalb einer halben Stunde vom Stadtzentrum aus zu Fuß oder mit der städtischen Pferdebahn erreichbar sein.

Die sogenannte grüne Ring- oder Gürtelstraße war seit der Mitte des 19. Jahrhunderts eine in Fachkreisen häufig geforderte städtebauliche Maßnahme, die vornehmlich der Gesundheitspflege dienlich sein sollte. Der preußische Gartenarchitekt Peter Joseph Lenné hatte schon in den 1840er-Jahren eine bescheidene Variante einer an ältere Typologien angelehnten Gürtelstraße entworfen, und auch sein Schüler Gustav Meyer schlug in den 1860ern eine stadtumringende grüne Zone vor.[85] Doch der von Poninska konzipierte Gürtel war städtebaulich um einiges innovativer und knüpfte in seinen radikalen und visionären Aspekten an John Claudius Loudons theoretisches Erweiterungskonzept für London an.[86] Der grüne Gürtel erwies sich in den folgenden Jahrzehnten als ein neuartiges städtebauliches Instrument, das eingesetzt werden konnte, um das Wachstum der Stadt zu steuern und gleichzeitig sicherzustellen, dass ein Teil des Bodens als Ressource und Erholungsraum unbebaut blieb. Reinhard Baumeister nahm die Idee des grünen Rings um die Stadt in seiner grundlegenden Abhandlung von 1876 auf und rekurrierte dabei auf Poninska: „Dieser Vorschlag findet sich in dem warm geschriebenen, anregenden Buche: Die Großstädte in ihrer Wohnungsnoth, von Arminius."[87] Noch dreißig Jahre später betonte der Landesbaurat der Provinz Brandenburg, Theodor Goecke, die Notwendigkeit eines grünen Rings, ohne aber Poninska zu erwähnen.[88] Bevor die Idee in die Planung von Groß-Berlin Einlass finden konnte, wurde 1905 in Wien der erste grüne Gürtel realisiert: Dieser „Wald- und Wiesengürtel" sollte zum einen die Zufuhr sauberer Luft in die Stadt sichern, zum anderen den Bewohnern einen nahen Erholungsraum im Freien eröffnen.[89] Zu diesem von der Stadt geförderten Vorhaben waren verschiedene Planideen erarbeitet und in dem großen Wettbewerb zum Generalregulierungsplan von 1892 präsentiert worden. Der Wiener Architekt Eugen Fassbender hatte den zweiten Preis gewonnen mit einem Projekt, das die Erweiterung der Stadt in zehn Ringzonen strukturierte, wovon eine, unter dem Namen „Volksring", als grüner Gürtel vorgesehen war. Die Konzeption des Volksrings von Fassbender erinnert sowohl in ihren sozialen und hygienischen Forderungen als auch in Bezug auf die vorgesehenen Einrichtungen und die Nutzung der Anlagen an den Vorschlag von Poninska. Ob Fassbender ihre Abhandlung kannte, bleibt aber ungewiss.[90]

„Der grüne Zubehör in freier Natur" – Typologie und Nutzung städtischer Grünanlagen

Adelheid Poninska wendet eine differenzierende Perspektive auf die verschiedenen Nutzer der Stadt an, wenn sie zwei soziale Typen städtischer Grünräume unterscheidet, nämlich die „Erholungsstätten in freier Natur am Feierabende und Sonntage, insbesondere für die handarbeitenden Classen",[91] die sie eingehend behandelt und für die sie eintritt, und die „Erholungsstätten in freier Natur für die intelligenten, die höheren Stände".[92] Diese Differenzierung, die klar das bürgerlich-aristokratische Selbstverständnis in Bezug auf die Klassentrennung widerspiegelt, bezeugt aber auch ihren systematischen Zugang zu den Problemen der modernen Großstadt: Indem sie verschiedene Nutzungsbedürfnisse und -möglichkeiten unterscheidet, entwickelt sie ein frühes Bewusstsein für die heterogenen gesellschaftlichen Anforderungen der Metropolen. Es ist nicht nur die soziale Zugehörigkeit, sondern auch die zu einer Berufsgruppe beziehungsweise einer Arbeitstätigkeit, das Alter und das Geschlecht, die wichtige Differenzierungskriterien darstellen, nach denen die Lage, die Größe und die Ausstattung von Grünräumen festgelegt werden sollen.[93] Gräfin Poninska fordert vor allem nahe den Wohngebieten gelegene und schlicht gestaltete Erholungsanlagen für den Feierabend der Arbeiterfamilien. Für diejenigen, die nicht über eine eigene Hausgartenparzelle verfügten, empfiehlt sie innerhalb der städtischen Nutzgärtnereien die Einrichtung von sogenannten „Familienlauben", die saisonal oder stundenweise angemietet werden können. Wesentliche Bestandteile solcher täglich geöffneten Feierabendstätten sollten schattige Plätze mit Tischen und Bänken, weitläufige freie Rasenflächen mit Fußwegen und Bänken, Kinderspielplätze, einfache Verpflegungsmöglichkeiten sowie gedeckte Gänge zur Benutzung bei Regenwetter sein – „keine kostspielige[n] Säulengänge", sondern auch eine Doppelreihe roher Baumstämme, mit rankenden Pflanzen überwuchert, erfülle den Zweck.[94] In Bezug auf die Erholungsstätten für die „intelligenten, höheren Stände", das heißt für die gesamte bürgerliche Einwohnerschaft, verweist die Gräfin im Interesse des Familienlebens vornehmlich auf die privaten Villen- und Hausgärten, aber auch auf anmietbare Privatgärten. Dabei bezieht sie sich auf das Beispiel des Leipziger Johannistals, eine der ältesten, 1832 gegründeten Kleingartenanlagen.

Adelheid Poninska untersucht auch andere Gattungen des städtischen Grüns, so die öffentliche Begrünung im Umfeld öffentlicher Bauten, wie Universitäten, Schulen, sonstigen Bildungsstätten und wohltätigen Instituten, Vereinen und Genossenschaften, ebenso wie Promenaden und Parkanlagen. Dabei behält sie Innenstadt und Stadtperipherie gleichermaßen im Auge und entwirft ein kohärentes infrastrukturelles System von urbanem Erholungsraum. Pragmatisch und punktuell vorgehend entwickelt Poninska innovative Möglichkeiten, die bestehenden Grünanlagen ohne großen Aufwand der Stadtbevölkerung zur Nutzung zu überlassen, zum Beispiel, indem Gärtnereien saisonal oder auch stundenweise Beete und Parzellen vermieten würden.

Die Planung von städtischen Grünanlagen wurde Mitte des 19. Jahrhunderts in vielen europäischen Großstädten intensiv diskutiert: August Orth beschwerte sich 1873 über den Mangel an nah bei den Wohnungen gelegenen Grünanlagen.[95] Mit dem Volkspark Friedrichshain hatte Gustav Meyer 1846 die erste Berliner Parkanlage geschaffen, die als Erholungsstätte für den einfachen Bürger konzipiert war.[96] Eine der frühesten Anlagen, und Gräfin Poninska sicherlich bekannt, war der Wiener Volksgarten, der 1823 als erster Garten in Europa der Öffentlichkeit zugänglich gemacht wurde.[97]

Karl Sprosse, Das Johannistal in Leipzig von Osten aus gesehen, 1863, Bleistift und Aquarell

Die Überlegungen Poninskas zum städtischen Grünraum dokumentieren ihre Informiertheit und die damalige Aktualität des Diskurses, sie stehen aber auch für eine emanzipierte städtebauliche Position, die einen nachhaltigen und sensiblen Umgang mit den Ressourcen, der Bevölkerung und der öffentlichen urbanen Infrastruktur postuliert. Mit dieser Haltung positioniert sie sich in einer Reihe mit Pionierinnen eines sozialverträglichen Umgangs mit der Stadt und der gerechten Nutzung ihrer Vorteile, wie der englischen Reformerin Octavia Hill oder später der amerikanischen Feministin und Soziologin Jane Addams – Autorinnen, die dem Städtebau die unerlässliche Dimension des Sozialen erschlossen und das öffentliche Bewusstsein dafür sensibilisierten.[98] Mit pragmatischen und diversifizierten Vorschlägen für freie Grünräume für die unterprivilegierte Stadtbevölkerung steht Poninska der Arbeit ihrer jüngeren Zeitgenossin Hill sehr nahe, die sich im Zusammenhang mit ihrem Konzept der Wohnungsfürsorge für die Erschaffung und Erhaltung von öffentlichem Freiraum einsetzt.[99] Ähnlich wie Poninska vertritt sie die Meinung, dass die überfüllten Wohnräume und die engen Höfe, in denen die Arbeiterfamilien logierten, einer Art kompensatorischen öffentlichen Freiraums bedürften, der Möglichkeit zur Regeneration bieten könne. In ihrem epochalen Text „Space for the People" aus dem Jahr 1875 weist Hill auf die ungleiche Verteilung der städtischen öffentlichen Grünanlagen hin und formuliert den akuten Bedarf an Erholungseinrichtungen für die unterprivilegierte Stadtbevölkerung.[100] Wie Poninska entwirft sie eine kontrollierte, punktuelle, aber systemische Strategie, die mittels einzelner Interventionen die Stadt mit einem kapillaren Netzwerk von grünen Erholungsstätten durchdringen soll.[101]

„Gräfin Arminius" – eine problematische Rezeption

Die Rezeption von Arminius' Traktat gestaltete sich kompliziert und vermochte dem Werk weder historisch noch fachlich gerecht zu werden. Die sogleich nach dem Erscheinen des Buches einsetzenden Spekulationen über die Identität des Verfassers vermuteten eine Autorin hinter der Publikation, und dies aufgrund von scheinbar wohlwollenden, faktisch aber herablassenden Argumenten. So äußerte sich der Rezensent des *Literarischen Zentralblatts* folgendermaßen: „Auf dem Titel dieses Buches ist bemerkt, dass ein Professor von der Universität Königsberg das Vorwort geliefert habe. Man wird dadurch zur Meinung verleitet, dass hier ein wissenschaftliches Buch von einem noch unbekannten Verfasser, welcher sich unter falschem Name verberge, dargeboten und empfohlen werden solle; aber diese Meinung wird durch den Inhalt der Arbeit keineswegs bestätigt. Ein unverkennbar weibliches Herz, voll von Menschenliebe und Gottesfurcht, ergeht sich in wohlwollender, höchst ausführlicher Weise zuerst über den Jammer des großstädtischen Wohnens, zeigt den Widerspruch mit den von Gott gegebenen höheren Ordnungen, hofft eine Abhilfe nur im Anschlusse an das Ringen um das ‚sittliche Blüthenthum der Menschheit' und schwärmt auf den letzten 120 Seiten von dem ‚grünen Ring', der in Zukunft die großen Städte zu umgeben habe, und von dem Vortheile, den die verschiedenen Stände, höhere und niedere, Näherinnen und Studierende, vom Aufenthalt im Freien ziehen können. Wünschen wir der Verfasserin, dass sie einen Kreis gleichgesinnter Seelen um sich sammle."[102] Karl Walcker, Dozent der Staatswissenschaften an der Universität Leipzig, verwies in einem 1892 in der Zeitschrift *Deutsche Zeit- und Streitfragen* erschienenen Artikel zur Wohnungsnot in den Großstädten eindeutig darauf, dass sich hinter dem Pseudonym Arminius Gräfin Poninska verberge,[103] eine Information, die lange Zeit unbeachtet bleiben sollte. Hegemann holte die Publikation und ihre Verfasserin erst 1911 wieder aus der Vergessenheit und würdigte ihre städtebautheoretische Leistung ausführlich, obwohl er sich der Autorenschaft von Poninska nicht vollständig sicher war. 1970 ergriff schließlich der ostdeutsche Gartenarchitekturhistoriker Dieter Hennebo für das Buch Partei und schrieb Poninska die Idee des grünen Stadtgürtels zu; in der Folge nahm der Architekturhistoriker Julius Posener Hennebos Rezeption auf und betonte ebenfalls Poninskas konzeptionelle Verdienste im Bereich der städtischen Grünplanung, anerkannte aber auch die von ihr eingeleitete Diskurserweiterung durch das wesentliche Argument des Sozialen.[104]

Die Arbeit von Poninska ist seit Hegemanns Rezeption in der frauenhistorischen Literatur präsent geblieben, so im 1914 in der Zeitschrift *Neue Bahnen* erschienenen Text von Liselotte Kuntze, die sie als „Bahnbrecherin der sozialen Frauenbewegung" feiert, oder dem im Jahr zuvor in derselben Zeitschrift von Gertrud Bäumer verfassten Artikel, der Poninskas Rolle als Protagonistin moderner Wohnungsreform herausarbeitet.[105] In der Fachliteratur und Fachhistoriografie gelang es Arminius' Abhandlung bisher nicht wirklich, einen festen Platz zu erobern; die Geschichte des Städtebaus wurde meistens, ohne ihren Namen zu erwähnen, oder nur mit flüchtigen Verweisen auf ihr Traktat geschrieben, während die Grünplanung vor allem in den letzten Jahrzehnten vermehrt ihren Beitrag zu rezipieren beginnt.[106] Man kann jedoch aufgrund jüngerer Publikationen und einer inklusiveren und bewussteren Forschungshaltung vermuten, dass die Arbeit der Gräfin Poninska in naher Zukunft zu den klassischen städtebaulichen Schriften avancieren wird.

1 *Die Großstädte in ihrer Wohnungsnoth und die Grundlagen einer durchgreifenden Abhilfe. Von Arminius. Mit einem Vorwort von Dr. Th. Freiherrn von der Goltz, Professor an der Universität Königsberg*, Leipzig: Duncker & Humblot, 1874; Reinhard Baumeister, *Stadt-Erweiterungen in technischer, baupolizeilicher und wirthschaftlicher Beziehung*, Berlin: Ernst & Korn, 1876. Vgl. dazu Werner Hegemann, *Der Städtebau nach den Ergebnissen der allgemeinen Städtebau-Ausstellung in Berlin nebst einem Anhang: Die internationale Städtebau-Ausstellung in Düsseldorf. Erster Teil*, Berlin: Ernst Wasmuth, 1911, S. 62.

Die Autorinnen dieses Aufsatzes befassen sich seit längerer Zeit mit Poninskas städtebau-theoretischem Werk; als wichtiger und innovativer Beitrag zu den Themen Großstadtkritik, Wohnungsreform und Stadtgrün wurde Poninskas Abhandlung in die von den Autorinnen herausgegebene Anthologie aufgenommen. Vgl. Vittorio Magnago Lampugnani, Katia Frey und Eliana Perotti (Hrsg.), *Anthologie zum Städtebau. Von der Stadt der Aufklärung zur Metropole des industriellen Zeitalters*, Bd. 1.2, Berlin: Gebr. Mann, 2008, darin Eliana Perotti, „Politisierung des Städtebaudiskurses. Wohnungsfrage und Arbeiterstadt" (S. 809–821 und 778–784) und Katia Frey, „Erneuerung, infrastrukturelle Ausstattung und Begrünung der bürgerlichen Stadt" (S. 959–971 und 1058–1065).

2 Vgl. Hegemann 1911 (wie Anm. 1), S. 62–72; ders., *Der Städtebau nach den Ergebnissen der allgemeinen Städtebau-Ausstellung in Berlin nebst einem Anhang: Die Internationale Städtebau-Ausstellung in Düsseldorf: 600 Wiedergaben des Bilder- und Plan-Materials der beiden Ausstellungen. Teil 2. Verkehrswesen, Freiflächen, Paris, Wien, Budapest, München, Cöln, London, Stockholm, Chicago, Boston, erweitert durch das Material der Städteausstellung Düsseldorf 1912*, Berlin: Wasmuth, 1913, S. 362, 391–394; ders., *Das steinerne Berlin. Geschichte der größten Mietskasernenstadt der Welt*, Berlin: Gustav Kiepenheuer, 1930, S. 340, 368–381; Caroline Flick, die Hegemanns Auseinandersetzung mit Poninska im Rahmen der Städtebauausstellung 1910 ausleuchtet, unterstreicht, dass er sie in die Liste verkannter Reformer gestellt hat – „Huber, Faucher, Carstenn, Hobrecht, Bruch, Orth, Baumeister, Arminius, Schmoller, Kuczynski, Muthesius" –, entlang derer er eine Geschichte des Städtebaus entwirft, die einen moralischen Anspruch formuliert. Vgl. Caroline Flick, *Werner Hegemann (1881–1936). Stadtplanung, Architektur, Politik – ein Arbeitsleben in Europa und den USA*, München: Saur, 2006, S. 185. Erst Ende der 1940er-Jahre sollte der Ingenieur und Stadtbaurat Erich Kabel in seiner Veröffentlichung *Baufreiheit und Raumordnung. Die Verflechtung von Baurecht und Bauentwicklung im deutschen Städtebau*, Ravensburg: Otto Maier, 1949, S. 94–97, Poninskas konzeptuellen Beitrag zum Städtebau würdigen.

3 Vgl. Bettina von Arnim, *Dies Buch gehört dem König*, 2 Bde., Berlin: Schroeder, 1843, bes. S. 537–598.

4 Zu Adelheid Poninskas spärlichen biografischen Daten vgl. Thomas Adam, *Buying Respectability. Philanthropy and Urban Society in Transnational Perspective, 1840s to 1930s*, Bloomington: Indiana University Press, 2009, S. 137–139; Ursula Gräfin Dohna, „Gegen ‚bemooste Vorurtheile'. Städtebauliche Reform-Ideen einer Frau vor 100 Jahren", in: *Das

Gartenamt, Nr. 4, April 1971, S. 170–173 und Lothar Graf zu Dohna, *Die Dohnas und ihre Häuser. Profil einer europäischen Adelsfamilie*, Mitwirkung von Alexander Fürst zu Dohna, Beitrag von Ursula Gräfin zu Dohna, 2 Bde., Göttingen: Wallstein Verlag, 2013, S. 294–297, 390–391, 503, 548–549, 669–678. Eine Handvoll monografischer Aufsätze und Lexikoneinträge ergänzt die Wissenslage zu ihrer Vita nur unzureichend: Sophie Pataky, „Poninska", in: *Lexikon deutscher Frauen der Feder*, 2 Bde., Berlin: C. Pataky, 1898; vollständige Neuausgabe in einem Band, hrsg. von Karl-Maria Guth, Berlin: Verlag Conzumax, 2014, S. 474; Lydia Buchmüller, „Ausradierte Geschichte. Dohna-Poninska und die Anfänge der Stadtplanungstheorie", in: *DISP*, Nr. 120, Jan. 1995, S. 11–17; Maja Binder, „Arminius – eine Stadttheoretikerin in der zweiten Hälfte des 19. Jahrhunderts", in: Sigrun Anselm und Barbara Beck (Hrsg.), *Triumph und Scheitern in der Metropole. Zur Rolle der Weiblichkeit in der Geschichte Berlins*, Berlin: Reimer Verlag, 1987, S. 56–74; Liselotte Kuntze, „Eine Bahnbrecherin der sozialen Frauenbewegung", in: *Neue Bahnen*, Bd. 49, 1914, S. 99–101 und Gertrud Bäumer, „Eine Bahnbrecherin moderner Wohnungsreform", in: *Neue Bahnen*, Bd. 48, 1913, S. 78–80, 85–86. Einen speziellen Dank möchten die Autorinnen dem Dohnaschen Familienverband für die freundliche Unterstützung bei den Recherchen aussprechen; in erster Linie dem Historiker Jesko Graf zu Dohna, der die Arbeit mit wertvollen Verweisen und der Transkription der Briefe von Gräfin Poninska wesentlich bereichert hat, und Constanze von der Goltz für ihr spontanes Entgegenkommen.

5   König Friedrich Wilhelm IV. hatte 1840 die Majorate zu Schlobitten, Lauck, Reichertswalde und Schlodien zu einer „Grafschaft Dohna" erhoben und der Familie 1854 die erbliche Zugehörigkeit zum preußischen Herrenhaus verliehen. In den Reihen der Repräsentanten des Dohna-Geschlechts finden sich nicht nur sehr viele ranghohe Militärs und Politiker des preußischen Staates, die alle dem Hof und dem Königshaus nahestanden, sondern auch bemerkenswerte Frauen, wie die Namensvetterin Adelheid von Dohna (vor 1267 verstorben), erste Äbtissin des Klosters St. Marienthal in der Oberlausitz, Ursula Burggräfin von Dohna (1594–1657), Statthalterin von Orange, und die deutsche Historikerin Armgard von Reden-Dohna (geboren 1941).

6   Hermann Graf zu Dohna, *Die freien Arbeiter im Preußischen Staate*, Leipzig: Otto Wigand, 1847; ders., *Das Einkommen des Arbeiters vom nationalökonomischen Standpunkte*, Berlin: Schneider, 1855; ein Jahr später erschien auch das Buch des jüngeren Bruders Bernhard Graf zu Dohna, *Analyse der socialen Noth*, Berlin: Julius Alber Wohlgemuth, 1856.

7   Adolf von Poninski hatte aus seiner ersten Heirat in Galizien Landgüter geerbt; seit seiner zweiten Eheschließung lebte er und wahrscheinlich auch Gräfin Adelheid bis in die 1860er-Jahre hauptsächlich in Borynia, einer sehr ausgedehnten Besitzung in den galizischen Karpaten, und später in Lonkta in der Provinz Posen, schließlich, vermutlich ab 1866, in Leipzig, wo Poninska bis zu ihrem Tod am 9. Juni 1881 residierte. Vgl. *Leipziger Adreß-Buch für 1870*, Bd. 49, Leipzig: Alexander Edelmann, 1870, S. 218. Die im Stadtgeschichtlichen Museum Leipzig verwahrte zweiseitige handschriftliche Traueranzeige verkündet, dass „Frau Gräfin Adelheid Poninska, geb. Gräfin zu Dohna [...] im bald vollendeten 77 Lebensjahr" verschied (Stadtgeschichtliches Museum Leipzig, Sammlung Autographe, A/2014/729/9). In *Neue Bahnen*, einer Zeitschrift der Frauenbewegung, heißt es dagegen fälschlicherweise: „Gräfin Adelheid Poninska, geborene Dohna, Schriftstellerin, Armenfreundin und Erfinderin des Arbeiterinnen-Heims, ist in Connewitz bei Leipzig im 70. Lebensjahr gestorben." (*Neue Bahnen*, Bd. 16, Nr. 14, 1881, S. 108.)

8   Vgl. Diethard Sawicki, *Leben mit den Toten. Geisterglauben und die Entstehung des Spiritismus in Deutschland 1770–1900*, Paderborn, München, Wien, Zürich: Ferdinand

Schöningh, 2016, S. 292–296. Vgl. auch Adolf Poninski, *Ueber den Verkehr der Geister des Jenseits mit den Menschen. Zwei öffentliche Vorträge in Leipzig*, Leipzig: E. L. Kasprorvitz, 1870.

9 Graf Siegmar Dohna-Schlobitten berichtet in seinen *Aufzeichnungen über die Vergangenheit der Familie Dohna*, angeblich aus erster Hand, über Graf Poninskis Verständnis der spiritistischen Lehre und über deren Übereinstimmung mit den Zielen seiner sozial engagierten Gemahlin: „Dieses ihr Streben entbehrte nicht einer gewissen Verwandtschaft mit der Richtung ihres Gemahls, welcher Anhänger der Gesellschaft der Spiritisten war. Die Vereinigung der Spiritisten [...] verfolgt das Bestreben, den Irrlehren des Materialismus die Spitze abzubrechen, – sowie auch, von biblischen und psychologischen Gründen ausgehend, Beweise dafür herzustellen, dass ein Verkehr zwischen den auf Erden lebenden Menschen und den Geistern des Jenseits thatsächlich stattfände, – dass also ein inniger Zusammenhang der ganzen Geisterwelt und ein solidäres Wirken derselben im All existiere. – (Mitteilungen des Gr. Bernhard Dohna)". (Siegmar Graf zu Dohna[-Schlobitten], *Die Dohna's. Aufzeichnungen über die Vergangenheit der Familie Dohna. Theil IV: Die jüngeren Dohna's, I. Resümierende Übersicht: Die jüngere schlesische Linie Kotzenau-Mallmitz ausgehend von Graf Wilhelm Alexander a.d.H. Schlodien, als Manuscript gedruckt*, Berlin: J. Sittenfeld, 1885, S. 88.)

10 Vgl. Hegemann 1930 (wie Anm. 2), S. 369. Hegemann führt keine Nachweise für seine Angaben an; in Bezug auf Poninskas Aufenthalt in Wien kann man zur Erhärtung seiner Behauptung einzig verschiedene in der *Wiener Zeitung* des Jahres 1854 (so z. B. 7.5.1854, 10.5.1854) publizierte Anzeigen anführen, die das Erscheinen des ersten Bandes ihrer Schrift *Grundzüge eines Systemes zur Regeneration der unteren Volksklassen durch Vermittlung der höheren. Von Adelheid Gräfin Poninska, geb. Gräfin zu Dohna*, Leipzig: Wigand, 1854, ankündigen. Vgl. hierzu auch Buchmüller 1995 (wie Anm. 4), S. 12.

11 Poninska 1854 (wie Anm. 10), S. 2. Die Publikation verrät auf Seite 23, in einer Anmerkung zum Vorwort, dass dieses „in Aingen bei Salzburg im Sommer 1848" verfasst worden sei, einem Ort, den Poninska als „Zufluchtstätte" im stürmischen Jahr 1848 bezeichnet.

12 Poninska 1854 (wie Anm. 10), S. 2.

13 „Da Euer Hoch u[nd] wohlgeboren den Bestrebungen der innern Mission eine reiche u. vielseitige Antheilnahme widmen, so hoffe ich, daß Sie meine Bitte um eigne Durchlesung der beifolgenden Introduction eines Manuscriptes: ‚Grundzüge eines Systemes für Regeneration der unteren Volksclassen durch Vermittelung der höheren', welchem ich das Inhaltsverzeichniß beifüge, freundlich aufnehmen u. erfüllen werden. Insofern Sie die Ansicht gewinnen sollten daß Gemeinnütziges in der Schrift enthalten sei, u. es sein Scherflein beitragen werde unter Gottes Gnade das Werk der innern Mission fördern zu helfen, so dürfte ich wohl mit vollem Rechte unter allen Buchhandlungen Deutschlands am Ehesten von der jhenigen überzeugt sein, daß hier der Sache eine hülfreiche Hand geboten werde um sie ins Leben zu fördern." (Deutsches Literaturarchiv Marbach, Cotta-Archiv, Stiftung der Stuttgarter Zeitung.)

14 Die „moralische" Ökonomie Wicherns versuchte sich mit der Idee einer christlichen Haushaltung dem Chaos kapitalistischer Wirtschaft zu widersetzen und forderte ein Zusammenwirken von staatlich organisierten und kirchlich-diakonischen Hilfswerken. Vgl. Johann Hinrich Wichern, *Die innere Mission der deutschen evangelischen Kirche: eine Denkschrift an die deutsche Nation, im Auftrage des Centralausschusses für die innere Mission*, Hamburg: Agentur des Rauhen Hauses zu Horn, 1849. Der ausführende Flügel der Inneren Mission, das 1836 neu erweckte Diakonissenamt, setzte weibliches Personal ein und rekurrierte auf urchristliche Vorbilder, auf das Exemplum virtutis der

Phoebe, die in der Bibel als „Dienerin" der Gemeinde von Kenchreä bei Korinth beschrieben wird (Brief des Paulus an die Römer 16,1 EU). Vgl. Wolf Rainer Wendt, *Geschichte der Sozialen Arbeit. 1. Die Gesellschaft vor der sozialen Frage 1750–1900*, Stuttgart: Springer, 2017 (6. Aufl.), S. 185–190; Georg-Hinrich Hammer, *Geschichte der Diakonie in Deutschland*, Stuttgart: W. Kohlhammer, 2013, bes. S. 149–160 und Jochen-Christoph Kaiser, *Evangelische Kirche und sozialer Staat. Diakonie im 19. und 20. Jahrhundert*, hrsg. von Volker Herrmann, Stuttgart: Kohlhammer Verlag, 2008, S. 18–30.

15 Vgl. Eike Baumann, „Victor Aimé Huber (1800–1869). Erweckter Protestantismus, Konservativismus und Genossenschaftstheorie", in: Sebastian Kranich, Peggy Renger-Berka und Klaus Tanner (Hrsg.), *Diakonissen. Unternehmer. Pfarrer. Sozialer Protestantismus in Mitteldeutschland im 19. Jahrhundert*, Leipzig: Evangelische Verlagsanstalt, 2009, S. 59–71, bes. S. 59. Wichern verweist in seiner Schrift auf Huber und auf seine Projekte für sogenannte „Bürgerhöfe", familienfreundliche Wohnkomplexe mit Freizeitoptionen, Bildungsinfrastruktur und sozialen Diensten. Vgl. Wichern 1849 (wie Anm. 14), S. 149–150. Tatsächlich entwarf Wichern selbst einen solchen „Bürgerhof" in Hamburg. Vgl. Wendt 2017 (wie Anm. 14), S. 195 und Erich Beyreuther, *Geschichte der Diakonie und der Inneren Mission in der Neuzeit*, Berlin: CZV Verlag, 1983, 3. Aufl., S. 123.

16 Die Bereiche lauteten: 1. „Social-Oeconomie und Armenwesen", 2. „Oeffentliche Unterstützung und Privatwohltätigkeit", 3. „Trunksucht, Bettelei, Müssiggang, Liederlichkeit (Prostitution), Hasardspiele", 4. „Bevölkerung, Auswanderung", 5. „Lebensmittel", 6. „Arbeit, Löhne", 7. „Vorsorge", 8. „Erziehung und Unterricht, Sittliche Einwirkung", 9. „Haushalt (der arbeitenden Klassen, Nahrung, Kleidung, Wohnung)", 10. „Gesundheitspflege", 11. „Gefängniswesen", 12. „Das Bauwesen in seinen Beziehungen zu Wohltätigkeitsanstalten, zu Schulen, Straf- und Besserungshäusern und zur Gesundheitspflege". Die internationalen Wohltätigkeitskongresse gingen von der Initiative der 1848 in Brüssel gegründeten Société Internationale de Charité aus, diese wiederum war eine Konsequenz der intensivierten Pauperismusdiskussion, die den europäischen Vormärz prägte und Kräfte von sozialistischer, liberaler, konservativer und christlich-sozialer Seite (sowohl Katholiken wie Reformierte) zusammenbrachte. Vgl. Wendt 2017 (wie Anm. 14), S. 200–205.

17 „Mittheilungen über Schutzgärten, über die Neuenburg und über Vereine gegen den Luxus. Von Gräfin Poninska, geb. Gräfin zu Dohna", in: *Congrès international de bienfaisance de Francfort-sur-le-Mein. Session de 1857. Tome II. Annexes. Notices, mémoires, documents divers*, hrsg. von Joseph Baer, Frankfurt: Aug. Decq, Brüssels: A. Muquardt, Brüssels, Gent und Leipzig: Huillaumin & Cie, Paris: Henry-G. Bohn, London: Joel Cherbuliez, Genf, Frankfurt: Druckerei Aug. Oesterrieth, 1858, S. 196–199. In der ersten Mitteilung widmete sich Poninska dem Schutzgarten, einem in ihren Schriften wiederkehrenden Thema, so auch in *Die Großstädte in ihrer Wohnungsnoth*, und stellte im Anhang einen 1856 in Berlin gegründeten Schutzgarten vor. Der zweiten Mitteilung legte sie eine im großen Format ausgearbeitete und kommentierte Zeichnung bei, zu der von ihr so benannten „Neuenburg" in Berlin, einer Arbeitersiedlung mit Gärten und Infrastruktur („Kinderbewahranstalten, Schutzgärten, [...] Lokale zur Versorgung mit den nöthigsten Lebensbedürfnissen, sowie zu einer ständigen Unterhaltung der Arbeiter in ihren Freistunden", S. 198), den Plan integrierte sie ebenfalls in *Die Großstädte in ihrer Wohnungsnoth*. Für dieses nicht realisierte Projekt rief sie in den *Mitteilungen* zur Unterstützung auf.

18 Adelheid Gräfin Poninska, *Annunciata. Die Lilie des Himalaja und ihre Mission im Deutschen Reiche. Ein Weckruf zur Lösung der brennenden christlich-socialen Aufgaben*, 2 Bde., Bremen: Ed. Müller's, 1878. Eine spätere Auflage des Buches erschien 1883 sowohl in

Bremen bei Matthes wie auch in Leipzig, beim Verleger Müller. Man mag spekulieren, ob für Poninskas Breslauer Frauenkongress die erste deutsche Frauenkonferenz, die am 15. Oktober 1865 in der Leipziger Buchhändlerbörse über 300 Frauen versammelte – an der die Frauenrechtlerinnen und Schriftstellerinnen Louise Otto-Peters und Auguste Schmidt eine Begrüßungsansprache beziehungsweise eine lange, programmatische und zugleich pathetische Rede hielten –, die Inspiration gegeben hatte. Vgl. *Die erste deutsche Frauen-Conferenz in Leipzig*, hrsg. von Philipp Anton Korn, Leipzig: Julius Werner, 1865.

19 Poninska 1878 (wie Anm. 18), S. 122.

20 In *Annunciata* zitiert Poninska Jules Lecomtes *La charité à Paris* – 1861 in Paris bei der Librairie Nouvelle von A. Bourdilliat erschienen –, in dem die verschiedenen Wohlfahrts-einrichtungen der Hauptstadt beschrieben werden, von denen sich die Autorin in ihren Vorschlägen für die Gründung von Institutionen anregen ließ. Vgl. Poninska 1878 (wie Anm. 18), S. 159–177.

21 Vgl. dazu Karen Hagemann, „Female Patriots: Women, War and the Nation in the Period of the Prussian-German Anti-Napoleonic Wars", in: *Gender & History*, Bd. 16, Nr. 2, Aug. 2004, S. 397–424. Zu den späteren Jahren vgl. Gudrun Wittig, *„Nicht nur im stillen Kreis des Hauses". Frauenbewegung in Revolution und nachrevolutionärer Zeit 1848–1876*, Hamburg: Ergebnisse Verlag, 1986.

22 So war beispielsweise der 1858 fertiggestellte Museumsbau in Leipzig – das im ita-lienischen Renaissancestil von Ludwig Lange verwirklichte „Bildmuseum" am Augus-tusplatz – vornehmlich dem Zusammenwirken philanthropischer Anstrengungen und Entscheidungen zu verdanken, an denen zahlreiche weibliche Persönlichkeiten beteiligt gewesen waren. Vgl. hierzu Adam 2009 (wie Anm. 4), S. 126–130 und Karen Hagemann, „Military, War and the Mainstreams. Gendering Modern German Military History", in: Karen Hagemann und Jean J. Quataert (Hrsg.), *Gendering Modern German History. Rewriting Historiography*, New York, Oxford: Berghahn Books, 2007, S. 63–85.

23 Die Jahrzehnte der christlich-konservativen Restauration bestärkten die bürgerlichen Frauen in ihren karitativen Tätigkeiten: Die protestantische Sozialaktivistin und Pub-lizistin Amalie Sieveking in Hamburg organisierte und professionalisierte die Arbeit für alleinstehende Frauen, die als Diakonissinnen, Lehrerinnen oder Erzieherinnen in Kleinkinderanstalten einen Beruf finden konnten; Prinzessin Alice von Großbritannien und Irland, durch ihre Ehe mit Ludwig IV. Großherzogin von Hessen und bei Rhein, engagierte sich ab 1863 für die öffentliche Gesundheitspflege und gründete 1867 in Darmstadt, gemeinsam mit der Schriftstellerin und Frauenrechtlerin Luise Büchner, den nach ihr benannten Kranken- und Armenpflegeverein. Vgl. Wendt 2017 (wie Anm. 14), S. 425–433. Zu Amalie Sieveking vgl. Pia Schmid, „‚Die Macht der Nächstenliebe.' Amalie Sieveking (1794–1859) und die Anfänge sozialer Arbeit von Frauen", in: Kirstin Bromberg, Walburga Hoff und Ingrid Miethe (Hrsg.), *Forschungstraditionen der Sozialen Arbeit. Materialien, Zugänge, Methoden* (Rekonstruktive Forschung in der sozialen Arbeit, 10), Opladen: Budrich, 2012, S. 21–36. Großherzogin Alice übersetzte die Abhandlung *Homes of the London Poor* von Octavia Hill ins Deutsche: Octavia Hill, *Aus der Londoner Armenpflege*, übersetzt im Auftrag ihrer königlichen Hoheit der Großherzogin von Hes-sen, Wiesbaden: Julius Niedner, 1878. Vgl. Gerard Noel, *Princess Alice. Queen Victoria's Forgotten Daughter*, London: Constable, 1974, S. 137–147, 220–222, 229–230. Vgl. auch Ulla Terlinden, „Philanthropie und Emanzipation. Konzepte und Praktiken von Frauen im 19. und frühen 20. Jahrhundert zur Wohnreform und Städtebau", in: Katia Frey und Eliana Perotti (Hrsg.), *Theoretikerinnen des Städtebaus. Texte und Projekte für die Stadt*, Berlin: Reimer Verlag, 2015, S. 47–64.

24 Ottilie Dohna-Schlodien, *Wiesenblumen. Ein Buch für Kinder gebildeter Stände*, Königsberg: Gebr. Bornträger, 1843.

25 „Überall in dem ihm eigenthümlich zugewiesenen Regionen dem Manne die Ehre gern
zugestehend, wird es, zumal in heutigen Zeiten von großem Gewichte sein, wohl zu
beachten, dass nicht nur im höchsten Wirken, in der Liebe, sondern auch im höchsten
Wissen, in Wahrnehmung der Wahrheit, es nicht gibt ‚weder Mann noch Weib sondern
allzumal Einen in Christo', und dass weder der katholische Klerus noch die Männerwelt,
den heiligen Geist ausschliesslich empfangen hat und die Gabe von ihm zu zeugen, nicht
nur im Leben, sondern auch im Wort, nachdem die ewige Verheissung erfüllt ist, und sich
noch immer erfüllt: ‚Und auf meine Söhne und auf Meine Töchter will Ich Meinen Geist
ausgiessen', und ‚sie sollen weissagen'." Diese Anmerkung leitet Poninska mit folgenden
Überlegungen ein: „Da gegen Schriften aus Frauenfeder zuweilen Vormeinungen sich
regen, so möge um der guten Sache willen, es freundlich aufgenommen sein, wenn hier
ein wenig an den alten Adam erinnert wird, der bei Beurtheilung von Frauenschriften,
männlicher Seits oft sehr behend sich aufzurichten pflegt, und seinen Standpunkt und
seine gefärbten Gläser sich mitbringt. Möge man mit treuem Gewissen, in seinem besseren Selbst, wenn solcher Adam sich regt, ihm zu seinen kleinen Gambaden den Zügel
nicht freilassen. Schade, schade um die Krönlein, wenn leichtfertige Urtheile, oft unter
gefährlicher Benutzung eines Scheines, vor den Augen der Menge sie verbergen, oder
niedertreten. Man vergesse nicht, dass in Samenkörnern man Ährenfelder vernichtet, und
oft unendlichen Segen noch lange hinhält!" (Poninska 1854 (wie Anm. 10), S. 3, Anm. 1.)

26 Ein ausführliches Inhaltsverzeichnis am Ende des ersten Bandes (Poninska 1854 (wie
Anm. 10), n. n. S.) gibt Auskunft über die Themen des zweiten Bandes, der wenige Monate
später hätte erscheinen sollen. Aufgeführt sind darin auch das Kapitel „Das Gebiet der
Erholungen. Öffentliche Vergnügungsorte für die Geselligkeit. Wirtshäuser und Tanzsäle.
Erholungen in der Natur. Die Umgebung des Hauses. Spaziergänge und Volksgärten" so-
wie das Unterkapitel „Vorbildung zur Hausarbeit. Die Küche, die Kleidung, die Wohnung",
Themen, die auch im späteren *Die Großstädte in ihrer Wohnungsnoth* von 1874 (wie
Anm. 1) einen Platz finden werden.

27 Weiter schrieb die Gräfin in ihrem Brief an Zarncke, der 1850 in Leipzig das *Literarische
Centralblatt* gegründet hatte, in dem 1874 *Die Großstädte in ihrer Wohnungsnoth* rezensiert wurde: „Als einen Beitrag zur Theorie über die Mittel u. Wege einer durchgreifenden
Abhülfe jenes Nothstandes bin ich in Begriff eine Schrift der Oeffentlichkeit zu übergeben, unter dem Titel: ‚Die Großstädte in ihren Wohnungsinteressen'. Der gegenwärtige
Zeitpunkt darf als ein für derlei Bestrebungen sehr günstiger bezeichnet werden, denn
die fortschrittlichen Bewegungen auf diesem Gebiete, die noch vor wenig[en] Jahren
überaus langsam u. vereinzelt waren, haben ein andres tempo angenommen […] Ich
bitte, verehrter Herr Professor, mir eine Unterredung mit Ihnen über diese Angelegenheit gestatten zu wollen […] Unterdessen darf ich wohl auf Ihre gütige Durchsicht des
beifolgenden Inhaltsverzeichnisses u. Capitel I bitten, welches die Stelle des Vorwortes
vertreten soll. […] Ueber dass was ich mit dem M[anu]sc[ript] anzufangen habe um es
gut in Druck zu bringen bin ich noch im Unklaren, wünsche aber lebhaft das mir dies in
den nächsten Tagen gelinge, damit es noch zu Ostern erscheinen könne." (Universitätsbibliothek Leipzig, Nachlass Friedrich Zarncke, Signatur: NL 249/1/P/1155.)

28 Universitätsbibliothek Leipzig, Nachlass Friedrich Zarncke, Signatur: NL 249/1/P/1155.

29 Vgl. Buchmüller 1995 (wie Anm. 4), S. 13.

30 Die ersten Frauen im deutschsprachigen Raum wurden 1865 an der Universität Zürich zugelassen (1867 Zulassung von Frauen zur Doktorpromotion). Die Gegner des

Frauenstudiums griffen zu schlichten biologistischen Argumentationsmustern, die auf vermeintlichen anatomischen Unterschieden zwischen den Geschlechtern beruhten. Vgl. Elise Oelsner, *Die Leistungen der deutschen Frau in den letzten vierhundert Jahren. Auf wissenschaftlichem Gebiete*, Gührau: Verlag von Max Lemke, 1984, S. V, 17, 21, 25.

31 Leipzig war auch die Stadt, in der aus dem Frauenbildungsverein Leipzig 1865 der Allgemeine Deutschen Frauenverein hervorging, der das Frauenstudium unterstützte. Sein Publikationsorgan, die 1865 gegründete, von Louise Otto-Peters und Auguste Schmidt redigierte Zeitschrift *Neue Bahnen* war das Sprachrohr der deutschen Frauenbewegung und berichtete über Frauenvereine, Petitionen, Bildungsfragen und neue Berufszweige. Vgl. hierzu Wittig 1986 (wie Anm. 21), S. 101–105.

32 Anonym [Viktor Franz Freiherr von Andrian-Werburg], *Centralisation und Dezentralisation in Österreich*, Wien: Jasper, Hügel und Manz, 1850.

33 *Viktor Franz Freiherr von Andrian-Werburg. Österreich wird meine Stimme erkennen lernen wie die Stimme Gottes in der Wüste. Tagebücher 1839–1858. Bd. 2 Tagebücher 1848–1853*, hrsg. und eingeleitet von Franz Aldgasser, Wien: Böhlau, 2011, S. 40, 42, 61, 63. „Ich werde wirklich von allen Seiten geplagt, so musste ich gestern zu einer langweiligen pietistischen Nordpreussin, einer Gräfin Poninska geb. Dohna, welche ein Buch über gutsherrliche Verhältnisse, die für einen Ausfluss der göttlichen Weltordnung erklärt, geschrieben hat und nun meine Ansichten erfahren wollte, ich scandalisierte sie entsetzlich und hoffe, nun Ruhe zu haben, übrigens ist sie in eine Art Verzückung über meinen 1. Theil und brachte ein Exemplar zum Vorscheine voll Striche, Bemerkungen und Eselsohren." (Eintrag vom 29. März 1848, S. 63.)

34 Der deutsche Humanist Ulrich von Hutten zeichnete, zurückgehend auf die *Annalen* von Tacitus, schon im 16. Jahrhundert aus diesem Stoff die Figur des ersten deutschen Helden, der in den folgenden Jahrhunderten in zahlreichen Epen, Romanen, Theaterstücken und Opern verarbeitet wurde. Vgl. Werner M. Doyé, „Arminius", in: *Deutsche Erinnerungsorte III*, München: Beck, 2009, S. 587–602, bes. S. 587–596.

35 Vgl. dazu Doyé 2009 (wie Anm. 34), S. 597–599 und Martin M. Winkler, *Arminius the Liberator. Myth and Ideology*, New York (NY): Oxford University Press, 2016.

36 Mit dem Bau des Denkmals, das die höchste Statue Deutschlands ist und bis zur Erbauung der Freiheitsstatue in New York 1886 die höchste der westlichen Welt war, wurde bereits 1838 begonnen. Nach der Revolution von 1848 kam aber das Interesse zum Erliegen. Erst mit der Gründung des Deutschen Reiches nach dem Deutsch-Französischen Krieg (1870–1871) erhielt das Projekt neuen Anschub. Vgl. Stephan Spohr, *Das deutsche Denkmal und der Nationalgedanke im 19. Jahrhundert* (Studies in European Culture, 7), Weimar: Verlag und Datenbank für Geisteswissenschaften, 2011, S. 47–63.

37 Hegemann 1911 (wie Anm. 1), S. 62.

38 Ebd., S. 142, Anm. 91a.

39 Zit. ebd., S. 63. Auch Gertrud Bäumer folgt dieser Auslegung, erweitert sie um einige Betrachtungen und untermauert sie mit einem Zitat aus Poninskas *Großstädte in ihrer Wohnungsnoth*. Vgl. Bäumer 1913 (wie Anm. 4), S. 79.

40 Vgl. Adam 2009 (wie Anm. 4), S. 138 und Dohna L. 2013 (wie Anm. 4), S. 259. Die Historikerin Ursula Gräfin zu Dohna schreibt von der Goltz eine noch entscheidendere Rolle zu: „Zu dem Buch von Adelheid Dohna Poninska schrieb der bekannte Königsberger Professor Theodor v. d. Golz, der durch eigene Arbeit auf verwandtem Gebiet (,Ländliche Arbeiterwohnungen', Königsberg 1865) hervorgetreten war, das Vorwort. Er hat die Veröffentlichung ihres Buches, das schon etwa 17 Jahre früher geschrieben worden war, wohl überhaupt erst veranlasst." (Dohna 1971 (wie Anm. 4), S. 170.) Zu Theodor

von der Goltz vgl. Portal Rheinische Geschichte <http://rheinische-geschichte.lvr.de/ Persoenlichkeiten/theodor-von-der-goltz/DE-2086/lido/57c6c999e37905.98306866> (11.5.2018).

41 Vgl. Adam 2009 (wie Anm. 4), S. 139. Carl Wilhelm Hoffmanns in Berlin bei Hayn erschienene Denkschrift *Die Aufgabe einer Berliner gemeinnützigen Baugesellschaft* von 1847 gab im selben Jahr den entscheidenden Anstoß zur Gründung der ältesten gemeinnützigen Baugesellschaft, der Berliner gemeinnützigen Baugesellschaft (BGB). Johann Georg Varrentrapp veröffentlichte 1860 für das Institut für Stadtgeschichte in Frankfurt am Main die *Aufforderung zur Gründung einer gemeinnützigen Baugesellschaft in Frankfurt am Main* und gründete diese im selben Jahr zum Zweck der Herstellung gesundheitsgemäßer, billiger Wohnungen. Poninska rechtfertigte das späte Erscheinen ihres Hauptwerks mit dem Abwarten des richtigen Zeitpunkts, die Vermutung liegt aber nahe, dass dies vielmehr auf ihre Schwierigkeiten, einen Verlag zu finden, zurückzuführen ist. Vgl. Arminius [Poninska] 1874 (wie Anm. 1), S. 4.

42 Arminius [Poninska] 1874 (wie Anm. 1), S. 4–5. Vgl. auch Hegemann 1911 (wie Anm. 1), S. 63 und Bäumer 1913 (wie Anm. 4), S. 79.

43 Vgl. Renate Wagner-Rieger (Hrsg.), *Die Wiener Ringstrasse, Bild einer Epoche. Die Erweiterung der Inneren Stadt Wien unter Kaiser Franz Joseph*, 11 Bde., Wiesbaden: Steiner, 1969–1979; zum Wettbewerb vgl. Harald Stühlinger, *Der Wettbewerb zur Wiener Ringstraße: Entstehung, Projekte, Auswirkungen*, Basel: Birkhäuser, 2015.

44 Arminius [Poninska] 1874 (wie Anm. 1), S. 5.

45 Vgl. Renate Banik-Schweitzer, „'Zugleich ist auch bei der Stadterweiterung die Regulierung der inneren Stadt im Auge zu behalten.' Wiener Altstadt und Ringstrasse im Tertiärisierungsprozess des 19. Jahrhunderts", in: Gerhard Fehl und Juan Rodriguez-Lores (Hrsg.), *Stadt-Umbau. Die planmäßige Erneuerung europäischer Großstädte zwischen Wiener Kongress und Weimarer Republik*, Basel: Birkhäuser, 1995, S. 127–147, bes. S. 128–129.

46 Arminius [Poninska] 1874 (wie Anm. 1), S. 5–6.

47 Die städtebauliche Gestaltung und das Wohnungswesen wurden in Berlin, anders als in den anderen preußischen Städten, von der gesetzgebenden Stadtverordnetenversammlung bestimmt, die von den Berliner Bürgern gewählt wurde, wobei die Wahlberechtigten fast immer Hauseigentümer waren. Vgl. Klaus Strohmeyer, *James Hobrecht (1825–1902) und die Modernisierung der Stadt*, Potsdam: Verlag für Berlin-Brandenburg, 2000, S. 46.

48 Die zwischen 1827 und 1830 begonnene Gesamtplanung Berlins entwickelte sich zu einer Abfolge ständiger Ergänzungs- und Änderungsarbeiten, die nicht nur den unterschiedlichen Erwartungen und Interessen der öffentlichen Hand und der privaten Grundbesitzer folgten, sondern ebenso die konkurrierenden Einfluss- und Kompetenzkämpfe der Verwaltung widerspiegelten. Vgl. Brian Ladd, *Urban Planning and Civic Order in Germany 1860–1914*, Cambridge, London: Harvard University Press, 1990, bes. S. 80–94; Walter Kiess, *Urbanismus im Industriezeitalter. Von der klassizistischen Stadt zur Garden City*, Berlin: Ernst & Sohn, 1991, S. 227–234; Helmut Engel (Hrsg.), *Baugeschichte Berlin. Bd. II. Umbruch, Suche, Reformen 1861–1918. Städtebau und Architektur in Berlin zur Zeit des deutschen Kaiserreiches*, Berlin: Jovis, 2004, bes. S. 15–18 und ders., *Baugeschichte Berlins, Bd. I. Aufstieg, Behauptung, Aufbruch 1640–1861* (Sonderband der Reihe Meisterwerke Berliner Baukunst), Berlin: Jovis, S. 317–326.

49 Zuständig für die Planung war das staatliche Polizeipräsidium von Berlin, für die Umsetzung der Planung war die Gemeinde verantwortlich, d. h. sie übernahm die finanzielle Verantwortung für den Bau von Straßen und Kanälen und war daher bestrebt, diese Kosten zu minimieren. Vgl. Kiess 1991 (wie Anm. 48), S. 230.

50 Vgl. Strohmeyer 2000 (wie Anm. 47), S. 55–67, der sich insbesondere auf Jutta Wietog bezieht, „Der Wohnungsstandard der Unterschichten in Berlin. Eine Betrachtung anhand des Mietsteuer-Katasters 1848-1871 und der Wohnungsaufnahmen 1861–1871", in: Werner Conze und Ulrich Engelhardt (Hrsg.), *Arbeiterexistenzen im 19. Jahrhundert* (Industrielle Welt, 33), Stuttgart: Klett-Cotta, 1981, S. 114–137.

51 James Hobrecht, *Über öffentliche Gesundheitspflege und die Bildung eines Central-Amtes für öffentliche Gesundheitspflege im Staate*, Stettin: Nahmer, 1868. Vgl. Strohmeyer 2000 (wie Anm. 47), S. 67.

52 Ernst Bruch, „Berlin's bauliche Zukunft und der Bebauungsplan", in: *Deutsche Bauzeitung*, Bd. 4, Nr. 9, 1870, S. 69–71; Nr. 10, S. 77–80; Nr. 12, S. 93–95; Nr. 13, S. 101–104; Nr. 14, S. 121–122; Nr. 16, S. 129–130; Nr. 19, S. 151–154; Nr. 20, S. 159–161; Nr. 21, S. 167–168; Nr. 23, S. 183–186; Nr. 24, S. 191–193; Nr. 25, S. 199–201.

53 Ebd., bes. S. 77–80, 121–122. Vgl. dazu Strohmeyer 2000 (wie Anm. 47), S. 57 und Ladd 1990 (wie Anm. 48), S. 84.

54 Zur zentralen Bedeutung der Wohnungsfrage im städtebaulichen Diskurs des 19. Jahrhunderts vgl. Perotti 2008 (wie Anm. 1).

55 Arminius [Poninska] 1874 (wie Anm. 1), S. 12.

56 Ebd., S. 44.

57 Ebd., S. 44–45.

58 Ebd., S. 58–59. Sie zitiert dazu Victor Aimé Huber, *Reisebriefe aus Belgien, Frankreich und England im Sommer 1854*, Hamburg: Agentur des Rauhen Hauses, 1855. Vgl. dazu Baumann 2009 (wie Anm. 15), bes. S. 59–65.

59 Arminius [Poninska] 1874 (wie Anm. 1), S. 65.

60 Ebd., S. 61–64.

61 Bäumer 1913 (wie Anm. 4), S. 86.

62 Arminius [Poninska] 1874 (wie Anm. 1), S. 65.

63 Ebd., S. 66.

64 Lux Guyer entwarf die Frauenwohnkolonie Lettenhof für alleinstehende Frauen (1926–1927), die Genossenschaftsanlage berufstätiger Frauen Beckenhof (1927–1928), das Studentinnenheim Lindenhof (1927–1928), alle in Zürich. Vgl. Sylvia Claus, Dorothee Huber und Beate Schnitter (Hrsg.), *Lux Guyer (1894–1955). Architektin*, Zürich: gta Verlag, 2009. Berta Rahm setzte sich publizistisch mit diesem Thema auseinander, vgl. Berta Rahm, „Wohnmöglichkeiten für Alleinstehende", in: *Das Werk. Architektur und Kunst*, Jg. 37, Nr. 11, Nov. 1950, S. 325–334. Zu Wera Meyer-Waldeck und Myra Warhaftig vgl. jeweils die Beiträge von Mary Pepchinski und Gerald Adler in diesem Band.

65 Poninska stützte sich auf die neuesten Statistiken der Volkszählung von 1867 in Berlin, die von Hermann Schwabe im *Berliner Stadt- und Gemeinde-Kalender und städtisches Jahrbuch*, Berlin: Statistischen Bureau der Stadt, 1868, veröffentlicht wurden.

66 Arminius [Poninska] 1874 (wie Anm. 1), S. 76.

67 Ebd., S. 78.

68 Vgl. Ingrid Thienel, *Städtewachstum im Industrialisierungsprozess des 19. Jahrhunderts: Das Berliner Beispiel*, Berlin: de Gruyter, 1973, S. 1–21.

69 Arminius [Poninska] 1874 (wie Anm. 1), S. 68.

70 „Weil nun in Absicht dieser Form noch auf keine schon vorhandenen Musterbauten hingewiesen werden kann. [...] Gerade in Beziehung auf die Lage und Gruppierung der Arbeiterwohnungen wurde jedoch in keiner unserer Großstädte nach einem einheitlichen Plane und nach festen Prinzipien vorgegangen, und nirgends ist das wahre Bedürfnis gegenüber der Laune und Willkur in seine ihm zukömmlichen Rechte getreten." (Ebd.,

S. 70.) Den Plan samt Erläuterungen hatte sie bereits 1857 dem zweiten internationalen Wohltätigkeitskongress in Frankfurt am Main übersandt, wo das Projekt präsentiert, aber nicht als Dokument veröffentlicht wurde. Die Beschreibung des Wohnetablissements wird wie folgt eingeleitet: „Eine große ausgearbeitete Zeichnung zu der von ihr so benannten Neuenburg in Berlin (einem Etablissement im Interesse der Fabrikarbeiter) mit erklärenden Bemerkungen." (Congrès international de bienfaisance (wie Anm. 17), S. 198.)

71 Arminius [Poninska] 1874 (wie Anm. 1), S. 69.

72 Zwischen 1893 und 1894 errichtete der 1892 gegründete Berliner Spar- und Bauverein ein erstes Bauvorhaben, nämlich die von Alfred Messel entworfene Wohnhofanlage Sickingenstraße 7 in Moabit, im Norden Berlins. Vgl. Engel 2004 (wie Anm. 48), S. 266.

73 Poninskas „organisches" Stadtverständnis (ihr systemischer Ansatz) wurzelt vermutlich in einem Staatsverständnis, wie es beispielsweise der konservative Nationalökonom Adam Müller (1779–1829) vertreten hatte, nämlich in der Vorstellung eines organischen Gefüges, an dem alle Stände teilhaben und in das sie sich einzuordnen haben, eingebunden in Institutionen und Familie. Vgl. Adam Müller, „Die innere Staatshaushaltung systematisch dargestellt auf theologischer Grundlage", in: *Concordia*, Nr. 2, 1820, S. 87–128; Nr. 3, 1820, S. 133–155. Dazu Wendt 2017 (wie Anm. 14), S. 181.

74 Arminius [Poninska] 1874 (wie Anm. 1), S. 75.

75 Ebd., S. 80.

76 Ebd., S. 80–81.

77 Vgl. Franziska Bollerey und Kristiana Hartmann, „Kollektives Wohnen. Theorien und Experimente der utopischen Sozialisten Robert Owen (1771–1858) und Charles Fourier (1772–1837)", in: *Archithese. Anfänge des sozialen Wohnbaus*, Nr. 8, 1973, S. 15–26; Roger-Henri Guerrand, *Une Europe en construction. Deux siècles d'habitat social en Europe*, Paris: La Découverte, 1992 und Melanie Louise Simo, *Loudon and the Landscape. From Country Seat to Metropolis, 1783–1843*, New Haven, London: Yale University Press, 1988.

78 Arminius [Poninska] 1874 (wie Anm. 1), S. 96–98.

79 Ebd., S. 97–98.

80 Vgl. dazu Bäumer 1913 (wie Anm. 4), S. 85; Hegemann 1911 (wie Anm. 1), S. 68–69 und Adam 2009 (wie Anm. 4), S. 139.

81 Arminius [Poninska] 1874 (wie Anm. 1), S. 86.

82 Nach Hegemann (vgl. Hegemann 1913 (wie Anm. 2), S. 391 und Hegemann 1930 (wie Anm. 2), S. 371–372) ist es der Gartenhistoriker Dieter Hennebo, der ihre Vordenkerposition im Bereich der Grünplanung herausstreicht. Vgl. Dieter Hennnebo, „Berlin. Hundert Jahre Gartenbauverwaltung. Ein Beitrag zur Geschichte des Stadtgrüns im Industriezeitalter. Vom Beginn des 19. Jahrhunderts bis zum Zweiten Weltkrieg", in: *Das Gartenamt*, Nr. 6, 1970, S. 258–287, bes. S. 266. Vgl. auch Dohna 1971 (wie Anm. 4), Binder 1987 (wie Anm. 4), S. 62; Anke Schekahn, *Spurensuche 1700–1933. Frauen in der Disziplingeschichte der Freiraum- und Landschaftsplanung*, Kassel: Universität Gesamthochschule Kassel, 2000, S. 57–61 und Frank Lohrberg, *Stadtnahe Landwirtschaft in der Stadt- und Freiraumplanung. Ideengeschichte, Kategorisierung von Konzepten und Hinweise für die zukünftige Planung*, Diss. Stuttgart: Institut für Landschaftsplanung und Ökologie, 2001, S. 13–14.

83 Arminius [Poninska] 1874 (wie Anm. 1), S. 144.

84 Ebd., S. 142.

85 Zu Lenné und Meyer vgl. Hennebo 1970 (wie Anm. 82), bes. S. 259–262 und 266–267. Vgl. auch Gustav Meyer, *Lehrbuch der schönen Gartenkunst*, Berlin: 2. verbess. und verm.

Ausgabe, Riegel, 1873 (Erstausgabe 1860). Zur Geschichte und den städtebaulichen Implikationen des grünen Gürtels vgl. Katia Frey, „Der grüne Ring um die Stadt. Vorläuferkonzepte des *green belt* und Gedanken zu den Grünanlagen in den Städtebau- und Stadterweiterungstheorien des 19. Jahrhunderts", in: *Stadt & Text. Zur Ideengeschichte des Städtebaus im Spiegel theoretischer Schriften seit dem 18. Jahrhundert*, hrsg. von Vittorio Magnago Lampugnani, Katia Frey und Eliana Perotti, Berlin: Gebr. Mann, 2010, S. 80–98.

86   [John Claudius Loudon], „Hints for Breathing Places for the Metropolis, and for Country Towns and Villages, on fixed Principles", in: *The Gardener's Magazine, and Register of Rural & Domestic Improvement*, Bd. 5, 1829, S. 686–690.

87   Baumeister 1876 (wie Anm. 1), S. 191.

88   Vgl. Theodor Goecke, „Wald- und Parkgürtel, eine Anregung für Groß-Berlin. Nach einem Vortrag, gehalten in der Sitzung der Vereinigung Berliner Architekten vom 18. Januar 1906", in: *Anregungen zur Erlangung eines Grundplanes für die städtebauliche Entwicklung von Groß-Berlin. Gegeben von der Vereinigung Berliner Architekten und dem Architektenverein zu Berlin*, Berlin: Verlag Ernst Wasmuth, [1907], S. 13–18.

89   Vgl. Wiener Gemeinderat (Hrsg.), *Der Wald- und Wiesengürtel und die Höhenstrasse der Stadt Wien*, Wien: Gerlach & Wiedling, 1905.

90   Vgl. Eugen Fassbender, *Ein Volksring für Wien. Ein Vorschlag seiner Vaterstadt gewidmet von Architekt Eugen Fassbender*, Wien: R. Lechner, 1898. Vgl. dazu Frey 2010 (wie Anm. 85), S. 84–86.

91   Arminius [Poninska] 1874 (wie Anm. 1), S. 151.

92   Ebd., S. 207.

93   Vgl. ebd., S. 155–207. Als „Erholungsstätten für die handarbeitenden Classen" werden Gärten für Arbeiter und ihre Familie, Warteplätze für kleine Kinder, Spielplätze für Kinder im Schulalter sowie besondere, getrennte Gartenanlagen für die männliche Jugend, für die in Fabriken arbeitende weibliche Jugend und für die weibliche Jugend im Dienstbotenstand vorgesehen.

94   Ebd., S. 158.

95   Vgl. August Orth, *Denkschrift über eine Reorganisation der Stadt Berlin*, Berlin: Ernst & Korn, 1873, S. 12–13.

96   In seinem erfolgreichen *Lehrbuch der schönen Gartenkunst* beschreibt Meyer die Anlage von öffentlichen Plätzen, Promenaden und Gärten als unaufschiebbare Maßnahme für die Gesundheitspflege des Volkes, aber auch als ästhetisches und sittliches Instrument der Volkserziehung. Vgl. Meyer 1873 (wie Anm. 85), S. 147. Er rekurriert dabei auf die Idee des Volksparks, wie ihn Christian Cay Lorenz Hirschfeld in *Theorie der Gartenkunst*, Leipzig: M. G. Weidmanns Erben und Reich, 1785, S. 68–74, konzipiert hatte.

97   Vgl. Eva Berger, *Historische Gärten Österreichs. Garten- und Parkanlagen von der Renaissance bis um 1930. Bd. 3. Wien*, Wien: Böhlau, 2002, S. 91–94.

98   Die Analogie zu Jane Addams hob schon Hegemann 1911 hervor. Vgl. Hegemann 1911 (wie Anm. 1), S. 62.

99   Octavia Hill, „The Homes of the London Poor", in: *MacMillan's Magazine*, Bd. 30, Mai 1874, S. 131–138.

100   Vgl. Octavia Hill, „Space for the People", in: *Macmillan's Magazine*, Bd. 32, Mai–Okt. 1875, S. 328–332.

101   Sie schlägt vier verschiedene Typen von Grünanlagen für die Arbeiterklasse vor: „places to sit in, places to play in, places to stroll in and places to spend a day in." (Ebd., S. 329.)

102 O. A., „Arminius. Die Großstädte in ihrer Wohnungsnot und die Grundlagen einer durchgreifenden Abhilfe (...)", in: *Literarisches Zentralblatt in Deutschland*, Nr. 52, 26.12.1874,
Spalte 1748.

103 Vgl. Karl Walcker, „Die großstädtische Wohungsnoth, ihre Ursachen und Heilmittel",
in: *Deutsche Zeit- und Streitfragen. Flugschriften zur Kenntniss der Gegenwart*, Bd. 7,
Hamburg: Verlagsanstalt und Druckerei Actien-Gesellschaft, 1892, S. 3–26, hier S. 25.

104 Vgl. Hennebo 1970 (wie Anm. 82), bes. S. 266; Julius Posener, „Die Anfänge des sozialen
Wohnungsbaues. Reformen im Wohnungs- und Siedlungsbau vor 1918 in Berlin", in:
*Großsiedlungen. Kritik, Kriterien, Chancen. Beiträge zur Diskussion. Städtebauseminar
des Technischen Vorlesungswesens an der Fachhochschule Hamburg, Wintersemester
1973/74* (Gewos-Schriftenreihe. Neue Folge, 13), Hamburg: Hammonia-Verlag, 1974,
S. 103–116, bes. S. 103, 106 und ders. (Hrsg.), *Berlin auf dem Wege zu einer neuen
Architektur. Das Zeitalter Wilhelms II.*, München: Prestel, 1979, S. 289–312, bes. S.
240–241, 290.

105 Vgl. Kuntze 1914 (wie Anm. 4), S. 99 und Bäumer 1913 (wie Anm. 4). Neuere Publikationen berücksichtigen die Rolle von Poninska als Philanthropin und Wohnaktivistin. Vgl.
Ulla Terlinden und Susanna von Oertzen, *Die Wohnungsfrage ist Frauensache! Frauenbewegung und Wohnreform 1870 bis 1933*, Berlin: Reimer, 2006, S. 280 und Adam 2009
(wie Anm. 4), S. 131, 137–138.

106 Vgl. Dohna 1971 (wie Anm. 4); Schekahn 2000 (wie Anm. 82), S. 57–61; Lohrberg 2001
(wie Anm. 82) und Undine Giesecke, „Und auf einmal ist Platz. Freie Räume und beiläufige
Landschaften in der gelichteten Stadt", in: dies. und Erika Spiegel (Hrsg.), *Stadtlichtungen.
Irritationen, Perspektiven, Strategien* (Bauweltfundamente, 138), Basel: Birkhäuser, 2007,
S. 187–217 und Toni Karge, *Neue urbane Landwirtschaft. Eine theoretische Verortung
und Akteuresanalyse der Initiative Himmelbeet im Berliner Wedding* (Arbeitsheft des
Instituts für Stadt- und Regionalplannung der Technischen Universität Berlin, 79), Berlin:
Universitätsverlag der TU Berlin, S. 32–34.

Arminius [Adelheid Poninska]
Die Großstädte in ihrer Wohnungsnoth (1874)

Adelheid Gräfin Poninska, 1804 als preußische Offizierstochter in Niederschlesien geboren, konnte ihr Hauptwerk, das städtebauliche Traktat *Die Großstädte in ihrer Wohnungsnoth und die Grundlagen einer durchgreifenden Abhilfe*, erst 1874, das heißt 20 Jahre nachdem sie es verfasst hatte, veröffentlichen. Als Grundlage für das Manuskript verwendete sie vermutlich die Unterlagen für den nicht erschienenen zweiten Band ihrer ersten Publikation *Grundzüge eines Systems der Regeneration der unteren Volksklassen* aus dem Jahr 1854. Anders als bei dieser noch unter ihrem Namen publizierten Abhandlung veröffentlichte Poninska *Die Großstädte in ihrer Wohnungsnoth* unter dem männlichen Pseudonym Arminius, einer kriegerisch und patriotisch konnotierten historischen Gestalt, die in der Zeit, als das Buch erschien, eine nationalistische Wiedergeburt feierte.

Poninska präsentiert in ihrer Untersuchung eine Gesamtansicht des Großstadt-phänomens – wobei sie häufig von Hauptstädten schreibt – und definiert gesamtheitliche, aufeinander abgestimmte Maßnahmen, um die Schwierigkeiten moderner Metropolen zu lösen und ihnen ein geregeltes Wachstum zu ermöglichen. Mit dem koordinierenden Ansatz und dem systemischen, relationalen Denkmodus, den sie auf das Thema anwendet, betritt die Gräfin fachliches und politisches Neuland und leistet einen grundlegenden Beitrag zur Systematisierung und Verwissenschaftlichung der noch im Entwicklungsstadium befindlichen städtebaulichen Disziplin. Ihre Abhandlung dokumentiert ein breites und aktuelles Wissen in Bezug auf volkswirtschaftliche, sozialwissenschaftliche und bautechnische Fragen wie auch einen theoretischen Anspruch: Schon vor Reinhard Baumeisters *Stadterweiterungen in technischer, wirtschaftlicher und polizeilicher Hinsicht* von 1876 konzipierte und veröffentlichte Poninska eine integrale Theorie zur rationalen und bewohnerfreundlichen Anlage moderner, industrialisierter Großstädte, bei der die unterschiedlichen Akteure wie auch das heterogene Instrumentarium koordiniert und kooperierend eingesetzt werden sollen.

Poninskas Studie, die das Thema aus einer konservativen, christlich-sozialreformerischen Perspektive angeht, untersucht das brisante Phänomen des unkontrollierten Stadtwachstums und des damit verbundenen Notstands eines grassierenden Wohnungsmangels für die unteren Schichten. Diesem Gegenstand widmet sich der erste Teil der Untersuchung. Auch wenn der Sorge um die materiellen und sittlichen Lebensbedingungen der Arbeiterklasse eine zentrale Stellung zukommt, stellt Poninska das Problem der anwachsenden urbanen „Colosse" in einen erweiterten territorialen Kontext, nämlich den des politischen und wirtschaftlichen Gleichgewichts zwischen Stadt und Land. Wichtig bei ihrem Interventionskonzept ist die Einführung einer sozialen, ethischen Dimension in den sonst wesentlich technologisch ausgerichteten deutschen Städtebaudiskurs.

Poninska formuliert eine ganze Palette von Vorkehrungen, um die urbanen Missstände des frühen Industriezeitalters zu beheben: von gesetzlichen Bestimmungen zur Regulierung des Spekulationsmarktes bis hin zur staatlich geförderten

Auswanderung besitzloser Bevölkerungsschichten in die Kolonien in Übersee. Sie skizziert auch konkrete städtebauliche Maßnahmen, wie die Anlage von Gartenstädten und die Erbauung von großen Wohnblocks mit weitläufigen Innenhöfen, und stellt zusätzlich den „Plan eines Wohnungsetablissements für Fabrikarbeiter in Berlin" vor, den sie bereits 1857 auf dem zweiten Wohlfahrtskongress in Frankfurt am Main präsentiert hatte.

Die großstadtkritische Haltung der Gräfin entwickelt vor dem Hintergrund der im letzten Drittel des 19. Jahrhunderts auch im Deutschen Reich und den schlesischen Industriestädten galoppierenden Urbanisierung – außer der Hinterfragung des fortschreitenden Stadtwachstums – keine wesentlich neuen Theoreme, artikuliert aber im zweiten Kapitel, unter dem Titel „Die Babelsucht", eine präzis argumentierende Beanstandung der stetig zunehmenden Repräsentationsbedürfnisse moderner Metropolen. Diese Kritik entsprach einer Beobachtung, die Poninska schon 1857 in Wien im Zusammenhang mit der Ausstellung der opulenten, an eine bürgerliche Einwohnerschaft adressierten Wettbewerbsentwürfe zur Stadterweiterung gemacht und mit der sie die absolute Vernachlässigung der Wohnungsfrage der Arbeiterklasse monierte hatte.

Der zweite, etwas kürzere Teil der Abhandlung erhebt – erstmals in der Geschichte der frühen Städtebau-Traktatistik – das städtische Grün und die Erholungsmöglichkeiten für die Stadtbewohner zum zentralen Thema, wobei Poninska auch in dieser Beziehung von einem sozialreformerischen Standpunkt aus argumentiert. Interessant ist, dass sie sehr differenziert nach Nutzern unterscheidet und damit ein frühes Bewusstsein für die heterogenen gesellschaftlichen Anforderungen der modernen Stadt zum Ausdruck bringt.

Aus dem ersten Teil des Buches stammen die nachfolgend wiedergegebenen ersten zwei Auszüge, die dem dritten Kapitel „Vom Charakter einer Hauptstadt und vom belebenden Prinzipe bei Wohnungs-Reform" entnommen wurden, wie auch der dritte Auszug, der zum vierten Kapitel „Von den Wohnungen für die arbeitenden Classen" gehört. Der vierte Auszug ist hingegen dem zweiten Buchteil entnommen, genauer dem ersten Kapitel „Vom grünen Ringe der Grossstädte, oder von den Stätten der Erholung im Freien und Grünen für alle Schichten der Bevölkerung im Allgemeinen".

Die Großstädte in ihrer Wohnungsnoth und die Grundlagen einer durchgreifenden Abhilfe. Von Arminius. Mit einem Vorwort von Dr. Th. Freiherrn von der Holtz, Professor an der Universität Königsberg. Leipzig, Duncker & Humblot, 1874. Auszüge: S. 33–35, 37–40, 70–72, 142–146.

Es ist eine wichtige und schwierige Aufgabe für Haupt- und Residenzstädte, die richtige Mitte bei ihrer Entwickelung zu halten. Wenn eine solche Stadt zum Colosse anwächst, wenn sie in unförmlichen Proportionen die Gegenstände des Luxus auf geistigem und materiellem Gebiete anhäuft, so daß die Provinzen dürftig und einförmig werden, weil in ungebundenem Maße Alles, was glänzen will, der Hauptstadt zustrebt; wenn sie wohl gar (wie Paris uns anschaulich vor Augen stellte) eine Centralisation sowohl der Civilisation als der Lebensgüter sich anmaßen will – *dann ist die wohlthätige Harmonie dahin*, die zwischen der Capitale und den Provinzen zur Wohlfahrt des Landes zu bestehen hat. – *Dagegen ist es keine Ueberhebung,* wenn die *Hauptstadt beansprucht* durch ihre *Vermittlung dem Lande mehr Gutes* als irgend eine andere Stadt zukommen zu lassen, wenn sie namentlich in geistiger, aber auch in materieller Beziehung *mehr* leistet als Provinzialstädte. In der Nähe des Thrones haben die Spitzen der Administration ihren Sitz zu nehmen, haben die Vertreter des Landes zu tagen, haben normale Bildungsschulen, ihrer vollständigen Scala nach, sich zu entwickeln, von der Elementarschule an bis zur Universität hinauf, haben Wissenschaft und Kunst ihren Flor zu entfalten und ihre Akademien zu errichten, haben die Wohltätigkeitsanstalten, als die Träger der barmherzigen Samariterliebe der Gemeinden gegenüber der mannifaltigsten Noth, sich auszubilden. Hier sollen Industrie und Handel einen Höhepunkt erreichen, hier auch soll die Kirche des Landes eine würdige Vertretung ihrer allgemeinsten und höchsten Interessen finden.

Jede Hauptstadt hat daher eine *zweifache Aufgabe*, die ihren Charakter bedingt: sie hat theils eine wichtige Bedeutung in Hinsicht auf die *Interessen des Landes*, theils hat sie ihre *eigenen Interessen als Stadt* – und zwar meistens als Großstadt, wahrzunehmen. Diese zweifache Aufgabe verursacht, daß der Charakter einer Hauptstadt sich von dem der andern Städte unterscheidet und eine besondere Eigenthümlichkeit in demselben sich ausprägt. Ihre erhöhte Wichtigkeit ist aber damit auch gegeben. Gilt es nun schon von jedem Orte überhaupt, daß für die gesunde Entwickelung desselben und für ein gesundes Fortbestehen die rechte Fürsorge und Pflege von Seiten der leitenden Autoritäten nicht fehlen darf, und *daß diese vorerst selbst* von dem Geiste, der in *alle* Wahrheit leitet, durchdrungen sein und ihm mit Treue dienen müssen, *um wie viel wichtiger* ist es *bezüglich* einer *Hauptstadt*, daß bei deren Autoritäten das sittliche Element als dasjenige, welches zur Belebung, zur Regulirung und zu harmonischer und gedeihlicher Entwickelung aller Kräfte berufen ist, *zum Uebergewichte gelange* und mit praktischer Tüchtigkeit vereint sei.

Fast überall sieht man heut die Hauptstädte sich erweitern, aber man vergißt, daß es in solchen Momenten auch um so dringlicher ist, das städtische Gemeinwesen überhaupt einer sorgfältigen Prüfung zu unterziehen, vorhandene Schäden wahrzunehmen und abzustellen, Lücken auszufüllen, Verbesserungen vorzunehmen. Die Revision, Purification und Durchbesserung der innern Verhältnisse muß mit der Erweiterung ihres Umfanges nothwendig gleichen Schritt halten, weil,

„wenn innerlich Schäden am Marke einer Hauptstadt zehren, sie auch den neuen Ansätzen sich mittheilen werden, und das *Wachsthum* des *Verderbens* die schlimme

Frucht aller Opfer und Anstrengungen für Erweiterung und Glanz der Hauptstadt sein wird."

Darum ist es ganz unmöglich, an ein so großartiges Werk, als die durchgreifende Erweiterung einer Hauptstadt ist, unter den Auspicien eines glücklichen Erfolges zu gehen, ohne zuvor mit Ernst und Treue zu prüfen, inwieferne der heutige Charakter der Hauptstadt den Anforderungen einer normalen Entwickelung noch nicht entspricht, in welche Wirren er gerathen ist, welche Flecken sich an demselben vorfinden, und welche Maßnahmen zu treffen sind, um die Schäden zu mildern, deren Quellen möglichst zu schließen und den Gang der Entwickelung im neuen Geiste und in entsprechender äußerer Darstellung zu reguliren.

Die *Stufe der sittlichen Entwickelung* einer großstädtischen Bevölkerung wird ihr Gepräge auch den *Wohnungsverhältnissen* aufdrücken. Wenn diese Verhältnisse den Bedürfnissen des *menschlichen* Wohnens bis hinab zu den zahlreichsten Classen der Bevölkerung, zu den handarbeitenden, annähernd entsprechen, so würde diese erfreuliche Erscheinung auch ein gutes Zeugniß für den ächt humanen, oder was gleichbedeutend ist, für den christlichen Gemeinsinn der Bevölkerung und ihrer leitenden Autoritäten ablegen. So lange dieser Gemeinsinn fehlt oder nicht durchgebildet ist, so lange werden auch verworrene und das Leben des Arbeiters verkümmernde Wohnungsverhältnisse bestehen.

Es ist eine *Thatsache*, daß, während unsere europäischen Hauptstädte im Laufe der Jahrhunderte sich ausbauten, die Wohnungsverhältnisse des ärmeren, in Anzahl so weit überwiegenden Theiles ihrer Bevölkerung in der *traurigsten Willkühr* sich gestalteten. – Die Neubauten waren im Allgemeinen in den Händen der Speculanten, diese aber bauten nach den Prinzipien der „Einträglichkeit". Die untersten Schichten des Volkes siedelten sich an, wo immer sie die wohlfeilste Unterkunft fanden. So tüchtig auch oft in früheren Zeiten schon Municipalitäten hie und da für gemeinnützige Zwecke wirkten, so blieb doch in Rücksicht auf die Interessen des Wohnens der Arbeiter noch immer eine große Lücke ungefüllt! Es erschienen zwar nach und nach in verschiedenen Staaten Bauordnungen, an deren Erlaß Landesregierung und Magistrate sich betheiligten, doch diese nahmen ihren Ursprung mehr in polizeilichen, sanitären, mercantilen und strategischen Rücksichten – die *moralischen* blieben im *Hintergrunde!!* Das Wohnen des Volkes mit seinem Wo und Wie war noch immer *Nebensache*. Jene Bauordnungen wirkten allerdings auch wohlthätig auf das Wohnen ein, aber sie waren weit entfernt, das Ganze des vorliegenden Bedürfnisses zu umfassen!

[...]

Will man eine Hauptstadt erweitern, also mit andern Worten weiter bauen, so muß man, falls dieses Unternehmen den Stempel der Würdigkeit und Gerechtigkeit tragen soll – rücksichtlich sowohl der bestehenden als der neu zu errichtenden Baulichkeiten:

„zunächst die wichtigste und umfassendste Categorie der Gebäude, d. i. die
Wohngebäude, in's Auge fassen,
und zwar *nach dem Maßstabe ihres vorliegenden Bedürfnisses*". –

Das noch unzureichend berücksichtigte *Wohnungsbedürfniß der verschiedenen Stände*, die bereits in der Hauptstadt wohnen, muß „zuerst erwogen, und dieses Wohnungsbedürfniß muß nach den besonderen Anforderungen der Verschiedenheit des Standes und Berufes gemessen werden." Eine Revision der bestehenden Wohngebäude muß deshalb vorangehen. Die *Wohnungen*, zumal die der *Familien*, sind eben das Erste und Vornehmlichste, was bei jeder Erweiterung einer Stadt in Betracht kommt, *sie geben den festen Kern der Baulichkeiten eines Stadtkörpers* und alles Andere *reiht sich erst daran.*

Im Gegensatze zu diesem Erfordernisse pflegen Stadterweiterungspläne gemeiniglich kaum eine Beachtung dieser wichtigsten Interessen zu zeigen. An Belegen dazu, wie auch in unsern Tagen gerade dieses Wichtigste verfehlt, ja fast ganz vergessen wurde, fehlt es nicht, und es ist bereits im ersten Capitel in Beziehung auf Wien, Paris und Berlin daran erinnert worden. Der Geist der Willkühr und der Prunksucht, der heut noch so vielen Richtungen hin im materiellen und geistigen Felde überhand genommen hat, manifestirte sich auch in den neuesten Erweiterungen jener Hauptstädte. Es muß aber wiederholt werden: „bei dem Aufbauen oder Umbauen und Erweitern *menschlicher Wohnplätze*, wo eben deswegen, weil es sich *um das Wohnen* handelt, *vor Allem* die *Wohnungsbedürfnisse* und zwar die *aller* Schichten der Bevölkerung zur rechten Würdigung und Berücksichtigung kommen *sollen*, – da muß man doch eben auch diesem Bedürfnisse die genügende Rechnung tragen. Und das ist nicht utopisch und auch nicht überschwänglich – sondern eben *praktisch*!!

Erst die Nothdurft – dann Geschmeide,
Erst die Hütte – dann die Pracht,
Erst die Leinwand – dann die Seide,
So wird Alles wohl bedacht.

In unsern Tagen, wo noch so viel schreiende Bedürfnisse zu beseitigen sind, zumal an Stellen wie die heutigen Großstädte, muß mit communalen Mitteln sehr sorgfältig hausgehalten werden, „und diese Mittel haben eben den *schreienden* Bedürfnissen *früher* zu dienen, ehe das nur Nützliche an die Reihe kommt, insbesondere aber, ehe man den Anforderungen des Luxus freien Zügel läßt!" –

Es ist theils die *durchgehende Zweckmäßigkeit der Construction* der Wohnungen, so daß dieselben den naturgemäßen Bedürfnissen entsprechen, theils ist es das *richtige Verhältniß* zwischen den kleinen Wohnungen, den mittleren und den großen Quartieren, sowie *die Lage* derselben, was in's Auge gefaßt und berücksichtigt werden muß. Hiernächst kommen in Betracht die Kirchen, Schulen, die öffentlichen Gebäude für Administration und Justiz, für Parlamente, für Kunst und Wissenschaft, Industrie und Handel, die Bahnhöfe, die Institute für barmherzige Werke. Neben diesen und anderen Bauten machen ihre Ansprüche an das städtische Areal die Markt- und Handelsplätze und die Schienenwege geltend. Eine *nicht geringere Berücksichtigung* aber verdienen die *Erholungsstätten in freier Natur* für alle Schichten der großstädtischen Bevölkerung; sie gehören wesentlich in den weiteren Begriff des Wohnens. – Ihre richtige Würdigung aber wurde bis jetzt in hohem Maße vernachlässigt! –

Beim Erweitern der Städte hat man es eben auch überall mit gegebenen, höheren Vorschriften zu thun, was zu wiederholen nicht überflüssig ist; man darf nicht aus beliebigen Rücksichten bauen, man hat die *natürlichen*, d.h. die *dem Bedürfnisse* der verschiedenen *Categorien gleichmäßig zuträglichen* und deshalb *richtigen Proportionen* inne zu halten. Weder Speculationsbauten von Privaten, noch momentane Lieblingslaunen der Baulustigen, von Capital unterstützt, noch Launen des Publikums dürfen diese Pflichten beeinträchtigen. Die *Gewährung* oder *Verweigerung* der obrigkeitlichen *Bauconcessionen nach geregelten Prinzipien* und hieraus hervorgegangenen *Gesetzen* – wie in einem späteren Capitel näher darauf hingewiesen wird – vermag *die nöthigen Zügel anzulegen.* Sobald diese Gesetze festgestellt sind, wird der Anschein der Willkühr bei nöthiger Verweigerung von Bauconcessionen wegfallen. Die *Berechtigung der Obrigkeit* zu solchen Maßregeln kann wenigstens nicht geläugnet werden und ruht auf derselben Basis, wie jede andere ihrer Berechtigungen, indem sie dem Prinzipe des Staates entspricht, den Einzelnen zum Wohle des Ganzen zu beschränken. In diesem Prinzipe wird auch die Rechtfertigung eines Gesetzes zu finden sein, welches feststellt: „*Kein Neubau darf störend* in ein vorliegendes *Bedürfniß* irgend einer einzelnen Categorie der Einwohnerschaft *eingreifen!*" Berücksichtigt die Obrigkeit in Fällen, die sich auf *materielle* Interessen beziehen, bei Bauconcessionen und deren Beschränkung das Wohl der Stadt – z. B. bezüglich Wahrung gegen Feuersgefahr, oder allgemeiner Sicherheit bei Anlegung von Fortificationen, oder wegen nöthiger Reservirung von Grund und Boden zu Eisenbahnbauten oder anderen Verkehrswegen – warum sollte sie bei ihren Bauconcessionen das Wohl der Stadt rücksichtlich *der Interessen zu Wahrung der Moralität minder berücksichtigen dürfen*? Sind diese Interessen *unbedeutender*? Sicherlich nicht! Und gehört die Reservirung freier Flächen vor den Thoren zur Anlegung der Erholungsstätten in der Natur nicht wesentlich zu den moralischen Interessen der Bevölkerung? Noch ungemessen sind die großen Schäden für Moralität und rückwirkend für Gesundheit und Sicherheit, welche aus dem *willkürlichen Verbauen der freien Plätze und Feldgrundstücke* entstehen, deren jede Hauptstadt „in wesentlich bedingten Dimensionen und in geeigneter localer Vertheilung" *unveräußerlich bedarf*!! –

[…]

Das Etablissement enthält – wie der Plan anzeigt – *erstens bezüglich seiner äußern Gestalt*, auf einer Grundfläche von vorgenanntem Umfange (64 Morgen), theils *Baulichkeiten*, theils *Gärten*, und *Feldstücke zu Nutzgärtnereien*.

Acht zweistöckige Wohngebäude, welche die Mitte des Etablissements einnehmen, bilden ein rechtwinkliges Viereck, so daß auf jeder Seite zwei Wohngebäude stehen, durch welche ein geräumiger Hofraum abgeschlossen wird, in dessen Mitte ein Rasenplatz mit Bäumen sich befindet. Ein jedes der acht Gebäude begreift zu *ebner Erde 12 Familienwohnungen, desgleichen 12 im ersten Stockwerke*. Die Räumlichkeiten einer solchen Familienwohnung bestehen aus einer Stube, zwei Kammern, Küche, Bodenabtheilung und Kellerraum. Rücksichtlich dieser Wohnungen ist hier noch anzumerken (um möglichen Vorurtheilen zu begegnen), daß, indem jedes Wohngebäude in der Mitte, von Oben nach Unten, durch eine Zwischenwand abgetheilt ist, stets nur sechs Familienwohnungen auf einem Hausflur liegen. Es findet daher ein übermäßig nahes, casernenmäßiges Zusammenwohnen keineswegs statt, und das Verhältniß stellt sich in Betracht der Anzahl von Familien, die sich beim Aus- und Eingehen in ihre Wohnungen begegnen, sehr viel günstiger, als in den meisten bisherigen Stadtwohnungen der Arbeiter, wo die hochstöckigen Häuser und ihre Höfe oft eine Masse kleiner Wohnungen bergen, was man beurtheilen kann, wenn man an warmen Sommertagen zuweilen 40–50 Kinder in einem Hofe versammelt sieht. – Wollte man daher den Vorzug eines mehr isolirten Wohnens der Arbeiterfamilien in der Weise, wie sie jetzt zu wohnen pflegen, hervorheben, so würde dieß eine arge Täuschung sein. Ueberdem ist es etwas ganz Anderes, ob sechs Familien sich täglich begegnen, die in elenden Räumlichkeiten und in Zuchtlosigkeit der Sitten in einem Hause zusammen wohnen, oder ob eben so viele Familien sich begegnen, welche in menschlichen Wohnungen zum Bewußtsein ihrer Menschenwürde erwacht, stets angespornt bleiben durch Mäßigkeit und gute Sitten, sich im Besitze der im Etablissement ihnen zukommenden Vortheile zu erhalten. Ferner fallen unzählige Versuchungen, im Verborgenen und oft lange ungestraft sündigen zu können (wie es bei dem bisherigen verworrenen Zusammenwohnen der Arbeiter der Fall ist, an dieser Stätte weg, wo geordnete Disciplinen und die vereinigte Aufsicht derer walten, welche theils die Aufrechthaltung bürgerlicher Ordnung hier zu wahren haben, theils, in freier Genossenschaft vereinigt, das Werk einer liebenden Fürsorge zu sittlicher Hebung dieser Arbeitergemeinde üben, während es auch an der geistlichen Seelsorge nicht fehlt.

Den zweiten Stock nehmen *die Wohnungsasyle für junge Arbeiterinnen* ein, wohin abgesonderte Zugänge führen, so daß sie von den Familien abgetrennt sind. In jedem zweiten Stocke befinden sich drei Wohnungsabtheilungen, je derselben für 24 Arbeiterinnen, *im Schutze* einer hier wirkenden *Genossenschaft der „Schwestern für Pflege junger Fabrikarbeiterinnen".* – An die beiden Wohngebäude, welche die Frontseite einnehmen, lehnen sich, diese überragend, *Kirche* und *Anstaltsgebäude*, beide in gleichen Dimensionen[1]. Das *Anstaltsgebäude* enthält zu ebener Erde eine Klein-Kinderschule, und über derselben in drei Stockwerken zuerst eine Bewahr- und Beschäftigungsanstalt für „aufsichtslose" Kinder im Schulalter während der schulfreien Nachmittagsstunden im Winter, sowie an Regentagen im Sommer (zu welcher Zeit die Eltern noch in der Fabrik sind); ferner eine Koch-, Näh- und Flickschule für die jungen Fabrikarbeiterinnen, und darüber das *Feierabend-Local derselben für die Winterzeit.* Jedes im Anstaltsgebäude befindliche Institut ist in zwei Räume abgetheilt. – In der Nähe dieser Hauptgruppe der Baulichkeiten liegen die Wohnhäuser des *geistlichen* und *des weltlichen* Vorstehers, sowie einige *Oekonomiegebäude.* – Unfern des Einganges erheben sich zu beiden Seiten *Pavillons*, von denen der eine die *Niederlagen der ersten Lebensbedürfnisse*, und der andere das *Gesellschaftslocal nebst Leseverein für* die männlichen Arbeiter enthält.[2] – An die Wohngebäude schließen sich zunächst *die Reihen kleiner Gartenparzellen*, deren *jede Familie eine besitzt*; es finden sich ferner besondere *Gärten* für die beiden *Kinderbewahranstalten*, sowie zwei *Schutzgärten für die Kinder im Schulalter* während ihrer Freistunden bis zur Rückkehr der Eltern aus der Fabrik, und ferner die *Feierabendstätten für die ledigen Arbeiterinnen.* – Weiter abwärts bis zur Einfriedigung hin breiten *die Nutzgärtnereien* sich aus, von denen einzelne Stücke durch die Schulkinder zwischen 12 und 14 Jahren, die übrigen bei Weitem größeren Theile aber durch die Fabrikarbeiterinnen bearbeitet werden, eine Beschäftigung, welche durch die nachmals zu erwartende Reduction der Fabrikarbeitsstunden begünstigt wird, während auf die Neigung der

1   Eine Kirche war für dieses Etablissement in Aussicht genommen, da die St. Elisabeth-Parochie, in deren Bereiche das bezeichnete Grundstück gelegen ist, nur eine *einzige* Kirche und eine Capelle besaß, mithin für eine Bevölkerung von damals über 30,000 Einwohnern, das kirchliche Bedürfniß sich als bei Weitem ungedeckt zeigte. Die Herstellung von Wohnungsetablissements dieser Tendenz, ohne Kirche und ohne Wohnung für den Geistlichen, an Stellen, wo solche nicht Bedürfniß sind, wird *bedeutend geringere Kosten* erfordern, als die, welche in dem vorliegenden Plane zur Veranschlagung kommen mußten.

2   Es sei beiläufig erwähnt, daß dieses Local den verheiratheten Arbeitern nur Mittwochs und Sonnabends Abend zu öffnen vorgesehen war, um der Unsitte, den größeren Theil der abendlichen Feierstunden außer der Familie zuzubringen, keinen Vorschub zu thun. In allen denjenigen Etablissements, welche keiner Kirchen bedürfen, werden auch die Pavillons *überflüssig sein*, denn an die Stelle, welche die Kirche eingenommen haben würde, wird, um die Symmetrie der Frontseite zu wahren, ein dem Anstaltshause entsprechendes Gebäude aufgerichtet werden müssen, welches dann den Zwecken dienen kann, zu denen, wie vorerwähnt, die Pavillons ausersehen waren.

Arbeiterinnen, sich in den Feierstunden ab und zu der Spatencultur zu widmen, das früher gepflegte Gartenbeet bedeutend einzuwirken geeignet ist.

[...]

Unter dem Begriffe: *„der grüne Ring der Großstädte"* – ein Begriff, welcher, im nachstehenden Sinne genommen, in unseren Tagen eine so hervorragende Bedeutung erringen soll – wird nun eben hier *„die freie Flur"*, welche die *compacten Steinmassen* dieser Städte und deren Ausläufer *rings umgiebt*, verstanden, und von der *Ausdehnung* derselben ist *zu verlangen*, daß sie genüge, um die *zureichenden Erholungsstätten* für *alle* Schichten der Bevölkerung, an den *geeignetsten Punkten gelegen*, zu umfassen. Es ist mithin hier von keiner dem Wortlaut entsprechenden, ringförmigen Fläche die Rede, sondern nur um das „rings Umschließende" – zu bezeichnen, ist jener Ausdruck gewählt. Während dieser Rayon zwar die Erholungsstätten in freier Natur für die gesammte Bevölkerung zu umfassen hat, ist er doch keineswegs als ausschließlich nur diese enthaltend hier angenommen, wie sich von selbst ergiebt, da außer den in nächster Umgebung der Großstadt bereits gelegenen und in den Stadtbezirk eingezogenen Ortschaften noch einzelne Gruppen von Baulichkeiten, in den rechten Proportionen gehalten, im grünen Ringe ihre Stelle zu finden haben. – Es liegt auf der Hand, daß bei Concession an Private zu Errichtung von Gebäudegruppen, oder von einzelnen Gebäuden im grünen Ringe, stets in Erwägung zu ziehen ist, daß durch solche Einbauten dem Gemeinwohl kein Eintrag geschehen dürfe, und daß stets das *Bedürfniß vor* dem Entbehrlichen, das *Gemeinwohl vor* den Privatinteressen zu berücksichtigen ist. – Wenn die rechten Proportionen beobachtet werden, so daß der grüne Ring in dem ihm zukömmlichen Charakter nicht beeinträchtigt wird, den sein Name anzeigt, so dürften *unter je hundert Morgen Land* dieses Ringes nicht mehr als *höchstens zwanzig Morgen, ein Fünftheil* des Areals, mit Gebäuden besetzt werden, mithin *vier Fünftheile* frei bleiben. – In die Categorie dieser im grünen Ringe einzubegreifenden und je nach vorliegendem Bedürfnisse auszuführenden Baulichkeiten gehören nächst den auch hier in ihrer hohen Bedeutung zu würdigenden kirchlichen Bauwerken, deren Anzahl den betreffenden Gemeinden zu entsprechen hat, namentlich mehrere jener Wohnungsarrondissements für Arbeiter, wie sie im dritten Capitel des ersten Theiles „Ueber die Wohnungen für die arbeitenden Classen" in *drei verschiedenen Formen* von Wohnungsgruppen angegeben sind[3]; desgleichen ein Theil der Wohnungen für subalterne Beamte; ferner auch gehören hierher mehrere Wohnungscomplexe für Genossenschaften, welche verschiedenen wohlthätigen Zwecken sich widmen, desgleichen weibliche Erziehungs-Pensionate, Wohnungsasyle für junge Fabrikarbeiterinnen und Näherinnen; ferner Asyle für das hülfsbedürftige Alter, Bade- und Waschanstalten, Landhäuser, Restaurationen, Bahnhöfe u. A. m. Für Großstädte, die in ihrem Ausbaue *die richtigen Proportionen* in der vorliegenden Beziehung *noch nicht verletzt haben*, „deren Bewohner noch sämmtlich von ihrer Wohnung aus in angemessener Zeit, d. i., wie erwähnt, innerhalb einer halben Stunde das Freie erreichen können, und die zugleich zwischen dem Kerne der Stadt und den Vorstädten

---

3   Daß bei Weitem *die meisten* der neu anzulegenden Wohnungscomplexe für Arbeiter nicht in den *grünen Ring gehören*, sondern *weiter hinaus ihre rechte Stelle* zu finden haben, und wie eine Herabsetzung der Fahrpreise die Benutzung von Eisenbahnen den Arbeitern ermöglicht, ist bereits in den vorgehenden Capiteln besprochen und auf bereits bestehende derartige Preisermäßigungen hingewiesen worden.

rings umschließende Promenaden und Anlagen nicht entbehren (wie Beides bis zur Stunde z. B. in Leipzig noch der Fall ist), für solche Städte dürfte es genügen, wenn der Gürtel des grünen Ringes die compacte Häusermasse der Stadt rings in der Breite einer halben Meile umzieht. In Großstädten dagegen, die entweder schon überwachsen sind, oder doch ein harmonisches Ebenmaß bezüglich auf die Verhältnisse ihrer compacten Häusermassen zu freien Plätzen und grüner Flur schon einbüßten, wie Letzteres z. B. in Berlin der Fall ist, – in solchen Großstädten wird der grüne Ring an manchen Stellen sich weiter als eine halbe Meile hinausdehnen müssen. Eine solche Berücksichtigung wird allerdings das verlorene Ebenmaß nicht wiederherstellen können, doch aber den *Schaden mildern!*

Es ist dringend an der Zeit, weshalb wiederholt darauf aufmerksam gemacht werden darf, daß die bauliche Construction der Großstädte in einem weiteren Sinne wie bisher als ein *Ganzes* betrachtet werde, und die Idee zur Geltung komme: „daß *zur Wohnstätte der Menschen* nicht nur *Häuser*, sondern auch ein „*grüner Zubehör in freier Natur* gerechnet werden muß, Stätten der Erholung, die theils in unmittelbarer Nähe der Stadt zu Fuß zu erreichen, theils weiter gelegen, mittelst der verschiedenen Fahrgelegenheiten zu benutzen sind". Naturgemäß, d. i. vom Schöpfer angeordnet, sollen die Wohlthaten, welche die Natur darbietet, auch den Bewohnern der Großstädte zu Theil werden, insoweit die Verhältnisse, und zwar sowohl die localen als die persönlichen, es gestatten. Die natürlichen Verhältnisse, insoweit sie vom Schöpfer gegeben sind bieten hier aber „*viel*", und es liegt nur noch am Menschen, an seiner Intelligenz, sowie an seiner Nächstenliebe, das von Oben Dargebotene zu ergreifen und zum Vortheile Aller zuzurichten. Da der Sprachgebrauch das Wort „Gartenbau" aufgenommen hat, so dürfte man in den Begriff der Baulichkeiten im weiteren Sinne wohl auch Gärten und Parkanlagen einschließen, so daß die bauliche *Construction* der Städte, mithin ihre *Architectur*, als ein *Ganzes* betrachtet, nicht nur die Gebäudemassen derselben, sondern auch ihre Gärten und Anlagen, die Erholungsstätten ihrer Bewohner, im Freien und Grünen umfaßt. –

Es ist nun von großer Wichtigkeit für jede Großstadt, daß ihre architectonischen Verhältnisse in dieser weiteren Bedeutung verstanden und richtig geordnet werden, weshalb dieselben zunächst in einem *einheitlichen Plane* hervortreten müssen, welcher sowohl Gebäude, als Erholungsstätten im Freien zugleich umfaßt. *Der Maßstab*, welcher bei Abfassung eines Planes speciell für den grünen Ring einer Großstadt anzulegen sein wird, ist eben *der des Bedürfnisses der verschiedenen Categorien* in Beziehung auf diejenigen *Erholungen in Gottes herrlicher Natur*, welche zu ihrer Erquickung und überhaupt zu ihrem Gedeihen an Körper und Geist gehören, und den besonderen Lebensverhältnissen angemessen sind, in welche sie vom Schöpfer gestellt wurden. Dieses *Bedürfniß* ist *so groß* und *mannigfaltig*, seine *Ansprüche* sind so *bedeutend*, daß *die Aufgabe, einen solchen Plan darzustellen*, gewiß bezüglich einer jeden unserer Großstädte zu einer *Preisaufgabe* erhoben werden sollte[4]. Die Frage: Was aber eben Bedürfniß hier sei, in Beziehung auf die verschiedenen socialen Positionen und Altersstufen, diese Frage wird Jeder, welcher den Versuch unternimmt, eine Aufgabe dieser Art zu lösen, zuvor sich selbst sorgfältig zu beantworten haben, wobei daran

---

4   Da diese Stelle und die folgende wesentlich in den Zusammenhang dieses Capitels gehören, so sind sie hier beibehalten worden, ungeachtet der nämliche Gedanke, aber in anderer Modification, schon im fünften Capitel des *ersten* Theiles erscheint, da wo die Obliegenheiten der städtischen Behörden in Betracht gezogen werden.

erinnert werden darf, daß man für das *reinmenschliche Bedürfniß „überhaupt"* ein richtiges *Verständniß haben muß*, um von dem Ganzen auf das Einzelne zu schließen, dasselbe richtig würdigen und in Anschlag bringen zu können. *Auch hier*, in dieser Sphäre, *wie überall*, ist es nur *der Geist, der lebendig macht* und in das *Verständniß einführen kann*, – der Geist der Liebe und Gottesfurcht. Es ist unfehlbar gewiß, daß man mit *diesem* Geiste an das Werk zu gehen, und bei solchen Vorwürfen zunächst dem sittlichen Charakter des Menschen gerecht zu werden hat, daß man die Ansprüche desselben nicht verletzen darf! „Daß Jeder auf seiner Stelle zur Tüchtigkeit nach Innen und Außen unverkürzt heranreifen könne, und dabei auch an dem Pflichttheile des Lebensgenusses, welches nach dem Willen der Vorsehung dem Menschen in jeglichem Stande zukommen soll, nicht darbe" – diese ungefärbte, redliche, humane Gesinnung auf christlichem Grunde muß Denjenigen erfüllen, dem es gelingen soll, einen derartigen, der Aufgabe entsprechenden Plan aufzustellen. Freilich thut es dieses richtige Verständniß nicht allein, es gehören dazu auch praktische Talente zu glücklichen Combinationen und Fachkenntnisse, damit die befriedigende Darstellung eines so weit umfassenden Planes zu Stande kommen kann. Da nun die Ansprüche an einen solchen Plan so bedeutend sind, und eine gelungene Aufstellung desselben für das Wohl der Bevölkerung einer Großstadt von so großer Wichtigkeit ist, so erscheint es um so nöthiger, ihn eben als „Preisaufgabe" in Anregung zu bringen, da alsdann die annähernd gelungensten unter diesen Concurrenzplänen, auch dann, wenn sie nicht ganz genügen sollten, beitragen werden, um zur Feststellung eines befriedigenden Planes zu gelangen. – Eine bauliche Construction des grünen Ringes, welche den *moralischen* Forderungen entspricht, wird leicht auch in Einklang mit den ästhetischen gebracht werden können. Die architektonischen Verhältnisse der Umgebung einer Großstadt werden überhaupt sich verschönern, und zwar in einem Grade, welcher das Bisherige weit übertrifft, sobald alle diejenigen Anlagen in derselben zu Stande kommen, welche dem wohlaufgefaßten Interesse der verschiedenen Theile der Bevölkerung zu dienen haben.

Die Wiederentdeckung der italienischen Bau- und Gartenkunst. Maria Pasolinis Beitrag zur Städtebautheorie in Italien nach der Jahrhundertwende

Katrin Albrecht

Lehren aus dem Studium der Geschichte

„Irre ich? Oder ist die Arbeit der Contessa Pasolini von großem Wert?" Dessen vergewissern wollte sich im Frühjahr 1896 eine junge Frau in einem Brief, den sie der Zeitschrift *Rivista per le signorine* zukommen ließ.[1] Ihre Frage bezog sich auf eine Reihe eben erschienener Artikel, in denen Gräfin Maria Pasolini Ponti (1856–1938) ihre Literaturempfehlungen abgegeben hatte, um den vorwiegend aus wohlhabenden Kreisen stammenden Leserinnen der Zeitschrift einen Leitfaden für ihre autodidaktische Weiterbildung durch das Studium der Weltgeschichte anzubieten.[2]

Pasolinis Absichten waren klar und zielgerichtet: Das Studium der Geschichte sollte allen – besonders aber den jungen, bereits in den Genuss einer Ausbildung gekommenen Frauen – als Grundpfeiler für eine aufgeklärte Bildung und die Führung eines verdienstvollen Lebens dienen.[3] Denn die Kenntnis historischer Vorgänge bilde nicht nur die Voraussetzung, um gesellschaftliche, wirtschaftliche und politische Zusammenhänge verstehen zu können, sie schaffe vor allem ein Bewusstsein für das eigene Dasein und Handeln und damit auch für die Aufgaben, Pflichten und die Verantwortung, die man als Individuum in einer Gesellschaft wahrzunehmen habe. Gerade in einer Zeit des Umbruchs, wie ihn das Königreich Italien in den Jahrzehnten nach der Konstituierung des Nationalstaats erlebte, stellte Pasolini besorgt einen allgemein verbreiteten Mangel an Bewusstsein fest, dem sie die Schuld an der Korruption der führenden Schichten und ihren oft willkürlichen Entscheidungen zuschrieb.[4] Sie war überzeugt, dass durch Wissen und Bildung Veränderungen möglich wären, weil diese die Urteilsfähigkeit stärken würden, die Entwicklung eines sozialen Gewissens fördern und so der Gesellschaft insgesamt zugutekämen. Wissen wiederum war durch systematische Lektüre, entsprechend den individuellen Interessen und Neigungen, zu erwerben – genau darauf konzentrierten sich Pasolinis Bemühungen, wenn sie aktiv zum Lesen anregte, Bibliotheken einrichten ließ, Kataloge publizierte und Bibliografien zusammenstellte: auf die „Idee von Ordnung und Disziplin, die unseren Verstand bei jeder Arbeit lenken müssen, damit sie wirksam ist, so dass wir, indem wir verstehen und dem Geist der Zeit besser folgen, ihm auch eher dienen können."[5]

Diese Denkweise durchdrang das gesamte Wirken Pasolinis. Sie liegt auch ihren Schriften zugrunde, die sie nach der Jahrhundertwende zu künstlerischen Themen, insbesondere zur Villen- und Gartenarchitektur sowie zum Städtebau verfasste: Ebenso wie in gesellschaftlichen Belangen verlangte sie in der Baukultur von allen Entscheidungsträgern ein historisches Bewusstsein, um gegenwärtige Fragen, künftige Bauvorhaben und die oftmals schonungslosen Entwicklungen bewerten und bewältigen zu können. Mit ihrem langjährigen Engagement für die römische Kunst- und Architekturvereinigung Associazione Artistica fra i Cultori di Architettura und ihrem 1915 veröffentlichten Werk *Il giardino italiano* – dem ersten Buch in Italien, das sich den italienischen Villen und Gärten widmete[6] – war Pasolini ganz wesentlich am städtebaulichen Diskurs des frühen 20. Jahrhunderts beteiligt. Sie trug selbst tatkräftig zur Erweiterung und Verbreitung von Wissen auf diesem Gebiet bei und förderte dadurch die in ihren Augen unbedingt nötige Sensibilisierung für die eigene, nationale Baukultur. Darüber hinaus nutzte sie die Möglichkeiten, die ihr aus ihrer privilegierten Stellung als Tochter einer vermögenden Mailänder Unternehmerfamilie, als Ehefrau eines angesehenen aristokratischen Senators, als Gutsherrin und gebildete Frau gegeben waren, um sich aktiv zum Wohl der Gesellschaft (und im Interesse der nationalen Einheit) für bessere Lebens- und Arbeitsbedingungen der Landarbeiter, für bessere Ausbildungsmöglichkeiten der Frauen und für deren Gleichberechtigung einzusetzen.

Herkunft, Familie und gesellschaftliche Stellung

Ein Blick auf Pasolinis Biografie und ihre vielseitigen Tätigkeiten, Interessen und Beziehungen lässt eine ausgesprochen unabhängige und integre Persönlichkeit erkennen, deren Kultiviertheit bei den Zeitgenossen durchweg auf Bewunderung stieß.[7] Sie habe in den vergangenen 30 Jahren eine bedeutende Rolle in der Sozial- und Geistesgeschichte Italiens gespielt, notierte 1918 die britische Schriftstellerin Mary Ward.[8] Die Schweizer Historikerin Meta von Salis beschrieb sie 1900 in einem ihrer drei Frauenporträts als „jung und schön, weil sie geistig unerschöpflich frisch ist; sie genießt, sie arbeitet; sie ist glückliche Gattin und Mutter, ist *mondaine* und ernste Frau; glühende Liebhaberin des Schönen; von scharfem ordnendem Verstand, warmem Herzen, gewandt zur Rede und Widerrede, der Feder mächtig für jedes übernommene Apostolat; freudig zum Geben, Mittheilen, Fördern, Schaffen, Erhalten."[9]

Maria Ponti wurde 1856 in Gallarate nördlich von Mailand geboren, mitten in der bewegten Zeit des Risorgimento, als die Lombardei unter österreichischer Herrschaft stand und mit Unterstützung der Industriellen auf Unabhängigkeit drängte. Zu ihnen zählte auch ihr Vater Andrea Ponti, der 1853 mit seinem jüngeren Bruder den seit mehreren Generationen erfolgreich geführten Familienbetrieb übernommen hatte.

Maria Pasolini Ponti auf ihrem Pferd im Hof des Stadtpalazzo Pasolini dall'Onda in Ravenna, o. D.

Durch den Handel und die Verarbeitung von Baumwolle reich geworden, hatte sich ihr Textilunternehmen Anfang des 19. Jahrhunderts in Italien durch Innovationen wie die Einführung der ersten mechanischen Spinnmaschinen hervorgetan. Zu ihren Anlagen gehörten zahlreiche in der Lombardei verstreute Werkstätten, darunter eine Zwirnerei und Weberei in Gallarate, Spinnereien in Solbiate Olona und Fara Gera d'Adda, ein Verkaufsgeschäft am Hauptsitz in Mailand, eine Niederlassung in Triest sowie Vertretungen in Deutschland und England. 1857 erwarb Marias Vater auf dem Colle Biumo in Varese neben der Villa seines Bruders ein Grundstück und beauftragte den Architekten Giuseppe Balzaretto mit dem Bau einer neuen Villa mit Garten. Es entstanden ein kompakter, der Florentiner Renaissance nachempfundener Baukörper, ausgestattet mit modernster Haustechnik und neuartigen Fassadenelementen aus Gusseisen, sowie eine am Vorbild des englischen Landschaftsgartens orientierte Parkanlage.[10] Nicht nur sein unternehmerischer Erfolg und seine technologische Versiertheit, auch sein politischer und sozialer Einsatz verschafften Andrea Ponti hohes Ansehen: Als überzeugter Liberaler hatte er in Gallarate an der Spitze des Aufstands von 1848 für die Einigung Italiens gekämpft, außerdem investierte er in die Modernisierung der Landwirtschaft, richtete Vorsorge- und Krankenkassen für Industriearbeiter und ihre Familien ein und veranlasste den Bau zahlreicher gemeinnütziger Einrichtungen. Auf seine Initiative wurden in Gallarate zwischen 1864 und 1874 nach Plänen seines Freundes Camillo Boito ein neues Spital und ein neuer Friedhof mit dem Familiengrab der Pontis gebaut.[11]

Ihre Mutter Virginia Pigna sei ungewöhnlich gebildet und „überhaupt eine bedeutende Erscheinung" gewesen, berichtet Maria.[12] Ihr älterer Bruder Ettore Ponti führte ab 1888, nach dem Tod des Vaters, die Familiengeschäfte und dessen philanthropische Projekte weiter; nach der Jahrhundertwende machte er sich als liberaler Senator und Bürgermeister von Mailand einen Namen. Die beiden jüngeren Schwestern heirateten wie Maria in höhere aristokratische Kreise ein: Ester vermählte sich mit dem Mailänder Capitano Luigi Esengrini, Antonia mit dem Grafen Gianforte Suardi aus Bergamo. Doch auch sie begnügten sich nicht mit der Rolle der Ehefrau und Mutter, sondern traten – wenn auch in bescheidenerem Ausmaß als ihre Schwester – mit sozialem und kulturellem Engagement an die Öffentlichkeit.[13]

Mit elf ging Maria für fünf Jahre nach Florenz in das Istituto Santissima Annunziata, ein in der mediceischen Villa Poggio Imperiale untergebrachtes Mädcheninternat: „Es wäre mir nicht möglich zu schildern, welche Gefühle die allumfassende Schönheit des Ortes in mir erweckte, ohne daß sie mir noch zum Bewußtsein kamen", notierte sie Jahre später.[14] 1874 heiratete sie 18-jährig Conte Pier Desiderio Pasolini (1844–1920) und trat damit in eine der ältesten Adelsfamilien Ravennas ein. Auch er – ein leidenschaftlicher Historiker, Ahnenforscher und Politiker, der in der Romagna die Auflösung des Kirchenstaates miterlebt hatte – war durch seinen familiären Hintergrund vom liberalen Geist der italienischen Unabhängigkeitsbewegung, von einem weltlichen Verständnis des Katholizismus und einer aufklärerischen Denkweise geprägt worden.[15] Sein Vater Giuseppe Pasolini hatte während des Risorgimento wichtige politische Ämter besetzt und eine Schlüsselrolle bei den Vermittlungen zwischen dem Kirchenstaat und dem Königreich Italien eingenommen.[16] Wenige Monate vor seinem Tod Ende 1876 wurde er in Rom zum Präsidenten des Senats ernannt. Pier Desiderios Schwester Angelica verheiratete sich im selben Jahr mit dem ravennatischen Conte Giuseppe Rasponi dalle Teste und wohnte danach in Florenz in der Renaissance-Villa Fontallerta, die ihr Vater 1850 erworben hatte. Angelica stand nicht nur ihrem Bruder sehr nahe, sondern wurde auch eine enge Vertraute Marias, wie ihre überaus reiche, kontinuierliche Korrespondenz verdeutlicht.[17]

Pier Desiderio beschäftigte sich mit Vorliebe mit der Genealogie seiner Familie sowie der Geschichte, den Protagonisten und Traditionen der Orte seiner Herkunft – der Romagna, Ravennas und Venedigs. Er publizierte Chroniken der Familien Pasolini, Ponti und Rasponi sowie 1893 sein dreibändiges Hauptwerk *Caterina Sforza*. Außerdem war er als Gemeinde- und Provinzrat von Ravenna zunächst in der Kommunalpolitik tätig, als Abgeordneter (ab 1883) und als Senator (ab 1889) auch in der Nationalpolitik, wo er sich in öffentlichen Reden wiederholt für den Arbeiterschutz, für Bildungsanliegen sowie den Schutz von Kulturgütern aussprach. Mit ihrem Mann teilte Maria also nicht nur das Interesse für Geschichte, auch bezüglich ihres humanistischen Weltbildes, ihrer gesellschaftlichen Verantwortung und in Fragen sozialer Gerechtigkeit scheinen sie sich grundsätzlich einig gewesen zu sein. Sie verdanke seinem Hochsinn die Freiheit und das Glück ihres Lebens, meinte sie – der Geist seiner Frau ehre ihn, und er hole sich in allen Angelegenheiten Rat bei ihr, sagte er.[18] Die Führung eines gleichberechtigten,

Die Familie Pasolini mit ihren Haus- und Hofangestellten auf dem Landgut Montericco bei Imola, um 1890

selbstbestimmten Lebens war offenbar für beide selbstverständlich. Amüsiert habe der Graf zuweilen erzählt, wie er es in der Stadt hinter seinem Rücken raunen hörte: Da geht der Mann der Pasolini![19]

Sowohl in menschlicher wie auch in intellektueller Hinsicht wurde Maria vollumfänglicher Respekt entgegengebracht. In Rom, wohin sie mit den beiden Söhnen Pasolino und Guido sowie ihrem Mann nach dessen Wahl in die Abgeordnetenkammer zog, führte sie im Palazzo Sciarra am Corso Umberto – ab 1914 im Palazzo Santacroce an der Piazza Cairoli – einen stadtbekannten Salon: „Größen aller Nationen, Botschafter, Kleriker, Männer der Literatur, Wissenschaft, Archäologie, Kunst, Politiker und Diplomaten trafen sich dort – Gräfin Pasolini war ihnen allen gewachsen, und ihre Rede, schnell, furchtlos, malerisch, voller Kenntnis, aber ohne Anflug von Pedanterie, verlieh der Szene, die kaum vielfältiger, oder, in weniger geschickten Händen, voller Misstöne hätte sein können, eine einheitliche Note."[20] Mehrfach wird berichtet, wie unbefangen Pasolini mit allen Leuten umging, mit den illustren Gästen ihres Salons[21] und der königlichen Gesellschaft ebenso wie mit den einfachen Bauersleuten auf dem Land und ihren Haus- und Hofangestellten: „Menschenfurcht und Schmeichelei sind ihr gleich fremde Schwächen."[22] Ihr Horizont war dabei keineswegs auf Italien beschränkt, vielmehr bewegte sie sich mit ihrer philanthropischen Gesinnung und ihrem geistigen Netzwerk „in Italien, in Frankreich, in England wie in einer Gemeinschaft, die keine Grenzen kennt."[23]

Soziales und wirtschaftspolitisches Engagement

Bis 1883 wohnte die Familie abwechselnd in ihrem Stadtpalazzo in Ravenna und auf den Landgütern Montericco bei Imola und in Coccolia, einem kleinen Ort auf halbem Weg zwischen Ravenna und Forlì. Dort kam Pasolini mit der Landbevölkerung der vorwiegend agrarwirtschaftlich geprägten Romagna in Kontakt. Obwohl die Region zu den fortschrittlichsten in Italien gehörte, war die Armut unter den im Taglohn angestellten Landarbeitern („braccianti") zu dieser Zeit stark verbreitet. Im Unterschied zu den etwas besser gestellten Halbpächtern („mezzadri") litten sie besonders unter den harten, unbeständigen Arbeitsbedingungen und, nach der Marktöffnung Anfang der 1880er-Jahre, zusätzlich unter Massenarbeitslosigkeit sowie niedrigen Absatzpreisen. Wie überall in Italien war zudem der Großteil der Bevölkerung Analphabeten. Pasolini zeigte sich betroffen angesichts des verbreiteten Elends und schrieb in Briefen an ihre Schwägerin von ihrem Gefühl der Ohnmacht: Es sei an der Zeit, den Absichten Taten folgen zu lassen.[24] Sie begann, eine Reihe fürsorgerischer Maßnahmen zu ergreifen; 1887 richtete sie in Coccolia eine Spitzen- und Klöppelschule für junge Landarbeiterinnen ein, um ihnen das Erlernen eines Handwerks zu ermöglichen, das ihnen zu wirtschaftlicher Eigenständigkeit verhelfen und sie stärker in das öffentliche Leben einbinden sollte.[25]

1890 publizierte Pasolini ihre erste wissenschaftliche Studie, „Una famiglia di mezzadri romagnoli nel comune di Ravenna", in der Wirtschaftszeitung *Giornale degli economisti*, die ihr Freund Maffeo Pantaleoni gerade übernommen hatte. In Anlehnung an die von Frédéric Le Play etablierte vergleichende Sozialforschung (*méthode d'observation*), die anhand quantifizierbarer Parameter und statistischer Erhebungen die Verhältnisse von Arbeitern untersuchte – die Methode hatte in Italien mit dem international renommierten Statistiker Luigi Bodio einen wichtigen Verfechter und fand später unter dem Begriff *survey* vor allem durch den britischen Biologen Patrick Geddes Eingang in die Theorie und Praxis des Städtebaus[26] –, zeichnete Pasolini die Lebensumstände einer Familie von Halbpächtern in Coccolia über eine Zeitspanne von drei Jahrzehnten (1859–1889) nach. Dank der akkuraten Buchführung ihres Schwiegervaters konnte sie detailliert und höchst systematisch die Situation jener Familie beschreiben: von der Geschichte ihres bewirtschafteten Landes, den topologischen, wirtschaftlichen und sozialen Bedingungen, über die Erträge und Investitionen sowie die Aufgaben aller Mitglieder, bis hin zu ihrem Haus, ihren Kleidern, ihrem Essen und ihrer Mentalität. Im Anhang führte sie entsprechende Tabellen, einen Lageplan des Grundstücks und Pläne des Hofes auf.[27] Aufgrund dieser Vollständigkeit sind die Aufzeichnungen bis heute ein aufschlussreiches und einzigartiges Zeitdokument, das die Kultur der Bauern in der Romagna präzise festhält.

Ergänzend dazu veröffentlichte Pasolini zwei Jahre später in derselben Zeitschrift Monografien von drei typischen Tagelöhnerfamilien,[28] welche die ärmste und überdies eine stetig anwachsende Bevölkerungsschicht repräsentierten. Von dieser überwiegend sozialistisch gesinnten, agitationsbereiten Gruppe ging die größte Gefährdung des labilen sozialen Friedens aus, an dem Pasolini in ihrer politisch moderaten, republikanischen Haltung besonders gelegen war – natürlich auch im Interesse der von ihr vertretenen Aristokratie, die einst Politik, Wirtschaft, Kirche und Kultur dominiert hatte und im 19. Jahrhundert infolge der tiefgreifenden gesellschaftlichen und politischen Umwälzungen nun vollkommen auseinanderbrach. Aus ihrer Sicht galt es zum einen, die oberen Schichten in die Verantwortung zu ziehen, zum anderen aber sollten die „mezzadri" vor dem sozialen Abstieg bewahrt und zugleich die Lebensbedingungen der „braccianti" verbessert werden. Seit den frühen 1880er-Jahren hatten Letztere begonnen, sich kämpferisch in Arbeitskooperativen zu organisieren. Eine davon, die Associazione Braccianti di Ravenna, sicherte sich 1884 den Auftrag, den Küstenstreifen vor Rom (wo heute der Flughafen Fiumicino liegt) trockenzulegen. Eine erste Gruppe von Männern und Frauen zog daraufhin nach Ostia, um im malariageplagten Sumpfland Schwerstarbeit zu verrichten.[29] Pasolini, die damals bereits in Rom wohnte, besuchte die Arbeiterkolonie regelmäßig, kümmerte sich mit viel Empathie um ihr Befinden und versorgte sie medizinisch.

Ihre in Coccolia betriebene Gewerbeschule ging 1903 in den Industrie femminili italiane auf, einer landesweiten Vereinigung von Frauenkooperativen und Unternehmungen, die sich zum Ziel gesetzt hatte, für die Produkte von Frauen einen Markt zu erschaffen, ihre wirtschaftlichen Verhältnisse zu verbessern und sie stärker vor Ausbeutung zu schützen.[30] Wie Claudia Gori in ihrem Buch *Crisalidi* ausführlich darlegt, erlebte die Frauenbewegung in Italien in den Jahren kurz vor und nach der Jahrhundertwende einen unverkennbaren Höhepunkt. Sie artikulierte sich in unzähligen autonomen Organisationen, erfasste von links bis rechts alle politischen, gesellschaftlichen und konfessionellen Lager und trat als ausgesprochen eigenständige Bewegung in Erscheinung.[31] Angeregt durch internationale Impulse, wie das 1888 in Washington gegründete International Council of Women, und in der Absicht, die Kräfte der zahlreichen, in ganz Italien lancierten Initiativen zu bündeln, konstituierte sich 1899 – unter Mitwirkung Pasolinis – in Rom zunächst die Federazione delle opere di attività femminile (Bund lokaler Frauenvereine), der 1903 schließlich die Gründung des Consiglio Nazionale delle Donne Italiane (CNDI) folgte.[32]

Unter der Führung dieses nationalen Gremiums, dessen Präsidentin Gabriella Rasponi-Spalletti sowie der Schirmherrschaft des Königshauses – allen voran der weithin beliebten „prime donne" Italiens, Königin Elena, Prinzessin Letizia und Königinmutter Margherita – fand in Rom vom 23. bis 30. April 1908 der erste nationale Frauenkongress statt. Dass in der Presse ausführlich darüber berichtet wurde,[33] verwundert schon angesichts seiner Größe kaum: 93 Vereinigungen und rund 1.400 Personen nahmen daran teil, darunter circa 140 Männer (ohne Stimmrecht, mit dabei auch Pier Desiderio und Sohn Guido), eine auffallend hohe Anzahl Adlige, etliche Studentinnen, berufstätige Frauen (aus der Krankenpflege, Telekommunikation und dem Schulunterricht), zahlreiche Gäste aus ganz Europa sowie Politprominenz, wie die Mitglieder der königlichen Familie, Bürgermeister Ernesto Nathan und Bildungsminister Luigi Rava.[34] Entsprechend unerschöpflich

Maria Pasolini (Nr. 6), Präsidentin Gabriella Rasponi-Spalletti (Nr. 5) und weitere Vorsitzende des nationalen Frauenkongresses in Rom im April 1908, Titelseite der Zeitschrift *La donna*, 5. Mai 1908

war die Bandbreite der Themen, die während fünf Tagen parallel in sechs Sessionen verhandelt wurden; Pasolini leitete jene zum Thema „educazione e istruzione".[35] Mehr als 50 Referentinnen diskutierten über die Bildung der Frau in verschiedenen gesellschaftlichen Kreisen, über Schulsysteme und Berufsausbildung, die Bekämpfung des Analphabetismus, die Eingliederung beeinträchtigter Kinder in der Schule, den Religionsunterricht und mögliche Mittel zur Förderung von Bildung, etwa durch die Einrichtung von Bibliotheken. Bemerkenswert – und hinsichtlich ihrer zunehmenden Auseinandersetzung mit städtebaulichen und künstlerischen Fragen besonders interessant – ist außerdem Pasolinis Votum in der Session „letteratura ed arte", in dem sie die italienischen Frauen aufrief, für die „Schönheit ihrer Städte" und deren Schutz einzutreten.[36]

Wie Sofia Bisi Albini, Maria Montessori, Lavinia Taverna, Anna Maria Mozzoni und viele andere Mitstreiterinnen wurde auch Pasolini als Wegbereiterin der Frauenbewegung bezeichnet.[37] Sie setzte sich dafür ein, dass die Frauen aus dem privaten Bereich von Heim und Familie heraustreten und wie die Männer in öffentliche Aufgaben eingebunden werden sollten. Deswegen forderte sie mehr Rechte für sie, wies aber gleichzeitig auf die damit verbundene Verantwortung hin.[38] Um dieser gewachsen zu sein, verlangte sie, wie eingangs erwähnt, Bewusstsein und Bildung. In der Pflicht sah sie vor allem die jungen Frauen, die – wie Pasolini selbst – aus wohlhabenden, großbürgerlichen oder aristokratischen Kreisen stammten, da sie mehr als andere sowohl über finanzielle Mittel als auch Zeit verfügten.

In diesem Kontext fügt sich Pasolinis Initiative zum Studium der Geschichte, die mit den Artikeln in der *Rivista per le signorine* ihren Anfang genommen hatte und 1897 in der Gründung der Biblioteca storica Andrea Ponti in Ravenna gipfelte. Mit der nach ihrem Vater benannten Leihbibliothek, die durch weitere Einrichtungen in Bergamo (1898, von ihrer Schwester Antonia Suardi betreut) und Imola (1900) erweitert wurde, wollte Pasolini explizit den jungen, interessierten Frauen ein „einfaches Instrument für eine *vergnügliche, nützliche und geordnete Lektüre*" bieten.[39] Zu ihrem Konzept gehörte die Erarbeitung eines umfassenden Verzeichnisses von Buchtiteln zu allen Lebens- und Wissensbereichen, das als Reihe von thematisch strukturierten Katalogen nach und nach publiziert werden sollte. Das ursprüngliche, sehr ambitionierte Programm wurde im Lauf der Jahre angepasst und nur teilweise umgesetzt. Durch die Beratung des Literaten und Bildungspolitikers Ruggero Bonghi und in Zusammenarbeit mit befreundeten Spezialisten wie dem Historiker Pasquale Villari, dem Volkswirtschaftler Maffeo Pantaleoni und dem Risorgimento-Experten Ernesto Masi erschienen bis 1907 vier Kataloge: 1897 zur Weltgeschichte, 1898 zu Sozial- und Wirtschaftswissenschaften, 1903 zur Frauenfrage und 1907 zur Geschichte des Risorgimento.[40] Einen letzten Höhepunkt von Pasolinis langjährigem bemerkenswerten Bibliografie-Projekt setzte 1928 schließlich ihr Buch *Sommario della storia d'Italia con guida bibliografica*.[41]

1906 unterstützte sie die Petition von Anna Maria Mozzoni für das Frauenstimmrecht,[42] allerdings war Pasolini keine ideologische Agitatorin, sondern blieb stets abwägend, pragmatisch, praxisbezogen, auch hartnäckig und zielstrebig. Sie hielt sich weder für allzu doktrinär noch allzu idealistisch: „Geschäfte müssen gemacht werden [...]. Aber damit diese gut sind, müssen sie für alle Vertragsparteien gut sein."[43] Wiederholt kritisierte sie ihre Landsleute für das ihrer Meinung nach in Italien fehlende soziale Gewissen und die Praxis, Entscheidungen im Interesse von wenigen zum Schaden vieler zu treffen. Ihre Vorstellung vom Verhältnis zwischen Individuum und Gesellschaft orientierte sich dabei klar am Vorbild Englands. England bewunderte sie auch bezüglich seiner avancierten sozialreformerischen Ansichten und teilte die dort verbreitete Haltung, wonach dem Adel eine Hauptverantwortung im Sozialbereich zufallen sollte.[44] Alles in allem gelang es Pasolini, ihre Vorstellungen sowohl im privaten Kreis ihrer Familie als auch in Haus und Hof sowie in ihrem lokalen Wirkungskreis in Ravenna und Rom umzusetzen und sie in ihren Schriften immer wieder als übergeordnete Gesellschaftsidee theoretisch-philosophisch zu reflektieren.

Baukultur, Denkmalpflege und Städtebau

Theoretisch äußerte sich Pasolini zu städtebaulichen Fragen erst nach ihrem Eintritt in die Associazione Artistica fra i Cultori di Architettura di Roma kurz vor der Jahrhundertwende. Ihre Beschäftigung mit der Stadt hatte ihren Ursprung in der Sorge um den Verlust wertvollen künstlerischen Kulturguts und der Auseinandersetzung mit dessen Schutz – also in denkmalpflegerischen Themen, die Ende des 19. Jahrhunderts erstmals als Grundsätze formuliert wurden – und subsumierte sich letztlich unter einem anspruchsvollen Kunstverständnis, das Architektur, Städtebau, Denkmalpflege, Kunsthandwerk und Gartenarchitektur als untrennbare Einheit interpretierte. Aus diesem Grund lassen sich in Pasolinis Schriften Aussagen zum Städtebau kaum von denkmalpflegerischen oder allgemein künstlerischen Anliegen abgrenzen. Sie richtete dieselben grundlegenden Fragen an einzelne herausragende Bauten, städtebauliche und landschaftliche Ensembles wie auch an kunsthandwerkliche Gegenstände.

Diesbezüglich beispielhaft ist ihr Memorandum „L'arte antica in Italia sorgente di ricchezza pubblica", das sie im Juni 1898 vor der versammelten Associazione Artistica verlas.[45] Anlässlich eines Gesetzesentwurfs für Denkmalschutz, der kurz zuvor dem Parlament präsentiert worden war,[46] sprach sie über den unschätzbaren Wert historischer Monumente und Städte, über ihre Schönheit und die Gründe, warum sie geschützt werden sollten. Dabei äußerte sie sich unter anderem zum Kunsthandwerk, der sogenannten „arte industriale", zu der auch die Spitzenarbeiten aus ihrer Gewerbeschule in Coccolia zählten. Im Kunsthandwerk sah sie ganz grundsätzlich das Potential, zu einem neuen künstlerischen Bewusstsein zu finden, das jenem vergangener Epochen, als die Kunst noch eng mit dem Leben verbunden war, nicht nachzustehen brauche.[47] Ihre Überlegungen waren offensichtlich von den Leitgedanken der britischen Arts-and-Crafts-Bewegung beeinflusst, insbesondere von William Morris, Ford Madox Brown, Edward Burne-Jones, Dante Gabriel Rossetti und deren 1861 gegründeter Firma (Morris, Marshall, Faulkner & Co.), die sie als mustergültig für die Suche nach neuen künstlerischen Formen hervorhob. Darüber hinaus enthielt Pasolinis Referat differenzierte Aussagen zum Wert des *ambiente*, ein zentraler Begriff im städtebaulichen Diskurs in Italien nach der Jahrhundertwende. Er sollte vor allem durch Gustavo Giovannoni, der die Theorie des Städtebaus in den 1910er-Jahren als Präsident der Associazione Artistica und Autor wegweisender Schriften prägte, Verbreitung finden.

Während Pier Desiderio bereits ab 1895 auf den Mitgliederlisten der Associazione Artistica erscheint, trat Maria Pasolini der Vereinigung erst um 1897 bei. Sie war nach Contessa Ersilia Lovatelli, einer bereits vielfach ausgezeichneten Archäologin, die zweite Frau unter den damals rund 140 Mitgliedern; etwa zur gleichen Zeit kam mit der Kunstsammlerin Enrichetta (Henriette) Hertz, der Begründerin des kunsthistorischen Instituts Bibliotheca Hertziana, eine dritte Frau hinzu.

Die Architektur- und Kunstvereinigung war 1890 von 24 namhaften römischen Persönlichkeiten – vorwiegend Architekten, aber auch Bildhauer, Maler, Kunsthandwerker, Archäologen, Historiker und andere Freunde der Kunst – gegründet worden.[48] Sie reagierten damit auf die zunehmend als problematisch empfundenen Entwicklungen in der architektonischen Praxis sowie auf den erheblichen Verlust historischer Bausubstanz, der mit dem ungebremsten Wachstum der Bevölkerung, des Verkehrs und der Städte, den einschneidenden gesellschaftlichen und strukturellen Veränderungen und der zugleich unkontrollierten Bautätigkeit einherging. Rom war nach der Ernennung zur Hauptstadt im Jahr 1871 sowie dem nachfolgenden Zuzug der staatlichen Verwaltung und des Königshauses besonders stark von diesem Wandel betroffen. Erklärtes Ziel der Associazione Artistica war es, durch ein wissenschaftlich fundiertes Studium des baukulturellen Erbes das Ansehen von Architektur und Kunst wieder zu heben: also einerseits das Wissen über Architektur und Kunst zu vermehren, um damit andererseits die Gesellschaft für deren (existentiellen) Wert zu sensibilisieren.[49] Angestrebt wurde ein integrales Verständnis von Architektur, das praktische, theoretische, didaktische und legislative Aktivitäten gleichermaßen einbezog. Während sich die Mitglieder in den ersten Jahren vor allem denkmalpflegerischen Aufgaben widmeten,[50] verlagerte sich ihr Engagement nach der Jahrhundertwende – angetrieben durch die Ausarbeitung des neuen, 1909 verabschiedeten Bebauungsplans von Rom – zunehmend hin zu städtebaulichen Fragen. Dabei ist zu beachten, dass Denkmalpflege und Städtebau stets in einer engen Wechselbeziehung standen: Denn wie die teils radikalen Stadtumbaumaßnahmen der vergangenen Jahrzehnte vor Augen geführt hatten, war ein wirksamer Schutz von Bauten und Bauensembles ohne eine verbindliche, weitsichtige Stadtplanung niemals durchzusetzen. Außerdem wird deutlich, dass die nach der Jahrhundertwende in Italien – maßgeblich durch Giovannoni – etablierte Städtebautheorie im Wesentlichen von den zuvor in der ebenfalls noch jungen Disziplin der Denkmalpflege formulierten Grundgedanken ausging. Sie wurde eng mit dem internationalen Diskurs zur Stadtbaukunst verwoben, vermochte aber mit ihren spezifischen Definitionen des Bauwerks (*monumento*), der vernakulären Architektur (*architettura minore*) und des Kontextes (*ambiente*) sowie dem städtebaulichen Vorgehen des *diradamento* (des behutsamen, von Fall zu Fall angepassten Eingriffs) eine durchaus eigenständige Position zu manifestieren.[51]

Pasolini kommt in dieser Entwicklung eine Schlüsselrolle zu: Ende der 1890er-Jahre machte sie die Associazione Artistica mit dem Werk *Esthétique des villes* des Brüsseler Bürgermeisters Charles Buls bekannt, das 1893, kurz nach den Publikationen von Camillo Sitte (*Der Städtebau nach seinen künstlerischen Grundsätzen*, 1889) und Josef Stübben (*Der Städtebau*, 1890), erschienen war.[52] Pasolini war mit Buls persönlich befreundet, ab Anfang 1901 besuchte er sie häufig in ihrem Salon in Rom und knüpfte dabei Beziehungen zur italienischen Elite.[53] Dank der Vermittlung Pasolinis gelang es, ihn während eines Treffens mit Mitgliedern der Vereinigung, dem Bürgermeister Prospero Colonna und weiteren Amtsträgern auf dem Aventin im Januar 1902 für einen Vortrag zu gewinnen.[54] Buls' kenntnisreiche Ausführungen zur Kunst des Städtebaus mit besonderem Augenmerk auf der Entwicklung Roms stießen vor allem wegen der Kritik an der gegenwärtigen Praxis bei den Zuhörern auf großes Interesse und ließen ihn in der Folge in Italien sowohl für Architekten wie Behörden und Politiker zu einem wichtigen Berater in Planungsfragen im Zusammenhang mit historischen Städten werden. Hinzu kam, dass seine Schrift 1903 auf Pasolinis Initiative hin auf Italienisch erschien – übersetzt von ihr selbst und herausgegeben von der Associazione Artistica.[55] Ein offenbar fehlerhafter Druckprozess erschwerte zwar die Verständlichkeit, vermochte die Rezeption jedoch kaum zu schmälern.[56] Gerade auf die jüngere, damals gerade in den Kreis der Vereinigung eintretende Generation von Architekten und Städtebauern übten die neuartigen Gedanken erheblichen Einfluss aus, so auch auf Marcello Piacentini und Giovannoni, der Buls, ebenso wie Sitte, rückblickend explizit als „Held" der neuen, auf ästhetischen Kriterien beruhenden Städtebautheorie bezeichnen sollte.[57] Pasolini wirkte also früh und entscheidend kraft ihrer exzellenten Kontakte und strategisch klug vorgebrachten Vorstöße auf die Theoriebildung ein, obwohl sie selbst über keine praktische Erfahrung verfügte und auch ihre Texte auf den ersten Blick nicht als konsistentes Theoriewerk zum Städtebau erscheinen mögen. Ihr Beitrag beschränkte sich allerdings weder auf ein geschicktes Networking noch auf die Übersetzertätigkeit, sondern war ebenso durch ihre Schriften gegeben, die durchaus einen theoretischen Anspruch erheben.

Gleichermaßen zentral war Pasolinis Beitrag zur Auseinandersetzung mit der *architettura minore*, den meist anonymen, im Unterschied zu einzelnen herausragenden Monumenten wenig beachteten, künstlerisch und städtebaulich jedoch wertvollen Bauten und Ensembles, die nach der Jahrhundertwende nicht mehr nur aus denkmalpflegerischer Sicht, sondern vermehrt auch für die entwerfenden Architekten und Städtebauer an Bedeutung gewannen. Als Gegenmodell zum objektfixierten, klassisch-historischen Architekturverständnis des 19. Jahrhunderts versprachen sie sich von der authentischen, den natürlichen Gegebenheiten und lokalen Bautraditionen angepassten Material- und Formensprache der *architettura minore* eine grundsätzliche Neuorientierung der Architektur. Die Wiederentdeckung der eigenen baukulturellen Wurzeln und die Lehre von der „Schönheit des Gewöhnlichen" sollten zum einen eine Rückkehr zu den elementaren Grundlagen der architektonischen Disziplin ermöglichen.[58] Zum anderen verband sich damit die Hoffnung auf eine Konsolidierung der nationalen Einheit und Identität, die ihren Ausdruck letztlich

Architettura minore in Italia. Roma, Band 1, herausgegeben von der Associazione Artistica fra i Cultori di Architettura, Turin: C. Crudo & C., [1926]

in der Schaffung eines neuen nationalen Stils finden sollte – eine kulturpolitische Ambition, die während des Faschismus weiteren Auftrieb erhalten sollte.

Zwei Kommissionen der Associazione Artistica beschäftigten sich seit ihrer Gründung mit dem Schutz von Bauwerken in der Stadt Rom und der Provinz Latium. Nach und nach erstellten sie ein Inventar „von allem Erinnerungswürdigen, das beim Begehen der Plätze und Straßen Roms" anzutreffen war.[59] Die verzeichneten Artefakte unterteilten sie in drei Klassen: in uneingeschränkt erhaltenswerte Monumente; in solche, die ohne großen Schaden versetzt werden konnten; sowie Werke, die abgerissen werden durften, falls höhere Interessen dies verlangen sollten. Letzteren wurde angesichts der regen Bautätigkeit besondere Beachtung entgegengebracht, da diese *architettura minore* („minore" auch im Sinn von „weniger bedeutend") gerade für die Bewahrung des *ambiente* eine städtebaulich wichtige Rolle spielte. 1909 äußerte sich Pasolini dazu ansatzweise im Jahresbericht der Associazione Artistica mit einem fotografisch illustrierten Essay, und zwar im Zusammenhang mit der von der Vereinigung eng begleiteten Überarbeitung des neuen Bebauungsplans von Rom und der Einrichtung einer *zona monumentale*, die das Gebiet entlang der Via Appia zwischen den Monti Celio und Aventino in eine archäologische *passeggiata* verwandeln und so langfristig der Bauspekulation entziehen sollte.[60]

Über viele Jahre hinweg sammelte Pasolini außerdem leidenschaftlich Fotografien von Architektur- und Landschaftsmotiven aus der Gegend von Rom. Ihre kostbare Bildersammlung vermachte sie 1921 der Vereinigung und publizierte aus diesem Anlass einen ausführlicheren Text zum Wert der Erhaltung und Dokumentation der abgebildeten Artefakte.[61] Sie diente auch als Grundlage für die Publikation *Architettura minore in Italia. Roma*, einer motivisch geordneten Zusammenstellung von Bautypen und -elementen, wie Wohnhäuser, Kirchen, Türme, Häuserecken, Türen, Fenster, Loggien, Höfe, Treppen, Aedikulen, Wappen, Brunnen und Tore, hauptsächlich aus der Zeit des römischen Barock. Sie wurde von Pasolini und einer Gruppe junger Architekten erarbeitet und 1926 und 1927 von der Associazione Artistica in zwei Bänden herausgegeben.[62] Die Relevanz des Themas, das auch international auf breites Interesse stieß, wird unterstrichen durch ähnlich konzipierte Publikationen, etwa jene von Austin Whittlesey zur Renaissance-Architektur in Spanien sowie die Studie von Marian O. Hooker, Katharine Hooker und Myron Hunt zu Bauernhäusern in Süditalien.[63]

Die Wiederentdeckung der italienischen Villen- und Gartenkunst

Eine Vorreiterrolle übernahm Pasolini auch mit ihrem Werk *Il giardino italiano*, das sie 1915 in der Schriftenreihe der Associazione Artistica publizierte und unter den Mitgliedern verteilen ließ. Es umfasst 30 Seiten mit zusätzlich 34 vorwiegend fotografischen Abbildungen und gilt heute wie damals als erstes in Italien erschienenes Buch zur italienischen Villen- und Gartenarchitektur.[64] Unter demselben Titel veröffentlichte der Florentiner Kunstkritiker Luigi Dami 1924 ein weiteres, weniger theoretisch als historisch ausgerichtetes Buch mit zahlreichen Fotografien, Plänen, Zeichnungen und einer umfangreichen Bibliografie, das mit seiner Akzentuierung des italienischen Primats bereits die nationalistische Vereinnahmung der Gartenkunst durch die faschistische Politik vorwegnahm.[65] Die theoretische Auseinandersetzung mit der Geschichte und Typologie des italienischen Gartens begann in Italien verhältnismäßig spät, gewissermaßen im Nachgang zur Verabschiedung des römischen Bebauungsplans von 1909 und zur Konkretisierung der ersten nationalen Gesetze für Denkmal- und Landschaftsschutz.[66] Während die Studien der französischen Rompreisträger Charles Percier und Pierre-François-Léonard Fontaine bereits um 1800 die Wiederentdeckung des italienischen Gartens eingeleitet hatten, bekundeten an der Wende zum 20. Jahrhundert vor allem britische und amerikanische sowie deutsche Publikationen das aufkommende Interesse an der italienischen Villen- und Gartenkunst.[67] Sie alle stellten den Vorrang Italiens auf diesem Gebiet nicht in Frage: Die italienischen Landhäuser, bekannt als „Villen", hätten als Modell für alle Völker Europas gedient – dies hielten nach Percier und Fontaine auch viele andere Autoren fest; umso mehr erstaunt daher die späte Wiederentdeckung in Italien selbst.[68]

Dass sich Pasolini schon seit längerem mit dem Thema beschäftigt hatte, verdeutlichen einmal mehr ihre internationalen Beziehungen: Zwei Werke hob sie in ihrem Buch besonders hervor, nämlich Marie Luise Gotheins zweibändige *Geschichte der Gartenkunst* (1914), eine sowohl zeitlich wie örtlich breit angelegte historische Abhandlung, sowie *Italian Villas and Their Gardens* (1904) von der amerikanischen Schriftstellerin Edith Wharton, deren einführendes Kapitel Pasolini ohne wesentliche

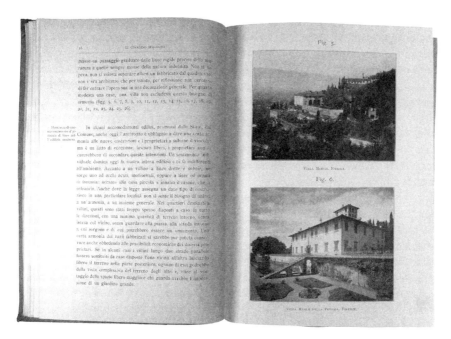

Maria Pasolini Ponti, *Il giardino italiano*, Rom: Ermanno Loescher, 1915

Änderungen übernahm.[69] Wie Wharton in ihrer Autobiografie festhält, kannte sie Pasolini persönlich: Sie sei ihr 1903 auf Erkundungstouren in der Umgebung von Rom und Florenz eine unermüdliche Führerin gewesen; desgleichen Vernon Lee (Pseudonym der britischen Schriftstellerin Violet Paget), die 1880 das Buch *Studies of the Eighteenth Century in Italy* verfasst hatte, um die Jahrhundertwende ebenfalls in Pasolinis Gesellschaft verkehrte und über Jahrzehnte hinweg mit ihr korrespondierte. Wharton widmete ihr Buch Vernon Lee, da sie „besser als alle anderen die Gartenmagie Italiens verstanden und interpretiert" habe.[70]

Mit *Il giardino italiano* nahm sich Pasolini bewusst der Schließung einer Lücke an. Ihre Beweggründe waren jedoch viel umfassender: Zum einen ging sie von der Kritik am englischen Landschaftsgarten aus, der in Italien im 19. Jahrhundert in Mode gekommen war und zum Verlust der italienischen Gartenkunst geführt habe. Die gefühlsorientierte Romantik habe die Kriterien der formalen, vom 16. bis 18. Jahrhundert zur Blüte gebrachten Gestaltung vergessen lassen, viele alte Gärten seien transformiert worden, und der einst verantwortliche Architekt habe schließlich dem modernen Landschaftsgärtner Platz gemacht.[71] Pasolini war zum anderen durch die aktuellen städtebaulichen Entwicklungen in Rom alarmiert, welche die Zerstörung vieler privater Stadtvillen und die Veräusserung ihrer Grundstücke in Kauf nahmen. Als prominente Opfer der ungezügelten, von individuellen Interessen gesteuerten Bautätigkeit nannte sie etwa die Villen Massimo und Patrizi, die in den 1880er- beziehungsweise 1910er-Jahren Einrichtungen der staatlichen Eisenbahnen weichen mussten, sowie die Villa Ludovisi, deren weite innerstädtische Ländereien auf dem Pincio ebenfalls in den 1880er-Jahren parzelliert und für den Bau neuer Wohnquartiere freigegeben wurden. Der Villa Borghese blieb ein ähnliches Schicksal nur deshalb erspart, weil sie 1901 vom italienischen Staat gekauft, der Gemeinde Rom übergeben und als Stadtpark der Öffentlichkeit zugänglich gemacht wurde. Die Villa Chigi nahe der via Salaria konnte wiederum dank der privaten Initiative des Besitzers gerettet werden, ebenso die Villa Mattei am Monte Celio, indem der Garten teilweise in die *passeggiata archeologica* integriert wurde.[72] Auch Gothein schrieb damals: „Wohl keine zweite Stadt der Welt hat wie Rom gerade durch diese Gärten vom XVI. bis zum XIX. Jahrhundert ihr eigentümliches Gepräge der Schönheit erhalten. Erst der Entwicklung Roms zur modernen Großstadt in den letzten Jahrzehnten war es vorbehalten, aus diesem Kranze von Gärten eine Blüte nach der andern zu vernichten, so daß wir heute mit gar wenigen Ausnahmen davon nur noch wie von verschwundenen Wundern träumen können."[73]

Die Villen und ihre Gärten waren offenbar noch nicht als städtebaulich relevante Faktoren erkannt worden; mit ihrem Werk versuchte Pasolini deshalb, einen Gesinnungswandel herbeizuführen. Mit der aus Whartons Schrift übersetzten, kurzen und klaren Einleitung führte sie gezielt in die wesentlichen Aspekte des italienischen Gartens ein:[74] Nicht die (fehlenden) Blumen, der blaue Himmel oder das Klima und Wetter würden diesen so einzigartig erscheinen lassen, sondern der Bezug des Hauses zum Garten sowie des Hauses und Gartens zur Umgebung. Garten und Landschaft seien Teil ein und derselben Komposition; diese Erkenntnis habe die große Kunst des Renaissance-Gartens erst ermöglicht. Die Entdeckung der Mittel, mit denen Kunst und Natur in seiner Gestaltung zusammenfinden, sei der zweite Schritt gewesen. Dabei gebe es drei Probleme zu lösen: Der Garten müsse erstens an die architektonischen Linien des Hauses angepasst werden; zweitens an die Bedürfnisse der Bewohner, indem ihnen schattige Gehwege, sonnige Wiesen, Blumenbeete und Nutzgärten angeboten werden; und drittens an die umgebende Landschaft. Letztere wird, zusammen mit Stein, Immergrün und Wasser, als wesentliches Gestaltungselement bezeichnet. Diese hätten aber nicht per se schon einen Wert, sondern seien sekundäre Teile eines übergeordneten Plans: „Die besondere, dem italienischen Garten innewohnende Schönheit liegt in der Gruppierung all dieser Teile, in den konvergierenden Linien der langen Steineichenalleen, im Wechsel der sonnigen Plätze mit kühlen und schattigen, im Verhältnis der Terrassen zu den Wiesen oder der Höhe der Mauern zur Breite eines Gehwegs, sie liegt im Konzept der Gesamtheit, das den Künstlerarchitekten leitete und ihn dazu führte, einen perfekten Organismus zu schaffen, in dem die einzelnen Teile, harmonisch mit allem, dem beabsichtigten Zweck entsprechen."[75] Deutlich klingen in dieser Definition Aussagen an, die Giovannoni in den 1920er-Jahren im Zusammenhang mit der Bewertung des *ambiente* und der Engführung von Städtebau, Architektur und Denkmalpflege in seiner Städtebautheorie weiter präzisieren sollte: Man beginne erst allmählich zu verstehen, dass die Umgebung, die räumlichen Beziehungen und das Licht gleichviel oder manchmal sogar noch mehr Wert hätten als rein architektonisch-objektbezogene Kriterien, schrieb er. Analog zur Gartenkunst sah er auch in der Stadtbaukunst das einzelne Element oder Monument als Teil einer weiter gefassten baulichen und landschaftlichen Anordnung: „Die Vereinigung verschiedener Elemente, die entweder eine ganze Szenerie für sich darstellen oder die Umgebung eines Bauwerks bilden, verkörpert eine ähnliche Einheit, wie jene des Städtebaus im Verhältnis zum architektonischen Werk: eine Architektur von Räumen, deren Steine die einzelnen Häuser sind, deren Juwel das zentrale Bauwerk ist."[76]

Den Betrachtungen Whartons schließen sich Pasolinis eigene Reflexionen an. Sie fragt zunächst nach den Gründen und Konsequenzen des Verlustes des formalen italienischen Gartens und zieht dabei den Vergleich zum modernen Städtebau, in dem der Einzelne ohne Rücksicht auf die Umgebung, ohne Bezug zum architektonischen Bestand, zu Straßen oder Plätzen seine Projekte umsetze: Es bestünden kein Bedürfnis und keine Verpflichtung mehr, die einzelnen Teile zu einem harmonischen Ganzen zu vereinen. In einigen Fällen wäre es beispielsweise sinnvoll, anstatt einzelner Häuser mit minimalen Gärten eine geschlossene Bauweise zu wählen, wo alle von einem großen gemeinsamen Außenraum profitieren könnten. Im Text sind an dieser Stelle zwei Pläne von Häuserblöcken mit Gärten eingefügt, der eine im Zentrum Mailands (zwischen den vie Morone, Manzoni, Bigli und Verri), der andere in Rotterdam, aus Stübbens Handbuch entlehnt.[77]

Danach übt Pasolini mit einem leicht ironischen Unterton Kritik am romantischen englischen Garten, der nicht mehr Ausdruck geistiger und schöpferischer Fähigkeiten sei, sondern sich stattdessen mit künstlichen Fantasielandschaften an eine Gefühlswelt richte, die sich ursprünglich nach echter, ungebändigter Natur gesehnt hätte. Dies habe dazu geführt, dass der Wert räumlicher Ordnung, wie sie die Architektur des italienischen Gartens repräsentiere, vergessen ging. Doch Pasolini warnt gleichzeitig auch vor einer übertriebenen Anwendung formaler Prinzipien, die Monotonie erzeuge.[78] Anschließend widmet sie sich der Beschreibung zweier konkreter Beispiele: Mit der um 1610 errichteten Villa Gamberaia in Settignano und der 150 Jahre später entstandenen römischen Villa Chigi außerhalb der Porta Salaria wählt sie bewusst (wie vor ihr auch Wharton) zwei weniger bekannte, bescheidene Anlagen, sogenannte „ville minori", wo jeweils der typische italienische Garten exemplarisch erhalten sei.[79] Sie schildert deren Gestaltung sowie die Überlegungen des dafür verantwortlichen (unbekannten) Architekten als architektonische und damit auch inhärent städtebauliche Leistung. Schließlich stellt sie erneut die Überlegenheit des italienischen Gartens gegenüber allen möglichen anderen Spielarten fest, um letztlich dessen Aktualität zu unterstreichen. Am Ende des Textes zieht sie nochmals die veränderten Bedingungen des modernen Lebens in Erwägung: Die zeitgenössischen Städte würden die Anlage großer, luxuriöser Privatgärten nicht mehr erlauben, dafür aber die Schaffung von öffentlichen städtischen Freiräumen und Parkanlagen – dies sei die neue Aufgabe des modernen Architekten.

Dass Pasolinis Interesse an der italienischen Villen- und Gartenkunst ganz wesentlich von städtebaulichen Fragen ausging und ihre Schrift ohne Zweifel als Beitrag zur Theorie des Städtebaus zu lesen ist, zeigt bereits die enge Verknüpfung der beiden baukünstlerischen Gattungen unter dem Begriff der Architektur.[80] Ebenso lässt dies der zeitliche, inhaltliche und institutionelle Kontext erkennen, in dem der Text erschien, das heißt vor allem seine Einbettung in den aktuellen Städtebaudiskurs, der damals im Kreis der Associazione Artistica in Rom wie auch im internationalen Rahmen geführt wurde und durch Pasolinis Abhandlung eine wichtige Erweiterung hin zur Frage der Freiraumplanung und des Landschaftsschutzes erfuhr. Auch innerhalb ihres eigenen Schriftenwerks zeigt sich, dass *Il giardino italiano* kein losgelöster, gartenspezifischer Exkurs war, sondern Teil einer vielschichtigen, bis in die 1930er-Jahre anhaltenden Beschäftigung mit der historischen Stadt und deren Anpassung an die modernen Verhältnisse. Mit ihrem 1925 in der Zeitschrift *Roma* veröffentlichten Aufsatz „Villa Mattei e i giardini a Roma" sowie ihrem Vortrag „Rinnovamento e conservazione nella edilizia di Roma", den sie im April 1930 anlässlich des zweiten *Congresso nazionale di studi romani* hielt, knüpfte sie an diese Überlegungen an.[81] In beiden Texten bekundete sie erneut ihre unerschütterliche Überzeugung, dass bauhistorische Zeugnisse – mögen sie noch so marginal erscheinen – erhaltenswert und schutzwürdig sind, weil sie lehrreich, wertvoll und Teil der kulturellen Identität sind. Im Lauf der Jahrzehnte gelangte Pasolini so ausgehend von der Entwicklung eines historischen Bewusstseins über Fragen des Denkmalschutzes, der *architettura minore* und der Gartenarchitektur, über konkrete Bedürfnisse und Notstände in ihrer Umgebung sowie das Erkennen von stadt- und landschaftsräumlichen Beziehungen von Bauwerken allmählich zu einem immer komplexeren Verständnis von Architektur, Städtebau und Denkmalpflege. Nicht zuletzt ist zu berücksichtigen, dass Pasolinis Beitrag kein praktischer war, da sie weder als beteiligte Entwerferin noch als Entscheidungsträgerin direkt auf die Gestaltung von Gärten, städtischen Freiräumen oder die Stadtplanung einwirkte.

Pasolinis Schrift fand zwar die verdiente Anerkennung, dennoch geriet sie schnell in Vergessenheit. Zumindest teilweise liegt dies am Zeitpunkt ihres Erscheinens zu Beginn des Ersten Weltkriegs, der einen in jeder Hinsicht tiefgreifenden Umbruch darstellte. Auch für Pasolini hatten sich in den 1920er-Jahren sowohl die persönlichen wie die äußeren Verhältnisse sichtlich verändert: Ihr Mann Pier Desiderio, viele Freunde, Weggefährten und wichtige Persönlichkeiten waren inzwischen verstorben, mit der faschistischen Machtergreifung hatte eine neue Generation von Politikern zusammen mit einer neuen Kunst- und Kulturelite die Führung übernommen, die alten aristokratischen Gesellschaftsvorstellungen hatten ausgedient, und das Ringen um die technologische Modernisierung des Landes sowie seine außenpolitisch strategische Positionierung hatten begonnen. Schon damals mussten Pasolinis Ideen, mit hochwertiger Spitzenklöppelei die Kunst retten oder mit demokratischer Misswirtschaft die Erhaltung einer überholten Gesellschaftsordnung rechtfertigen zu wollen, geradezu anachronistisch anmuten. Davon zeugt ihr Bericht über eine Begegnung mit Margherita Sarfatti: Anlässlich der von der faschistischen Regierung zugesprochenen Mittel zur Förderung der handwerklichen Arbeit suchte Pasolini 1926 den Kontakt zu Benito Mussolinis einflussreicher Kulturberaterin und Vertrauten, um sie für die Unterstützung der Industrie femminili zu gewinnen. Als Sarfatti begriffen habe, dass es Pasolini nicht um Plaudereien gehe, habe sie sich sofort ablehnend gezeigt, höchst vulgär über die Gewerbetätigkeiten gesprochen und sei überhaupt sehr unhöflich gewesen.[82] Für Pasolini war spürbar eine Epoche zu Ende gegangen. Dennoch scheinen aus heutiger Sicht viele ihrer Initiativen, ihr vernetztes Denken und Handeln sowie ihr Aufruf für mehr Bewusstsein in der Baukultur weitsichtig und folgenreich gewesen zu sein.

1   „Sbaglio? o il lavoro della Contessa Pasolini è di gran valore?" (Vorwort zu Maria Pasolinis Artikel „Libri suggeriti. Criteri con cui furono scelti", in: *Rivista per le signorine*, Jg. 2, Nr. 10, 15.5.1896, S. 19–29, Zit. S. 19).

2   Vgl. Maria Pasolini, „Sull'educazione sociale della donna", in: *Rivista per le signorine*, Jg. 2, Nr. 5, 1.3.1895, S. 161–171; dies., „Osservazioni pratiche sullo studio della storia", in: ebd., Jg. 2, Nr. 9, 1.5.1896, S. 325–334; Pasolini 15.5.1896 (wie Anm. 1). Der erste Artikel über die Notwendigkeit der sozialen Erziehung der Frau ist als Brief an Sofia Bisi Albini, Direktorin der 1894 in Mailand gegründeten Zeitschrift, formuliert. Eine zeitgenössische Auseinandersetzung und auszugsweise Zitierung findet sich in [Meta von] Salis-Marschlins' Porträt von Pasolini in: *Auserwählte Frauen unserer Zeit*, Marschlins-Graubünden: Im Selbstverlage der Verfasserin, 1900, S. 137–145.

3   „Elemento potente di vita morale, di educazione anche per gli anni più maturi, può essere la storia." (Pasolini 1.5.1896 (wie Anm. 2), S. 327.)

4   „Nessuno si rende conto di quello che fa, di quello che sente, nessuno si domanda dove e come il suo atto, il suo pensiero, si ripercuota nella società intorno e che effetti vi produca." (Pasolini 1.3.1895 (wie Anm. 2), S. 162.)

5   „L'importanza del nostro consiglio sta nell'idea d'ordine, di disciplina che deve dirigere la nostra mente in ogni lavoro, perchè riesca efficace, affinchè comprendendo, seguendo meglio lo spirito del tempo, siamo più capaci di servirlo." (Pasolini 1.5.1896 (wie Anm. 2), S. 334.)

6   Maria Pasolini Ponti, *Il giardino italiano*, hrsg. von Associazione Artistica fra i Cultori di Architettura, Rom: Ermanno Loescher, 1915.

7   Zu ihrer Biografie vgl. Salis-Marschlins 1900 (wie Anm. 2), S. 112–151; R[omeo] G[alli], „La Contessa Maria Pasolini", in: *Il diario*, Jg. 39, Nr. 4, 22.1.1938, S. 1–2; „Pasolini Ponti Maria", in: *Enciclopedia biografica e bibliografica „italiana". Serie VI. Poetesse e scrittrici*, hrsg. von Maria Bandini Buti, Bd. 2, Rom: Istituto editoriale italiano Bernardo Carlo Tosi, 1942, S. 117; Giovanna Bosi Maramotti, „Maria Pasolini", in: *Storia illustrata di Ravenna. Bd. 3. Tra Ottocento e Novecento*, hrsg. von Dante Bolognesi, Mailand, 1990, S. 177–192; Niccolò Pasolini dall'Onda, *Ricordi della famiglia Pasolini tra due secoli 1844-2004*, 2. erw. Aufl., Ravenna: Longo, 2008, S. 41–64 und Tiziana Pironi, „Ponti, Maria", in: *Dizionario biografico degli italiani*, Bd. 84, 2015, <www.treccani.it/enciclopedia/maria-ponti_%-28Dizionario-Biografico%29> (21.3.2017).

8   Vgl. Mrs. Humphry Ward [Mary Augusta Ward], „A writer's recollections. IV", in: *The Cornhill Magazine*, Juli–Dez. 1918, S. 1–7, Zit. S. 5. Ward begegnete Pasolini erstmals 1889 auf einer Italienreise und lernte sie 1899, als sie in Rom an ihrem Roman *Eleanor* arbeitete, näher kennen. Auch der Literaturwissenschaftler Angelo De Gubernatis bezeichnete Pasolini als „une des dames italiennes, qui, par sa propre haute culture et par l'intérêt qu'elle prend au mouvement des idées du jour, dirige à Rome et soutient la culture supérieure des femmes italiennes." (*Dictionnaire international des écrivains du monde latin*, Rom, Florenz: Società tipografica fiorentina, 1905, S. 1109.) Ähnlich der Nachruf Romeo Gallis: „Dotata di uno spirito elevato ed arguto, di un carattere maschio, ma dolce, di una educazione squisita, la Contessa Maria Pasolini sapeva congiungere ai

pregi delicati della persona ed alla signorilità della nascita, una varia e vasta coltura, una piacevole affabilità di modi ed una così intensa attività spirituale e pratica, da lasciare un solco profondo di simpatia in chi l'avvicinasse." (Galli 1938 (wie Anm. 7), S. 1–2.)

9　Salis-Marschlins 1900 (wie Anm. 2), S. 112–113. Porträtiert wurden außerdem die deutsche Malerin Marie von Kalckreuth und die Irin Charlotte Stuart. Von Salis begegnete Maria Pasolini erstmals 1895, als sie an ihrer deutschen Übersetzung des Werks *Caterina Sforza* von Pier Desiderio Pasolini arbeitete, danach sah sie die Familie regelmäßig in Rom, in der Romagna und der Schweiz.

10　Im Hauptsaal malte Giuseppe Bertini Fresken, die Momente aus dem Leben der Wissenschaftler Guido d'Arezzo, Cristoforo Colombo, Galileo Galilei und Alessandro Volta zeigen. Zur Geschichte der Villa vgl. Donata Cherido und Paola Bassani (Hrsg.), *Villa Andrea Ponti a Varese tra storia e restauro*, Mailand: Skira, 2013, S. 13–19, 25–37.

11　Vgl. Ileana Gallucci, „Boito a Gallarate, nel segno di una committenza illuminata", in: *Camillo Boito. Un'architettura per l'Italia unita*, hrsg. von Guido Zucconi und Francesca Castellani, Venedig: Marsilio, 2000, S. 76–79. Boito (1836–1914) gehörte in Italien zu den einflussreichsten Architekten des 19. Jahrhunderts und war auch als Restaurator, Theoretiker, Literat und Professor tätig. 1883 formulierte er die bis heute im Wesentlichen gültigen Grundsätze der modernen Denkmalpflege, auf denen Gustavo Giovannonis Theorien zu Denkmalpflege und Städtebau gründen. Vgl. Françoise Choay, *Das architektonische Erbe, eine Allegorie. Geschichte und Theorie der Baudenkmale*, Braunschweig, Wiesbaden: Vieweg, 1997, S. 122–124.

12　Salis-Marschlins 1900 (wie Anm. 2), S. 123.

13　Vgl. Silvia A. Conca Messina, „Ponti, Andrea", in: *Dizionario biografico degli italiani*, Bd. 84, 2015, <www.treccani.it/enciclopedia/ andrea-ponti_%28Dizionario-Biografico%29> (23.3.2017) sowie Anm. 30. Weiterführend zur Familie Ponti vgl. [Pietro Desiderio Pasolini], *Memorie storiche della famiglia Ponti. Per le nozze Ponti-Greppi*, Imola: Tip. D'Ignazio Galeati, 1876, S. 77–89 und Cherido/Bassani 2013 (wie Anm. 10), S. 20–23.

14　Salis-Marschlins 1900 (wie Anm. 2), S. 123–124.

15　Vgl. Pasolini dall'Onda 2008 (wie Anm. 7), S. 21–39 und Mauro Moretti, „Pasolini dall'Onda, Pier Desiderio", in: *Dizionario biografico degli italiani*, Bd. 81, 2014, <www.treccani.it/enciclopedia/ pasolini-dall-onda-pier-desiderio_%28Dizionario-Biografico%29> (23.3.2017).

16　Er verkehrte mit Exponenten wie Camillo Benso di Cavour, Massimo d'Azeglio, König Vittorio Emanuele II., Giuseppe Garibaldi und war mit Gino Capponi, Marco Minghetti, Giovanni Mastai Ferretti (Kardinal und Bischof von Imola) befreundet. Letzterer wurde 1846 zum Papst Pius IX. gewählt und galt nach ersten liberalen Reformen im Kirchenstaat zunächst als Hoffnungsträger der Einigungsbewegung. Nach der Revolution von 1848–1849 wandte er sich jedoch einer höchst restriktiven, konservativen Politik zu, die wesentlich für den Konflikt zwischen Kirche und modernem Staatswesen und für das ideologische Dilemma der liberalen Katholiken verantwortlich war. Zu Giuseppe Pasolini vgl. Gian Luca Fruci, „Pasolini dall'Onda, Giuseppe", in: *Dizionario biografico degli italiani*, Bd. 81, 2014, <www.treccani.it/enciclopedia/giuseppe-pasolini-dall-onda_%28Dizionario-Biografico%29> (31.3.2017); zum historischen Hintergrund vgl. Rudolf Lill, *Geschichte Italiens in der Neuzeit*, Zürich: Buchclub Ex Libris, 1987, S. 91–204.

17　Im Fondo Angelica Pasolini dall'Onda (Archivio Contemporaneo „Alessandro Bonsanti", Cabinetto Vieusseux, Florenz) sind mehr als 900 zwischen 1875 und 1819 verfasste Briefe Marias an ihre Schwägerin verzeichnet (und mehr als 1.100 Briefe Pier Desiderios). Einige sind auszugsweise zitiert in Claudia Gori, *Crisalidi. Emancipazioniste liberali in età giolittiana*, Mailand: Franco Angeli, 2003.

18 Vgl. Salis-Marschlins 1900 (wie Anm. 2), S. 131, 135.

19 Ebd., S. 127.

20 „Contessa Maria [...] was in 1889 still near the beginnings of what was to prove for twentyfive years the most interesting salon in Rome. Everybody met there: grandees of all nations, ambassadors, ecclesiastics, men of literature, science, archaeology, art, politicians, and diplomats Contessa Pasolini was equal to them all, and her talk, rapid, fearless, picturesque, full of knowledge, yet without a hint of pedantry, gave a note of unity to a scene that could hardly have been more varied or, in less skilful hands, more full of jarring possibilities." – Ward 1918 (wie Anm. 8), S. 6.

21 In ihrem Haus verkehrten etwa die Wissenschaftler Louis Pasteur, Guglielmo Marconi, Ugo Cerletti, die Ökonomen Vilfredo Pareto, Maffeo Pantaleoni, Antonio De Viti De Marco, Luigi Einaudi, Luigi Bodio; Architekten, Literaten, (Kunst-)Historiker und Archäologen, wie Marcello Piacentini, Gustavo Giovannoni, Charles Buls, Mario Zocca, Ruggero Bonghi, Pasquale Villari, Domenico Gnoli, Corrado Ricci, Alfonso Bartoli, Ernesto Masi, Ferdinand Gregorovius, Jacob Burckhardt und George Macauley Trevelyan, die Poeten, Schauspielerinnen und Künstler Giosuè Carducci, Cesare Pascarella, Giuseppe Giacosa, Trilussa, Gabriele D'Annunzio, Sarah Bernhardt, Eleonora Duse, Franz Lenbach, Giuseppe Verdi und Ottorino Respighi; die Pädagogin Maria Montessori, die Philosophen Benedetto Croce und Giovanni Gentile sowie Politiker und Theologen. Vgl. Pasolini dall'Onda 2008 (wie Anm. 7), S. 42–43.

22 Salis-Marschlins 1900 (wie Anm. 2), S. 127. Vgl. auch Ward 1918 (wie Anm. 8), S. 6.

23 „In effetti Maria Pasolini si muove in Italia, in Francia, in Inghilterra come in una comunità che non conosce barriere." (Bosi Maramotti 1990 (wie Anm. 7), S. 180.)

24 Vgl. Briefe an Angelica Rasponi, 25.1.1878 und 25.2.1897, zit. in Gori 2003 (wie Anm. 17), S. 84–86.

25 Vgl. Maria Pasolini-Ponti, „Piccole industrie femminili in Romagna", in: *Le industrie femminili italiane*, hrsg. von Cooperativa nazionale sede centrale, Mailand: Pilade Rocco, 1906, S. 93–97.

26 Vgl. Helen Meller, „Philanthropy and public enterprise: International exhibitions and the modern town planning movement, 1889–1913", in: *Planning Perspectives*, Bd. 10, Nr. 3, 1995, S. 295–310. Pasolini war mit Bodio seit 1890 gut befreundet, vgl. ihre Briefe in der Mailänder Biblioteca Nazionale Braidense, Carteggio Luigi Bodio, 1784/1–26.

27 Vgl. Contessa Maria Pasolini, „Una famiglia di mezzadri romagnoli nel comune di Ravenna", in: *Giornale degli economisti*, Bd. 1, Serie 2, 1.9.1890, S. 245–278.

28 Vgl. Contessa Maria Pasolini, „Monografie di alcuni operai braccianti nel comune di Ravenna", in: *Giornale degli economisti*, Bd. 1, Serie 2, 1892, S. 315–343, 411–427. Eine Wiederentdeckung der Schriften Pasolinis erfolgte vor allem ab den 1980er-Jahren im Zug der aufblühenden sozialhistorischen und -wissenschaftlichen Forschung, vgl. zum Beispiel David I. Kertzer und Dennis P. Hogan, *Family, Political Economy, and Demographic Change. The Transformation of Life in Casalecchio, Italy, 1861–1921*, Madison (WI): University of Wisconsin Press, 1989, S. 19–24 und Bolognesi 1990 (wie Anm. 7).

29 Vgl. Bolognesi 1990 (wie Anm. 7), S. 33–48, 65–80, 129–144 und Paolo Palliccia, „La battaglia dei ravennati che salvarono Ostia dalle acque", in: *Storia in Network*, Nr. 111, Jan. 2006, <win.storiain.net/arret/num111/artic5.asp> (29.5.2017).

30 Pasolinis Hoffnung, die Schule würde eines Tages selbsttragend funktionieren und eine Gewerbetätigkeit entwickeln, erfüllte sich wegen der zu geringen Anzahl von Arbeiterinnen offenbar nicht. Ihre Schwester Antonia Suardi gehörte auch den Industrie femminili italiane an und war eine große Sammlerin von Spitze, Klöppelarbeiten, Stickereien, Stoffen und Mustern.

31 Vgl. Gori 2003 (wie Anm. 17), S. 21–28.

32 Vgl. ebd., S. 28–50 und Stefania Maffeo, „La storia dell'associazionismo femminile italiano", in: *Storia in Network*, Nr. 145, November 2008, <win.storiain.net/arret/num145/artic2.asp> (29.3.2018). Für eine zeitgenössische Zusammenfassung der italienischen Frauenbewegung seit den 1860er-Jahren vgl. Berta Turin, „Die Frauenbewegung in Italien", in: *Frauenbestrebungen*, Nr. 5, 1.5.1906, S. 33–35, <www.e-periodica.ch/cntmng?pid=frb-001:1906:-::37> (7.4.2018). Turin war eine der Vizepräsidentinnen des CNDI.

33 So etwa in *Avanti!*, *Corriere della sera*, *Nuova antologia*, bilderreich auch in *Il giornale d'Italia*, *La domenica del Corriere*, *L'illustrazione italiana*, *La donna*. Zum Rahmenprogramm gehörten Empfänge der Königinmutter Margherita im Garten ihres Palazzo und des Stadtrats auf dem Kapitol sowie Einladungen bei Carolina Maraini in ihrer neuen Villa Ludovisi (heute Istituto Svizzero di Roma) und bei Sofia Bisi Albini.

34 Vgl. Consiglio nazionale delle donne italiane (Hrsg.), *Atti del I congresso nazionale delle donne italiane. Roma, 24–30 aprile 1908*, Rom: Stabilimento tipografico della Società Editrice Laziale, 1912 sowie Claudia Frattini, *Il primo congresso delle donne italiane Roma, 1908. Opinione pubblica e femminismo*, Rom: Biblink, 2008.

35 Vgl. Maria Pasolini-Ponti, „Discorso di Maria Pasolini-Ponti sui temi proposti", in: *Atti del I congresso nazionale delle donne italiane. Roma, 24–30 aprile 1908*, Rom: Stabilimento tipografico della Società Editrice Laziale, 1912, S. 29–37.

36 Vgl. dies., „Appello alle donne italiane per la bellezza delle nostre città. C.ssa Maria Pasolini", in: ebd., S. 478–479.

37 „Una delle antesignane del movimento femminile" (G[iovanni] Cena, „Appunti e impressioni sul congresso femminile", in: *Nuova antologia di lettere, scienze ed arti*, Bd. 135, Mai–Juni 1908, S. 313–333, Zit. S. 314).

38 „Per *Femminismo* si vuole significare l'insieme delle questioni che più specialmente riguardano la donna, non tanto come parte della famiglia nella sua qualità di moglie e di madre, quanto la donna come persona morale e civile indipentente, come parte della società, che ha dei doveri, ma anche dei diritti da far valere e da accrescere." (Maria Pasolini, *Biblioteca storica Andrea Ponti. Catalogo a serie fissa. La questione femminile. Parte prima, fascicolo III*, Rom: Tipografia Forzani, 1903, S. 5.)

39 „Suo intento si è quello di porgere alle giovani che amano lo studio un mezzo facile di *lettura dilettevole, utile ed ordinata*." (Maria Pasolini Ponti, *Biblioteca storica Andrea Ponti, fondata in Ravenna 1897. Parte prima, fascicolo I*, Rom: Tipografia Forzani, 1897, S. 478–479, Zit. S. 1.)

40 Vgl. weiterführend Giovanna Bosi Maramotti, „La Biblioteca Ponti, storia di una sezione all'interno della Classense", in: *Cultura e vita civile a Ravenna. Secoli XVI–XX*, hrsg. von Donatino Domini, Bologna: University Press Bologna, 1981, S. 219–246 und Marina Baruzzi, „Libri per un pubblico femminile: la Biblioteca storica Ponti tra modello ravennate e ,traduzione' imolese", in: *Memoria e ricerca*, Bd. 7, Nr. 7, Juni 1996, S. 123–150.

41 Maria Pasolini Ponti, *Sommario della storia d'Italia con guida bibliografica*, Turin: G. B. Paravia, 1928. Die riesige Menge von Titeln zur Geschichte des Risorgimento lässt dessen Bedeutung für Pasolini erahnen.

42 Bis 1882 waren in Italien wegen des Zensuswahlrechts nur circa zwei Prozent der Bevölkerung wahlberechtigt, danach stieg die Quote auf circa sieben Prozent, das allgemeine Männerwahlrecht wurde erst 1919 eingeführt, 1949 kam schließlich das Wahlrecht für Frauen, die ab 1925 auf kommunaler Ebene mitspracheberechtig waren. Zum parlamentarischen Vorstoß Mozzonis vgl. Turin 1906 (wie Anm. 32), S. 35; <unionefemminile.it/petizione-pro-suffragio> (7.4.2018).

43 „Io non sono troppo dottrinaria, nè troppo idealista in certi casi: gli affari si devono fare; un governo, una provincia, un comune, non sono che l'espressione sintetica, di un numero infinito di affari. Ma perchè questi affari sieno buoni, bisogna che sieno buoni per tutte le parti contraenti." (Pasolini 1895 (wie Anm. 2), S. 167.)

44 Vgl. Pasolini 1895 (wie Anm. 2), S. 162–163, 168–169; Maria Pasolini, *L'arte antica in Italia sorgente di ricchezza pubblica*, Rom: Tipografia Forzani, 1899, S. 6–7.

45 Vgl. Maria Pasolini, *L'arte antica in Italia sorgente di ricchezza pubblica*, Rom: Tipografia Forzani, 1899, S. 6–7.

46 Das erste nationale Denkmalschutzgesetz „Conservazione dei monumenti e degli oggetti di antichità e d'arte" datiert vom Juni 1902. Unter Bildungsminister Ruggero Bonghi wurde 1875 die erste Denkmalschutzbehörde (Direzione generale degli scavi e dei musei, ab 1881 Direzione generale delle antichità e belle arti) eingerichtet, von 1906 bis 1919 stand ihr der Ravennate Corrado Ricci vor, ein Freund der Pasolinis, der 1897 in Ravenna zum Leiter der ersten regionalen Soprintendenza ai Monumenti gewählt worden war. Unter Bildungsminister Luigi Rava wurden ab 1907 weitere regionale Behörden eingerichtet. Vgl. Virginia Stampete, „Tutela del paesaggio. Dai singoli stati italiani alla legge Croce sul patrimonio artistico e paesaggistico", in: *InStoria*, Nr. 54, Juni 2012, <www.instoria.it/ home/tutela_paesaggio.htm> (8.6.2018).

47 1930 äußerte sie sich nochmals ausführlich über das historische und moderne Verständnis von Kunsthandwerk. Vgl. Maria Pasolini Ponti, „Intorno all'arte industriale", in: *Nuova antologia*, Bd. 272, Juli–Aug. 1930, S. 109–120.

48 Vgl. Associazione Artistica fra i Cultori di Architettura Roma (Hrsg.), *Annuario. Anno I. MDCCCXCI*, Rom, 1891. Pier Desiderio gehörte als „socio aggregato" der Mitgliedergruppe der Archäologen und Kunsthistoriker an, desgleichen Maria, die zusätzlich als „socio azionista" eingeschrieben war und damit der Vereinigung ihre besondere Unterstützung zusagte. Die größte Gruppe bildeten die praktisch tätigen „soci effettivi", 1906 wurde auch für Studierende eine Kategorie geschaffen.

49 „L'associazione ha per iscopo di promuovere lo studio e rialzare il prestigio dell'architettura, prima fra le arti belle." (Ebd., S. 9.) Vgl. weiterführend Maria Grazia Turco, „L'Associazione Artistica fra i Cultori di Architettura di Roma. Battaglie, iniziative, proposte", in: *Bollettino del Centro di studi per la storia dell'architettura*, hrsg. von Marina Docci und Maria Grazia Turco, Nr. 45–52, Rom: Gangemi, 2016, S. 165–197. Ende des 19. Jahrhunderts formierten sich in zahlreichen Städten Nord- und Mittelitaliens eine Vielzahl ähnlicher, regional organisierter Architektur- und Künstlervereinigungen. Vgl. „Atti del seminario internazionale ‚L'Associazione Artistica tra i Cultori di Architettura e Gustavo Giovannoni'", in: *Bollettino del Centro di studi per la storia dell'architettura*, Nr. 36, Rom, 1990, S. 37–39.

50 Ihr erstes großes Projekt betraf die Restaurierung der Baugruppe Santa Maria in Cosmedin.

51 Vgl. hierzu die Schriften von Gustavo Giovannoni, „Vecchie città ed edilizia nuova", in: *Nuova Antologia di Lettere, Scienze ed Arti*, Nr. 995, Juni 1913, S. 449–472; „Il ,diradamento' edilizio dei vecchi centri. Il quartiere della rinascenza in Roma", in: *ebd.*, Nr. 997, Juli 1913, S. 53–76; *Questioni di Architettura nella storia e nella vita. Edilizia, estetica architettonica, restauri, ambiente dei monumenti*, Rom: Società editrice d'arte illustrata 1925; Guido Zucconi (Hrsg.), *Gustavo Giovannoni. Dal capitello alla città*, Mailand: Jaca, 1997 sowie Katrin Albrecht, *Angiolo Mazzoni. Architekt der italienischen Moderne*, Berlin: Reimer, 2017, S. 29–65.

52 Sittes Werk verbreitete sich in Italien vor allem mit der 1902 von Camille Martin herausgegebenen (und 1918 neu aufgelegten) französischen Übersetzung *L'art de bâtir les villes*, die Ugo Monneret de Villard 1907 als Vorlage für seine freie italienische Fassung *Note sull'arte di costruire le città* diente. 1895 übersetzte Buls den von Stübben 1893 in

Chicago gehaltenen Vortrag, in dem er die wesentlichen Punkte seines umfangreichen Buches zusammengefasst hatte; 1915 verarbeitete es Aristide Caccia in der Reihe Manuali Hoepli unter dem Titel *Costruzione, transformazione ed ampliamento delle città. Compilato sulla traccia dello Städtebau di J. Stübben*. Vgl. auch „Charles Buls. Esthétique des villes (1893)", in: *Anthologie zum Städtebau. Das Phänomen Großstadt und die Entstehung der Stadt der Moderne*, hrsg. von Vittorio Magnago Lampugnani, Katia Frey und Eliana Perotti, Bd. 2.1, Berlin: Gebr. Mann, 2014, S. 124.

53 Vgl. Marcel Smets, *Charles Buls. I principi dell'arte urbana*, hrsg. von Cristina Bianchetti, Rom: Officina, 1999, S. 164, 174.

54 Vgl. Filippo Galassi, „La conferenza del Sig. Charles Buls", in: *Annuario MCMII*, hrsg. von Associazione Artistica fra i Cultori di Architettura Roma, Rom, 1902, S. 9–14.

55 Vgl. Charles Buls, *Estetica della città*, hrsg. von Associazione Artistica fra i Cultori di Architettura, übersetzt von Maria Pasolini, Rom, 1903, neugedruckt in Smets 1999 (wie Anm. 53), S. 311–327.

56 Dies weist Marcel Smets ausführlich nach, vgl. Smets 1999 (wie Anm. 53), S. 174–175. Es ist wahrscheinlich, dass in Italien auch häufig das französische Original gelesen wurde.

57 Vgl. Giovannoni Juni 1913 (wie Anm. 51), S. 457. Zu Parallelen zwischen Giovannonis Schriften und jenen von Buls vgl. Zucconi 1997 (wie Anm. 51), S. 49. Zum Einfluss Buls' auf Piacentini vgl. Mario Lupano, *Marcello Piacentini*, Rom, Bari: Laterza, 1991, S. 8–11. Giovannoni und Piacentini frequentierten ebenfalls den Salon Pasolinis. Mit ersterem korrespondierte sie über Jahre und tauschte sich dabei vor allem zu städtebaulichen Themen aus, vgl. Docci/Turco 2016 (wie Anm. 49), S. 190.

58 Vgl. William Gilpins Definition des Pittoresken im Unterschied zum Erhabenen und Schönen, in: *Three Essays: on Picturesque Beauty; on Picturesque Travel; and on Sketching Landscape: to Which is Added a Poem, on Landscape Painting*, London: R. Blamire, 1792, S. 42–44; Monique Mosser, „Pittoresque, art et esthétique", in: *Encyclopédie universalis*, Thesaurus Index L–R, Paris, 1990, S. 2733–2734 und Michelangelo Sabatino, *Pride in Modesty. Modernist Architecture and the Vernacular Tradition in Italy*, Toronto: University of Toronto Press, 2010, S. 25–91.

59 „Tutto quanto s'incontra di monumentale percorrendo le piazze e le vie di Roma." (Associazione Artistica fra i Cultori di Architettura Roma (Hrsg.), *Annuario. MCMIII – MCMIV*, Rom, 1904, S. 6.) Ein detaillierter Bericht über die Inventarisierung findet sich in dies., *Annuario. Anno VI–MDCCCXCVI*, Rom, 1896, S. 25–49.

60 Vgl. Maria Pasolini, „Sulla conservazione delle condizioni d'ambiente e sulle bellezze naturali nella zona monumentale", in: *Annuario MCMVII–MCMIX*, hrsg. von Associazione Artistica fra i Cultori di Architettura Roma, Rom, 1910, S. 56–59. Die Einrichtung der „zona monumentale" geht auf das Jahr 1887 und auf einen Gesetzesentwurf von Guido Baccelli und Ruggero Bonghi zurück und fand 1955 mit der Initiative der Italia Nostra für den Parco dell'Appia Antica (unter Beteiligung von Pasolinis Enkelin Desideria Pasolini dall'Onda) ihre Fortsetzung und Erweiterung. Vgl. hierzu den Beitrag von Claudia Mattogno und Cristina Renzoni in diesem Band. Die „zona monumentale" war 1909 auch wiederholt Thema in Pasolinis Korrespondenz mit Bodio, vgl. Carteggio Bodio (wie Anm. 26), 1784/9, 10.

61 Vgl. Maria Pasolini Ponti, *Nota intorno ad una raccolta di fotografie di architettura minore in Italia*, hrsg. von Associazione Artistica fra i Cultori di Architettura, Rom, [1921].

62 Vgl. Associazione Artistica fra i Cultori di Architettura (Hrsg.), *Architettura minore in Italia. Roma*, 2 Bde., Turin: C. Crudo & C., [1926–1927]; 1940 erschien postum ein dritter Band zur Umgebung Roms, vgl. Centro Nazionale di Studi di Storia dell'Architettura (Hrsg.), *Architettura minore in Italia. Lazio e suburbio di Roma*, Bd. 3, Rom: Carlo Colombo, 1940. Zur

Kommission gehörten Luigi Ciarrocchi, Mario De Renzi, Mario Marchi, Plinio Marconi und Giuseppe Astorri. Publikationen zu weiteren Städten und Regionen hätten folgen sollen.

63 Vgl. Austin Whittlesey, *The Renaissance Architecture of Central and Northern Spain*, New York: Architectural Book Publishing, 1920; Marian O. Hooker, Katharine Hooker und Myron Hunt, *Farmhouses and Small Provincial Buildings in Southern Italy*, New York: Architectural Book Publishing, 1925.

64 Vgl. Gustavo Giovannoni, „Ville italiane nei rilievi dell'Accademia americana in Roma", in: *Architettura e arti decorative*, Jg. 2, Nr. 7, März 1923, S. 227–245, Zit. S. 236; Marilù Cantelli, „La mostra del giardino italiano a Palazzo Vecchio (1931)", in: *Cahiers d'études italiennes*, Nr. 18, 2014, S. 235 und Sonja Dümpelmann, „,Per la difesa del giardino': Gardens, Parks, and Landscapes between Tradition and Modernism in early Twentieth-Century Italy", in: *Modernism and Landscape Architecture 1890–1940*, hrsg. von Therese O'Malley und Joachim Wolschke-Bulmahn, New Haven, London: Yale University Press, 2015, S. 137–168, Zit. S. 144.

65 Vgl. Luigi Dami, *Il giardino italiano*, Mailand: Bestetti & Tuminelli, 1924 (englische Ausgabe 1925); sowie Cantelli 2014 (wie Anm. 64). Dami hatte bereits 1914 zwei Artikel zur italienischen Gartenkunst in der *Rivista mensile del Touring Club italiano* und *Emporium* veröffentlicht, ab 1912 plante er mit Ugo Ojetti und Nello Tarchiani eine umfangreiche Ausstellung zum Thema, die erst 1931 (nach seinem Tod) stattfand. Diese blieb laut Cantelli ohne große Wirkung, vgl. Cantelli 2014 (wie Anm. 64), S. 244–246 sowie *Mostra del giardino italiano. Catalogo*, Ausstellungkatalog Palazzo Vecchio, hrsg. von Comune di Firenze, Florenz, 1931.

66 1909 wurde die Legge Rosadi zur Unveräußerlichkeit historischer Kulturgüter verabschiedet („per l'inalienabilità delle antichità e delle belle arti"), 1912 weitete man das Gesetz auf den Schutz von Villen, Parks und Gärten aus, 1922 kam mit der Legge Croce der Landschaftsschutz hinzu („tutela delle bellezze naturali e degli immobili di particolare interesse storico").

67 Vgl. Charles Percier und P[ierre] F[rançois] L[éonard] Fontaine, *Choix des plus célèbres maisons de plaisance de Rome et de ses environs. Mesurées et dessinées par Charles Percier et P. F. L. Fontaine*, Paris: P. Didot l'Aîné, 1809; W[ilhelm]P[eter] Tuckermann, *Die Gartenkunst der italienischen Renaissance-Zeit*, Berlin: Paul Parey, 1884; A[lfred] D[wight] F[oster] Hamlin, „Italian Gardens", in: *European and Japanese Gardens*, Philadelphia: Henry T. Coates, 1902, S. 9–63; Charles Latham, *The Gardens of Italy. With Descriptions by E. March Phillipps*, 2 Bde., London, New York, 1905; H[enry] Inigo Triggs, *The Art of Garden Design in Italy*, London, New York, Bombay: Longmans, Green and Co., 1906; George S. Elgood, *Italian Gardens*, London: Longmans, Green and Co., 1907; George Sitwell, *An Essay on the Making of Gardens. Being a Study of Old Italian Gardens, of the Nature of Beauty, and the Principles Involved in Garden Design*, London: John Murray, 1909; [Elisabeth] Aubrey Le Blond, *The Old Gardens of Italy. How to Visit Them*, London: J. Lane The Bodley Head, 1912 und Julia Cartwright, *Italian Gardens of the Renaissance and Other Studies*, London: Smith, Elder & Co., 1914.

68 Vgl. Percier/Fontaine 1809 (wie Anm. 67), S. 1. Zu den Gründen der langen Vernachlässigung vgl. Sonja Dümpelmann, *Maria Teresa Parpagliolo Shephard (1903–1974). Ein Beitrag zur Entwicklung der Gartenkultur in Italien im 20. Jahrhundert*, Weimar: VDG, 2004, S. 19–25.

69 Vgl. Edith Wharton, *The Italian Villas and Their Gardens*, New York: The Century Co., 1904; Marie Luise Gothein, *Geschichte der Gartenkunst*, 2 Bde., Jena: Diederichs, 1914 sowie Pasolini Ponti 1915 (wie Anm. 6), S. 10–15. Whartons Buch wurde zwischen November 1903 und Oktober 1904 in Form einzelner Aufsätze in *The Century Magazine* veröffentlicht.

70 „To Vernon Lee who, better than any one else, has understood and interpreted the garden-magic of Italy", in Wharton 1904 (wie Anm. 69), S. V. Vgl. auch Edith Wharton, *A Backward Glance*, New York: Charles Scribener's Sons, 1933, S. 134–135. Lee warf Pasolini vor, „von Dingen zu reden, die sie nicht studiert habe." Dies traf Pasolini zwar, spornte sie aber zu gründlicherem Studium an. Vgl. Salis-Marschlins 1900 (wie Anm. 2), S. 128. Mit Vernon Lee, Edith Wharton, Marie Luise Gothein, Elisabeth Aubrey Le Blond, Julia Cartwright und Maria Pasolini waren die Frauen wesentlich an der frühen Theorie- und Geschichtsschreibung zur Gartenkunst beteiligt; praxisbezogen taten sich damals auch Gertrude Jekyll, Rose Standish Nichols, Beatrix Farrand, Marian Cruger Coffin und Ellen Biddle Shipman als zentrale Figuren der Landschafts- und Gartenarchitektur sowie Autorinnen hervor.

71 Der Landschaftsgärtner vernichte alle Grenzen, dagegen sei für den Architekten der Garten eine Verlängerung des Hauses gewesen, gewissermaßen ein anderes Haus an der freien Luft, unterteilt in verschiedene Räume. Vgl. Pasolini Ponti 1915 (wie Anm. 6), S. 21–22.

72 Vgl. Maria Pasolini, *Villa Mattei e i giardini a Roma*, Rom: Danesi, 1925, S. 4–5.

73 Gothein 1914 (wie Anm. 69), Bd. 1, S. 312.

74 Auch Sitwell meinte: „During the last few years several sumptuous volumes have appeared illustrating the old gardens of Italy, yet except for a few hints given by Mrs. Wharton in her most valuable and charming book, little or nothing has been said about principles." (Sitwell 1909 (wie Anm. 67), S. vii–viii.)

75 „La bellezza particolare inerente al giardino all'italiana sta nell'aggruppamento di tutte queste parti, nelle linee dei lunghi viali di lecci convergenti, nell'alternarsi di spazi soleggiati con altri freschi ed ombrosi, nella proporzione tra le terrazze e i prati oppure tra l'altezza di un muro e la larghezza di un sentiero, sta nel concetto d'insieme che guidava l'architetto artista conducendolo a creare come un organismo perfetto, in cui le singole parti, in armonia col tutto, corrispondevano al fine proposto." (Pasolini Ponti 1915 (wie Anm. 6), S. 12–13.) Vgl. auch S. 19.

76 „L'associazione di vari elementi che o costituiscono una completa scena a sé, o formano ambiente ad un monumento rappresenta una entità analoga a quella che l'edilizia è in rapporto all'opera architettonica: è un'architettura di spazi le cui pietre sono le singole case, la cui gemma è il monumento centrale." (Giovannoni 1925 (wie Anm. 51), S. 201, 205.)

77 Vgl. Pasolini Ponti 1915 (wie Anm. 6), S. 16–19.

78 Die Popularität und Ausbreitung des englischen Gartens musste Pasolini von ihrem Elternhaus in Varese und den Landgütern der Familie Pasolini her bekannt sein. Als Negativbeispiel nennt sie in ihrer Schrift die Villa Rinuccini bei Fiesole, als übertrieben formalistisch führt sie Versailles und Nymphenburg an. Vgl. Pasolini Ponti 1915 (wie Anm. 6), S. 21, 23. Mit ihrer Kritik postuliert Pasolini den italienischen Garten als den (richtigen) Mittelweg zwischen falscher Natur und falschem Formalismus, zugleich grenzt sie ihn deutlich von den ausländischen Tendenzen Englands, Deutschlands und Frankreichs ab.

79 Ebd., S. 21–23.

80 Auch die Rezeption der Schrift verdeutlicht den städtebaulichen Impetus, vgl. Ruscus [Arturo Jahn Rusconi], „Il giardino italiano", in: *Emporium*, Jg. 43, Nr. 258, 1916, S. 439–444.

81 Vgl. Maria Pasolini, *Villa Mattei e i giardini a Roma*, Rom: Danesi, 1925; dies., „Rinnovamento e conservazione nella edilizia di Roma", in: *Atti del II congresso nazionale di studi romani*, hrsg. von Istituto di studi romani, Bd. 2, Rom: Paolo Cremonese, 1931, S. 577–582.

82 Vgl. Bosi Maramotti 1990 (wie Anm. 7), S. 187–188; sowie Anm. 47.

Maria Pasolini
L'arte antica in Italia, sorgente di ricchezza pubblica (1899)

Die Not der Landarbeiter, mit der sich die junge Maria Pasolini nach ihrer Heirat Ende der 1870er-Jahre in der Gegend von Ravenna konfrontiert sah, führte sie dazu, sich zunächst auf gesellschaftliche, volkswirtschaftliche, staatspolitische und pädagogische Fragen zu konzentrieren. Erst nachdem sie mehrere Studien darüber verfasst und eine Reihe sozialreformerischer Projekte lanciert hatte, richtete sie ihre Aufmerksamkeit zunehmend auf künstlerische Themen. Mit dem Beitritt zur Associazione Artistica fra i Cultori di Architettura in Rom kurz vor der Jahrhundertwende begann ihr langjähriges Engagement auf dem Gebiet der Architektur, des Städtebaus, der Kunst und des Denkmalschutzes.

Ihre erste Schrift hierzu erschien 1899 unter dem Titel *L'arte antica in Italia sorgente di ricchezza pubblica (Die Kunst der Vergangenheit in Italien als Quelle öffentlichen Reichtums)*. Darin nimmt sie ihre eigene Rede über den Wert historischer Kunsterzeugnisse, deren Schutzwürdigkeit und Bedeutung für die Gegenwart wieder auf, die sie im Juni 1898 vor der römischen Kunstvereinigung gehalten hatte. Anlass bot ein Gesetzesentwurf für die Bewahrung öffentlicher und privater Bau- und Kunstwerke, den der damalige Bildungsminister Nicolò Gallo soeben dem Parlament vorgelegt hatte. Pasolini hob in ihrer Schrift die Aktualität und den wirtschaftlichen Nutzen historischer Kunst hervor, die gerade für Italien zentral sei, da sie etwa den Tourismus direkt fördere; dieses Kapital dürfe nicht leichtsinnig zerstört werden. Hintergedanke ihrer bewusst aus der Warte gegenwärtiger Bedürfnisse und individueller Interessen vorgebrachten Argumentation war der Wunsch nach einem wirksamen Schutz der Kulturgüter, die den eigentlichen Reichtum Italiens, seine Tradition und die Schönheit der Städte begründeten. Pasolini verband die Kunst der Vergangenheit eng mit der neuen, industriellen Kunst („arte industriale"), die sie, in Anlehnung an die britische Arts-and-Crafts-Bewegung, als neue Form künstlerischer Betätigung, als Potential für den künstlerischen Ausdruck und damit als wichtige wirtschaftliche Ressource für die Zukunft wertete. Zum Schluss rief sie die Associazione Artistica auf, die Regierung in ihren Schutzbestrebungen zu unterstützen und die Menschen über den Wert (auch vermeintlich unscheinbarer) Kunstwerke aufzuklären.

Mit der Bedeutung des Kunsthandwerks befasste sich Pasolini erneut explizit in ihren Artikeln „Piccole industrie femminili in Romagna" (*Le Industrie Femminili Italiane*, 1906) und „Intorno all'arte industriale" (*Nuova antologia*, 1930). Eine praktische Voraussetzung hatte dieses Interesse bereits Ende der 1880er-Jahre mit der Gründung ihrer Spitzen- und Klöppelschule in Coccolia gefunden.

Maria Pasolini, *L'arte antica in Italia, sorgente di ricchezza pubblica*, Rom:
Tipografia Forzani, 1899. Auszüge: S. 4–8, 10.

Ma non c'è da illudersi; i climi preferibili ai nostri e la moda già hanno sviato dall'Italia buona
parte dei forestieri, chiamandoli in Egitto, sulla Riviera francese: a noi resta la superiorità
dell'arte. Dunque ogni uscita, ogni distruzione inutile di oggetti d'arte deve considerarsi come
una diminuzione di quel capitale su cui la Nazione regolarmente vive: ma gli Italiani han fatto
ben poco finora per conservare e accrescerne il valore, moltissimo invece per diminuirlo e
distruggerlo.

Basta ricordare i lavori edilizi di Roma e di Firenze, dove lo spazio permetteva di stendere
la vita nuova accanto all'antica e dove ogni cosa salvata con intelligenza aveva un senso e
un valore. Abbiamo visto spogliare chiese, smantellare case, imbiancare antichi affreschi nei
cortili, nei chiostri, nei palazzi e vendere oggetti utili ancora: abbiamo assistito alla distruzione
non giustificata d'infinite belle cose: torri medioevali, balaustre del Seicento, cancelli, porte e
fontane, poca cosa in sé, ma che nel loro insieme contribuiscono a dare all'Italia un carattere
singolare, né si possono togliere senza offendere un'armonia.[1]

In ogni modo se l'opera di distruzione usata fin qui si può scusare per la violenza, che
quasi inevitabilmente accompagna l'introdursi delle cose nuove, non meriterebbe indulgenza
se continuasse, perché all'arte in Italia ci lega non soltanto l'interesse materiale ma anche
quello morale.

Il Giesebrecht in uno studio notevole sull'*Istruzione in Italia nel medio evo*[2], si adopera a
dimostrare, come il Rinascimento si sia compiuto da noi prima che altrove, appunto perché
nell'ordinamento degli studi laici e nelle vestigia di arte liberale l'antica coltura non s'era mai
spenta: quel piccolo fuoco covava sotto le rovine dei secoli barbari e quando vennero tempi più
tranquilli, la mente italiana più docile e per lunga consuetudine più formata alle arti, cominciò
a ritornarvi con tanta fortuna da renderne partecipi gli stranieri ingentilendoli e assimilandoli
interamente a sé. Il che non avrebbe potuto succedere se tra gli Italiani non fossero rimaste
reliquie non piccole di quella antica civiltà, con la quale essi avevano già superati i Germani e
che non può sussistere senza le arti liberali. Pur tenendo conto delle condizioni diverse non
si può trarre da ciò argomento per avvalorare il nostro desiderio che si ponga la maggior
cura nel conservare le vestigia d'arte?

Ragioni di povertà, di ignoranza hanno annebbiato l'aria intorno, ci hanno tolto il modo
di discernere questo lato di bellezza storica che ne circonda, ma appena torni un raggio di
sole potremo, ritrovando quelle antiche cose, interrogarle ancora e la mente dell'artista
saprà forse accogliere nuove rivelazioni. Tanto più che i forestieri continuano a notare le
attitudini degli Italiani per l'arte: si osserva che i nostri artefici sono mirabilmente destri e
pronti nell'eseguire, che a Roma, a dispetto dei brutti lavori edilizi, si è conservato un certo
gusto nel distribuire lo spazio nelle piazze e nelle strade. A Firenze, fino a pochi anni fa, un
semplice muratore poteva fabbricare una casa con belle proporzioni. Queste attitudini in

1   Perché il carattere singolare dell'Italia non sta soltanto nei grandi monumenti che possiamo contemplare isolati nella
     nostra mente, ma nelle tracce continue che l'arte ha lasciate dai Greci in poi in tutte le parti della penisola e che si
     sono combinate colla vita del giorno, quasi anelli di una stessa catena.
2   G. *Giesebrecht, L'istruzione in Italia nei primi secoli del medio evo.* Traduz. di Carlo Pascal, Firenze, Sansoni, 1895.

gran parte ci vengono dal vivere anche senza avvertirle in mezzo a cose belle, in un ambiente unico al mondo, che è per sé solo una educazione.

Si è tentato di dare un valore pratico a questa fortuna e in molte città sono sorti musei d'arte industriale per accogliere oggetti antichi e accanto si sono istituite scuole d'arti e mestieri, perché i giovani operai se ne ispirassero. Ci fermiamo su questo punto senza timore di allontanarci dal nostro soggetto: ci pare che esso ne sia la parte più viva, perché nell'arte industriale legata all'arte antica, noi vediamo una forma di attività nuova, una risorsa economica futura.

Questi Istituti furono considerati di tale utilità che Governo e Municipi nella loro povertà e nonostante l'abituale noncuranza per l'arte s'indussero a concorrere con sovvenzioni di denaro per mantenerli: era inteso, che il denaro pubblico così impiegato dovesse mutarsi in utilità generale educando buoni artefici e procurando oggetti utili alla vita di tutti. Ma le scuole d'arte non hanno corrisposto interamente al loro fine; si sono dedicate soprattutto allo studio dell'ornamentazione nei vari stili, a fabbricare oggetti di lusso per pochi.[3]

Ben altrimenti avvenne presso altre nazioni che pure si sono dedicate all'arte industriale. L'Inghilterra che ha tenuto con speciale fortuna una via diversa dalla nostra, ci può servire d'insegnamento.

Nella prima Esposizione universale di Parigi del 1867,[4] gl'Inglesi ebbero a persuadersi della inferiorità dei loro prodotti di fronte a quelli francesi: osservarono che i loro oggetti ben eseguiti, mancavano di eleganza e proposero di migliorarli, aggiungendo alla perfezione tecnica una ricerca di bellezza. Parve loro, che la bellezza della forma si dovesse studiare nei modelli, che il lungo consenso aveva dichiarati migliori, non per imitarli accademicamente, ma per comprenderne la sostanziale ragione di essere e il metodo, applicabile a condizioni nuove e diverse: poiché i criteri che hanno presieduto alle varie forme d'arte sono sempre i medesimi: l'arte egiziana, orientale, greca, giapponese e la nostra del Rinascimento sono applicazioni diverse di leggi che sono eterne e immutabili, come quelle della vita.

Fu profuso danaro a comperare buoni modelli e l'Italia contribuì largamente a fornirne. Si creò il *Kensington Museum*: le migliori intelligenze e gli artisti più valenti si dedicarono all'arte industriale. Di qui un movimento, che traendo ispirazione dall'antico ma sapendo farsi moderno e nazionale, riuscì ad elevare il gusto dell'intero paese, il quale ne ricavò un vantaggio materiale notevole. Ora chi vuole mobili pratici e ben fatti, imita o compera quelli inglesi. La Germania invade tutti i paesi con oggetti a buon mercato: ma l'Inghilterra persevera nel fabbricare cose migliori, perché ormai se la ricchezza diffondendosi, crea un pubblico che domanda cose mediocri, fa aumentare altresì il numero delle persone educate apprezzatrici delle cose migliori.

---

3   Hanno corrisposto così poco da giustificare in qualche modo il poco interessamento, che ispirano nel pubblico, il quale va considerandoli più che altro come luogo da trovarvi impiego per alcuni insegnanti. Anche qui come in molte cose dell'Amministrazione italiana si teme che il denaro pubblico facendo l'interesse di pochi danneggi tutti. E si aggiunga che anche quei pochi non riescono ad essere contenti: gli stipendi paiono insufficienti e l'impoverimento generale del paese continua a tener limitate le possibilità di lavoro soffocando quelle attività artistiche, che si pretendeva di aiutare.

4   Già nel 1861 Morris, Medox Brown, Burne Jones, Rossetti e altri avevano fondato una ditta coll'intento di provvedere al mobilio e alla decorazione della casa, costruendo ogni oggetto anche più umile e cercando che la bellezza esteriore fosse sempre in armonia coll'uso pratico cui doveva servire. (Vedi *Vita di William Morris*, Longmans Green e C., Londra, 1899).

Alla domanda di queste persone la nostra produzione artistica non può soddisfare più: quale è dunque il nostro posto in questo ramo di produzione moderna? Si ode lamentare generalmente che le nostre industrie artistiche deperiscono e sarebbe uno studio di cui la nostra Società potrebbe farsi iniziatrice, quello d'indagarne ramo per ramo le ragioni. La causa prima di decadenza la troveremmo forse nell'errore nostro di creare oggetti senza scopo fuori dei bisogni della vita. Nell'architettura come negli oggetti usuali, abbiamo chiamato artistico ciò che era inutile. Circondati da palazzi, da ville, da case, concepite e costrutte perché rispondessero alla vita del nostro paese, facilmente potevamo prendere regola e misura per le costruzioni moderne. Invece è parsa idea peregrina quella di far sorgere, tra ulivi e vigneti, case svizzere fatte per riparare il freddo e la neve. E, mentre le parti più lontane di Europa si lodano ancora dell'opera dei nostri architetti antichi, noi oggi imitando malamente i gusti di altri popoli, siamo andati riempiendo le nostre città di costruzioni inferiori a quanto si va facendo all'estero.

[...]

Non temiamo pei capolavori; nessuno ci potrà togliere la cupola di Michelangelo, i palazzi del Bramante e neppure la speculazione o l'ignoranza oserà ormai deturparli; ma troviamo urgente ogni sforzo per salvare il resto del nostro patrimonio, perché la guerra che tenta di diminuircelo continuerà, in parte mossa dalla nostra ignoranza, in parte dalle molteplici insidie organizzate in Italia e all'estero[5] per profittare della nostra debolezza.

---

5   Ai forestieri che talvolta accusiamo di contribuire a quest'opera di spogliazione, dobbiamo pure benefizi e savi ammonimenti.
   Un articolo tedesco che levò gran rumore, e che suonò offesa a molti, come di ingerenza non tollerabile nelle cose nostre, rimproverava acerbamente l'Italia per il modo con cui disfaceva la propria storia. Una parte di Venezia è stata, si può dire, salvata dal grido allo scandalo sollevato da Ruskin, e ci sono dei punti del litorale ligure, che alcuni Inglesi hanno con vero sentimento di idealità tolto alle speculazioni di corta veduta per mantenerli nella loro bellezza.

Maria Pasolini Ponti
Il giardino italiano (1915)

Nachdem sich die Autorin wiederholt zu baukünstlerischen Themen, zur Bedeutung des *ambiente* und zur Schönheit von Stadt- und Landschaftsräumen geäußert hatte, widmete sie sich, angeregt durch englisch- und deutschsprachige Literatur, der Rehabilitierung der italienischen Gartenarchitektur. Mit ihrem Werk *Il giardino italiano* verfasste sie 1915 das erste Buch in Italien, das die Gesetzmäßigkeiten dieser als authentisch italienisch anerkannten Kunstform behandelt. Pasolinis Überlegungen werden dabei klar von architekonischen und städtebaulichen Fragen, einem ganzheitlichen Kunstverständnis und ausgeprägten Interesse an der „architettura minore" geleitet.

Ihr Buch, das mit der übersetzten Einleitung aus Edith Whartons *Italian Villas and Their Gardens* (1904) beginnt, gibt eine kurze, mit Fotografien und wenigen Plänen illustrierte Übersicht zum italienischen Garten, seinen formal-architektonischen Prinzipien sowie seinen Vorzügen im Vergleich zum englischen Landschaftsgarten. Als Schlüsselkriterium des Gartens „all'italiana" wird dessen Verhältnis zum Haus und zur umgebenden Landschaft hervorgehoben. Anhand von Beispielen, wie den mediceischen Villen bei Florenz und in Rom, den Villen Borghese, di Maiano, Gamberaia und Vicentini, weiterer weniger bekannter Villen sowie Privatgärten und Stadtparks, stellt Pasolini die Gestaltungselemente der Gärten und ihr räumliches Ordnungssystem vor. Ihre Betrachtungen fokussieren nicht auf die Meisterwerke der Villen- und Gartenarchitektur, vielmehr werden sie auf den öffentlichen Raum der Stadt und auf städtische Privatgärten ausgeweitet, außerdem setzt Pasolini sie mit aktuellen Fragen und Ereignissen in Beziehung.

Die Publikation wurde 1916 von Arturo Jahn Rusconi in der Zeitschrift *Emporium* ausführlich gewürdigt. In der Zwischenkriegszeit geriet sie in den Schatten der nationalideologischen Instrumentalisierung der Gartenarchitektur und fand in der Folge nur noch wenig Beachtung, obwohl sie die Debatten der 1950er- und 1960er-Jahre über städtische Grünraumplanung und Landschaftsschutz in weiten Teilen vorwegnahm. Pasolinis Artikel „Villa Mattei e i giardini a Roma" (1925) und ihr Vortrag „Rinnovamento e conservazione nella edilizia di Roma" (1930) greifen das Thema der Gärten und öffentlichen Stadträume unter ausdrücklich denkmalpflegerischem Aspekt nochmals auf.

Maria Pasolini Ponti, *Il giardino italiano*, hrsg. von Associazione Artistica fra i Cultori di Architettura, Rom: Ermanno Loescher, 1915. Auszüge: S. 15–19, 25–27.

Sin qui l'autrice [Edith Wharton] ha dimostrato la ragione d'essere del giardino all'italiana, i pregi che lo contraddistinguono dai giardini di quel tempo nel resto di Europa, il culto che si torna a consacrargli. Culto, che non è ancora molto diffuso in Italia: e, sebbene alcune ville italiane sieno frequentate e ammirate o visitate come monumenti, pure il giardino all'italiana in sé continua ad essere generalmente considerato da noi come fuori d'uso, disadatto alla nostra vita moderna.

Contro al giardino regolare persiste l'accusa e la condanna di essere una cosa artificiale e rigida e viene fatto di domandarsi come sia caduto in tanto discredito, perché sia stato così universalmente surrogato dall'altro tipo di giardino così detto a paesaggio (che noi chiamiamo all'inglese) e perché si stenti a comprenderlo e a riprodurlo intorno alle costruzioni moderne, che oggi si moltiplicano in Italia.

Il giardino all'italiana rispondeva a un bisogno d'armonia di linee che oggi noi abbiamo perduto. Questo sentimento che troviamo in tutte le manifestazioni artistiche del tempo conduceva a dare alle linee architettoniche di ogni costruzione la sua base, il suo contorno: nelle città calcolava la proporzione delle varie case collo spazio libero, curava di armonizzare un monumento coll'ambiente e collo sfondo: nella aperta campagna poi si voleva che la casa non solo avesse una base, ma che formasse un passaggio graduato dalle linee rigide precise della muratura a quelle sempre mosse della natura indefinita. Non si sapeva, non si voleva separare allora un fabbricato dal quadro suo: non v'era architetto che per istinto, per riflessione non cercasse di far entrare l'opera sua in una decorazione generale. Per quanto modesta una casa, una villa non escludeva questo bisogno di armonia.

In alcuni accomodamenti edilizi, promossi dallo Stato, dal Comune, anche oggi l'architetto è obbligato a dare una certa armonia alle nuove costruzioni e i proprietari a subirne il vincolo: ma è un fatto di eccezione: lasciati liberi, i proprietari non si curerebbero di secondare queste intenzioni. Un sentimento individuale domina oggi la nostra intera edilizia e ci fa indifferenti all'ambiente. Accanto a un villino a linee dritte e sobrie, ne sorge uno ad archi acuti, medioevali, oppure a linee ed ornati di fantasia: accanto alla casa piccola s'innalza il casone, che la schiaccia. Anche dove la legge assegna un dato tipo di costruzione in una particolare località non si sente il bisogno di unirsi a un'armonia, a un insieme generale. Nei quartieri destinati a villini, questi sono stati troppo spesso disposti a caso in tutte le direzioni, con una minima quantità di terreno intorno, senza intesa col vicino, senza guardare alla piazza, alla strada intorno a cui sorgono e di cui potrebbero essere un ornamento. Una certa armonia dei varii fabbricati si sarebbe pur potuta conservare anche obbedendo alle possibilità economiche dei diversi proprietari. Se in alcuni casi i villini lungo due strade parallele fossero sostituiti da case disposte l'una vicina all'altra lasciando libero il terreno nella parte posteriore, ognuno di essi godrebbe della vista complessiva del terreno degli altri e, oltre al vantaggio dello spazio libero maggiore chi guarda avrebbe l'impressione di un giardino grande.

Una simile disposizione nelle nostre grandi città, noi la troviamo ancora in certi antichi quartieri tanto tranquilli e raccolti, e all'estero la vediamo suggerita e adottata nella edilizia moderna. Tanto più sembra necessaria oggi, perché assicurerebbe ad ogni casa delle camere tranquille al riparo dei rumori sempre crescenti della strada.

Se intorno a Palazzo Farnese, fossero da rinnovare i tre lati della piazza, forse ai diversi proprietari parrebbe cosa degna, dare al proprio fabbricato uno stile ornato, con l'aggiunta di elementi architettonici molto accentuati, forse anche presi da architetture nordiche. Ma quelle masse sporgenti e rientranti sopra una facciata di cinque o sei piani accaparrerebbero subito l'occhio e poi lo disturberebbero tanto da renderlo per un primo momento insensibile alle linee sobrie e maestose del palazzo Farnese. Per gustarle, bisognerebbe prima fare lo sforzo di sbarazzare il nostro campo visivo da quelle altre linee che tanto si erano imposte. Le case che ci sono oggi nella loro semplicità non appaiono meno signorili delle altre: solo che non urtando l'occhio, lo lasciano posare sul bel palazzo principale e mentre gli danno valore ne acquistano. Cosicché la modestia dei fabbricati intorno a palazzi e a costruzioni monumentali corrisponde spesso a un fine senso di arte e di armonia.

Agli antichi nostri architetti, costruendo una villa, era naturale la cura di mettere in armonia la casa col giardino, il giardino col paesaggio: e ciò non li distoglieva dal considerare i bisogni di chi abitava la casa: anzi ogni parte della villa era disposta a questo fine, alla esigenza del clima, alla qualità e alla forma del terreno. La stessa irregolarità del terreno, che parrebbe una difficoltà maggiore, era spesso un impulso e serviva a ottenere effetti nuovi e imprevisti[1].

Il giardino doveva essere come un organismo (ci sia consentito l'insistere), di cui la casa era il centro: tutte le parti vi erano naturalmente collegate con la loro funzione subordinata all'insieme e l'insieme faceva parte di un'armonia generale coll'ambiente.

[...]

Nel porre in rilievo i pregi del giardino italiano antico, non si vogliono disconoscere quelli del giardino a paesaggio, né la bellezza di certi effetti ottenuti.

Ma, posti a distanza come siamo dal tempo in cui queste due forme di giardino successivamente fiorirono, un giudizio obbiettivo sembra possibile. E dobbiamo per prima cosa convenire che quando si dice «giardino» si allude a un pezzo di terra, che noi alteriamo secondo i nostri gusti e le nostre comodità. Nell'ammettere questo fatto, in questa sincerità, risiede una superiorità indiscutibile dei nostri antichi architetti.

Inoltre, se consideriamo gli elementi estetici, igienici, pratici, raccolti e fusi per formare il giardino all'italiana, la sua adattabilità a ogni condizione di vita, ad assumere proporzioni differenti, anche minime, esso ci appare più perfetto, più atto a procurare i piaceri della vita, che non il giardino a paesaggio, in cui molti fattori usati nel giardino italiano erano omessi o trascurati.

Dippiù il giardino italiano, quando aveva soddisfatto a un senso di armonia tra casa e ambiente, quando aveva provveduto ai bisogni immediati della casa, poteva aggiungere l'ornamento dei fiori, assumere nuovi spazii per piante rare e fiori esotici, poteva estendersi e

---

1   Fra i tanti esempi si ricordano quello di Villa d'Este a Tivoli tanto nota e quello di un'antica villetta Troiani fuori porta
    S. Pancrazio, quasi ignorata e tutta in rovina.
    Ancora oggi vi si può apprezzare l'abilità dell'architetto nell'usufruire un ripido fianco di collina, disponendolo a scalinata
    e terrazza per accedere alla casa posta sulla cima. Uno spazio in piano sta dinanzi alla collina e forma accesso alla villa
    e base alla collina stessa.

ottenere le sensazioni che si cercano nel giardino a paesaggio o l'appagamento di qualunque estranea fantasia.[2]

Se al giardino a paesaggio si attribuisce il merito di aver riportato il gusto verso la natura libera, dobbiamo osservare che l'antico giardino italiano non la escludeva. Esso era edificato nei posti più belli, era ordinato per goderne la vista, per metterla in valore[3]; supponeva la natura vicina e godibile, la ammetteva sincera quali le condizioni del luogo la presentavano. Anzi, tutto vi era disposto in modo da ricondurre alla natura, portando ai prati della Campagna romana (come a villa Borghese, a villa Pamphily, a villa Chigi), al bosco naturale (come a Caprarola), al podere (come nelle ville toscane) ove al diletto del giardino, si voleva unire la cura dei campi.

Riassumendo, notiamo che nel creare un giardino l'architetto italiano era guidato:
I. Da principii di ordine estetico-architettonico: legare le linee della casa con quelle dell'ambiente naturale (giardino e paesaggio) e far rientrare tutto in un insieme di decorazione generale.
II. Da principii di ordine pratico, poiché il collegamento della casa colla natura era fatto, non seguendo idee preconcette, ma considerando le condizioni particolari che l'architetto si trovava innanzi: la richiesta del cliente, la posizione della casa, la natura delle vicinanze, la vista, l'orientamento, il clima, la direzione dei venti. Dopo aver bene osservato tutte queste cose, egli distribuiva l'edificio e il giardino, collegandone tutte le parti in una unità organica.
Una volta poi soddisfatte tutte le esigenze che gli si imponevano e ben fissato tutto il disegno, cominciava l'opera del giardiniere.

Un'ultima considerazione: seguendo lo spirito logico a cui sempre si attenne il giardino all'italiana, oggi noi avremmo per esso una ragione speciale di opportunità, poiché un gran lusso di spazio non è più possibile, tanto pei giardini di campagna quanto per quelli di città. Ma se le nostre città, in confronto a quelle antiche, non consentono grandi giardini privati, esse tendono a moltiplicare gli spazi liberi per uso pubblico, i quali spesso si trovano tra fabbricati monumentali. Perciò l'attività dell'architetto moderno, se da un lato sminuzza e affina in breve spazio gli elementi del giardino privato, dall'altro lato nel giardino pubblico trova spesso un campo vasto e talvolta monumentale.

---

2   Il giardino descritto da J. J. Rousseau poteva benissimo unirsi a un giardino all'italiana.
3   Qualche volta il quadro appositamente limitato era essenzialmente composto di elementi naturali: altre volte si valeva di effetti architettonici, concentrando la visuale sopra un monumento. Nella villa Carpegna la visuale appunto ha determinato la disposizione della casa stessa, il cui ingresso principale si trova bensì sull'asse della fontana, ma non nel centro della facciata: esempio questo tra infiniti altri, che dimostra come gli antichi architetti non si rendessero schiavi della simmetria.

Maria Pasolini-Ponti
Rinnovamento e conservazione nella edilizia di Roma (1931)

Im April 1930 nahm die inzwischen 74-jährige Maria Pasolini in Rom am „Il Congresso nazionale di studi romani" als Referentin teil. Nach jenem von 1928 war es der zweite große Kongress, der vom gleichnamigen, 1925 gegründeten Institut veranstaltet wurde und sich einem breiten Spektrum von Studien zu römischer Kunst, Archäologie, Geschichte, Wirtschaft, Sprache, Urbanistik, Recht und Gesellschaft von der Antike bis zur Gegenwart widmete. Zentralorgan des Instituts war die Zeitschrift *Roma*, die 1925 auch Pasolinis Aufsatz „Villa Mattei e i giardini a Roma" abgedruckt hatte. Ihr Tagungsbeitrag erschien 1931 in den Kongressakten.

   In dieser letzten Schrift fasst die Autorin ihre wesentlichen Anliegen bezüglich Erneuerung und Erhaltung der Bausubstanz Roms zusammen – mitten in einer Zeit, als der Stadt mit der Vorbereitung des neuen Bebauungsplans, den Projekten zum Durchbruch der Via dell'Impero und der Via del Mare, den Plänen zur Freilegung antiker Monumente sowie zahlreichen großen Wohnungsbau-, Verkehrs- und Stadtumbauprojekten schwerwiegende Eingriffe in ihr historisches Gefüge bevorstanden. Dringender denn je erscheint daher Pasolinis Aufruf zur Respektierung des *ambiente* und der *architettura minore*, aktueller denn je ihre Mahnung zur Vorsicht angesichts der sorglosen, irreversiblen Zerstörung von stadträumlichen Qualitäten und scheinbar unbedeutenden Bauten, Bauelementen sowie städtischen Gärten und Parkanlagen. Zum Schluss ihres Votums formuliert sie anhand von vier Punkten ein Programm zur Beaufsichtigung und Begleitung von geplanten Neubaumaßnahmen und Abrissen.

Maria Pasolini-Ponti, „Rinnovamento e conservazione nella edilizia di Roma", in: *Atti del II congresso nazionale di studi romani*, hrsg. von Istituto di studi romani, Bd. 2, Rom: Paolo Cremonese, 1931, S. 577–582. Auszüge: S. 577–579, 581–582.

In Italia si è cercato di procedere conservando, ma la fretta, il desiderio prevalente di ottenere comodità immediate, altri interessi che sorgono in ogni occasione, tendono, e spesso riescono ad allontanare da questo proposito. Oggi l'attenzione si appunta su Roma, tanto che il Governatore compreso della propria responsabilità, ha nominato una Commissione per riprendere in esame il piano regolatore non più rispondente ai bisogni nuovi, quali si sono rivelati dall'esperienza. Fortunatamente il senso della tradizione con tanto amore rievocato in questi giorni, faciliterà a risolvere il problema per il maggiore onore della città e di coloro ai quali la città si affida. Ed a risolverlo via via, sarà di grande aiuto il porre un principio direttivo orientando verso quello le varie tendenze personali – principio che nasce dall'avere l'Italia visto svolgere sulla sua terra, dalle più remote origini, le vicende della sua storia, conservandone traccie visibili, innestate nella vita moderna. In Roma, coll'Impero e colla Chiesa, questa continuità è più evidente ed ha più copiose testimonianze.

Quindi, non solo le vestigia antiche rimaste, ma quelle dei secoli successivi, quali anelli di una sola catena, hanno un valore, si può dire, necessario. Così, a pochi passi dai nuovi scavi dell'Argentina, coi suoi templi di età repubblicana, ecco alla fine del Quattrocento un documento del Rinascimento. Un innamorato di Roma, Lorenzo della famiglia dei Manili, volle contribuire al risveglio edilizio della città e lasciarne testimonianza. Restaurò le proprie case che ricongiunse con una grande iscrizione ricorrente sotto le finestre del primo piano, incisa con caratteri lapidari perfetti, scritta in latino e in greco con due date: prima, quella della fondazione di Roma, poi quella contemporanea: «1468». Il fregio di alcune finestre porta scolpito il saluto: *Have Roma*, e fissa a Roma l'annunzio del Rinascimento.

Non lontano, sotto l'Aventino, accanto a vecchi granai demoliti in questi giorni, si vedeva in un angolo, soffocata, decaduta da una sorte migliore, una piccola porta del Rinascimento coll'iscrizione:

Omnium rerum vicissitudo est.

La grande iscrizione del Rinascimento non sarà certo dimenticata, ma della piccola iscrizione che cosa è accaduto? Si poteva forse farla rivivere sulla sua porta trovandole un posto non indegno, tra le costruzioni che possono sorgere vicino, come quelle che, (sia lode agli architetti romani) vanno sorgendo in tante parti della città vecchia e nuova, conservando il carattere di nobile corrispondenza coll'ambiente.

Piccole cose queste, ma che diventano grandi, come invito alla meditazione, come reverenza al passato, che danno modo di meglio conoscere e valutare il presente e attingervi norme per l'avvenire. E tale è stata l'azione di Roma antica sul Rinascimento.

La stessa civiltà moderna e il traffico che essa deve organizzare ci forniscono oggi mezzi per salvare molte cose antiche, dando amenità e varietà alla vita, fissando il carattere di Roma. Nel passato, allo svolto di via Salaria, una villa del principe Chigi, del Settecento, con pregevoli decorazioni nella casa, con un giardino, rarissimo esempio di giardino italiano intatto nella sua pianta, sarebbe stata brutalmente divisa da una strada (mentre il concetto moderno suggerisce altri sistemi) se il proprietario non avesse ottenuto di sottoporla alle leggi del paesaggio e così salvarla, dando maggior pregio alla regione.

[...]

I pochi esempi citati valgano ad affermare come il rispetto verso il principio di continuità della nostra storia sia stato seguito solo in parte, e ad affermare anche la speranza che possa divenire sempre maggiore, coltivando la coscienza di questo nostro singolare privilegio. Questa ci porterà non solo a fare apprezzamenti, direi sentimentali, ma a nutrire un sentimento profondo di dovere vigile, fattivo, quasi religioso, imprimendo un nostro carattere particolare al presente, pur preparandoci a svolgere le esigenze dell'avvenire.

Quanto è stato detto rappresenta un pensiero ormai maturo ed anche largamente sentito: ma come ottenere che queste idee passino dalla concezione astratta a quella concreta? Converrà ravvivare e talvolta correggere alcuni nostri ordinamenti avendo per mira alcuni principî:

1) Ottenere un coordinamento efficace tra i vari enti che si occupano di edilizia e di arte, in modo che non avvenga da un lato il vietare e dall'altro il consentire: e così regolare la sorveglianza, sia sulle opere nuove che sulle demolizioni.

2) Ai pubblici enti, quando si tratta di scavi, far presente di iniziarli colla massima prudenza e di procedere per modo che testimonianze del passato non sieno distrutte o menomate. Contemporaneamente a questo, provvedere perché i monumenti dissepolti sieno salvaguardati: procurare di non tenerli in condizioni sfavorevoli in modo da condannarli a una breve sopravvivenza, perciò sospendere o rimettere, se occorresse, lo scavo fino a che non siano prese le necessarie misure per assicurarne i risultati.

3) Prendere fotografie, far rilievi e disegni tanto per gli scavi quanto pei fabbricati che presentino qualche valore o adattamento edilizio interessante; rendere poi possibile e facile l'acquisto di tali fotografie agli studiosi, come pure il vederle e osservarle per studio. Così anche facilitare lo studio dei rilievi e disegni fatti negli uffici delle autorità competenti.

4) Tenere memoria delle discussioni fatte in seno di Commissioni d'arte o di edilizia, perché sieno presenti quando i lavori saranno eseguiti più tardi.

Eine alternative Geschichte schreiben. Helena Syrkus und die CIAM

Rixt Hoekstra

Helena Syrkus – Eine Stimme der CIAM

Helena Syrkus (1900–1982) war eine polnische Architektin und Stadtplanerin, die auch als Netzwerkerin, Übersetzerin und Autorin in Erscheinung trat. Sie war mit dem polnischen Architekten Szymon Syrkus (1893–1964) verheiratet und führte mit ihm zusammen ein Architekturbüro. Ihre Bindung gründete sich nicht nur auf Zuneigung, sondern auch auf gemeinsamen intellektuellen und beruflichen Interessen. Helena Syrkus und ihr Mann spielten eine Schlüsselrolle bei der Einführung der modernen Architektur in Polen.[1] Beide waren aktive Mitglieder der Congrès Internationaux d'Architecture Moderne (Internationale Kongresse für Neues Bauen; CIAM); außerdem interessierten sie sich für die theoretischen und intellektuellen Aspekte der Moderne.

Dieser Beitrag beschäftigt sich mit Helena Syrkus' Rolle als Historikerin und Chronistin der CIAM. Auch wenn der Schweizer Architekturhistoriker Sigfried Giedion (1888–1968) heute gemeinhin als Hauptideologe und Propagandist der CIAM gilt, so war er nicht ihr einziger Publizist und Fürsprecher. Die CIAM lässt sich nämlich als eine Gemeinschaft beschreiben, in der verschiedene Persönlichkeiten ihre Position artikulierten und darum kämpften, sich öffentlich Gehör zu verschaffen. Ihre Mitglieder benutzten verschiedene „Sprachen", um der Identität des Netzwerks Nachdruck zu verleihen; diese „Sprachen" lassen sich als ideologische Strukturen verstehen, die gleichzeitig nebeneinander oder gar gegeneinander operierten. Eine dieser „Sprachen" war diejenige von Helena Syrkus, die ihre intellektuelle Entwicklung vornehmlich innerhalb des Ehebundes durchlaufen hatte. Beide, Szymon und Helena Syrkus, waren sich sehr darüber im Klaren, dass die Prinzipien der modernen Architektur und des Städtebaus nur im Rahmen eines umfassenden Diskurses Verbreitung finden konnten. Architektur war für sie ebenso intellektuelles Konstrukt wie materielles Artefakt, das Resultat verbaler und schriftlicher Praktiken wie auch realer Bauten. Aus diesen Gründen heraus verfassten sie Beiträge für Zeitschriften wie *L'architecture d'aujourd'hui* oder *Das Werk* und wirkten an der Gründung von Avantgardemagazinen in ihrem Heimatland mit.[2] Helena arbeitete als Übersetzerin und Sekretärin und hatte, wie ihr Mann, die Mitherausgeberschaft der *Charta von Athen* (1933) inne. Gleichzeitig setzte für sie, durch ihr wachsendes Engagement für die CIAM und die allmähliche Übernahme von Verantwortung – unabhängig von ihrem Ehemann –, ein gewisser Emanzipationsprozess ein. Gegen Ende ihres Lebens beschloss sie, die Geschichte der CIAM niederzuschreiben.

Helena Syrkus wurde im Jahr 1900 in Warschau als Helena Eliasberg geboren. Wegen des Antisemitismus in Polen änderte sie ihren jüdischen Namen 1922 in Niemirowska. Von 1918 bis 1923 studierte sie Architektur an der Technischen Universität Warschau, machte in diesem Fach aber niemals einen Abschluss. Ihre Interessen reichten weit über die Architektur hinaus: Um 1920 publizierte sie literarische Übersetzungen und studierte Philosophie an der Warschauer Universität. Außerdem nahm sie Zeichenunterricht bei dem polnischen Maler Roman Kramsztyk (1885–1942), einem Vertreter des Realismus.[3] 1925 heiratete Helena Niemirowska den polnischen Architekten Szymon Syrkus. Mit ihm zusammen publizierte sie regelmäßig Beiträge in polnischen Avantgardezeitschriften wie *Dom – Osiedle – Mieszkanie* (Haus – Grund – Wohnung), *Praesens* und *Wnętzre* (Interieur).[4] Beide wurden Mitglied der CIAM, und nachdem Helena anfangs im Hintergrund agiert hatte, rückte sie nach und nach in den Vordergrund. Von 1945 bis 1954 war sie stellvertretende Vorsitzende der CIAM. In dieser Zeit arbeitete sie außerdem als Lektorin an der Fakultät für Architektur an der Technischen Universität Warschau.[5]

Doch obwohl die CIAM ein vielstimmiges Gebilde war, wurde manchen Stimmen mehr Aufmerksamkeit geschenkt als anderen. Letzteres gilt auch für Helena Syrkus, deren Veröffentlichungen, wie auch diejenigen, die sie mit ihrem Ehemann publizierte, nur ein bescheidenes Interesse zu wecken vermochten.[6] Benedict Andersons Definition folgend können wir die CIAM als „imaginäre Gemeinschaft" betrachten, deren Mitglieder bestrebt waren, ihre eigene Vision einer notwendigen Modernisierung zu artikulieren.[7] In einer solchen Gemeinschaft von „Gläubigen" spielen manche Mitglieder eine zentrale Rolle, während andere eher am Rand in Erscheinung treten. Doch schildert man die Geschichte der CIAM im Hinblick auf die Art, in der unterschiedliche Stimmen sich innerhalb der Gemeinschaft Gehör verschafften, kann dies zur Folge haben, dass manche dieser Stimmen zumindest im Rückblick gehört werden.

Unter diesem Aspekt gewinnt die Existenz mehrerer unveröffentlichter Typoskripte von Helena Syrkus, die im Van-Eesteren-Archiv in Rotterdam verwahrt werden, an Bedeutung. Diese ab 1970 entstandenen Typoskripte berichten aus einem persönlichen Blickwinkel über die Geschichte der CIAM mit dem Ziel, deren Erbe für die Zukunft zu bewahren.[8] Ab Anfang der 1930er-Jahre bis zu ihrem Tod 1982 pflegte Helena Syrkus eine enge Freundschaft mit Cornelis van Eesteren – dem niederländischen Stadtplaner, der von 1930 bis 1947 den Vorsitz der CIAM führte – und seiner Frau Frieda Fluck. Ab den 1970er-Jahren schickte Syrkus eine Reihe von allesamt auf Französisch verfassten Typoskripten an van Eesteren, die dieser sorgfältig korrigierte. Auf diese Weise wollte Helena Syrkus am Ende ihres Lebens

Helena Syrkus mit Sigfried Giedion (links) und Le Corbusier (rechts) am CIAM 4, 1933

zur Historiografie der CIAM beitragen. Um zu verstehen, wieso sie dieses Bedürfnis verspürte, müssen zwei Faktoren berücksichtigt werden: erstens die Entwicklung der modernen Architektur in Polen und zweitens die besondere Stellung der polnischen Delegierten innerhalb der CIAM.

Moderne Architektur und Urbanismus in Polen

Der Beginn von Helena und Szymon Syrkus' Berufslaufbahn fiel mit dem Ende des Ersten Weltkriegs und der Bildung des polnischen Nationalstaats zusammen: der Zweiten Polnischen Republik. Zu diesem Zeitpunkt trat in Polen erstmals eine künstlerische Avantgarde auf den Plan, denn bis zum Beginn des 20. Jahrhunderts war die polnische Architektur von einheimischen, volkstümlichen Bautraditionen dominiert worden. Ein unabhängiger polnischer Staat existierte nicht, da das polnische Territorium zwischen Russland, Preußen und der Habsburger Monarchie Österreich aufgeteilt war. Die relativ späte Konstituierung Polens als Nationalstaat nach dem Ersten Weltkrieg fiel mit dem Aufstieg künstlerischer Avantgardegruppen zusammen, die den volkstümlichen Tendenzen in Kunst und Architektur kritisch gegenüberstanden. Bewegungen wie die 1924 entstandene Künstlergruppe „Blok" und die 1926 formierte Architektur- und Künstlergruppe „Praesens" sahen die Notwendigkeit einer Modernisierung. Insbesondere in der Gruppe „Praesens" spielte

Architektur eine herausragende Rolle: Ihre Mitglieder – unter ihnen Architektinnen und Architekten wie Barbara und Stanisław Brukalski und Bohdan Lachert sowie bildende Künstlerinnen und Künstler wie die Bildhauerin Katarzyna Kobro und Władysław Strzemińsiki – griffen technische Neuerungen wie die Industrialisierung von Baumethoden und den Massenwohnungsbau bereitwillig auf. Vor allem führten sie ein neues Paradigma in den zeitgenössischen Architekturdiskurs ein: dass Architektur in erster Linie eine soziale Aufgabe sei und dazu dienen müsse, grundlegende menschliche Bedürfnisse zu erfüllen.[9]

Sowohl Helena als auch Szymon Syrkus spielten in diesen Avantgardegruppen eine hervorragende Rolle: Sie publizierten theoretisch fundierte Artikel in Magazinen und arbeiteten an Architekturprojekten, die für den neuen Denkansatz exemplarisch waren. Zum Beispiel experimentierten sie mit dem Konzept des sozialen Wohnungsbaus, aus dem später der Entwurf zweier Modellhaussiedlungen für die Warschauer Wohnungsbaugenossenschaft WSM (Warszawska Spółdzienia Mieszkaniowa) in Rakowiec (1930–1937) und Kolo (1947–1952) hervorging. Anhand von Szymon Syrkus' Ausbildung zum Architekten lässt sich deutlich der Zusammenhang zwischen dem Aufstieg einer Avantgardekultur und der Bildung des polnischen Nationalstaats aufzeigen.[10] Szymon Syrkus wurde 1892 als Sohn einer bürgerlich-jüdischen Familie im damals russisch besetzten Grodno, ganz in der Nähe der heutigen polnischen Grenze zu Weißrussland, geboren. Zwischen 1912 und 1917 studierte er Architektur in Wien, Graz, Riga und Moskau, wo er mit der russischen Avantgarde in Berührung kam. Nach dem Ende des Ersten Weltkriegs beendete er sein Studium in Warschau und Krakau, die seit der Staatsgründung zur Polnischen Republik gehörten. Die mehr oder weniger erzwungene internationale Perspektive, die aus dem Studium in den multiethnischen Kaiserreichen Österreich und Russland resultierte, untermauerte Syrkus durch seine Entscheidung, sich in Westeuropa weiterzubilden: Anfang der 1920er-Jahre verbrachte er einige Jahre in Berlin, Weimar und Paris, wo er unter anderem das Werk von Paul Cézanne, die De-Stijl-Bewegung, das Bauhaus und die Kubisten kennenlernte.

Obwohl Helena nicht im Ausland gelebt hatte, richtete auch sie ihren Blick auf internationale Entwicklungen: Dank ihrer Sprachkenntnisse – sie sprach Französisch, etwas Deutsch und Englisch – konnte sie ausländische Avantgardeliteratur ins Polnische übersetzen.[11] Sowohl für Helena als auch für Szymon Syrkus war es wichtig, ein Netzwerk internationaler Kontakte aufzubauen, was dazu führte, dass die von ihnen geprägte Avantgarde in einer dynamischen Spannung entstand, die einerseits von dem Wunsch geprägt war internationale Entwicklungen aufzunehmen, andererseits von dem Bedürfnis eine genuine Nationalarchitektur zu erschaffen.

In einem viel höheren Maß als in den meisten Ländern Westeuropas basierte die Avantgardearchitektur Polens auf gesellschaftlichen Erfordernissen und fiel mit dem Beginn ehrgeiziger Stadterneuerungsmaßnahmen zusammen, die durch den jungen polnischen Staat in die Wege geleitet wurden.[12] In den ersten Jahren seiner politischen Unabhängigkeit machte das Land schwere Zeiten durch und stand nicht nur vor der Herausforderung, aus Bevölkerungsgruppen unterschiedlicher ethnischer Herkunft eine nationale Gemeinschaft zu formen, sondern war auch aufgrund wirtschaftlicher Unsicherheit und einer hohen Inflation mit substanziellen ökonomischen und sozialen Problemen konfrontiert.

Vor diesem Hintergrund machten es sich Szymon und Helena Syrkus zur Aufgabe, durch Architektur und Stadtplanung die Lebensbedingungen der Menschen zu verbessern.[13] In der ersten Ausgabe der Zeitschrift *Praesens* von 1926 publizierte Szymon Syrkus einen programmatischen Artikel, in dem er seine linksgerichtete Agenda erläuterte:[14] Eine fortschrittliche Architektur, schrieb er, befasse sich nicht länger mit dem Bau einzelner Häuser, sondern konzentriere sich auf die Errichtung großer Wohnkomplexe für die Massen. Kleine Häuser sollten in diese Wohnkomplexe integriert werden, die durch ein umfangreiches Dienstleistungssystem mit Kindertagesstätten, Läden und Wäschereien zu ergänzen seien. Nur durch einen radikalen Bruch mit der Vergangenheit könne die Situation der Arbeitermassen verbessert werden, so Syrkus. Er formulierte auch das Prinzip, dass die Architektur auf den umgebenden Raum abgestimmt werden solle; eine Vision, die er später innerhalb der CIAM ausarbeitete.

In den folgenden Jahren hatte sich die Situation in der Hauptstadt zugespitzt. Warschau gehörte Ende der 1920er-Jahre zu den bevölkerungsreichsten Städten Europas, und dies war zu einem großen Teil das Ergebnis ungeplanten und unkontrollierten Wachstums.[15] Die Infrastruktur war veraltet, und es herrschte ein enormer Mangel an Wohnraum.[16] Daher arbeitete Szymon Syrkus zusammen mit dem Architekten Jan Chmielewski Anfang der 1930er-Jahre ein urbanes Konzept aus, das sie das „Funktionale Warschau" nannten; Helena Syrkus war zuständig für die Textredaktion.[17] Dieses Konzept, das auf dem vierten CIAM-Kongress von 1933 präsentiert wurde, führte Stadt- und Regionalplanung zusammen. Gemäß den Planern könne es für Warschaus Probleme nur dann eine Lösung geben, wenn nicht nur die Stadt, sondern auch ihr gesamtes Umfeld in den Blick genommen würde, inklusive der Randgebiete, in denen die ärmsten Menschen wohnten. Nach Ansicht des Ehepaars Syrkus – so schrieben sie im Begleittext – eröffnete die Tatsache, dass Warschau die neue Hauptstadt eines neuen Staates war, auch eine Reihe von Möglichkeiten. Viele Dinge, die in anderen europäischen Städten schon festgelegt seien, befänden sich in Warschau noch im Fluss: Polen präsentiere sich quasi als Tabula rasa, weshalb die gesamte Stadt zum Gegenstand funktionaler Planung werden könne.[18] Viel mehr als andere CIAM-Mitglieder betonten Syrkus und Chmielewski, dass Planung mehr sei als ein technokratisches Instrument: nämlich eine politische Strategie mit der Vision einer Stadt, die nur in einer radikal veränderten Gesellschaft realisiert werden könne. Zudem galt Stadtplanung als Höhepunkt der Architektur, die vornehmlich als gesellschaftliche Aufgabe erachtet wurde.[19]

Der polnische Beitrag zu CIAM

Für Szymon und Helena Syrkus war es von großer Bedeutung, ein internationales Netzwerk mit modernem Know-how zu verbinden, deshalb waren sie aktive Mitglieder der CIAM.[20] Bei dem ersten Kongress, der 1928 in der Schweiz stattfand, war Polen noch nicht vertreten. Doch zwei Wochen später erhielt Szymon Syrkus einen

Szymon und Helena Syrkus,
Siedlung WSM na Kolo,
Warschau, II. Kolonie,
1947–1949

Brief vom Schriftführer der neu gegründeten CIAM, der ihn dazu einlud, Delegierter des CIRPAC (Comité International pour la Réalisation des Problèmes d'Architecture Contemporaine), des Exekutivkomitees der CIAM, zu werden. Konkreter Anlass war Syrkus' Teilnahme am Wettbewerb für den Völkerbundpalast in Genf von 1927. Le Corbusier war vom Ausgang dieses Wettbewerbs herb enttäuscht – sein ausgesprochen moderner Entwurf wurde zugunsten eines traditionelleren Wettbewerbsbeitrags abgelehnt. Vor diesem Hintergrund fand Szymon Syrkus' Entwurf Anklang, weil er sozusagen aus dem richtigen Lager kam, das heißt: Es war ein Entwurf, den Le Corbusier bewunderte.[21] Wie die polnischen Delegierten selbst hervorhoben, war Polen ein Sonderfall, und die im Westen ausgearbeitete Theorie fiel dort auf fruchtbaren Boden, denn als neuer Staat war es in einem gewissen Sinn ein unbeschriebenes Blatt, das Möglichkeiten zur praktischen Anwendung dieser Theorie bot.[22] Während im Westen bereits viele Strukturen definiert und verfestigt waren, schien Polen Potenzial zur Realisierung von innovativen Planungsideen zu bieten. Die polnische Gruppe wiederum agierte in einem Kontext, in dem enormer Druck herrschte, Lösungen für urbane Probleme zu finden, sodass die CIAM für sie bald eine wichtige Diskussionsplattform wurde. Die Ideen und Vorschläge, die während der CIAM-Kongresse vorgebracht wurden, waren für sie von entsprechend großem Interesse. Umgekehrt erlangten polnische Architekten dank ihrer dynamischen und intensiven Teilnahme an Debatten ein gewisses Prestige innerhalb der CIAM. Der

Szymon und Helena Syrkus,
Siedlung Praga I, Warschau,
1954

Warschau-Plan, den Szymon Syrkus im Sommer 1933 beim vierten CIAM-Kongress präsentierte, wurde von den Mitgliedern mit Interesse aufgenommen und intensiv diskutiert; für Le Corbusier bedeutete er einen weiteren Schritt in der Entwicklung von Planungsmethoden für groß dimensionierte Projekte.[23] Dass die polnische Gruppe als aktiv, streitbar und aufgeschlossen galt, war ein wichtiger Aspekt, der zum Aufstieg von Helena Syrkus in der CIAM beitrug.

Helena und Szymon Syrkus waren Visionäre, die für ihr Ideal einer neuen Architektur in einer neuen Gesellschaft kämpften. Doch ihr Leben blieb von den Katastrophen des 20. Jahrhunderts nicht unberührt. In der zweiten Hälfte der 1930er-Jahre verschlechterte sich das allgemeine politische Klima in Europa dramatisch. In Polen wurden die Modernisten nach dem Aufstieg des Kulturnationalismus immer stärker angegriffen. Als der Zweite Weltkrieg ausbrach, schloss sich das Ehepaar Syrkus einer im Untergrund arbeitenden Planergemeinschaft namens PAU, die Abkürzung für Pracownia Architektoniczno-Urbanistyczna (Arbeitsgruppe für Architektur und Städtebau), an, die Pläne für den Wiederaufbau Warschaus nach dem Ende der deutschen Besatzung ausarbeitete. Doch 1942 wurde Szymon Syrkus während einer Razzia verhaftet und nach Auschwitz deportiert. Er überlebte das Konzentrationslager nur, weil die Deutschen nichts von seiner jüdischen Herkunft ahnten.[24] Helena Syrkus setzte ihre Arbeit für PAU fort, bis sie 1944 und 1945 ebenfalls verhaftet und in verschiedene Arbeitslager in der Nähe von Breslau deportiert wurde.

Nach dem Krieg glaubten beide, mit einem politischen Regime, das ihren eigenen Idealen viel näherstand als den Vorkriegsidealen, sei die Zeit für eine Realisierung ihrer Pläne gekommen. Doch 1949, als der sozialistische Realismus in Polen Einzug hielt, wurden sie wegen ihres Engagements für die Moderne angegriffen. Unter dem Druck des Regimes gaben sie die Ideen, mit denen sie vor dem Krieg sympathisiert hatten, auf und traten nun energisch für die Sache des Sozialistischen Realismus ein.[25] Sie waren begeistert vom Kultur- und Wissenschaftspalast, der im neuen klassizistischen Monumentalstil des Sozialistischen Realismus erbaut worden war, und distanzierten sich von der Moderne Le Corbusiers und Kasimir Malewitschs. Helena Syrkus durfte aber ihr Engagement für die CIAM in dieser Zeit noch fortsetzen: Als Vizepräsidentin stand sie sogar mitten im Rampenlicht. Auf dem siebten CIAM-Kongress in Bergamo (1949)[26] versuchte sie die übrigen CIAM-Mitglieder von den Tugenden des Sozialistischen Realismus zu überzeugen und erklärte Le Corbusier zu einem Vertreter einer fremden Ideologie.[27] Weder Szymon noch Helena Syrkus machten einen Versuch, ihren radikalen Standpunktwechsel zu erklären. Nach Stalins Tod 1953 revidierten sie ihre Haltung allmählich, mussten sich aber damit abfinden, dass sie als praktizierende Architekten nur noch eine marginale Rolle spielten.

Helena und Szymon Syrkus' Rolle in den CIAM

Als Szymon Syrkus 1929 die Einladung zur Teilnahme an den CIAM erhielt, brachte er in seiner Antwort nicht nur begeistert das Interesse „Polens" an den Kongressen zum Ausdruck, sondern bot auch seine Hilfe bei deren Organisation an.[28] Passenderweise unterbreitete Le Corbusier während des ersten CIAM-Kongresses im Schloss La Sarraz den Vorschlag, einige Verwaltungs- und Organisationsorgane zur Strukturierung der Kongresse einzurichten.[29] Zu ihnen gehörte auch das CIRPAC (Comité International pour la Résolution des Problèmes d'Architecture Contemporaine). Es sollte die Regie der CIAM-Kongresse übernehmen; seine Mitglieder wurden als „Delegierte" bezeichnet, wobei jede Ländergruppe mit jeweils mindestens einem Mitglied vertreten sein sollte.[30] Zu den CIRPAC-Mitgliedern gehörten Ernst May und Hugo Häring aus Deutschland, Le Corbusier und Pierre Barbe aus Frankreich sowie Mart Stam und Gerrit Rietveld aus den Niederlanden. Obwohl Szymon Syrkus beim ersten Kongress nicht dabei gewesen war, wurde er zum polnischen Delegierten ernannt.[31] Helena Syrkus' Name fiel nicht; sie schien ganz selbstverständlich im Kielwasser ihres Mannes zu schwimmen, sodass Szymon zur ersten Konferenz der CIRPAC-Delegierten in Basel 1929 mit seiner Ehefrau und Kollegin erschien. Gemeinsam präsentierten sie einen Plan für den Bau einer Arbeitersiedlung.[32] Auf diese Weise erhielt Helena als maßgebliche „zweite Hälfte" ihre Eintrittskarte für die CIAM.

Der erste Kongress, den das Ehepaar Syrkus 1929 besuchte, war die CIAM II in Frankfurt am Main, deren Thema „Die Wohnung für das Existenzminimum" lautete. Helena war fasziniert von den Vorträgen von Walter Gropius, Le Corbusier und den anderen Referenten. Deren Ideen zur kollektiven Arbeit und neuen gesellschaftlichen Rolle der Frau sowie ihre Pläne für Wohnsiedlungen mit Gemeinschaftseinrichtungen, wie Küchen, mechanischen Waschmaschinen und Kinderkrippen, waren eine Inspirationsquelle für ihre eigene architektonische Arbeit. Auch in Polen wollte das Ehepaar Syrkus moderne Siedlungen mit lichtdurchfluteten, großzügigen Wohnungen verwirklichen, die zum Wohlbefinden der Bewohner beitrugen.[33]

Erst nach der CIAM III wirkten die Syrkus erstmals bei der Organisation und inhaltlichen Gestaltung der Anlässe mit. Auf dem Berliner „Sonderkongress" von 1931 wurde das Konzept der „funktionalen Stadt" diskutiert.[34] Der Vorsitzende der CIAM, der niederländische Stadtplaner Cornelis van Eesteren, und die Abteilung für Stadtentwicklung des Amsterdamer Bauamts, die van Eesteren seit 1929 leitete, spielten eine führende Rolle bei der Entwicklung dieses Konzepts. Unter anderem brachte van Eesteren die Idee ins Spiel, analytische Karten zu verwenden, um Städte vergleichen zu können. Auch seine Zusammenarbeit mit dem Rotterdamer Ingenieur und Stadtplaner Theodoor Karel van Lohuizen (1890–1956), ehemals Mitglied der niederländischen Gruppe „Opbouw" und Vorsitzender der Forschungsabteilung des Amsterdamer Bauamts, war von Bedeutung. Van Lohuizen führte die statistische Erfassung demografischer, ökonomischer und technischer Aspekte in die Amsterdamer Stadtplanung ein. Mit ihm zusammen trieb van Eesteren innerhalb der CIAM eine „wissenschaftlichere" Ausrichtung der Stadtplanung voran.[35] Beim Berliner Treffen des CIRPAC bezogen Szymon und Helena Syrkus eine klare Position zu den Ideen ihrer CIAM-Kollegen. Sie waren mit der harschen Kritik an der deutschen und tschechischen Gruppe – die auf dem angeblichen Fehlen einer Analyse von Produktions- und Klassenbeziehungen basierte – nicht einverstanden und akzeptierten den Grundgedanken der „funktionalen Stadt". Allerdings sprachen sie sich dafür aus, statistische Untersuchungen den Spezialisten zu überlassen, und plädierten dafür, dass die CIAM eine allgemeine Theorie der „funktionalen Stadt" entwickeln sollte.[36] Mit dieser Position stand die polnische Gruppe der UdSSR näher als der niederländischen Gruppe.

Das Ehepaar Syrkus beteiligte sich aktiv an der Organisation und Durchführung der CIAM IV, die an Bord des Kreuzfahrtschiffes „S. S. Patris II" stattfand. Es fuhr im Juli 1933 von Marseille nach Athen, zum Hafen von Piräus. An dieser Kombination aus Urlaubsreise und Konferenz nahmen mehr als 100 Delegierte und geladene Gäste teil – teilweise mit Ehegattin, sodass nun auch die „„andere Hälfte" der Architekten sichtbar wurde: Van Eesteren zum Beispiel wurde von seiner Frau Frieda Fluck begleitet. Auch Carola Giedion-Welcker und Aino Marsio-Aalto waren anwesend. In der polnischen Gruppe gab es zwei Ehepaare: Helena und Szymon Syrkus und Barbara und Stanisław Brukalski.[37] Auf der CIAM IV präsentierten Szymon Syrkus und Jan Chmielewski ihren Plan für die Region Warschau unter dem Titel „Warszawa funkcjonalna" („Funktionales Warschau"), dessen Manuskript Helena Syrkus bearbeitet hatte.[38] Darüber hinaus hielt Szymon Syrkus einen Vortrag mit dem Titel „Die Außenwand im Skelettbau".[39] Szymon Syrkus und Roman Piotrowski waren Mitglieder der Kommission, die sich mit der Frage beschäftigte, welche Schlüsse aus der „funktionalen Stadt" zu ziehen seien; Syrkus wirkte außerdem im Pressekomitee mit. Er und Helena gehörten zu der Gruppe, die sich über die künftige Entwicklung der CIAM Gedanken machte; Helena war Mitglied des Komitees, das sich um die Kongressprotokolle kümmerte.[40] Trotz des besonderen Charakters und der speziellen Atmosphäre der CIAM IV gelang es dem Kongress nicht, einen Konsens zu erreichen. Das Ehepaar Syrkus gehörte – zusammen mit van Eesteren, Rudolf Steiger und Karl Moser – zu einer der Parteien, die einen Vorschlag zur Beschlussfassung unterbreiteten: Sie schlugen vor, die Beschlüsse aus den von den Ländergruppen eingereichten schriftlichen Berichten abzuleiten. Dieser Vorschlag erwies sich allerdings als weniger überzeugend als die Empfehlung Le Corbusiers, Josep Lluís Serts, Ernest Weissmanns und Wells Coates'.[41]

Nach der CIAM IV im Mai 1934 wurde ein CIRPAC-Treffen am Royal Institute of British Architects in London organisiert. Szymon und Helena Syrkus nahmen daran teil; Helena führte das Protokoll.[42] Es wurde beschlossen, dass die Schweizer Gruppe zusammen mit der polnischen Gruppe eine Publikation zum Thema „The Exterior Wall in Frame Construction" in die Wege leiten sollte.[43] Helena Syrkus arbeitete in einer vorbereitenden Kommission mit, der auch Berthold Lubetkin aus der UdSSR, Fred Lonberg-Holm aus den USA, Carl Hubacher aus der Schweiz, Martin Wagner aus Deutschland und Willem von Tijen aus den Niederlanden angehörten. Während des CIRPAC-Treffens wurde auch beschlossen, dass das Thema des nächsten Kongresses erneut „Funktionale Stadt" lauten und Polens Warschau-Plan hierbei eine prominente Rolle spielen solle.[44] Im Juni 1935 wurde im Amsterdams Historisch Museum eine Ausstellung zur „funktionalen Stadt" organisiert. Anlässlich dieser Ausstellung wurde ein CIAM-Treffen anberaumt, an dem sowohl Szymon als auch Helena Syrkus teilnahmen. Auch hier trat die Frauen der CIAM in Erscheinung: Nicht nur die Ehefrauen der niederländischen CIAM-Mitglieder waren zugegen, sondern auch die niederländische Innenarchitektin Liv Falkenberg-Liefrink, die Künstlerin Nelly van Doesburg und die Schweizer Architektin und Bildhauerin Flora Steiger-Crawford, die mit Rudolf Steiger, einem der Schweizer Delegierten, verheiratet war.[45] Bei dem Amsterdamer Treffen wurde beschlossen, dass Szymon Syrkus beim nächsten Kongress für das Thema Regionalplanung verantwortlich zeichnen sollte.

Das Ehepaar Syrkus nahm auch an dem Treffen des CIRPAC teil, das 1936 im Schloss La Sarraz in der Schweiz stattfand.[46] Die Bedingungen für die CIAM hatten sich zu diesem Zeitpunkt bereits verschlechtert, da in Deutschland die Nationalsozialisten die Macht übernommen hatten und die Sowjetunion nicht länger zur Zusammenarbeit bereit war. In Polen hatte die Moderne aufgrund des aufstrebenden Nationalismus einen schweren Stand. Im Mittelpunkt der Zusammenkünfte von 1936 und des ein Jahr zuvor in Amsterdam organisierten Treffens standen die auf der CIAM IV beschlossene Publikation und die Organisation der CIAM V. Insgesamt drei Veröffentlichungen standen zur Diskussion: eine kleinere für ein breites Publikum, eine größere „wissenschaftliche" und eine technische Publikation, die sich mit dem Syrkus'schen Beitrag über die Außenwände auseinandersetzen sollte.[47] Erneut wurde beschlossen, dass das Ehepaar Syrkus bei der CIAM V für das Thema Regionalplanung zuständig sein sollte. Doch im Januar 1937 entschied Le Corbusier, die nächste CIAM-Konferenz anders auszurichten und unter das Motto „Freizeit und Wohnen" zu stellen. Bei der CIAM V „Logis et loisirs", die im Sommer 1937 in Paris stattfand, wurde lediglich Szymon Syrkus als offizieller polnischer Delegierter erwähnt.[48] Tatsächlich war dies gängige Praxis seit der Gründung der CIAM 1928: Szymon war offizieller Delegierter, Helena inoffiziell zugegen. In Paris referierten Helena und Szymon Syrkus über Arbeiterwohnungen in Polen, und Szymon hielt einen Vortrag über den Regionalplan „Funktionales Warschau".[49]

Während Helena in den 1930er-Jahren lediglich als „Teil" des Ehepaares Syrkus in Erscheinung trat und auf gewisse Weise im Schatten ihres Mannes stand, emanzipierte sie sich nach dem Krieg innerhalb der CIAM immer mehr und übernahm zunehmend unabhängig von Szymon Aufgaben und Verantwortung. Trotz der Not, die beide während des Krieges gelitten hatten, nahmen sie am ersten CIPRAC-Treffen nach 1945 teil, das Sigfried Giedion im Mai 1947 in Zürich anberaumte.[50] Doch beim ersten CIAM-Kongress nach dem Krieg, der im September desselben Jahres in England stattfand, fehlten sie mit der Begründung, sie seien zu beschäftigt mit dem Wiederaufbau Warschaus.[51] Dabei wurden bei der CIAM VI die Weichen gestellt, die vor allem für Helena von Bedeutung waren: Die „alte" CIAM erhielt eine neue Organisationsstruktur. Van Eesteren gab den Vorsitz an Sert ab und wurde „Ehrenvorsitzender"; Helena Syrkus rückte an die Stelle von Victor Bourgeois aus Belgien und erhielt einen von vier Vizepräsidentenposten.[52] Zum ersten Mal war sie nun offizielles Mitglied der CIAM und bekleidete innerhalb der Organisation eine herausragende Position. Sie war nicht länger das Anhängsel ihres Ehemanns Szymon.

Helena erlangte ihre eigene „Stimme", ihr eigenes intellektuelles Profil auf eine unerwartete Weise. Bei der CIAM VII in Bergamo 1949 verteidigte sie bei der Diskussion am Ende einer Plenarsitzung am vierten Tag leidenschaftlich die Idee des Sozialistischen Realismus. Sie betonte, dass die Kunst den Menschen gehöre und von ihnen verstanden werden müsse, und sie warf den CIAM-Mitgliedern eine unredliche Haltung gegenüber den Menschen vor. Zwar sei der „Formalismus" der CIAM in deren Anfangsjahren positiv gewesen, doch nun habe er einen Abgrund zwischen „dem Mann auf der Straße" und der Welt der Architekten aufgerissen und die Lage dadurch verschlimmert.[53] Laut Helena bestand die Lösung in einem größeren Respekt für das Erbe der Vergangenheit. Die Zeit des Bauhauses sei ebenso vorüber wie die Zeit Vincenzo Scamozzis: Es sei Zeit für „Realpolitik".[54] Der einzige, der Helenas Position auf der Konferenz unterstützte, war Hans Schmidt. Auch Sigfried Giedion reagierte auf Helena Syrkus' Äußerungen. Obwohl er zunächst Sympathie für ihre Haltung insbesondere im Hinblick auf die Berücksichtigung der Vergangenheit äußerte, behauptete er auch, dass „the modern historian, like the modern painter, does not look at the past"; eine kuriose Äußerung für einen Historiker.[55] Giedion befand, dass die Sowjetunion zu sehr in der Vergangenheit lebe und die Linie des Fortschritts, die Vergangenheit, Gegenwart und Zukunft verbinde, nicht wahrnehme.

Nach dem Kongress in Bergamo ließ das Engagement des Ehepaars Syrkus für die CIAM nach; beide fehlten bei der CIAM VIII. Anfang der 1950er-Jahre erhielt Helena Syrkus einen Brief mit der Mitteilung, dass sie noch immer als Mitglied des CIAM-Rats – der das als altmodisch verworfene CIRPAC abgelöst hatte – und der im Anschluss an die CIAM VI eingerichteten Verwaltungsstruktur angesehen werde.[56] Doch bei der Habitat-Tagung, die 1952 in Schweden stattfand, fehlte die polnische Gruppe erneut.[57] Das war nicht nur auf die immer größer werdenden Altersun-

La maison van Eesteren
Weldam 11 (Buitenveldert)
AMSTERDAM – Pays Bas

„ Là tout n'est qu'ordre et beauté,
Luxe, calme et.. amitié.

Beaudelaire

Le chat
Je voudrais pour ma maison
Une femme ayant sa raison,
Un chat qui passe parmi les livres,
Des amis en toute saison
Sans lesquels je ne peux pas vivre.

G. Apollinaire
Le Bestiaire

un souvenir de ma joie pendant
ma première visite du métro Amsterdam, le 23.07.80
et la joie de revoir Bijlmermeer en Helena
verdure et du nouveau parc .

Helena Syrkus, Gedichte von Charles Baudelaire und Guillaume Apollinaire, für Cornelis
van Eesteren abgeschrieben nach ihrem Besuch in Amsterdam, 23.07.1980

terschiede zwischen älteren und jüngeren Mitgliedern der CIAM zurückzuführen, sondern auch auf die wachsende Kluft zwischen Ost und West sowie die komplexen Veränderungen, die im Osten in der Ära der Entstalinisierung vor sich gingen.[58] Im Jahr 1956 nahmen Helena und Szymon Syrkus an einer kurzfristig einberufenen Tagung im italienischen Padua teil, um das Programm für die CIAM X festzulegen. Bei der CIAM X, die im Juli 1956 in Dubrovnik stattfand, war Szymon zugegen, doch Helena fehlte.[59]

Eine Reise nach Amsterdam

Es ist an der Zeit, zu Helena Syrkus' Typoskripten zurückzukehren, die im Van-Eesteren-Archiv in Amsterdam liegen. Sie verfasste diese Texte im Alter von über 70 Jahren, zu einem Zeitpunkt, als sie ihre Jahre in der CIAM rückblickend reflektieren konnte. Auslösendes Moment war eine Reise in die Schweiz und die Niederlande, die sie im Sommer 1972 unternahm.[60] Es war kein Zufall, dass ihre Wahl auf diese Länder fiel, denn beide hatten eine wichtige Rolle für die CIAM gespielt. Doch es ging nicht nur um „à la recherche des CIAM perdus", wie Helena es ausdrückte.[61] Tatsächlich sah sie sich zu dieser Zeit mit der ersten historischen Betrachtung der CIAM konfrontiert; sie las insbesondere die Arbeit des Schweizer Architekten Martin Steinmann, der ab Ende der 1960er-Jahre nach den Gründungsdokumenten der CIAM forschte, nämlich der *Erklärung von La Sarraz* und der *Charta von Athen*. Steinmann gehörte auch zu den Gründern des CIAM-Archivs an der Eidgenössischen Technischen Hochschule Zürich.[62] Helena verfolgte diese Bemühungen mit einer gewissen Zurückhaltung: Sie glaubte, dass die intellektuellen Werte der CIAM auf Dauer nur gewahrt werden könnten, wenn Steinmanns Erkenntnissen – die in seinem Artikel „Neuer Blick auf die Charte d'Athènes" publiziert worden waren – das Wissen einer Person gegenübergestellt werde, die den Wandel der CIAM aus erster Hand miterlebt hatte.[63] Folglich stattete sie dem im Aufbau befindlichen CIAM-Archiv einen Besuch ab. Da das Ehepaar Syrkus die Kooperation als Arbeitsweise von Architekten immer als sehr wichtig erachtet hatte, wollte Helena in Zürich überprüfen, ob die „kooperative Methode" korrekt vermittelt werde.[64] Sie verfasste ihre Texte mit dem Ziel, dem CIAM-Archiv in Zürich gewissermaßen Augenzeugenberichte zu übergeben. Aus Gründen der Sorgfalt wollte sie die Texte von Cornelis van Eesteren und Rudolf Steiger korrigieren lassen: Außer ihr selbst waren dies die einzigen noch lebenden Mitglieder des Komitees, das die Resolution der CIAM IV vorbereitet hatte, die später Le Corbusier als *La Charte d'Athènes* publiziert hatte.[65]

In den Begleitbriefen zu ihren Typoskripten schrieb Helena, dass sie sich glücklich schätze, in die Reihen der CIAM aufgenommen worden zu sein, vor allem, da sie selbst nicht zu den „Stars" gehört habe.[66] Sie erkannte die Bedeutung von „Architekturstars" wie Le Corbusier oder Gropius klar an, brachte aber ebenso ihre Überzeugung zum Ausdruck, dass diese „Sterne" nur in „Konstellationen" leuchten konnten. Innerhalb der CIAM, so schrieb sie, seien diese Konstellationen die Ländergruppen gewesen.[67] Zunächst habe sie die Intentionen der CIAM auf einer intuitiven Ebene verstanden, erst in einem späteren Stadium sei sie sich ihrer Ziele bewusster geworden. In den 1970er-Jahren meinte sie zum ersten Mal einen kompletten Überblick über die Erfolge und Misserfolge der CIAM gewonnen zu haben.

Auch am Ende ihres Lebens glaubte Syrkus noch an die Mission der modernen Architektur und war noch immer ein Teil der „imaginären Gemeinschaft" der CIAM. Vor allem nachdem sie als Gast von Cornelis van Eesteren und seiner Frau Frieda Fluck ein paar Wochen in Amsterdam verbracht hatte, verspürte sie den Drang, die „wahre" Geschichte der CIAM niederzuschreiben. Die modernen Planungsprojekte, die inzwischen in Amsterdam realisiert worden waren, begeisterten sie. In dem hier publizierten Beitrag *Contribution à l'histoire de la Charte de l'urbanisme des CIAM* schreibt sie, wie sehr das Erholungsgebiet „Amsterdamse Bos" und die neue „Gartenstadt" Buitenveldert sie beeindruckt hätten.[68] Bei beiden waren ihrer Meinung nach zwei der vier dem Städtebau zugrunde liegenden Funktionen – Wohnen, Arbeit, Verkehr und Erholung –, die in der *Charta von Athen* verankert waren, sehr überzeugend umgesetzt worden. Tatsächlich war der „Amsterdamse Bos" 1927 von den Stadtplanern Cornelis van Eesteren und Jakoba Mulder als „Boschplan" („Waldplan") entworfen worden. Der Wald war Bestandteil des allgemeinen Erweiterungsplans für die Stadt Amsterdam von 1934 und bildete die größte einer Reihe von Grünzonen, die in der Stadtplanung jener Zeit eine bedeutende Rolle spielten; die Planung wurde erst 1964 abgeschlossen. Auch der „Buytenveldse Polder", der einzige Außenbezirk im Süden der Stadt, war im allgemeinen Erweiterungsplan von 1934 enthalten. Buitenveldert wurde erst nach dem Krieg gebaut: 1958 wurde der Grundstein gelegt, und im Jahr darauf zogen die ersten Bewohner ein.[69] Auch Cornelis van Eesteren selbst lebte dort.

Helena Syrkus fand zu ihrer eigenen Stimme, als die männlichen „Stars" ihres Lebens bereits tot waren: Neun Jahre zuvor war ihr Ehemann Szymon verstorben, und auch Le Corbusier, Gropius und Giedion lebten nicht mehr.[70] Nun brachte Helena den Mut auf, zum Stift zu greifen, denn sie betrachtete sich selbst als Hüterin des CIAM-Erbes.[71] Doch inwieweit ist ihre Geschichte als „alternativ" anzusehen, wie es der Titel dieses Essays suggeriert? Sie ist insofern eine Alternative zu Steinmanns Text, als sie von einer Person verfasst wurde, die während eines großen Teils ihres Lebens aktives Mitglied der CIAM gewesen war.

Doch Helena Syrkus' Texte unterscheiden sich auch von den Texten Giedions. Sie war keine Wissenschaftlerin, die in der Tradition der deutschen Kunstgeschichte stand. Ihre theoretische Ausbildung war erfolgt, als sie zusammen mit ihrem Ehemann das Ziel formulierte, die theoretische Architekturforschung mit der praktischen Gestaltung von Wohnsiedlungen zu vereinen. In ihren Typoskripten erweist sie sich als Chronistin, nicht als Verfasserin intellektuell komplexer Sachverhalte, als eine Autorin, die Fakten sammelt und in chronologischer Reihenfolge niederschreibt. Während Giedion die Prinzipien der *Charta von Athen* in US-amerikanischen Städten mit ihren Parkanlagen und Großblocks realisiert

-4-

fût en effet rédigée comme résultat du IV Congrès CIAM au mois de
Juillet 1933. Elle porte un titre modeste: CONSTATIONS DU IV-ème
CONGRÈS. Quelques ans après Le Corbusier lui a donné le nom:

LA CHARTE D'ATHÈNES

et c'est sous ce nom qu'elle fait désormais part de l'histoire de l'ur_
banisme contemporain.

Sous toute réserve quant à la forme architecturale de certains
quartiers (xxxxxxxxxxxx il y a évidamment des goûts et des goûts)
il me semble qu'Amsterdam xxxxxxx - ville sans banlieue chaotique-
ainsi que sa région peuvent être considérées dans leur ensemble comme
comme un exemple de la matérialisation consciente de la Déclaration
de La Sarraz et de la Charte d'Athènes. L'état actuel de toute cette
agglomération est le résultat des efforts planifiés et persévérants
d'une grande équipe d'urbanistes et spécialistes en différentes disciplines contingentes. L'animateur de cette équipe a été pendant trente
ans et l'est encore Cornelis van Eesteren, successivement architecte -
urbaniste en chef , xxxxxxx chef du de la section d'urbanisme , membre
xxxxxxxxxxxxxxxxxx
xxxxxxxxxxxxxxxxxxxxxxxx et puis président du Conseil d'Urbanisme
de la municipalité d'Amsterdam, et après sa retraite- membre du Conseil
pour l'aménagement du territoire. Il est aussi l'auteur du plan xxxxx
xxxxxxxxxxxxxxxxx de l'urbanisation du polder nord-est , où on a
au cours des années dernières achevé l'amélioration du sol, organisé
des fermes-modèle (exoloitation agricoles et élevages), construit des
villages pour les ouvriers agricoles et le centre de toute cette région-
Lelystad, dont l'aménagement est réalisé conformément aux plans xxxxxxxxx
élaborés par van Eesteren entre 1959 et 1964. C'est aussi un exemple
de l'application/de la Charte d'Athènes et des conclusion du V-ème Congrès CIAM qui se tenait à Paris en 1937 et dont le thème était:

Logis et loisirs- ville et campagnes.

x   x   x

Seite aus dem Manuskript von Helena Syrkus, „Contribution à l'histoire de la Charte
d'urbanisme des CIAM, 1ère partie: travaux préparatoires 1931–1933", 1973

sah, unterstrich Syrkus die Bedeutung von Van Eesterens Amsterdam. Vor allem schilderten Sigfried Giedion und Helena Syrkus die Dinge aus unterschiedlichen Perspektiven. Helena schrieb ihre Texte aus der Retrospektive. Wie Hegels Eule der Minerva erlangte sie Einsicht in die Entwicklungslogik der CIAM, als diese bereits Geschichte war. Während Giedions historiografisches Projekt auf die Zukunft gerichtet war, schaute Helena Syrkus zurück und versuchte die Werte der Moderne zu wahren. Das bedeutet jedoch nicht, dass sie die Moderne für überkommen hielt. Tatsächlich eint Giedion und Syrkus der Glaube an die bleibende Bedeutung der Moderne und der CIAM. Was Helena Syrkus betrifft, lässt sich das Verfassen der Typoskripte als eine Rückkehr zu dem Konzept interpretieren, dem sie sich am stärksten verpflichtet fühlte: der Moderne, die sie inmitten eines internationalen Kreises von „Mitreisenden" erlebt hatte. Da die CIAM in ihren Augen eine Botschaft für künftige Generationen enthielt, war sie in den 1970er Jahren für Syrkus nicht ausschließlich in der Vergangenheit zu verorten. Es ist vor allem diese Überzeugung – vorgebracht zu einer Zeit, in der die Postmoderne aufkam und die Moderne zunehmend als Orthodoxie abgetan wurde –, die ihre Geschichte zu einer „alternativen" Geschichte macht.

1   Dies wurde auch international erkannt, vgl. Alberto Sartoris, *Gli elementi dell'architettura funzionale: sintesi panoramica dell'architettura moderna*, Vorwort von Le Corbusier, Einführung von Carlo Ciucci, Mailand: Hoepli, 1932, der die Werke von Helena und Szymon Syrkus unter den modernen, funktionalen Avantgarde-Architekturen aufführt: S. 403–409.

2   Eine vollständige Publikationsliste des Ehepaares Syrkus findet sich bei Teresa Czaplinska-Archer, „Syrkus, Helena" und „Syrkus, Szymon", in: Muriel Emanuel, *Contemporary Architects*, London: MacMillan, 1980, S. 788–789.

3   Roman Kramsztyk war ein polnischer Maler jüdischer Herkunft; er wurde 1942 im Warschauer Ghetto erschossen. Vgl. die Biografie Roman Kramsztyks, <https://culture.pl/en/artist/roman-kramsztyk> (22.7.2017).

4   In ihrer Kurzbiografie von Szymon und Helena Syrkus schreibt Maria Leśniakowska, dass die Avantgardegruppe „Praesens" von den Ehefrauen moderner Architekten und Künstler gegründet wurde und von Helena ihren Namen erhielt. Vgl. Maria Leśniakowska, „Szymon and Helena Syrkus", <https://culture.pl/en/artist/szymon-and-helena-syrkus> (22.7.2017). Ein weiterer biografischer Abriss findet sich in dem Nachruf, den Alfred Roth nach ihrem Tod verfasste: Alfred Roth, „Helena Syrkus, 1900–1982", in: *Werk, Bauen und Wohnen*, Jg. 70, Nr. 5, 1983, S. 19.

5   Während der Zweiten Polnischen Republik von 1919 bis 1939 stieg nicht nur die Zahl der Architekten beträchtlich, sondern es brachen auch für die Frauen modernere Zeiten an: 1918 erhielten sie das Wahlrecht und in den 1920er-Jahren uneingeschränkten Zugang zu den Universitäten. Frauen der Oberschicht entschieden sich immer häufiger für „Kameradschaftsehen", anstatt aus Gründen ökonomischer Sicherheit oder um des sozialen Status willen zu heiraten. Diesen „neuen Frauen" schien es erfüllender, ihr Leben mit Männern zu verbringen, mit denen sie intellektuelle Interessen teilten. Vgl. Piotr Marciniak, „Spousal Collaboration as a Professional Strategy for Women Architects in

the Polish People's Republic", in: Mary Pepchinski und Mariann Simon (Hrsg.), *Ideological Equals, Women Architects in Socialist Europe 1945–1989*, Abingdon: Routledge, 2017, S. 63–77.

6 Helena Syrkus publizierte zunächst zusammen mit ihrem Mann, zuerst das Buch *Nowoczesne Osiedle Robotnicze* (Wohnungen für moderne Arbeiter), Kattowitz: 1931, später drei Beiträge für die CIAM: *Le mur extérieur. Expériences des années derrières et projets pour 1932* (CIAM IV publications), Athen 1933, Zürich 1934, dann arbeitete sie an der Redaktion von *Warszawa funkcjonalna. Przyczynek do urbanizacji regionu warszawskiego, oprawowal zespól „P+U" (grupa „Praesens" oraz zespól „U") pracujący po kierunkiem Jana Chmielewskiego i Szymona Syrkusa, przy współpracy Jerzego Hryniewieckiego, Zbigniewa Różyckiego, Heleny Syrkus oraz Tadeusza Tilingiera*, Warschau: Praesens, 1934 mit, das ein Jahr später auch in deutscher Übersetzung erschien: *Warschau – Funktionelle Stadt. Beitrag zur Urbanisation der Warschauer Region. Internationale Kongresse für Neues Bauen. Polnische Gruppe: Kollektive „Praesens" und „U"*, Warschau: Praesens, [1935], das in einer Neuausgabe vorliegt: Szymon Syrkus und Jan Chmielewski, *Warszawa funkcjonalna: rzyczynek do urbanizacji regionu warszawskiego*, Warschau: Fundacja Centrum Architektury, 2013 und zuletzt wieder mit Szymon „La généalogie de l'architecture fonctionelle", in: *L'équerre*, Jg. 10, Nr. 5, 1938, S. 10–13. Eine vollständige Liste ihrer Publikationen findet sich bei Emanuel 1980 (wie Anm. 2). In den 1970er-Jahren, nach dem Tod ihres Mannes, trat Helena Syrkus als Einzelautorin in Erscheinung. Vgl. Anm. 71.

7 Ich verwende den Begriff „Gemeinschaft" in einem breiten Sinn, bezeichne damit eine Gruppe von Menschen, die bestimmte Normen und Werte teilen. Anderson argumentiert in seiner bekannten Nationalismus-Analyse, dass „alle Gemeinschaften, die größer sind als die dörflichen mit ihren Face-to-face-Kontakten, vorgestellte Gemeinschaften [sind]. Gemeinschaften sollten nicht durch ihre Authentizität voneinander unterschieden werden, sondern durch die Art und Weise, in der sie vorgestellt werden." Ausschlaggebend hierfür sei die Sprache. Benedict Anderson, *Die Erfindung der Nation. Zur Karriere eines folgenreichen Konzepts*, Berlin: Ullstein 1988, S. 15.

8 Im Van-Eesteren-Archiv im Nieuwe Instituut in Rotterdam habe ich fünf solche Typoskripte gefunden: Neben dem Text, um den es hier geht, sind dies ein unbetiteltes Typoskript vom August 1973, in dem Helena Syrkus über ihre Rolle in der CIAM reflektiert, ein undatiertes Typoskript mit dem Titel *Le Corbusier. Souvenirs de Helena Syrkus*, ein autobiografischer Text mit dem Titel *Soziale Wohnsiedlung*, in dem es u. a. um ihre Zusammenarbeit mit Szymon Syrkus geht, und ein Text aus dem Jahr 1973 mit dem Titel *Les racines sociales du programme des Congrès Internationales d'Architecture Moderne*. (Korrespondenz zwischen Helena Syrkus und Cornelis van Eesteren, Het Nieuwe Instituut Rotterdam, EEST X-1048.) Eine leicht veränderte Version des hier besprochenen Textes *Contribution à l'histoire de la Charte de l'urbanisme des CIAM. Ière partie: travaux préparatoires 1931–1933* mit dem selben Titel befindet sich im CIAM Archiv des gta Archivs der ETH Zürich. Der Text wurde später in etwas abgewandelter Form in Helena Syrkus' Buch *Ku idei osiedla społecznego, 1926–1975 (In Richtung einer Idee von Sozialsiedlung)*, Warschau: Państwowe Wydawnictwo Naukowe, 1976 veröffentlicht.

9 Vgl. Olgierd Czerner und Hieronimd Listowski (Hrsg.), *The Polish Avant-garde: Architecture Town Planning, 1918–1939*, Paris: Editions du Moniteur, Warschau: Interpress, 1981.

10 Vgl. Martin Kohlrausch, „Die Stadt imaginieren im Angesicht der Katastrophe: Warschau 1939–1950", in: *Historische Anthropologie*, Jg. 12, Nr. 3, 2010, S. 404–422, hier S. 406.

11 Vgl. Leśniakowska (wie Anm. 4).

12 Vgl. Katrin Steffen und Martin Kohlrausch, „The Limits and Merits of Internationalism: Experts, the State and the International Community in Poland in the First Half of the Twentieth Century", in: *European Review of History. Revue européenne d'histoire*, Jg. 16, Nr. 5, 2009, S. 715–737.

13 Dieses Anliegen zieht sich wie ein Leitmotiv durch die meisten Publikationen des Ehepaars Syrkus und ist überdies ein wichtiger Aspekt in den von Helena allein verfassten Texten. Vgl. Anm. 67.

14 Szymon Syrkus, „Preliminarz Architektury", in: *Praesens*, Nr. 1, 1926, S. 6–16, hier S. 6.

15 Zwischen 1916 und 1939 vervierfachte sich die Fläche Warschaus, der Hauptstadt des neuen polnischen Staates. Die Bevölkerung der Stadt stieg von 700.000 Einwohnern im Jahr 1915 auf ca. 1.300.000 im Jahr 1939 und verdoppelte sich also nahezu. Vgl. Martin Kohlrausch, „Planning a European Capital for a New State", in: Evelien van Es et al. (Hrsg.), *Atlas of the Functional City. CIAM 4 and Comparative Urban Analysis*, Bussum: Toth Publishers, Zürich: GTA Verlag, 2014, S. 321–325, hier S. 323.

16 Vgl. Martin Kohlrausch, „‚Houses of Glass'. Modern Architecture and the Idea of Community in Poland, 1925–1944", in: Rajesh Heynickx und Tom Avermaete (Hrsg.), *Making a New World. Architecture and Communities in Interwar Europe*, Löwen: Leuven University Press, 2012, S. 93–105.

17 Vgl. Chmielewski/Syrkus [1935] (wie Anm. 6).

18 Vgl. ebd.

19 Vgl. Kohlrausch 2014 (wie Anm. 15), S. 324.

20 Um das Jahr 1931 gehörten der polnischen CIAM-Gruppe auch Barbara Brukalska, Stanisław Brukalski, Wacław Chyrosz, Stanisław Hempel, Anatolia Hryniewiecka-Piotrowska, Bohdan Lachert, Jan Najmann, Roman Piotrowski, Zygmunt Skibniewski, Józef Szanajca und Aleksander Szniolis an. 1933 stieß Irena Lachert dazu. Bemerkenswert ist der hohe Frauenanteil in dieser Gruppe. Vgl. Kohlrausch 2014 (wie Anm. 15), S. 321.

21 Vgl. Czerner/Listowski 1981 (wie Anm. 9), S. 84, 283.

22 Vgl. Martin Kohlrausch, „Die CIAM und die Internationalisierung der Architektur. Das Beispiel Polen", in: *Themenportal Europäische Geschichte*, 2007, <http://www.europa.clio-online.de/essay/id/artikel-3373> (7.8.2017).

23 Vgl. Kohlrausch 2014 (wie Anm. 15), S. 325.

24 Vgl. Kohlrausch 2010 (wie Anm. 10), S. 404–422.

25 Vgl. Steffen/Kohlrausch 2009 (wie Anm. 12), S. 715–737, hier S. 725.

26 Helena Syrkus' Vortrag wurde, mit einer Einleitung versehen, in Joan Ockmans Anthologie erneut abgedruckt. Vgl. Helena Syrkus, „Art Belongs to the People", in: Joan Ockman (Hrsg.), *Architecture Culture 1943–1968. A Documentary Anthology*, New York: Rizzoli, 1993, S. 120–122. Ihre Bemerkungen im Verlauf dieser Konferenz wurden ebenfalls, in einer redigierten Fassung, veröffentlicht. Vgl. Sigfried Giedion, *Architecture. You and Me*, Cambridge (MA): Harvard University Press, 1958, S. 86–88, sowie sein eigener wie auch Ernesto Rogers Kommentar dazu, ebd., S. 88–89.

27 Vgl. Eric Mumford, *The CIAM Discourse on Urbanism 1928–1960*, Cambridge (MA): MIT Press, 2000, S. 193.

28 Da Szymon und Helena zusammenarbeiteten, schien sich die Teilnahme Helenas von selbst zu verstehen. Zunächst tauschten sich jedoch nur Szymon Syrkus, Giedion und Moser aus. Vgl. Kohlrausch 2014 (wie Anm. 15), S. 321.

29 Vgl. Mumford 2000 (wie Anm. 27), S. 22–23.

30 Vgl. ebd., S. 26.

31 Vgl. ebd.

32 Vgl. Kohlrausch 2010 (wie Anm. 10), S. 84.

33 Vgl. Leśniakowska (wie Anm. 4).

34 Vgl. Mumford 2000 (wie Anm. 27), S. 59.

35 Vgl. ebd., S. 60.

36 Vgl. ebd., S. 64.

37 Vgl. ebd., S. 77.

38 Vgl Warszawa funkcjonalna 1934 (wie Anm. 6).

39 Vgl. ebd., S. 85 und Kohlrausch 2014 (wie Anm. 15), S. 324.

40 Vgl. ebd.

41 Vgl. Mumford 2000 (wie Anm. 27), S. 86.

42 Vgl. ebd., S. 92.

43 Vgl. ebd. S. 95.

44 Vgl. ebd.

45 Vgl. Mumford 2000 (wie Anm. 27), S. 98 und Kees Somer, *The CIAM and Cornelis van Eesteren, 1928–1960*, Rotterdam: NAI Publications, 2007, S. 192.

46 Vgl. Mumford 2000 (wie Anm. 27), S. 105.

47 Vgl. ebd., S. 105–106.

48 Vgl. ebd., S. 110.

49 Vgl. ebd., S. 114.

50 Vgl. ebd., S. 168.

51 Vgl. ebd., S. 171.

52 Vgl. ebd., S. 173.

53 Vgl. ebd., S. 193.

54 Vgl. ebd.

55 Vgl. ebd., S. 194–195, Zit. S. 195.

56 Vgl. ebd., S. 206.

57 Vgl. ebd., S. 224.

58 Differenzen zwischen Ost und West spielten auch in den 1930er-Jahren eine Rolle: 1938 wurde die sogenannte CIAM-Ost gegründet. Sie wollte die Aufmerksamkeit auf besondere Probleme des Wohnungswesens und der Regionalplanung in Osteuropa lenken. Vgl. dazu Steffen/Kohlrausch 2009 (wie Anm. 12), S. 725.

59 Vgl. Mumford 2000 (wie Anm. 27), S. 247–248.

60 Vgl. Brief von Helena Syrkus an Cornelis van Eesteren und Frieda Fluck vom August 1970. (The Nieuwe Instituut Rotterdam, State Archive for Dutch Architecture and Urban Planning, EEST X-1048.)

61 Ebd.

62 Das CIAM-Archiv am Institut für Geschichte und Theorie der Architektur an der Eidgenössischen Technischen Hochschule Zürich wurde 1969 von Alfred Roth gegründet, bei dem Steinmann studierte. Syrkus bezieht sich in späteren Texten unter anderen explizit auf Steinmanns Veröffentlichung „Neuer Blick auf die Charte d'Athènes", in: *Archithese*, Nr. 1, 1972, S. 7–14. Zur Gründung des CIAM-Archivs vgl. van Es et al. 2014 (wie Anm. 15), S. 9.

63 Vgl. Steinmann 1972 (wie Anm. 62).

64 Als Bürgerin der Volksrepublik Polen durfte Helena Syrkus offenbar ins Ausland reisen. Tatsächlich hatte das Ehepaar Syrkus während der gesamten Zeit aufgrund finanzieller Engpässe, restriktiver Visa-Bestimmungen, geografischer Distanzen usw. mehr Probleme mit Auslandsreisen als andere CIAM-Mitglieder. Vgl. Steffen/Kohlrausch 2009 (wie Anm. 12), S. 725.

65 Vgl. Brief von Syrkus, 1970 (wie Anm. 60).

66 Vgl. ebd.

67 Vgl. ebd.

68 Vgl. Helena Syrkus, *Contribution à l'histoire de la Charte de l'urbanisme des CIAM. Ière partie. Travaux préparatoires 1931–1933*, 1970, S. 1–3. Typoskript aus der Korrespondenz zwischen Helena Syrkus und Cornelis van Eesteren (Het Nieuwe Instituut Rotterdam, EEST X-1048).

69 Vgl. J.[acob] T.[heunis] Balk und P.[ieter] A.[art] Wessels, *Een kruiwagen vol bomen. Verleden en heden van het Amsterdamse Bos*, Amsterdam: Stadsdrukkerij Amsterdam, 1979 und Vincent van Rossem, *Het Algemeen Uitbreidingsplan van Amsterdam: geschiedenis en ontwerp*, Rotterdam: NAI Publishers, 1993.

70 Le Corbusier war 1965, Gropius 1969 und Giedion 1968 verstorben.

71 Helena Syrkus entwickelte sich in den 1970er-Jahren zu einer produktiven Autorin: Die Steinmann-Papers des gta Archivs der ETH Zürich enthalten einen ihrer Texte mit dem Titel: „Klärungen zur Rolle der Polnischen Gruppe in der CIAM", datiert auf den 12.5.1977. Auf Polnisch publizierte sie zwei Bücher: *Ku idei osiedla społecznego, 1925–1975* (*In Richtung einer Idee von Sozialsiedlung*), Warschau: Państwowe Wydawnictwo Naukowe, 1976 und *Społeczne Cele Urbanizacji. Czlowiek I środowisko* (*Soziale Ziele der Urbanisierung. Mensch und Umwelt*), Warschau: Państwowe Wydawnictwo Naukowe, 1984.

Helena Syrkus
Contribution à l'histoire de la Charte de l'urbanisme des CIAM (1973)

In diesem 1973 verfassten Text dokumentiert Helena Syrkus die Geschichte der CIAM, wobei sich ihre Aufmerksamkeit insbesondere auf die Vorbereitungsarbeiten für die CIAM IV richtet, die zwischen 1931 und 1933 stattfanden. Der Text stellt den Bericht einer Augenzeugin dar, die den Wandel der CIAM als aktives Mitglied miterlebte. Er versteht sich auch als Ergänzung zu Martin Steinmanns Forschung über die CIAM, die durch seinen 1972 in der Zeitschrift *Architese* (Nr. 1, S. 37–46) erschienenen Artikel „Neuer Blick auf die Charte d'Athènes" zur Diskussion gelangte.

Syrkus' Text enthält überdies eine Reihe von Korrekturen im Hinblick auf die Rezeption der CIAM, so beispielsweise ihre besondere Hervorhebung der Rolle der Niederländer und van Eesterens innerhalb der Institution, deren Bedeutung ihr zufolge von anderen Forschern, die sich mit der Geschichte der CIAM beschäftigten, praktisch ignoriert worden war. Auf der Grundlage ihrer eigenen Erinnerungen und Einsichten behandelt Syrkus auch die Geschichte des gescheiterten Kongresses in Moskau.

Bei dem Originaltext, der im Van-Eesteren-Archiv in Rotterdam verwahrt wird, handelt es sich um ein 21-seitiges Typoskript mit handschriftlichen Korrekturen von van Eesteren. Um die Authentizität von Helena Syrkus' Stimme zu wahren, wird der Text hier ohne diese Korrekturen abgedruckt – mitsamt seinen Grammatikfehlern und anderen Besonderheiten ihres Umgangs mit der französischen Sprache. Sie wurden nur korrigiert, wenn sie dem Leseverständnis im Wege standen.

Helena Syrkus, *Contribution à l'histoire de la Charte de l'urbanisme des CIAM.*
Ière partie: *travaux préparatoires 1931–1933*, 1973, S. 1–21. Typoskript aus der
Korrespondenz zwischen Helena Syrkus und Cornelis van Eesteren (Het Nieuwe
Instituut Rotterdam, EEST X-1048). Auszüge: S. 1–9, 11–17, 20–21.

Entre 1927 et 1955 j'ai visité la Hollande plusieurs fois, il me semblait donc que je connaissais
bien ce pays dont les habitants prétendent avec une fierté bien justifiée:
   Deus mare, batavus litora fecit.
Au mois d'août 1970 j'ai atterri de nouveau à Amsterdam, cette fois dans le nouveau Schiphol.
Le célèbre «Amsterdamse Bos» dont les plans dataient de 1930 est devenu entretemps un
vaste et magnifique bois, aux hautes futaies alternant avec des prés mouvementés, lacs et
canaux bordés de roseaux et plantes sauvages – il y avait des recoins où on avait l'impression
de se trouver dans une forêt vierge. On y pratique des sports – même le canotage et l'équi-
tation, il y en avait qui dressaient leurs tentes sur les pelouses étendues. J'ai été accueillie
dans une des sobres et belles maisons atriales du quartier Buitenveldert, plein d'arbres et
arbustes en fleurs. Et pourtant en 1955 ce n'était qu'une tâche blanche sur le plan directeur
de la ville d'Amsterdam. Lors de ma première excursion en auto j'ai pu admirer l'extension du
réseau des transports urbains et régionaux assurant la sécurité des cyclistes et piétons, les
autoroutes et les voies secondaires se croisant aux niveaux différents, ainsi que les vastes
espaces verts qui pénétraient les quartiers. En passant par les quartiers d'habitation modestes,
construits dans la période de la crise mondiale dont les conséquences pour la réalisation du
plan directeur d'Amsterdam se firent sentir à partir de 1934 environ, j'y ai remarqué aussi
de grands changements. On a implanté partout des parcs, squares et gazons, des terrains de
sport avec piscines ouvertes pour adultes et enfants, des écoles maternelles, des places de
jeux, ainsi que les recoins ombragés pour personnes âgées. Les nouveaux quartiers étaient
pourvus d'un réseau de services communs, centres d'éducation, de culture et de commerce,
leur intérieur assurait la sécurité: les enfants pouvaient y jouer sans courir le danger d'être
écrasés par les voitures, celles-ci n'ayant pas d'accès dans le domaine du piéton. L'infrastructure technique devançait en principe la construction des maisons d'habitation, et les éléments
provisoires, démontables et transportables des centres des quartiers fonctionnaient déjà
pendant la période de bâtisse [construction], pour desservir les ouvriers du bâtiment et les
locataires des premiers immeubles.
   Après cette excursion, je savais déjà que je ne pourrais pas visiter tout ce que les Hollandais
ont construit au cours des 15 années qui se sont écoulées depuis mon dernier séjour aux
Pays-Bas. Mais cette fois, je n'y tenais même pas. Le but de mon voyage était strictement
défini: je m'intéressais avant tout au processus de la maturation et de l'établissement de la
Charte de l'Urbanisme et la documentation que j'ai trouvée dans les archives des CIAM à
Zurich n'était pas complète. J'ai voulu me convaincre encore une fois dans quelle mesure
les postulats de la Déclaration de La Sarraz et de la Charte de l'Urbanisme des CIAM ont-
ils influencé les plans d'aménagement et d'extension d'Amsterdam et de sa région et leur
réalisation graduelle. [...]
   J'ai vécu quatre semaines du mois d'août 1970 à Amsterdam, j'ai eu toutes les possibilités
de visiter la ville et sa région en voiture et à pied, j'ai étudié en détail l'évolution du plan directeur
et des plans d'aménagement des quartiers d'habitation, du travail et des terrains des loisirs,

ainsi que les projets de voies de circulation et je me suis rendue compte de l'étendue et de la qualité du travail entrepris et accompli par le Bureau d'Urbanisme pour réaliser les buts que les CIAM ont tracé dans les thèses du Manifeste de La Sarraz. Ces thèses pourtant on ne les acceptait jamais aveuglement, comme des dogmes – ni à Amsterdam ni ailleurs. Au fur et à mesure du développement de l'activité des groupes nationaux, présenté, discuté, critiqué et évalué collectivement par les CIAM lors des Assemblées des Délégués et Congrès successifs, les différents paragraphes du Manifeste de La Sarraz perdaient leur caractère déclaratif. Dans les postulats successifs et leur rédaction se reflétaient les activités vivantes et conflits réels. Je dirais aujourd'hui que nous avons observé alors des exemples typiques de rétro-action positive (positive Rückkoppelung) du travail des groupes nationaux et de leur coopération sur le plan international – en 1930 ce terme propre à la cybernétique n'était encore en usage courant.

C'était donc ça la méthode de travail de CIAM, qui – conformément au programme préconisé à La Sarraz et concrétisé graduellement par les Congrès de Francfort et de Bruxelles – devait aboutir à l'établissement de la Charte de l'Urbanisme et ensuite, en se basant sur ses directives, à l'élaboration par les groupes nationaux des plans d'aménagement des villes-régions fonctionnelles. Une telle Charte fut en effet rédigée comme résultat du IVème Congrès CIAM au mois de juillet 1933. Elle portait au début un titre modeste: *Constatations du IVème Congrès*. Quelques ans après Le Corbusier lui a donné le nom:

La Charte d'Athènes

et c'est sous ce nom qu'elle fait désormais part de l'histoire de l'urbanisme contemporain.

Sous toute réserve quant à la forme architecturale de certains quartiers (il y a évidemment des goûts et des goûts), il me semble qu'Amsterdam – ville sans banlieue chaotique – ainsi que sa région peuvent être considérées dans leur ensemble comme un exemple de la matérialisation consciente de la Déclaration de La Sarraz et de la Charte d'Athènes. L'état actuel de toute cette agglomération est le résultat des efforts planifiés et persévérants d'une grande équipe d'urbanistes et spécialistes en différentes disciplines contingentes. L'animateur dans cette équipe a été pendant trente ans Cornelis van Eesteren, successivement architecte-urbaniste en chef, chef de la section d'urbanisme de la municipalité d'Amsterdam, et après sa retraite – membre du Conseil pour l'urbanisme. Il est aussi l'auteur du plan d'aménagement des nouveaux polder nord-est, où on a au cours des années dernières achevé l'amélioration du sol, organisé des fermes-modèle (exploitations agricoles et élevages), construit des villages pour les ouvriers agricoles et le centre de toute cette région – Lelystad, dont l'aménagement est réalisé conformément aux plans élaborés par Van Eesteren entre 1959 et 1964. C'est aussi un exemple de l'application à une terre vierge de la Charte d'Athènes et des conclusions du Vème Congrès CIAM qui se tenait à Paris en 1937 et dont le thème était:

Logis et loisirs – ville et campagnes.

Dans les archives du Bureau d'Urbanisme de la ville d'Amsterdam j'ai trouvé des documents relatifs à la préparation du IVème Congrès et en les confrontant avec ceux que j'ai étudiés à Zürich, j'ai tâché de découvrir les origines et reconstituer le processus de maturation de la Charte d'Athènes qui, comme je le souligne dans mon introduction – sont le témoignage le plus significatif et aussi le plus convaincant de l'efficacité d'une action collective internationale organisée à plusieurs échelons et "commandée à distance" par un centre de haute compétence.

Parmi les membres de la commission des procès-verbaux et de celle des résolutions, nommées par le IVème Congrès et chargées au mois de juillet 1933 de rédiger une ébauche des Constatations pour la soumettre à la discussion avant la rédaction définitive, trois personnes seulement sont en vie: le Président des CIAM, Cornelis van Eesteren, Rudolf Steiger qui avec Werner Moser présidait à ces commissions et leur membre Helena Syrkus. J'ai donc demandé à Van Eesteren et Steiger de vérifier mon rapport avant de le déposer dans les archives des CIAM à Zürich.

L'établissement des exigences auxquelles devrait satisfaire la ville fonctionnelle a été amorcé dès les premières assemblées du CIRPAC, mais ce n'est qu'au cours du Congrès de Bruxelles que l'on est arrivé au tournant du chemin à partir duquel les problèmes architecturaux devaient être subordonnés d'une manière décisive à la problématique urbaine ou plutôt à celle de la ville-région.

C'est [à] ce moment-là que le premier Président des CIAM, prof. Karl Moser est arrivé à la conviction que le programme d'une telle envergure dépassait ses forces. Il a donné sa démission en insistant sur le caractère irrévocable de cette décision et il n'était pas facile de le persuader d'accepter les fonctions du Président honoraire.

Le Congrès de Bruxelles était donc contraint d'élire un nouveau Président. Le CIRPAC se composait à ce moment alors du Présidium et de 15 membres (sans compter les membres suppléants), représentant l'avant-garde des architectes et urbanistes allemands, belges, danois, espagnols, finlandais, français, néerlandais, hongrois, italiens, polonais, soviétiques, suédois et suisses (les groupes japonais, tchécoslovaque et yougoslave étaient en train d'être organisés). Le groupe néerlandais est arrivé à Bruxelles comme une équipe bien organisée et pleine d'entrain, connue sous le nom de "De 8" (la huitaine). Ses membres étaient jeunes et courageux, engagés par leur cœur et leur esprit dans la cause commune: assurer à la population des Pays-Bas des habitations, des lieux de travail et des loisirs les meilleurs possibles (en tenant compte des conditions économiques). Ils ont traité le thème du IIIème Congrès "Lotissement Rationnels" (ou plutôt selon la version allemande "Rationelle Bebauungsweisen") en fonction de l'aménagement du territoire de l'ensemble de la ville. Ils ont présenté à l'Assemblée Générale des plans et des photos des quartiers récemment construits dans plusieurs villes néerlandaises, Amsterdam y compris, en leur opposant leur propre contre-propositions sous forme de projets d'aménagement des mêmes quartiers, réalisables aux mêmes frais si on avait la chance de convaincre les municipalités de leur rationalité. Toute la documentation hollandaise inspirée par les thèses de la Déclaration de La Sarraz a été publiée et distribuée aux membres du Congrès pour être soumise à la discussion.

Il serait peut-être utile de rappeler ici le fait que la grande équipe internationale de Francfort sur Main, dirigée par Ernst May et qui comptait parmi ses membres des "activistes" des CIAM: Hans Schmidt et Mart Stam, ne pouvait pas prendre part au IIIème Congrès, car elle travaillait depuis 1930 en URSS – Hannes Meyer s'y trouvait aussi (fait qui était d'ailleurs approuvé par la plupart des participants). Le directeur de la revue "Das Neue Frankfurt" – Dr. Joseph Gantner a écrit: "Le travail de May en URSS permettra de réaliser intégralement les grandes idées sociales qui à Francfort n'ont pu être réalisées que partiellement. Nous nous réjouissons donc de cette chance unique offerte à May. Le gouvernement soviétique qui jusqu'à présent ne confiait des tâches d'une grande importance qu'aux architectes modernes de son immense pays, a prouvé, en engageant May et son équipe qu'il savait trouver aussi en dehors de l'URSS des forces vives et utiles."

Parmi les équipes présentes à Bruxelles c'était donc probablement le groupe hollandais qui, par son esprit social et son expérience dans le travail collectif ainsi que par les liens de certains de ses membres avec le Bureau d'Urbanisme de la ville d'Amsterdam, semblait être prédestiné à devenir le milieu dans lequel il fallait chercher le futur Président des CIAM.

C'est prof. Walter Gropius qui – lors de notre voyage aux Etats-Unis en 1946 – m'a raconté comment s'est déroulée l'élection du Président. (Je n'avais pas l'idée en 1930 de ce qui se passait derrière les coulisses.) Gropius est venu voir dans leur hôtel le groupe hollandais pour faire un sondage de leur opinion quant à la possibilité de présenter au Congrès la candidature de Van Eesteren à la Présidence des CIAM. Il a fait ce sondage si habilement et avec une telle discrétion que personne dans la délégation hollandaise n'a soupçonné cette éventualité. Van Eesteren, selon ses propres paroles, a été plus que surpris quand on a proposé sa candidature et quand il a été élu Président des CIAM à l'unanimité et par acclamation (les Statuts prévoyaient la nomination du Président et des vice-présidents à la majorité de 2/3 des voix des membres présents à l'Assemblée Générale du Congrès).

Il n'a pas pourtant donné à Bruxelles de réponse définitive – la preuve en est le fait que lors de la réunion extraordinaire des CIAM à Berlin au mois de juin 1931, l'ordre du jour de la première séance plénière comportait le point: "Zur Präsidentenwahl". Il s'agissait donc de la confirmation formelle du fait que, dans l'entretemps, Van Eesteren s'est décidé d'assumer la charge de Président des CIAM. Sa décision fut précédée par la visite de prof. Moser en Hollande. Il s'y est rendu personnellement pour faire des démarches auprès des dirigeants de la Municipalité de la ville d'Amsterdam et pour dissiper – avec leur appui – les doutes de Van Eesteren, afin de le persuader d'accepter la fonction que le IIIème Congrès lui a confiée. Prof. Moser a su évidemment révéler à Van Eesteren ses propres possibilités, comme il l'a fait maintes fois dans ses rapports avec les jeunes confrères. L'opinion de l'ancien Président des CIAM, homme d'un haut prestige international, qui de bon gré cédait sa place au représentant de la nouvelle génération, a augmenté aux yeux des dirigeants de la ville d'Amsterdam le prestige de leurs jeunes collaborateurs – architectes et urbanistes du Bureau du Plan Général. L'activité des CIAM dans les années de la présidence de Van Eesteren a démontré que le prof. Moser avait raison en le persuadant d'accepter la baguette de chef de cet orchestre international d'avant-garde d'architectes et urbanistes dénommé CIAM.

On a décidé à Bruxelles que le IVème Congrès aura lieu en 1932 à Moscou et qu'il inaugurera un cycle de recherches dans le domaine de tous les facteurs dont l'ensemble se traduit par la notion ville fonctionnelle. La première phase de ces recherches devait se limiter aux études analytiques et comparatives des villes existantes. Mais ce thème, si rétréci qu'il soit, dépassait considérablement l'étendue des travaux des congrès précédents et nécessitait la mise au point d'une méthodique particulière... Redessiner les plans, établis par les groupes nationaux, à la même échelle et présentation graphique uniforme a été certes pour l'équipe de May (IIème Congrès) et ensuite par le groupe belge (IIIème Congrès) une tâche lourde mais exécutable, car il s'agissait des problèmes relativement peu compliqués: plans des logis pour Francfort, plans des petits ensembles urbains pour Bruxelles. Mais redessiner les plans illustrant l'état existant de quelques dizaines de villes et régions devenait une tâche surhumaine et absolument inutile. Chaque groupe national des CIAM pourrait le faire pour les villes qu'il aurait choisi, s'il recevait les indications générales, les directives détaillées et avant tout des plans-modèles avec le tableau des signes conventionnels.

Van Eesteren s'est chargé de la mise au point de cette nouvelle méthode de présentation. [...]

Les groupes nationaux ont été obligés – conformément aux traditions des congrès précédents – de mettre en évidence les problèmes les plus essentiels pour chaque ville analysée, d'étudier et de décrire les difficultés qui empêchaient actuellement l'amélioration de l'état existant selon les thèses de la Déclaration de La Sarraz – et – si possible formuler des conclusions visant les nouveaux plans d'aménagement.

On parlait beaucoup – et pour cause – des efforts désintéressés des groupes nationaux dont le but était la présentation au IVème Congrès des études analytiques approfondies des 33 villes de différente grandeur, et de structures sociales et économiques diverses, avec description exacte des faits accomplis et leur visualisation par des signes conventionnels unitaires sur des cartes dressées à la même échelle (pour rendre possible leur comparaison et pouvoir en tirer des conclusions efficaces pour l'avenir). Mais le fait que ce grand effort international a été préparé par un effort infiniment plus important – effort spirituel et intellectuel collectif celui de l'équipe du Bureau d'Urbanisme de la ville d'Amsterdam, consistant dans la mise au point de toute l'exposition – en commençant par les directives générales jusqu'au moindre détail – est à présent presque totalement oublié et souvent même ignoré, surtout par la jeune génération d'architectes. Il est donc juste de rappeler les travaux préparatoires du groupe hollandais et attirer l'attention du lecteur sur l'apport personnel de Van Eesteren dans l'établissement des directives et indications détaillées, basées sur son expérience d'urbaniste et ses idées de cette époque-là, de l'essentiel de la ville contemporaine.

Il n'y aurait pas de Charte de l'Urbanisme s'il n'y avait pas [eu] de documentation internationale et uniforme concernant l'étude analytique de 33 villes. Mais cette documentation n'aurait pas pu être mise au point sans un effort préparatoire qui n'avait pas de précédent dans l'histoire de l'urbanisme, à savoir: *élaboration d'un modèle de visualisation adaptable à chaque ville donc création d'un alphabet de l'urbanisme basé sur les indications générales et directives qui – si on les relit à présent – fournissent la preuve que ce sont elles qui ont été la promesse de la Charte de l'Urbanisme.* C'est à Amsterdam que cette promesse a été faite.

La première rédaction de ces indications générales et directives ainsi que le questionnaire intitulé: "Ville fonctionnelle – études analytique " furent fournis aux participants de l'Assemblée des Délégués des CIAM qui a eu lieu lors du Congrès Préparatoire à Berlin du 4 au 7 juin 1931. Les délégués ont été obligés de discuter les documents reçus avec les membres de leurs groupes présents à Berlin et formuler par écrit leur restrictions et propositions ainsi que les résolutions concernant leur participation dans les travaux préparatifs du IVème Congrès.

Les ébauches des cartes, élaborées pour les cas concrets de la ville et de la région d'Amsterdam ont été exposées dans la salle des séances. Il s'agissait notamment pour chaque participant au Congrès de se rendre compte du contenu des plans et de la méthode de visualisation proposée, mais avant tout de l'esprit, du sens social et de la raison d'être du travail que les groupes nationaux devaient entreprendre.

L'assemblée plénière du 6 juin 1931 a pris connaissance des motions soumises à la discussion par les groupes: allemand, belge, hollandais, polonais, scandinave et suisse. La proposition du groupe hollandais contenait à vrai dire tout le programme du IVème Congrès.

Certaines motions étaient controverses et ont provoqué une discussion fort animée. Les Suisses p.ex. prétendaient que les CIAM devraient se limiter à une étude analytique approfondie, le groupe polonais par contre était d'avis qu'il faillait laisser aux spécialistes les études analytiques et que les CIAM devraient entreprendre les travaux visant la synthèse de la ville-région fonctionnelle. Cette motion a été acceptée comme recommandation pour le Vème Congrès.

Contre toute attente, les délégués soviétiques ne sont pas arrivés à Berlin. Leurs motions concrètes quant à l'organisation du IVème Congrès à Moscou ont été présentées par Ernst May. Son rapport sur les possibilités immenses de planification et construction en URSS des villes nouvelles est devenu le point culminant de l'Assemblée – May a su convaincre les sceptiques et donner des ailes aux enthousiastes. Étant donné qu'au même temps siégeait à Berlin le Congrès de la Fédération Internationale d'Urbanisme et d'Habitat, la conférence de May se tenait devant un auditoire très nombreux. Il l'a illustré par un grand nombre de diapositives. Nous avons vu des plans théoriques des villes socialistes Gorki, Magnitogorsk, Stalingrad de Milioutine; quelques variantes du plan d'aménagement de grand'Moscou à partir du plan de la "ville verte" de Ginsburg (dont les tendances dégglomératives ont suscité l'opposition de Le Corbusier énoncée dans sa lettre-commentaire [sur] les thèses de Lénine sur l'industrialisation des campagnes ainsi que par son plan de Moscou) jusqu'aux premières ébauches que l'équipe de May a élaborées, et qui, en 1932, devaient prendre [la] forme du plan détaillé de 24 villes-satellites pour 100.000 habitants chacune et qui entoureraient le centre historique de la capitale soviétique. Nous avons vu également le plan d'aménagement de la ville de Kuznieck, basé sur le principe des maisons-communes, œuvre des frères Vesnine; le plan régional des terrains des mines et d'usines métallurgiques Magnitogorie (auteurs: Barszcz, Ochitowicz, Sokolow et Wladimirow) ainsi que des fragments du plan d'aménagement des zones d'habitation de cette agglomération (projet de I. Leonidow); les idées générales de l'équipe de May concernant la ville socialiste Magnitogorsk; [...]

Il était évident que dans cette situation particulière – les condition de vie et de travail n'étaient certes pas faciles pour May et son équipe. "L'état major" avait son siège permanent à Moscou, mais pendant les déplacements fréquents dans le bassin houiller de Don, sur la Volga, en Sibérie, tous ces pionniers étaient contraints de loger et de travailler dans les wagons de chemins de fer, immobilisés sur les voies de garage. Et pourtant on avait l'impression que toutes les difficultés d'ordre matériel – loin de décourager May – renforçaient par contre son optimisme inné et déclenchaient des énergies nouvelles. L'idée maîtresse de sa conférence: "Ce qui se passe actuellement en URSS a une importance historique" a été acceptée par la majorité des auditeurs. [...] Le congrès de Moscou s'annonçait comme un grand événement.

Au mois de décembre 1931, quand Van Eesteren et Giedion se sont rendus à Moscou pour y mettre en concordance avec les organisateurs soviétiques le programme et la date approximative du IVème Congrès, les propositions concernant les rapports et l'exposition "Ville fonctionnelle – première partie – études analytiques de l'état existant" étaient déjà mises au point. On les a discutées encore avec les membres du groupe polonais à Varsovie où Van

Eesteren et Giedion ont fait escale avant de se rendre à Moscou. Ils y ont séjourné 5 jours. Ayant obtenu l'accord par écrit, soussigné par les personnalités soviétiques responsables de l'organisation du IVème Congrès, sur tous les problèmes d'ordre administratif ainsi que sur le programme des débats et des voyages d'études (on devait visiter les monuments histo-riques, les nouvelles usines et centrales hydro-énergétiques et surtout les chantiers de villes nouvelles). On a fixé la date approximative du IVème Congrès: printemps 1933.

Après le retour de Van Eesteren à Amsterdam, le groupe hollandais assisté par Albert Hoechel et Francis Quétant, membres du groupe genevois, a mis au point en allemand et en français la version définitive de documents suivants:

1. les indications générales et les directives détaillées nécessaires pour la préparation de l'exposition et de la publication "Ville fonctionnelle – I Partie: études analytiques de villes existantes" et les schémas des rapports descriptifs (questionnaires);
2. les renseignements détaillés et indications relatives aux cartes I, II, III avec légendes;
3. les cartes-modèle (pour le cas concret de la ville et région d'Amsterdam);
4. la liste des signes conventionnels.

Toute cette documentation a été fournie au mois de janvier 1932 aux groupes nationaux en plusieurs exemplaires afin d'être transmis aux personnes, organisations et institutions susceptibles de prendre part aux travaux préparatoires du IVème Congrès. L'intérêt inspiré par cette idée – nouvelle en 1932 – a été si vif, que le Secrétariat du groupe hollandais a reçu des lettres sur lettres, qui toutes avaient comme but la réception de la documentation. Les architectes et urbanistes, les bureaux d'urbanisme et d'autres organisations similaires travaillant même [dans les] pays où les CIAM n'avaient pas de représentants, déclaraient leur intention de collaborer selon le programme établi. Les résultats ont dépassé les espoirs les plus optimistes – les plans analytiques de Baltimore, de Bandoeng, de Dalat, établis selon les directives d'Amsterdam par des urbanistes qui n'étaient pas membres des CIAM, en fournissent la preuve.

[...]

Au mois de mars 1932, le Secrétariat a reçu de la part des architectes de provenance étrangère travaillant en URSS des propositions concernant les données supplémentaires que l'on devrait, à leur avis, ajouter aux plans et rapports pour satisfaire l'intérêt des confrères soviétiques. Ces propositions ainsi que celles d'autres groupes nationaux et leurs rapports mensuels furent discutés par l'Assemblée des Délégués à Barcelone (29–31 mars 1932). Y ont pris part: Victor Bourgeois, M. Breuer, Le Corbusier, C. van Eesteren, S. Giedion, W. Gro-pius, G. Mercadal, G. Pollini, J. L. Sert, R. Steiger, E. Weissmann. Étant donné que le Secrétaire Général avait reçu de la part des Stés Coopératives d'Habitations de l'URSS (Pacht- und Wohnungsgenossenschaft von Sowjetrussland – je cite le procès-verbal) une lettre du 16 mars 1932 contenant une invitation officielle, l'Assemblée des Délégués a confirmé le lieu et le délai approximatif du IVème Congrès – Moscou, printemps 1933 – tout en laissant à la partie soviétique le droit de fixer des dates précises.

Digression
L'Assemblée de Barcelone a eu lieu *après* le verdict du jury du concours international pour le Palais des Soviets à Moscou. [...]

Ce verdict signalait le tournant qui s'est opéré dans les tendances officielles de l'architecture soviétique et les délégués réunis à Barcelone ont décidé d'adresser une lettre à Staline, datée du 20.04.1932, dans laquelle ils constataient:
"Le verdict du Comité du Palais des Soviets est une insulte directe à l'esprit de la révolution russe et à la réalisation du plan quinquennal."

Dans la lettre suivante (du 28.04.1932) ils ont qualifié le projet de l'architecte américain Hamilton, qui a été en ce temps désigné pour l'exécution, "d'une architecture de grands trusts, des grands magasins, du capitalisme".[1]

Et malgré ça, l'Assemblée de Délégués de Barcelone n'est pas revenue sur la décision de tenir le IVème Congrès à Moscou. C'est la preuve du sens de responsabilité sociale des CIAM. L'internationalisme – base et raison d'être de cette organisation – s'est avéré plus fort que les ambitions personnelles et l'amertume des espérances trompées. Certains des participants pensaient peut-être que l'arrivée à Moscou d'une grande équipe d'architectes et urbanistes d'avant-garde, les débats, expositions, conférences, discussions, contacts personnels, pourraient soutenir les confrères soviétiques – membres ou sympathisants des CIAM: N. Colly, M. Ginsburg, I. Leonidow, les frères Vesnine et d'autres, dans leur situation difficile. Gropius m'en a parlé en 1934.
[...]

Les groupes nationaux ont travaillé assidûment et avec un grand enthousiasme en se faisant un point d'honneur de livrer au Centre d'Amsterdam toute la documentation: études analytiques (cartes, rapports, questionnaires remplis), projets nouveaux et illustrations photographique de toutes sortes. La transformation, ou plutôt l'interprétation des documents et renseignements recueillis au moyen du langage laconique de signes conventionnels a été pour chaque groupe une tâche lourde mais passionnante. Le groupe polonais était appuyé par le Président de la ville de Varsovie, de son Bureau d'Urbanisme et du Plan Régional, ainsi que de la Sté des Urbanistes Polonais. Il nous était pourtant impossible de présenter au IVème Congrès des vues aériennes de Varsovie et de sa région, considérées comme documents strictement secrets. Par contre, nous avons pu compléter les cartes obligatoires par la carte illustrant l'état actuel de "l'enfumation" (?) [fumigation] des différents quartiers de la ville, en nous basant sur les données de l'Institut d'Hygiène, qui prétendait d'avoir été le premier en Europe à poursuivre ce genre de recherches.

La classification de cette énorme documentation analytique était une tâche infiniment plus grande encore – c'est de nouveau le Centre d'Amsterdam qui s'en est chargé. Dans cette étape des préparatifs, Van Eesteren a été secondé par les membres du groupe de "De 8" à Amsterdam et par Wim van Bodengraven en particulier.

Au mois d'avril en 1933, tous les travaux étaient sur le point d'être achevés et c'est à ce moment là que le Secrétariat Général à Zurich a reçu de la partie soviétique une lettre du 22 mars 1933 l'informant, que contrairement au programme fixé à Moscou lors du séjour de Van Eesteren et de Giedion, et confirmé ultérieurement par la lettre officielle du 16 mars 1932,

---

1   Ces deux lettres se trouvent dans les archives des CIAM à Zurich. Je les cite d'après l'article de M. Steinmann: "Neuer Blick auf die Charte d'Athènes" – Archithese No. 1/1972 publié par la Fédération Suisse des Architectes Indépendants.

le Congrès ne pouvait pas avoir lieu en URSS en 1933. Aucun autre délai n'était proposé. L'ajournement ad calendas graecas de la date du IVème Congrès était inacceptable pour le CIRPAC, pour le Centre d'Amsterdam et avant tout pour tous ceux qui se sont engagés si activement dans les travaux préparatoires.

Lors d'une séance convoquée ad hoc à Paris, on a envisagé plusieurs propositions, entre autre l'invitation du IVème Congrès à Varsovie par le groupe polonais. L'idée la plus attrayante était l'organisation du Congrès à bord du paquebot Patris II pendant le trajet Marseille–Athènes, Athènes–Marseille et à Athènes du 29 juillet au 13 août 1933. On a informé les groupes nationaux du changement du lieu et de la date du IVème Congrès.

Die architektonische Essenz des Urbanen. Sibyl Moholy-Nagy über die Stadt als „Matrix of Man"

Hilde Heynen

Eine Quereinsteigerin

Sibyl Moholy-Nagy (1903–1971) war eine Architekturhistorikerin und -kritikerin, die in der US-amerikanischen Architekturszene der 1950er- und 1960er-Jahre eine bedeutende Rolle spielte. Sie war die jüngste Tochter des Dresdner Architekten Martin Pietzsch und wuchs als Sibylle Pietzsch in einem vermögenden bürgerlichen Haushalt mit einem Bruder und zwei Schwestern auf.[1] Ihre Ausbildung war nicht sehr umfassend – sie beendete die Schule mit 17, und ihr Vater verbot ihr den Besuch der Universität. Mit Anfang 20 begann sie als Schauspielerin zu arbeiten. Ihren späteren Ehemann László Moholy-Nagy lernte sie 1931 in Berlin kennen, wo sie als Drehbuchautorin und Redakteurin arbeitete. Das Paar heiratete, bekam zwei Töchter (wenn auch nicht in dieser Reihenfolge) und zog 1937 nach Chicago, wo László Moholy-Nagy die Leitung des Institute of Design übernahm. Sibyl wurde seine Assistentin und war nicht nur für den Haushalt und die Erziehung der beiden Kinder zuständig, sondern auch dafür, ihn herumzukutschieren, seine Manuskripte zu redigieren – zum Beispiel das einflussreiche Werk *Vision in Motion* von 1947 –[2] und die Sommerschule des Instituts zu leiten. Gleichzeitig arbeitete sie an ihrer Laufbahn als Schriftstellerin, die 1945 mit der Publikation des unter dem Namen S. D. Peech veröffentlichten Romans *Children's Children* ihren Höhepunkt erfuhr.[3]

Den frühen Tod ihres Ehemannes im Jahr 1946 versuchte Sibyl Moholy-Nagy zu bewältigen, indem sie seine Biografie verfasste und 1950 unter dem Titel *Moholy-Nagy: Experiment in Totality* publizierte.[4] Sie zog von Chicago nach San Francisco und später nach New York. 1951 erhielt sie eine Halbtagsstelle am Pratt Institute, das sie 1960 zur ersten ordentlichen Professorin für Architekturgeschichte berief. Sie entwickelte ein Forschungsprojekt zur Siedlerarchitektur in Nordamerika, aus dem das Werk *Native Genius in Anonymous Architecture* hervorging, das 1957 veröffentlicht wurde.[5] Ihre zahlreichen Artikel und Kritiken erschienen in allen be-

Sibyl Moholy-Nagy im Jahr 1952,
Foto von Lotte Jacobi

deutenden zeitgenössischen Architekturzeitschriften. Ihr wichtigstes Buch, *Matrix of Man. An Illustrated History of Urban Environment*, kam 1968 heraus.[6] Sie verließ das Pratt Institute im Jahr 1969, nach einem fakultätsinternen Streit über die künftige Ausrichtung der Schule. 1970 übernahm sie ihren letzten Lehrauftrag als Gastprofessorin an der Columbia University in New York. In den 1950er-und 1960er-Jahren hielt sie innerhalb und außerhalb der USA zahlreiche Vorträge.

Die Moderne, die Geschichte und die Stadt

Sibyl Moholy-Nagys intellektuelle Entwicklung war aufs Engste mit László Moholy-Nagys konstruktivistischer Kunst verflochten. Durch ihn entwickelte sie ein Verständnis für Modernität in Kunst und Architektur und eine Sensibilität für damit verbundene Qualitätskriterien. Nach seinem Tod vertrat sie, ganz in seinem Sinne argumentierend, die Ansicht, dass moderne Künstler und Architekten die Realität so weit herunterbrächen, bis sie zu den visuellen Grundlagen einer internationalen Sprache gelangen würden. Sie seien also die legitimen Erben einer Tradition, die die wahrgenommene Realität mit der Natur zur ultimativen Triebkraft verbinde. Diese Tradition impliziere auch die Verantwortung, das eigene Werk als eine Botschaft an die Menschheit zu konzipieren und damit die Gesellschaft zu beeinflussen.[7]

In der Tat erkannte Sibyl Moholy-Nagy eine starke Verbindung zwischen Moderne und Geschichte. Sie vertrat die Ideen ihres verstorbenen Mannes auch weiterhin, betonte aber mehr, als er es je getan hatte, die Verankerung der Moderne in der Geschichte. Damit folgte sie – ohne ihn explizit zu nennen – dem Beispiel Sigfried Giedions, Lázló Moholy-Nagys langjährigem Freund, der die moderne Kunst und Architektur ebenfalls als das logische Ergebnis eines langen historischen Prozesses rechtfertigte und pries. In seiner bedeutenden Veröffentlichung *Space, Time and Architecture. The Growth of a New Tradition* von 1941 hatte Giedion die moderne Architektur als adäquateste Antwort auf die Herausforderungen der Zeit dargestellt, da sie Raum-Zeit und Relativität, wichtige Schlagworte des Zeitgeists, Rechnung trage und innerhalb einer historischen Entwicklung stehe, die im Barock begonnen habe und sich durch eine zunehmende Durchdringung von Innen- und Außenraum auszeichne.[8] In Giedions historischer Argumentation war einzig die moderne Architektur ihrer Zeit gemäß; konkurrierenden Tendenzen hingegen, wie dem Regionalismus oder Klassizismus, sprach er jegliche Legitimität ab. Sibyl Moholy-Nagy argumentierte ähnlich, indem sie zwischen „genuinen" Formen der Kunst, wie dem Konstruktivismus, die im Urteil künftiger Generationen als zeitlos aufgewertet, und „bastardisierten" Werken unterschied, die der historischen Prüfung nicht standhalten würden.

Auch sie berief sich bei ihrer Kritik moderner Werke auf die Geschichte. Oft bezog sie sich auf historische Beispiele, um ihre kritische Beurteilung zeitgenössischer Architektur zu untermauern. Ein sehr interessantes Beispiel für diese Strategie findet sich in dem kurzen Aufsatz „Steel, Stocks, and Private Man", der 1958 in der Zeitschrift *Progressive Architecture* publiziert wurde.[9] Gegenstand ihrer Kritik war Mies van der Rohe, an dessen Beispiel sie erklärte, was sie als „Schlüsselproblem der modernen Architektur" wahrnahm, nämlich dass sie nicht zwischen öffentlichen und privaten Bedürfnissen unterscheide. Die „offizielle" Wolkenkratzerarchitektur funktioniere als öffentliche Architektur insofern, als sie es Menschen ermögliche, sich mit „dem Wunder des technischen Fortschritts und der grenzenlosen Expansion von Unternehmen" zu identifizieren.[10] Dies reiche jedoch nicht aus, weil „niemand allein von Aktien und Stahl leben kann, ohne seine Persönlichkeit zu Tode zu hungern. Der Mensch braucht einen Ort, an dem er seine Batterien wiederaufladen kann, um über die brachiale, nivellierende Kraft von Stahl und Aktien erhaben zu sein. Und das ist nur in einer architektonischen Umgebung möglich, die das öffentliche Dasein klar und unmissverständlich vom privaten Dasein trennt".[11]

In ihrem Beitrag nennt Moholy-Nagy hierfür einige Beispiele, bei denen es gelungen sei, die Beziehung zwischen privatem und öffentlichem Raum durch Gebäudezugänge, visuelle Konzepte und Raumaufteilungen so zu modifizieren, dass der Gedanke der Privatsphäre Gestalt angenommen habe: So akzentuierten im Interieur des 18. Jahrhunderts die geschwungenen Treppenhäuser den schrittweisen Rückzug vom kollektiven zum individuellen Leben; die Maschrabiyya, die ornamentalen Fenstergitter der sarazenischen Architektur, erlaubten den Blick nach draußen, aber nicht nach innen; und die maurischen Architekten der Alhambra sorgten für kalkulierte Kontraste, indem sie die Außenräume als gerahmte Panoramen in einer

Folge variierender Ansichten anordneten. Solche Beispiele unterstrichen laut Moholy-Nagy, wie wichtig es sei, den Raum zu untergliedern. Der moderne Mensch habe dies bedauerlicherweise vergessen und sei offenbar nicht länger bereit, „zuzugeben, dass die umgebende Form den Menschen formt".[12] Sie wolle Architekten deshalb ans Herz legen, sich selbst „nicht nur als Erbauer technischer Monumente" zu sehen, „sondern als Bewahrer der Matrix, in die jedes Individuum eingebunden ist".[13]

Es war nicht das einzige Mal, dass sie Mies van der Rohe tadelte. In einem gut recherchierten Artikel von 1960 kritisierte sie das von ihm und Ludwig Hilberseimer konzipierte Lafayette-Park-Projekt.[14] Heute wird Lafayette-Park als gelungenes Beispiel für ein Siedlungsprojekt gepriesen, das den unterschiedlichsten Bevölkerungsgruppen eine außergewöhnlich hohe Lebensqualität biete.[15] Damals jedoch war das Projekt ziemlich umstritten – und zwar aus gutem Grund. Moholy-Nagy stellte in ihrem Artikel, der in einer kanadischen Architekturzeitschrift erschien, vier Leitfragen:

1. Was ist eine städtische Siedlung?
2. Für wen wird sie gebaut, und wer finanziert sie?
3. Welche Wohnungstypen sind bei Stadterneuerungsmaßnahmen zu bevorzugen?
4. Worin besteht die Rolle des Architekten?[16]

Ihre Antwort auf die erste Frage lautete: Eine städtische Siedlung solle klar als Teil der Stadt erkennbar und nach Möglichkeit durch einen zentralen Platz visuell gekennzeichnet sein, der als bürgerschaftliches Zentrum fungieren und den wichtigsten Kommunikationskanal darstellen solle. Lafayette-Park erfüllte diese Bedingungen ihrer Ansicht nach nicht, weil der (an sich begrüßenswerte) zentrale Park im Hinblick auf den Zusammenhang zwischen Vorstadt und Stadtzentrum für Verwirrung sorge, da nur wenige Häuser direkt an den Park angebunden waren und dieser außerdem keinen zentralen Identifikationspunkt biete.

Am wichtigsten für ihre kritische Beurteilung war die zweite Frage – die in Architekturmagazinen nur selten gestellt wurde. Moholy-Nagy hatte soziologische Studien und Analysen ausgegraben und war daher über den gesamten Planungsprozess im Vorfeld von Lafayette-Park gut informiert. Als Bauplatz diente das Gebiet eines ehemaligen Slums, dessen 1.953 „Negerfamilien" gezwungen worden waren, ihre Häuser für die Sanierung zu räumen. Während die schwarzen Familien keine Ersatzwohnungen erhielten, wurden die Sozialwohnungen, die auf einem Teil des Geländes errichtet wurden, meist an weiße Familien vermietet. Die privaten Entwickler, die die restlichen Gebäude errichteten, entschieden sich für Wohnungstypen, die sich nur Familien mit höherem Einkommen leisten konnten. Die erklärte Absicht der Stadt, eine Siedlung im Sinne der Rassenintegration zu errichten, wurde faktisch also durch ein Projekt im Rahmen einer gewinnorientierten Entwicklungsmaßnahme Lügen gestraft: „Lafayette-Park gibt die Antwort auf die Frage, wessen Interessen die Stadterneuerung dient und wer sie finanziert. [Das Projekt] bedient Gruppen mit gehobenem Mittelklasse- und hohem Einkommen (die dank ihrer finanziellen Unabhängigkeit am wenigsten öffentliche Unterstützung benötigen) und verdammt viele Tausend Bürger dazu, entweder Wohlfahrtsempfänger zu werden oder sich in bereits existierende ‚triste' Wohnungen oder Slumbehausungen zu quetschen. Es ist

VILLAS IN

THE SLUMS

Sibyl Moholy-Nagy

CRITICISM

This discussion of the planning and design of the Detroit urban renewal project, Lafayette Park, written for The Canadian Architect by the distinguished American architectural critic, Sibyl Moholy-Nagy, has particular relevance to the problems facing Canadian cities. With the possible exception of the question of racial integration, the problems she describes are identical with those facing any of our cities of comparable size now, and are a forewarning of the problems that will face others in the future. When Mrs. Moholy-Nagy says, "It will depend on each [architect] whether there is a future place for design in housing or not", she is speaking of our situation just as much as that in the U.S.

The Lafayette Park project went through 12 years and four separate plan proposals before building began. It involved federal, state and municipal housing authorities, city planning commissions, at least two distinguished architectural offices, various market analysts and public relations experts—and two thousand families. We make no apology for publishing in detail Mrs. Moholy-Nagy's scrupulous and exact account of the sequence of events which led to the final planning and the architectural solution she so roundly deals with. It provides, as she hoped it would, "a much-needed opportunity to think and to learn".

Titelseite von Sibyl Moholy-Nagys Artikel „Villas in the Slums" (1960)

interessant festzustellen, dass diese vertriebenen Familien, die nicht für Sozialwoh-
nungen infrage kamen oder sich kein eigenes Haus leisten konnten, nun in einem
Umkreis von zwei Meilen jenseits des sanierten Gebiets leben, dessen Villen wie eine
Fata Morgana inmitten eines Slums wirken. Das elegante Resultat eines öffentlichen
Streits, einschließlich der sich über zwölf Jahre erstreckenden Arbeit öffentlich
finanzierter Behörden, wird unter Titel I zu zwei Dritteln von der Bundesregierung
und zu einem Drittel von der Stadt bezahlt, also in beiden Fällen vom Steuerzahler
– Weißen und Schwarzen, Arbeitern und Managern."[17]

Hinsichtlich der Wohnungstypen war Moholy-Nagy der Ansicht, dass die Bevor-
zugung von Familienwohnungen bei Stadterneuerungsmaßnahmen nicht stichhaltig
sei, da Städte auch Einzelhaushalte mit Wohnraum versorgen müssten. Für Familien
wären flexible Grundrisse und eigene Außenflächen am besten – Ansprüche, die Mies
van der Rohes Planung nicht erfülle. Die Hochhausappartements seien beengt und
unvernünftig, und in den Reihenhäusern ginge visueller Nudismus mit Lärmbeläs-
tigung einher. Sie bezeichnete den Entwurf deshalb als gescheitert.[18] Auch wenn
andere Architekten unter ähnlichen Umständen Besseres geleistet hätten – sie erwähnt Projekte von I. M. Pei und Harry Weese in Chicago –, lägen solche Fehlschläge
bei der Umsetzung von Stadterneuerungsmaßnahmen praktisch in der Natur der
Sache. Fachleute stünden vor einem unüberwindlichen Dilemma: „So wie das Dilemma des Entwicklers darin besteht, dass er sich einerseits dem sozialen Charakter
des (unprofitablen) Massenwohnungsbaus, andererseits der freien Marktwirtschaft
verpflichtet fühlt, besteht das Dilemma des Architekten darin, dass er einerseits
nach Selbstausdruck und Aufsehen erregender Originalität strebt, andererseits eine
charakteristische und regional überzeugende Siedlung schaffen möchte. Dieser
spezifische Charakter ist von einem humanistischen und historischen Gesichtspunkt
aus entscheidend für die Stadterneuerung und kann nur erreicht werden, wenn der
Entwurf von einer verborgenen kreativen Ader durchzogen wird."[19] Die Rolle des
Architekten ist also entscheidend, auch wenn er aufgrund der Mechanismen, die
bei Stadterneuerungsmaßnahmen greifen, kaum genügend Spielraum hat, um mit
seinen Verantwortlichkeiten adäquat umzugehen.

Moholy-Nagys Analyse war dermaßen kritisch, dass sie ihren Artikel in keiner
der bedeutenden Architekturzeitschriften jener Zeit unterbringen konnte, sondern
gezwungen war, sich an ein kanadisches Magazin zu wenden. Ihr Vorgehen war in
der Tat ungewöhnlich – vor allem zu ihrer Zeit: Sie analysierte Architektur von einem stadtplanerischen Standpunkt aus und war eine Vorreiterin in der Anwendung
von soziologischen Methoden. Auf diese Weise gelang es ihr, die gesellschaftlich
kontraproduktiven Aspekte des Projekts effektiv zu benennen und zu hinterfragen.
Mag ihre Kritik an der tatsächlichen Gestaltung des Projekts vielleicht übertrieben
harsch ausgefallen sein, so lässt sich aber nicht leugnen, dass sie die Verwendung
öffentlicher Gelder für die Förderung eines Prozesses, von dem letztlich nur die
Entwickler und neue, aus der Mittelschicht stammende Bewohner profitierten,
während Gruppen mit niedrigerem Einkommen verdrängt wurden, zu Recht infrage stellte. Auch war es richtig, dass sie die Rolle des Architekten ansprach und die
entscheidende Bedeutung der Gestaltung unterstrich.

Die Aufgabe des Architekten

Moholy-Nagy war in der Tat davon überzeugt, dass Architekten in Städten eine bedeutende Rolle zukäme. Als sie sich in den 1960er-Jahren zunehmend der Stadtplanung zuwandte, wurde diese Überzeugung in ihren Schriften zu einer Art Leitmotiv. Genau darum drehte sich auch ihre Meinungsverschiedenheit mit Jane Jacobs, die in dem Rezensionsartikel „In Defense of Architecture",[20] der im anthologischen Anhang abgedruckt ist, zum Ausdruck kam. Während Jacobs der Ansicht war, der Wunsch des Architekten, die Stadt in ein Kunstwerk zu verwandeln, schade der Lebensqualität in den Städten, behauptete Moholy-Nagy, das Schicksal von Jacobs' „glücklichen Gehsteigzuschauern" hinge vor allen Dingen von der architektonischen Tradition ab. Sie verurteilte Jacobs' Architektenschelte, behauptete, es seien eben jene von Architekten errichteten Gebäude, die „als einzigartige Meisterwerke, als funktionale Diener und als Wohnstätten von unerschöpflicher gestalterischer Vielfalt [...] dafür sorgen, dass eine Stadt lebendig ist oder nicht".[21] Jacobs vehement widersprechend, argumentierte sie, dass der Beitrag des Architekten den gesellschaftlichen Alltag transzendiere: „Um der Stadt am besten zu dienen, muss der Architekt seine Kunst mehr lieben als die Menschen. Die Form, die er für ihr Leben schafft, wird nur nutzbringend sein, wenn sie einen idealen Standard erfüllt, der ihre begrenzte gesellschaftliche Erfahrung transzendiert. Der Mensch wurde nicht nur durch seinen Überlebenswillen, sondern [auch] durch seinen Wunsch, eine schöne Umgebung zu schaffen [...], zum Menschen. Die Architektur, die weder wissenschaftlich noch kategorisch und pragmatisch ist, ist und bleibt das großartigste Werkzeug, um diesen Wunsch sichtbar zu machen und zu realisieren."[22]

Schon durch ihre Betonung der Interaktion zwischen öffentlichen und privaten Aspekten des Bauens rückte dieses künstlerische Argument in den Vordergrund, wie ihren Kommentaren zu einem presbyterianischen Kirchengebäude und einem Pfarrhaus in New Milford, Connecticut, in ihrem Buch *Native Genius of Anonymous Architecture* zu entnehmen ist: „Die Versammlungshäuser von New England sind auf dieselbe abstrakte Weise einheitlich wie die *saltboxes*. Der einnehmende Zauber dieses besonderen Beispiels rührt aus einem physisch und symbolisch postulierten Kontrast zum Pfarrhaus [...]. Beim Durchschreiten der weißen Reinheit [kirchlicher] Eingangshallen betrat der Mensch von New England das protestantische Ideal ‚einer freien Versammlung freier Bürger, die sich ohne Aufforderung zusammenfanden'. [...] Das Pfarrhaus [auf der anderen Seite] stand außerhalb dieses Symbolismus, sowohl spirituell als auch ästhetisch. Es war eine weltliche, der Unterstützung und dem Wohlbefinden zugeordnete Angelegenheit. Es bestand keine Notwendigkeit, vom Standardhaustyp abzuweichen, der sich ab dem 18. Jahrhundert entwickelt hatte."[23]

Öffentliche Gebäude sollten gemäß Moholy-Nagy Würde ausstrahlen und symbolische Bedeutung besitzen, die von ihrer wichtigen Rolle als Träger kollektiver Identität zeugten. In ihren Augen bildeten sie einen Grundbestandteil jeder lebendigen Stadt, und daher dürften Stadtplanung und Architektur niemals getrennt werden. Diesen Standpunkt vertrat sie in einem Beitrag, der 1964 in *Arts and Architecture* erschien und nachfolgend wiedergegeben wird. Darin führte sie aus,

David Hoadley, Kirchengebäude der First Congregational Church of United Church of Christ (1824) mit angrenzendem Pfarrhaus, New Milford, Connecticut. Foto von Sibyl Moholy-Nagy, publiziert in ihrem Buch *Native Genius of Anonymous Architecture* (1957)

dass Stadtplanung grundsätzlich eine gestalterische Disziplin sei und Stadtplaner in erster Linie Architekten und erst in zweiter Linie Planer sein sollten.[24] Nur mit einem entsprechenden Hintergrundwissen über Architektur und Architekturgeschichte seien sie in der Lage zu verstehen, was es mit der Stadt überhaupt auf sich habe: „Eine Profession, die Ausbildungsinhalte und Ziele auf eine mechanistische Interpretation materialistischer Bedürfnisse gründet, ohne Bezugnahme auf die kollektive Erinnerung der Gemeinschaft und das Bedürfnis jedes Individuums, sich in dieser Vergangenheit verankert und durch sie gerechtfertigt zu fühlen, kann nur zerstören, nicht entwerfen. Und Stadtplaner – mögen sie auch weltberühmt sein –, die postulieren, dass ‚es wichtiger sei, sich für preisgünstige Wohnungen einzusetzen als für *große Architektur* [...]' (Doxiadis), offenbaren eine Verachtung für die Ziele der Menschheit wie keine andere Kultur vor ihnen."[25]

Moderne Architektur und Stadtplanung in Lateinamerika

Im Jahr 1959 unternahm Sibyl Mohol-Nagy eine lange Studienreise, die sie nach Mexiko, Guatemala, Kolumbien, Venezuela, Brasilien und Peru führte.[26] Das Material, das sie auf dieser Reise sammelte, verarbeitete sie zu drei umfangreichen Artikeln für *Progressive Architecture*, einem Beitrag für *Arts* und zwei Beiträgen für die Zeitschrift *Bauwelt*.[27] Als Erstes erschien 1959 eine Kritik zu Brasília, der neuen brasilianischen Hauptstadt, die in den 1950er-Jahren nach dem Plan von Lúcio Costa im menschenleeren Herzen Brasiliens aus dem Boden gestampft wurde. Viele Gebäude hatte der Architekt Oscar Niemeyer entworfen. Moholy-Nagy war nicht übermäßig beeindruckt von Costas Plan, in dem sie urbane Qualitäten vermisste: So sei die monumentale Achse aufgrund ihrer Dimensionen der Kommunikation zwischen den Ministerien nicht eben förderlich und könne daher nicht als städtischer Platz fungieren. Die dominanten Gebäude Niemeyers sprengten in Relation zum flachen Umland jeden Maßstab. Für Moholy-Nagy zeigten sich in Brasília die tragischen Implikationen einer missverstandenen modernen Architektur: Auf menschliche Bewohner habe man keine Rücksicht genommen, und es fehle die Anbindung an Geschichte und Landschaft.

In dem Artikel „Ein Panorama südamerikanischer Architektur", der 1960 in der Zeitschrift *Bauwelt* erschien, lieferte sie sehr umfangreiche Hintergrundinformationen und Argumente. Moholy-Nagy führte der Leserschaft vor Augen, dass in vielen südamerikanischen Ländern die Bevölkerung zu 60 oder 70 Prozent aus indigenen Ureinwohnern bestand, die sich als „unassimilierbar" erwiesen hatten und weder Spanisch noch Portugiesisch sprachen. Westliche Vorstellungen von Demokratie seien diesen Menschen fremd, und aufgrund ihrer Armut und ihres Analphabetentums kämen diktatorische Regime leicht an die Macht. Diese Regime verhinderten eine solide ökonomische Entwicklung und sorgten so für das Fortbestehen enormer gesellschaftlicher Gegensätze. Auch die Umweltbedingungen in Südamerika, seine Landschaften und klimatischen Verhältnisse, seien so extrem, dass Architekten sich vor sehr anspruchsvollen Aufgaben gestellt sähen. Dies war Moholy-Nagy zufolge möglicherweise der Grund für die besondere Intensität und Emotionalität, die die südamerikanische Architektur in ihren Augen auszeichnete. Einige der besten modernen Architekten seien dem Beispiel präkolumbianischer und kolonialer Bauherren gefolgt, die unter Berücksichtigung der Landschaft gearbeitet und die Kräfte der Natur respektiert hätten. So klinge das Erbe großartiger Schauplätze wie dem Machu Picchu in Peru in verschiedenen Projekten nach, wie dem Helicoide de la Roca Tarpeya in Caracas (deren Architekten Moholy-Nagy nicht erwähnt) aus den 1950er-Jahren oder der herausragenden Wohnanlage Pedregulho, von Eduardo Reidy 1947 für Rio de Janeiro entworfen. Viele südamerikanische Projekte seien monumental, theatralisch und skulptural. Laut Moholy-Nagy spiegelten sie die Qualitäten der spanischen Kolonialstädte wider, die sich durch die Dramatisierung des öffentlichen Raums auszeichneten. Allzu oft jedoch hätte die unmodifizierte Übernahme von Ideen Le Corbusiers zur Errichtung von Gebäuden geführt, die nicht auf das Klima abgestimmt seien und in ihrer jeweiligen städtischen Umgebung wie Fremdkörper wirkten.

In einem der beiden Artikel, die Moholy-Nagy in *Progressive Architecture* publizierte, „Some Aspects of South American Planning", ging es um Stadtplanung.[28] Auch in diesem Beitrag erwähnte sie das „inbrünstige Pathos" und die eklatanten Widersprüche, die für die Architektur und Stadtplanung in dieser Region typisch seien. Des Weiteren ließ sie sich über die Notwendigkeit aus, mit und nicht gegen die Landschaft zu arbeiten. Sie unterschied zwei Hauptgruppen südamerikanischer Stadtplaner und Architekten: „Da gibt es jene, die die Paradoxien ihres Landes akzeptieren und lieben, die versuchen, die Balance zwischen Mensch und Natur zum Dreh- und Angelpunkt ihrer Entwürfe zu machen. Dies sind, um ein altes Klischee zu bemühen, die Regionalisten. Die anderen sind Universalisten, die Architektur als von Menschen geschaffene, ausschließlich aufgrund intellektueller und technologischer Ressourcen bewusst geplante Umgebung definieren."[29]

Die Regionalisten solidarisierten sich mit Frank Lloyd Wright, die Universalisten mit Mies van der Rohe. Doch damit nicht genug, denn von Beginn an sei diesen Ländern „die Wahl zwischen der Unterwerfung der Umwelt und dem Umweltprotest" aufgezwungen worden.[30] Die Planer der Inka hätten sich dafür entschieden, ihre Stätten in die Umgebung zu integrieren und so gut es ging mit den natürlichen Gegebenheiten zu arbeiten, wie Machu Picchu belege, das einem „ein kaleidoskopartiges Erlebnis der überwältigenden Gebirgskulisse" beschere.[31] Die Maya wiederum hätten sich auf ihre intellektuelle und künstlerische Genialität verlassen, um nach innen ausgerichtete Komplexe mit bedeutenden öffentlichen Räumen zu errichten, die auf einer rhythmischen Folge von Höfen und miteinander zusammenhängenden Räumen basierten, wie man aus den Ruinen von Uxmal in Yucatán (Mexiko) schließen könne. Die Spanier hätten diese alten Kulturen bei ihrer Ankunft zerstört, im Hinblick auf die Stadtplanung aber auch von ihnen gelernt. Die *Leyes de Indias*, das Regelwerk für die Erbauung von Kolonialstädten, legten vieles genau fest – und dennoch zeugten zahlreiche Städte davon, dass sich innerhalb dieser festgelegten Muster echte Vorstellungskraft Bahn gebrochen habe. Die Pläne einiger Städte wie Antigua in Guatemala seien eng auf ihre Umgebung abgestimmt. Andere wiederum schienen ihre Lage außerhalb Spaniens regelrecht zu leugnen, so sehr schotteten sie sich von der umgebenden Landschaft ab. Der neueste Import jedoch, der modernistische Planungsideen einschließe, habe dazu geführt, dass die Fähigkeit, mit der Landschaft zu arbeiten, verkümmert sei. Die technologische Planung, die kritiklos auf den Rezepten Le Corbusiers aufbaue, verursache Chaos, und zwar nicht nur wegen der unzähligen, oft unvollendeten Wolkenkratzer, sondern auch wegen der Verkehrsstaus, die ein unüberwindliches Problem darstellten. Leider zeigten sich die zerstörerischen Auswirkungen dieser modernistischen Szenarien in Städten wie São Paulo (Brasilien) und Caracas (Venezuela).

Sibyl Moholy-Nagys Auseinandersetzung mit Südamerika war für ihre intellektuelle Entwicklung prägend. Der Besuch präkolumbianischer Ruinenstädte wie Machu Picchu und Uxmal schärfte ihren Blick für die Bedeutung von Landschaft und Klima. Das kommt bereits in ihrem Buch *Native Genius in Anonymous Architecture* von 1957 zum Ausdruck.[32] Die intensive Beschäftigung mit den Plänen zahlreicher südamerikanischer Kolonialstädte trug zu ihren Erkenntnissen über die Auswirkungen der Stadtplanung auf das Alltagsleben der Menschen bei. Viele Gespräche

Machu Picchu, die heilige Stadt der peruanischen Inkas als Beispiel für landschaftsbezogene Planung. Fotografie aus Sibyl Moholy-Nagys Buch *Matrix of Man* (1968)

mit einheimischen Architekten erweiterten ihr Bewusstsein für die Bedeutung sozioökonomischer und kultureller Faktoren im bebauten Umfeld. Ihr bereits labiler Glaube an technische Lösungen für menschliche Siedlungsprobleme wurde weiter erschüttert. Die Erfahrungen, die sie in Südamerika machte, untermauerten ihre Überzeugung, dass es notwendig sei, eine Architektur zu fördern, die Umgebung und Klima mit einbezieht, mit der Vergangenheit interagiert und sozioökonomische Realitäten sowie kulturelle Muster berücksichtigt.

Die Stadt als „Matrix des Menschen"

Diese Gedanken prägten auch ihr späteres Buch von 1968 über die Geschichte der menschlichen Siedlungen.[33] Schon mit dem Titel der englischen Originalausgabe – *Matrix of Man* – vermittelt Moholy-Nagy, dass sie die Stadt als Quelle und Ursprung der Zivilisation betrachtet. Sie enthält in ihren Augen alles, was an der menschlichen Kultur wertvoll ist, sie nährt und formt das intellektuelle und emotionale Leben der Individuen, die in ihr leben. Dieser humanistische Ansatz nahm all jene ins Visier, die Zuflucht zu Wissenschaft und Technologie suchten, um das „Stadtproblem" zu lösen. In der Einleitung heißt es: „Die Illusion der Technokraten, daß eine vom Menschen erstellte Umgebung je das Abbild einer absoluten wissenschaftlichen Ordnung sein könne, ist mit Blindheit gegenüber der geschichtlichen Aussage der Städte geschlagen. Städte regieren sich selbst gemäß ungeschriebener Übereinkommen, die auf Vielfältigkeit, Gegensätzlichkeit, Traditionsbewußtsein, Fortschrittlichkeit und uneingeschränkter Duldung persönlicher Werte basieren."[34]

Sie gliederte ihr Buch nach thematischen Kategorien – ein Aufbau, der später entstandene Werke wie Spiro Kostofs The City Shaped vermutlich inspirierte.[35] Moholy-Nagy unterschied fünf grundlegende Siedlungskonzepte, fünf „Urtypen […], die sich um bestimmte Generalnenner gruppieren" und die Gestalt der Stadt definieren: ein geomorphologisches, konzentrisches, orthogonal-bindendes, orthogonal-modulares und ein Cluster.[36] Geomorphologische Siedlungsmuster seien der Landschaftsform und den klimatischen Bedingungen angepasst, organisch strukturiert und interagierten mit der umgebenden Landschaft. Das beeindruckendste Beispiel geomorphologischer Planung sei Machu Picchu, die „heilige Stadt" der Inkas, die „sich in fehlerloser Harmonie mit der Umgebung" vereinige: „Der Sonnenkult konzipierte die ‚heilige Stadt' als Krone der Natur und die Natur als Krone der ‚heiligen Stadt'."[37] Konzentrische Siedlungen entstünden hingegen aus der Verpflichtung gegenüber einem übermenschlichen Ideal, aus einer Tradition, die in der urbanen Form das überhöhte Bild dieses Ideals erkannte. Die konzentrische Stadt sei folglich ein Symbol der Macht; der Einfluss ihres Herrschers strahle von ihrem Zentrum auf ein riesiges Gebiet aus. Ihre urbanen Qualitäten resultierten aus der Interaktion zwischen öffentlichen Gebäuden und schlichteren Gebäuden, die den Hintergrund bildeten. Proto-orthogonale Konzepte habe es im alten Ägypten und in Babylon gegeben. Aus ihnen entwickelten sich laut Moholy-Nagy orthogonal-konnektive und orthogonal-modulare Städte. Ersteren lag das Prinzip der Kommunikation zugrunde. In ihnen wirkte der Einfluss von Kaufleuten, die in der Stadt Handel trieben und Kontakte herstellten. Letztere demonstrierten die militärische Logik römischer Feldlager. Straßenzüge fungierten weniger als Verbindungs-, vielmehr als Trennungslinien zwischen den Parzellen, und Plätze seien nicht gestaltete öffentliche Räume, sondern Lücken zwischen Wohnmodulen. „Im Gegensatz zu allen anderen Stadtplanungen", führt sie aus, „ist der Grid-Plan eine Schablone, die einem Stück Erdoberfläche ungeachtet der besonderen natürlichen Voraussetzungen aufgezwungen wird. Zu den vorhergegangenen städtischen Vorstellungen von naturgebundener, kosmologischer und ökumenischer menschlicher Siedlung fügt der grid, d.h. das Raster, die Siedlung als Zwangsmaßnahme hinzu. Ob aus politischen, wirtschaftlichen oder soziologischen Gründen erstellt, zwingt der modulare Grid jeden Bewohner in eine genormte Wohnzelle."[38]

Gemäß Moholy-Nagy basieren viele modernistische Stadtpläne auf dem orthogonal-modularen Muster. Aus diesem Grund verurteilte sie Josep Lluís Serts

Barcelona-Plan, Ludwig Hilberseimers *superblocks* für die Neuplanung von Chicago und Kiyonori Kikutakes „City of the Future", der sie einen faschistischen Charakter nachsagte. Nichtsdestoweniger habe der orthogonale Archetyp ein sehr erfolgreiches Derivat hervorgebracht: die orthogonal-lineare Handelsstadt. Ihr Plan basiere wie der orthogonal-konnektive Plan auf dem Gedanken der Kommunikation. Diese orthogonale Handelsstadt wurde „zum bestimmenden Einfluss vom Spätmittelalter bis zur jüngsten Vergangenheit, weil sie die Bürgerschaft zum entscheidenden urbanistischen Einflussfaktor machte."[39] Dieser Stadttypus sei weder das Symbol für die Macht eines Monarchen, noch verdanke er sich ausschließlich der gewinnbringendsten Parzellierung von Land. Vielmehr vermischten sich darin Architektur, Kommunikation und Immobilienwerte zu einem selbstbewussten Ausdruck einer offenen, nach außen orientierten Gemeinschaft.

Der historisch jüngste Stadtplan – das Cluster – erschien Moholy-Nagy weitaus problematischer. Das ganze Cluster-Konzept sowie die daraus resultierende Satellitenentwicklung sei antiurban und fördere die Isolierung bestimmter gesellschaftlicher Gruppen. „Stadtsatelliten", schreibt sie, „sind Siedlungsgruppen, die weder Stadt noch Dorf sind. Sie nehmen in beschränkter Form an der Natur teil, sind aber Splitter der städtischen Existenzform".[40] Die Gartenstadt-Ideale von Ebenezer Howard und Raymond Unwin und der moderne Urbanismus in deren Folge fanden in ihren Augen keine Gnade. Den katastrophalsten Einfluss übte, so Moholy-Nagy, Le Corbusier aus, vor allem mit seiner Konzeption der *unité d'habitation*: „Nach dem Ende des Krieges gab Le Corbusier jeden Versuch einer Stadtsanierung oder eines integrierten Stadtplanes auf. [...] Er hatte ‚die Zerstörung der Straße' zu seinem Lebensziel gemacht. Seine ‚Unités d'Habitation' [...] sollten zu Prototypen vertikaler Dörfer werden [...]."[41]

Die moderne Stadtplanung fand also nicht Moholy-Nagys Zustimmung, denn diese war in ihren Augen entweder von der imperialen Tradition des römischen Lagers (orthogonal-modular) oder vom antiurbanen Cluster-System inspiriert und konnte nicht für die vibrierende Lebendigkeit und Teilhabe sorgen, die für wirkliche Urbanität grundlegend wichtig sei. Ihre Kritik an der modernen Stadtplanung folgt mehreren Argumentationslinien: Erstens löse die Idee der Clusterbildung, die diese Art von Stadtplanung favorisiere, die Stadt als solche auf. Zweitens litten viele visionäre Architekten – allen voran Le Corbusier – an professioneller Selbstüberschätzung, indem sie sich als Schöpfer einer Matrix gerierten, die gewöhnlichen Menschen übergestülpt werde und so ihre berechtigten Forderungen nach Beteiligung an der Stadtplanung ignoriere. Drittens gebe es einen Unterschied zwischen Transport („traffic") und Verkehr („communication"), der Verbindung von Straßen und Plätzen, wobei die CIAM-Doktrin sich mit dem Transport beschäftige, ohne sich um die Kommunikationswege zu kümmern.[42]

In dem gesamten Buch betont Moholy-Nagy die Bedeutung von Landschaft, Regionalklima, Tradition, Kultur und Form. Sie bezieht sich wiederholt auf die Stadt als Symbol von Macht, aber auch als Symbol für menschliches Streben und menschliche Teilhabe. Die Stadt bedeutet für sie eine generative Kraft, die Menschen und Kulturen formen und kreative Energie und Verbundenheit hervorbringen könne. Wie in

Fig. 275. Aerial view of La
Chaux-de-Fonds, the small
industrial town in Switzerland
where Le Corbusier was born.
Perhaps it was relentless
linearity and drabness of its
streets that inspired in him the
hatred of the closed communications network that determines
urban existence. Though Le
Corbusier traveled over the world
and his notebooks show a superb
awareness of historical continuity,
he never experienced the street as
the riverbed of human existence.
From Boesch-Hofer, Flugbild
der Schweizer Stadt.

city as an essential historical factor, though it had still been
recognized by the earlier reformers as the source of work and
education. The target of Le Corbusier was the liquidation of
the city as a compound social and architectural entity. Throughout his professional life, he worked tirelessly on the elimination
of the ligaments that held the urban body together. It is a question for psychiatrists whether the relentless linearity of his
hometown, La Chaux-de-Fonds, inspired him with this fierce
hatred of the street (Fig. 275). "We must kill the street," he
thundered at the ninth lecture of the Friends of the Arts in
Paris on October 18, 1929. "We shall truly enter into modern

274

Luftansicht der Schweizer Uhrenindustrie-Stadt La Chaux-de-Fonds, Seite aus Sibyl Moholy-
Nagys Buch *Matrix of Man* (1968). Sie kommentiert das Bild nicht nur mit der Angabe, dass
dort Le Corbusier geboren sei, sondern auch mit der Vermutung, dass die Linearität und
Eintönigkeit der Straßen ihn zu seinen späteren städtebaulichen Entwürfen inspiriert hätten.

früheren Schriften räumt sie auch hier der Architektur den Vorrang ein, indem sie die Bedeutung dessen betont, was sie „architektonische Urbanität" nennt.[43] Der Begriff wurzelt in dem Gedanken, dass sich Urbanität nicht in der Zweidimensionalität von Straßenplänen und Achsen erschöpft, sondern vielmehr aus dem Zusammenspiel von drei Dimensionen resultiert: nämlich den Gebäuden, die Straßen und Plätze säumen, und ein entscheidendes Element darstellen. Einer Stadt wie Brasília fehlt in ihren Augen eben jene architektonische Urbanität, denn deren urbane Räume seien so überdimensioniert, dass in ihnen keine Kommunikation stattfinden könne. Die Gebäude, die sie säumen, seien kaum in der Lage, den riesigen Räumen Gestalt und Bedeutung zu verleihen, ein Argument, auf das James Holston in seinem späteren Buch über Brasília ausführlicher eingehen sollte.[44]

Indem sie die Bedeutung von Architektur betont und die Vorzüge des Masterplans abstreitet, ergreift Moholy-Nagy in der fachlichen Auseinandersetzung über die Produktion von Stadt klar Partei. Sie kämpft erbittert gegen die Einführung von Stadtplanungsprogrammen in Architekturschulen und ist der Auffassung, dass Architekten durch das Zurückfahren gestalterischer Aspekte sowie die zunehmende Anwendung wissenschaftlicher Instrumente und Logik gegenüber ihrem Beruf Verrat begehen würden. Ihr leidenschaftliches Argumentieren gegen Lobbyplaner und Technokraten zielt immer auf die Verteidigung der Architektur als konzeptuell-pragmatische Interaktion mit vielfältigen Einflussfaktoren, die sich nicht auf einen einfachen Algorithmus reduzieren lassen. Letztlich ist der Architekt-Planer in ihren Augen moralisch dazu verpflichtet, „vollständig für die physische Matrix der Gesellschaft verantwortlich zu sein".[45] Diese Aufgabe könne weder von der Stadtplanung allein noch von einer gewerblichen Architektur erfüllt werden, die ihre Kernkompetenz leugne – die Gestaltung. Für Moholy-Nagy sind Architekten beruflich dazu verpflichtet, die historisch entscheidende Rolle der Architektur bei der Matrixbildung zu verstehen und sie durch einen Führungsanspruch bei der künftigen Gestaltung von Städten weiter auszuführen.

Matrix of Man schlug nach der Veröffentlichung hohe Wellen. Das Buch wurde mehr als 25 Mal rezensiert und bei der Ausbildung von Architekten als Lehrbuch verwendet.[46] Die meisten Rezensenten erkannten in ihm einen bedeutenden Versuch, Einblicke in die Geschichte der Stadt zu vermitteln. Manche jedoch bemängelten, dass es keine spezifischen Richtlinien für die Stadtplanung der Zukunft enthalte. Es dokumentiere und beschreibe die historische Entwicklung der Stadt sehr schwungvoll und scharfsinnig, überführe diese zwingende Rhetorik aber nicht in eine ausformulierte, klare Zukunftsstrategie. Für Zeitgenossen wie den Architekten Walter Segal oder den Architekturhistoriker Paul Oliver blieb das Buch eine Antwort auf die Frage, welche Richtung die Stadtplanung einschlagen solle, schuldig. Walter Segal war der Ansicht, dass sein „Schwerkraftzentrum zu weit nach hinten verlagert" sei, „um die Balance halten zu können. […] Die Technologie erhält ungerechtfertigt wenig Aufmerksamkeit, und der Transport wird kaum beachtet […]".[47] Paul Oliver befand, dass „Sibyl Moholy-Nagy Lewis Mumford zurecht für seinen Pessimismus und seine romantische Sehnsucht tadelt, es selbst aber nicht schafft, die drohenden Probleme der Zukunft zu bewältigen".[48]

Obwohl nicht zu leugnen ist, dass *Matrix of Man* keine konstruktiven Vorschläge für die Zukunft anbietet, ist offenkundig, dass das Buch sehr viel dazu beitrug, das Bewusstsein für die historische Dimension der Stadt zu schärfen. Es war daher zweifellos wichtig für die zunehmende Kritik an der Moderne in den 1960er-Jahren, die in den 1970er-Jahren letztlich zu ihrem vollständigen Niedergang führte. Auch zeichnete sich Sibyl Moholy-Nagy durch ihre Offenheit für Lateinamerika und andere nicht-westliche Weltregionen aus. Ihr Interesse für andere Kulturen und deren Erbe verlieh ihren Geschichtskursen eine besondere Note, die der geistigen Offenheit ihrer Absolventinnen und Absolventen förderlich war. Auch wenn ihr Beharren auf der entscheidenden Rolle der Architektur bei der künftigen Gestaltung von Städten bei denjenigen ihrer Zeitgenossen, die mit Stadtplanung zu tun hatten, nicht auf ungeteilte Begeisterung stieß, so lässt sich doch sagen, dass es Debatten antizipierte, die 40 Jahre später erneut aufkommen würden.[49]

1 Vgl. Anne Claußnitzer (Hrsg.), *Der Dresdner Architekt Martin Pietzsch*, Dresden: Sandstein, 2016.

2 László Moholy-Nagy, *Vision in Motion*, Chicago: Paul Theobald, 1947.

3 S. D. Peech, *Children's Children*, New York: H. Bittner and Company, 1945.

4 Sibyl Moholy-Nagy, *Moholy-Nagy: Experiment in Totality*, New York: Harper and Bros, 1950. Deutsche Übersetzung: *Lazlo Moholy-Nagy. Ein Totalexperiment*, Mainz: Kupferberg, 1972.

5 Sibyl Moholy-Nagy, *Native Genius in Anonymous Architecture*, New York: Horizon, 1957.

6 Sibyl Moholy-Nagy, *Matrix of Man. An Illustrated History of Urban Environment*, New York: Frederick A. Praeger, 1968. Deutsche Übersetzung: *Die Stadt als Schicksal. Geschichte der urbanen Welt*, München: Callwey, 1970.

7 Vgl. Sibyl Moholy-Nagy, „The Crisis in Abstraction", in: *Arts*, Bd. 33, Apr. 1959, S. 22–24.

8 Vgl. Sigfried Giedion, *Space, Time and Architecture. The Growth of a New Tradition*, Cambridge (MA): Harvard University Press, 1941.

9 Sibyl Moholy-Nagy, „Steel, Stocks and Private Man", in: *Progressive Architecture*, Bd. 39, Jan. 1958, S. 128–129, 192.

10 Ebd., S. 128: „the marvel of technological progress and limitless business expansion."

11 Ebd., S. 128–129: „[...] no man can live by stocks and steel alone, without starving his personality to death. He must have a place to recharge his energies, to remain superior to the brute levelling force of steel and stocks. And this he can do only in an architectural environment that separates, clearly and uncompromisingly, official existence from private existence."

12 Ebd., S. 192: „to admit that it is enclosing form that forms man."

13 Ebd., S. 192: „not only as the builder of technological monuments but as the keeper of the matrix in which each individual is cast."

14 Sibyl Moholy-Nagy, „Villas in the Slums", in: *The Canadian Architect*, Bd. 5, Sept. 1960, S. 39–46.

15 Vgl. Charles Waldheim (Hrsg.), *CASE-Hilberseimer/Mies van der Rohe, Lafayette Park Detroit* (CASE Series), München, New York: Prestel, Cambridge (MA): Harvard University Graduate School of Design, 2004 und Francesca Scotti, *Lafayette Park, Detroit. La forma dell'insediamento. The Form of the Settlement*, Mailand: Libraccio, 2010.

16 Moholy-Nagy 1960 (wie Anm. 14), S. 40.

17 Ebd., S. 43: „The answer to the question of whom urban renewal builds for, and who finances it, is given then in Lafayette Park. It serves the upper-middle and high-income groups (who by their financial independence are least in need of public assistance), and it condemns many thousands of citizens to become either welfare cases or cram into existing low rent ‚grey' or slum dwellings. It is interesting to note that those dislodged families who were not eligible for public housing or could not purchase their own houses now live within a two-mile radius of the cleared area that has sprouted a mirage of villas in the slums. Under Title I the elegant result of a pubic wrangle, involving the labors of publicly-financed agencies over a period of 12 years, is paid two thirds by the Federal Government and one-third by the City, meaning in both cases by the taxpayer – white and Negro, laborer as well as executive."

18 Moholy-Nagy 1960 (wie Anm. 14), S. 44.

19 Ebd., S. 46: „Just as the dilemma of the developer lies between the social character of mass housing which is unprofitable and his commitment to the spoils of Free Enterprise, so the architect's dilemma lies in his quest for self-expression and attention-getting originality on the one hand and the creation of a characteristic, regionally satisfying neighborhood. This specific character makes or breaks urban renewal from a humanistic and a historical viewpoint and it can only be achieved through a sort of hidden creativeness in the design."

20 Sibyl Moholy-Nagy, „In Defense of Architecture", in: *Architectural Forum*, Apr. 1962, S. 19.

21 Ebd.: „buildings as singular masterpieces, as functional servants, and as designed dwellings in inexhaustible variety, proclaim a city rich or poor in vitality."

22 Ebd.: „To serve the city best, the architect must love his art more than the people. The mold he creates for their lives will only be beneficial if it fulfills an ideal standard that transcends their limited social experience. Man became man not only through his urge for survival, but [also] through his desire to create a beautiful environment [...] Architecture, being non-scientific, noncategorical, and pragmatic, has been and remains man's greatest tool to make this desire visible and viable."

23 Moholy-Nagy 1957 (wie Anm. 5), S. 162: „The Meeting Houses of New England are as abstractly uniform as the Saltboxes. The arresting charm in this particular example comes from a physically and symbolically stated contrast to the parsonage [...] The men of New England, passing through the white clarity of their [church's] porticoes halls, entered into the Protestant ideal of ‚a free association of free citizens, met without summons'. [...] The parsonage [on the other hand] was outside this symbolism, whether spiritual or esthetic. It was a worldly affair, dedicated to service and well-being. There was no need to deviate from the standard house type that had developed from the 18th century."

24 Vgl. Sibyl Moholy-Nagy, „City Planning and the Historical Perspective", in: *Arts and Architecture*, Bd. 81, Dez. 1964, S. 22–23, 35–36.

25 Ebd., S. 35–36: „A profession that postulates its education and its goals on a mechanistic interpretation of materialistic requirements, without reference to the collective memory of the community and the need of each individual to feel himself anchored in and justified by this memory, can only destroy, it cannot plan. And city planners, no matter how world famous, who postulate that ‚low-cost housing efforts may be more important than ‚big architecture' [...] (Doxiades) show a contempt for the aspirations of mankind that was unknown to any preceding culture."

26 Vgl. Brief an Jenö Nagy vom 22.11.1959 (Familienarchiv, verwahrt von Annegret Claußnitzer).

27 Sibyl Moholy-Nagy, „Brasilia: Majestic Concept or Autocratic Monument", in: *Progressive Architecture*, Bd. 40, Okt. 1959, S. 88–89; dies., „Some Aspects of South American

Planning", in: *Progressive Architecture*, Bd. 41, Feb. 1960, S. 136–142; dies., „Some Aspects of South American Architecture", in: *Progressive Architecture*, Bd. 41, Apr. 1960, S. 135–140; dies., „Ein Panorama Südamerikanischer Architektur", in: *Bauwelt*, Feb. 1960, S. 147–157; dies., „Bauten unter tropischer Sonne. Zum Werk des venezolanischen Architekten Villanueva", in: *Bauwelt*, Bd. 51, Nr. 24, 13.6.1960, S. 679–684; dies., „Villanueva and the Uses of Art", in: *Arts*, Bd. 34, Sept. 1960, S. 46–51.

28 Vgl. Moholy-Nagy 1960 (wie Anm. 27).

29 Ebd., S. 137: „There are those who accept and love the paradoxes of their country, who are trying to balance man and nature on the fulcrum of their design. They are, to use an old cliché, the regionalists. The others are the universalists, who define architecture as manmade environment, deliberately planned on intellectual and technological resources, only."

30 Ebd., 137: „the choice between environmental submission or environmental protest."

31 Ebd., S. 138: „a kaleidoscopic experience of the overwhelming mountain setting."

32 Vgl. Moholy-Nagy 1957 (wie Anm. 5).

33 Vgl. Moholy-Nagy 1968 (wie Anm. 6).

34 Moholy-Nagy 1970 (wie Anm. 6), S. 10: „The technocratic illusion that man-made environment can ever be the image of a permanent scientific order is blind to the historical evidence that cities are governed by tacit agreement on multiplicity, contradiction, tenacious tradition, reckless progress and a limitless tolerance for individual values." (Moholy-Nagy 1968 (wie Anm. 6), S. 12.)

35 Vgl. Spiro Kostof, *The City Shaped. Urban Patterns and Meanings Through History*, London: Thames and Hudson, 1991.

36 Moholy-Nagy 1970 (wie Anm. 6), S. 16: „archetypes [...] grouped together according to their most distinctive patterns." (Moholy-Nagy 1968 (wie Anm. 6), S. 17–18).

37 Moholy-Nagy 1970 (wie Anm. 6), S. 28: „achieves a total accord with the given environment because the sun worshipers conceived the city as a crown of nature, and nature as the crown of the city." (Moholy-Nagy 1968 (wie Anm. 6), S. 28).

38 Moholy-Nagy 1970 (wie Anm. 6), S. 163: „In contrast to the other types of urban foundations [...] the modular grid plan is not generated from within the community but is predetermined from without. To the genesis of urban intentions from rural (geomorphic) to cosmological (concentric) to ecumenical (orthogonal-connective), the modular grid adds a coercive concept, whether political or religiously motivated, imposing on plan, building and inhabitant the same predetermined dimensions." (Moholy-Nagy 1968 (wie Anm. 6), S. 275.)

39 Moholy-Nagy 1970 (wie Anm. 6), S. 205: „[This type of plan] gained ascendance over all other planning concepts because it offered participation in the drive for power to the majority." (Moholy-Nagy 1968 (wie Anm. 6), S. 198.)

40 Moholy-Nagy 1970 (wie Anm. 6), S. 248: „City satellites are clusters of buildings that belong neither to the city nor to the village, partaking of the open land and vestiges of nature, but dependent on an imitation of city life for survival." (Moholy-Nagy 1968 (wie Anm. 6), S. 241.)

41 Moholy-Nagy 1970 (wie Anm. 6), S. 282: „The target of Le Corbusier was the liquidation of the city as a compound social and architectural entity. Throughout his professional life, he worked tirelessly on the elimination of the ligaments that held the urban body together." (Moholy-Nagy 1968 (wie Anm. 6), S. 275.)

42 Vgl. Moholy-Nagy 1968 (wie Anm. 6), S. 274–276.

43 Sibyl Moholy-Nagy verwendet diesen Begriff in einem Text, den sie im selben Jahr ver-
    fasste: Sibyl Moholy-Nagy, „Hitler's Revenge", in: *Art in America*, Bd. 56, Nr. 5, Sep.–Okt.
    1968, S. 42–43, hier S. 43.
44 Vgl. James Holston, *The Modernist City. An Anthropological Critique of Brasília*, Chicago
    und London: University of Chicago Press, 1989, bes. S. 133–136.
45 Sibyl Moholy-Nagy, „The Making of Non-Architects", in: *Architectural Record*, Okt. 1969,
    S. 149–152, S. 151: „It is the ethical obligation of the architect-planner to be totally
    responsible for the physical matrix of society."
46 Die Rezensionen erschienen in Architekturzeitschriften, so Walter Segal, „And what's
    her history?", in: *The Architects' Journal*, 23.4.1969, S. 1107 und Percival Goodman,
    „Matrix of Man: an illustrated history of urban environment", in: *Architectural Record*, März
    1969, S. 147, wie auch populären Printmedien, wie Stanley Abercrombie, „Planning and
    Debunking", in: *Wall Street Journal*, 1968. *Matrix of Man* wurde z. B. an der Columbia
    University als Lehrbuch verwendet. Vor ein paar Jahren verfügte die Bibliothek noch
    über mehr als fünf Buchexemplare.
47 Segal 1969 (wie Anm. 46), S. 1107: „[…] the centre of gravity of the study has shifted
    further backward than would allow for balance. […] Technology gets less than fair attention
    and transport is hardly considered […]".
48 Paul Oliver, „Evolution of cities", in einer nicht identifizierbaren Zeitschrift, S. 977. Eine
    Kopie dieser Rezension befindet sich unter den Dokumenten Sibyl Moholy-Nagys in den
    Archives of American Art in der Smithsonian Institution in Washington.
49 Vgl. André Loeckx und Kelly Shannon, „Qualifying Urban Space", in: André Loeckx et al.
    (Hrsg.), *Urban Trialogues. Localising Agenda 21. Visions Projects Co-Productions*, Nairobi:
    UN Habitat, 2004, S. 157–168.

Sibyl Moholy-Nagy
Villas in the Slums (1960)

In diesem Text übt Sibyl Moholy-Nagy scharfe Kritik an dem von Ludwig Mies van der Rohe und Ludwig Hilberseimer entworfenen Stadtviertel Lafayette-Park in Detroit. Sie behandelt die ökonomischen und sozialen Probleme der Stadterneuerung und vertritt die Ansicht, dass die öffentlichen Gelder, die in dieses Projekt flossen, vor allem weißen Mittelschichtsfamilien zugute kamen, während schwarze Familien, die zuvor in dem Viertel gelebt hatten, ihre Wohnungen räumen mussten, ohne dass ihnen Ersatzunterkünfte angeboten worden wären.

Der Artikel kann als eine frühe Kritik an einem Phänomen verstanden werden, das später als „Gentrifizierung" bezeichnet wurde. Auch hinterfragt und diskutiert er die Rolle, die Architekten in solchen Prozessen übernehmen. Wie Sibyl Moholy-Nagy in einem Brief vom 9. Dezember 1960 an Catherine Bauer Wurster andeutete, lehnte die Zeitschrift *Progressive Architecture* den Beitrag, den sie selbst in Auftrag gegeben hatte, ab. Er erschien stattdessen in einem kanadischen Magazin, das in den USA natürlich ein wesentlich kleineres Publikum erreichen konnte. 1961 publizierte Bruno Zevi in seiner Zeitschrift *L'architettura. Cronache e storia* eine italienische Übersetzung in drei Teilen unter dem Titel „Ville tra i tuguri. Per chi ricostruiamo?" (Jg. 6, Nr. 9, Jan. 1961, S. 628–629; Nr. 10, Feb. 1961, S. 700–701 und Nr. 11, März 1961, S. 772–773).

Sibyl Moholy-Nagy, „Villas in the Slums", in: *The Canadian Architect*, Bd. 5, Nr. 9, Sept. 1960, S. 39–46. Auszüge: S. 39–42, 43–46.

In the spring of 1960 on the occasion of Mies van der Rohe's 75th birthday, and with the shower of gold medals bestowed on him here and in Europe, *Lafayette Park*, a Title I redevelopment project in Detroit, received extravagant praise in the general press and in the professional journals. Now that the celebrations are over, it seems timely to take a second look – for an important reason.

Lafayette Park, or Gratiot-Lafayette as it was originally called, is a test case. It demonstrates problems and teaches lessons which have nowhere been so evident. Architectural journalism's sickening habit of obscuring facts with a perfumed cloud of obsequious praise deprives the younger generation of practitioners of a much needed opportunity to think and to learn. Lessons as costly as Lafayette Park should at least provide tuition-free instruction.

The Gratiot-Lafayette Urban Renewal Program is not yet completed. It is, or was, intended to serve as a pilot for similar projects in a city whose town area is 11% slums. There still would be time to ask questions and to search for answers. The four principal questions crystallizing themselves after an intensive study of the history and the completed part of the project are:

What is an urban neighborhood?

For whom do we redevelop, and who finances it?

What dwelling type is most suited for urban renewal?

What is the role of the architect in planning and redevelopment?

Using the Gratiot-Lafayette project as an example, I will attempt to point out some (by no means all) possible answers to these questions.

All four points mentioned overlap and bear on each other, but they all derive from the key question, *what is an urban neighborhood?* Since the prime objective of all city planning is urban improvement, one would expect the answer to be known. But this is by no means true. The Lafayette Park prospectus carries on its cover as motto and creed:

Live in the suburb in the city

Live in the city in a suburb

This confusion of environmental characteristics is a symptom of our age, viewed by the thoughtful with increasing alarm. It shows a psychological blindness to habitational origins and influences on human culture that is the more amazing if one considers the antiquity of the urban-rural dichotomy. Non-urban living is centrifugal, land-conscious, nature-oriented. Its aim is dispersion, its ideal social pattern the self-sufficiency of the family unit. Even the towel-sized lots with their mortgaged homes in Suburbia are acquired because this proprietary, organic, environmental tradition is still alive.

Urban living, in contrast, is centripetal, community-oriented, spatially contained. Its aim is density (which is not the same as congestion); its environmental concept has been culturally acquired and is infinitely flexible. The survival pattern of the urban dweller, sociologically and economically, is largely based on interdependence through mutual services. The architectural expression of the urban tradition is the town sector (barrio, arrondissement, Bezirk) which functions like a vital organ within the parent body, the *urbs*. These sectors derive their visual identity from the relationship of buildings to a central plaza or square, whose shops, restaurants, movie theatres, professional offices and so on act as channels of communication between the inhabitants. In the Old World, particularly in Italy, each "neighborhood" proudly boasted its central fountain as an emblem; the old Latin American towns, such as Antigua and Belém, had a church – different from all other churches – to watch over each individual plaza, and in New York City only those parts have retained enough identity to give their population a sense of belonging which are grouped around a square – Chinatown around Columbus Park, Greenwich Village around Washington Square, Murray Hill around Grammercy Park. If modern planning does not provide for this traditional need for a focal space and civic congregation, dives and shack alleys spring up in defiance of planning sterility. This is illustrated in New York by the half-decayed fringe area along First Avenue, surrounding the huge miserable housing projects of Stuyvesant Town and Peter Cooper Village, and it perpetuates the indescribably wild and ugly "freetown" that acts as an antidote to Costa's a-human superblock city in Brasilia.

Three stages with three major plan developments show the attitude toward urban characteristics in the Gratiot-Lafayette project. The Official Plan of the Detroit City Plan Commission from 1954 utilized 40 acres for low-density, two-story multiple dwellings and 11 acres for high density skyscraper construction with a total population of 1200 families. This plan, from an environmental viewpoint, is excellent. Public open spaces have the traditional pattern of one large central space and several smaller spaces with generous facilities for playgrounds, schoolyards and a pedestrian mall, separating the low density units and providing communication without traffic hazards. Another favorable urban feature is the dense grouping of the low cost housing towers at the outer boundary of the development area, giving to the low rise interior core a contained, intimate character.

This straightforward and workable proposition was discarded on economic and racial grounds, as will be pointed out later, and another plan worked out by professional planners: Gruen-Yamasaki-Stonorov, commissioned by the Detroit Citizen's Redevelopment Committee. As an urban environmental solution this plan was a compromise. Density had been increased as compared to the first plan because a higher income group, in more expensive unit types, was to be attracted, with a subsequent decrease in building deterioration. The best features of this second plan were the location and design of an extensive community core in relationship to schools and shopping; apartment towers with a direct orientation toward green spaces through balconies and courts; and six-house court blocks forming in themselves minor civic cores. The gravest shortcoming of this proposal lay in its traffic pattern which was a regression compared with the scheme of the plan commission. This plan managed to contain most of the residential area in terminal roads (as first proposed in Unwin's English garden suburbs around 1900) and to channel traffic around rather than through the sector. The planners of the second scheme wrote:

In street plan the idea was not to strain for intimate curves of cul-de-sacs but to create exceedingly simple access to adjoining superhighways in the family car. Because Detroit is so dominantly an auto city, its public transportation system has been neglected. People have to drive. The new plan for Gratiot uses the highway as the founders of Detroit used the river, emphasizing wharf space; there is 175% off-street parking.

This rationalization would neither have made the sharply interesting streets less dangerous nor would it have helped to force the city into improvements of the public transit system.

The third site plan is the one which was adopted for realization. It was worked out by Ludwig Hilberseimer for Mies van der Rohe, the architect of the now completed portion of the Gratiot-Lafayette project. Hilberseimer might be called the father of theoretical planning. For 40 years he has published books on planning, but this is his first executed proposal. His traffic pattern would be perfect if he had not created a deadly 90-degree curve in the peripheral highway (where Madison Street has been discontinued through the park area). Otherwise, the car as an intruder and a hazard has been eliminated. The most prominent feature of the plan is a central green strip, approximately one block wide, which extends the full length of the sector (nine city blocks). Such a breathing space, first appearing in America in Clarence Stein's Radburn in 1928, is a most welcome feature. But it only makes sense if it fulfills two functions: to relate to the houses bordering it, and to pull them together – give environmental coherence. The Hilberseimer plan does neither. Of the 14 low-rise house rows bordering the park only four face it. The others turn their side elevations to the green, meaning a solid brick wall. The classical pattern of the Miesian helicopter domino has been maintained at all cost. The second failure of the Hilberseimer plan is its total lack of civic coherence. The defined open spaces of the first plan and the ample civic core of the second have been radically eliminated. A proposed shopping center at the lower boundary of the sector is no substitute. The park area has no focal point. It increases a highly formalized diffusion which looks on the plan like a Mondriaan painting. As one walks through it, it becomes a maze without any point of visual orientation. In summary, Lafayette Park, in the downtown area of a million-inhabitants city, offers no urban environment.

The second question, *for whom do we redevelop, and who finances it?*, opens one of the most depressing and confused aspects of modern federal and local administration. The sequence of events was as follows:

In 1946 the Mayor of Detroit announced the Detroit Plan, providing for the clearance and redevelopment of 100 acres of slums at an investment of $2 million from the city's tax fund. This would be recovered within 15 years through land sales to private developers and an annual gain in tax revenue from the redeveloped neighborhood amounting to $134,200. In 1949 the 81st. Congress passed the Housing Act, legalizing Federal aid for urban redevelopment and public housing as two separate programs, guaranteeing two thirds of the project costs. This relieved Detroit of financing its plan alone and the Gratiot-Lafayette project was under way. One hundred and twenty-nine acres were condemned and 1953 Negro families received notice to move. The original intention to erect only low cost housing on the cleared site was dropped.

Complete reliance upon Public Housing for slum removal would result in loss in tax revenue, having a depressing effect on the central business area . . . The large department stores would suffer if they had to rely upon the trade of the residents of public housing projects. (U.R. Michigan 1-1 The Gratiot Redevelopment Project, by Robert J. Mowitz)

The city was to acquire and clear land to provide private builders with a site they could afford. Plan 1 of the City Plan Commission shows a combination of public housing in the high rise towers and middle income rental units in the 2 ½ story structures. During 1948 and 1949 a number of lawsuits were brought against the city, in which taxpayers claimed that it was unlawful for the city to finance the purchase and clearance of sites at a loss born by the taxpayer, and to resell it to a developer for private profit. In December 1951 the Supreme

Court decided in favor of Detroit with the illuminating comment: "Incidental private benefit will not defeat the purpose of slum clearance for a permissible public use."

A public auction, held in the Detroit City Hall in July 1952, brought 50 builders and brokers together, but not a single bid for the cleared 129 acres was made. The reasons were many, most prominent among them close Federal supervision, a belief that the white middle income group would stay away from a sector with high density public housing occupied by Negroes, and the exclusion of cooperative ownership, which depends on detached single homes.

[...]

The answer to the question of whom urban renewal builds for and who finances it, is given then, in Lafayette Park. It serves the upper-middle and high income groups (who by their financial independence are least in need of public assistance), and it condemns many thousands of citizens to become either welfare cases or cram into existing low rent "grey" or slum dwellings. It is interesting to note that those dislodged families who were not eligible for public housing or could not purchase their own houses now live within a two-mile radius of the cleared area that has sprouted a mirage of villas in the slums. Under Title I this elegant result of a public wrangle, involving the labors of publicly-financed agencies over a period of 12 years, is paid two-thirds by the Federal Government and one-third by the City, meaning in both cases by the taxpayer – white and Negro, laborer as well as executive.

The answer to the third question, *what dwelling type is most suited for urban renewal?*, is almost inherent in the preceding facts. Urban renewal aims at family living, a fact which becomes brutally evident in the refusal of relocation agencies to concern themselves with single residents. Plans therefore must be family-sized and family-suitable. This involves problems of privacy, separation of functions, kitchen and storage facilities, and access to recreational areas. Most of all, it demands a variety of available plans, because the essence of a family is flexibility – the constant change in number, activities and psychological needs. The one-family house on its own grounds is the ideal answer to these specifications. It is unrealistic in the city, where the ground to build on is scarce and fantastically costly, and where the pattern of living for adults and children is communal, interdependent. This was fully realized by the Detroit Plan Commission in its original plan for the Gratiot site. The designers fought a bitter battle with private interests and the mayor, who insisted on single residences in contrast to the proposed multiple-tenancy units. The Gruen-Yamasaki-Stonorov scheme arrived at a compromise solution, offering six different types of units from single residences to skyscraper apartments. The floor plans of the latter show a carefully organized floor of four units with terraces, providing a maximum of privacy through the arrangement of the bedrooms in relationship to each other. Square kitchens permit individual furniture arrangements.

The Mies van der Rohe scheme has one type of tower apartments whose kitchen, especially in the lateral units, is a dark corridor containing a sink, range and refrigerator and without enough floor space to put down a garbage pail. Bedroom adjoins bedroom and bathroom is beside bathroom. The individual "town houses" give the impression of window bays fallen from this large glass tower. They can be put upside down, piled on top of each other, or juxtaposed with the IIT Chapel in Chicago without any indication that these are self-contained houses, individually owned. The totally transparent front and rear elevations are identical throughout the project; the resulting profuse draperies put up by desperate inhabitants in search of privacy and shadow give to the settlement a "darkness at noon" character which must be a satisfaction to the architect who once said: "The curtain is the finest wall." These relentless glass boxes either face public streets or face each other, and their visual nudism is aggravated by acoustic exposure. Plans are staggered so that the bedroom of one house overhangs the living area of the next, and walls are so thin that normal conversation could be carried on through the partition wall dividing "house" from "house". A variation of the two-story town house is the court house that has double the area through a private court. But this highly advertised "precious piece of private turf", bringing the price up to $25,000–$34,000, provides only an illusion of greater privacy. The brick garden walls are gateless, and the gardens are accessible from the public streets and on view from the apartment tower.

In spite of the respect due to an old man who has contributed essential concepts to the development of modern architecture, it is impossible to overlook the fact that Mies van der Rohe's design for Lafayette Park is a failure. The question arises, *what is the role of the architect in planning and redevelopment?* The already-quoted report, "The Gratiot Redevelopment Project" by Robert J. Mowitz, has formulated the problem very clearly:

The basic dilemma faced by the developer was that in order to produce housing for low-income families, construction costs had to be scaled to the potential rents, but such plans did not satisfy the professional planners and architects. On the other hand the more elaborate plans met the disapproval of the Federal Housing Agency; they were concerned over the potential market for higher-cost units.

Sociologists, such as Robert C. Wood, working in close contact with the Department of Architecture at Massachusetts Institute of Technology, have stated that "practical city planning is based on politics and economics and not on architecture, esthetics or social welfare"; and a straight look at the subdivisions in every North American town speaks louder than experts. This separating of housing from architecture prompted Philip Johnson to coin the phrase, "Architecture is not for people", and it has eliminated the individual residence and the low-cost housing unit from the design curriculum of our architectural schools.

In spite of this general attitude, architects are called in to design Title I projects. Their number might be negligible in relationship to the total building volume, but every now and then a developer remembers in a sort of historical throw-back that a good dwelling has to be designed, not fabricated. It is the very rarity of this trust, involving an additional financial risk by the developer, that places a great responsibility on the architect. It will depend on each one of them whether there is a future place for design in housing or not. This makes Mies' failure so tragic. One only has to compare his "town houses" with similarly financed and located one-family residences in the Hyde Park development in Chicago by I. M. Pei and Harry Weese Associates. Building materials are natural stone and glazed brick, demanding a minimum upkeep and guaranteeing a gradual fine weathering which is denied to the technological materials at Lafayette Park which must be kept in a state of perpetual newness. The best thing Ed Stone ever said was: "It (architecture) should represent 2500 years of western culture rather than 25 years of modern architecture."

This applies here. "Responsibility for the vastest public investment the governments are making for the next 20 years" (Lynch) entails a historical and not a personal view. When Mies said 26 years ago, "We are concerned today with questions of a general nature. The individual is losing his significance; his destiny is no longer what interests us", he announced his future leadership in a new technological architecture which has given to the 20th century its architectural greatness. But man is immutable. His role as a community component has not changed since Sumer and Akkad. He is the basis of the human collective and without his adequate sheltering there can be no culture, technological or otherwise. Just as the dilemma of the developer lies between the social character of mass housing which is unprofitable and his commitment to the spoils of Free Enterprise, so the architect's dilemma lies in his quest for self-expression and attention-getting originality on the one hand and the creation of a characteristic, regionally satisfying neighborhood. This specific character makes or breaks urban renewal from a humanistic and a historical viewpoint and it can only be achieved through a sort of hidden creativeness in the design. Single elevations, which in themselves have no importance, must be composed, synthethized with the sector as a whole, to form a distinct motif in the great symphony that is the city.

Sibyl Moholy-Nagy
In Defense of Architecture (1962)

Jane Jacobs publizierte 1961 das bahnbrechende Werk *Death and Life of Great American Cities*, das die Diskussion über das Thema Stadtplanung jahrzehntelang dominierte. Während viele Experten einräumten, dass Jacobs' Buch die Stadterneuerung aus erfrischend neuer Perspektive betrachte, und widerwillig anerkannten, dass viele ihrer Argumente den Nagel auf den Kopf träfen, nahm Sibyl Moholy-Nagy eine wesentlich kritischere Position ein. Ihr zufolge schenkte Jacobs dem Stellenwert von Architektur nicht genügend Aufmerksamkeit und begriff folglich nicht vollständig, welche Bedeutung der Großstadt zukomme. Diese Haltung war nicht unproblematisch, denn ausgerechnet die Zeitschrift *Architectural Forum*, deren Redaktion auch Jacobs angehörte, hatte Moholy-Nagy mit der Rezension beauftragt. Das Magazin wollte seine Mitarbeiterin nicht verletzen, und so erschien Moholy-Nagys Text letztlich nicht als Buchbesprechung, sondern als „Leserbrief".

Sibyl Moholy-Nagy, „In Defense of Architecture", in: *Architectural Forum*, Apr. 1962, S. 19.

It is one of the great services rendered by Jane Jacobs' book (*The Death and Life of Great American Cities – Forum*, Sept., Oct. '61; March '62) that she has forced the smoldering tension between city planners and planning administrators into the open. Planners will have either to give up on urban renewal or make an organized stand for or against high-rise housing, densities, zoning, subsidies, Title I, and all the other incantations that have made this new professional field as incomprehensible and hermetic as faith healing. Architects have rarely been given a chance to intrude into the implementation of either planned or inflicted urban renewal, and this too is borne out by Jane Jacobs' book.

On the first 372 pages the city emerges as a network of streets threatened by housing projects. Both are evaluated and found good or evil according to purely social criteria. With Chapter 19 ("Visual order: its limitations and possibilities"), the tenor of the book changes abruptly. Italics proclaim that *"A City Cannot Be a Work Of Art,"* and, from then to the conclusion 76 pages later, not the planner but the architect is the villain. Bravely solving what has puzzled milleniums before her, Jane Jacobs develops a new theory of art whose ultimate purpose is "to reassure us of our humanity," although the artistic process is found to be "arbitrary, symbolic, and abstract." Any notion to consider this an interpretation of the School of New York painting is dispelled by the next thought which fixes her target:

"To approach a city, or even a city neighborhood as if it were a larger architectural problem, capable of being given order by converting it into a disciplined work of art, is to make the mistake of attempting to substitute art for life. The results of such profound confusion between art and life are neither life nor art. They are taxidermy. In its place, taxidermy can be a useful and decent craft. However, it goes too far when the specimens ... are exhibitions of dead, stuffed cities."

This life-killing architectural taxidermy, "continuously more picky and precious", in collusion with the "futile and deeply reactionary" Garden City Movement, are unmasked as "primarily architectural design cults rather than cults of social reform. Indirectly through the Utopian tradition, and directly through the more realistic doctrine of art by imposition, modern city planning has been burdened from its beginning with the unsuitable aim of converting cities into disciplined works of art."

Surely, the repetitive use of the term "disciplined work of art" as an accusation is no coincidence. It forces even on the most evasive architectural reader the realization that he is guilty by association with 3,000 years of urban history.

This primitive ignorance of the profound concern of architects for the city puts Jane Jacobs in the same camp with administrative city planners, whose prominent representative, Edward J. Logue (*Forum*, March '62), could declare from the lecture platform of New York's Museum of Modern Art that "architecture is a silly profession". (He followed this statement with a caricature of architectural attitudes that cheapened his own office but not that of the architect.)

In city building each sin is Original Sin, permanent and irredeemable. The sin of arrogance that finds designed environment contemptible, because it sometimes clashes with either expediency or sentimentality, deprives the defenseless citizen of all respect for the achievements of the past, and of the dignity of participation in the new architectural concepts of his time. No journalistic sleight of hand can transform streets into primary causes unconditioned by the architectural volumes that define their vacuum. The fate of the more-or-less happy sidewalk watchers, invented by Jane Jacobs, is determined by architectural tradition. The grace or failure of the architects who designed their city, generation after generation and building by building, made their habitat identifiable. Beyond this at-homeness with the face of their street rather than with its soiled feet, urban character was assured by the "irrelevant concoctions" of civic centers and monumental edifices, the boldest statements of architectural conviction of a leading cultured minority.

Since the beginning of the city, this unduplicable civic personality has provided a communal experience in which the people of all the gray Hudson streets of the world could proudly share. Not "eye catchers … landmarks … pushcart vendors … edifices in cheap and makeshift fashion …" – advocated at various points by Jane Jacobs to induce a strained and artificial diversity – but buildings as singular masterpieces, as functional servants, and as designed dwellings in inexhaustible variety, proclaim a city rich or poor in vitality. The great "uneconomical" plazas, the "empty" parks, the "dull" avenues with elegant homes, furnish the festive counterpoint to the modest environment of the service streets. The Sunday crowd surging over the terraces at Versailles, loafing on the Spanish Steps, paddling on the Serpentine, or thronging the Guggenheim Museum and The Cloisters, do not seek art to confirm their humanity. They have come to participate unconsciously in a cultural continuity that transcends their meager personal life-span.

If this were all the architect as autonomous artist had to offer, it would demand his inclusion into the redesigning of every city; but architecture is more universal than this. A recognized truth, such as the need for housing, is nothing but a generality until a creative mind gives it form. Jane Jacobs carefully avoids hinting at the type of dwelling that must replace the tenements of Manhattan when even social reform can no longer prevent their collapse. If the city is to survive as a residential location, these dwellings will not be designed by the fantasies of romantic slum dwellers or by the artless efficiency of housing commissioners. A new prototype of urban dwelling can only come from a professional architect. Only he can translate the new visions in space, form, structure, material, and multiple relationships into the next development of urban environment.

Admittedly people with such aims are poor participants in the frantic brotherhood of the street, proclaiming a grotesquely distorted concept of democracy. To serve the city best, the architect must love his art more than the people. The mold he creates for their lives will only be beneficial if it fulfills an ideal standard that transcends their limited social experience. Man became man not only through his urge for survival, but through his desire to create a beautiful environment. Any African native, European peasant, or eighteenth-century American would find this statement redundant.

Architecture, being nonscientific, noncategorical, and pragmatic, has been and remains man's greatest tool to make this desire visible and viable. Only the architect can "approach a city neighborhood as if it were a larger architectural problem, capable of being given order by converting it into a disciplined work of art". This release from chaos through design is the last hope of the depersonalized city dwellers of today to see himself restored to urban tradition. The quality of his dwelling will give him the will to endure – as did in their time and for their inhabitants the houses of the Ile St. Louis, of Bath, Mannheim, Chatham Village, Stjordalshallen, and Roemerstadt – because architecture is the fourth dimension of history.

Sibyl Moholy-Nagy
City Planning and the Historical Perspective (1964)

In diesem Text erörtert Sibyl Moholy-Nagy ihre Überzeugung, dass Stadtplanung grundsätzlich eine gestalterische Disziplin sei und jeder Stadtplaner zunächst einmal Architekt werden solle, ehe er sich auf die Stadtplanung spezialisiere. Sie vertritt auch die Ansicht, dass Städte ein historisches Erbe und ein kollektives Gedächtnis verkörpern, die es bei weiteren Entwicklungsmaßnahmen wertzuschätzen gelte. Diese positive Beurteilung des historischen Erbes richtet sich gegen den seinerzeit herrschenden Trend, bei Stadterneuerungsmaßnahmen existierende Stadtviertel zugunsten einer neuen Infrastruktur und Bebauung einfach abzureißen. Sibyl Moholy-Nagy ist eine verhältnismäßig frühe Vertreterin dieser kritischen Haltung, die in den folgenden Jahrzehnten viele Befürworter fand. Zahlreiche Argumente, die sie in *Matrix of Man* (1968) später detaillierter ausführen sollte, werden hier bereits angedeutet.

Sibyl Moholy-Nagy, „City Planning and the Historical Perspective", in: *Arts and Architecture*, Bd. 81, Dez. 1964, S. 22–23, 35–36.

By now everyone is familiar with the sensational findings of a recently released government report, proving that mice should not smoke. A similar study commission, established to investigate the effects of city planning on planners, would have to come up with an equally sensational conclusion that city planners are alergic to cities. It gives them nightmares. Since Patrick Geddes and Lewis Mumford it has been *de rigueur* to preface each treatise on the ills of the city and how to cure them with cries of destruction, chaos, rigor mortis, decay, and strangulation. In his most recent book Constantinos Doxiades, the most promotional Cassandra in the field, has six nightmares in the introductory chapter alone, followed by traumatic outpourings of guilt, darkness and despair that make the Confessions of St. Augustine the Huckleberry Finn of his day.

Each of these ritual dirges has a second verse, offering equally impassioned proof that those putrified city cores attract hordes of human lemmings in ever increasing numbers who throw themselves into a deadly sea of rampant automobiles, clogging the supposedly atrophied city centers, choosing spiritual and physical death in uninhabitable Gehennas. Urban Design Conferences are proliferating like TV contests with the sole purpose of restating the hopeless mess of the urban morgue and the suburban sprawl – after which the participating planners to a man pile into their automobiles and drive to their suburban homes, over bridges and freeways, eagerly approved by them to bring more cars into the city and to induce more families to live in anti-urban fringe developments.

It is fascinating to study how planners, in the splendor of their new authority, have rationalized the blatant contradictions just mentioned. Those who are loudest in blaming the automobile for the decay of the urban core and the destruction of the city periphery are busy laying out low density subdivisions for commercial developers. The saving grace is to be the "Regional Shopping Center," entered into literature as a future urban core of an as yet unborn new city, bobbing in a sea of 10,000 parking lots, and separated from even the most tenuous civic function by multi-lane highways. Others propose a "post-architectural solution" of an indefinite ribbon wall, stretching over the country, in whose multi-levelled tiers individual house cells are inserted like coffins into the niched walls of the Catacombs. The Ekistics school prescribes a "continuous city center" establishing commercial "nodes" every five or ten miles, as if any freeway or turnpike near a big city had not produced this "unique" solution without benefit of genius. Washington, D. C., published a Master Plan for the Year 2000 which was scrapped as soon as the astronomical figure its composition cost the taxpayer had been used up; and other suggestions – clusters, ribbons, satellites, and subterranean or sky-born "cities of tomorrow" – die an easy death on the pages of planning school catalogs and architectural publications. But every self-respecting city in the United States has by now a City Planning Commission, usually without a single architect on its staff. Some 20 years after this movement toward city improvement through planning started, the effect of this new profession on human environment is evident. Traffic is worse. Not a single instance is known to me where planners have solved the problems of congestion at traffic links, the access and egress of tunnels and bridges, the variable width of thoroughfares or car parking. Slum clearance has succeeded in covering the best available building sites, such as the high embankments of New York's Bronx River, the East River esplanade, and the beaches of Brooklyn, with public housing barracks that will be the slums of tomorrow, while the old central neighborhoods have been pawned off to private developers whose luxury apartments have driven the urban middle class into extortionist "developments" in the suburbs.

For a brief spell there was hope that a frantic activity to build "Civic Centers" would produce a new "planned city core," platted by the city planner and built up by the architect as master mind of the collective self-image of a town. So far, these Civic Centers have been dismal failures – Detroit, Hartford, Baltimore, and the incipient one in New York, to name a few. Planners, considering architecture "a silly profession" (according to Boston planner Logue), "dead and to be replaced by urbitecture" (Crane), have ignored the architectural implementation of traffic "patterns"; and architects, eager to please the client whose super billboard they were asked to design, have ignored each other and also the citizen in the public space below.

City Planning as a profession and an influence has been a resounding, and frequently a tragic and destructive failure. Yet, planning departments are springing up on American campuses like vending machines of a better future. Students invest additional years and tuition fees to get a planning degree, assured that they will be hired by a city planning commission on a salary substantially higher than what they can expect in an architectural office. Rarely, if ever, in the history of human civilization has a new profession been offered such long range performance credit on such favorable terms and with so little prospect of honoring the warrant. (Drawing an analogy from medicine one could compare the city planner of today with a surgeon, performing endless "exploratory operations" on the urban body that leaves behind ineradicable scars without ever finding the cause of the illness.) There are a number of observed facts that come to mind as possible explanations for the negative staying power of the urban planner.

In schools of architecture, usually the best and the worst students switch to planning: the best because they see the creative design possibilities shrink under the onslaught of commercialism and building technology and believe in their supreme power to bring those urban utopias on the planning studio wall to life; and the worst architectural students have found in the prestigious word "planner" a cloak of collective anonymity that will hide their utter lack of architectural talent.

The almost boundless good will shown to planning commissions rests on two extremes. On the one hand is a congenital attachment of each inhabitant to his city that wants to trust the new city doctor who makes such high promises of saving that beloved and obviously threatened native environment. On the other hand are the banking and speculation interests who can and have manipulated planning and zoning laws to milk maximum profits – known poetically as "windfalls" – from the homelessness of the middle and low income population. A profession so hampered by its own ineptitude and by an economic system considering any interference with the exploitation of real estate for maximum profit as original sin, hardly seems to justify academic status or investing an administrative government agency with vast powers over the life and death of whole city sectors and their inhabitants. Yet, city planning is an ancient occupation, inseparable from the rise of organized communities and civilizations. City planning became a monster only when it was separated from architectural design.

What we need is not a liquidation of planned city building, but a totally new orientation after a woefully false start. In the long course of urban history the crucial point can be fixed precisely when the city broke up into planned and unplanned sections, and when greed and power dotted the landscape with industrial slum towns whose sole aim was production control. Mill town and coal town were followed a hundred years later by the Reform Movements of the 19th century. Looking back today it is difficult to decide what was worse: the blight of Hoboken and Elizabeth, New Jersey, or the illusory remedy of the Garden and Greenbelt villages, inspired by Howard, Unwin, and Geddes to whom city planning was a *moral* and not an architectural problem.

This moral slant of "reform housing" not only invented the medieval farmhouse as ideal dwelling for the urban commuter; it diverted attention from the transformation of the city as a habitat of wealth and big business. So much sand was whirled up by the Garden City Movement that the city as the first cause of modern man disappeared as a planning issue. It is a curious and highly ironical fact that the so-called Functionalist Revolution that started in Europe during and after the First World War, and was brought to America in the early 1930s, picked up "social housing" as its main task and moral justification from the medievalists of Welwyn and Hempstead [sic]. In doing so it perpetuated the neglect of the city as the monumental, collective image of a society *whose prime function is not the provision of inexpensive shelter but the expression of an historical ideal.*

Credit for having substituted urbanism – the concern with cities – for the suburbanism of the Garden City and "*Siedlungs*" movement must be given to Le Corbusier and to a group of architects and planners working under the name of CIAM (Congrès Internationaux d'Architecture Moderne), but the result of their labors was but another planning freak that survived for a limited time in the rarefied atmosphere of meeting halls and pamphlets. In ten subsequent congresses between 1928 and 1956 CIAM moved further and further away from the architectural base of urban design, from the historical and monumental implications of the city, and from the individual contribution of architectural genius. Standardized habitation grids were to cure anarchic urban chaos through the provision of rational "minimum dwellings." When war-devastated England had to be rebuilt, M.A.R.S. the English branch of CIAM, lost the battle of England as ASCORAL lost the battle of France. All they had to offer as a planning collective were graphic charts how to house the common man from Kiev to Amsterdam.

At the 6th CIAM congress in 1947 Le Corbusier protested again the perpetuation of a direction he himself had instigated 20 years earlier and which, by the ineffable process of creative transformation, he had now outgrown. In a spontaneous outburst he pleaded for "the poetic phenomenon – the miracle of affinities – feeling and art as necessary as bread and water", culminating in the arch heresy flung at the inventors of design teamwork.

"The common effort, at the hour of its birth, comes from the hands of a single man who has accepted the responsibility. This man sends a message to the unknown."

But it was too late. His first book on city planning had become the universal text of a new profession that schooled itself on the wallpaper patterns of the Ville Radieuse plan; that learnt to draw urban perspectives defined by identical featureless "Cartesian skyscrapers." Most decisive and most tragic of all, the new planners learnt from Le Corbusier, Ludwig Hilberseimer, and the CIAM fraternity to ignore the street and the public plaza as architectural expressions of urban destiny. The functionalist principle of the so-called International

Style, spinning the exterior of a building like a cocoon around the interior space function, had liquidated architecture as a form-giving discipline. Streets went in search of architectural definition, and, failing to find it, were reduced to multi-layered traffic lanes. The sinister consequence of this withdrawal from designed city spaces was the *carte blanche* it offered to commercial building. If architects did not care about designed urban environment, why should investment capital? And so, between bloodless abstraction and speculative greed, the city as a work of art was destroyed, surviving as a scalped, denuded bundle of muscled energy. Despite the Cassandra chorus quoted at the beginning of this paper, not a single city (and here I quote our foremost planning authorities) "died of cancer," "was strangled to death," or "stands a ruin with a withered, lifeless core." But an expanding, susceptible population is deprived of a habitat that shelters more than the body, living in barbaric ignorance of esthetic and cultural standards. Not its atrophy but the very vitality of the American city demands a radical reorientation of planning concepts.

Old professions, including architecture, have produced their best individual talent without formal training. City Planning, having been born into a world of academic credits and degrees, relies exclusively on its schools for manpower. The rebirth of Urbanism, not as a freak or a monster, but as a creative force to shape man-made environment must be precipitated by the schools of architecture.

Their foremost obligation is the liquidation of "planning" as a separate program in a separate school. With the blessing of the American Institute of Architects the fate of cities was entrusted to "specialists" who, with the true zeal of bureaucrats, organized immediately a professional association, airtight against any architectural membership, a journal, and a school association, all based on a hermetic Freemasonry. The "Requirements for the Degree of Master of Science (Planning)" of a highly respected Graduate School lists "liberal arts, engineering, landscape architecture, law, public administration, the social sciences," as undergraduate background for its applicants, omitting architecture, which also is completely absent from the courses offered, and, for that matter, from among the faculty specialties. After attaining his "master" the engineering, law, or administration major will be let loose on a city that is a living architectural organism of buildings – public, commercial, domestic, monumental, functional, traditional, modern; of streets and public plazas with monuments and plants that have been there for many generations and testify to the collective ideal formed around the buildings, the art, and the natural attributes of an unduplicable urban environment. It takes a special type of obtuseness and callousness to ignore the enraged bitterness of the anonymous people in Philadelphia, Hartford, Baltimore, San Francisco, Detroit when they talk about the destruction of their town by "planning experts." It is not the often brutal handling of relocation that arouses the most hateful and hopeless comments, but the levelling of landmarks and diversities. The dead-end of our present concept of city planning is its historical ignorance, a puerile yet deadly pride that urban renewal is its own beginning. There is no place in the curriculae of schools of planning for the history of human settlement.

This, too, is the oblique heritage of the functionalist 1920s when CIAM invented one grid, one scale, one plotting system to force the ancient cities of the world into a standard mold of "rational living." This, to be sure, was an understandable reaction against the gross misuse of historical reference by the zealous moralists of the Garden City Movement and by urban historians from Camillo Sitte to Lewis Mumford. The whole sorry mess of history as duplicable prototypes is contained in Mumford's reference to Venice as "a new type of urban container, marked by etherialization of the wall … Strangely, it needed the invention of the Radburn plan in 1928 (Radburn, New Jersey) before an occasional town planner's eye opened sufficiently to take in the innovations that Venice had fully consummated five centuries before. But the striking similarity, the separation of the pedestrian from other modes of traffic and transport … is only a small part of the total contribution that Venice made to the art of townplanning." The absurd comparison between Venice and Radburn might stand for an attitude that did much to push planning into the opposite fallacy – identifying the making of man-made environment with science, and consequently with progress. Science achieves its results independent of human reactions, invalidating each step as soon as the next has been made. Who would throw an atomic bomb if a hydrogen one is available? By its very nature designed environment is non-progressive. Achievement can only be measured in terms of perceptive continuity – tradition and transformation existing side by side in a sensitive balance between man's historical and his dynamic consciousness. The common man knows what the planner denies. New York, Philadelphia, Boston, are at the peak of a frantic remodeling wave of old brownstones and brick residences; while those who have been cheated out of their urban heritage fall for subdivision homes offering "genuine Colonial design, cathedral-ceiling living room; foyer with 2 Doric columns."

In admitting the non-scientific, purely humanistic and architectural basis of city planning, we are faced with the difficult decision where to obtain finger exercises and teething rings for an infant generation of architect-planners. The answer is: in history, not as a coloring book of stylistic left-overs but as the legitimate repository of man's conceptual imagination. If this sounds like poorly concealed eclecticism a single look at three new cities of the 20th century – Canberra, Brasilia, Chandigarrh – suffices to exemplify the inescapable continuity of basic environmental concepts. Griffin's Canberra owes everything to Wren's reconstruction of London which, in turn, produced L'Enfant's Washington. Costa's Brasilia is so neo-classical as to be almost interchangeable with Klenze's Athenian plan from 1834, and Le Corbusier's metric succession of self-contained squares within a squared city, bisected by the ceremonial road to the seat of power, recalls, by his own admission, Peking. Yet none of these 20th-century plans is a copy. For better or for worse they are images of 20th-century communities. What we experience is a conceptual affinity.

The aspects of such an urban study program are almost infinite because concept and realization encompass plans and buildings in multiple relationships to movement, space, verticality, form composition, and symbolic meaning. It is perfectly true that the temple and palace community of Egypt has no bearing on a civic center in, say, Illinois. It is equally true that horizontal space progression, the experience of actual and virtual spaces, the difference between metric and projective spaces, and the fourth dimension of time, were developed in the second and first millenia B.C. Vertical *Stadtkrone* settlements, citadel towns, commercial harbor towns and those curious phenomena of the Renaissance brain, the ideal utopias, all share as common denominators these inescapable factors: the human condition of individuality and collective; historical memory and imaginative experimentation; greed for power and wealth; and greed for beauty and immortality; architectural design as the master tool to make this many-faceted human condition visible; and space-time, the dynamics of street elevations as the containers of ceaseless movement.

A profession that postulates its education and its goals on a mechanistic interpretation of materialistic requirements, without reference to the collective memory of the community and the need of each individual to feel himself anchored in and justified by this memory, can only destroy, it cannot plan. And city planners, no matter how world famous, who postulate that "low-cost housing efforts may be more important than 'big architecture' … The proper road is to start from the utilitarian buildings and be concerned only with them …" (Doxiades) show a contempt for the aspirations of mankind that was unknown to any preceding culture. If it were true that the survival of cities depends on adequate shelter and working space, the great urban centers of the Old World from Rome and Istanbul to Cordoba and Paris would long have been deserted. Instead, their cores are crammed with populations content to derive their urban identity from the monumental architecture that makes their city different from other cities. It is one of the most essential studies of urban history to understand the making of villages and to derive from this understanding the conceptual, non-utilitarian origin of urban settlement. "Modern city planning," wrote Jane Jacobs in her best-selling book, "has been burdened from its beginning with the unsuitable aim of converting cities into disciplined works of art." This sort of environmental debasement leaves only two alternatives: to turn citizens into changelings – neither urban nor rural, blind robots, scurrying back and forth between work and sleep; or to dismiss the false prophets of scientific planning without architecture and start with the by no means easy task of distilling from history the conceptual truths of a re-urbanized future.

Für jede Familie eine Alleinstehende. Die Bauhaus-Architektin Wera Meyer-Waldeck und die Herausforderungen der Unterbringung älterer Frauen im Westdeutschland der Nachkriegszeit

Mary Pepchinski

Diplom am Bauhaus

Wera Meyer-Waldeck (1906–1964) war eine der 16 Frauen, die am Bauhaus Architektur studierten, und eine von den vieren, die dort einen Diplomabschluss erwarben. Eine bemerkenswerte Tatsache, denn in den ersten Jahrzehnten des 20. Jahrhunderts gab es in Deutschland nur wenige Architektinnen, und Walter Gropius, der das Bauhaus von 1919 bis 1928 leitete, lehnte Frauen in dieser Institution weitgehend ab. Unter seinen Nachfolgern Hannes Meyer (1928–1930) und Mies van der Rohe (1930–1933) legte sich dieser Widerstand etwas. Meyer-Waldeck studierte von 1927 bis 1932 am Bauhaus, arbeitete dann als Architektin für unterschiedliche Arbeitgeber und eröffnete um 1950 ein eigenes Büro in Bonn.[1] Heute verbindet man mit ihrem Namen zum einen Projekte aus ihrer Bauhaus-Zeit – vornehmlich die Möbel, die sie 1930 unter Hannes Meyer und Hans Wittwer für die Bundesschule des Allgemeinen Deutschen Gewerkschaftsbundes in Bernau entwarf – und zum anderen ihren Beitrag zur Gestaltung von Verwaltungsgebäuden der frühen Bundesrepublik Deutschland – insbesondere ihre Arbeit am Innenausbau des Bundeshauses in Bonn (1950) in Zusammenarbeit mit dem Architekten Hans Schwippert.[2]

Dank neuerer Forschungen wissen wir inzwischen auch mehr über Meyer-Waldecks berufliche Tätigkeit im Anschluss an ihre Bauhaus-Jahre, vorwiegend nach 1945.[3] Angesichts des Engagements, mit dem sie ihren Beruf ausübte, überrascht es nicht, dass sie in den 1950er-Jahren nicht nur aktives Mitglied des Deutschen Werkbunds, sondern auch eine der wenigen Frauen war, die in die exklusive Berufsvereinigung deutscher Architekten und Stadtplaner, den Bund Deutscher Architekten, aufgenommen wurden. Auch dass sie durch Europa, in den Nahen Osten und nach Nordamerika reiste, um sich mit führenden Architekten, Intellektuellen, Lehrern und Kollegen aus ihrer Bauhaus-Zeit zu treffen, erscheint nicht weiter erstaunlich.[4] Während sie häufig in Bezug auf ihren Beitrag zum modernen Design genannt wird, überrascht es doch zu erfahren, dass sie sich in den 1950er-Jahren auch unverblümt als Feministin zu erkennen gab und die Ansicht vertrat, dass Architektur und Stadtplanung die Menschen in der Nachkriegszeit bei der Erprobung neuer Geschlechterrollen unterstützen könnten.[5]

Neben ihrer Arbeit, ihren Reisen und ihrem gesellschaftlichen Engagement verfasste Wera Meyer-Waldeck auch regelmäßig Fachtexte. Ihr ansehnliches Œuvre wird zurzeit untersucht, ihre zahlreichen Artikel aber, die in Zeitungen, Fachzeitschriften und Ausstellungskatalogen erschienen, sind bislang noch nicht erforscht worden. In ihren lebendigen, unmittelbaren, mit Anekdoten angereicherten Texten diskutiert sie häufig die Frage, wie Architektur auf die unterschiedlichen Bedürfnisse von Bewohnerinnen und Bewohnern abzustimmen sei, insbesondere auf die Wünsche von Frauen.

Einige Texte von Wera Meyer-Waldeck werden im Folgenden besprochen. Ihr letzter bekannter Essay von 1960, „Menschlich wohnen – glücklich leben – für alle", ist hierbei von besonderem Interesse. Geschrieben zu einem Zeitpunkt, als das Paradigma des Funktionalismus in Architektur und Stadtplanung noch kaum infrage gestellt wurde, befürwortet er eine kleinräumige Quartiersplanung für eine gemischte Bewohnerschaft, um auch die vielen alleinstehenden älteren Frauen in Westdeutschland angemessen unterbringen zu können.

Frühe Jahre, Ausbildung am Bauhaus und Berufspraxis

Als Tochter einer kosmopolitischen, gut situierten Dresdner Familie verbrachte Wera Meyer-Waldeck ihre Jugend im ägyptischen Alexandria und im schweizerischen Graubünden. Sie sprach fließend Englisch, Deutsch und Französisch und kehrte 1922 nach Dresden zurück, wo sie zunächst eine Ausbildung als Kindergärtnerin absolvierte. 1927 schrieb sie sich am Bauhaus ein,[6] wo sie das letzte Jahr von Walter Gropius' Direktorenschaft miterlebte, der die ästhetische und formale Basis funktionaler Planung ins Zentrum der Lehre stellte.[7] Auf Gropius folgte 1928 Hannes Meyer, dem die alltäglichen Bedürfnisse der Menschen wichtiger waren und der „Volksbedarf statt Luxusbedarf" propagierte.[8] Unter Meyer gewann die – wenn auch kleine – Bauabteilung an Bedeutung, und die Studierenden, darunter Meyer-Waldeck, sammelten durch gemeinsames Arbeiten an realen Projekten wertvolle Erfahrungen. Infolge der radikalen Umorganisation der Bauhaus-Werkstätten und aufkeimender politischer Zerwürfnisse, die 1930 im Rauswurf Hannes Meyers kulminierten, ging es an der Schule ziemlich hoch her.[9] Obwohl Meyer-Waldeck im Rahmen mehrerer Aufträge eng mit Meyer zusammengearbeitet hatte, schien sie seine marxistischen Neigungen nicht zu teilen.[10]

Meyer-Waldeck hielt sich während ihrer Ausbildung nicht nur häufig in der Bauhaus-Schreinerei auf, sondern besuchte bei Mart Stam und Ludwig Hilberseimer auch Kurse zum Thema Städtebau. 1932 schloss sie ihr Studium unter Mies van der Rohe ab und machte zusätzlich die Gesellenprüfung als Tischlerin.[11] Aufgrund der desolaten Wirtschaftslage hatte sie zunächst Schwierigkeiten, eine Arbeitsstelle als Architektin zu finden. Erst 1937, als in Berlin die Kriegsvorbereitungen schon im Gang waren, erhielt sie eine Anstellung bei der Obersten Bauleitung der Reichsautobahn (1937–1939). Anschließend arbeitete sie bei der Reichsbahnbaudirektion (1939–1942). Dann verließ sie Berlin und nahm in Oberschlesien eine Stelle als Leiterin der Planungsabteilung der Berg- und Hüttenwerksgesellschaft Karwin-Thzynietz an (1942–1945), wo sie die Konstruktion und den Entwurf von Industriebauwerken und Arbeiterunterkünften beaufsichtigte.[12] In einem Schreiben an Hannes Meyer von 1947 beschrieb sie ihre Jahre bei dieser Gesellschaft als die glücklichsten und erfolgreichsten ihrer bisherigen Laufbahn als Architektin.[13]

Zwischen 1946 und 1948 unterrichtete sie in der sowjetischen Besatzungszone (aus der 1949 die Deutsche Demokratische Republik hervorging) für kurze Zeit an der Staatlichen Hochschule für Werkkunst in Dresden. Dann zog sie wieder nach Westdeutschland und ließ sich um 1950 in Bonn nieder, wo sie bis zu ihrem plötzlichen Tod 1964 lebte und arbeitete.[14] Aus den Verzeichnissen, die sie im Laufe ihres Lebens erstellte, und aus Nachrufen lässt sich entnehmen,[15] dass Meyer-Waldeck viele Aufträge von Privatleuten und Kunden aus dem öffentlichen Sektor der Städte Köln, Bonn und Koblenz erhielt, und zwar für Projekte, die als „Frauensache" erachtet wurden: Innenarchitektur, Möbel, Wohnarchitektur und Sozialfürsorgeprojekte. Sammlungen ihrer wenigen verbliebenen Papiere und der beispielhaften Möbelentwürfe werden in Archiven in Berlin und Bonn aufbewahrt,[16] doch ihr komplettes Œuvre wurde bislang nicht dokumentiert.

„Eine lebendige Heimstätte des Friedens" – Die Ausstellung „So ... wohnen" in Bonn, 1950–1951

In den unmittelbaren Nachkriegsjahren waren Frauen unentbehrlich gewesen, um beim Wiederaufbau Deutschlands mitzuhelfen. In den 1950er-Jahren, als sich das Alltagsleben stabilisierte und Kriegsgefangene heimkehrten, wurden Architektinnen wieder in unterstützende Positionen abgedrängt, etwa in die Innenarchitektur, den Journalismus oder die Öffentlichkeitsarbeit. Da die Berufsverbände für Architekten in Westdeutschland fest in Männerhand blieben, war für Architektinnen die Mitgliedschaft in Frauenverbänden die einzige Möglichkeit, um ihren Einfluss geltend zu machen und Führungspositionen einzunehmen.[17] Wera Meyer-Waldeck zum Beispiel übernahm die Leitung des Ausschusses Wohnung und Siedlung des Deutschen Frauenrings, einer überparteilichen Organisation, die die Interessen von Frauen auf breiter Front unterstützte, und war Vorsitzende des Bonner Ortsverbands des Soroptimist Club, einer internationalen Organisation für berufstätige Frauen.[18]

Meyer-Waldecks erstes „Frauenprojekt" entstand als Reaktion auf Diskussionen, die 1950 bei einer von der Alliierten Hohen Kommission finanzierten Veranstaltung in Hannover aufkamen: Dort sollten Fachleute Strategien zur Beseitigung der gravierenden Wohnungsnot in Westdeutschland erarbeiten. Hierbei ging es insbesondere um den Wiederaufbau von schätzungsweise einem Viertel des Wohnungsbestands und um die Umsiedlung von sechs Millionen Flüchtlingen.[19] Als Repräsentantin des Deutschen Frauenrings organisierte Meyer-Waldeck daraufhin die Ausstellung „So ...

wohnen", die von Anfang Dezember 1950 bis Anfang Januar 1951 in Bonn gezeigt wurde.[20] In einem leer stehenden Mehrfamilienhaus an der Schedestraße in der Südstadt, in strategischer Nähe zu den Büros und der Residenz des Bundespräsidenten, verwandelte sie zwölf kleine Wohneinheiten in begehbare Schauräume, die jeweils mit einfachen, aber ansprechend gestalteten Möbeln ausgestattet waren und demonstrieren sollten, wie man sich auch mit wenig Geld geschmackvoll einrichten konnte. Die Ausstellung wollte Frauen nicht nur als Konsumentinnen ansprechen, sondern sie zugleich ermutigen, sich an der Planung und Einrichtung neuer Wohnungen aktiv zu beteiligen. In der Ausstellungsbroschüre erklärte Meyer-Waldeck, da Frauen sich mit den Abläufen eines Haushalts genau auskannten, sei es „nicht nur [ihr] Recht, sondern [ihre] ernsteste Pflicht", Fachleuten mitzuteilen, wie sich Wohnungen besser planen ließen, vor allem, um ihnen die mit der Hausarbeit verbundene Last körperlicher Anstrengungen zu erleichtern.[21]

Anstatt sich auf Funktionalität und Effizienz zu konzentrieren, wandte sich Meyer-Waldecks Text außerdem einem anderen Thema zu. Angesichts der Tatsache, dass der Krieg und seine Folgen den Alltag noch immer tiefgreifend prägten, sollten sich Frauen ihrer Ansicht nach auch mit den emotionalen Qualitäten ihres Zuhauses befassen. Ein wohldurchdachter Grundriss sei zwar essenziell, doch „Einrichtung und Ausstattung" seien genauso wichtig, weil sie den Bewohnern eine emotionale Bindung an den Raum ermöglichen würden, sodass dieser sich wie ein „Heim" anfühle. Da viele Menschen nun gezwungen seien, in kleinen Wohneinheiten zu leben, sollten sie den geringeren Lebensstandard nicht als Herabstufung betrachten, sondern als Chance, ehrenhafter und mit einer größeren Wertschätzung für Qualität, Schönheit und Funktionalität zu leben. „Machen wir aus dieser Not keine Tugend, sondern üben wir die Tugend der Beschränkung um ihrer selbst willen." Aus diesem Grund sei die Ausstellung für alle von Interesse, „ob Flüchtling oder Ausgebombter, Beamter oder Angestellter, Arbeiter oder freischaffender Künstler".[22]

Als Mitglied des Deutschen Werkbunds wollte Meyer-Waldeck Konsumenten – und natürlich Konsumentinnen – zum Erwerb einfacher, moderner und sorgfältig gearbeiteter Produkte animieren. Deshalb appellierte sie im Sinne von Adolf Loos an das Klassenbewusstsein: „je ordinärer die Familie, desto reicher und größer das Büffet!" hatte er gesagt,[23] woraus Meyer-Waldeck ableitete, dass die Bewohner – und nicht ihre überdimensionierten, unpraktischen Möbel – in einer Wohnung in den Mittelpunkt der Aufmerksamkeit rücken müssten. Infolge des Krieges entfalteten ihre Argumente darüber hinaus eine emotionale Dimension, da Protagonisten des Werkbunds der Ansicht waren, dass die „Wohnkultur" – verstanden als Ablehnung des Publikumsgeschmacks zugunsten ästhetisch anspruchsvoller Produkte mit größerem intrinsischen Wert, die den individuellen Charakter der Bewohner widerspiegeln –,[24] angefangen bei der Gestaltung der Wohneinheit, zur Wiederherstellung der Gesellschaft beitrage. „Wir wollen Freiheit und Menschenwürde auch im eigenen Heim und Schönheit dazu", schrieb Meyer-Waldeck; wenn „Schönheit", „Ordnung" und „Zweckmäßigkeit" zusammenkämen, werde die kleine Wohnung zum Ideal „einer lebendigen Heimstätte des Friedens, der Freude und des Glücks für Jedermann".[25]

Elly Heuss-Knapp, Politikerin und Frauenrechtlerin, verheiratet mit Theodor Heuss, Wera Meyer-Waldeck, Oskar Kokoschka, Theodor Heuss, der erste Präsident der Bundesrepublik Deutschland, und der Staatssekretär des Bundeswohnungsbauministeriums Hermann Wandersleb (von links nach rechts) beim Besuch der Ausstellung „So ... wohnen" in Bonn 1950–1951

Offenkundige „Frauenfeindschaft": Architektinnen und Mainstream-Architektur in den 1950er-Jahren

Obwohl die Ausstellung „So ... wohnen" regional und sogar international Aufmerksamkeit erregte, blieben Architektinnen – ganz zu schweigen von den Bedürfnissen der weiblichen Bevölkerung – bei den üblichen Diskussionen über Architektur weiterhin außen vor.[26] Christopher Oestereich hat dokumentiert, wie empört Meyer-Waldeck auf den Ausschluss von Fachfrauen und frauenrelevanten Themen bei den einflussreichen Darmstädter Gesprächen von 1951 und 1952 reagierte, die Mitglieder des Deutschen Werkbundes organisiert hatten, um die Erneuerung des modernen Designs voranzubringen. Weil die Veranstalter in beiden Fällen bei insgesamt 45 geladenen Rednern nur eine einzige Frau eingeplant hatten – die Kunsthistorikerin Juliane Roh –, bezeichnete Meyer-Waldeck das Handeln der Organisatoren als offenkundige „Frauenfeindschaft".[27] Womöglich als Zugeständnis und Reaktion auf diese Kritik durften sie, Eleonore Späing, die den Verband Deutscher Frauenkultur repräsentierte, sowie Juliane Roh bei dem Darmstädter Gespräch von 1952 jeweils Kurzvorträge halten, die positiv aufgenommen wurden.[28]

Womöglich ist die Diskriminierung, die Meyer-Waldeck im Kollegenkreis erfuhr, mit ein Grund dafür, dass ihre Berichte über Auslandsreisen auch Passagen zu ausländischen Architektinnen enthalten, insbesondere zu jenen, denen in ihrem jeweiligen Kontext offenbar mehr berufliche Anerkennung zuteilwurde. In ihrem Bericht über ihre Reise in die Vereinigten Staaten 1953 schilderte sie auch eine Begegnung mit Catherine Bauer, die der University of California in Berkeley als Fakultätsmitglied angehörte und eine Expertin für den öffentlichen Wohnungsbau war,[29] sowie mit der Architektin Eleanor Raymond, die 1948 bei Boston eines der ersten Häuser mit Solarheizung gebaut hatte.[30] Im Anschluss an ihre Finnlandreise 1954 beschrieb Meyer-Waldeck ein Treffen der finnischen Architektenkammer. Unter den insgesamt 400 teilnehmenden Architekten seien ungefähr 150 Frauen gewesen.[31]

Berufstätige Mütter und Väter, „die das Kochen lieben": Das Wohnen in der Stadt von morgen

Ein weiterer Anlass zur Empörung bot sich, als Wera Meyer-Waldeck gemeinsam mit anderen Architektinnen bei der „Interbau 1957", der Internationalen Bauausstellung im Westberliner Hansaviertel nördlich des Tiergartens, erneut in die zweite Reihe verbannt wurde. Statt mit dem Entwurf für ein dauerhaftes Gebäude wurden die Architektinnen mit der Leitung der Abteilung Wohnen in der Sonderausstellung „Die Stadt von morgen" beauftragt.[32] In einem weitläufigen Pavillon am Eingang des Ausstellungsgeländes propagierte „Die Stadt von morgen" die Tugenden der modernen Stadtplanung, die sich durch locker arrangierte Gebäude und großzügige Grünflächen auszeichnete – Mittel, die zur Erneuerung der Nachkriegsgesellschaft dienen sollten.[33] Ungefähr ein Drittel der Ausstellungsfläche war dem zeitgenössischen Wohnen gewidmet. Die Berliner Architektin Hilde Weström hatte eine große Modellwohnung für eine Familie mit vier Kindern entworfen, Wera Meyer-Waldeck präsentierte möblierte Räume zum „Schlafen" sowie „Kochen und Wirtschaften", und es gab eine Wohnberatungsstelle, in der Besucher sich über Qualitätsmöbel, Hausrat und Innenarchitektur informieren konnten.[34]

In ihrem Beitrag für den „Interbau"-Katalog „Das Wohnen in der Stadt von morgen" (1957) erläutert Meyer-Waldeck, welche Ideen ihren und Weströms Entwürfen zugrunde lagen. Ihr dezidierter Ton verhehlt nicht, dass die architektonische Gestaltung einer Wohnung auch dazu beitragen könne, vorherrschende Geschlechterrollen umzukrempeln. Indem sie den Fokus von den Möbeln auf den

Grundriss verlagert, bekräftigt Meyer-Waldeck die Forderung von Hannes Meyer, dass die Berücksichtigung quantitativer wissenschaftlicher Daten beziehungsweise der sozialen, physischen und emotionalen Bedürfnisse der Bewohner beim Bauen oberstes Gebot sei.[35] Da die typische Wohnung diesen Faktoren keine Rechnung trage, komme es im Familienleben immer wieder zu Streitereien. Erwachsene flüchteten sich deshalb in Bars und Kinos, während Teenager in die Kleinkriminalität abrutschten. Als Gegenentwurf müsse die Wohnung der Zukunft zwei grundlegende menschliche Bedürfnisse erfüllen: den Wunsch nach Rückzug sowie den Wunsch, sich als Familie zu versammeln.[36]

Zum Zeitpunkt der „Interbau" begannen die Auswirkungen des deutschen Wirtschaftswunders das Alltagsleben gerade auf tiefgreifende Weise zu verändern. Als 1956 in vielen Branchen die Wochenarbeitszeit von sechs Tagen auf fünf Tage heruntergesetzt wurde, fragten sich viele ängstlich, ob das zweitägige Wochenende ihnen „Glück oder Sorgen" bringen würde.[37] Meyer-Waldeck war davon überzeugt, dass in den Wohneinheiten nun mehr Platz für konstruktive Aktivitäten oder „positives Freizeittun" vorgesehen werden müsse. Es bedürfe jeweils eines Hobby- und eines Außenraums in Form eines Gartens oder Balkons sowie flexibler Wände, die den Bewohnern die Gestaltung unterschiedlicher Grundrisse ermöglichten, von kleinen Zimmern „für eigene Stille und Geborgenheit" bis hin zu großen Räumen, in denen die Familie sich „für das gemeinsame Familienleben" versammeln könne.[38]

Die „Interbau" fiel mit dem Inkrafttreten des Zweiten Wohnungsbaugesetzes aus dem Jahr 1956 zusammen, mit dem die „Entfaltung eines gesunden Familienlebens", insbesondere von kinderreichen Familien, gefördert werden sollte.[39] Obwohl das Diktum von der Kernfamilie als stabilisierendem Herzstück der Gesellschaft in der Nachkriegszeit keineswegs die Realität widerspiegelte,[40] da nicht einmal die Hälfte der Familienhaushalte in der Bundesrepublik zu dieser Zeit der „Normalfamilie" glichen – definiert als Ehepaar mit zwei Kindern, wobei die Mutter Hausfrau und der Vater berufstätig waren –, entsprachen die Modellwohnungen diesem Idealbild. Tatsächlich wurde ein Viertel aller Kinder nach 1945 in einem Haushalt ohne Vater groß.[41] Meyer-Waldeck war diese Diskrepanz bewusst, und in ihrem Text verwies sie explizit darauf, dass anders konzipierte Wohneinheiten wegen Platzmangels nicht gezeigt werden konnten.[42] Doch obwohl verheiratete Frauen in Westdeutschland warten mussten, ehe sie ohne Erlaubnis ihres Ehemanns den Führerschein machen (1958), ein Bankkonto eröffnen (1962) oder eine Erwerbstätigkeit aufnehmen (1977) durften,[43] lagen Veränderungen in der Luft. Ehefrauen forderten das Recht auf Erwerbstätigkeit, und das 1957 vom Deutschen Bundestag verabschiedete Gleichberechtigungsgesetz billigte verheirateten Frauen zumindest dann das Recht auf Berufstätigkeit zu, wenn sich dies mit ihren Pflichten als Hausfrauen und Mütter vereinbaren ließ.[44]

Mit ihren Erläuterungen zu einer atypischen Küche, die sie für „Die Stadt von morgen" entworfen hatte, machte Meyer-Waldeck deutlich, dass sie die Zeichen der Zeit erkannt hatte, und zeigte, wie Architektur die Etablierung neuer Geschlechterrollen unterstützen konnte. Obwohl die ausgestellten Modellwohnungen für Familien mit Kindern gedacht waren, enthält ihr Text bezeichnenderweise keinerlei Stellungnahmen, in denen behauptet wurde, der wahre Platz einer Frau sei im Haus und ihre Rolle bestehe darin, nur für Kinder und Nachwuchs zu sorgen. Meyer-Waldeck erkannte die Bedeutung der Mutterrolle für eine Frau implizit an, aber nicht, dass diese Rolle sie auf das Haus beschränkte. Folglich lehnte sie kleine Einbauküchen, die die Familienmitglieder räumlich voneinander trennten, ab. Größere, neuartige Küchen, in denen Mütter Zeit mit ihren Kindern verbringen konnten, erschienen ihr angemessener, da sie die natürliche Bindung zwischen Elternteil und Kind stärkten – die, wie sie sarkastisch bemerkte, nun, da die Mütter zum Arbeiten aus dem Haus gingen, zu erodieren drohe. Dann wandte sie sich dem „Mann von morgen" zu, „der das Kochen liebt": Damit er sich frei durch die Wohnung bewegen oder draußen seinem Hobby nachgehen konnte, entwarf sie einen Herd auf Rädern.[45] In einer ergänzenden Stellungnahme wies sie darauf hin, dass die Herstellung eines solchen Geräts dank des zu erwartenden technischen Fortschritts in den folgenden Jahren – etwa durch die Entwicklung raffinierter Küchengeräte und High-Tech-Luftumwälzungssysteme – möglich werde.[46] Zum Schluss verwies sie auf Martin Heideggers Aufsatz von 1952 „Bauen Wohnen Denken" und erklärte, dass es an der Zeit sei zu lernen, wie man in seinem eigenen Zuhause leben müsse, um „ein Stück seines persönlichen Daseins" zurückzuerlangen.[47]

Wohnbau für alleinstehende ältere Frauen in der Bundesrepublik Deutschland

Auch in ihrem letzten, 1960 entstandenen Text „Menschlich wohnen – glücklich leben – für alle" beschäftigte sich Wera Meyer-Waldeck mit der Frage, wie Architektur den Anforderungen des Alltags gerecht werden könne. Doch statt auf individuelle Wohneinheiten fokussierte sie sich nun auf kleine Wohnviertel und die Belange von Menschen, die nicht in einer „Normalfamilie" lebten. Auf diese Weise artikulierte sie die von Frauenorganisationen vorgebrachte Forderung, nicht nur an die Bedürfnisse verheirateter Frauen zu denken, sondern auch an jene, „die nicht das Glück haben können, Mittelpunkt und Seele einer Familie zu sein".[48] Ihr Text lenkte die Aufmerksamkeit auf ein Bevölkerungssegment, das Ende der 1950er-Jahre für die Gesellschaft zu einer besonderen Herausforderung geworden war: den überproportional hohen Anteil alternder alleinstehender Frauen und die Notwendigkeit, angemessenen Wohnraum für sie zu schaffen.

Im Jahr 1946 lebten in Westdeutschland ungefähr fünf Millionen mehr alleinstehende erwachsene Frauen als Männer. Diese Frauen wurden als „überschüssig" bezeichnet, weil man von ihnen nicht erwarten konnte, dass sie heiraten und Kinder aufziehen würden.[49] Bei den um 1920 geborenen Frauen ging man davon aus, dass sie Arbeit finden, für sich selbst und ihre Angehörigen sorgen und in die Rentenkasse einzahlen konnten.[50] Für jene, die um 1900 geboren waren und entweder wegen des Ersten Weltkriegs unverheiratet geblieben oder durch den Zweiten Weltkrieg verwitwet waren oder geschieden wurden, gestaltete sich die Lage komplizierter. 1959 kamen in Westdeutschland auf 47 Männer über 65 Jahren insgesamt 53 Frauen über 65, und 1970 gab es in der BRD ungefähr 2,8 Millionen alleinstehende

Frauen.[51] Zudem pflegten Frauen in der unmittelbaren Nachkriegszeit, als die Männer abwesend waren, ganz eigene Formen des gesellschaftlichen Lebens, nahmen den öffentlichen Raum in Besitz und teilten sich Wohnraum. Mitte der 1950er-Jahre, als sich das Alltagsleben stabilisierte und es wirtschaftlich aufwärts ging, entwickelte sich das Modell der Kernfamilie zu einer Art heiligem Gebot. Selbstständige Frauen wurden ebenso wie die „Frauenkultur", die in der unmittelbaren Nachkriegszeit zu ihrer Unterstützung entstanden war, nun in weniger positivem Licht gesehen.[52] Anders als männliche Homosexualität wurde Lesbianismus aber nicht kriminalisiert – teilweise weil er nicht ausschloss, dass eine Frau dennoch Mutter wurde, teilweise in Anerkennung der intensiven Beziehungen, die viele Frauen miteinander einge-gangen waren, weil die Männer fehlten, teilweise aber auch, weil es schwierig war, rechtliche Einschränkungen durchzusetzen.[53]

Angemessene Wohnungen für ältere alleinstehende Frauen zu bauen erwies sich als besonders herausfordernd. Viele hatten nur begrenzte finanzielle Ressourcen und konnten nach dem Krieg nicht länger auf eine große Familie oder Freunde zählen, die sie unterstützten, wenn sie älter wurden.[54] Als kurz nach 1945 klar wurde, dass in deutschen Städten überproportional viele alleinstehende Erwachsene – in der Hauptsache Frauen – lebten, wurden in Architekturzeitschriften regelmäßig Lö-sungsvorschläge für ihre Unterbringung präsentiert, darunter Pläne zur Aufteilung großer Vorkriegswohnungen in kleine Einheiten mit gemeinsamen sanitären Anlagen, Entwürfe für neue Wohnblöcke mit kleinen Einheiten für Witwen und Witwen mit Kindern sowie Konzepte für den Wiederaufbau ausgebombter Gebäude, die in kleine Wohneinheiten aufgeteilt werden sollten, um nur ein paar Beispiele zu nennen.[55] Auch in die Programme für den sozialen Wohnungsbau wurden Wohnungen für Alleinstehende aufgenommen, doch diese machten nur 15 Prozent aller Wohnungen aus, die zwischen 1948 und 1965 erbaut wurden.[56]

Im Hinblick auf die vorherrschende Idealisierung der Kernfamilie setzte sich Wera Meyer-Waldeck in der November/Dezember-Ausgabe des populären Magazins *Blät-ter der Gesellschaft für christliche Kultur* von 1960 mit den vergessenen Wohnungs-bedürfnissen alleinstehender Frauen auseinander. Die Gesellschaft für christliche Kultur war 1946 gegründet worden, um den Austausch zwischen Katholiken und Protestanten zu fördern.[57] In der von ihr publizierten Zeitschrift, die zwischen 1958 und 1962 erschien, wurden vielfältige kulturelle Fragen, unter anderem auch zur Architektur, diskutiert. In der Dezember-Ausgabe von 1959 zum Beispiel ging es um zeitgenössische architektonische Entwürfe und um das Thema Wohnungsbau. Sie enthielt Beiträge des Architekten Hans Schwippert, von Wend Fischer, zu der Zeit Redakteur der vom Deutschen Werkbund herausgegebenen Zeitschrift *Werk und Zeit*, und von Johanna Richard, der Leiterin der Wohnberatungsstelle in Frankfurt.[58] Die Ausgabe war so erfolgreich, dass die Herausgeber beschlossen, im November/ Dezember 1960 ein zweites Heft zum gleichen Thema zu publizieren, in dem Wera Meyer-Waldeck ihre Lösungsvorschläge zur Unterbringung der vermeintlich „über-schüssigen" alleinlebenden alternden Frauen darlegte.[59]

Eine Alleinstehende für jede Familie: Neue Nutzungsarten für große Vorkriegswohnungen

Zunächst erörtert Wera Meyer-Waldeck die physischen, psychologischen und emotionalen Grundlagen für ihre Vorschläge. Sie behauptet, dass sich ältere Menschen weder überflüssig fühlen noch in Altenheimen mit einer willkürlich zusammengewürfelten Bewohnerschaft leben wollten. Außerdem stand sie jeder Form der Separierung von Personengruppen kritisch gegenüber, mochte es sich um spezielle Siedlungen für „kinderreiche Familien" oder Siedlungen für „Postbeamte" handeln. Die soziale Trennung und erzwungene Homogenität führe zu einer unnatürlichen

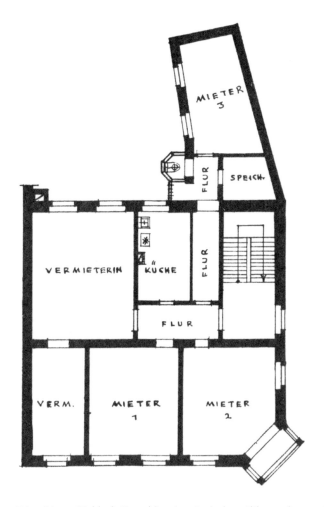

Wera Meyer-Waldeck, Grundriss einer typischen Altbauwohnung, 1960

Situation, die den moralischen Niedergang nach sich ziehe und tragische Konsequenzen habe. Zwar erkannte Meyer-Waldeck an, dass es für Familien schwierig sei, die Großeltern aufzunehmen – die Lebensweise verändere sich und die Wohnungen seien klein –, doch ihrer Ansicht nach lief diese Trennung der Generationen der natürlichen Ordnung zuwider, da ältere Menschen die Aufgabe hätten, Geschichte und Tradition an die Kinder weiterzugeben.[60] Sie zitiert Bob Frommes, den „kluge[n] Luxemburger Wohnexperte[n]",[61] der sich standhaft gegen Altenheime wehrte, weil sie Senioren unzufrieden machten und verbittern ließen. Sogar ihre eigene, weit verzweigte Familie, in der sich stets ein Platz für eine „unverheiratete Tante" gefunden habe, zog sie als Beispiel heran.[62]

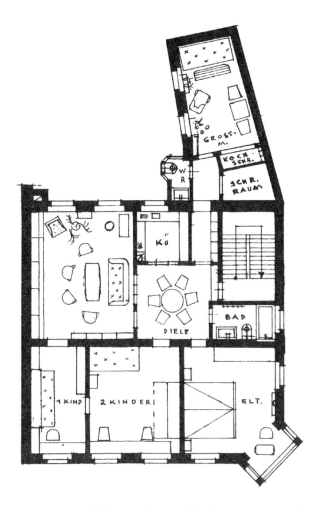

Wera Meyer-Waldeck, Grundrissvorschlag für eine typische Altbauwohnung mit Platz für eine Familie mit Kindern und eine alleinstehende Frau, 1960

Anschließend präsentierte Meyer-Waldeck zwei Entwürfe, die dazu beitragen sollten, einen natürlichen, organischen Zusammenhang wiederherzustellen. Aus welchem Grund oder Anlass heraus die Konzepte entstanden und ob sie für bestimmte Standorte vorgesehen waren, ließ sie offen. Dennoch griffen die Pläne Vorschläge von Frauenorganisationen auf, die eine familienfreundlichere Planung von Wohnvierteln befürworteten,[63] sowie Forderungen der Sozialdemokraten, die sich für die Integration älterer alleinstehender Frauen und gegen ihre Abschiebung in „Ledigenheime" einsetzten, damit sie nicht in Isolation gerieten und vereinsamten.[64] Womöglich entstanden die Pläne auch für einen anderen Kontext, doch sie waren bis dahin nicht publiziert oder ausgestellt worden.[65]

In ihrem ersten Vorschlag geht Meyer-Waldeck auf eine Praxis ein, die in vielen Städten gang und gäbe war: Ältere Frauen hatten Mietverträge für große Wohnungen abgeschlossen und vermieteten einzelne Räume unter, um ein Einkommen zu erzielen. Meyer-Waldeck hält diese Situation für unbefriedigend, da sich die Untermieter nicht wirklich zu Hause fühlten und die älteren Frauen unter Fremden leben müssten. Um zu illustrieren, wie sich die Situation verbessern ließe, konzipiert sie einen Entwurf für eine typische große Wohnung, wie sie „zu Hunderten in jeder Großstadt zu finden ist", und stellt den neuen Plan dem Originalplan gegenüber.[66] Auf dem ursprünglichen Plan erkennt man, dass die Wohnung in zwei Komplexe aufgeteilt ist: Ein größerer, zur Straßenseite hin gelegener Bereich, bestehend aus vier Räumen plus einer Küche und einem kleinem Bad, und ein kleiner rückwärtiger Flügel mit einem Raum und einer kleinen Toilette. Zwischen den beiden Flügeln liegt ein geräumiges Treppenhaus, über das die Wohnung erschlossen wird. Die Mieterin lebt in einem Raum der größeren, zur Straße gelegenen Einheit.

Für den neuen Plan nimmt Meyer-Waldeck geringfügige Veränderungen am Grundriss vor, um zwei separate Wohneinheiten zu schaffen: Der größere Flügel wird um einen kleinen Essbereich und ein vollständiges Bad erweitert und ist mit seinen drei Schlafzimmern und einem Wohnzimmer nun für eine Familie mit Kindern geeignet. Der hintere Flügel wird mit einer kleinen Küchenzeile und einer größeren Toilette ausgestattet und bietet sich dank dieser Verbesserungen als Wohnraum für die ältere Mieterin an. Beide Wohnbereiche sind nicht vollständig voneinander getrennt, da die ältere Frau, um das Bad benutzen zu können, die Familienwohnung aufsuchen muss. Meyer-Waldeck hält das Verwischen der Grenzen zwischen den beiden Wohnbereichen für notwendig und natürlich. Die Hausfrau kann der älteren Frau beim Baden zur Hand gehen, und die ältere Frau kann die Kinder beaufsichtigen, wenn die Mutter zur Arbeit geht. Damit ist „die große Altbauwohnung, die bisher eine Sorge und eine Qual war, [...] zum Segen geworden".[67]

Ein „dynamisches Gleichgewicht" – der Klatschbereich

Die zweite Lösung demonstriert, wie sich diese Philosophie auf die Gestaltung eines locker bebauten Wohnviertels anwenden lässt. Wieder kritisiert Meyer-Waldeck die räumliche „Apartheit", womit sie die Konzeption von Siedlungen für einen einzigen

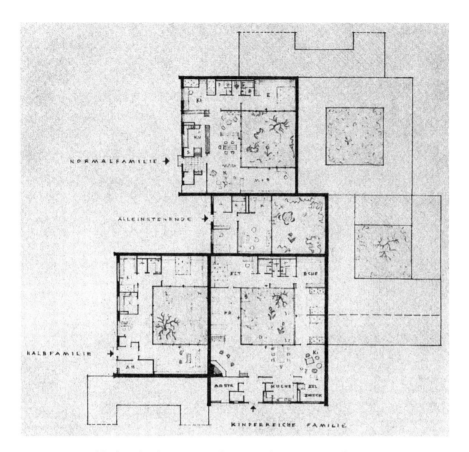

Wera Meyer-Waldeck, Atriumhäuser. Grundrisstypen für eine Normalfamilie, eine Alleinstehende, eine Halbfamilie und eine kinderreiche Familie, 1960

Bewohnertyp meint – „Siedlungen für Kinderreiche, für Flüchtlinge oder Evakuierte, für Junggesellen oder alte Leute".[68] Stattdessen bedürfe es einer gesunden sozialen Mischung, weil Separierung asoziales Verhalten auslösen könne. Um ihr Argument zu unterstreichen, zitiert sie den gefeierten französischen Medizinpsychologen und Wohnexperten Robert-Henri Hazemann, der behauptete, dass eine solche Trennung zu schweren psychischen Störungen führe.[69] Er forderte Siedlungen, deren Bewohnerschaft sich aus einer intelligenten Mischung unterschiedlicher Alters- und Gesellschaftsgruppen, Geschlechter und Familienkonstellationen zusammensetzte, sodass „ein dynamisches Gleichgewicht" gewährleistet werden könne.[70]

Als architektonische Lösung für dieses Konzept präsentiert Meyer-Waldeck zwei Schemazeichnungen: den Lageplan einer kleinen Siedlung und einen Plan, der vier unterschiedlich gestaltete Hofhäuser zeigt, die jeweils für eine besondere familiäre Konstellation vorgesehen sind – die „kinderreiche Familie" (ein Elternpaar, vier

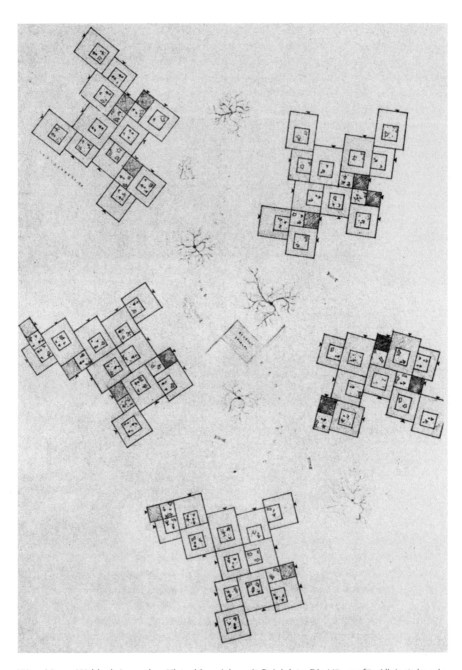

Wera Meyer-Waldeck, Lageplan, Klatschbereiche mit Spielplatz. Die Häuser für Alleinstehende sind dunkel schraffiert, 1960

Kinder), die „Normalfamilie" (ein Elternpaar, zwei Kinder), die „Halbfamilie" (zwei Erwachsene) und die/der „Alleinstehende" (eine Person).[71] Trotz unterschiedlicher Gebäudegrößen sind die Grundrisse aller Häuser ähnlich aufgebaut. Kleinere Räume (Küche, Arbeitsbereich und gegebenenfalls ein Kinderzimmer) reihen sich entlang der Hausfront aneinander, größere Räume wie der Wohn-/Essbereich und das Elternschlafzimmer gehen auf den quadratischen Innenhof hinaus. Aufrisse werden nicht präsentiert, doch aus den Plänen geht hervor, dass die Fassaden der Vorderfront massiv gestaltet werden sollen und für die innenliegenden Fassaden, die die Wohnbereiche vom Hof trennten, helle, verglaste Wände vorgesehen sind.

Ungefähr 14 eingeschossige, frei gruppierte Hofhäuser, die ungefähr 50 Menschen Platz bieten sollten – fast genauso viele Erwachsene wie Kinder –, bildeten das Grundelement der Siedlung, den sogenannten „Klatschbereich". Um hervorzuheben, wie wichtig die Integration von Alleinstehenden in dieses Konzept war, nahm Meyer-Waldeck in jeden „Klatschbereich" zwei oder drei Wohnungen für Einzelpersonen auf, die sie im Gesamtplan hervorhob. Zu sehen sind fünf „Klatschbereiche", die um einen zentralen Spielplatz arrangiert sind. Zu diesem Spielplatz liefert Meyer-Waldeck keine weiteren Details, doch hatte sie an anderer Stelle bereits geschrieben, dass ältere Kinder und Jugendliche in dieser Phase ihrer Entwicklung mehr Freiflächen bräuchten.[72] Sie rühmte die mit fantasievollen Geräten ausgestatteten Spielplätze, die sie sich in England und Skandinavien angesehen hatte, und zeigte sich beeindruckt, wie Freiräume in diesen Ländern in Besitz genommen wurden, da es allen Bewohnern einer Siedlung offenstand, den öffentlichen Raum uneingeschränkt zu nutzen.

Wie bei den Wohnungen für „Die Stadt von morgen" war es Meyer-Waldeck wichtig, in den geplanten Siedlungen sowohl Bereiche für individuelle Betätigung auszuweisen, als auch Räume zu schaffen, die den Kontakt und Austausch zwischen den Nachbarn fördern. Kleine Kinder, die in Innenhöfen spielen, sind von den Müttern leicht zu beaufsichtigen, während ältere Kinder den Raum zwischen „Klatschbereichen" und dem Spielplatz im Zentrum der Anlage frei nutzen können. Es gibt weder Wege noch andere Demarkationslinien; die Siedlungsbewohner haben die Möglichkeit einander zu treffen und sich zwanglos untereinander zu mischen, wenn sie ihren täglichen Routinearbeiten nachgehen. Auf diese Weise können zum Beispiel auch ältere Frauen problemlos am Alltagsgeschehen in der Siedlung teilhaben.

Die Privatwohnung und die Stadt in der Nachkriegszeit: Symbiose und Abwesenheit

Wera Meyer-Waldecks Texte zur Hausarchitektur enthalten zahlreiche moderne Überzeugungen, von der Forderung, die Gestaltung von Wohneinheiten auf die physischen und psychischen Bedürfnisse der Bewohner zuzuschneiden, bis zu dem Postulat, dass Architektur auch eine spirituelle und psychologische Dimension verkörpern müsse. Dazu kommen ihr Interesse an Geschlechterfragen und die Anerkennung von individuellen Besonderheiten der Bewohnerinnen und Bewohner.

Insbesondere fragte sie sich, wie sich der Rahmen weithin akzeptierter moderner architektonischer Strategien erweitern ließe, um speziell den Interessen von Frauen gerecht zu werden.

Obwohl sie die Stadt als solche in ihren Texten nicht explizit thematisierte, imaginierte sie die Wohneinheit immer in Bezug auf umfassendere gesellschaftliche Veränderungen. Die verschiedenen Umwälzungen, die jenseits des eigenen Zuhauses stattfanden – die Nachwehen des Krieges, der wirtschaftliche Aufschwung, der gravierende demografische Wandel –, spielten darin implizit immer eine Rolle. Man muss sich fragen, ob eine Architektin, die die Planung von Industriebauwerken während des Zweiten Weltkriegs als einen der erfüllendsten und erfolgreichsten Aspekte ihrer Berufslaufbahn erlebt hatte, ausschließlich von ihren Interessen und Fähigkeiten geleitet wurde, wenn sie sich in der Nachkriegszeit auf Innenarchitektur, Wohnarchitektur und soziale Wohlfahrtsprojekte konzentrierte, oder ob die Spezialisierung auf diese Gebiete, die eher als feminin und peripher wahrgenommen wurden, es ihr ermöglichte, als Expertin ernst genommen zu werden und Aufträge zu erhalten. Dies vor dem Hintergrund einer Zeit, in der die breite Öffentlichkeit sich schwer damit tat, die Kompetenz einer Fachfrau anzuerkennen und sie in einer verantwortlichen Position zu akzeptieren.[73]

Meyer-Waldeck verlangte nuancierte Konzepte für gesamtgesellschaftlich orientierte Planungslösungen und äußerte Kritik, die gerade in den 1960er- und 1970er-Jahren virulent wurde, als die funktionalistische Nachkriegsstadt zunehmend als menschenfeindlich und entfremdend erachtet wurde, insbesondere für Frauen.[74] Obwohl sie der Ansicht war, dass sich durch eine gute Wohnungsplanung die negativen Eigenschaften der modernen Stadt in nicht unerheblichem Maße ausgleichen ließen, verstand sie die Wohneinheit nicht als ein Vehikel zur Einschränkung der weiblichen Mobilität, sondern als Mittel, Frauen die Teilhabe am städtischen Leben zu erleichtern. So konnte das eigene Zuhause ein Hort der persönlichen Revitalisierung und Erholung sein, insbesondere für Heimatvertriebene, die an einem unbekannten Ort neue Wurzeln schlagen mussten. Eine Küche sollte so groß sein, dass die berufstätige Mutter zu Hause ihre Kinder um sich haben konnte. Eine durchdacht umgebaute ältere Wohnung ersparte einer alternden Frau die Isolation in einem Altenheim, und wenn die Nachbarin arbeiten war, konnte sie deren Nachwuchs beaufsichtigen. Im Gegensatz zu vielen ihrer Zeitgenossen, die eine weitere Optimierung des Massenwohnungsbaus anstrebten und die Hausbewohner als undefinierbare und ununterscheidbare Masse ansahen,[75] ließ sich Meyer-Waldeck von den spezifischen Ritualen des Alltagslebens und den imaginierten Routinen spezieller Nutzergruppen zu ihren Entwürfen für den Wohnungsbau inspirieren.

Wera Meyer-Waldeck starb 1964. In Nachrufen wurden ihre Verbindung zum Bauhaus sowie ein Aspekt ihrer Biografie besonders hervorgehoben, der sie zur Zeit des westdeutschen Wirtschaftswunders zu einer Ausnahmeerscheinung machte: die Tatsache, dass sie eine alleinstehende berufstätige Frau war, die in ihrer Arbeit Erfüllung fand.[76] Schaut man sich ihre Texte genau an, scheint ihre eigentliche Botschaft zu lauten, dass die Abweichung von der Norm nicht anomal ist, wenn man Strategien zur Herstellung eines privaten Raums entwickelt, der persönliche

Bedürfnisse zufriedenstellend erfüllen kann und es einem ermöglicht, am Geschehen in der Welt teilzuhaben. Während ihrer Bonner Jahre wohnte und arbeitete Wera Meyer-Waldeck in einem bescheidenen zweistöckigen Reihenhaus in einem Wohnviertel in der Nähe der Innenstadt,[77] reiste im In- und Ausland, arbeitete rund um die Uhr und setzte sich leidenschaftlich für die Interessen von Frauen ein. In diesem Sinn entwickelte sie nicht nur Lösungsvorschläge für den Wohnungsbau und die Planung von Siedlungen im Allgemeinen, sondern verwirklichte auch ihre ganz persönlichen Überzeugungen.

1 Vgl. Corinna Isabel Bauer, *Architekturstudentinnen in der Weimarer Republik. Bauhaus- und Tessenow-Schülerinnen*, Dissertation Universität Kassel, 2003, S. 57–106, 202, 205, 227–228, 232–237, 377–379.

2 Vgl. O. A., Wera Meyer-Waldeck, <https://www.bauhaus100.de/de/damals/koepfe/studierende/wera-meyer-waldeck/index.html> (20.03.2018).

3 Vgl. Josenia Hervás y Heras, „Eine Bauhaus-Architektin in der BRD: Wera Meyer-Waldeck", in: Mary Pepchinski, Christine Budde, Wolfgang Voigt und Peter Schmal (Hrsg.), *Frau Architekt. Seit mehr als 100 Jahren: Frauen im Architektenberuf*, Ausstellungskatalog Deutsches Architekturmuseum, Frankfurt am Main, 30.9.2017–8.3.2018, Tübingen: Wasmuth, 2017, S. 167–172; dies., *El camino hacia la arquitectura: Las murjeres de la Bauhaus,* Dissertation Universidad Politécnica de Madrid, 2014, S. 588–646; Ute Maasberg und Regina Prinz, *Die Neuen Kommen! Weibliche Avantgarde in der Architektur der zwanziger Jahre*, Hamburg: Junius, 2004, S. 86–88 und Christopher Oestereich, „Gute Form" im Wiederaufbau. Zur Geschichte der Produktgestaltung in Westdeutschland nach 1945*, Berlin: Lukas Verlag, 2000, S. 340–369.

4 Vgl. Hervás y Heras 2017 (wie Anm. 3), S. 168–169.

5 Vgl. Oestereich 2000 (wie Anm. 3), S. 358–359 und Maasberg/Prinz 2004 (wie Anm. 3), S. 86–88.

6 Bauer 2003 (wie Anm. 1), S. 377.

7 Vgl. Éva Fogács, *The Bauhaus Idea and Bauhaus Politics*, Budapest, London, New York: Central European University Press, 1995, S. 38–158.

8 Hannes Meyer, „Ansprache an die Studierenden anlässlich seiner Berufung als Direktor des Bauhauses", zitiert nach Klaus-Jürgen Winkler, „Der Direktionswechsel von 1928 und die Rolle Hannes Meyers am Bauhaus. Bemerkungen aus heutiger Sicht", in: *Thesis. Wissenschaftliche Zeitschrift der Bauhaus-Universität Weimar*, Nr. 4/5, 1999, S. 78–88, hier S. 82.

9 Vgl. Magdalena Droste, „Unterrichtsstruktur und Werkstattarbeit am Bauhaus unter Hannes Meyer", in: *Hannes Meyer. 1889–1954, Architekt, Urbanist, Lehrer*, hrsg. vom Bauhaus-Archiv Berlin, Deutsches Architekturmuseum, Berlin: Ernst & Sohn, 1989, S. 134–165 und Fogács 1995 (wie Anm. 7), S. 159–181.

10 Vgl. Deutschland feiert 100 Jahre Bauhaus: <https://www.bauhaus100.de/de/damals/koepfe/studierende/wera-meyer-waldeck/index.html> (20.03.2018) sowie Werner Moller und Raquel Franklin (Hrsg.), *Das Prinzip coop. Hannes Meyer und die Idee einer kollektiven Gestaltung*, Ausstellungskatalog Stiftung Bauhaus Dessau, 21.5.–4.10.2015, Leipzig: Spector Books, 2015, S. 38–47, 50, 52. Wera Meyer-Waldeck wird im letzten Bericht von *Das rote Bauhaus* nicht genannt. Vgl. Ursula Muscheler, *Das rote Bauhaus*,

Berlin: Berenberg, 2015; vgl. auch den Brief von Wera Meyer-Waldeck an Walter Gropius vom 10.3.1959. (Walter Gropius Nachlass, Bauhaus-Archiv, BHA_GS19_Mp447.)

11 Hervás y Heras 2017 (wie Anm. 3), S. 167–172.

12 Vgl. ebd. und „Lebenslauf" von Wera Meyer-Waldeck, 21.11.1945 in: Hervás y Heras 2014 (wie Anm. 3), S. 604: Der Umzug mag politisch motiviert gewesen sein. Wera Meyer-Waldecks Onkel, Alfred Meyer-Waldeck (1864–1928), war ein gefeierter Vizeadmiral und Gouverneur des deutschen Pachtgebietes Kiautschou in China. 1915 wurde eine Straße in Berlin nach ihm benannt. Als bekannt wurde, dass die Meyer-Waldeck-Familie jüdische Vorfahren hatte, wurde der Name der Straße 1939 geändert. (https://de.wikipedia.org/wiki/Liste_der_Straßen_und_Plätze_in_Berlin-Lankwitz.) Möglicherweise wollte Wera Meyer-Waldeck nach Oberschlesien ziehen, um eine Prüfung in Berlin zu vermeiden. Freundliche Mitteilung, Sebastian Storz, Dresden.

13 Brief von Wera Meyer-Waldeck an Hannes Meyer vom 9.8.1947 (Hannes Meyer Nachlass, Deutsches Architekturmuseum, DAM, 164–103–022).

14 Hervás y Heras 2017 (wie Anm. 3), S. 168–172.

15 Die Dokumente befinden sich im Bauhaus-Archiv (BHA, Wera Meyer-Waldeck, Mappe 4). Vgl. zusätzlich O. A., „Sie richtete Präsident Heuss die Wohnung ein", in: *General-Anzeiger* (Bonn), 30.4.1964, o. S. (Stadthaus Bonn; Mappe Wera Meyer-Waldeck); Heinrich König, „Wera Meyer-Waldeck", in: *Architektur und Wohnform*, Juli 1964, S. 155 und Elisabeth Landgraf, „Wera Meyer-Waldeck[†]", in: *Werk und Zeit*, Jg. 13, Nr. 11/12, 1964, S. 11.

16 Das Bauhaus-Archiv (BHA), die Berlinische Galerie und die Akademie der Künste in Berlin; das Stadthaus Bonn und die Stiftung Haus der Geschichte der Bundesrepublik in Bonn.

17 Vgl. Mary Pepchinski, „Wollen und Wirklichkeit: Ein Jahrhundert Architektinnen in Deutschland", in: Pepchinski/Budde/Voigt/Schmal 2017 (wie Anm. 3), S. 25–34, hier S. 31–34, bes. Anm. 42 und 48.

18   Wera Meyer-Waldeck war auch Mitglied des Internationalen Ausschusses des Deutschen Akademikerinnenbunds. Vgl. König 1964 (wie Anm. 15), S. 155.

19 Vgl. Sally G. Arouet, „Better Furnishings for West German Homes Urged by Woman Architect. Light Practical Furniture Shown at Unusual Housing Exposition in Bonn", in: *Christian Science Monitor*, 22.1.1951, o. S. (BHA, Wera Meyer-Waldeck, Mappe 6).

20 Ebd.

21 Wera Meyer-Waldeck, „Frauenfragen im Wohnungswesen", in: *Führer durch die Ausstellung in Bonn „So … wohnen"*, 1.12.1950–12.1.1951, Bonn, Ausstellung des Deutschen Frauenrings, Landesverband Rheinland, 1950, S. 9–10 (Stadthaus Bonn, Akte N 80/96).

22 Ebd., S. 9.

23 Adolf Loos, „Die Abschaffung der Möbel" (1924), in: *Adolf Loos. Sämtliche Schriften in zwei Bänden*, hrsg. von Franz Glück, Wien, München: Herold 1962, Bd. 1, S. 388–390, Zit. S. 388.

24 Ostereich 2000 (wie Anm. 3), S. 341.

25 Meyer-Waldeck 1950 (wie Anm. 21), S. 9–10.

26 Die Ausstellungsbesprechungen erschienen in den regionalen Zeitungen, wie auch in der internationalen Presse. Vgl. O. A., „Heuß in der Ausstellung ‚So … wohnen'"?, o. S. (Stadthaus Bonn, Akte N 80/96); O. A. „Neubauten Wohnlich Eingerichtet", in: *Rheinische Zeitung*, 2.12.1950, o. S. (Stadthaus Bonn, Akte N 80/96) und Arouet 1951 (wie Anm. 19), o. S.

27 Zit. in Oestereich 2000 (wie Anm. 3), S. 359, Anm. 146.

28 Vgl. O. A., „Die Tradition der Darmstädter Gespräche", in: *Architektur und Wohnen*, Nr. 1, 1952–1953, S. 5 und Hans Schwippert (Hrsg.), *Mensch und Technik. Erzeugnis Form*

Gebrauch, Darmstadt: Neue Darmstädter Verlagsanstalt, 1952, S. 67–72, 83, 178, 119–121, 124, 138–139.

29 Wera Meyer-Waldeck, „Kleine Visite in Harvard und Berkley [sic]", in: *Werk und Zeit*, Nr. 6, 1954, S. 6.

30 Wera Meyer-Waldeck, „Das Solarhaus braucht keine Öfen", in: *Die vier Wände*, Nr. 238, 11.10.1953, S. 17; vgl. Oestereich 2000 (wie Anm. 3), S. 369, Anm. 150.

31 Wera Meyer-Waldeck, „In Finnland beobachtet", in: *Werk und Zeit*, Nr. 4, 1954, S. 2–3.

32 Vgl. Maasberg/Prinz 2004 (wie Anm. 3), S. 86–88.

33 Vgl. Sandra Wagner-Conzelmann, „Die Sonderausstellung ‚Die Stadt von morgen' als Programmatik von gestern", in: Annette Maechtel und Katrin Peters (Hrsg.), *Die Stadt von Morgen. Beiträge zu einer Archäologie des Hansaviertels Berlin*, Köln: Walter König, 2007, S. 22–33 und Ewald Weitz et al. (Hrsg.), *Interbau Berlin 1957. Internationale Bauausstellung im Berliner Hansaviertel, 6. Juli bis 29. September*, Berlin: IWAG, 1957, S. 319–348.

34 Vgl. Kerstin Dörhöfer, „‚Berlin – die zerstörte Stadt war meine Chance'", in: Kerstin Dörhöfer und Marion Beckers (Hrsg.), *Die Berliner Architektin Hilde Weström. Bauten 1947–1981*, Berlin: Das Verborgene Museum, 2000, S. 28–32, 58–63; Wera Meyer-Waldeck, „Erläuterungen zu dem Thema ‚Das Wohnen in der Stadt von Morgen'", 3.10.1957 (BHA, Manuskript, Mappe 2, Inv.-Nr. 12464/3; fotografische Dokumentation, Nr. 12 464/1–2, Nr. 2134/20; Nr. 2134/22; Nr. 2134/23) sowie Nicola von Albrecht und Renate Flagmeier, „Sich einrichten. Die Wohnberatung des Deutschen Werkbunds", in: Maechtel/Peters 2007 (wie Anm. 33), S. 120–125.

35 Vgl. Droste 1989 (wie. Anm. 9), S. 138–141.

36 Wera Meyer-Waldeck, „Das Wohnen in der Stadt von morgen", in: Interbau Berlin 1957 (wie Anm. 33), S. 342–343, hier S. 342.

37 O. A., „Morgen beginnt das Paradies", in: *Constanze*, Jg. 10, Nr. 6, 1956, S. 19.

38 Meyer-Waldeck 1957 (wie Anm. 36), S. 342–343.

39 „Zweites Wohnungsbaugesetz (Wohnungsbau und Familienheimgesetz), 27.6.1956", in: *Bundesgesetzblatt*, Nr. 30, 28.6.1956, S. 523–558 <http://www.bgbl.de/xaver/bgbl/start.xav?startbk=Bundesanzeiger_BGBl&jumpTo=bgbl156s0523.pdf> (10.8.2018) und Dörhöfer 2000 (wie Anm. 34), S. 30.

40 Vgl. Johanna Hartmann, „‚Aber wenn die Frau aus ihren Grenzen tritt, ist es für sie noch viel gefährlicher'. Geschlechtermodelle für *Die Stadt von morgen*", in: Maechtel/Peters 2007 (wie Anm. 33), S. 200–207, bes. S. 201, Anm. 3 und Wagner-Conzelmann 2007 (wie Anm. 33), S. 26.

41 Vgl. Kirsten Plötz, *Als fehle die bessere Hälfte. „Alleinstehende" Frauen in der frühen BRD 1949–1969*, Königstein, Taunus: Ulrike Helmer Verlag, 2005, S. 30, 43.

42 Meyer-Waldeck 1957 (wie Anm. 36), S. 342.

43 Vgl. Christiane Droste und Sandra Huning, „Frau Architektin und Frau Architekt. Rahmenbedingungen für die Werdegänge von Architektinnen in BRD und DDR", in: Pepchinski/Budde/Voigt/Schmal 2017 (wie Anm. 3), S. 59–67, hier S. 59, bes. Anm. 4.

44 Vgl. Hartmann 2007 (wie Anm. 40), S. 201, bes. Anm. 3.

45 Meyer-Waldeck 1957 (wie Anm. 36), S. 343.

46 Ebd., o. S.; vgl. Hartmann 2007 (wie Anm. 40), S. 204, bes. Anm. 17–21.

47 Martin Heidegger, „Bauen Wohnen Denken", in: Otto Bartning (Hrsg.), *Mensch und Raum. Darmstädter Gespräche*, Bd. 2, im Auftrag des Magistrats der Stadt Darmstadt und des Komitees Darmstädter Gespräche, Darmstadt: Neue Darmstädter Verlagsanstalt, 1952, S. 72–88 und Meyer-Waldeck 1957 (wie Anm. 36), S. 343.

48 Paula Schäfer, zit. in Oestereich 2000 (wie Anm. 3), S. 359, Anm. 147.

49 Vgl. Plötz 2005 (wie Anm. 41), S. 30. 1970 definierte die Bundesregierung den Begriff „alleinstehend", um auch diejenigen Frauen einzuschließen, die mit den Eltern, anderen Familienmitgliedern, Freunden lebten oder auch als alleinerziehende Mütter. Vgl. Bundes-ministerium für Arbeit und Sozialordnung (Hrsg.), *Zur Lebenssituation alleinstehender Frauen. Eine Untersuchung des Instituts für Demoskopie Allensbach, Bonn,* Hachenburg: Hachenburg Druck, 1971, S. 6.

50 Bundesministerium für Arbeit und Sozialordnung 1971 (wie Anm. 49), S. 5–26.

51 Vgl. Sybille Meyer und Eva Schulze, *„Wie wir das alles geschafft haben". Alleinstehende Frauen berichten über ihr Leben nach 1945,* Berlin: C. H. Beck, 1984, S. 9. Die Anzahl von 2,8 Millionen alleinstehenden Frauen bezieht sich auf jene, die die Altersgrenze von 60 Jahren schon überschritten hatten. Vgl. Bundesministerium für Arbeit und Sozialordnung 1971 (wie Anm. 49), S. 6.

52 Vgl. Meyer/Schulze 1984 (wie Anm. 51), S. 164–168.

53 Vgl. Plötz 2005 (wie Anm. 41), S. 44.

54 Vgl. Brief von Dora Gottschalk an Leni Neuenschwander vom 30.1.1963 (Wirtschafts-archiv zu Köln, Soroptimist Club Deutschland, Akten, 146-10-4) und Gesamtverband gemeinnütziger Wohnungsunternehmen e.V. (Hrsg.), *Die wohnliche Versorgung Allein-stehender. Unter besonderer Berücksichtigung der alleinstehenden Frauen,* Hamburg: Hammonia Verlag, 1971, S. 18.

55 Vgl. Lilly Reich, „Aufteilungsvorschläge für Großwohnungen", in: *Bauen und Wohnen,* Jg. 2, Nr. 12, 1947, S. 332–333; R.[udolf] P.[fister], „Über die Unterbringung alleinstehender berufstätiger Menschen", in: *Baumeister,* Jg. 44, Nr. 2–3, 1947, S. 37; ders., „Ein Wohnheim für die berufstätige Frau in Dresden", in: *Baumeister,* Jg. 44, Nr. 2–3, 1947, S. 38–43 und Hans Gerlach, „Die eigene Wohnung für die alleinstehende, berufstätige Frau", in: *Neue Bauwelt,* Jg. 5, Nr. 22, 1950, S. 349–352.

56 Gesamtverband gemeinnütziger Wohnungsunternehmen 1971 (wie Anm. 54), S. 34–35.

57 Vgl. Birgit Boge, *Die Anfänge von Kiepenheuer & Witsch,* Wiesbaden: Harrassowitz, 2009, S. 226, Anm. 454 und Wolfgang Horn, „Kulturpolitik in Düsseldorf", in: *Situation und Neubeginn nach 1945,* Opladen: Leske 1981, S. 152.

58 Vgl. *Monatsschrift der Gesellschaft für christliche Kultur Düsseldorf,* Jg. 2, Nr. 12, 1959.

59 Vgl. die restlichen Artikel zu Design und Architektur: Kyra Stromberg, „Der behauste Mensch", S. 1–18; C.[arl] E.[rnst] Köhne, „Symmetrische asymmetrische Raumgestal-tung?", S. 19–20 und O.[tto] Niedermoser, „Modern oder modisch?", S. 21–22.

60 Wera Meyer-Waldeck, „Menschlich wohnen – glücklich leben – für alle", in: *Blätter der Gesellschaft für christliche Kultur Düsseldorf,* Nr. 11–12, 1960, S. 23–30, hier S. 23–24. Vgl. Hervás y Heras 2014 (wie Anm. 3), S. 614, 636–637.

61 Vgl. Bob Frommes, Wikipedia: <https://lb.wikipedia.org/wiki/Bob_Frommes> (22.3.2018).

62 Meyer-Waldeck 1960 (wie Anm. 60), S. 26.

63 Vgl. Oestereich 2000 (wie Anm. 3), S. 359.

64 Vgl. *Probleme der alleinstehenden Frau. Die wirtschaftliche Situation der alleinstehenden Frau* (SPD Schriftenreihe für Frauenfragen), Bonn: Vorstand der SPD, [1956], S. 22.

65 Vgl. den Kommentar von Elise Mögelin, zit. in Maasberg/Prinz 2004 (wie Anm. 3), S. 88. Das geplante Atriumhaus von Wera Meyer-Waldeck für die „Interbau" in Westberlin wurde nicht verwirklicht (BHA, Grundriss, Inv.-Nr. 2134/24–25).

66 Meyer-Waldeck 1960 (wie Anm. 60), S. 27.

67 Ebd., S. 28.

68 Ebd., S. 30.

69 Vgl. Kenny Cupers, *The Social Project*, Minneapolis, London: University of Minnesota Press, 2014, S. 85–86, bes. S. 86, Anm. 79 und Siân Reynolds, *France Between the Wars*, London: Routledge, 1996, S. 142–153, bes. S. 142, Anm. 15.

70 Meyer-Waldeck 1960 (wie Anm. 60), S. 30.

71 Vgl. Anm. 49 und Bundesministerium für Arbeit und Sozialordnung 1971 (wie Anm. 49), S. 6.

72 Der undatierte Zeitungsaufsatz „Das ‚Stief-Kind' und der Architekt. Spielplätze und Kinderzimmer bei uns und anderswo", zu dem keine Angaben zu Publikation und Ort bekannt sind, wird im Bauhaus-Archiv verwahrt (BHA Wera Meyer-Waldeck, Mappe 2).

73 Wera Meyer-Waldeck, „Die Stellung der Frau in der Bundesrepublik", 10.10.1951, S. 1–8, hier S. 6 (Wirtschaftsarchiv zu Köln, Soroptomist Club Archives, Manuskript 146-5-2). Vgl. Bundesministerium für Arbeit und Sozialordnung 1971 (wie Anm. 49), S. 22–23.

74 Die Zeitschrift *Bauwelt*, Bd. 62, Nr. 42, 1971, war die erste deutschsprachige Fachpublikation, die Themen in Bezug auf Gender und modernen Städtebau kritisch adressierte. Vgl. die Artikel von Hazel E. Hazel, „Ein klein wenig Emanzipation gefällig?", S. 1671–1674; Ingrid Langer-El Sayed, „Das modernisierte Heimchen am Herd", S. 1674–1677; [Gespräch mit Nina Kessler und Isolde Winter-Efinger], „Wohnungen für Alleinstehende in Porz/Rhein, Bremen-Huchting, Bremen-Osterholz-Tenever", S. 1682–1683 und Myra Warhaftig, „Die Unterdrückung der Frau durch ihre Wohnung", S. 1688–1689.

75 Vgl. Albrecht Göschel, „Soziale Vernunft und soziale Form: Wandel des Sozialen in Architektur und Wohnungsbau", in: *Forum Stadt*, Jg. 43, Nr. 1, 2016, S. 49–64.

76 Vgl. König 1964 (wie Anm. 15), S. 155; O. A. 1964 (wie Anm. 15), o. S. und Landgraf 1964 (wie Anm. 15), S. 11.

77 An der Renoisstraße 23 in Bonn (BHA, Wera Meyer-Waldeck, Mappe 4, Visitenkarte, nicht datiert). Vgl. Hervás y Heras 2014 (wie Anm. 3), S. 605–645, insbes. S. 641.

Wera Meyer-Waldeck
Frauenfragen im Wohnungswesen (1950)

Während des Zweiten Weltkriegs war etwa ein Viertel des Wohnungsbestands in Westdeutschland zerstört worden, und in der unmittelbaren Nachkriegszeit suchten sechs Millionen Flüchtlinge eine Unterkunft. Um der drückenden Wohnungsnot zu begegnen, wurde im Rahmen öffentlicher Wohnungsbauprogramme standardmäßig die Errichtung kleiner Wohneinheiten gefördert. Um zu zeigen, wie sich mit einer modernen, funktionalen Innenarchitektur die Lebensqualität in solchen Wohnungen verbessern ließ, organisierte Wera Meyer-Waldeck in ihrer Funktion als Vorsitzende des Ausschusses „Wohnung und Siedlung" des Deutschen Frauenrings die Ausstellung „So ... wohnen", die von Ende 1950 bis Anfang 1951 in Bonn gezeigt wurde.

In ihrem Begleittext zur Ausstellung, „Frauenfragen im Wohnungswesen", widersprach sie gängigen Vorurteilen, dass kleine Wohnungen zwangsläufig mit sehr beengten Wohnverhältnissen, schlechter Bausubstanz und mangelhafter Schalldämmung zu den benachbarten Wohnungen einhergehen sollten. Das von ihr angesprochene Publikum hatte vor dem Krieg in geräumigen Wohnungen gelebt, die mit großen, überladenen Möbeln eingerichtet waren und oft über Generationen weitergegeben wurden. Meyer-Waldeck argumentierte, dass das Wohnen in kleinen Wohneinheiten keine Herabsetzung darstelle, sondern eine Chance eröffne, redlicher und mit einer größeren Wertschätzung von Schönheit, Geschmack und Funktionalität zu leben.

Ihr Text ist mehr als eine Laudatio auf das Wohnen auf engstem Raum, denn sie hinterfragt darin auch Annahmen über die Interaktion zwischen BewohnerInnen und Fachleuten, die Entscheidungen zu ihrer Unterbringung trafen. Ab der zweiten Hälfte des 19. Jahrhunderts hatten reformwillige Architekten den vermeintlich schlechten weiblichen Geschmack verunglimpft und gefordert, dass Frauen von Fachleuten, ausnahmslos Männern, lernen sollten, wie man hochwertiges Design zu erkennen und eine Wohnung angemessen auszustatten habe. In den 1920er-Jahren brachte Bruno Taut in seinem 1924 erschienenen Pamphlet *Die neue Wohnung. Die Frau als Schöpferin* diesen Gedanken auf den Punkt, indem er erklärte: „Der Architekt denkt, die Hausfrau lenkt!" Im Gegensatz dazu behauptete Meyer-Waldeck nun, dass Frauen, die sich ohnehin am meisten in der Wohnung aufhielten, im Hinblick auf die Gestaltung der Privatsphäre die eigentlichen Expertinnen seien. Es sei daher „nicht nur [ihr] Recht, sondern [ihre] ernsteste Pflicht", Fachleute an ihrem Wissen teilhaben zu lassen, insbesondere, um eine Erleichterung der schweren Hausarbeit zu erreichen. Zudem seien Frauen nach dem Krieg dazu aufgefordert, die natürliche Ordnung des Alltags wiederherzustellen und die Wohnung in ein „Heim" zu verwandeln. Letztlich solle die Wohnung ein Hort der persönlichen Erneuerung, „eine lebendige Heimstätte des Friedens, der Freude und des Glücks für Jedermann" werden.

Als Rednerin auf dem Darmstädter Gespräch von 1952, das unter dem Motto „Mensch und Technik" stand, griff Wera Meyer-Waldeck das Thema erneut auf, um die Beteiligung von Frauen beim Wiederaufbau zu rechtfertigen. „Mensch und Technik" bedeute nicht automatisch „Mann und Technik", bekräftigte sie. „Mensch heißt Mann *und* Frau, auf dieses *und* kommt es an", woraus sich die Notwendigkeit ergäbe, dass Frauen ihre ureigenen Einsichten zum Wiederaufbau beisteuerten. Auch betonte Meyer-Waldeck, dass junge Frauen in Gestaltungsfragen besser ausgebildet werden und Fachmänner sowie ihre Organisationen wie der Deutsche Werkbund und der Bund Deutscher Architekten sie als gleichwertige Partnerinnen im Planungsprozess akzeptieren müssten. (Wera Meyer-Waldeck: „Nein, mit der Zeit nicht, ich fasse mich bestimmt ganz kurz …" Referat [ohne Titel], in: Hans Schwippert (Hrsg.): *Mensch und Technik. Erzeugnis Form Gebrauch.* Darmstadt: Neue Darmstädter Verlagsanstalt, 1952, S. 119–121, hier S. 120).

Wera Meyer-Waldeck, „Frauenfragen im Wohnungswesen", in: *Führer durch die Ausstellung in Bonn „So ... wohnen"*, Ausstellung des Deutschen Frauenrings, Landesverband Rheinland, 1.12.1950–12.1.1951, Bonn, 1950, S. 9–10.

Nicht nur Recht, sondern ernsteste Pflicht der Frau ist es, Einfluß zu gewinnen auf die Gestaltung von Haus und Wohnraum. Als Betreuerin der Familie ist die Wohnung für sie Heim, Erholungs- und Arbeitsstätte in einem. Trotz größter Bemühungen unsererseits ist es aber bisher noch nicht gelungen, die Frau verantwortlich als Mitarbeiterin in die Planung von Neubauwohnungen einzuschalten. Noch immer fehlt der „Fachmann" bei der Grundrißgestaltung, was um so erstaunlicher ist, als kein Architekt oder Baurat auf die Ratschläge des Betriebsmannes bei der Planung einer Fabrik oder eines Warenhauses verzichten würde. Auch die Frau ist „Betriebsmann" in ihrer Wohnung und will gehört werden. Das bedeutet keine Kampfansage gegen den Mann sondern soll lediglich in gemeinsamer Arbeit *mit* ihm zur Synthese führen, zu bester ökonomischster aber auch betriebstechnisch einwandfreister Lösung von Küche und Wohnraum. Wir haben wenig Geld und wenig Raum. Wir wollen darum auch keinen Luxus, stehen aber auf dem Standpunkt, daß Speise- und Besenkammer sowie Abstellraum heute genau so gut zur einfachsten Wohnung gehören, wie der Kochherd oder das Bad. Wir sehen nicht ein, warum immer in halbgebückter und daher anstrengender Haltung aufgewaschen werden muß, nur weil der Spülstein durchweg zu niedrig angebracht wird. Auch wird es Zeit, daß der Schrank die Metamorphose vom Möbelstück zum Bauelement durchmacht und Sache des Architekten und Wirtschaftlers muß es sein, diese Forderung so zu verwirklichen, daß sie wirtschaftlich tragbar sind. Damit erschöpfen sich aber die Aufgaben der Frau bei der Gestaltung des Heims noch keineswegs. Die Einrichtung und Ausstattung der Räume ist gerade so wichtig wie die Planung des Hauses. Machen doch, abgesehen vom Möbel, Tapete und Vorhang, Beleuchtungskörper und Hausrat jeglicher Art und vor allem die kluge und sinnvolle Auswahl all dieser Dinge, die Wohnung erst wirklich zum „Heim". Schmaler Geldbeutel und die Not der Zeit zwingen zur Sparsamkeit und Einfachheit. Machen wir aus dieser Not keine Tugend, sondern üben wir die Tugend der Beschränkung um ihrer selbst willen.

   Die Ausstellung zeigt Serienerzeugnisse der heutigen deutschen Industrie. Daß aus Serienmöbeln keine Monotonie erwachsen braucht, zeigen die fertig eingerichteten 48 Räume von denen jeder anderen Charakters und anderer Prägung ist. Zwar stellen wir nicht erstmaliges zur Diskussion, noch bringen wir Sensationen oder Schlager wie auf einer Messe, wir zeigen aber die besten heutigen Erzeugnisse der Industrie mit dem Hinweis für welchen Preis und in welchem Geschäft sie zu haben sind. Die Ausstellung will also eine Wohnberatung im besten Sinne des Wortes sein, für alle diejenigen, die heute der Fülle von Wert und Unwert der Produktion ausgesetzt sind, und ratlos vor den Wirrnissen der feilgebotenen Ware stehen. Ob Flüchtling oder Ausgebombter, Beamter oder Angestellter, Arbeiter oder freischaffender Künstler, sie alle sollen hier beraten, aufgeklärt und unterrichtet werden über Preis, Qualität, Brauchbarkeit und Schönheit ihrer zukünftigen Einrichtung. Statt Schund – Qualität, statt überteuerter Ware – Preiswürdigkeit, statt Kitsch – Formschönheit, und Werkgerechtigkeit, statt sinnlosem und schwülstigem Tand – Brauchbarkeit und Nützlichkeit. In behutsamer Auswahl zeigen wir all das aus Industrie und Handwerk, was man mit gutem Gewissen dem Publikum empfehlen kann. Die Ausstellung gibt darüber hinaus Anregung, wie man langsam aufbauend zu einer vollwertigen Einrichtung kommt, ohne auf die „komplette Garnitur" zurückgreifen zu müssen, mit geringen Mitteln aber viel Überlegung und Verstand, so daß der Mensch wieder das tragende Element werde und nicht das Möbelstück. Wahre Wohnkultur zeigt sich in der Beschränkung und Einfachheit und das große, auf hochglanz polierte, ondulierte Küchenbüffet charakterisierte schon vor 50 Jahren der Wiener vorkämpferische Architekt Adolf Loos mit den Worten, „je ordinärer die Familie, desto größer das Büffet!"

Wir wollen aber nicht länger der Spielball verantwortungsloser Unternehmer sein, die auf die niedrigsten Instinkte der Menschen spekulieren. Wir wollen uns frei machen von falschem Prunk und Großmannssucht. Wir wollen Freiheit und Menschenwürde auch im eigenen Heim, und Schönheit dazu, und diese Schönheit fängt an bei der Tapete und hört noch längst nicht auf bei Eßbesteck und Vase. Wenn aber Schönheit sich mit gestaltender Ordnung und Zweckmäßigkeit paart, wird die Wohnung wieder zu dem, was sie einst war, zu einer lebendigen Heimstätte des Friedens, der Freude und des Glücks für Jedermann.

Wera Meyer-Waldeck
Das Wohnen in der Stadt von morgen (1957)

Die Internationale Bauausstellung („Interbau"), die im Sommer 1957 im Westberliner Hansaviertel nördlich des Tiergartens unweit der innerdeutschen Grenze stattfand, präsentierte mehr als 1.200 neue, meist öffentlich finanzierte Wohneinheiten in unterschiedlichen Gebäudetypen, von Hochhäusern bis hin zu Einfamilienhäusern. Am Eingang des Geländes wurde in einem weitläufigen temporären Pavillon die Ausstellung „Die Stadt von morgen" gezeigt. Besucherinnen und Besucher konnten sich dort über die Vorteile der modernen Stadtplanung informieren. Ein Drittel der Ausstellungsfläche widmete sich der Zukunft des Wohnens. Hierfür hatten Wera Meyer-Waldeck und die Westberliner Architektin Hilde Weström eine Modellwohnung und exemplarische Räume entworfen sowie Informationen zusammengestellt.

Die „Interbau" fand in einer Zeit des politischen, ökonomischen und sozialen Umbruchs statt: Zunehmende politische Spannungen im Zusammenhang mit dem Kalten Krieg, der dank des westdeutschen Wirtschaftswunders steigende Lebensstandard und die Frage, welche Rolle Frauen in der Nachkriegsgesellschaft spielen sollten, begannen das Alltagsleben zu beeinflussen. Meyer-Waldecks Text „Das Wohnen in der Stadt von morgen", der im Ausstellungskatalog publiziert wurde, zeigt, wie sich diese Aspekte auf die künftige Wohnungsarchitektur auswirkten.

Meyer-Waldeck betont darin, dass die Wohneinheit der Zukunft zwei grundlegenden menschlichen Bedürfnissen gerecht werden müsse: dem nach Rückzug sowie dem Wunsch, als Familie Zeit miteinander zu verbringen. Daher hielt sie flexible Innenwände und einen differenzierten Grundriss mit kleinen und großen Räumen für notwendig. Als 1956 in vielen Branchen die Wochenarbeitszeit von sechs Tagen auf fünf Tage heruntergesetzt wurde, fragten sich viele Berufstätige, wie sie die zusätzliche freie Zeit verbringen sollten. Meyer-Waldeck schlug vor, in Wohnungen nun auch Räume für „positives Freizeittun" vorzusehen, in denen Familienmitglieder zum Beispiel ihren Hobbys nachgehen konnten. Und obwohl verheiratete Frauen noch immer die Zustimmung ihres Ehemannes brauchten, wenn sie einer Erwerbsarbeit nachgehen wollten – das entsprechende Gesetz wurde erst 1977 geändert –, wurde im Rahmen des 1957 verabschiedeten Gleichberechtigungsgesetzes anerkannt, dass Ehefrauen das Recht auf Berufstätigkeit hatten, wenn sich diese mit ihren Pflichten in Ehe und Familie vereinbaren ließ. Daher plädierte Meyer-Waldeck für offene Küchen, sodass Kinder und ihre Mütter, die künftig zwangsläufig außer Haus arbeiten würden, dort Zeit miteinander verbringen konnten. Außerdem entwickelte sie einen Herd auf Rädern, damit der „Mann von morgen" ebenfalls kochen konnte, im Haus oder draußen.

Anfang der 1950er-Jahre begann der Deutsche Werkbund schließlich mit der Einrichtung von Wohnberatungsstellen nach skandinavischem Muster. Dort konnten Interessierte lernen, wie man gut gestaltete, funktionale Möbel und Haushaltsgegenstände erkannte. Von Experten wurden sie dabei unterstützt, sich geschmackvoll einzurichten, damit sich das häusliche Leben zufriedenstellender gestaltete. Meyer-Waldeck erwähnt diese Einrichtungen am Schluss ihres Textes – eine war in der Ausstellung „Die Stadt von morgen" vertreten – und legt Interessierten ans Herz, daraus Nutzen zu ziehen.

Wera Meyer-Waldeck, „Das Wohnen in der Stadt von morgen", in: Internationale Bauausstellung Berlin GmbH (Hrsg.), *Interbau Berlin 1957. Amtlicher Katalog der internationalen Bauausstellung Berlin 1957*, 6.7.–29.9.1957, Berlin: IWAG, 1957, S. 342–343.

Was ist in unserem Wohnen von heute nicht in Ordnung? Warum fordern wir neue und bessere Lösungen für das Wohnen in der Stadt von morgen?

Unsere heutigen Wohnhäuser werden meist nicht auf Grund biologischer und psychologischer Erkenntnisse, sondern nach wirtschaftlichen Möglichkeiten gebaut. So entstehen Wohnungen, die den Menschen zwingen, auf engstem schalldurchlässigem Raum ständig beieinander zu sein. Die Folgen sind Zank und Streit zu Hause, Flucht ins Kino und Wirtshaus, Halbstarkenprobleme und Jugendkriminalität. Darum fordern wir Wohnungen, in denen wieder echtes Familienleben sich entwickeln kann.

Wir wissen zwar nicht, wie die Wohnung von morgen aussehen wird, wir können aber über die wichtigsten Wohn- und Lebensfunktionen Aussagen machen, die als Voraussetzung für ein gesundes Familienleben beachtet werden müssen.

Zwei menschliche Bedürfnisse sind primär zu berücksichtigen: der Wunsch nach *Alleinsein* und das Bedürfnis des *Beisammenseins*. Die thematische Schau „Die Stadt von morgen" will diesen Forderungen Rechnung tragen. Sie beschränkt sich aus räumlichen Gründen auf die Familienwohnung, die nach dem Einfamilien-, Reihen- oder Gruppenhaus tendiert. Sie gibt keine Patentlösungen, sondern Anregungen und Anreiz für den Laien, sich seine Wohnung selbst zu gestalten; viele kleine, akustisch gesicherte Räume für eigene Stille und Geborgenheit und einen großen Raum für das gemeinsame Familienleben. Die Wohnung in der Stadt von morgen wird größer und variabel sein. Die Wohnung von heute ist eng, starr und phantasielos. Günstigstenfalls ist sie von technischer Sicht perfektioniert, doch ihr fehlt das Wesentliche: die Bezogenheit auf den in ihr lebenden Menschen.

Die künftige Verkürzung der Arbeitszeit verschafft dem Menschen morgen mehr Freizeit. Es wäre ein Unglück, wenn der Gewinn an Freizeit noch mehr an Kino und Fernsehen bedeutete. Positives Freizeittum hat eine Wohnung zur Voraussetzung, in der eine schöpferische Erholung möglich ist. Die Wohnung muß größer sein, sie muß einen Bastelraum und sie sollte einen Hausgarten aufweisen. In so geschaffenen Wohnungen kann die Freizeit zu Erholung und selbstbestimmter Arbeit verwendet werden. In einer Wohnung, die zunächst im einzelnen noch nicht festgelegt ist, kann der Bewohner durch selbsttätiges Aufstellen von variablen Wänden, die ihm als Halbfabrikate des Handwerks und der Industrie zur Verfügung stehen werden, selbst über Raumzahl und Raumgröße entscheiden. Die Wohnung von morgen wird also vielgestaltig sein. In ihr kann das Bedürfnis des einzelnen nach Freizeittun und Muße in gleicher Weise befriedigt werden.

In dieser Wohnung von morgen kann für die Kinder der Innengarten als „grüne Stube" oder der tiefe Balkon, auf dem die Kleinkinder unbekümmert im Freien spielen können, notwendiger Bestandteil sein. Das Schlafen wird nicht nur bei geöffnetem Fenster, sondern auch im Freien möglich sein. Eine begehbare Kleiderkammer befreit den Schlafraum vom unpraktischen Kleiderschrank. Der Säugling kann, abgetrennt durch eine schallsichere Faltwand, im Elternschlafzimmer schlafen und ist durch die Wand vor störendem Licht und

Lärm geschützt. Dieser kleine Raum steht, wenn das Kind älter geworden ist, als zusätzlicher Arbeits- oder Gästeraum zur Verfügung.

Im großen Kinderzimmer vereinen sich die Kinder zum gemeinschaftlichen Spiel. Auch für die Nachbarskinder ist noch Platz vorhanden. Der verbreiterte Korridor wird zum Spielflur. Wachsen die Kinder heran, so geben die verschiebbaren Wände und verstellbaren Baukasten-möbel die Möglichkeit, einen großen Raum in zwei oder drei kleine Räume aufzuteilen. Auch die Küche wird eine Umwandlung erfahren. Die kleine Arbeitsküche erfüllt schon heute nicht mehr alle Anforderungen, weil sie die Familie trennt. Die Hauptfunktion einer Küche sollte sein, die Familie zu verbinden. Richtig erscheint deshalb die größere Küche, wo die Mutter mit den Kindern, die ihr helfen, zusammen sein kann. Die Aufrechterhaltung des natürlichen Kontakts von Mutter und Kindern sollte eine wichtige Aufgabe sein im Hinblick auf die Schäden, die dem Kind in seiner Entwicklung durch die Berufstätigkeit der Mutter drohen.

Der „Mann von morgen", der das Kochen liebt, kann sich in einer Barküche diesem Hobby widmen. Das Kochgerät wird ebenfalls beweglich werden, so daß in Wohnräumen oder auch im Garten gekocht werden kann.

Das Zentrum des Familienlebens ist der Wohnraum. Hier wirkt sich die künftige Varia-bilität besonders segensreich aus. Der ungeteilte Raum gibt Gelegenheit für Geselligkeit, Hausmusik und gemeinsames Spiel. Will jeder seiner eigenen Beschäftigung nachgehen, so bieten Schiebe-, Falt- und Stellwände reiche Möglichkeiten für eine Abtrennung: eine Nähecke für die Mutter, einen anderen Raumteil für den Vater zu persönlicher Beschäftigung, ein weiterer zum Lesen und Schreiben und eine Bastelecke für die Kinder.

Damit wir Heutigen solches Wohnen lernen, gibt die Wohnberatung in unmittelbarer Nähe der Schau Ratsuchenden auf Wunsch Auskunft und Anleitung. Der Besucher, der die Halle verläßt, soll die Gewißheit mit nach Hause nehmen, daß die Wunschbilder von heute, die er gesehen hat, die Realitäten von morgen sein können. An ihm selbst wird es liegen, die Chance wahrzunehmen, im Wohnen ein Stück seines persönlichen Daseins zurückzugewinnen. Hilft er, Gesetze zu schaffen, die die Voraussetzung für die Realisierung dieser Wunschbilder sind, so hat er an der Verwirklichung des Wohnens in der Stadt von morgen positiv mitgearbeitet.

Wera Meyer-Waldeck
Menschlich wohnen – glücklich leben – für alle (1960)

Wera Meyer-Waldecks wahrscheinlich letzter Artikel, „Menschlich wohnen – glücklich leben – für alle", der 1960 publiziert wurde, ist aus zwei Gründen einzigartig:
Erstens gibt er Forderungen zeitgenössischer Kritikerinnen und Kritiker wieder,
wie zum Beispiel der US-Amerikanerin Jane Jacobs und des Westdeutschen Wolf
Jobst Siedler, die die Stadt des 19. Jahrhunderts nicht als Schauplatz des gesellschaftlichen und moralischen Niedergangs betrachteten, sondern als einen Ort mit
großem Potenzial für ein erfüllendes Leben. Zweitens lenkt er, da die Kernfamilie
als stabilisierendes Herzstück der Nachkriegsgesellschaft galt, die Aufmerksamkeit
auf einen übersehenen, aber wesentlichen Teil der Bevölkerung: auf die große Zahl
alternder alleinstehender Frauen in Westdeutschland sowie auf die Notwendigkeit,
adäquate Lösungen für ihre Unterbringung zu finden.

   Der Beitrag wurde in den *Blättern der Gesellschaft für christliche Kultur* publi-
ziert, einer in Düsseldorf erscheinenden Monatszeitschrift, die sich mit kulturellen
Fragen beschäftigte und deren Herausgeber die Förderung des Austauschs zwischen
Katholiken und Protestanten beabsichtigten. Meyer-Waldeck griff in ihrem Text
Gedanken von Sozialwissenschaftlern auf, die die soziale Segregation ablehnten und
verlangten, in neuen Wohnvierteln für eine gesunde Bewohnerdurchmischung zu
sorgen. Überzeugt, dass die Abschiebung alleinstehender Frauen in eigens geplante
Altenheime keine zufriedenstellende Lösung darstellen könne, zeigte sie anhand
von zwei Plänen unterschiedliche Möglichkeiten ihrer Unterbringung innerhalb
des städtischen Gefüges auf. So sei es denkbar, eine große Vorkriegswohnung im
Stadtzentrum in zwei Wohneinheiten aufzuteilen: in eine kleine Wohnung für eine
alleinstehende ältere Frau und in eine größere Wohnung für eine Familie. Wie in einer
Großfamilie könnten die ältere Frau und die Familienmitglieder einander dank der
räumlichen Nähe im Alltag unterstützen. In ihrem zweiten Lösungsvorschlag entwarf
Meyer-Waldeck ein Szenario für locker bebaute Wohnviertel. Vier unterschiedliche
Hofhaustypen – für eine Einzelperson, einen Haushalt mit zwei Erwachsenen, eine
Familie mit zwei Kindern und eine Familie mit vielen Kindern – werden zu kleinen
Gruppen oder „Klatschbereichen" zusammengefügt. Auf einem begleitenden Lage-
plan sind fünf solcher Gruppen um einen zentralen Spielplatz herum arrangiert. Der
Raum dazwischen bleibt unbebaut, damit sich die Bewohnerinnen und Bewohner,
beispielsweise ältere alleinstehende Frauen, dort zwanglos bewegen und Kontakt
zu ihren Nachbarn knüpfen können.

Wera Meyer-Waldeck, „Menschlich wohnen – glücklich leben – für alle", in: *Blätter der Gesellschaft für christliche Kultur Düsseldorf*, Nr. 11–12, 1960, S. 23–30.

Die Probleme des Wohnungsbaus sind vielseitig und mannigfaltig. Die Sorge um die menschenwürdige Unterbringung aller Familiengruppen reicht von der kinderreichen Familie bis zum alleinstehenden berufstätigen Menschen. Hier soll ein Problem unter vielen herausgegriffen werden, das ganz besonders der Bewältigung bedarf, und für das noch keine echte Lösung gefunden wurde. Dies wirklich noch ungelöste Problem geht uns alle an, vor allem sollten sich aber diejenigen unter uns bemühen, mit zu einer Lösung beizutragen, die sich mit Bau- und Wohnungsfragen beschäftigen:

Es ist die Frage und Sorge um die sinnvolle Unterbringung der alten und alleinstehenden Menschen.

Was ist bisher für sie vom Wohnungsbau her getan worden: Sind die Alten nur „untergebracht" und „versorgt", oder ist es auch gelungen, ihnen einen echten, ihnen gemäßen Lebensraum zu schaffen? Einen Lebensbereich, in dem sie sich geborgen und glücklich fühlen, ein Wohn-Raum, in dem sie gerne und unbeschwert ihren Lebensabend verbringen möchten? – Bevor hierauf eine Antwort gegeben werden kann, sollte erst gefragt werden, wessen wohl der alte Mensch bedarf, und vor allem heute in unserer unruhigen und gehetzten Zeit bedarf, um ein Höchstmaß an körperlichem und seelischem Wohlbefinden erlangen zu können.

Die alten Menschen möchten keinesfalls zum alten Eisen gerechnet werden, denn sie sind der Meinung, daß sie, trotz ihres Alters, oder gerade deswegen, noch eine Aufgabe ihrer Familie gegenüber und in der Gesellschaft zu erfüllen haben. Das ist eine Tatsache, auch wenn sie vielleicht dem einfachen Menschen nicht so klar zum Bewußtsein kommt. So lange er nicht pflegebedürftig oder bettlägerig ist, fühlt er sich durchaus in der Lage, Pflichten zu erfüllen, für die Familie, den Freundeskreis, die Gemeinde usw. Ja vielleicht ist der alte Mensch gerade um seines Alters, um seiner Reife und seiner in all den langen Jahren seines Lebens gewonnenen Weisheit willen, besser in der Lage, diese oder jene Aufgabe zu erfüllen, als ein junger Mensch. Das Bewußtsein, noch zu etwas nütze zu sein, erfüllt ihn mit Stolz und Freude. Er liebt den Kreis und die Umgebung, in der er alt geworden ist und möchte ihn nicht verlassen. Darum fühlt er sich, trotz aller liebevoller Fürsorge, als Ausgestoßener, wenn der Familienrat beschließt, den alten Menschen „zu seinem Besten" in einem Altersheim unterzubringen. Nicht nur, daß die Umwelt eines Heimes, und sei es auch noch so gut, eine einschneidende Umstellung bedeutet; der alte Mensch ist plötzlich aus einem organischen Familienverband herausgerissen und in eine massierte Gruppe ebenso alter Menschen hineinversetzt worden. Das bedeutet für ihn nicht nur Absonderung und Trennung von dem ihm liebgewordenen Kreis von Menschen, sondern Segregation. Hier ist vielleicht zu sagen, daß *jegliche* Art von Segregation für das moderne Wohn- und Siedlungswesen schädlich ist. Eine Siedlung nur für Kinderreiche, oder nur für Postbeamte, ist genauso gefährlich und kann zu einem sozialen und moralischem Absinken führen, wie die Hochhäuser nur für alleinstehende berufstätige Menschen. Eine Statistik hat gezeigt, daß gerade in diesen komfortablen und perfektionierten Wohntürmen für alleinstehende Menschen, die Selbstmordquote die höchste ist. Die Heime mit der Massierung alter Leute stehen in dieser Beziehung nur deswegen besser da, weil in der Regel mehr Personal vorhanden ist.

Man wird dagegen vielleicht einwenden, daß das nicht stimmen könne, da ja alle Altersheime überfüllt seien und darüber hinaus noch ein sehr großer Bedarf an zusätzlichen Häusern dieser Art besteht. Fragt man aber die alten Leute, wo sie lieber ihren Lebensabend verbringen möchten, falls die Platzfrage und die Unterbringung keine Rolle spiele, so werden 99 Prozent nicht aus ihrer angestammten Umgebung herauswollen. Tatsache ist jedenfalls auch, daß die Initiative der Unterbringung alter Menschen in Heimen fast immer von den Kindern ausgeht. Sie fühlen sich in ihrer kleinen Wohnung beengt, das Geld, eine größere 4–5-Zimmerwohnung zu mieten oder ein Eigenheim zu bauen, fehlt, und sie fühlen sich in ihrer Bequemlichkeit und in ihrem Lebensrhythmus, der natürlich verschieden von dem der alten Leute ist, gestört. Die Lösung, die alten Eltern oder Vater oder Mutter in einem Altersheim unterzubringen, erscheint ihnen die beste und zweckmäßigste. Dabei übersehen sie ganz, wieviel Gutes ihnen verloren geht, und was sie vor allem ihren Kindern dadurch vorenthalten. Denn die alten Leute haben in der Familie, und somit auch in der Gesellschaft, eine wichtige Aufgabe zu erfüllen. Sie sind die Träger der Tradition, sind das Bindeglied von Vergangenheit zur Zukunft, – zu den Kindern. Entfernen wir sie aus unserem Familien- und Wohnverband, so können sie diese Aufgabe nicht mehr erfüllen. Wer wird dann noch unseren Kindern von alten Zeiten erzählen, wer die Märchen und Geschichten überliefern, die für unsere kommende Generation die Brücke zu alter Kultur und Überlieferung bedeutet? Wer anderes, als die Großmutter war es, die für die tausend Fragen der Kinder immer eine geduldige Antwort bereit hatte, an der die Hast und Hetze unserer Zeit vorüber ging? Sie, die durch ihr Alter und ihre Erfahrung weise geworden war, sorgte dafür, daß diese Weisheit weitergetragen wurde, sie, die für jede Frage und jeden Kummer der Kinder einen Rat wußte und einen Ausweg aus den kleinen kindlichen Nöten fand.

Bob Frommes, der kluge Luxemburger Wohnexperte, hat auf einer Tagung sinngemäß folgendes gesagt:
„Reißen wir die Alten aus ihrer natürlichen Umgebung heraus und bringen wir sie gemeinsam mit anderen Leidensgenossen in ein Altersheim (und möge es aus Gold sein) unter, so bringen wir diese Opfer unserer Fürsorge nicht nur in unnatürliche Verhältnisse, sondern wir reißen auch aus dem Bevölkerungskörper das wichtigste Glied des Traditionsübermittlers heraus. Wir verurteilen damit die von uns Betreuten zum Absinken, wir liefern sie der Mißgunst, der Gehässigkeit und dem Neid ihrer Leidensgenossen aus und sind dafür verantwortlich, daß sie selber diese Charakterfehler erwerben, die sie von Natur gar nicht gehabt haben. Wer das nicht glaubt, der möge sich einmal in einen unserer modernen Sozialpaläste hineinbegeben und hören, wie es dort zugeht, wie unzufrieden und gehässig alte Menschen sein können. Sie sind es nicht von Natur aus, aber sie werden es dort, weil ihnen nichts anderes übrig bleibt, als auf den Tod zu warten."

Wie sah es nun früher aus? – Da wohnte in der Stadt, wie auf dem Lande, die Großfamilie beieinander. Großeltern und Eltern mit meist zahlreichen Kindern (meine Großmutter war beispielsweise das fünfzehnte Kind von sechzehn Geschwistern), nahmen ganz selbstverständlich noch alleinstehende unverheiratete Tanten bei sich auf. Die Wohnungen waren groß genug, um allen ein eigenes Plätzchen, einen persönlichen Bereich zu ermöglichen. Heute ist das anders geworden! Unsere Wohnungen sind klein, meist nur drei Zimmer groß, und wenn wirklich noch ein viertes, meist halbes Zimmer vorhanden ist, so ist man froh, wenn man die Kinder verschiedenen Geschlechts, wenn sie größer geworden sind, in getrennten Räumen unterbringen kann. Die Unterbringung der älteren Generation in diesen beengten Verhältnissen ist also ausgeschlossen, oder wird, will man es doch erzwingen, zur Qual für alle Beteiligten. So diktiert die Wohnung unser soziales Verhalten unseren Eltern gegenüber, wie sie auch nur zu oft die Zahl der Kinder, die wir uns leisten können, bestimmt. Es ist keineswegs nur Bequemlichkeit und Egoismus, die uns zum Ausweg des Altersheimes führen. Wir alle, die wir bereit sind, Verantwortung zu tragen, fühlen uns nicht glücklich in dieser auswegslos scheinenden Situation.

Wir haben gesehen, daß in den Zeiten, als die Großfamilie noch existent war, die Versorgung der alten Menschen als durchaus zufriedenstellend angesehen werden konnte. Es erhebt sich nun die Frage, ob dieser Zustand nicht in der einen oder anderen Weise wieder hergestellt werden kann? – Ich bin der festen Überzeugung, daß das nicht sein kann, denn Vergangenes läßt sich nicht wieder zurückbringen und Restauration ist noch nie eine echte Lösung gewesen. Wir müssen uns daher bemühen, andere Lösungen zu suchen, die einerseits die aufgezeigten Schäden vermeiden, andererseits jedoch ähnliche Verhältnisse schaffen, wie die der Großfamilie. Heutige Verhältnisse und Bedürfnisse müßten daher weitgehend berücksichtigt werden. Bei einiger Phantasie lassen sich Möglichkeiten finden, bei der Sanierung der Altbauwohnungen als auch beim Bau neuer Siedlungen.

Gerade von den alten Wohnungen mit ihren hohen Geschossen, ihren wenig glücklichen sanitären Einrichtungen und ihrer verhältnismäßig hohen Zimmerzahl ist zur Zeit im Rahmen der letzten, oft recht beträchtlichen Mietpreiserhöhungen so oft die Rede. Diese Altbauwohnungen sind sehr oft die Lebensgrundlage alter alleinstehender Frauen. Diese alten Damen leben vom Vermieten. Leider! Denn weder die Vermieterin, weil sie sich von den Mietern gestört fühlt, noch die Mieter, weil das möblierte Zimmer für sie noch nie eine Quelle reiner Freuden war, fühlen sich wohl dabei. Das Zimmervermieten ist in meinen Augen eine außerordentliche unsoziale Angelegenheit, die nur als Notlösung betrachtet werden darf. Auf den Mieter wird an Lasten abgewälzt, was nur eben geht, seine Pflichten dem Mieter gegenüber sind unendlich groß! Aber Rechte? – Rechte hat er keine! Nie wird er das möblierte Zimmer als Heim empfinden können, und sei die Einrichtung noch so modern und schön. Letzteres ist sowieso kaum der Fall, denn in das möblierte Zimmer wird nur zu oft vom Familienbild über den defekten runden Tisch aus der Zeit der Gründerjahre und dem Ehrenpokal des ehemals radfahrenden Gatten, alles gestellt, was in der eigenen Wohnung im Wege steht. Kein Wunder, wenn sich der Mieter aus dieser Umgebung fortsehnt. Nur zu verständlich, wenn er nach dem eigenen Heim, und sei es noch so klein und bescheiden, strebt. Es würde Bände füllen, würde man sich einmal die Mühe machen, die Leiden der Untermieter zu schildern. Aber auch die Vermieterin ist nicht sehr glücklich. Sie vermietet ja nur, weil sie sich in einer Zwangslage befindet, weil sie eine kleine Rente hat, von der sie die Unterhaltskosten des Hauses, die Zentralheizung, die Instandsetzung des Gartens, nicht mehr bestreiten kann. So trägt sie das Los der Zimmervermieterin mit Verdruß, und eine Flut von Geboten und Verboten für den Mieter, angefangen beim Koch- und Waschverbot, dem Halten von Hunden, Katzen oder Vögeln, dem Untersagen des Musizierens und des abendlichen Besuches, sind das Resultat ihres Ärgers, der beiden Teilen das Leben zur Hölle macht.

Könnte das nicht auch anders gemacht werden? Könnte die alte Frau nicht daran denken, ihre Familie zu sich zu nehmen, aber in einer Form, die der jungen Familie und ihr der alten Frau das größtmögliche Maß an Freiheit und Unabhängigkeit sichert?

Betrachten wir einmal den hier abgebildeten Grundriß einer Altbauwohnung, wie er zu hunderten in jeder Großstadt zu finden ist. In zwei Räumen wohnt die alte Frau, in den anderen wohnen die gequälten Mieter. Das WC liegt außerhalb der Wohnung und ein Bad ist nicht vorhanden. Auch Balkons oder Loggien sucht man vergebens, nur ein kleiner Austritt neben dem WC zum Teppichklopfen ist vorhanden. Und doch gilt auch für diese Wohnung die Mieterhöhung, die natürlich auf die Mieter abgewälzt wird, denn, so sagte ein Gerichtsbeschluß, – diese Wohnung sei „ortsüblich".

Um den Wohnwert und die Wohnungsnutzung dieser Altbauwohnung zu steigern, um einer Normalfamilie und ihrer alten Mutter oder Tante die Möglichkeit des nahen Beisammenseins geben zu können, bedarf es nur weniger Änderungen. Die zweite Zeichnung mit der gleichen Wohnung und nur wenig baulichen Veränderungen zeigt dies auf. Aber was wurde bei so wenig Kosten und Mühe nicht alles gewonnen! – Der große Wohnraum ist mehr für die Familie geeignet als für die alleinstehende Frau. Aus der übergroßen Küche wurde für die Familie eine Eß-Diele und eine Küche geschaffen. Licht erhält die Diele durch die Glaswand zur Küche. Das viel zu breite Treppenpodest und ein Teil des langen Flures wird zum Badezimmer mit WC. Dies stellt die einzige bauliche Änderung dar, die etwas mehr Kosten verursacht, die aber bei einem Altbau ohne Bad notwendig ist. Die überlangen Flure fallen fort und der Nebenflur erhält Einbauschränke, die das Ordnunghalten der Frau erleichtern. Ein Eltern- und zwei Kinderzimmer sorgen dafür, daß sich gesundes Familienleben entwickeln kann. Denn ebenso wichtig wie das Beisammensein einer Familie beim abendlichen Mahl, beim Gespräch, gemeinsamen Musizieren und Diskutieren, ist die Möglichkeit für alle Familienmitglieder, der Kinder, wie der Erwachsenen, die in unserer unruhigen und gehetzten Zeit der Ruhe und Stille bedürfen, um sich zu gesunden Charakteren und Menschen entwickeln zu können, das Alleinsein und die Abgeschiedenheit. Das *Getrenntsein* einer Familie, die funktionieren und gesund bleiben soll, ist ebenso wichtig wie das Beisammensein. – Was bleibt dann aber für die alte Frau, die Großmutter oder Tante an Lebensraum in dieser Wohnung übrig? Ich glaube, gerade das richtige Maß an Raum, an Selbständigkeit und Unabhängigkeit, verbunden mit der Möglichkeit des Beisammenseins mit der Familie, den Kindern, der Tochter oder Nichte, wenn *beide* Teile es sich wünschen. Denn sie hat in dieser Wohnung ein abgeschlossenes Reich für sich, das nicht allzuviel Arbeit und Pflege von ihr fordert. Sie hat in ihrer Wohnung ihre eigene Toilette und Waschgelegenheit und muß nur zum Baden in die große Wohnung zu ihren Kindern gehen. Das hat sein Gutes, denn die junge Frau kann Hilfestellung geben, wenn das Baden allein zu beschwerlich wird, ohne daß die alte Frau gleich das Gefühl bekommt, hilflos zu sein. Sie hat in ihren eigenen vier Wänden einen Kochschrank, in dem sie sich ihre eigenen Speisen zubereiten kann, die meist anders bei alten Leuten beschaffen sind als bei jungen Menschen. Sie kann auch essen, wann immer sie mag, kann ihren eigenen Lebensrhythmus leben, der langsamer und beschaulicher sein wird als der der Jungen. Sie wird aber in der Familie ein immer gern gesehener Gast sein, wenn es gilt, die Kinder zu hüten, wenn die Eltern abends ausgehen wollen, denn Hausmädchen sind rar und teuer geworden. Sie wird diese oder jene kleine Hilfeleistung gerne mit übernehmen und die Hausfrau da ersetzen, wo es gerade nottut, wie einkaufen, mit dem Enkel ausfahren, Schularbeiten überwachen, die ersten Liebesnöte der Enkelin tröstend mit anhören, oder auch nur heimlich den Kindern zu helfen, die Weihnachtsgeschenke für die Eltern zu fertigen. Kurzum, sie wird sich glücklich fühlen und geborgen, – nicht *in* der Familie, doch in unmittelbarer Nähe *bei* der Familie. Die Mutter wird ohne allzugroße Sorgen einer Halbtagsbeschäftigung nachgehen können, vielleicht sogar vollberuflich arbeiten, denn die Kinder sind nicht alleine und verlassen und dazu verurteilt, Schlüsselkinder zu werden. Das Problem der Hausangestellten kann nun durch eine gelegentliche Putzhilfe als gelöst angesehen werden, das Altersheim ist gebannt und nur für die echten Pflegefälle alleinstehender alter Leute reserviert. Bei gelegentlichen Krankheiten der großen wie der kleinen Familie in unserer Altbauwohnung kann man sich jedoch gegenseitig helfen, kann sich beistehen und wechselweise, wo es gerade nottut, nützlich machen. Ob das nun die Masern der Kinder sind, ein kleines Unwohlsein der Mutter oder das Rheuma, das die alte Frau plagt. Die große Altbauwohnung, die bisher eine Sorge und eine Qual war, ist damit zum Segen geworden. Dies ist nur ein kleines Beispiel. Mit einiger Phantasie, Tatkraft und gutem Willen kann man hunderte von verschiedenen sinnvollen und hilfreichen Lösungen finden. –

Im modernen heutigen Siedlungsbau sollte man aber bei der Planung neuer Wohnungen folgendes beachten: Über dem Wichtigen sollte man nicht das Wesentliche vergessen! Gefährlich beim Bau und der Aufteilung einer Siedlung in verschiedene große Wohnungen ist immer die *Apartheit*! Siedlungen für Kinderreiche, für Flüchtlinge oder Evakuierte, für Junggesellen oder alte Leute, stellen immer eine Gefahr dar. Es besteht die Gefahr des Absinkens auf ein tieferes Niveau. Ich möchte hier in Bezug auf die Mischung der Bevölkerung bei der Neuplanung von Wohnvierteln auf ein Wort von Professor Hazemann hinweisen, das er anläßlich der Tagung des UNO-Seminars in Bristol brauchte:

„Alle Segregation bewirkt nervöse Spannungen, Selbstsucht, Interesselosigkeit und Aufgabe der Persönlichkeit. Im Bereich des Wohnungswesens scheint die richtig gewählte Größenordnung der Gruppierungen die nervösen Spannungen wirksam zu vermeiden. Doch die Qualität der Mischung ist hier von besonderer Entscheidung. Alter und Geschlecht, Beruf und Kultur, Sozialniveau und Familiengröße müssen sinnvoll gemischt werden, um ein dynamisches Gleichgewicht zu erreichen."

Die zweite Abbildung zeigt, fußend auf diesen oben zitierten Grundsätzen, die sich heute jeder moderne Städteplaner zu eigen gemacht hat, einen Versuch, in einer Flachsiedlung in Atriumform, die so wichtige Strukturmischung zu erreichen, ohne dabei die Grundrißtypen vergewaltigen zu müssen. Große, mittlere, kleine oder Halbfamilien können gemeinsam mit Alleinstehenden in einem sogennanten „Klatschbereich" beieinander wohnen. In den Atriumgärten spielen die Kleinkinder im Sichtbereich der Mutter ohne Verkehrsgefahr. Aber auch die älteren Kinder, die sich schon etwas weiter von zu Hause fort bewegen wollen, finden die ihnen gemäßen Spielmöglichkeiten auf der großen Spielwiese zwischen den Klatschbereichen. Die 1-Raumwohnung bzw. die 1 ½-Raumwohnung, wie sie für Alleinstehende erstrebenswert ist, fügt sich genauso in das Ganze, wie die Wohnung für die kinderreiche Familie. Die nachbarlichen Beziehungen entstehen aber nicht nur von Haus zu Haus, sondern genauso auf der Spielwiese, beim Einkauf oder auf dem Weg zur Arbeit.

Diese einzelnen Klatschbereiche, zu einem Zentrum zusammengefaßt, bilden die kleinste Einheit des Gemeindezentrums. Aus der kleinsten Zelle entwickelt sich hier das gesund aufgebaute Wohnviertel. Hier sind die alten Menschen für sich, und doch unmittelbar mit dem Leben und dem Geschehen der ganzen Siedlung verbunden. Sie sind weder abgetrennt noch ausgestoßen von der großen Wohnfamilie. Sie bleiben bis zuletzt ein gesundes, nützliches und wichtiges Glied der Gemeinschaft, helfend und Hilfe empfangend, gebend und nehmend, wie es unser aller humaner Auftrag unserem Nächsten gegenüber fordert.

Zwischen radikaler Hoffnung und pragmatischer Realisierung. Myra Warhaftigs feministische Architekturtheorie und -praxis im Westberlin der 1980er-Jahre

Gerald Adler

Myra Warhaftig. Ein feministischer Beitrag zur Wohnungsarchitektur

Die Architektin Myra Warhaftig (1930–2008) profilierte sich in den feministischen Architekturdebatten der 1980er- und 1990er-Jahre in Deutschland als Autorität.[1] In ihren wichtigsten schriftlichen Werken zu diesem Thema übernahm sie die diagrammatischen Instrumente ihres Lehrers, des deutsch-israelischen Architekten Alexander Klein, um die Bewegungs- und Nutzungsmuster von Wohnungs- und Hausbewohnern zu analysieren. Was sie jedoch von Klein unterscheidet, ist ihr umfassenderes Verständnis von „Funktion", das sich bei ihr ins Anthropologische hinein erweitert und sich auf die Stellung der Frau in der häuslichen Sphäre erstreckt. Ihre diesbezüglichen Zeitschriftenbeiträge, die sich größtenteils mit der Situation von Kindern im Wohnbereich, zunehmend aber auch mit der Bedeutung der Küche beschäftigten, scheinen auf den ersten Blick die Anliegen ihrer Vorläuferin im deutschsprachigen Raum, der Wiener Architektin Margarete Schütte-Lihotzky, aufzugreifen, die 1926 die berühmte Frankfurter Küche entwickelte.[2] Doch die eine Generation später geborene Myra Warhaftig stellte die Beschaffenheit sämtlicher Wohnräume infrage – und dies mit deutlich kritischerem Impetus.

Warhaftig konnte ihre feministischen Ideale in dem Mietshaus verwirklichen, das sie allen Widrigkeiten zum Trotz in Berlin entwarf und baute, nur einen Steinwurf vom Potsdamer Platz entfernt. Die Geschichte dieses Projekts begann in den frühen 1980er-Jahren, als die kurz zuvor gegründete FOPA (Feministische Organisation von Planerinnen und Architektinnen) durchsetzte, dass sich die IBA (Internationale Bauausstellung) in Westberlin ernsthaft mit den Anliegen von Frauen in der Architektur und der Stadtentwicklung auseinandersetzen musste. Daraufhin erhielten drei Architektinnen – Christina Jachmann, Zaha Hadid und Myra Warhaftig – den Auftrag, nebeneinander liegende Grundstücke zu bebauen. Das von Hadid entworfene Gebäude ist berühmt geworden, weil es der erste Auftrag für ein Wohnhaus in ihrer damals noch jungen Karriere war. Architekten und Studierende pflegen bei

Myra Warhaftig bei einem Rund-
gang anlässlich des Tags des
Offenen Denkmals im Jahr 2005.
Vor ihr Fotografien der Villa Bab,
1923–1924 vom jüdischen
Architekten Harry Rosenthal in
Berlin-Wilmersdorf erbaut

ihren Berlin-Rundgängen aufgeregt darauf zu zeigen, wenn sie durch die Dessauer
Straße laufen. Das von Warhaftig gebaute Haus hingegen präsentiert sich äußerlich
zurückhaltend und hat aus der Straßenperspektive mehr mit Josef Paul Kleihues'
neorationalistischer Architektur gemein als mit der extravaganten Formensprache
einer Zaha Hadid. Doch sobald man es betritt, erweist sich Warhaftigs durchdachte
Neuerfindung des „Berliner Zimmers" und der Jahrhundertwendewohnung mit
ihrem zentralisierten Grundriss und Individualräumen, die von einer zentralen „Wohn-
Raum-Küche" anstelle der bürgerlichen „guten Stube" abgehen, als unbestreitbar
feministischer Beitrag zur Wohnungsarchitektur.[3]

Warhaftigs Schriften und Bauten zielten nicht unmittelbar auf größere stadtplanerische Fragen hin, obwohl sie ausnahmslos dem feministischen Ziel galten,
die Beziehungen von Frauen – und Kindern – zum Gebauten neu zu denken. Ihr
theoretisches Werk ist aber dennoch ein Indikator für die sich wandelnde Haltung
zur Stadt in der zweiten Hälfte des 20. Jahrhunderts. In den 1960er- und 1970er-
Jahren entwickelte Warhaftig, noch stark unter dem Einfluss ihrer Mitarbeit im Architekturbüro von Georges Candilis, Alexis Josic und Shadrach Woods, radikale Ideen,
die sich im Wesentlichen gegen die konventionelle Auffassung von Stadt richteten.
Eine Generation später hatte sie die Verengungen der in Westberlin dominierenden
neorationalistischen Stadtplanung zu akzeptieren gelernt und wusste sich ihrer zu
bedienen, um einen radikalen und emanzipatorischen Wohnungsgrundriss zu ver-

wirklichen, der sich hinter der pragmatischen Neutralität einer in die umgebende Bebauung eingegliederten Ziegelfassade verbarg.

Warhaftigs prägende Jahre

Myra Warhaftig wuchs in Haifa im damaligen britischen Mandatsgebiet Palästina auf und studierte Architektur am dortigen Technion. Nach ihrem Abschluss arbeitete sie zunächst in Paris für die Architekten Candilis, Josic und Woods, die für den sozialen Wohnungsbau in Frankreich prägend gewesen waren, bevor sie in den 1960er-Jahren nach Berlin zog, um dort in deren, von Manfred Schiedhelm geführtem Büro zu arbeiten; einem Büro, das sie gemeinsam im Zusammenhang mit dem Wettbewerb von 1963 für die Freie Universität Berlin eröffnet hatten, aus dem ihr Projekt siegreich hervorging.[4] Warhaftig wurde an der Technischen Universität Berlin bei Julius Posener promoviert. Ihre Dissertation über die Behinderung weiblicher Emanzipation durch die herkömmlichen Wohnungsgrundrisse wurde 1982 publiziert und zeigt,[5] wie sehr sie einem ihrer Lehrer am Technion, Alexander Klein, verpflichtet war, dessen Konzept der flurlosen Wohnung einen wichtigen Vorläufer funktionaler Wohnungsarchitektur darstellt.[6]

Klein spielte eine bedeutende Rolle in Warhaftigs Entwicklung als Architektin und hatte maßgeblichen Einfluss auf ihren Ansatz bei der Grundrissgestaltung und Raumorganisation. Seine in den 1920er-Jahren entstandenen Berliner Wohnsiedlungsprojekte und Einzelhausentwürfe demonstrieren beispielhaft seine Technik der Reduktion „überflüssiger" Flächen – im Allgemeinen Verkehrsflächen beziehungsweise Korridore – zugunsten der avantgardistischen Idee des Existenzminimums. Das 1926 von ihm geplante Einfamilienhaus in Berlin-Wilmersdorf ist ein gutes Beispiel für diesen raumökonomischen Ansatz: Die Geschossgrundrisse des eher großbürgerlichen Hauses kommen tatsächlich ohne Flure aus; stattdessen sind die Räume auf jedem Stockwerk um eine mittig von der Straßenfront zur Rückseite verlaufende Halle angeordnet, an die sich seitlich das Treppenhaus anschließt. Im vorderen Teil des Erdgeschosses gibt es ein repräsentatives Esszimmer, in dem auf für den Außenstehenden geheimnisvolle Weise die in anderen Bereichen des Hauses zubereiteten Speisen auftauchen und serviert werden. Klein hatte dieses Haus für einen wohlhabenden Klienten entworfen – Warhaftig sollte später das Ziel verfolgen, die planerische Stringenz ihres Lehrers auf „gewöhnliche" Haushalte anzuwenden, in denen die Mahlzeiten nicht von Dienstboten, sondern von den Bewohnern selbst zubereitet werden.[7] Entsprechend konnte sie Kleins Entwürfen für die großen Berliner Siedlungen der 1920er-Jahre mehr abgewinnen, insbesondere den Miethäusern der Siedlung am Fischtalgrund, für die der Architekt Heinrich Tessenow als Koordinator verantwortlich zeichnete. Sie liegt direkt neben der berühmteren Siedlung Onkel Toms Hütte, die unter der Leitung von Bruno Taut entstand. Bei Warhaftigs Mietshaus an der Dessauer Straße, einem ausgezeichneten Beispiel für einen von feministischen Prinzipien geprägten Entwurf, kombinierte sie Kleins Markenzeichen des flurlosen Grundrisses mit dem zeitgemäßeren Konzept eines geschlechts- (und alters-)neutralen zentralen Wohnraums und übersetzte Kleins vorstädtische Expansivität in eine an die weit engeren und dichteren Verhältnisse im Stadtzentrum angepasste Version.

Myra Warhaftig und die FOPA. Die feministische Kritik an der Wohnhausarchitektur

In den 1980er- und 1990er-Jahren war Myra Warhaftig hauptsächlich in der Lehre tätig, außerdem begann sie, sich mit den Bauten deutschsprachiger jüdischer Architekten in Palästina zu beschäftigen – ein Forschungsinteresse, dem sich ihr Ruhm zum großen Teil verdankt.[8] Ihr wichtigstes Bauprojekt war das Mietshaus in der Dessauer Straße, das unmittelbar nach dem Fall der Mauer gebaut wurde. Das Projekt ging auf eine Initiative der FOPA zurück und wurde im Kontext der IBA in Westberlin verwirklicht. Die FOPA war 1981 gegründet worden, um der männlichen Dominanz in der Architektur etwas entgegenzusetzen. Was als Protest gegen den Ausschluss von Frauen aus den IBA-Planungen begonnen hatte, führte schließlich dazu, dass Myra Warhaftig – neben anderen Architektinnen – den Auftrag für ein wichtiges Bauprojekt der IBA erhielt.[9]

   Wir sind alle vertraut mit der Vorstellung, dass wir eine quasi angeborene, platonische Idee davon haben, was das Haus ausmacht – entsprechend der typischen Kinderzeichnung, die eine symmetrische Fassade mit zentralem Kamin und Fenstern zu beiden Seiten der Vordertür zeigt. Diese architektonisch-kulturelle Typologisierung, deren jungianische Grundlage der rationalistische Architekt Aldo Rossi dem kollektiven Stadtgedächtnis eingliederte, gewann Ende der 1970er-Jahre in Westberliner Planerkreisen an Einfluss und besteht wohl bis heute fort. Gegen diesen kulturell geprägten Archetyp wurde argumentiert, dass eine solche kulturell gewachsene Sichtweise um frühere, vorschulische Konzepte des Häuslichen ergänzt werden müsse, die beispielsweise eher an einen uterusähnlichen Höhlenraum erinnern.[10] Eine Auseinandersetzung, die in den 1980er-Jahren für die Dichotomie zwischen jungianischer und freudianischer Weltsicht stand, wobei Erstere mehr den archetypischen und daher aus feministischer Perspektive traditionellen und paternalistischen Stadtbildern entsprach. Diese würden auf der kollektiven Erinnerung urbaner Räume basieren, in denen der äußere, öffentliche Raum größtenteils mit übernommenen Vorstellungen von Straßenmustern und -formen korrespondiert, während bezüglich der Gestaltung des Innenraums individuelle sowie Gruppenfreiheiten gewährt werden. Die IBA neigte bei den in den 1980er-Jahren geförderten Planungen für Westberlin zu einer solchen Privilegierung der kollektiven Erinnerung an (traditionelle) urbane Formen. Ihre Hauptfrage war, wie die Stadt aus der Straßenperspektive wirkte, und weniger, wie sie genutzt wurde, nicht zuletzt in Bezug auf die Wohnblöcke selbst.[11]

   Myra Warhaftig und ihre feministisch argumentierenden Kolleginnen konnten die offensichtliche Gleichgültigkeit Westberlins gegenüber den soziologischen Implikationen der von der IBA unterstützten Stadtentwicklung nur mit Verwunderung,

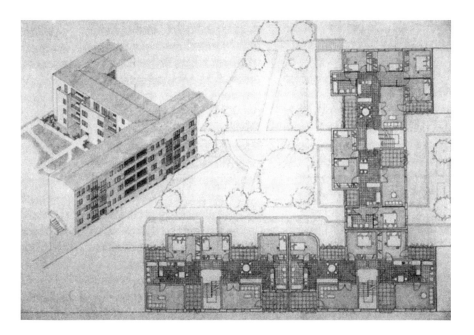

Myra Warhaftig, IBA-Projekt an der Dessauer Straße, Berlin, um 1987. Die zweite Wohnung von links ist Warhaftigs eigene Wohnung

wenn nicht mit Ärger beobachten. Die IBA schien sich vor allem mit Stilfragen, mit dem Erscheinungsbild der Stadt aus der Perspektive des Mannes auf der Straße zu beschäftigen; der Wahrnehmung der Frauen und Kinder in den Innenräumen hinter den undurchdringlichen Fassaden, die das endlose Gitternetz der Berliner Straßen säumten, stand sie im besten Falle herablassend, im schlimmsten Falle herabsetzend gegenüber. Als die IBA damit begann, Westberlin umzugestalten, galt die Soziologie in Architektenkreisen als passé, zumindest was ihre Auswirkung auf die Stadtplanung betraf. Warhaftig betrachtete es daher als ihre Pflicht, wenigstens die Innenräume des Mietshauses aus einer soziologischen, um nicht zu sagen feministischen Perspektive neu zu denken, auch wenn die Idee einer radikalen Restrukturierung der Stadt als Ganzes aufgrund des historistischen Zeitgeists der 1980er-Jahre in einer Sackgasse enden musste. Warhaftig und ihre feministischen Kolleginnen waren, als die IBA in Westberlin die Zügel in der Hand hielt, in vielerlei Hinsicht aus der Zeit gefallen. Doch Warhaftigs große Stärke lag darin, dass sie wusste, was sie durchsetzen konnte und was nicht, und dass es ihr gelang, ihre feministischen Grundsätze unter dem Schleier stadtplanerischer Konformität einzuschmuggeln.[12] Sie hatte sich ein beachtliches Wissen über Wohnungsbau angeeignet, basierend auf den Erfahrungen und den Beobachtungen, die sie in ihrer Heimat Palästina, in Paris und schließlich in Berlin gemacht hatte. Diese Erinnerungen unterwarf sie der nüchternen Analyse – eine Fähigkeit, die Klein ihr am Technion vermittelt hatte und die später durch ihre praktischen Erfahrungen bei Candilis, Josic und Woods sowie die jahrelange Lehrtätigkeit an der Technischen Universität Berlin ihren Feinschliff erhalten hatte.

Myra Warhaftigs Arbeit stand in engem Verhältnis zu der von anderen Entwerfenden, was aber ihren spezifischen Beitrag auszeichnet, ist, dass sie sowohl zur Geschichte und Theorie als auch zur Praxis des Wohnungsbaus einen gewichtigen Beitrag leistete.[13] Obwohl die IBA zunächst jeder offen feministischen Mitwirkung an ihren Projekten ablehnend gegenüberstand, erwies sie sich für Wahrhaftig als fruchtbarer Boden. Ihre aus stadtplanerischer und architektonischer Perspektive vorgebrachte Kritik an den modernen Konventionen, insbesondere an der orthodox-modernistischen Ablehnung der Straße und der Forderung nach Zonierung, wie sie am leidenschaftlichsten von den CIAM propagiert worden war, erwies sich mit ihrem stadtplanerischem Konservatismus ohne Weiteres vereinbar, nicht aber mit ihren sonstigen innovativen Ideen, insbesondere was die Grundrisse der Wohnungen betraf. Von „stadtplanerischem Konservatismus" zu sprechen ist vielleicht übertrieben: Treffender wäre die Aussage, dass Warhaftig innerhalb der IBA einen hocheffektiven Guerillakrieg führte, oder genauer: eine Art gezielte Infiltration praktizierte, dank derer ihre feministischen Baupläne realisiert werden konnten. So gelang es ihr, ihre radikalen Wohnungsgrundrisse hinter den Lochfassaden – ein etwas abwertender Begriff für die typische 1980er-Jahre-Fassade aus gleichförmigen Reihen rechteckiger Fenster in einer einfachen verputzten oder mit Ziegeln verblendeten Außenwand – eines modisch-neorationalistischen Straßenbilds durch die Baukomitees zu schmuggeln, wenn auch nicht ohne größere Kämpfe, wie dieser Beitrag klarstellen möchte.

In diesem Kontext ist es faszinierend, Warhaftigs frühe Schriften zu lesen, die über ihre stadtplanerischen Präferenzen in den 1960er- und 1970er-Jahren Auskunft geben. Ihr Buch *Spiel mit Wohnkuben*, das sie gemeinsam mit dem Architekten Bernd Ruccius, ihrem damaligen Ehemann, schrieb und 1969 im Verlag Karl Krämer veröffentlichte, erläutert das emanzipatorische Potenzial des Bauens mit Wohnwürfeln, ähnlich wie Moshe Safdie dies in seinem gefeierten Wohnhauskomplex *Habitat 67* in Montreal umgesetzt hatte. Das Ziel der Befreiung aus starren Familienbeziehungen und die Idee, dass eine Wohnung sich in ihrer Größe und Form verändern lassen sollte, wenn die Familie wächst oder schrumpft, hatte gute zehn Jahre früher bereits zu den Grundsätzen der Architektengruppe Team 10 gezählt, zu der auch Candilis, Josic und Woods gehörten. In der Publikation erforscht Warhaftig die technische Realisierung eines solchen Befreiungsschritts, ähnlich wie Safdie und die japanischen Metabolisten dies auf anderen Kontinenten erprobten. Warhaftigs Originalität besteht darin, dass sie die technischen und ästhetischen Potenziale des Kubus sowohl mit ihren Implikationen für die Emanzipation der Frau als auch mit ihrer allgemeineren stadtplanerischen Bedeutung verknüpfte: „[...] der Architekt hat die Aufgabe, in seinem Bereich neue Entdeckungen zu machen, neue Materialien für den technisch perfekten Wohnungsbau zu finden, die dem Durchschnittsbürger erlauben, sein eigenes Heim, seinem Bedarf entsprechend und jederzeit veränderbar, mit seinen eigenen Händen zu bauen. Aufgabe des Architekten ist es, Wünsche im Menschen zu wecken und ihm die Möglichkeit zu ihrer Erfüllung zu geben – seinem

Lebensstil entsprechend, der sich von dem jedes anderen Menschen unterscheidet und ständig ändert. Der Architekt sollte ihm außerdem die Möglichkeit geben, in einer Wohnung neuen Raum zu neuen Zwecken zu gewinnen und diesen neugeschaffenen Raum schnell und einfach zweckgebunden zu verwandeln. Diese Gelegenheit sollte es nicht nur innerhalb einer Wohnung geben, sondern auch zwischen den einzelnen Wohnungen eines Wohnblocks."[14]

Warhaftig fordert hier eine neue Stadtplanung und eine neue Architektur im Geist der Emanzipation (auch wenn „der Architekt" in ihrer Terminologie immer noch männlich ist), sehr ähnlich den von Reyner Banham gepriesenen Megastrukturen. Der Stadtplanungstheoretiker Dieter Frick bemerkt hierzu in seinem Beitrag zu Warhaftigs und Ruccius' Buch: „Würde das System Ruccius-Warhaftig weiterentwickelt und nach Dimension und Ausstattung der Kuben für unterschiedliche Nutzungsarten differenziert, wären auch partielle Nutzungsänderungen innerhalb eines Gebäudes, etwa geschoßweise, technisch denkbar."[15] Mit anderen Worten: Das Autorenteam beschreibt hier genau die Art von Mischökonomie, die Le Corbusier in seinen berühmten *unités d'habitation* umgesetzt hatte, in denen gleichförmige Geschossebenen auf halber Gebäudehöhe von einer „Straße" unterbrochen werden. Frick fährt jedoch fort: „Eine erhöhte Mobilität nicht nur von Nutzungsarten, sondern auch von Gebäuden und Gebäudeteilen würde den Unterschied und die Wechselwirkung zwischen festen und beweglichen Elementen im Stadtgefüge, zwischen Flächen (bzw. Bauten) der Verkehrsbedienung, Energieversorgung usw. und Flächen (bzw. Bauten) für Haushalte, Betriebe usw. allgemein deutlicher vor Augen führen. Die vorgestellte Konstruktionsweise arbeitet mit größeren Bau‚steinen' als seither üblich, rechnet aber mit dem gegebenen System der städtischen Infrastruktur. Sie bleibt damit eindeutig unterhalb der Schwelle zum Utopischen."[16]

Auf den folgenden Seiten von *Spiel mit Wohnkuben* sind Fotografien von Modellen identischer, aber unterschiedlich gruppierter Holzkuben zu sehen. Einige davon erinnern an die Großflächenkonfigurationen, die Candilis, Josic und Woods für den Neubau der Freien Universität Berlin entwickelt hatten, einem Projekt, an dem auch Warhaftig mitgearbeitet hatte; häufiger jedoch sind die Kuben zu vielgeschossigen Plattenblöcken samt Modellautos und Fußgängern angeordnet und wirken wie konventionelle Straßenansichten. Dies erklärt Fricks Wahrnehmung, dass dieses Bausystem pragmatisch und umsetzbar sei und „unterhalb der Schwelle zum Utopischen" liege. Mit anderen Worten: Warhaftigs und Ruccius' Spiele mit Wohnkuben tendieren trotz innovativer flexibler Wohnungsgrundrisse zu einer konventionellen Stadtgestaltung, in der die Gebäude eine Flucht entlang der Straße bilden. Der Kubus wird schließlich zu einem nach Bedarf gruppierbaren Kunststoffelement weiterentwickelt. Die Vielseitigkeit dieses Systems wird mit Fotocollagen illustriert, die Kubus-Agglomerationen in historische Settings (mediterrane Hafenstädte?) einbetten, was an Bernard Rudofskys *Architecture without Architects* erinnert.[17] Der endgültige, erkennbar urbane Standort für diese Kubus-Ensembles ist das Pariser Quartier des Halles – Victor Baltards großartige Markthallen sollten schon bald der Abrissbirne zum Opfer fallen –, für das Warhaftig die Grundflächenmaße des typischen Pariser

Fotomontage zum Thema Innenanlage und Straßenfassade, daneben die Struktur der Häuserblocks im Quartier Les Halles in Paris, aus dem Buch von Myra Warhaftig und Bernd Ruccius, *Spiel mit Wohnkuben*, von 1969

Häuserblocks nachbildete, bestehend aus komplexen Gefügen identisch großer, aber funktionell differenzierter Kuben.

Warhaftig war ein prominentes Mitglied des Westberliner Ablegers des Deutschen Werkbunds, einer Organisation, die an der Richtung, in die sich die IBA entwickelte, scharfe Kritik übte. Besonders bemängelt wurde, dass sich die IBA fast nur noch für städtebauliche Fragen interessierte und nach Ansicht des Werkbundes darüber die Haus- und Wohnungsgrundrisse selbst vernachlässigte. Hier kam auch die Westberliner Politik ins Spiel: Die IBA war in Teilen das Geistesprodukt von Harry Ristock, einem linksliberalen SPD-Politiker. Als die SPD 1981 die Wahl zum Abgeordnetenhaus verlor, sorgte die neue CDU-Regierung dafür, dass die IBA den Schwerpunkt auf großräumige Stadtplanungsprojekte legte, statt sich weiterhin mit innovativen Bau- und Wohnformen zu beschäftigen. Diese Entwicklung und die Prestigeträchtigkeit von Neubauprojekten bewirkten, dass der von Josef Paul Kleihues geleitete Schwerpunkt „Neubau" – größtenteils einzelne Neubauprojekte an diversen Westberliner Standorten – einflussreicher war als die Abteilung „Altbau" unter Hardt-Waltherr Hämer, die sich mit der Sanierung vorhandener, hauptsächlich aus dem 19. Jahrhundert stammender Mietshäuser befasste, insbesondere in Kreuzberg, einem mehrheitlich von Arbeitern bewohnten Bezirk südlich der Berliner Mauer.

Schon 1984 hatte Kleihues Warhaftig, die er seit einigen Jahren kannte, zugesichert, dass sie einen Auftrag für ein Wohngebäude im Rahmen von Oswald Mathias Ungers' Gesamtentwurf für die Friedrichvorstadt bekommen würde.[18] Dass Kleihues sie immer unterstützte, auch dann noch, als er seine „Wunderkinder" – wie Zaha Hadid – zu fördern begann, ist anerkennenswert. Er geriet von zwei Seiten unter Druck: Angesichts der zunehmenden Liberalisierung in Polen war die Forderung aufgekommen, die Projekte einiger aufstrebender polnischer Architekten im Rahmen der IBA zu realisieren, was zu immer heftiger werdenden Protesten der FOPA führte, die feministische Anliegen im Planungsprozess berücksichtigt sehen wollte. Die Lage spitzte sich zu, als Kleihues 1986 ein Entwurfsseminar für Block 2 einberief, den Standort, an dem das von Warhaftig zu planende Gebäude realisiert werden sollte. Das Seminar war vorgeblich organisiert worden, um die Beteiligung der polnischen Architekten zu diskutieren, doch einige FOPA-Teilnehmerinnen intervenierten und äußerten lautstark Kritik an Kleihues' Kurs und dessen offensichtlich ablehnender Haltung gegenüber feministischen Anliegen. Der Ausgang war ein Erfolg für Warhaftig: Ihr Projekt wurde Teil von Block 2, ebenso wie die Projekte von zwei weiteren Architektinnen, Christine Jachmann (Bundesrepublik Deutschland) und Zaha Hadid (Vereinigtes Königreich).[19]

Die IBA und ihre Kritik am „steinernen Berlin" und den durch die CIAM beeinflussten Berliner Wohnbauten

Die IBA selbst stand für die Ideale der „Architektur der Stadt", mit großen Anleihen bei Aldo Rossi, und war bestrebt, die Stadt mit Rücksicht auf ihr größtenteils aus dem 19. Jahrhundert stammendes Erscheinungsbild zu erneuern. Diese Auffassung von Stadt ist unter der Bezeichnung „Das steinerne Berlin" bekannt – nach dem einflussreichen Buch des Stadtplaners und Architekturkritikers Werner Hegemann von 1930.[20] Durch diesen im Großen und Ganzen historisierenden Stil (zumindest, was Kubatur und Stadtform betrifft) unterschied sie sich von der Westberliner Stadtentwicklung der Nachkriegszeit mit ihrer größtenteils CIAM-Modellen folgenden funktionalen Zonierung ebenso wie von der Stadtplanung in Ostberlin. Letztere wurde in den 1950er-Jahren vor allem durch den DDR-Architekten Hermann Henselmann mit seinen von Moskau inspirierten Boulevards der Stalin-Ära und einer Architektur im Zuckerbäckerstil verkörpert, in den 1960er- und 1970er-Jahren von dicht gereihten Plattenbauten, die den Wohnblöcken westlich der Mauer nicht ganz unähnlich waren.[21] Das typische IBA-Mietshaus der 1980er-Jahre war selten ein freistehendes Gebäude, wenn man von den Stadtvillen auf der Südseite des Landwehrkanals absieht, bei denen sechs oder acht Wohnungen in „Häuser" gequetscht wurden, die in ihrem Format und ihrer Außenwirkung den opulenten Bürgervillen einzelner Familien des angrenzenden Bezirks Tiergarten glichen.[22] Entsprechend der IBA-Norm bildeten die Wohngebäude in Kreuzberg und in der Südlichen Friedrichstadt – etwa die Bauprojekte in der Dessauer Straße, einschließlich Warhaftigs Mietshaus – fortlaufende Riegel mit glatten Straßenfassaden und einer etwas stärker akzentuierten Garten- bzw. Hofseite.[23]

Die IBA war in die Bereiche „Altbau" und „Neubau" geteilt, und es war ziemlich offensichtlich, dass die neuen Fachgruppen von den alten lernten, was Haus- und Stadttypologien betraf. Mit Sicherheit trug die IBA zu einer konservativen und konservationistischen Stimmung im Jahrzehnt vor dem Mauerfall bei, eine Tendenz, die sich nach der Wiedervereinigung in den 1990er-Jahren in der Rekonstruktion der Straßen rund um den Potsdamer Platz fortsetzte.[24] Auch wenn diese Geschichte üblicherweise aus Westberliner Perspektive erzählt wird, war auch bei den Ostberliner Architekten und Planern in den 1980er-Jahren, als niemand das bevorstehende Ende der DDR auch nur erahnte, eine historische Wende zu beobachten: Die vorgefertigten Betonfenster- und Betonfüllelemente der Plattenbauten erhielten

historisierende Verzierungen, wie man im wiederaufgebauten Nikolaiviertel süd-
westlich des Alexanderplatzes sehr gut sehen kann.

Dabei setzte sich die Entwicklung der Berliner Mietskasernen im späten 19. und
frühen 20. Jahrhundert fort.[25] Einer ihrer wichtigsten Reformer war Albert Gessner,
wie auch der Architekturhistoriker Julius Posener und die Autorin der jüngsten Monografie über den Architekten, Claudia Kromrei, feststellen.[26] Posener erläutert: „So, ganz
pragmatisch, ganz der Praktiker, der die gegebenen Bedingungen annimmt, spricht
Geßner über den Wohnungsgrundriß. Man darf sich jedoch durch seine Art sich zu
äußern nicht täuschen lassen: Wenn man seine Grundrisse studiert, so bemerkt man
bald, daß er in Berlin, wahrscheinlich in Deutschland, der entschiedenste Reformer der
Mietwohnung gewesen ist. Tritt man in der üblichen Mietwohnung der Zeit in einen
Korridor ein, der zu den verschiedenen Räumen führt und durch das Berliner Zimmer
in einen zweiten Korridor, einen einhüftigen, für die Schlafzimmer, Bad, Küche und
Mädchenkammer am Hof, so betritt man eine Geßnersche Wohnung durch einen Vor-
raum, der in eine Diele führt. Diese ist von einem Nebenhof, *nicht* einem Lichtschacht,
beleuchtet, an dem auch solche Nebenräume liegen wie Bad und Klosett. Diese Anordnung ermöglicht einen sehr angenehmen Zugang zu den Haupträumen; das Berliner
Zimmer als Durchgangszimmer fällt weg, und der Korridor zu den Schlafzimmern wird
verhältnismäßig kurz; oder Geßner arbeitet ohne den Nebenhof; dann wird die Diele
vom Hof beleuchtet, und das Berliner Zimmer bleibt zwar Durchgangszimmer, wird
aber so weit in den Seitenflügel hineingeschoben, daß es aufhört, das dunkle Berliner
Zimmer zu sein: Es erhält Licht durch ein sehr breites Fenster."[27]

Gessners Haus- und Wohnungsgrundrisse, die ihre Bewohnerinnen und Bewohner dank ihrer Wendungen und Eigentümlichkeiten geradezu auf eine Reise mitneh-
men, finden ihre logische Fortsetzung im öffentlichen Straßenraum, wo monotone
und kompromisslos glatte Fassaden – Relikte aus dem 19. Jahrhundert – durch
Giebel und Erker aufgelockert und belebt werden und Vorgärten die Fluchtlinien der
Straßenfronten aufzubrechen beginnen. Die Perspektiven Gessners akzentuieren
einzig den gestalterischen Aspekt dieser neuen Vision, die Vermittelalterlichung
der Strassenrhythmik erinnert an die Bestrebungen seiner Wiener Zeitgenossen,
insbesondere an die Camillo Sittes.[28] Aus engen, überfüllten Hinterhöfen werden
großzügigere luftige Gärten, wenn man zwei oder mehr Höfe zusammenlegt. Das
„steinerne Berlin" beginnt einem Bimsstein zu ähnln, dessen Masse mit lauter
winzigen Lufteinschlüssen durchsetzt ist.

An dieser Stelle gilt es das „Berliner Zimmer" einzuführen – eine Besonderheit
bürgerlicher Berliner Mietshäuser, die sich aus den bescheideneren Arbeiterbehau-
sungen des 19. Jahrhunderts, jenen allgegenwärtigen Mietskasernen, entwickelte.[29]
In der Regel waren die Wohnungen paarweise zu beiden Seiten des Haupteingangs
und des Treppenhauses angeordnet. Die Häuser waren jedoch zu schmal, als dass man
die gesamte Wohnung jeweils im Vorderhaus hätte unterbringen können. Deshalb
erhielten die Wohnungen L-förmige Grundrisse. Die repräsentativeren Räume, wie
Salon und Wohnzimmer, befanden sich an der Straßenseite, die Schlafzimmer und
Arbeitsräume an der Wand zum Nachbarhaus. Ihre Fenster gingen auf den Hinterhof
hinaus. Das Scharnier zwischen Vorderhaus und Seitenflügel war das „Berliner Zim-

mer": Als Durchgangszimmer verband es den Flur mit den rückwärtigen Schlaf- und Arbeits- beziehungsweise Bedienstetenräumen und wurde in der Regel von einem kleinen, auf den Hinterhof hinausgehenden Fenster in einer schmalen, schrägen Wand beleuchtet. Außerdem diente es als Esszimmer, da es sowohl mit der eleganten Diele verbunden war, wo man die Besucher empfing, als auch mit dem hinteren Flur, der zur Küche, Spülküche und zum Dienstmädchenzimmer führte. Das „Berliner Zimmer" war eine geniale Erfindung, die den Bedürfnissen und Schicklichkeitskonventionen der Berliner Bourgeoisie diente und ihre Wohnungen zugleich erfolgreich in das stadtplanerische Raster urbaner Wohnblöcke zwängte. Es war der größte Raum der Wohnung, was üblicherweise eine Spitzenstellung in der Raumhierarchie bedeutet. Dennoch war sein Status nicht eindeutig, weil es, anders als die straßenseitigen Empfangsräume, die über einen Korridor erreicht wurden, den einzigen Durchgang zu den rückwärtigen Bereichen der Wohnung bildete, was seine Funktion als Esszimmer beeinträchtigte. Und weil es die gesamte Breite des Seitenflügels einnahm, unterbrach es die Laufwege und trennte die Flure im Vorderhaus von den Fluren im privaten rückwärtigen Bereich der Wohnungen.[30] Genau diese Mehrdeutigkeit eines so essenziellen Raums machte sich Myra Warhaftig bei ihrer Neuordnung der Berliner Mietwohnung zunutze.

Warhaftigs Entwurf: Bürgerliche Berliner Typologie trifft auf den radikalen Feminismus der 1970er-Jahre

„Als Architektin und Mutter von zwei Kindern habe ich in einer öffentlich geförderten Neubauwohnung die Erfahrung gemacht, dass die Zimmerzahl, die -größe und ihre Zuordnung zueinander das Wohnverhalten begünstigen oder behindern können. Ferner stellte ich fest, daß eine Vereinbarung zwischen Berufstätigkeit, Kinderbetreuung und Hausarbeit von der räumlichen Ordnung einer Wohnung abhängig ist. Die Essensvorbereitung in einer DIN-Norm-Küche findet visuell und akustisch von den Familienmitgliedern und Gästen getrennt statt, und traditionsgemäß wird die Arbeit in der Küche allein der Frau zugewiesen. Eine zentrale „Wohn-Raum-Küche" könnte die räumliche Bedingung schaffen, das Essen vorzubereiten und gleichzeitig die Kinder zu beaufsichtigen. Sie ermöglicht andauernden visuellen und akustischen Kontakt zu den Kindern, was für deren seelische Entwicklung ein wichtiger Aspekt ist. Eine Wohn-Raum-Küche könnte einen zentralen Treffpunkt für alle Familienmitglieder bieten. Darüber hinaus können Gäste bewirtet werden, ohne daß die Kommunikation unterbrochen werden muß. Im Rahmen der IBA sollen Ende 1991 in Berlin-Kreuzberg, in der Südlichen Friedrichstadt, 24 öffentlich geförderte soziale Wohnungen mit zwei bis fünf Zimmern entstehen. Sie werden mit Wohnküchen ausgestattet. Die zentral gelegene Wohn-Raum-Küche ist zugleich der Eingang, der Eßplatz und der Kochplatz; sie ist größer als das Wohnzimmer jeder Wohnung."[31]

    Diese Zeilen schrieb Warhaftig 1990 in einem Beitrag für die *Deutsche Bauzeitung* voller Begeisterung, weil sie schlussendlich von der IBA-Leitung angenommen worden war und grünes Licht für ihr Bauprojekt in der Dessauer Straße bekommen hatte. Ihre Position hatte sie jedoch bereits in ihrer acht Jahre zuvor publizierten

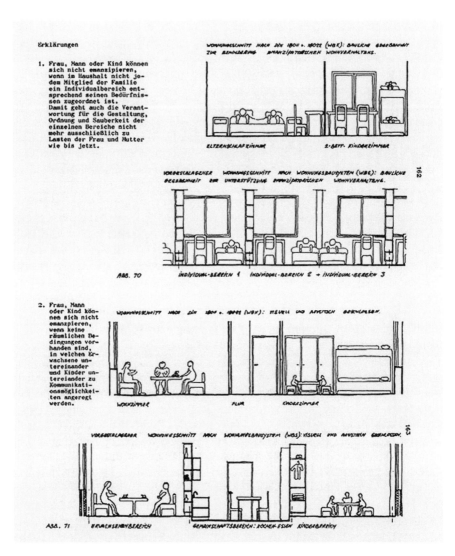

Zwei von den sieben Diagrammen mit Sektionen einer Wohnung für Eltern und Kinder, „vor"
und „nach" dem verbessernden Eingriff, aus Myra Warhaftigs *Die Behinderung der Emanzi-*
pation der Frau durch die Wohnung von 1982

Dissertation dargelegt. Der erste Teil ihrer Studie gibt einen lesenswerten historischen und soziologischen Überblick über die Stellung der Frau in der Familie und
Gesellschaft des 19. und 20. Jahrhunderts, während die acht Kapitel des zweiten
Teils sich mit einzelnen Räumen in deutschen, vorwiegend Berliner Wohnungen
(von Wilhelminischen Mietskasernen bis zu modernen Wohnhäusern) und ihren

wenig frauen- und kinderfreundlichen Grundrissen und Lagen beschäftigen. Im dritten und letzten Teil führt Warhaftig eigene Vorschläge zur Verbesserung dieser Situation aus und stützt und visualisiert ihre Argumente mit vergleichenden Wohnungsschnitten.

Warhaftigs für die IBA entworfenes vierstöckiges Mietshaus in der Dessauer Straße zeichnet sich durch eine radikale Neustrukturierung des Raumprogramms aus.[32] Die Wohnungen, die größtenteils beidseits der Treppenhäuser angeordnet sind, haben Eingangstüren, die sich auf einen zentralen, langgestreckten Raum an der Längsachse des Blocks öffnen. Er fungiert als zentraler Koch-, Wohn- und Essraum und zugleich als impliziter Flur, der entlang der Garten-/Hofseite zu den Schlafzimmern und zum Badezimmer führt. Diese „Wohn-Raum-Küche" wird von zwei kleinen Außenbalkonen flankiert, die der Belüftung des Bads dienen (Balkon zur Straße) sowie die Schlafräume akustisch und räumlich abtrennen (Balkon zum Garten). Der letzte an der Straßenseite gelegene Raum dient als privater und formal separater Wohnraum und ist vom gemeinsamen Wohnraum und dem vorderen Balkon aus direkt zugänglich.[33] Dies entspricht dem Grundriss der vier übereinander angeordneten Wohnungen, die die ersten Balkone auf der linken Seite mit einfassen; die anderen Wohnungsgrundrisse im L-förmigen Block weisen lediglich kleinere Varianten auf.

Damit hatte Warhaftig zwei Ziele gleichzeitig erreicht: zum einen das frühmoderne Ziel der Eliminierung überflüssigen Raums, zum anderen die spätmoderne Berücksichtigung demografischer Veränderungen und feministischer Forderungen nach veränderter Raumaufteilung. Dazu baute sie erstens auf dem Konzept der „flurlosen Wohnung" ihres Lehrers Alexander Klein auf. Zweitens entwickelte sie einen Grundriss, der den Bewohnern – Erwachsenen ebenso wie Kindern – sowohl individuelle Rückzugsräume und Privatsphäre als auch Gemeinschaft und Geselligkeit ermöglichte: in einer Wohnung, in der die Essenszubereitung und Kinderbetreuung – in aller Regel, aber nicht notwendigerweise Aufgaben der Frau – in den Mittelpunkt verlegt werden. Damit führte ihr Entwurf einen Grundriss ein, der alt und neu zugleich war. Der zentrale Koch-Wohn-Ess-Bereich erinnert an das Modell, wenn nicht an die Nutzung des Vestibüls der Jahrhundertwende, dem wir bereits bei Albert Gessner begegnet sind. Seine Neuheit liegt in der Entscheidung, das Kochen und Essen ins Zentrum der Wohnung zu verlegen und zugleich den ständigen visuellen Kontakt zu den Kindern zu ermöglichen – eine Maßnahme, die die jeweilige Bezugsperson sehr entlasten würde. Die feministische Architekturhistorikerin Kristiana Hartmann führt diesen Aspekt in ihrem Beitrag über die Wohnkultur der Zwischenkriegszeit überzeugend aus und zitiert Adolf Loos: „[…] je vornehmer gespeist wird, desto mehr wird am Tisch gekocht. Ich frage mich, warum der Proletarier von dieser schönen Sache ausgeschlossen sein soll? Vor tausend Jahren hat jeder Deutsche in der Küche gegessen. Das ganze Weihnachtsfest spielte sich in der Küche ab, sie war der schönste und geeignetste Raum […]. Man weiß sehr gut, warum Kinder sich am allerliebsten in der Küche aufhalten. Das Feuer ist etwas Schönes. Die Wärme des Feuers durchdringt den Raum und das Haus, es geht nichts an Wärme verloren […]. Aus all diesen Gründen baue ich die Wohnküche, die die Hausfrau entlastet und ihr einen stärkeren Anteil an der Wohnung gibt, als wenn sie die Zeit des Kochens in der Küche verbringen muß."[34]

In der Wohnungsbaupolitik der Weimarer Republik gab es zwei radikal unterschiedliche Ansätze im Umgang mit Geschlechterdifferenzen. Der erste Ansatz wollte Hausarbeit und Kochen aus der häuslichen Sphäre verbannen, entweder für die gewöhnlich aus Mann, Frau und Kindern bestehende Familie oder in Anerkennung der Existenz atypischer Haushalte, wozu insbesondere alleinstehende Frauen und Männer zählten, deren Bedürfnissen man entsprechen wollte. Der andere Ansatz bestand darin, die traditionelle Haushaltsform zu akzeptieren, aber das Los all jener zu verbessern, die für Kinderbetreuung, Essenszubereitung und Hausarbeit zuständig waren.[35] Myra Warhaftig neigte dem zweiten Ansatz zu; ihre Wohnungsentwürfe erwiesen sich jedoch als leicht adaptierbar für andere Haushaltstypen, im deutschen und speziell im Berliner Kontext insbesondere für Wohngemeinschaften.

Den vielleicht berühmtesten frühmodernen Versuch, das Los der Frau (denn es waren ja typischerweise Frauen, denen die Kinderbetreuung und Essenszubereitung zufiel) zu erleichtern, stellte die Frankfurter Küche dar.[36] Warhaftigs Entwurf ist allerdings grundsätzlicher, ging es ihr doch darum, die gesamte Wohnung frauen- und kindergerecht zu gestalten. Ihr Grundriss kommt einer Rückkehr zu einem nicht zonierten Entwurf gleich, der im Kern nahezu mittelalterlich anmutet, diente der „Solar" genannte Raum im Mittelalter doch allen gesellschaftlichen Schichten als sozialer Mittelpunkt.[37] Dies ist, das muss gesagt werden, keine Erfindung Warhaftigs; andere feministische Architektinnen kamen etwa zur gleichen Zeit zu ähnlichen Schlussfolgerungen.[38]

Warhaftigs Leistung

Warhaftig verfügte über beste Voraussetzungen, um die erläuterten Ergebnisse zu erzielen. Sie hatte Kleins hyperfunktionalistische Maßnahme, den Flur aus den Wohnungen zu verbannen oder zumindest in seiner Bedeutung zurückzustufen, verinnerlicht.[39] Da sie schon eine Weile in Berlin lebte, waren ihr die positiven wie die negativen Aspekte des Existenzminimum-Konzepts sehr bewusst, das von den Architekten des Neuen Bauens theoretisch und praktisch vertreten worden war und historisch von den Arbeiter- und Bürgerhäusern des 19. Jahrhunderts bis zu den Bemühungen der Nachkriegsarchitekten reichte. Es bildete die Grundlage dafür, nach dem Ende des Zweiten Weltkriegs Wohnraum wieder auf- beziehungsweise neu zu bauen.[40] Sie hatte in Paris und später in Berlin für das Architekturbüro Candilis, Josic und Woods gearbeitet und dessen „Mat-Building"-Konzept übernommen, das vielleicht die Apotheose des flurlosen Grundrisses darstellt. Es bot seinen Nutzern mit seinem clusterartigen Gefüge verwendungsoffener Räume eine neue Flexibilität und eine gewisse Freiheit von eingebauten räumlichen Hierarchien. Am klarsten umgesetzt wurde es im Gebäudeensemble der Freien Universität Berlin: Das zeigt insbesondere der Teppich miteinander vernetzter Gebäude für die Geistes- und Sozialwissenschaften (nach der Fertigstellung 1973 „Rostlaube" genannt, weil für die Fassade die Stahllegierung Corten verwendet wurde). Und schließlich wohnte Myra Warhaftig selbst seit etwa 30 Jahren in Westberlin und hatte ihre beiden Töchter dort großgezogen. Sie war also mit den größtenteils aus dem 19. Jahrhundert stammenden Mietskasernen und den Wohnhäusern des Bürgertums, die für neu aufkommende Formen des Zusammenlebens nutzbar gemacht werden sollten, ebenso vertraut wie mit den Nachkriegssozialbauten, die in den 1960er- und 1970er-Jahren Verbreitung fanden.[41]

Was die Einbettung ihres Entwurfs in das urbane Umfeld betrifft, entwarf Warhaftig eine relativ offene Blockstruktur. Auch wenn sie damit die felswandartige Straßenfassade des Wohnblocks im Kern weiterführte, war die von ihr gefundene Lösung insofern durchlässiger, als sie zwischen den straßenseitigen Haupt- und den Quergebäuden großzügige und nutzbare Innenhöfe und Gartenflächen einfügte. Die Straßenfassade ist zwar glatt, aber stärker gegliedert als vergleichbare IBA-Neubau-Entwürfe, sowohl was die Durchfensterung als auch die Relation zwischen Volumen und Leere betrifft. Zum einen sind die Fenster nicht in vertikalen Achsen angeordnet (mit Ausnahme der Treppenhausfenster), was dem Straßenbild einen lebendigen Charakter verleiht. Zum anderen wirken die breiten und tief eingeschnittenen Balkone wie ein Hell-Dunkel-Relief an der ansonsten einheitlich glatten Vorderfront. Aus der Perspektive der Bewohner sind diese Balkone zusammen mit ihren schmaleren, zur Gartenseite hin gelegenen Gegenstücken wichtig, um klaustrophobischen Empfindungen entgegenzuwirken, die der zentral platzierte Koch-Wohn-Ess-Bereich ansonsten hervorrufen könnte. Wenn man in diesem Raum steht oder sitzt (oder krabbelt!), fühlt man sich „zentriert" inmitten der Wohnung, optisch und akustisch (wenn die Türen offen sind) mit den jeweiligen Individualräumen, aber auch mit dem jenseits der Wohnungsgrenzen stattfindenden Leben verbunden: mit den Nachbarn im Garten hinter dem Haus ebenso wie mit dem Geschehen auf der Straße.

Warhaftigs Mietshaus in der Dessauer Straße entspricht den Plänen der IBA für den Berliner Südosten, vergleichbar der unter Berücksichtigung der Vorkriegsgestaltung gebauten Wohnanlage Ritterstraße in der Südlichen Friedrichstadt, für die Rob Krier den Masterplan entwarf. Der Entwurf Warhaftigs bewahrt jedoch zugleich etwas von den ersten Versuchen Gessners und anderer, den urbanen Mietshausblock aufzubrechen. Das Gebäude stellt nicht nur eine praktische architektonische Lösung zur Überwindung der Hindernisse dar, die die Wohnbedingungen für die weibliche Emanzipation bedeuteten, sondern impliziert auch eine Neubewertung der Qualitäten vormoderner Mietwohnungen. Als solches ist es im Kontext der IBA-Zielsetzung bezüglich der ästhetischen Kontinuität der historischen Stadt völlig zeitgemäß. Was seinen Einfallsreichtum betrifft, steht Warhaftigs Projekt mit seiner geschickten Überarbeitung der übernommenen Mietshaustypologie den besten IBA-Entwürfen in nichts nach und fällt damit nicht unter die Kritik, die die Stadttheoretikerin Meike Schalk an einer strikten typologischen Orientierung städtischer Wohnbauprojekte übt.[42]

Was das Raumprogramm betrifft, weist Warhaftigs Entwurf tatsächlich einige Gemeinsamkeiten mit denjenigen einiger Kollegen auf, wie Rob Krier, Josef Paul Kleihues, Aldo Rossi, Oswald Mathias Ungers und Dietrich Bangert, Bernd Jansen, Stefan Scholz und Axel Schultes.[43] Er knüpft an den Grundriss der Arbeiterwohnung des 19. Jahrhunderts, in dem die Wohnküche dominiert, ebenso an wie an die „gute Stube" der Bürgerhäuser, von der die Empfangsräume abgingen. Man gewinnt sogar den Eindruck, dass Warhaftig das „Berliner Zimmer" wieder ins Spiel bringt, diesen

Für Mami

von
Orly und Tomari

Die Mutter von Orly und Tomari
bricht aus der Enge der konventionellen Wohnung aus.
Zeichnung von Orly Warhaftig,
1982

merkwürdigen pragmatischen Kompromiss eines Zimmers, das die hofseitigen privaten Schlafräume mit dem Empfangsbereich des Vorderhauses verbindet und ein praktisches und nützliches Scharnier zwischen beiden Zonen bildet.[44] Auf diese Weise wird die Wohnküche zum Zentrum der Wohnung, eine Art Berliner-Zimmer-cum-gute-Stube, die zeitgenössischen Forderungen nach der Gleichberechtigung der Geschlechter entgegenkommt und zugleich Anklänge an den räumlichen Charakter vormoderner Wohnungen wahrt. Der Publizist und Kulturhistoriker Ernst Heilborn formulierte das 1922 so: „Die gute Stube war der überflüssige und darum seelisch notwendigste Teil der Wohnung."[45] Warhaftigs Leistung bestand darin, diesen Raum sowohl zu einem geistig und seelisch bedeutsamen als auch zu einem funktionalen Zentrum der Wohnung zu machen. Galten ihre Vorstellungen in den 1980er-Jahren noch als leicht exzentrisch, haben sich ihre Experimente in unseren heutigen übervölkerten und teuren Städten, in denen die traditionelle Zwei-Eltern-zwei-Kinder-Familie auf dem Rückzug ist, als praktikabel, umsetzbar und zukunftsträchtig erwiesen.[46]

Die Wohnhäuser an der Dessauer Straße waren die ersten realisierten Projekte von Myra Warhaftig und Zaha Hadid. Für Hadid bedeutete dies den Beginn einer erstaunlichen Karriere, in deren Verlauf viele Gebäude entstanden. Für Warhaftig war es das erste, aber zugleich das einzige Bauprojekt, das unter ihrem Namen ausgeführt wurde. Der Bauherr, die 1924 gegründete Deutsche Gesellschaft zur Förderung des Wohnungsbaues (DeGeWo), zeigte sich beeindruckt von Warhaftigs Beharrlichkeit und Geschick bei der Umsetzung ihrer Ideale und der Überwindung zahlreicher Hindernisse – vor allem solcher, die die Geldinstitute ihr in den Weg legten, weil sie wegen der unkonventionellen Grundrisse Bedenken hatten. Myra Warhaftig konnte selbst eine der Wohnungen beziehen und lebte dort mehr als zehn Jahre mit ihren Töchtern Orly und Tomari bis zu ihrem plötzlichen Tod im Jahr 2008.[47]

1 Ich danke meinen Berliner FreundInnen und KollegInnen für ihre Hilfe bei den Recherchen für diesen Beitrag, insbesondere Jutta Kalepky und Günter Schlusche, wie auch Mary Pepchinski und Karen Axelrad. Außerdem möchte ich dem Organisationskomitee der AHRA (Architectural Humanities Research Association) Konferenz von 2016 in Stockholm danken, das mich einlud, im November 2016 eine Version dieses Beitrags vorzustellen. Besonders verbunden bin ich Orly Fatal-Warhaftig für ihre Hilfe beim Auffüllen meiner Wissenslücken in Bezug auf das Leben und Werk ihrer Mutter.

2 Zu Margarete Schütte-Lihotzky vgl. Peter Noever, Renate Allmayer-Beck, Susanne Baumgartner-Haindl, Marion Lindner-Gross und Christine Zwingl (Hrsg.), *Margarete Schütte-Lihotzky. Soziale Architektur. Zeitzeugin eines Jahrhunderts*, Wien, Köln, Weimar: Böhlau, 1996, 2. Aufl. Siehe auch Edith Friedl, *Nie erlag ich seiner Persönlichkeit. Margarete Lihotzky und Adolf Loos: ein sozial- und kulturgeschichtlicher Vergleich* (Feministische Theorie, 47), Wien: Milena, 2005. Friedl schließt ihr Buch mit einer Zusammenfassung der Unterscheidungsmerkmale zwischen den Architekten Adolf Loos und Grete Lihotzky: „Während Loos als *epochaler* Rebell reüssierte, der Rätsel aufgab, machte man Schütte-Lihotzky – spät aber doch – als Pionierin der *sozialen* Architektur bekannt, die mit Eigenschaften wie ‚verantwortungsbewußt, nutzerorientiert, lebensnah, sinnvoll, funktional, der Aufgabe adäquat' in Verbindung gebracht wird. Qualitäten, die viel weniger mit Loos' Entwürfen assoziiert werden." (Ebd., S. 344.) Ihre Schlussbemerkung könnte als Aufruf zu einer feministischen Architekturgeschichte und -theorie verstanden werden und bestätigt die Entscheidung, Warhaftig als eine Heldin unserer Zeit in den Fokus dieses Beitrags zu stellen: „Architektur erfordert an sich kein besonderes Talent, sondern nur normale Intelligenz und etwas Disziplin. [...] Die kapitalistischen, aber vor allem die patriarchalen Strukturen haben daraus eine Profession gemacht, die immer noch als ‚esoterische Bruderschaft oder Verschwörung besonders begabter Künstler' auftritt." (Kari Jormakka, *Lost in Space. Eine Polemik zur Architektur der Gegenwart*, Wien: Technische Universität Wien, Institut für Baukunst, Bauaufnahmen und Architekturtheorie, 2003, S. 117.)

3 Zum „Berliner Zimmer" vgl. Anm. 29. Zur „guten Stube" vgl. Ernst Heilborn, *Die gute Stube. Berliner Geselligkeit im 19. Jahrhundert*, Berlin: Edition Sirene, 1988. Die Erstausgabe erschien 1922 in Wien bei Rikola.

4 Manfred Schiedhelm (1934–2011) arbeitete sechs Jahre lang (1962–1968) bei Candilis, Josic, Woods, in den letzten beiden Jahren als gleichberechtigter Partner. Vgl. Tom Avermaete, *Another Modern: The Post-War Architecture and Urbanism of Candilis-Josic-Woods*, Rotterdam: NAI Publishers, 2005, bes. S. 315–331 über das Projekt Freie Universität Berlin. Schiedhelm hat seine eigenen Überlegungen zu diesem Projekt festgehalten in Gabriel Feld, Mohsen Mostafavi, Manfred Schiedhelm, Peter Smithson, Alexander Tzonis, Liane Lefaivre und George Wagner, *Exemplary Projects 3: Berlin Free University*, London: AA Publications, 1999, S. 96–99. Äußerst aufschlussreich in Bezug auf Warhaftigs komplexe Vorstellungen von „Funktion" ist die folgende Aussage Schiedhelms: „Unsere Kritik an den neuen Universitätsgebäuden der 1960er-Jahre betraf ihre Tendenz, die Funktionstrennung zu begünstigen. Dies führte zu einer Architektur in der, beispielsweise, in den Hochhäusern die Vortragssäle von den Fakultäten getrennt waren, letztere wiederum voneinander separiert, so dass jede Form von Kontakt verhindert wurde – eine typische Folge des Funktionalismus. Wir nahmen einen anderen Weg. Wir waren davon überzeugt, dass innerhalb der Universität Kommunikation einer der wichtigsten Faktoren war. Kommunikation bedeutet, jenseits der elektronischen Kommunikationsmöglichkeiten, auch physischen und visuellen Kontakt. Kommunikation verschafft uns Zugang zu andren Disziplinen sowie zu anderen Ideen und Philosophien." („Our criticism of the newly built universities of the 1960s was that they

tended to favour a separation of functions. This led to an architecture where, for example, the lecture theatres were separated from the faculties in high-rise buildings, which were in turn separated from each other, cutting off all forms of contact – a typical outcome of functionalism. We took another path. We believed that communication was one of the most important factors within a university. Communication meant also physical and visual contact beyond our means of electronic communication. Communication gave us access to other disciplines and to other ideas and philosophies." (Ebd., S. 97.))

Für einen kurzen Überblick über Warhaftigs berufliche Karriere vgl. Silja Glomb, *Die Dessauer Strasse 38–40 in Berlin-Kreuzberg: Myra Warhaftigs Kampf um die Gleichberechtigung der Frau im Beruf der Architektin im Westdeutschland der 1970er und 1980er Jahre*, unveröffentlichte Diss. Bauhaus-Universität Weimar, 2017, S. 179. Nach den Angaben von Glomb arbeitete Warhaftig im Berliner Büro von Candilis, Josic und Woods von 1963 bis 1971, unter anderem auch für den Wettbewerb der Freien Universität Berlin. Von 1972 bis 1977 war sie an der Technischen Universität in Westberlin als Assistentin beschäftigt. Ihre Dissertation liefert einen detaillierten Bericht über Wahrhaftigs Kampf zur Verwirklichung eines nach ihren Maßstäben idealen Wohnbaus.

5 Myra Warhaftig, *Die Behinderung der Emanzipation der Frau durch die Wohnung und die Möglichkeit zur Überwindung*, Köln: Pahl-Rugenstein, 1982. Bei dieser Ausgabe handelt es sich um die Erstveröffentlichung ihrer 1978 an der Technischen Universität Berlin angefertigten Dissertation. Eine zweite Auflage wurde 1985 unter dem Titel *Emanzipationshindernis Wohnung*, ebenfalls bei Pahl-Rugenstein, Köln, publiziert.

6 Warhaftig verfasste eine Würdigung Kleins unter dem Titel „Alexander Klein zum 110. Geburtstag", in: *Bauwelt*, Nr. 23, Juni 1989, S. 1042. Kleins wichtiges Buch, *Das Einfamilienhaus*, Stuttgart: Julius Hoffmann, 1934, enthält sachlich-aparte Strichzeichnungen, die an Heinrich Tessenows Zeichenstil erinnern, sowie sorgfältig kommentierte Wohnungsgrundrisse und Innenraumstudien. Tatsächlich dankt Klein unter anderem Otto Kindt für seine Hilfe bei der Vorbereitung der Studien. Kindt war in den 1930er- und 1940er-Jahren Tessenows Assistent und der Herausgeber von ausgewählten Schriften Tessenows. Die dargestellten Innenräume, möbliert und bewohnt, erinnern an die Zeichnungen in Warhaftigs Dissertation.

7 Vgl. Gert Kähler, „Nicht nur Neues Bauen!", in: Gert Kähler (Hrsg.), *Geschichte des Wohnens. Bd. 4: 1918–1945. Reform, Reaktion, Zerstörung*, Stuttgart: Deutsche Verlags-Anstalt, 1996, S. 303–452, hier S. 346–349.

8 Myra Warhaftig, *Sie legten den Grundstein. Leben und Wirken deutschsprachiger Architekten in Palästina 1918–1948*, Berlin: Ernst Wasmuth, 1996.

9 Siehe <http://www.spatialagency.net/database/why/political/womens.organisations> (17.10.2016).

10 Siehe Margret Tränkle, „Neue Wohnhorizonte. Wohnalltag und Haushalt seit 1945 in der Bundesrepublik", in: Ingeborg Flagge (Hrsg.), *Geschichte des Wohnens. Bd. 5: Von 1945 bis heute. Aufbau, Neubau, Umbau*, Stuttgart: Deutsche Verlags-Anstalt, 1999, S. 687–806, hier S. 704. Einige Feministinnen halten dies jedoch für ein simplifizierendes Verständnis von etwas, das als eine falsche binäre Spaltung betrachtet werden könnte. Kerstin Dörhöfer und Ulla Terlinden beispielsweise postulieren: „Das ‚kollektive Gedächtnis' […] basier[t] auf einer anderen Erfahrungswelt; moralische Vollkommenheit fand in der Geschichte des weiblichen Geschlechts nicht in hoher Kunst und idealen Formen seiner Werke Ausdruck." (Kerstin Dörhöfer und Ulla Terlinden, *Verortungen. Geschlechtsverhältnisse und Raumstrukturen*, Basel: Birkhäuser, 1998, S. 105.)

11 Eine ebenso schlüssige wie fesselnde Argumentation zugunsten der traditionellen Vorzüge von Stadtblock und -straße liefern die Publikationen von Vittorio Magnago Lampugnani, insbesondere sein Essay „Der vielseitige Stadtblock", in: Vittorio Magnago Lampugnani, *Radikal normal: Positionen zur Architektur der Stadt*, Ostfildern: Hatje Cantz, 2015, S. 211–221.

12 Vittorio Magnago Lampugnani fasst die wechselnden Flirts der Architektur im 20. Jahrhundert folgendermaßen zusammen: „mit der Technik zu Beginn des Jahrhunderts, mit den figurativen Avantgarden in den zwanziger Jahren, mit der Ideologie und der Politik in den dreißiger Jahren, mit der Soziologie in den sechziger Jahren, mit der Semiotik in den siebziger Jahren, mit der Geschichte in den achtziger Jahren. Jetzt scheint die Ökologie an der Reihe zu sein". (Vittorio Magnago Lampugnani, *Die Modernität des Dauerhaften: Essays zu Stadt, Architektur und Design*, Berlin: Wagenbach, 2011, S. 87–123, Zit. S. 105.)

13 Das Werk von Dolores Hayden kann als bahnbrechend gelten; wie Warhaftig schlägt sie einen Bogen zu den weitgehend im 19. Jahrhundert liegenden Wurzeln feministischer Wohnarchitektur. Ein Jahrzehnt später richtete Leslie Kanes Weisman in ihrem Buch *Discrimination by Design* den Fokus auf aktuelle Versuche, die „Behinderung der Emanzipation durch die Wohnung" (um mit Warhaftig zu sprechen) zu überwinden. Vgl. Dolores Hayden, *The Grand Domestic Revolution*, Cambridge (MA), London: MIT, 1982, und Leslie Kanes Weisman, *Discrimination by Design: A Feminist Critique of the Man-Made Environment*, Urbana, Chicago: University of Illinois Press, 1992. Hayden und Kanes Weisman gehen von der Existenz eines anderen, weiblichen Denkens in der Architektur aus („a woman's way of knowing", wie der Titel einer einflussreichen Studie aus den 1980er-Jahren lautet: Mary Field Belenky, Blythe McVicker Clinchy, Nancy Rule Goldberger und Jill Mattuck Tarule, *Women's Ways of Knowing: The Development of Self, Voice, and Mind*, New York: Basic Books, 1986. Deutsche Übersetzung: *Das andere Denken: Persönlichkeit, Moral und Intellekt der Frau*, Frankfurt am Main, New York: Campus, 1989.) Lässt sich dieses „andere Denken" präziser fassen? Die Architekturtheoretikerin Karen Franck meint: ja – und dass „masculinity is defined in terms of the denial of connection, and that femininity is defined as self-in-relationship, has important implications for cognitive activities and hence for western science, philosophy, and architecture". (Karen A. Franck, „A Feminist Approach to Architecture. Acknowledging Women's Ways of Knowing", in: Ellen Perry und Matilda McQuaid (Hrsg.), *Architecture: A Place for Women*, Washington, London: Smithsonian Institution Press, 1989, S. 201–216, Zit. S. 202.) Franck nennt hier das britische Architektenkollektiv Matrix sowie Dolores Hayden wegen ihrer gemeinschaftsfördernden Bauten, d. h. Wohngebäude, die das Zusammenleben fördern, im Gegensatz zu „atomisierten" Wohnhäusern vereinsamter Individuen. Vgl. ebd., S. 206–207. Vgl. auch Dolores Hayden, *Redesigning the American Dream*, New York: Norton, 1984.

14 Myra Warhaftig und Bernd Ruccius, *2,26 x 2,26 x 2,26 M. Spiel mit Wohnkuben* (Projekt 7. Ideen für die Umwelt von Morgen), Stuttgart, Bern: Karl Krämer, 1969, o. S.

15 Dieter Frick, „Blickwinkel Stadtplanung", in: Warhaftig/Ruccius 1969 (wie Anm. 14), o. S. Vgl. auch Reyner Banham, *Megastructure. Urban Futures of the Recent Past*, London: Thames & Hudson, 1976.

16 Frick 1969 (wie Anm. 15), o. S. In einer späteren Publikation veröffentlichte Frick Gabriele Scimemis Essay „On Cities, Design, and People", in: Dieter Frick (Hrsg.), *The Quality of Urban Life: Social, Psychological, and Physical Conditions*, Berlin, New York: de Gruyter, 1986, S. 31–47. Für Scimemi war die Megastruktur oder „megastructura labilis" die letzte große utopische Architekturvision, bevor die historisierenden Effekte der Postmoderne einsetzten.

17 Bernard Rudofsky, *Architecture without Architects. An Introduction to Nonpedigreed Architecture*, New York: Museum of Modern Art, 1964.

18 Oswald Mathias Ungers war der zweite große deutsche neorationalistische Architekt neben Kleihues. Obwohl er in Berlin weniger Gewicht besaß als Kleihues, gilt er im Allgemeinen als der stärker theoretisch orientierte der beiden.

19 Diesen Architektinnen schlossen sich zwei Architektenteams aus Polen – das erste geleitet von Romuald Loegler, das andere von Daniel Karpinski und Wojciech Obtulowicz – sowie Peter Blake aus den USA an. Vgl. Günter Schlusche (Hrsg.), *Dokumentation Entwurfsseminar Block 2, Berlin Südliche Friedrichstadt*, Berlin: Bauausstellung Berlin GmbH, 1987.

20 Werner Hegemann, *Das steinerne Berlin. Geschichte der größten Mietkasernenstadt der Welt*, Braunschweig: Vieweg, 1988. Die Erstausgabe erschien 1930 in Köln bei Gustav Kiepenheuer.

21 Die Literatur über Berlin während des Kalten Krieges und nach der Wiedervereinigung ist sehr umfangreich. Der Band von Philip Broadbent und Sabine Hake (Hrsg.), *Berlin Divided City, 1945–1989*, New York, Oxford: Berghahn, 2010, enthält einige aufschlussreiche Beiträge, einschließlich eines Essays von Emily Pugh über die Westberliner IBA: „Beyond the Berlin Myth: The Local, the Global and the IBA 87", S. 156–167. Eine gute Auswahl aus Henselmanns Schriften enthält der von Marie-Josée Seipelt und Jürgen Eckhardt herausgegebene Band *Vom Himmel an das Reißbrett ziehen. Baukünstler im Sozialismus. Hermann Henselmann: Ausgewählte Aufsätze 1936–1981*, Berlin: Verlag der Beeken, 1982. Einen Überblick über seine Laufbahn in der DDR gibt Elmar Kossel, *Hermann Henselmann und die Moderne: Eine Studie zur Modernerezeption in der Architektur der DDR*, Königstein im Taunus: Langewiesche Nachfolger, 2013.

22 Weitere Stadtvillen standen entlang des Landwehrkanals in südlicher Richtung.

23 Tatsächlich ist die geringere Dichte der IBA-Wohnhäuser, verglichen mit ihren Vorläufern, den Mietskasernen des 19. Jahrhunderts, die Werner Hegemann als „steinernes Berlin" titulierte, die Hauptmodifikation des typischen Berliner Mietshauses in Bezug auf Standort und Nutzung im späten 20. Jahrhundert. Vgl. Hegemann 1930 (wie Anm. 20).

24 Ein Jahrzehnt später gab es eine neue IBA im Emscher Park im Ruhrgebiet. Vgl. Marita Grote, Marlis Pianka und Ute Stibba, Feministische Organisation von Planerinnen und Architektinnen e.V. Dortmund (Hrsg.), *Frauen: Planen, Bauen, Wohnen. Katalog zur Ausstellung der Internationalen Bauausstellung Emscher Park GmbH*, Gelsenkirchen: Internationale Bauausstellung Emscher Park GmbH, 1991. Hier spielte die Arbeit feministischer Architektinnen eine prominentere Rolle als in der früheren Berliner Ausstellung. Warhaftigs Bauprojekt wird in diesem Katalog ausgiebig besprochen.

25 Siehe Clemens Zimmermann, „Wohnen als sozialpolitische Herausforderung: Reformerisches Engagement und öffentliche Aufgaben", in: Jürgen Reulecke (Hrsg.), *Geschichte des Wohnens. Bd. 3. 1800–1918: Das bürgerliche Zeitalter*, Stuttgart: Deutsche Verlags-Anstalt, 1997, S. 503–636.

26 Claudia Kromrei, *Albert Gessner: das städtische Miethaus*, Berlin: Gebr. Mann, 2012.

27 Julius Posener, „Das Mietshaus wandelt sich", in: ders., *Berlin auf dem Wege zu einer neuen Architektur: Das Zeitalter Wilhelms II.*, München: Prestel, 1979, S. 319–368, Zit. S. 323.

28 Ebd., S. 325, Abb. 10 und 11. Sittes *Städtebau*-Buch wurde 1889 publiziert, mehr als eine Generation bevor Gessner auf dem Gebiet aktiv wurde; nichtsdestotrotz sah sich Gessner veranlasst zu konstatieren: „[he] had not written in vain". (Undatiert; zit. in Kromrei 2012 (wie Anm. 26), S. 76, Anm. 161.)

29 Eine gute englischsprachige Beschreibung des „Berliner Zimmers" findet sich bei Douglas Mark Klahr, „Luxury Apartments with a Tenement Heart: The Kurfürstendamm

and the Berliner Zimmer", in: *Journal of the Society of Architectural Historians*, Bd. 70, Nr. 3, Sept. 2011, S. 290–307. Ein schönes, heute noch bestehendes Beispiel eines „Berliner Zimmers" aus dem 19. Jahrhundert, in Zusammenhang mit der gesamten Wohnung, zu der es gehört, kann im Berliner Museum Pankow in der Heynstraße besichtigt werden. Das Museum hat in Zusammenhang mit einer Ausstellung zum Thema im Jahr 2004 einen informativen Flyer veröffentlicht: Birgit Kirchhöfer (Text) und Bernt Roder (Redaktion), *Ein Fenster zum Hof: das Berliner Zimmer um 1900*, Berlin: Amt für Kultur und Bildung, Fachbereich Museum, Bezirkliche Geschichtsarbeit, Museumsverbund Pankow, 2004. <https://www.berlin.de/museum-pankow/wir-ueber-uns/historie-ausstellungen/2004/artikel.280528.php> (04.06.2018). Es gibt ferner einen kurzen, aber prägnanten Eintrag zu diesem besonderen „Berliner Zimmer" in Lucia Jay von Seldeneck (Text), Carolin Huder (Redaktion) und Verena Eidel (Fotos), *111 Orte in Berlin, die man gesehen haben muss*, Köln: Emons, 2011, S. 26–27.

30 Vgl. Klahr 2011 (wie Anm. 29), S. 294.

31 Myra Warhaftig, „Wandel der Funktionen in der Küche", in: *Deutsche Bauzeitung*, Nr. 8, 1990, S. 72.

32 Ursprünglich war der Block nur dreigeschossig vorgesehen, der Fall der Berliner Mauer legte es aber nahe, ein zusätzliches Stockwerk zu bauen, da sich nun die Dessauer Straße schlagartig im Zentrum der wiedervereinigten Stadt befinden würde.

33 Siehe Grote/Pianka/Stibba 1991 (wie Anm. 24). Vgl. auch Feministische Organisation von Planerinnen und Architektinnen (FOPA) e.V. Berlin, „Block 2. Eine Aktion", in: *FreiRäume*, Nr. 2, Berlin, 1986, S. 23; Internationale Bauausstellung Berlin 1987, *Projektübersicht*, Berlin: Bauausstellung Berlin GmbH, 1987, S. 104 (Wohnhof 51) und Myra Warhaftig, *Familiengerechte Wohnungen mit Wohnraum-Küche*, unveröffentlichtes Manuskript, Berlin, 1990 (Aufbewahrungsort unbekannt).

34 Kristiana Hartmann, „Alltagskultur, Alltagsleben, Wohnkultur", in: Gert Kähler (Hrsg.), *Geschichte des Wohnens. Bd. 4: 1918–1945. Reform, Reaktion, Zerstörung*, Stuttgart: Deutsche Verlags-Anstalt, 1996, S. 275; Zit. Adolf Loos, „Die moderne Siedlung", in: ders., *Sämtliche Werke*, Innsbruck: Brenner-Verlag, 1932, Bd. 1, S. 415.

35 Vgl. Ingeborg Beer, *Architektur für den Alltag. Vom sozialen und frauenorientierten Anspruch der Siedlungsarchitektur in den zwanziger Jahren*, Berlin: Schelzky & Jeep, 1994.

36 Vgl. Hartmann 1996 (wie Anm. 34), S. 275–281, „Der Inbegriff der Funktionsküche: Die Frankfurter Küche".

37 Siehe Gerald Adler, *Robert Maguire and Keith Murray*, London: RIBA Publishing, 2012, S. 67. Maguire und Murray war das britische Architekturbüro, das als erstes, noch vor Zaha Hadids Beteiligung, einen IBA-Wettbewerb gewann, bei dem es um den Entwurf einer Kita in Kreuzberg unweit der Dessauer Straße ging. Der Entwurf zeichnete sich durch kinderfreundliche Prinzipien aus, wie gemeinschaftlich genutzte Bereiche, an Alexander Klein erinnernde flurlose Grundrisse und mehrfach geschichtete Räume – sämtliche Merkmale, die auch Warhaftig in ihre Arbeit integrierte. Vgl. ebd., S. 121–125.

38 Siehe Dörhöfer/Terlinden 1998 (wie Anm. 10), S. 97–103, insbesondere Kerstin Dörhöfers Wohnungsgrundriss in fünf alternativen Konstellationen: Der quadratische Grundriss mit zentraler Wohnküche kann an die Bedürfnisse unterschiedlicher Nutzerinnen und Nutzer angepasst werden.

39 Vgl. Alexander Klein, „Experimental Graphic Method for Evaluating Floor Plans of Small Dwellings", in: *Wasmuths Monatshefte für Baukunst und Städtebau*, Nr. 11, 1927, S. 289. Dies wird erwähnt und illustriert bei Eve Blau, „ISOTYPE and Modern Architecture in Red Vienna", in: Kenny Cupers (Hrsg.), *Use Matters: An Alternative History of Architecture*,

Abingdon, New York: Routledge, 2013, S. 15–34. Vgl. auch Christoph Lueder, „Evaluator, Choreographer, Ideologue, Catalyst: The Disparate Reception Histories of Alexander Klein's Graphical Method", in: *Journal of the Society of Architectural Historians*, Jg. 76, Nr. 1, 2017, S. 82–106.

40 Vgl. Beer 1994 (wie Anm. 35), bes. S. 88–95, „Die alten Probleme mit dem Existenzminimum".

41 Charakteristisch für Westberlin war die Nutzung der großzügig geschnittenen Wohnungen aus der Wilhelminischen Ära durch die allgegenwärtigen Wohngemeinschaften, von feministischer Seite häufig gepriesen wegen ihrer Antipathien gegen die traditionelle Kernfamilie. Der Bezirk Kreuzberg, der an die Südliche Friedrichstadt grenzte, war vielleicht das Epizentrum des Wohngemeinschaftsideals.

42 „In the planning process, there is often not only a lack of communication between different actors but also little space for experimentation, and therefore few variations in design." (Meike Schalk, „Urban Curating: A Critical Practice towards Greater ‚Connectedness'", in: Doina Petrescu (Hrsg.), *Altering Practices: Feminist Politics and Poetics of Space*, Abingdon: Routledge, 2007, S. 153–166, Zit. S. 164.) Sie fährt fort: „In the Värtahamnen case [in Stockholm] the planners embraced the late nineteenth-century block as the solution to all their ‚problems'. The city block reappears as an idealised urban typology that can now be applied to every site. This viewpoint reduces many of the possibilities, such as taking into account the differences between the inner city and the harbour environment, and working with the enormous scale, the fabulous view, and the public character of the site. In a developers' dream, ‚urbanity' refers far more to a particular image of a city than to a certain idea of what urban life may imply. The glossy representations of a faked city often express this uncertainty, and, in the best case, they can be seen as pictures of hope for a brighter future mirrored in shiny glass facades, and smiling faces of well-dressed and happy pedestrians." Es wird hoffentlich durch meine Ausführungen ersichtlich, dass Warhaftigs Wohnhaus in der Dessauer Straße sowohl ein Beitrag zum Projekt IBA ist, der dessen typologischen Ansatz weitgehend akzeptiert, als auch einen höchst bedeutsamen und praktischen Beitrag zu einer aktuellen feministischen Stadtplanung darstellt.

43 Die meisten der Neubau-Architekten bejahten den Neorationalismus von Rossi, Ungers und Kleihues, um nur die bekanntesten Vertreter zu nennen. Es gab jedoch einige Ausnahmen, zumindest was das Aufbrechen der konventionellen, einförmig glatten Fassaden betraf, insbesondere die Bauten von Hinrich und Inken Baller sowie von Zaha Hadid, deren Projekt an das von Warhaftig angrenzt.

44 Das „Berliner Zimmer" ist seit langem Teil der urbanen Mythologie Berlins, seine Flexibilität ein Markenzeichen der Wohngemeinschaften, die in den 1970er- und 1980er-Jahren in Westberlin höchst populär und verbreitet waren. Bereits Friedrich Engels missfiel dieser Raum: „Hier in Berlin hat man das ‚Berliner Zimmer' erfunden, mit kaum einer Spur von Fenster, und darin verbringen die Berliner den größten Teil ihrer Zeit. Nach vorn hinaus gehen das Esszimmer (die gute Stube, die nur bei grossen Anlässen benutzt wird) und der Salon (noch vornehmer und noch seltener benutzt), dann die ‚Berliner' Spelunke, dahinter ein finsterer Korridor, ein paar Schlafzimmer, donnant sur la cour, und eine Küche. Unbequem und schrecklich lang, echt berlinerisch (das heisst bürgerlich berlinerisch): Aufmachung und sogar Glanz nach außen, Finsternis, Unbehaglichkeit und schlechte Anordnung nach innen; die Palastfront nur als Fassade und zum Wohnen die Unbehaglichkeit. Jedenfalls ist das mein bisheriger Eindruck; hoffen wir, dass es sich bessert." Zit. aus einem Brief von Friedrich Engels an Laura Lafargue vom 18.10.1883, wiedergegeben in Johann Friedrich Geist und Klaus Kürvers, *Das Berliner Mietshaus:*

1862–1945, München: Prestel, 1984, S. 273–274. Vor einigen Jahren erschien sogar ein Roman mit dem Titel *Berliner Zimmer*, geschrieben von Sepp Mall, Innsbruck, Wien: Haymon Verlag, 2012. Eine Sammlung von Erinnerungen an das „Berliner Zimmer" der 1920er-Jahre findet sich bei Jörg Plath, *Mein Berliner Zimmer*, Berlin: Nicolai, 1997.

45 Heilborn 1988 (wie Anm. 3), S. 5.

46 Siehe z. B. Niklas Maak, *Wohnkomplex. Warum wir andere Häuser brauchen*, München: Carl Hanser, 2014.

47 Zuvor hatte sie in einem von Kleihues entworfenen Mietshaus am nahe gelegenen Nollendorfplatz gewohnt.

Myra Warhaftig und Bernd Ruccius
2,26 x 2,26 x 2,26 M. Spiel mit Wohnkuben (1969)

Dieser Text, das siebte „Projekt" der im Verlag Karl Krämer publizierten Reihe *Ideen für die Umwelt von Morgen*, stellt einen lebendig geschriebenen Beitrag zu einer utopischen Stadtplanung dar, der stark von jenem progressiven 1968er-Geist geprägt ist, von dem die Bundesrepublik damals getragen war. Das von Jean Prouvé verfasste Vorwort kündigt ein High-Tech-Projekt an, doch das ist nur ein Teil der Wahrheit, da die Fotografien von Jurten, Zelten, Wohnhöhlen und Planwagen mehr an Bernard Rudofskys einflussreiche Ausstellung *Architecture without Architects* und sein gleichnamiges Buch (1964) denken lassen. Tatsächlich sind wir heute geneigt, die emanzipatorischen und progressiven Aspekte zu vergessen, für die die Technik zu jener Zeit stand. Doch für engagierte Leserinnen und Leser mit gesellschaftlichem Bewusstsein wirkt der berühmte Ausspruch Heinrich Zilles, „Du kannst einen Menschen ebensogut mit einer Wohnung wie mit einem Beil erschlagen", wie die Überschrift eines leidenschaftlichen Plädoyers für die Maßenfertigung ganzer Wohnsysteme aus den titelgebenden Kuben. Aus der Anordnung dieser Wohnkuben ergäbe sich eine egalitäre Stadt mit gemischten Funktionen, wie sie das Architekturbüro von Georges Candilis, Alexis Josic und Shadrach Woods in seinem Entwurf für die Freie Universität Berlin umgesetzt hatte. Myra Warhaftig arbeitete Anfang der 1960er-Jahre in diesem Büro, als sie von Paris nach Berlin zog. Die äußere und innere Flexibilität dieser Wohnwürfel-Arrangements sollte der Emanzipation ihrer weiblichen Bewohner dienen, ein Thema, dem sich Warhaftig in ihrer nächsten größeren Veröffentlichung, *Die Behinderung der Emanzipation der Frau durch die Wohnung und die Möglichkeit zur Überwindung* (1982), mit großem Eifer widmete.

Myra Warhaftig und Bernd Ruccius, *2,26 x 2,26 x 2,26 M. Spiel mit Wohnkuben*
(Projekt 7. Ideen für die Umwelt von Morgen), Stuttgart, Bern: Karl Krämer,
1969, 60 S. o. N. Auszug: [7–12].

Herbert Marcuse bemerkt in seinem Buch „Das Ende der Utopie": „Wir können heute die
Welt zur Hölle machen, wir sind auf dem besten Wege dazu, wie Sie wissen. Wir können sie
auch in das Gegenteil verwandeln".

Der einfachste und billigste Weg für den Menschen ist, das Bestehende weiterzuführen.
Die Katastrophe wird dann nicht lange auf sich warten lassen.

Für die Weiterentwicklung der Technik wird heutzutage ein Vermögen ausgegeben,
konstruktiv und destruktiv, für Frieden und Krieg. Wenn wir z. B. ein Auto aus den dreißiger
Jahren mit einem von heute vergleichen, so können wir den Fortschritt nur bewundern.
Wir könnten eine lange Liste von Dingen aufstellen, die von Menschen für Menschen entwickelt wurden, nicht nur Autos, sondern auch Flugzeuge, Schiffe, Bahnen, Industrie- und
Haushaltsmaschinen. All dies wird täglich verbessert, so daß es billiger in der Herstellung
und einfacher im Gebrauch wird.

Dabei sollten wir nicht die Flugzeuge vergessen, die Bomben transportieren, und die
verschiedenen Waffen, ebensowenig die phantastischen Maschinen, die Menschen zum
Mond bringen, und den großen Aufwand an Geld und Gedankenarbeit, der in dieses Projekt
investiert wird, obwohl wir bisher nicht genau wissen, welches Ergebnis diese Entdeckungen
haben werden, außer daß der ständige Wunsch nach neuem Wissen befriedigt wird.

Die Geschichte des Bauens dagegen zeigt, obwohl sie viel älter ist, daß in technischer
Hinsicht wenig getan wurde, um schnellere, leistungsfähigere und billigere Baumethoden
zu erreichen. Menschen interessieren sich für Autos, komplizierte technische Maschinen,
obwohl sie selbst nie ein Auto gebaut haben; warum werden nicht technische Ideen im
Hausbau vorgestellt, um das Interesse von Millionen zu wecken, die in Häusern wohnen,
die sie nicht selbst gebaut haben? Autos werden am Fließband hergestellt, warum nicht
auch Wohnungen?

Architekten sind gewohnt, Tausende von Wohnungen für Tausende von Menschen zu
planen, aber keiner von ihnen wollte in einer dieser Wohnungen leben, es sei denn, sie wäre
für seinen besonderen persönlichen Bedarf entworfen.

Warum ermöglichen wir nicht jedem Bewohner, seine Wohnung dem eigenen Bedarf
anzupassen?

Die Entwicklung eines Menschen vollzieht sich in Stufen; zu jeder Zeit hat er besondere
Bedürfnisse. Ein Junge ist mit ein Paar Rollschuhen glücklich, aber schon in ein paar Jahren
wird er sich ein Auto wünschen.

Eine andere wichtige Erscheinung ist die Vergrößerung oder Verkleinerung einer Familie.
Für die Entwicklung eines Kindes vom Baby zum Erwachsenen wäre es z. B. sinnvoll, das Bett
immer wieder zu vergrößern, so daß man nur ein einziges Bett im ganzen Leben brauchte.

Deshalb ist es auch schwer zu verstehen, daß einem Menschen zugemutet wird, jahrelang
in einer Wohnung zu leben, ohne ihm die Möglichkeit zu geben, sie seinen wechselnden
Bedürfnissen anzupassen.

In einer Wohnung mit Wänden aus Stein oder Beton wagen wir aus Angst vor einem
neuen Loch nicht einmal, ein Bild aufzuhängen – wir warten damit bis zum neuen Anstrich

oder Tapetenwechsel, was normalerweise nur alle vier bis fünf Jahre geschieht. Das ist ein Beispiel in der Größe eines Nagelloches – eine nur von vielen Schwierigkeiten.

Der Mieter weiß nicht, daß es andere Möglichkeiten des Bauens gibt, die eine bessere Nutzung der Wohnung bedeuten würden: nur deshalb hat er bisher nicht größere Ansprüche gestellt.

Wenn wir z. B. tausend Familien mit je vier Personen 70 m² zur Verfügung stellten, hätte jede die Möglichkeit, den Raum – sowohl Innen- als auch Außenwände – zu verändern und ihn so den sich wandelnden Bedürfnissen und Wünschen anzupassen. Sicher gelänge es, Menschen für dieses neue Objekt, das sie allein betrifft, zu interessieren.

Wäre es nicht wunderbar, die vielen verschiedenen Möglichkeiten zu entdecken, die der gleiche Raum der gleichen Anzahl von Menschen, aber mit verschiedenen Ansprüchen bietet? Das bedeutet nicht, daß wir allen Familien gleicher Größe den gleichen Wohnungs-plan vorschreiben. Nicht nur der Beruf der Eltern ist unterschiedlich, was zwangsläufig verschiedene Anforderungen an die Wohnung stellt, sondern auch das Alter der einzelnen Personen. Mit sich änderndem Alter wandeln sich auch ständig die Ansprüche.

Wenn es uns gelingt, eine flexible Wohnung zu bauen, so würde ihre Beschaffenheit es endlich ermöglichen, den Wohnraum zu vergrößern oder zu verkleinern, entsprechend der Situation und den Wünschen jeder Familie. Damit hätten wir eines unserer Ziele erreicht.

Ein weiteres Ziel ist der Bau von Fertighäusern, besonders der aus Fertigteilen. Ohne hier näher darauf einzugehen, ist uns klar, daß das erste kaum ohne das letztere möglich ist, d. h. also, daß wir, wenn wir einem Bewohner die Möglichkeit geben wollen, seine Wohnung dem momentanen Bedarf anzupassen, Fertigteile herstellen müssen, die er selbst leicht umstellen kann. Diese ständigen Veränderungen können nicht mehr Aufgabe des Architek-ten sein. Seine Arbeit wäre in dem Moment beendet, wo jeder Bewohner individuell diese Aufgabe für sich übernimmt.

Diese Gedanken führten uns zur Entwicklung des Plastikwürfels: jeder hat eine bestimmte Funktion durch das dazugehörende Mobiliar – die Betten im „Schlafzimmerwürfel" kommen ohne Beine direkt aus der Wand, der „Würfel" ist also schnell und ohne Anstrengung zu reinigen. Bei dem „Schrankwürfel", stellen wir fest, daß die Wandschränke alles enthalten, was z. Zt. nicht benutzt wird; d. h. daß man eine gute Kontrolle über alle „Würfel" hat und der ständige Ärger über nutzlos herumstehende Dinge aufhören würde. Die „leeren" Würfel, also die ohne Möbel und Wände, können vielen Zwecken dienen: als Planschbecken, Son-nenzimmer oder sogar als Garten mit frischer Luft für die Kinder. Mütter brauchten keine Energie, Zeit und Nerven mehr zu verschwenden beim Spaziergang mit dem Kinderwagen durch verstopfte Straßen, und sie könnten die „leeren" Würfel als Fußgängerwege benutzen und dadurch dem Ganzen Leben hinzufügen.

Bei jedem einzelnen Würfel werden wir leicht seinen Zweck und natürlichen Zusammen-hang mit dem nächsten und übernächsten entdecken.

Die Anzahl der Würfel für eine Wohnung erhöht oder verringert sich je nach Anzahl der Familienmitglieder. Die Würfel selbst werden sich den Wünschen der einzelnen Personen entsprechend verändern.

Das Phänomen der „kollektiven Familie" – mehrerer in einer Wohnung zusammenlebender Familien – würde sich verbreiten: das System des Würfels würde ihren Ansprüchen besser genü-gen. Die Idee des Zusammenlebens halten wir vom sozialen Standpunkt aus für fortschrittlich.

Der Stahlwürfel besteht aus Stahlrohren, die nicht nur die Form eines Würfels bilden, sondern auch einander je nach Stärke des Stahls als Rahmen dienen. Elemente bestimmter Größe schließen den Würfel von allen Seiten ab. Der Zusammenbau geschieht mit Schrauben. Die Elemente sind einfach zusammenzusetzen und auseinanderzunehmen.

Ein „Wohn"-Würfel besteht aus Rohren, die gleichzeitig als Säulen und Tragbalken verschiedener Elemente mit gleichen Ausmaßen dienen, etwa Türen, Fenster, Wandschränke, Wände, Fußboden, Decken usw. Die Montage und Demontage dieser Elemente muß nicht durch Spezialisten erfolgen.

Wir möchten dem Bewohner die Möglichkeit geben, auf Wunsch jeden Tag seine Wohnung neu zu gestalten, ihm eine „Do-it-yourself"-Wohnung geben. Solch eine Behausung soll nicht das Privileg einiger Villenbesitzer sein, die zwanzig Kilometer außerhalb der Stadt wohnen können. Sie soll auch dem Städter möglich sein, der als einer von Tausenden in einem Block von Wohnungen lebt, die nur aus Würfeln gebaut wurden, einer neben dem anderen und einer über dem anderen.

Die Struktur des Würfels entspricht der der ganzen Serie von Wohnungen, deren Ausmaße von Architekten, Städteplanern und Ingenieuren bestimmt werden. Anschlüsse für Fahrstuhl, Treppen, Wasser-, Elektrizitäts- und Abflußrohre sind in die Struktur des Würfels eingebunden und erlauben endlose Variationen von Verbindungen. Die dreidimensionale Skelettstruktur oder der Rahmen eines jeden Würfels enthält Zu- und Abflußrohre und ermöglicht jedem Bewohner, durch eigene Wahl der Wände den für ihn nötigen Platz auszusparen.

Ebenfalls zum Zweck der Variation werden dem Bewohner leere Würfel in entsprechender Anzahl zur Verfügung gestellt, die je nach Wunsch vertikal oder horizontal aneinandergefügt werden können, so daß er seine Wohnung in beiden Richtungen aufteilen kann. Möglicherweise wird der eigene Bau von Wohnungen neue Hobbys entstehen lassen.

Neue Fabriken und Geschäfte werden in diesem Zusammenhang entstehen, die Rohre und Elemente zum Würfelbau herstellen werden. Ein Geschäft, das Elemente verkauft, wird weniger Platz benötigen als eins, das Autos verkauft. Der Raum, den ein VW einnimmt, würde ausreichen, um einen ganzen Stapel Elemente zu lagern – mit Rohren, Türen, Fenstern, Wandschränken, Decken, Fußböden und allem, was zum Bau von 24 Würfeln nötig ist. Das wären zwei Wohnungen von je 70 m² Größe.

Der Bau eines Hauses sollte auf gleiche Weise durchgeführt werden wie der Bau eines Autos; wir brauchen Fertigteile von guter technischer Qualität, Ersatzteile, Lager- und Kaufhäuser und Abstellplätze für „gebrauchte" Kuben. Häuser sollten am Fließband hergestellt werden können. Das würde die Wohnungen nicht nur verbilligen, es würde auch die Möglichkeit schaffen, Wohnungen so einfach wie ein Auto oder Autozubehör zu kaufen. Und man könnte Würfel, ganze Einheiten und Elemente, so aussuchen wie Autos oder Kleidung.

Wir haben jedoch nicht vor, für den ausschließlichen Gebrauch von Würfeln zum Wohnungsbau zu werben. Jede Idee, die durch den Gebrauch von Fertigteilen billigeres Bauen und geräumigere Wohnungen ermöglicht, wäre ein Fortschritt.

Es besteht kein Zweifel daran, daß eine von der Planung und Ausführung her ungünstige Wohnung die Entwicklung der Menschen beeinträchtigt, die darin leben. Wir können zu Recht annehmen, daß solche Wohnungen zu Streit unter den Bewohnern führen und tagein, tagaus eine Verschwendung von Zeit und Energie darstellen.

Und schließlich sollten wir keinesfalls den am meisten vernachlässigten Bewohner vergessen – die Frau! Sie verwandelt sich, sobald sie die Wohnung ihrer Familie betritt, automatisch in eine „Hausfrau". Hausfrau ist der Beruf der meisten Frauen, der eng mit der Wohnung verbunden ist. Das normale Erscheinungsbild der meisten Familien ist, daß der Mann morgens das Haus verläßt und erst abends zurückkehrt und die Frau und Mutter bei der Hausarbeit bleibt – einer Arbeit, die sich täglich fast ohne Abwechslung wiederholt.

Die Notwendigkeit dieser Hausarbeit nimmt einer Hausfrau meist die Möglichkeit, sich einer anderen Beschäftigung zu widmen. Die Nachteile der Wohnung hindern sie daran, zu Hause einen Beruf auszuüben.

An dieser Stelle verweisen wir auf das Buch von Betty Friedan „Der Weiblichkeitswahn" (Hamburg 1966), das sich ausführlich mit der seelischen Situation der amerikanischen Frau beschäftigt. Die gleiche Erscheinung treffen wir in Europa. Die meisten Frauen, die mit der Heirat ihren Beruf oder ihre Ausbildung aufgeben, klagen später über geistige Leere. Wir sollten diese Gefahr erkennen, da es sich um dieselben Frauen handelt, welche die neue Generation heranbilden. Nach Betty Friedans Meinung wird eine Frau, wenn sie nicht Energie und Fähigkeiten gleichermaßen nutzt, ihre Kräfte in neurotischen Symptomen oder nutzlosen Beschäftigungen verschwenden.

Eine Frau muß oft an zwei Fronten für ihr Recht kämpfen: in neuen Berufen zugelassen zu werden und sich dort zu behaupten. Betty Friedan fährt fort: „Eine Frau ist durch ihr Geschlecht benachteiligt und irritiert ihre Umgebung oft dadurch, daß sie entweder das Erfolgsrezept eines Mannes genau nachahmt oder sich überhaupt weigert, mit Männern zu konkurrieren. Dabei kann sie mit einem für sie persönlich gesteckten Ziel ihren Verpflichtungen gegenüber Beruf, Politik, Ehe und Mutterschaft im gleichen Maße genügen."

In jedem Beruf werden Verbesserungen durchgesetzt; jeder arbeitende Mensch versucht, durch neue Materialien zur Weiterentwicklung beizutragen und durch neue und bessere Maschinen sein Leben zu erleichtern.

Auch der Architekt hat die Aufgabe, in seinem Bereich neue Entdeckungen zu machen, neue Materialien für den technisch perfekten Wohnungsbau zu finden, die dem Durchschnittsbürger erlauben, sein eigenes Heim, seinem Bedarf entsprechend und jederzeit veränderbar, mit seinen eigenen Händen zu bauen. Aufgabe des Architekten ist es, Wünsche im Menschen zu wecken und ihm die Möglichkeit zu ihrer Erfüllung zu geben – seinem Lebensstil entsprechend, der sich von dem jedes anderen Menschen unterscheidet und ständig ändert. Der Architekt sollte ihm außerdem die Möglichkeit geben, in einer Wohnung neuen Raum zu neuen Zwecken zu gewinnen und diesen neugeschaffenen Raum schnell und einfach zweckgebunden zu verwandeln. Diese Gelegenheit sollte es nicht nur innerhalb einer Wohnung geben, sondern auch zwischen den einzelnen Wohnungen eines Wohnblocks.

Wir respektieren traditionelle Gesetze: Gesetze, die vorschreiben, wie groß Küche, Schlafzimmer oder Wohnzimmer sein müssen, daß Treppen in bestimmten Abständen gebaut werden müssen, daß zu jeder Wohnung ein Keller von x m² gehört ... Gesetze, denen wir blindlings folgen, weil sie uns das Denken ersparen; Gesetze, die Architekten zur Bequemlichkeit verleiten.

Wenn wir trotzdem wagen, dieses System zu verändern, wenn wir z B. einen „ruhigen" Kubus zwischen „lebendigen" aussparen, nicht weit von Lift oder Treppe entfernt als Verkaufskiosk für Zigaretten und Getränke, werden wir dadurch zum Gesetzesbrecher? Oder wären wir, wenn wir unter 100 oder 200 Würfeln einen oder zwei als Spielräume für Kinder aus einem Wohnblock reservieren, unfolgsame Bürger, weil wir das geschriebene Gesetz nicht beachten?

Zweifellos kann der Architekt eine Frau von bindenden Pflichten befreien, wenn er ihr die Gelegenheit gibt, neuen Raum mit neuen und wechselnden Möglichkeiten zu entdecken, und wenn es ihm gelingt, die Lücke zwischen Wunsch und Realität zu schließen. Wenn eine Mutter z. B. die Chance hätte, ihr Kind in den „Kindergartenwürfel" zu schicken, während sie selbst ungehindert in einem anderen Würfel in der Nähe ihren Einkauf erledigen könnte, würde sie bestimmt gern die gewonnene Zeit und Energie zu einer anderen Beschäftigung als Hausarbeit verwenden. Das würde ihr das befriedigende Gefühl geben, „am Leben teilzunehmen". Wäre es ihr außerdem erlaubt, einen von den der Familie gehörenden Würfeln für sich zu reservieren, um sich dorthin zurückziehen und auf andere Dinge als auf Heim und Familie konzentrieren zu können, würde dies sie zweifellos zu anderen Interessen anregen. Das Ergebnis wäre eine Weiterentwicklung des geistigen Niveaus der ganzen Familie.

Der ständige Wechsel in der heutigen Gesellschaft verlangt fortwährendes Bemühen. Ein „Lebensplan" muß Platz für Veränderungen lassen, weil sich der Gesellschaft und dem einzelnen immer neue Möglichkeiten bieten.

Besonders Frauen brauchen ihr Leben nicht länger nur durch Mann und Kinder zu erleben. Die geistige Entwicklung von Frau und Mann wird gefördert, und zweifellos werden sich ihnen neue Horizonte öffnen, wenn wir auch noch nicht wissen, welcher Art sie sein werden.

Myra Warhaftig
Die Behinderung der Emanzipation der Frau durch die Wohnung und die
Möglichkeit zur Überwindung (1982)

Dieser Text ist Myra Warhaftigs großer Beitrag zu einer feministischen Architektur, was die historische Analyse und die Zweckmäßigkeit von Entwürfen betrifft. Zugleich handelt es sich dabei um die Abschlussarbeit ihres Promotionsstudiums (1978) an der Technischen Universität in Berlin (West), die der Architekturhistoriker Julius Posener betreute. Die Dissertation ist in drei große Teile gegliedert. Der erste Teil beschäftigt sich mit den sozialpolitischen und historischen Hintergründen städtischer Wohnweisen in der Gegenwart, der Rolle und sozialen Stellung der Frau sowie dem Zusammenhang zwischen Gesellschaftssystem, Familienstruktur und Raumaufteilung. Dieser Teil schließt mit einem faszinierenden Exkurs über das Langhaus der Irokesen, den sowjetischen Massenwohnungsbau und das israelische Kibbutz-System. Der zentrale zweite Teil enthält detaillierte Analysen von Grundrissen westdeutscher Mietwohnungen mit Beispielen, die von der sogenannten Mietskaserne des 19. Jahrhunderts bis zu den Plattenbauten der 1960er-Jahre reichen. Ausführlich erläutert Warhaftig die räumlichen Dynamiken, die sich daraus ergeben, und ihre negativen Auswirkungen auf die Bewohner – insbesondere auf Frauen und Kinder, die deutlich mehr Zeit in der Wohnung verbringen als Männer. Dabei greift sie immer wieder auf Nutzungsdiagramme zurück, ein Instrument, das von Alexander Klein stammt, ihrem Lehrer am Technion in Haifa, der zu den wichtigsten Verfechtern des Existenzminimum-Konzepts der Zwischenkriegszeit gehört. Der kurze letzte Teil befasst sich mit Möglichkeiten, die gesellschaftliche Isolation von Frauen und Kindern zu überwinden, und enthält konkrete Vorschläge für entsprechend veränderte Wohnungsgrundrisse. Zusammen mit dem von Warhaftig in Westberlin realisierten Mietshausentwurf, der hier beschrieben und analysiert wird, stellte diese Schrift einen ebenso inspirierenden wie praxisorientierten Anstoß für eine feministische Architektur im späten 20. Jahrhundert dar.

Myra Warhaftig, *Die Behinderung der Emanzipation der Frau durch die Wohnung und die Möglichkeit zur Überwindung*, Köln: Pahl-Rugenstein, 1982. Auszug: S. 172–174.

Schlußwort

Nicht allein die Frau und Mutter der Kleinfamilie wird in ihrer Forderung nach Emanzipation im Wohnverhalten durch die Wohngestaltung von heute behindert.

Nicht allein die Kleinfamilie ist die einzige Alternative des Zusammenlebens: Großfamilien, Wohngemeinschaften oder Kommunen sind auch praktizierte Lebensformen, die ihre angepaßten Wohngrundrisse fordern.

Die Wohnungen des sozialen Wohnungsbaus verkörpern in ihrer hierarchischen Größe, Zahl und Zuordnung der Räume nichts anderes als eine Wohnung für die herrschaftliche Zweigenerationenfamilie mit ein, zwei oder seltener mehr Kindern.

Wohnungen, die nicht auf die Verschiedenheiten ihrer Bewohner (Alter, Gemeinschaft, Geschlecht usw.) eingehen können, sind nicht geplant.

Jede Gesellschaftsstruktur, die die Ideologie der Kleinfamilie sprengt, wird von den baulichen Gegebenheiten des Wohnungsbaus blockiert.

Damit erleben auch andere Familienstrukturen, die neue gesellschaftliche Zielvorstellungen zum Inhalt haben, die Behinderung der Emanzipation durch die Wohnung.

Nicht allein durch die Wohngrundrißgestaltung werden die Bewohner im Bereich der Architektur behindert.

Auch die Stadtplanung muss neu durchdacht werden; denn gegenwärtig stehen Wohnquartier, Stadtbereich und Stadt nicht weniger als die Wohnung der Emanzipation im Wege.

„Neue Gesellschaftsstrukturen ... bedürfen vieler Entwürfe, Modelle, Studien und Experimente, die geeignet sind, *die Kluft zwischen dem Möglichen und dem Notwendigen zu überbrücken.* Konkret bedeutet das, daß neben umfassenden, langfristigen Planungen kurzfristige Vorschläge für erste Schritte stehen müssen."[1]

Deshalb ist diese Arbeit hiermit keineswegs abgeschlossen, solange der beigefügte Entwurfsvorschlag aus der Form der zwei Dimensionen nicht die Form der drei Dimensionen erreicht hat. Und solange dieses Baumodell nicht auch die Form der vier Dimensionen erreicht hat, nämlich über einen bestimmten Zeitraum gesellschaftlich geprüft worden ist, bleibt die „Möglichkeit zur Überwindung" der Behinderung nur eine Hoffnung.

Aus diesem Grund kann eine Kritik der vorliegenden theoretischen Phase der Zielvorstellung nichts Endgültiges bedeuten.

"We do not wish to solve the problems of the future but to act now in ways that still leave a desirable number of options open, ... to recognize that in our world design is an act of ordering which may never be accomplished, but which is continually renewed."[2]

Shadrach Woods
1924–1974

1   Fromm, E., Haben oder Sein, Stuttgart 1976, S 173
2   Architecture Plus, Jan/Feb 1974

Vittoria Calzolari und das Projekt „Landschaft" in Italien. Eine vielseitige Urbanistin und Intellektuelle

Claudia Mattogno, Cristina Renzoni[1]

Eine vielseitige Urbanistin und Intellektuelle

Als Urbanistin und Intellektuelle hat Vittoria Calzolari (1924–2017) in ihrem beruflichen und akademischen Leben eine große Sensibilität im Umgang mit der Komplexität des Territoriums und seiner Planung bewiesen. Sie engagierte sich kontinuierlich in den italienischen Netzwerken kultureller und politischen Vereinigungen, insbesondere durch ihre aktive Mitarbeit im Umweltverband Italia Nostra, dessen kämpferische Aktionen und Projekte sie durch persönliche Mitwirkung unterstützte, sowie in der Associazione Nazionale Centri Storico-Artistici (ANCSA, Nationale Gesellschaft für historisch-künstlerische Zentren). Als Landschaftsplanerin, Architektin und Urbanistin hat sie in ihrem römischen Büro Parks und Grünanlagen entworfen und verschiedene Bebauungspläne erarbeitet. Seit 1975 als Dozentin für Urbanistik an der römischen Universität La Sapienza tätig, war sie zudem Dezernentin für das historische Zentrum von Rom unter dem Bürgermeister Carlo Giulio Argan (1976–1979) wie auch in der ersten Amtszeit von Luigi Petroselli (1979–1981). Im Jahr 1987 gründete sie an der Sapienza den Aufbaustudiengang für Landschafts- und Umweltplanung, der 1997 in die Scuola di specializzazione in progettazione del paesaggio (Aufbaustudiengang für Landschaftsplanung) umgewandelt wurde und seit 2009 den Namen Scuola di specializzazione in beni naturali e territoriali (Aufbaustudiengang für das regionale Natur- und Kulturerbe) trägt.

 Vittoria Calzolari wurde 1924 in Rom geboren und siedelte als Sechsjährige mit der Familie nach Mogadischu in Somalia um, wo ihr Vater, ein aus der Emilia stammender Ingenieur, mit dem Bau des Hafens befasst war. Nach ihrer Rückkehr nach Italien sowie dem Besuch des humanistischen Gymnasiums immatrikulierte sich Calzolari im Fachbereich Architektur der Universität La Sapienza in Rom.[2] Als sie 1949 das Examen ablegte, befand sich die Stadt gerade mitten in den Gärungsprozessen der unmittelbaren Nachkriegszeit, als die Initiativen für den Wiederaufbau im Kontrast zu dem noch starken Einfluss der konservativen akademischen Tradition

Vittoria Calzolari anlässlich der Publikation im Jahr 2012, der ihr gewidmeten Monografie *Paesistica. Paisaje*

standen. Calzolari beschäftigte sich zu der Zeit zum einen mit ihrer beginnenden Universitätskarriere, zum anderen mit ihrer freiberuflichen Tätigkeit, die sie – vom Masterplan für Gebiete des öffentlichen Wohnungsbaus bis hin zu Stadtplanungen – kontinuierlich betrieb. Anfang der 1950er-Jahre arbeitete sie an der Universität La Sapienza als Wissenschaftliche Assistentin unter anderem mit Adalberto Libera, Luigi Piccinato und Ludovico Quaroni zusammen; von 1966 bis 1969 lehrte sie in Neapel an der Architekturfakultät; ab 1975 war sie Professorin für Urbanistik in Rom, eine Position, die sie bis zu ihrer Pensionierung Ende der 1990er-Jahre inne hatte.

Vittoria Calzolari kann als eine der Schlüsselfiguren bei der Konsolidierung der Landschaftsarchitektur in Italien und der Definition eines italienischen Wegs im *urban design* bezeichnet werden. Mit diesen Themen beschäftigte sie sich kontinuierlich von den 1950er- bis in die 1990er-Jahre, allein und gemeinsam mit ihrem Ehemann und Kollegen Mario Ghio, sowohl in der praktischen Arbeit als auch in der theoretischen Forschung und universitären Lehre.

Der vorliegende Text befasst sich vor allem mit zwei Phasen von Vittoria Calzolaris Ausbildung und ihrer intellektuellen und professionellen Produktivität. Erstere liegt im Übergang von den 1950er- zu den 1960er-Jahren: Es handelt sich dabei um die Phase der Ausarbeitung und Festigung ihrer Arbeits- und Forschungsthemen, die eines der interessantesten Ergebnisse in der Veröffentlichung des gemeinsam mit Ghio verfassten Werks *Verde per la città* (*Grün für die Stadt*), ihres wahrscheinlich bekanntesten Buchs, fand.[3] Die zweite Phase fällt in die 1970er-Jahre, als das Engagement der Bürger bezüglich urbaner Belange erstarkte. Sie gipfelt im Entwurf für die Einrichtung des Parks der Via Appia Antica und in Calzolaris Ernennung zur Dezernentin für das historische Zentrum von Rom.[4] Im Vergleich dieser beiden Momente zeigen sich die kulturellen Wurzeln, die zur landschaftsbezogenen Dimension der Arbeit von Calzolari beitrugen und die sich aus der kontinuierlichen Aufmerksamkeit und dem sensiblen Blick auf die Freiflächen und öffentlichen Räume in der zeitgenössischen Stadt speisten. Dieser Text will darüber hinaus zunächst einige thematische Kernfragen allgemeiner Art herausarbeiten, die die italienische Planungskultur nach dem Zweiten Weltkrieg, die Geschlechterrollen in Bezug auf Kompetenzen und Professionalität im Bereich Urbanistik sowie den langen Prozess der *mise en forme* und der Kodifizierung der Instrumente der Stadt- und Landschaftsplanung betreffen.

Auch wenn Calzolari im Panorama der italienischen Urbanistik im Vergleich zu gleichaltrigen Männern höheren Bekanntheitsgrades scheinbar eine Nebenrolle spielt, zeichnete sich ihre Arbeit durch die beachtlichen Dimensionen ihrer Projektentwürfe und ihre sorgfältige Ausführung aus, die stets auf zivilgesellschaftlichem Einsatz basierte und durch konkrete Arbeitsanlässe, Experimente und Recherchen angetrieben wurde. Pläne, Projekte und konkretes Handeln bildeten den Ausgangspunkt für eine theoretische Aktivität, die aber nie auf abstrakte Weise praktiziert wurde, sondern stets nah an den untersuchten Gebieten und stark an den jeweiligen Orten blieb. Calzolari prüft dabei sorgfältig wie auch kritisch die spezifischen Faktoren, wie die physischen Eigenheiten, die zeitlichen Veränderungen oder die Gebrauchspraktiken, wobei diese Beobachtungen stets von konzeptionellen Überlegungen, einem auf die Zukunft gerichteten Blick und einer operativen Intention überlagert werden.

Townscape, Urban Design: Überlagerungen

Der Werdegang von Vittoria Calzolari erlaubt es, das Aufkommen der Themen *townscape* und Städteplanung im italienischen Diskurs der 1950er-Jahre nachzuvollziehen. In diesem Prozess verfestigt und verfeinert sich ein methodischer Ansatz zur Betrachtung und planerischen Gestaltung der Stadt, zugleich entfaltet sich ein reicher Schatz an theoretischen und praktischen Bezügen, die die im angelsächsischen und nordamerikanischen Umfeld entwickelten Fachfragen in den italienischen Kontext einbringen.

Im Studienjahr 1952/1953 erhält Calzolari ein Fulbright Stipendium als Visiting Fellow der Harvard University.[5] In den Vereinigten Staaten besuchte sie die Kurse des Frühlingssemesters von Februar bis Juli 1953 und erwarb den Bachelor in „City Planning". In jenem Jahr war sie von sieben Absolventinnen in allen Studiengängen der Hochschule[6] die einzige mit Examen in Stadtplanung und zudem die einzige Italienerin in ihrem Examens-Jahrgang.[7] Calzolaris Aufenthalt in Harvard fiel in die Zeit der Neudefinierung der Rollen und Ziele der Faculty of Design, die von der langjährigen Leitung durch Joseph Hudnut (1936–1953) an die ebenso lange von Josep Lluís Sert (1953–1969) überging; eine Entwicklung, die kurz darauf zum Aufbau des Studiengangs „Urban Design" führte.[8] Calzolari besuchte die Examenskurse in „Architecture", „Landscape Architecture" und „City and Regional Planning", die es ihr ermöglichten, mit einem äußerst interessanten und brodelnden kulturellen Milieu in Berührung zu kommen, dessen Schlüsselfiguren hochrangige Persönlichkeiten aus dem internationalen Panorama von Architektur und Urbanistik waren, wie Walter Gropius, Josep Lluís Sert und viele andere.[9] Zudem hatte sie Zugang zum großen Bücherbestand der Bibliotheken der Harvard Graduate School of Design, wo sie die neuen Forschungsansätze zu Stadt und Landschaft vertiefen konnte.

Nicht ohne Grund widmete sie sich in den Jahren nach ihrer amerikanischen Fellowship der Verwertung ihrer Erfahrungen der nordamerikanischen Realität in Form von Beiträgen, die in den wichtigsten italienischen Zeitschriften erschienen: in *Urbanistica*, dem von Adriano Olivetti geleiteten offiziellen Organ des Istituto Nazionale di Urbanistica, der Zeitschrift *Architettura. Cronache e storia* von Bruno Zevi[10] sowie dem Journal *La casa. Quaderni di architettura e di critica*, das mit der Architektur-Fakultät der Universität La Sapienza in Verbindung steht. In *La casa* veröffentlichte Calzolari 1953 einen langen Text über das Stadtbild, das sie *townscape* nannte und mit *scena urbana* übersetzte, in dem die planungsrelevanten Themen des *town design* (Stadtgestaltung) deutlich hervortreten.[11]

Nach ihrer Rückkehr nach Italien heiratete Vittoria Calzolari 1954 Mario Ghio (1920–2011), einen Ingenieur und Kollegen, den sie im Rahmen des Wohnungs-bauprogramms INA-Casa kennengelernt hatte,[12] als sie mit der Konzipierung einiger Wohnquartiere beschäftigt war und er als Inspektor für die Projekte im Mezzogiorno agierte. Damit begann eine langjährige persönliche und berufliche Partnerschaft. Der Turiner Mario Ghio war ein vielschichtiger und neugieriger Intellektueller, der sich nur schwer bestimmten Denkrichtungen zuordnen lässt. Er war Dozent für Raumplanung an der Universität Florenz und sehr aktiv in der Beratungstätigkeit für öffentliche Einrichtungen. Die beiden sollten ihr Leben lang ein gut aufeinander abgestimmtes Paar mit unterschiedlichen Charakteren bleiben: Ghio war sehr offen, mitteilsam und manchmal auch aufbrausend; Vittoria Calzolari dagegen sehr diskret, diszipliniert und distinguiert. Sie teilten Familienleben und Arbeit miteinander – Letzteres auf zuweilen getrennten Wegen, aber immer verbunden durch ein starkes ethisches Engagement.

Im Jahr 1955 reiste Ghio ebenfalls mit einem Fulbright-Stipendium in die Verei-nigten Staaten und war Visiting Fellow im Department of Architecture and Planning des Massachusetts Institute of Technology (MIT). Er folgte damit einer Einladung von Pietro Belluschi, dem Leiter des Instituts, der in jenen Jahren sowohl mit Ghio in Kontakt stand als auch mit Calzolari, die sich ihrerseits für die Bewerbung ihres Mannes eingesetzt hatte.[13] Durch das Stipendium besuchte Ghio ein Semester lang die Kurse am MIT und verfolgte dort die ersten Schritte des Forschungs-programms, das sich mit der urbanen Morphologie und der „Perception of the City Form" („Wahrnehmung der Stadtform") befasste und durch Kevin Lynch und Gyorgy Kepes koordiniert wurde. Im zweiten Semester 1954/1955 lehrte Kepes „Light and Color", „Graphic Presentation", „Advanced Visual Design" und hielt den

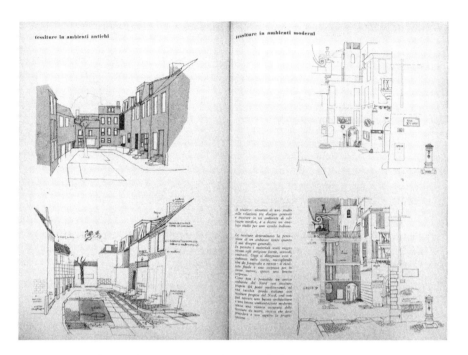

Doppelseite aus dem Artikel von Vittorio Calzolari, „Gli elementi della scena urbana",
der 1953 in der Zeitschrift *La Casa* erschien

Kurs „Form of the City" gemeinsam mit Lynch, der gerade in jenem Studienjahr mit
seinen eignen urbanen Erkundungen im Großraum Boston begann, an denen Ghio
vermutlich teilnahm. Dieser Erfahrungsschatz beeinflusste wesentlich die Themen
und Herangehensweisen, an und mit denen das Ehepaar in den Jahren nach seiner
Rückkehr aus Harvard und dem MIT arbeitete. Für die Ausgabe 1953 der Zeitschrift
La casa, in der Calzolari den oben zitierten Text unter dem Titel „Gli elementi della
scena urbana" („Die Elemente des Stadtbildes") veröffentlichte, verfasste Ghio den
Essay „L'allestimento della scena urbana" („Die Ausgestaltung des Stadtbildes"), in
dem er unter anderem einige Karten verwendete, die während der Forschungsarbeit
unter Bernard Rothzeid entstanden waren.[14]

In der aufkommenden Debatte über die Stadt-Region (*città-regione*) gegen
Ende der 1950er-Jahre gehörte Calzolari, gemeinsam mit Fabrizio Giovenale und
Eduardo Vittoria, zu denjenigen, die im Istituto Nazionale di Urbanistica (INU) eine
Diskussionsvorlage für die weithin bekannte Konferenz von 1959 in Lecce zum
Thema „Il volto della città" („Das Gesicht der Stadt") verfassten.[15] Diese Konferenz
sollte eine entscheidende Städtebaudebatte auf nationaler Ebene eröffnen, an der
sich hochrangige Persönlichkeiten mit bedeutenden Neuerungen an der Diskussion
über die Rolle und Maßstäbe der Planung und der Gestaltung beteiligten.

„Verde per la città" – Professionalität und Aktivismus im Paarlauf

1961 veröffentlichten Vittoria Calzolari und Mario Ghio *Verde per la città. Funzioni, dimensionamento, costo, attuazione di parchi urbani, aree sportive, campi da gioco, biblioteche e altri servizi per il tempo libero*.[16] Die Publikation weist eine sorgfältige grafische Gestaltung und eine reiche Illustrierung auf, mit einer Fülle an kritischen Bestandsaufnahmen, Zeichnungen, vergleichenden Karten und interpretierenden Diagrammen. Das Buch ist das Ergebnis einer 1959 durch das Nationale Olympische Komitee anlässlich der Olympischen Spiele 1960 in Rom in Auftrag gegebenen Studie, die von Adalberto Libera, dem damaligen Leiter des Planungsbüros für das Programm INA-Casa, angeregt wurde. *Verde per la città* ist eine Art Handbuch sui generis für Freiflächen und Sportanlagen und bildete einen unverzichtbaren Orientierungspunkt für eine ganze Generation von freiberuflich tätigen Architekten, Technikern und Beamten der staatlichen Behörden. Tatsächlich handelt es sich um die Wiederaufnahme einer Forschungsarbeit, an der das Ehepaar seit Anfang der 1950er-Jahre gearbeitet hatte. Die Untersuchungsmaterialien, die sich zum Beispiel in der bereits zitierten Ausgabe der Zeitschrift *La Casa* von 1953 finden, sind sukzessive erweitert und überarbeitet worden. Insbesondere die theoretischen Argumentationen und die grafischen Darstellungen des Essays „Il verde nelle città" von Mario Ghio und Elvezio Ricci sind als Blaupause der Studie zu erkennen, die 1961 schließlich veröffentlicht wurde.[17]

Durch einen internationalen Vergleich von urbanen Situationen und bewährten Verfahrensweisen, von Projekten und der Dimensionierung von Orten für Sport, Schulen, Bibliotheken und Freiflächen stellt das Werk eine gründliche Kritik an der Stadt zur Zeit des Wirtschaftsbooms dar. Gleichzeitig bietet das Buch einen großzügigen Entwurf für die Zukunft, indem es die quantitative Festlegung eines minimalen Niveaus an öffentlicher Ausstattung für die italienischen Städte um einige Jahre vorwegnimmt.[18] Die Bedeutung von *Verde per la città* und seiner Autoren für die Verabschiedung eines Dekrets zu den städtebaulichen Standards zeigt sich auf verschiedenen Ebenen. Der Handbuchcharakter des Werks förderte die Rezeption, sodass es sehr schnell zur Orientierungshilfe für die verschiedenen Arbeitsgruppen wurde, die sich in jenen Jahren mit der Dimensionierung des öffentlichen Raums befassten. Darüber hinaus trugen seine von internationalem Geist durchdrungenen Inhalte dazu bei, den Diskurs in Italien zu öffnen.[19] Als Alternative zum zunehmend normativ ausgerichteten Kurs des italienischen Städtebaus nach dem Zweiten Weltkrieg verortet das Buch die Planung kollektiver Räume als vermittelnden Vorgang zwischen allgemeinem Stadtentwicklungsplan und spezifischer städtebaulicher Planung.[20] Die Publikation leistete außerdem einen beachtlichen Beitrag zur Formulierung des Dekrets zu den städtebaulichen Standards, an dem Calzolari und Ghio mehr oder weniger direkt mitarbeiteten: Ghio gehörte zu den Experten, die im rein männlichen Umfeld der zentralen Verwaltung des Ministeriums für öffentliche Bauvorhaben (Ministero dei Lavori Pubblici) den ersten Phasen der Verfassung des Dekrets beiwohnten. Calzolari war eine der Architektinnen und Planerinnen, die von der Union der italienischen Frauen (Unione donne italiane, UDI) in der Debatte über

Die bekannteste Publikation von Mario Ghio und Vittoria Calzolari *Verde per la città* aus dem Jahr 1961

öffentliche Dienstleistungen und Ausstattungen Anfang der 1960er-Jahre konsultiert wurden, und sie wirkte an der Formulierung der Anliegen der Frauenorganisation bezüglich Freiflächen und schulischen Ausstattungen mit.[21] In der Frauenorganisation UDI, die der Kommunistischen Partei Italiens (Partito Comunista Italiano PCI) nahesteht, gehörte Calzolari zu einer Gruppe von Expertinnen, die sich mit der Frage der sozialen Einrichtungen, ihrer zukünftigen Entwicklung und der entsprechenden Lokalisierung in den sich wandelnden Städten beschäftigten.[22]

Am Beispiel von Calzolari kann die Rolle umrissen werden, die Frauen nach dem Zweiten Weltkrieg in Italien in der beruflichen Praxis vom Architektur und Urbanistik übernahmen, auch im Lichte jüngerer internationaler Studien, die die geografischen und thematischen Knotenpunkte neu definieren.[23] Die Berufspraxis der Frauen basierte überwiegend auf familiären und verbandsorientierten Netzwerken. Zum einen Teil stützte sie sich auf verwandtschaftliche und eheliche Bindungen gemäß der für Freiberufler typischen Tradition der familiären Kontinuität. Zum anderen Teil nährte sie sich durch eine sehr enge Beziehung zwischen freier Berufstätigkeit, Engagement in Bürgerinitiativen und politischer Aktivität: sämtlich Faktoren, die in jenen Jahren nur schwer voneinander zu trennen sind, insbesondere bei Beratungstätigkeiten und Aktivitäten auf dem Gebiet des Städtebaus. In der Tat scheint in Calzolaris Berufspraxis und in ihrer politischen Aktivität „im Paarlauf" ein wichtiges Merkmal der aufstrebenden berufstätigen weiblichen Mittelschicht erkennbar zu sein. In diesem Sinne beeinflusste die Partnerschaft mit Ghio in nicht unerheblichem Maße die Arbeiten von Calzolari sowie ihre gemeinsamen Überlegungen zu Themen des *urban design* und der öffentlichen Dienstleistungen in den 1950er- und 1960er-Jahren wie auch ihre weiteren individuellen Lebenswege. Diese Gemeinsamkeit verbindet die beiden Dimensionen – Partnerschaft und gesellschaftlicher Einsatz – miteinander und stellt einen wichtigen Aspekt in der kulturellen und beruflichen Entwicklung von Calzolari dar. In diesen Jahren entwickelt sie ihre Sensibilität gegenüber jenen Fragen, durch die sie dann in Italien wie im Ausland primär bekannt werden sollte: die Aufwertung des Kultur- und Naturerbes und das Projekt der Landschaft. Ihr Engagement für diese Themen macht außerdem einige der – auch geschlechtsspezifischen – Ziele der italienischen Interpretation von *townscape* und *urban design* im Lichte von Landschaft und Kulturerbe deutlich.

Urbanistik und zivilgesellschaftliches Engagement in Rom

Es gab – und gibt immer noch – viele Frauen, die sich in ihrer Berufspraxis an die Seite eines Mannes gestellt haben, des Ehemanns oder Lebensgefährten, mit dem sie über das Privatleben hinaus Projekte, Forschungen und oft auch soziale Arbeit teilen. Die dauerhafte und solide Verbindung von Calzolari und Ghio, die sich anfänglich in einigen gemeinsam verfassten Schriften zeigt, setzte sich in ihrer langjährigen geteilten Tätigkeit als Urbanistik-Berater für die öffentliche Verwaltung fort. Die Universitätskarriere, der Einsatz für Italia Nostra und das Dezernentenamt nahm Calzolari individuell wahr, als Paar behielten sie aber dennoch einen regen Austausch über Interessen und Herangehensweisen bei, die sie oft gemeinsam an kulturellen Aktivitäten in der Hauptstadt teilnehmen ließen.

Obwohl sie einen Teil ihrer Kindheit in Mogadischu verbracht hatte, blieb trotz ihres Studienaufenthalts in Boston und des Beginns ihrer Universitätskarriere in Neapel die Stadt Rom für Calzolari der Ort ihrer emotionalen Entwicklung und Verwurzelung. Hier verband sich ihr spezifisches Arbeits- und Studieninteresse mit einer tiefen Kenntnis des geografischen und historischen Ortes und seiner gewachsenen Schichten. In Rom führte Calzolari denn auch die ersten Kämpfe für die Realisierung des Regionalparks der Via Appia Antica. Der Ursprung dieses Projekts geht auf den Gesetzesentwurf zur Einrichtung einer *zona monumentale* – einer historischen Schutzzone – zurück, den Guido Baccelli und Ruggiero Bonghi 1887 vorgelegt hatten und der 1908 und 1909 anlässlich der Verabschiedung des neuen Bebauungsplans für Rom wieder hitzig debattiert wurde.[24] Das Projekt des Parks der Via Appia Antica wurde ab der Mitte der 1950er-Jahre in der römischen Sektion von Italia Nostra erarbeitet, auf Anregung des Intellektuellen, Umweltaktivisten und Politikers Antonio Cederna, eines nur wenig älteren, geschätzten Freundes von Calzolari, mit dem sie von Anfang an zusammenarbeitete. Die Organisation zeichnet sich durch ihr energisches und aktives öffentliches Engagement für den Umweltschutz und die Erhaltung des nationalen kulturellen Erbes aus, das durch die wachsende Grundstücksspekulation stark bedroht war und ist.[25]

Italia Nostra entstand im Jahre 1955 aus Protest gegen den Abriss eines Häuserblocks in der Altstadt von Rom und weitete ihren Aktionsbereich rasch auf ein Gebiet aus, das von großem nationalem Interesse ist: die Wiederherstellung und den Schutz des weitläufigen Systems von archäologischen, landschaftlichen und landwirtschaftlichen Flächen entlang des alten Verlaufs der Via Appia.[26] Das gesamte Gebiet unterlag signifikanter Immobilienspekulation und wurde durch regelloses Bauen seit Ende des Zweiten Weltkriegs zunehmend entstellt.[27] Calzolaris Verbindung mit Italia Nostra sollte lange anhalten und sie dazu veranlassen, Themen wie den Schutz des Naturerbes und die Aufwertung des historischen Erbes in einer übergreifenden Vision aufzugreifen, die die tiefgehenden Wechselbeziehungen zwischen der Geschichte und der Geografie des Territoriums, zwischen der Morphologie des Ortes und den Veränderungen durch den Menschen deutlich machen soll.

Der Vorschlag für den Park der Via Appia Antica war vielleicht die anspruchsvollste Herausforderung, der sich Calzolari stellte, nicht nur wegen der langen Dauer des Vorhabens, das sich über 50 Jahre mit wechselnden Vorgängen hinzog, sondern auch wegen seiner Bedeutung für die Auseinandersetzung mit den Mechanismen des Immobilienmarktes, dessen Druck sich verschärfte durch die Wertsteigerung eines weiten Gebietes voller archäologischer Spuren und von großer landschaftlicher Schönheit. Der Zusammenhang zwischen Natur und Geschichte sollte stets ein Leitgedanke in Calzolaris Forschungstätigkeit bleiben, in Form eines konstanten und hartnäckigen Einsatzes, nicht nur durch Studien und Projekte, sondern auch durch das Erstatten von Anzeigen. Wie eine ihr liebe Freundin, Annalisa Cipriani, sich erinnert, hatte Calzolari im Laufe der Jahre viele Aufrufe gegen die Stagnation bei der Verabschiedung des Gesetzes zur Einrichtung des Parks und später gegen die Verschleppung eines Antrags auf Erweiterung seiner Grenzen lanciert.[28] Offene Konflikte zwischen öffentlichen Interessen und jenen der privaten Grundstückseigentümer, die verschlungenen Wege der Rechtsprechung im städtebaulichen Sektor, insbesondere bezüglich Enteignungsanträgen, sowie das partielle Desinteresse der politischen Akteure verursachten unter anderem substantielle Verspätungen beim Ergreifen von Maßnahmen zur Umweltsanierung. Hinzu kamen lange und unsichere Verwaltungsprozeduren, die eine weitere Zunahme degradierter Territorien und illegal in Besitz genommener Gebiete begünstigen. 1973 übertrug Italia Nostra die Koordination der Untersuchungen für die Aufstellung eines Plans für den Park an

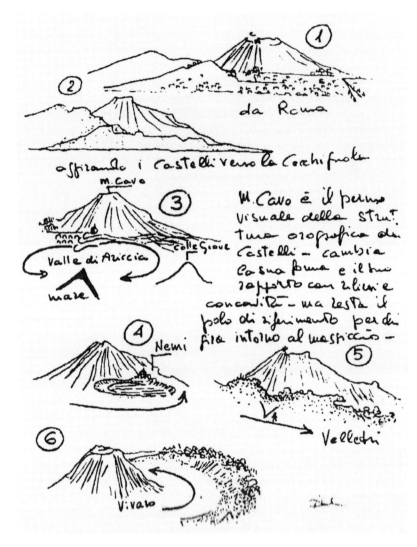

Zeichnung von Vittoria Calzolari mit dem Monte Cavo als visuelle Achse in der orografischen Struktur der Monti Albani, 1999

Calzolari, die gemäß ihrer offenen und interdisziplinären Arbeitsweise zahlreiche Kolleginnen und Kollegen mit einbezog. Dadurch wurden archäologische, historische und kulturelle wie auch hydrogeologische und forstwirtschaftliche Aspekte berücksichtigt, gemeinsam mit dezidiert städtebaulichen und juristischen Problemstellungen, die sich aufgrund der Aufteilung des Eigentums und des Umfangs der Auflagen als sehr komplex erwiesen.[29]

Der in der Studie verwendete Ansatz strebt die Schaffung eines Systems von Beziehungen an, nämlich zwischen der großmaßstäblichen Raumordnung, den Umweltpotenzialen, den urbanistischen Erfordernissen und dem Schutz eines so wertvollen Erbes wie der Via Appia Antica, die nicht ohne Grund seit dem ersten Jahrhundert n. Chr. als „Regina Viarum" bezeichnet wird. Die geomorphologischen und hydrologischen Merkmale des Standorts werden durch eine beachtliche Reihe an grafischen Darstellungen herausgearbeitet: Es ist eine regelrechte Kartierung des untersuchten Gebiets, die den Prozess der Erkenntnis anleitet und begleitet.

Aus diesem Dokumentationsmaterial treten insbesondere die von Calzolari gezeichneten Freihandskizzen hervor.[30] Sie sind kraftvoll und ausdrucksstark, erweitern den räumlichen Bezugshorizont, überwinden die Enge der administrativen Grenzen sowie die eingeschränkte Verfügbarkeit der noch unbebauten Flächen. Sie legen die Ränder des Parkareals fest, das auf der einen Seite von den großräumlichen Strukturen der vulkanischen Hügel und auf der anderen Seite durch den Übergang zum Kapitol und zu den Foren begrenzt wird. Die Zeichnungen dienen nicht nur der Vorwegnahme der geplanten Eingriffe, sondern machen vor allem auch die Schichtung der durch menschliche Umgestaltungen hinterlassenen Spuren sichtbar und heben die in den langen Zeiträumen der Natur erfolgten Überlagerungen hervor. Das Gedächtnis als selektive Ablagerung der Geschichte und die Interpretation als kreatives und fassbares Element der planerischen Aktivität verbinden sich auf diese Weise in einer systemischen Vision, die den Park als strukturelle, formale und organisatorische Einheit in seiner territorialen Dimension begreift.

Calzolari präsentiert eine umfassende Vision, in die sich der Park der Via Appia Antica nicht als ein zwar großflächiges, aber doch isoliertes Element einfügt,[31] sondern Teil eines Systems von regionalen Parks ist, das den Fluss Aniene und das Netz seiner Nebenflüsse, die Monti Prenestini und die Monti Lepini, das Tiber-Tal und die Küste des Tyrrhenischen Meers umfasst. Auch die Verwaltung und Bewirtschaftung des Parks war Gegenstand einer sorgfältigen Studie, um geeignete Finanzierungsmodelle für die nötigen Enteignungen und den Erwerb privater Grundstücke zu finden, um die Bereitstellung der nötigen Mittel durch die unterschiedlichen öffentlichen Stellen zu koordinieren und eine Kostenplanung aufzustellen.

Der Park wurde schließlich erst Jahre später, 1988, durch ein eigens dafür erlassenes Gesetz der Region Latium förmlich gegründet. Calzolari wurde Mitglied des Aufsichtsrats des Parkkonsortiums und sollte dessen Geschicke ihr Leben lang begleiten.[32] Die während ihres aktiven Einsatzes für Italia Nostra zu Beginn der 1960er-Jahre gesammelten Erfahrungen fanden in der Folge auch in den zahlreichen Stadtentwicklungsplänen Anwendung, denen sich Calzolari im Laufe ihres Berufslebens widmete.

Ein politisches und kulturelles Projekt: Die Erhaltung des historischen Zentrums von Rom

Um die Mitte der 1970er-Jahre erlebte die italienische Gesellschaft tiefgreifende Veränderungen, und auch Rom stand nicht außerhalb dieses dynamischen Klimas.

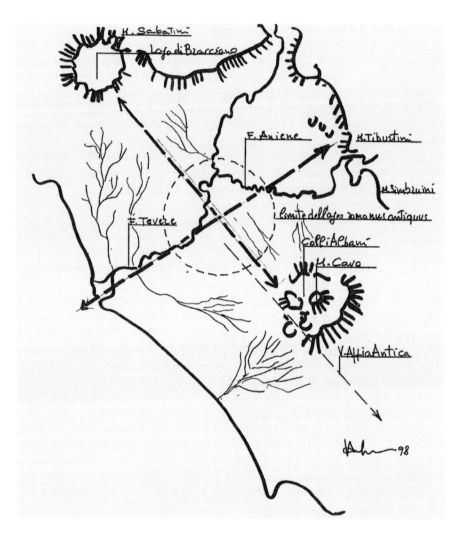

Vittoria Calzolari, Analytische Skizze der geomorphologischen Struktur des Gebiets um Rom, 1998

Studentenproteste und Frauenbewegung, aber auch Episoden von Terrorismus und Attentate prägten das Bild der Stadt. Im August 1976 kam es zur sogenannten „roten Wende", als Giulio Carlo Argan das Amt des Bürgermeisters übernahm.[33] Er sollte nur drei Jahre im Amt bleiben, da er mit 80 Jahren aus gesundheitlichen Gründen zurücktrat, aber er hatte genug Zeit, um eine radikale Veränderung der kulturellen und urbanen Struktur der Hauptstadt in Gang zu setzen.

Calzolari wurde als externe Expertin in die Stadtregierung berufen. Ihre Vorschläge und ihre Arbeit waren Teil eines Klimas großen intellektuellen Eifers, das neue Hoffnungen auf ein ziviles Leben und auf einen Dialog zwischen den unterschiedlichen Fronten weckte. Enthusiasmus, Hingabe und ein hoher ethischer Anspruch bildeten die Grundlage für zahlreiche Initiativen, wie die Schaffung des Ufficio Speciale per il Centro Storico (Sonderbehörde für das historische Zentrum) und die Inangriffnahme der Wiederverknüpfung der Stadt mit ihren Randgebieten, die Förderung des sozialen Wohnungsbaus sowie die Durchführung komplexer Bauerhaltungsmaßnahmen.

Rom litt in dieser Zeit unter einer von heftigen Kontrasten gekennzeichneten städtischen Situation. Die fortgesetzte Expansion privater Bautätigkeit und rechtswidrig entstandener Behausungen verwüstete die Außenbezirke, die meist nicht als Bauland, sondern für landwirtschaftliche Nutzungen ausgewiesen waren. In den zentralen Gebieten dagegen herrschten unerträgliche Wohnsituationen. Das historische Zentrum selbst war heruntergekommen; es befand sich in einem Stadium fortschreitender Verwahrlosung und war gleichzeitig dem Druck des tertiären Sektors ausgesetzt, der in den dort angesiedelten institutionellen und internationalen Einrichtungen beständig zunahm.[34] Eine Studie von Italia Nostra befasste sich insbesondere mit diesen Missverhältnissen und ihren Auswirkungen auf das Stadtzentrum, das zu jener Zeit als ein „Moment der Überprüfung der Umsetzung stadtplanerischer Politik in unserem Land" betrachtet wurde.[35] Die Untersuchung wirft zugleich ein Licht auf die Abnahme der Wohnbevölkerung im Zentrum bei gleichzeitiger Zunahme der Einwohnerzahlen im gesamten Stadtgebiet.[36]

Das von Calzolari übernommene Amt der Dezernentin für das historische Zentrum war ein Resultat dieser Prämissen und fügt sich in eine Zeit radikaler Veränderungen ein.[37] Die ihrer Arbeit zugrunde liegende Idee fußt auf einem systemischen Ansatz und strebt die Untersuchung der vielfachen Beziehungen zwischen den einzelnen Gebäuden und den unterschiedlichen physischen und sozialen Zusammenhängen an. Diese bereits in den Erfahrungen mit dem Park der Via Appia Antica gereifte, innovative Methodik festigte die breite Wertschätzung, die Calzolari erfuhr und die sie anspornte, sich mit immer umfassenderen Problemen bei der Wiederherstellung des Gleichgewichts zwischen den verschiedenen städtischen Komponenten und vor allem zwischen Zentrum und Peripherie auseinanderzusetzen. Die Initiativen, die sie während der Jahre des Dezernats von 1978 bis 1981 ergriff, bewegten sich mit sehr klaren Zielsetzungen in unterschiedliche Richtungen: Da ist zum einen die Erfassung und Kartierung des städtischen Eigentums, die bis dahin noch nie vorgenommen wurde; zum anderen die Lancierung von Pilot-Projekten für die Erhaltung der städtischen Bausubstanz; sowie die Förderung kultureller Initiativen zur Stärkung des allgemeinen Bewusstseins für die Bedeutung von Stadt und Territorium als wertvolles gemeinsames Gut.

Die Erhaltung des architektonischen Erbes entwickelte sich sehr schnell zu einem zentralen Anliegen, bei dem der Schutz bescheidener Wohngebiete, auch innerhalb renommierter Viertel, im Fokus stand. Dieser Einsatz kann als Beispiel für eine gesunde Verwaltung aufgeführt werden, die sich gegen die Verschwendung von Ressourcen und gegen Spekulanten stellte, die in der Tat im Begriff waren und sind, Einwohner und Handwerker aus ihren angestammten Wohn- und Arbeitsstätten zu verdrängen. Diese Auseinandersetzung nahm außerdem die Merkmale einer exemplarischen Aktion an, die eine Methodologie des Eingreifens in Übereinstimmung mit den Erfahrungen, die in genau jenen Jahren in Bologna gemacht werden, zu entwickeln versuchte.[38] Eine gewissenhafte Bestandsaufnahme des Ist-Zustands und die Würdigung der verschiedenen historischen Schichten – nicht nur von Antike und Mittelalter, sondern auch Barock und Klassizismus – führten zur Ermittlung typologischer Merkmale und geeigneter Eingriffskategorien. Das Projekt wurde so zu einem handlungsorientierten Dialog zwischen Archäologie, Geschichte, Bautechnik und Bauhandwerk: eine regelrechte Feldforschung, deren Bedeutung mehr in der innovativen Arbeitsmethode lag als den ins Spiel gebrachten Zahlen. Nach Calzolaris Überzeugung fällt die Erhaltung der bestehenden historischen Bausubstanz mit deren Pflege und aktiver Instandhaltung zusammen, bei denen die Bewohner selbst in ihrem Alltagsleben miteinbezogen werden. Danach sollen die Häuser des historischen Zentrums kein exklusives Luxusgut darstellen, sondern müssen vielmehr zum Kulturerbe werden, um die Bedeutung einer kollektiven Vision und eines kollektiven Einsatzes sichtbar zu machen: Vereine, Stadtteil-Komitees und Studentengruppen waren gemeinsam mit der Stadtverwaltung die Protagonisten dieser Jahre der großen Öffnung, in denen soziale Investitionen als ökonomische und kulturelle Wertschöpfung aufgefasst wurden.[39]

Rigoros und von großer intellektueller Klarheit, gebildet und unabhängig, gehörte Calzolari nicht den politischen Apparaten an, auch wenn sie ihre Nähe zur Kommunistischen Partei Italiens nie verborgen hat, die in jenen Jahren die aufgeklärte Bourgeoisie und berühmte Intellektuelle zu ihren Sympathisanten zählte. Dass sie außerhalb der Partei stand, die damals die Stadt regierte, verlieh ihr eine weitgehende Autonomie im Urteil und im Handeln und erlaubte ihr, weitreichende Initiativen zu ergreifen. Nicht immer aber fanden ihre Positionen die nötige breite Unterstützung durch die Stadtregierung, die allzu oft von parteiinternen Taktiken und in Schablonendenken gefangen war. Viele erinnern sich noch heute gern an sie als „die Frau Professor", streng und zugleich offen, über den Parteien stehend, aber immer bereit, sich neuen Herausforderungen zu stellen. Ihre Existenz als Frau hat sie vielleicht dazu angeregt, Wege zu wählen, die damals im Bereich der Architektur weniger gängig waren, wie die Projekte zur Landschaft und zu den Freiflächen: Wege, die lange Zeit wenig begangen wurden und PionierInnen vorbehalten blieben. „Unnachgiebig und idealistisch" wird sie von einigen Funktionären definiert, die sich jener opportunistischen Ideologie verschrieben haben, die so oft die Eingriffsstrategien der lokalen Verwaltungen bestimmt.

Die ethische und politische Dimension von Calzolaris Arbeit hat in gewisser Weise die Haltung einer technischen Vorgehensweise angekündigt, die auf der koordinierten Suche nach Wissen basiert, in Relation zur angestrebten Bewahrung und Erhaltung des physischen und sozialen Raums als eines gemeinsamen Gutes. Diese Vision zeitigte in der Periode ihrer heftigsten Kämpfe wenig Erfolg und hat sie in eine exzentrische und zuweilen isolierte Position gedrängt, die heute jedoch eine nahezu prophetische Perspektive beweist.

„Die Frau, die die Idee von Landschaft schuf"

Im Jahr 2012 erschien in italienischer und spanischer Sprache das Vittoria Calzolari gewidmete Buch *Paesistica. Paisaje*, herausgegeben von einer Gruppe von Kolleginnen und Kollegen der Universität Valladolid. Es vereint eine Auswahl von Schriften Calzolaris, deren Texte und Abbildungen die Autorin für diesen Anlass überarbeitete, wobei sie den Fokus auf die Dimension der Landschaft in dem theoretischen und praktischen Werdegang ihrer Konzeptualisierung legte. Nicht ohne Grund bezeichnet der Journalist Francesco Erbani sie in seiner 2012 in der Tageszeitung *La Repubblica* erschienenen Rezension in sehr angemessener Weise als „die Frau, die die Idee von Landschaft schuf".[40]

Zweifellos haben der besondere Ausbildungsgang und das berufliche Curriculum Calzolaris dazu beigetragen, die Debatte in Italien zu entprovinzialisieren und für internationale Bezüge zu öffnen, deren Wurzeln auf die Traditionen von *landscape architecture*, *townscape* und *urban design* zurückgreifen. Die zahlreichen Überschneidungen, die sich zwischen ihren unterschiedlichen Projekten ergeben, haben Calzolaris Entwurfserfahrung bereichert. Sie war von einem konstanten Engagement flankiert, das sich im Laufe ihres Lebens in vielfache Richtungen entfaltet und stets die Erfordernisse des jeweiligen Territoriums und die Interessen der Gemeinschaft berücksichtigt hat. Ihre berufliche Tätigkeit entwickelte sie als Beraterin in verschiedenen öffentlichen Verwaltungen und für Expertengruppen bei der Erarbeitung von Stadtentwicklungsplänen, von denen diejenigen für Siena und Brescia die bekanntesten sind.

Durch ihre Mitwirkung in zivilgesellschaftlichen Verbänden wurde sie zur Protagonistin zahlreicher Kampagnen für den Schutz und die Aufwertung des Kultur- und Naturerbes. Sie nahm als Stadtverordnete und später als Dezernentin aktiv am politischen und administrativen Leben Roms teil und trug zur Verbreitung einer urbanen Kultur bei, die sich als Beziehungsgeflecht zwischen Orten, zwischen Zentrum und Peripherie, zwischen Geschichte und sozialem Leben versteht. Sie war niemals Mitglied einer Partei, ließ sich aber stets von Idealen und Überzeugungen leiten, auch wenn ihre Positionen nicht immer auf volle Zustimmung stießen.

Während ihrer langjährigen didaktischen Arbeit in Architekturfakultäten, anfangs kurz in Neapel, dann in Rom, verbreitete sie Wissen, gab ihre Kenntnisse weiter und genoss bei unzähligen Studierenden Respekt und Hochachtung. Viele von ihnen sind ihrerseits Dozenten geworden, und viele andere wurden ihre Mitarbeiter in den Forschungsarbeiten zur großmaßstäblichen Planung und Projektierung des Territoriums. Mit einigen von ihnen haben wir uns getroffen, um dieses kurze Porträt von Vittoria Calzolari entwerfen zu können.[41] Wir erhielten das Bild einer lebhaften, ernsten und in ihrer intellektuellen Stringenz konsequenten Persönlichkeit, ausgestattet mit einem starken Charakter, trotz ihrer zierlichen körperlichen Statur. Eine überaus konsequente Frau, die ihr gesamtes berufliches Leben der Erarbeitung und Verbreitung eines zwischen verschiedenen Disziplinen verorteten Begriffs von Landschaft widmete, als Dialog zwischen Vergangenheit und Gegenwart.

1 Dieser Beitrag ist das Ergebnis eines Gesprächs zwischen den beiden Autorinnen, die seine Struktur und Ausrichtung gemeinsam festgelegt haben. Von Cristina Renzoni stammen die Einführung *Eine vielseitige Urbanistin und Intellektuelle* sowie die Unterkapitel *Townscape, Urban Design: Überlagerungen* und *„Verde per la città" – Professionalität und Aktivismus im Paarlauf*, während Claudia Mattogno für die Unterkapitel *Urbanistik und zivilgesellschaftliches Engagement in Rom* und *Ein politisches und kulturelles Projekt: Die Erhaltung des historischen Zentrums von Rom* sowie die Schlussbetrachtung *„Die Frau, die die Idee der Landschaft schuf"* verantwortlich zeichnet.

2 Vgl. Alfonso Alvarez Mora (Hrsg.), *Paesistica. Paisaje. Vittoria Calzolari*, Universidad de Valladolid: Instituto Universitario de Urbanìstica, 2012.

3 Mario Ghio und Vittoria Calzolari, *Verde per la città. Funzioni, dimensionamento, costo, attuazione di parchi urbani, aree sportive, campi da gioco, biblioteche e altri servizi per il tempo libero*, Rom: De Luca Editore, 1961.

4 Vittoria Calzolari und Massimo Olivieri (Hrsg.), *Piano per il parco archeologico dell'Appia Antica*, Italia Nostra, Sezione di Roma, Rom: Italia Nostra, 1984.

5 In Italien begann das Fulbright-Programm 1948 mit dem ersten Abkommen zwischen der Regierung der Vereinigten Staaten und der italienischen Regierung und mit der Einrichtung der ersten Kommission für Kulturaustausch zwischen Italien und den Vereinigten Staaten (The US – Italy Fulbright Commission).

6 1953 waren von 84 Hochschulabsolventen insgesamt sieben Frauen: eine von insgesamt 15 Hochschulabsolventen diplomiert in „City Planning" (Vittoria Calzolari); zwei von insgesamt acht Hochschulabsolventen in „Landscape Architecture"; vier von insgesamt 61 in „Architecture". Vgl. Harvard Design School of Design (HGSD), *1966. Alumnni Directory. Special Collections.*

7 Bis 1966 gab es an der HGSD zehn Hochschulabsolventen italienischer Herkunft, darunter Bruno Zevi (1941), Gino Valle (1952), Vittoria Calzolari (1953) und Gabriele Scimemi (1954).

8 Chair der Graduate School of Design am Department of Architecture war bis 1951 Walter Gropius; auf ihn folgte Josep Lluís Sert. Vgl. Eric Mumford, *Defining Urban Design. CIAM Architects and the Formation of a Discipline, 1937–1969*, New Haven: Yale University Press, 2009.

9 Vgl. Alvarez Mora 2012 (wie Anm. 2), S. 37–39.

10 Vittoria Calzolari, „A proposito delle ‚Garden Town' americane", in: *Urbanistica*, Nr. 23, 1954, S. 93; dies., „Paesaggio urbano: un'arte impegnativa", in: *Architettura. Cronache e storia*, Bd. 1, Nr. 1, 1955, S. 43; dies., „Paesaggio urbano: Beacon Hill, un modo di essere", in: *Architettura. Cronache e storia*, Bd. 1, Nr. 4, 1955, S. 530; dies., „Il volto della città americana", in: *Urbanistica*, Nr. 32, 1960, S. 13–19.

11 Vittoria Calzolari, „Gli elementi della scena urbana", in: *La Casa. Quaderni di architettura e di critica*, Nr. 3, 1953, S. 132–155. In dem Artikel finden sich zum Beispiel einige in *Architectural Review* veröffentlichte Bilder von Gordon Cullen sowie aus Gibberds Werk stammende Bilder. Vgl. Frederick Gibberd, *Town Design a Book on the Forms, Processes, and History of the Subject*, London: Architectural Press, 1953.

12 INA-Casa ist ein 1949 eingeleitetes, nationales Programm für den öffentlichen Wohnungsbau. Vgl. weiterführend Paola Di Biagi (Hrsg.), *La grande ricostruzione. Il piano INA-Casa e l'Italia degli anni '50*, Rom: Donzelli Editore, 2001.

13 Dean Pietro Belluschi, *Korrespondenz* (MIT Special Collection).

14 Bernard Rothzeid, Schüler von Lynch und Kepes am MIT, erhielt 1954 für zwei Jahre das Fulbright-Stipendium in Rom, wo er seine Forschungstätigkeit entfaltete.

15 Vittoria Calzolari, Fabrizio Giovenale und Eduardo Vittoria, „Il volto della città, preparazione del convegno di Lecce", 1959. Typoskript (Fondo Giuseppe e Alberto Samonà, Scritti Vari INU, Archivio Progetti Iuav Venezia). Zum VII Convegno INU in Lecce im Jahr 1959 – „Il volto della città" – beachte man insbesondere den Runden Tisch mit Giancarlo De Carlo, Piero Moroni und Eduardo Vittoria unter der Leitung von Ludovico Quaroni; vgl. dazu die Zusammenfassung in der Zeitschrift *Urbanistica*, Nr. 32, 1960, S. 6–8, in der sich auch der bereits zitierte Artikel von Calzolari zur amerikanischen Stadt findet. Die Heftnummer 32 von *Urbanistica* ist zweigeteilt und enthält eine Auswahl von Beiträgen aus zwei Konferenzen, die in jenen Jahren sehr wichtig für die italienische städtebauliche Kultur waren. Neben „Il volto della città" (INU, Lecce, 1959) finden sich dort auch die Materialien zur berühmten Konferenz „Salvaguardia e risanamento dei centri storici" (ANCSA – Associazione Nazionale Centri Storico-Artistici, Gubbio, 1960).

16 Ghio/Calzolari 1961 (wie Anm. 3).

17 Mario Ghio und Elvezio Ricci, „Il verde nelle città", in: *La Casa. Quaderni di architettura e di critica*, Nr. 3, 1953, S. 175–197. Elvezio Ricci, Leiter des Gartenamts der Stadt Rom in den 1950er-Jahren, gehört zu den Begründern der Associazione Italiana degli architetti del giardino e del paesaggio (Italienischer Verband der Garten- und Landschaftsarchitekten) von 1950, gemeinsam mit unter anderen Mario Bafile, Michele Busiri Vici, Raffaele De Vico, Giuseppe Meccoli, Pietro Porcinai und Maria Teresa Parpagliolo Shepard.

18 1968 erließ die italienische Regierung das interministerielle Dekret Nr. 1444/1968, das eine Mindestfläche an Boden pro Kopf (urbanistische Standards) festlegt, die für öffentliche Einrichtungen von kollektivem Interesse im Rahmen der Erarbeitung von Planungsinstrumenten ausgewiesen werden muss.

19 Vgl. Cristina Renzoni, „Measuring Italian Welfare: The Debate on Spatial Quantification of Social Services and Amenities in Postwar Italy", in: Janina Gosseye und Hilde Heynen (Hrsg.), *Architecture for Leisure in Postwar Europe, 1945–1989*, Leuven: Katholieke Universiteit, 2012, S. 108–123.

20 Vgl. Cristina Renzoni, „Matrici culturali degli standard urbanistici: alcune piste di ricerca", in: *Territorio*, Bd. 23, Nr. 84, 2018, S. 24–35.

21 Vgl. Cristina Renzoni „Welfare al femminile. Associazionismo progettuale e servizi pubblici negli anni del miracolo", in: Di Biagi Paola und Renzoni Cristina (Hrsg.), *Domande di genere, domande di spazi. Donne e culture dell'abitare*, Themenband von *Territorio*, Bd. 19, Nr. 69, 2014, S. 48–53.

22 „Da tempo, come ho già ricordato, esisteva un rapporto organico con un gruppo di donne architette e urbaniste, Beata Barucci, Luisa Anversa (già relatrice al convegno del 1962 sul lavoro della donna e la tutela della prima infanzia), Vittoria Ghio Calzolari, Lisa Ronchi Torossi e altre, un esempio proficuo di relazione tra donne di diversa competenza e collocazione, tra la cultura e il movimento." (Marisa Rodano, *Memorie di una che c'era. Una storia dell'Udi*, Mailand: il Saggiatore, 2010, S. 102.)

23 Vgl. Sonja Dümpelmann und John Beardsley (Hrsg.), *Women, Modernity and Landscape Architecture*, London, New York: Routledge, 2015 sowie Katia Frey und Eliana Perotti (Hrsg.), *Theoretikerinnen des Städtebaus. Texte und Projekte für die Stadt*, Berlin: Reimer Verlag, 2015.

24 Vgl. Associazione Artistica fra i Cultori di Architettura Roma (Hrsg.), *Annuario. MCMVIII– MCMIX [1908–1909]*, Rom: Tip. f. lli Centenari 1910, S. 37–80.

25 In diesem Sinne knüpft die Gesellschaft an eine Debatte über den Denkmal- und Naturschutz an, die in Italien kontinuierlich seit 1870 geführt worden ist und an der auch Maria Pasolini aktiv teilgenommen hatte. Vgl. den Beitrag von Katrin Albrecht in diesem

Buch. Die Nichte von Maria Pasolini, Desideria Pasolini dall'Onda (*1920), gehört zu den Gründungsmitgliedern von Italia Nostra und arbeitete an den Studien von Cederna zum Park der Via Appia Antica mit. Vgl. Niccolò Pasolini dall'Onda, *Ricordi della famiglia Pasolini tra due secoli 1844–2004*, Ravenna: Longo, 2008, 2. erw. Aufl., S. 174–175.

26 Italia Nostra, mittlerweile umgewandelt in eine gemeinnützige Non-Profit-Organisation, kämpft weiterhin für die Erhaltung des Kultur- und Naturerbes. Sie ist die älteste und bedeutendste kulturelle Organisation Italiens und auf dem italienischen Staatsgebiet kapillar mit ca. 200 Sektionen vertreten.

27 Die Rekonstruktion der Ereignisse in Verbindung mit dem Antrag zur Schaffung des Parks Via Appia Antica ist zusammenfassend dargestellt in: Vittoria Calzolari, „Progetti e prospettive per il parco dell'Appia Antica", in: *La Via Appia. Decimo incontro di studio del comitato per l'archeologia laziale*, 7–9.11.1989, Rom: Consiglio Nazionale delle Ricerche, 1990, S. 145–153. Der Artikel wurde unter dem gleichen Titel in Alvarez Mora 2012 (wie Anm. 2), S. 183–199, aufgenommen und neu illustriert.

28 Die Kunsthistorikerin Annalisa Cipriani ist eine der Führungskräfte von Italia Nostra und engagiert sich besonders stark in der Sektion Rom. Sie stand Vittoria Calzolari als Koordinatorin des Komitees zur Förderung des Parks der Via Appia Antica sehr nahe.

29 Die 1976 von Italia Nostra geförderten Studien zur Planung der Appia Antica wurden im Laufe von drei Jahren unter der Koordination von Vittoria Calzolari entwickelt. Die Ergebnisse sind bei Vittoria Calzolari und Massimo Olivieri 1984 (wie Anm. 4) dargestellt.

30 Die Studie für die Planung des Parks der Via Appia Antica besteht aus 23 Tafeln, unterteilt in „Räumliche Einordnung" (Taf. 1–3), „Ist-Zustand" (Taf. 4–16), „Planungs-Schema" (Taf. 1–23). Die Arbeit wurde im Palazzo Braschi in Rom in einer Ausstellung präsentiert, die vom 10. Februar bis zum 12. März 1976 stattfand. Eine elfseitige Broschüre unter der Federführung von Vittoria Calzolari fasst die Analysen und Vorschläge zusammen. Vgl. Italia Nostra, sezione Roma (Hrsg.), *Studio per il piano per il parco dell'Appia Antica*, Ausstellungsbroschüre Palazzo Braschi, Rom, 10.2.–12.3.1976, Rom, 1976. Sie ist online verfügbar im Cederna-Archiv in Rom: http://www.archiviocederna.it/pdf//Fascicoli_Pdf/appia/743/00743_06_001_001.pdf (5.9.2018)

31 Die Fläche des innerhalb der Außengrenzen des Parks befindlichen Gebiets beträgt ca. 3.500 Hektar. Die Via Appia Antica mit angrenzenden Flächen befindet sich innerhalb des Parks auf einer Länge von 16 Kilometern.

32 Der Band von Alvarez Mora 2012 (wie Anm. 2) trägt einen Teil der aus der langjährigen Tätigkeit resultierenden Reflexionen zur Landschaft zusammen.

33 In den nationalen und kommunalen Wahlen vom Juni 1976 errang die Kommunistische Partei Italiens (PCI) mehr als 34 Prozent der Stimmen (knapp zwei Prozentpunkte unter der herrschenden Partei der Christdemokraten) und eroberte auch die Verwaltung in vielen italienischen Städten, unter anderem in Rom. Giulio Carlo Argan, ein bekannter und geschätzter Kunsthistoriker und Universitätsdozent, wurde als unabhängiger Kandidat der Liste der PCI zum Bürgermeister gewählt. Er war der erste nicht-christdemokratische Bürgermeister der Republik Italien und der zweite „laizistische" Bürgermeister nach Ernesto Nathan Rogers, der dieses Amt von November 1907 bis Dezember 1913 bekleidet hatte.

34 Die städtebauliche Entwicklung Roms wird in zahlreichen Studien und Veröffentlichungen wiedergegeben; für eine Gesamtdarstellung sei verwiesen auf die jüngste Ausgabe von Italo Insolera, *Roma moderna. Da Napoleone al XXI secolo*, Turin: Einaudi, 2011.

35 „Momento di verifica attuativa della politica urbanistica del nostro Paese" (Luciano Pontuale, „Dinamica edilizia e rinnovo del patrimonio urbano nei centri storici", in: Italia

Nostra (Hrsg.), *Roma Sbagliata: le conseguenze sul centro storico*, Rom: Bulzoni editori, 1978, S. 7–14, Zit. S. 11.)

36 Die Volkszählung von 1971 verzeichnet in Rom 2, 8 Millionen Einwohner und damit einen Zuwachs um 65 Prozent im Vergleich zu 1951. Im gleichen Zeitraum nahm die Einwohnerzahl innerhalb der Aurelianischen Stadtmauern um 53 Prozent ab; somit verlor das historische Zentrum in 20 Jahren 228.000 Einwohner. Die Daten stammen aus Roma Sbagliata 1978 (wie Anm. 35), S. 19.

37 Vittoria Calzolari erhielt die Ernennung zur Dezernentin am 10. August 1976; ihre Amtseinsetzung wurde durch die Anordnung der Gemeinde Rom Nr. 00400 vom 27. Januar 1977, Anhang A, ratifiziert, in der präzisiert wird, dass die Ernennung „die Förderung und Koordinierung der öffentlichen und privaten Initiativen im Rahmen einer Politik der Erhaltung der historischen Struktur beinhaltet" („comporta la promozione e il coordinamento delle iniziative, sia pubbliche che private, nel quadro di una politica di recupero del tessuto storico"). Dieser Anordnung wurde ein innovativer Wert zugeschrieben, und sie wird zitiert auf Seite 9 des von Maristella Casciato herausgegebenen Bandes, *Carlo Aymonino e Raffaele Panella; un progetto per il centro storico*, Rom: Officina edizioni, 1983.

38 In jenen Jahren führte die Stadt Bologna eine innovative Politik der Erhaltung des Wohnungsbestandes durch und wendete zum ersten Mal eine Planung für den sozialen Wohnungsbau („Piano per l'edilizia economica e popolare") auf das historische Zentrum an. Das Programm basierte auf der typologischen Klassifizierung der Immobilien und der jeweiligen Eingriffskategorien; es sah die Erhaltung der sozialen Zusammensetzung der Einwohner vor und sicherte ihnen die Rückkehr nach der Durchführung der Sanierungsarbeiten zu. Diese Erfahrung wird als kultureller Orientierungspunkt und als Handlungsmodell auch in vielen anderen europäischen Ländern zur Anwendung kommen. Zur Vertiefung vgl. Pier Luigi Cervellati, Robert Scannavini und Carlo De Angelis, *La nuova cultura delle città. La salvaguardia dei centri storici, la riappropriazione sociale degli organismi urbani e l'analisi dello sviluppo territoriale nell'esperienza di Bologna*, Mailand: Mondadori, 1977.

39 Ein umfassender Bericht über die Aktivität des Dezernats wurde von Vittoria Calzolari an der ersten Urbanistik-Konferenz vorgetragen, die am 8. und 9. Juli 1997 im Palazzo Braschi stattfand und wiedergegeben ist in Comune di Roma (Hrsg.), *Atti della prima conferenza cittadina sui problemi urbanistici* (Collana di documentazione di Roma Comune), Rom: Litostampa Nomentana, 1978, S. 47–69.

40 Francesco Erbani, „La signora che creò l'idea di paesaggio", in: *La Repubblica*, 4.12.2012.

41 Wir möchten an dieser Stelle Massimo Olivieri, Dozent für Urbanistik und ehemaliger Mitarbeiter von Vittoria Calzolari, sowie Francesco Giovannetti danken, ihrem Studenten, der später einer der Verantwortlichen der Sonderbehörde für das Historische Zentrum wurde; mit beiden konnten wir Meinungen und Erinnerungen austauschen.

Vittoria Calzolari
Gli elementi della scena urbana (1953)

Der Artikel von Vittoria Calzolari findet sich in einer dem „Stadtviertel" gewidmeten monografischen Ausgabe der Zeitschrift *La Casa*. In deren Einleitung ist zu lesen: „Dieses Heft von *La Casa* schließt den Zyklus zum Thema Wohnung und Wohnen ab, mit der Einbindung der bisher isoliert untersuchten kreativen und sozialen Elemente in die Umgebung, in der sie wirksam werden: dem ‚Stadtviertel'. Denn von ‚Viertel' zu sprechen, bedeutet, die Bausubstanz in Abhängigkeit von ihrer Umgebung zu betrachten und die Beziehungen zu untersuchen, die zwischen beiden existieren, sowohl auf städtebaulicher wie auf sozialer Ebene". (S. 5) Ludovico Quaroni eröffnet die Sammlung der Beiträge mit einem umfangreichen Text unter dem Titel „Città e quartiere nell'attuale fase critica di cultura" (S. 9–74), der später große Bekanntheit erlangen sollte.

Vittoria Calzolari schlägt in ihrem Text eine Lesart für die Elemente des Stadt-bilds („scena urbana") vor, indem sie italienische mit anderen europäischen urbanen Situationen vergleicht. Nach einem kurzen Überblick über die Vorläufer und die jüngere Literatur zu „townscape" und „town design" beschäftigt sich die Autorin mit den Themen „Möblierung", „Aufforderungen und Verbote", „Straßenbelag – Textur", „Gebäude", „Einbindung in die natürliche Umwelt". Calzolari betont dabei die Notwendigkeit eines aufmerksamen und minuziösen Blicks, um zu präzisen und sensiblen Interpretationen des städtischen Raums zu gelangen. Diese Herange-hensweise an die Beschreibung der Stadt, die man als elementaristisch bezeichnen könnte, unterstreicht und begründet die Autorin in den abschließenden Textzeilen: „Die Methode mag übermäßig analytisch wirken und scheint dem von Architekten eifersüchtig verteidigten Erfindungsgeist zu widersprechen. Aber die praktischen Ergebnisse, die Frederick Ernest Gibberd und die Urbanisten seiner Schule erzielten, beweisen, dass sie in den meisten Fällen dazu beigetragen hat, die Projektierung der Stadtviertel auf ein beachtlich hohes Niveau zu führen." (S. 148)

An den Text (S. 132–149) schließt sich ein grafischer Anhang an (S. 150–155), in dem Vittoria Calzolari mit Skizzen in Tusche und Aquarell unterschiedliche urbane Situationen – Städte in Nordeuropa und im Mittelmeerraum –, antike und moderne Umgebungen wie auch unterschiedliche Formen von Wahrnehmung des städtischen Raums miteinander vergleicht.

Vittoria Calzolari, „Gli elementi della scena urbana", in: *La Casa. Quaderni di architettura e di critica*, Nr. 3, 1953, S. 132–155. Auszüge: 132–144.

Trasformazione della scena urbana

Due vedute di Piazza Barberini in epoche successive sono la migliore spiegazione del perché l'argomento *scena urbana* sia diventato un problema urgente.

Cosa è cambiato nella piazza? Alcuni vecchi edifici sono rimasti, molti nuovi ne sono sorti. Gli edifici, però, non sono che un anello intorno alla piazza: il cambiamento essenziale, il più appariscente per chi vi si muove, è il brulicare di nuovi elementi, fissi e mobili, che costituiscono il tessuto connettivo della scena.

Fili tranviari, telefonici, elettrici e pali relativi; lampioni; cartelli di fermate, posteggi e indicazioni stradali; pubblicità d'ogni tipo; insegne luminose e non luminose; strisce pedonali, frecce di circolazione rotatoria; chioschi di bar e giornali distributori di benzina; autobus, macchine, motoscooters; ecco la folla dei nuovi arrivati, che negli ultimi 50 anni, ha preso il posto di qualche carrozza, di qualche insegna dipinta a mano, di qualche bancarella di venditore ambulante. E tutti questi nuovi elementi, prodotti in serie, aumentano di giorno in giorno, senza che se ne conoscano gli autori.

La società si organizza in base alle possibilità e ai vincoli dell'industrializzazione.

Non sono più gli uomini, che abitano una certa strada, o piazza, a crearsi il loro ambiente; organizzazioni su vasta scala si sono spartite l'arredamento della città: pavimentare, piantare pali, piantare alberi, costruire case.

L'architettura diventa sempre più impersonale, come inevitabile conseguenza dell'impostazione tecnica del resto della produzione: si usano materiali sintetici, elementi prodotti in serie.

L'urbanistica abbraccia campi sempre più vasti, sempre più lontani dal singolo problema urbano.

La piazza Medioevale nasce per la concorde partecipazione dei cittadini.

La piazza Rinascimentale e Barocca nasce per la determinata volontà di alcuni individui.

La piazza attuale prende spunto da un tracciato di piano regolatore, si concreta con edifici fine a se stessi, si completa con gli accessori, piovuti dal cielo come un'invasione di cavallette: lo stesso processo si estende alla città intera.

[…]

Evoluzione degli studi sulla scena urbana in Inghilterra.

Soltanto recentemente, in Inghilterra, le teorie di Sitte e Unwin si fondono e di ciascuna è individuato il contributo alla creazione dell'ambiente urbano.

Negli ultimi quindici anni lo studio degli elementi che entrano a far parte della scena, tra i più tradizionali ai più recenti, diventa più analitico e particolareggiato: nasce il Townscape, come aspetto visuale del Town Design.

In questa analisi viene per la prima volta messa in luce l'importanza delle qualità di superficie dei singoli elementi, qualità che vengono complessivamente indicate col termine Tessitura (Texture).

La tessitura comprende ogni elemento che caratterizza una superficie: *grana, disegno, rilievo, colore, trasparenza*. Questi fattori, nelle loro infinite combinazioni, costituiscono l'infinita varietà di superfici che rivestono gli oggetti della scena urbana.

Le qualità di tessitura non hanno però valore soltanto in sé: poiché nella realtà, non esistono spazi delimitati da piani puri, la tessitura entra in gioco anche come elemento modificante l'effetto speziale e volumetrico di qualsiasi ambiente.

Così una piazza ci apparirà più grande se ricoperta da una pavimentazione uniforme non interrotta da marciapiedi intorno agli edifici; e un palazzo acquisterà un particolare risalto volumetrico in uno spazio se le sue pareti bugnate spiccheranno sulle superfici intonacate degli edifici circostanti.

Il punto focale nello studio della scena urbana è il passante, con la sua capacità di sintetizzare ed astrarre certe qualità di un ambiente, ma soprattutto con la sua particolare attitudine ad essere colpito dalle sensazioni più elementari, quasi trasformabili in sensazioni tattili.

Il principio guida, in questo nuovo modo di guardare al paesaggio della città, è la ricerca delle possibilità espressive dei materiali, lo stesso che cinquanta anni prima, aveva ispirato i pionieri del rinnovamento in architettura.

Per cercare esempi genuini ci si rifà agli ambienti restati immuni dalle trasformazioni più recenti: qui fioriscono ancora le espressioni di una tradizione funzionale.

Per tradizione funzionale s'intende qualcosa di molto diverso dal pittoresco e questa distinzione è alla base dell'analisi degli elementi dalla scena urbana. Il pittoresco nasce da una ricerca prevalentemente coloristica, la tradizione funzionale si fonda invece sulla rispondenza più immediata tra materiali, forme e funzioni. Ispirarsi al primo significherebbe imitare un involucro, riesaminare la seconda porta invece a riscoprire le possibilità espressive dei materiali, secondo la loro natura.

Arredamento della scena: pubblicità, insegne, scritte.

Cosa ci attira al centro di una città, a parte le funzioni particolari che vi si compiono?

Perché ci pare ad esempio di avere passato una serata più completa se siamo stati ad un cinema centrale invece che ad uno della periferia?

È l'atmosfera centro che cerchiamo, fatta, oltre che di movimento, di pubblicità, di insegne di negozi, di scritte luminose, senza le quali il centro della città ci sembrerebbe vuoto e muto. Tuttavia, a starci un poco a lungo, è un'atmosfera pesante, non per la sovrabbondanza di elementi di distrazione, ma per la loro disarmonia, che nasce dal criterio errato di voler colpire lo spettatore a tutti i costi. Il centro di una qualsiasi città americana ci dà un esempio di quel che accadrebbe anche da noi se le cose continuassero a procedere secondo l'iniziativa dei commercianti. Poiché essi seguono l'elementare criterio di far più grande la loro insegna per attrarre il compratore con più violenza del loro concorrente; bisognerebbe che si convincessero, loro per primi, che la dimensione non è tutto nell'immediata comprensione del messaggio che vogliono trasmettere. È molto meglio afferrabile una scritta semplice e nitida in una strada ordinata che non una scritta gigantesca e strana in un'atmosfera caotica. Inoltre il compratore si troverà in una disposizione psicologica molto più adatta ad accogliere il richiamo.

Le scritte possono divenire elemento decorativo se i loro caratteri sono belli e spiccano chiaramente sulla superficie di fondo, se la loro collocazione e dimensione è giusta in rapporto alle vetrine sottostanti e alla parete di edificio che le sovrasta.

Quello che crea, nelle strade commerciali, il massimo senso di disordine è la mancanza di una sede prevista per le scritte: i negozi si infilano nei vani dei piani terreni degli edifici, le loro insegne invadono le pareti sovrastanti tagliando, a volte, a metà le finestre del primo piano e sovrapponendosi ad elementi architettonici. Manca così completamente un allineamento orizzontale che crei un limite tra i negozi ed i piani superiori: e lo stresso accade per le tende parasole diverse come forme ed altezze.

I colori scelti per le scritte sono i più vari: i meno usati sono il nero ed il bianco che danno, invece, la maggiore chiarezza. Qualsiasi colore, qualsiasi dimensione si usi, bisognerebbe pre-occuparsi del rapporto con la tessitura del fondo (colore, rilievo). Ma ottenere buoni risultati è molto difficile finché non si studi il complesso negozi come una fascia ordinata in cui sia prevista la collocazione, di tutto quello che è proiezione esterna del negozio.

Si potrà allora prescrivere una certa unificazione nei caratteri e nei colori e un limite nelle dimensioni che, pur non togliendo varietà alla strada, porterà ritmo ed ordine.

Sarebbe anche da studiare, per alcune categorie di negozi, l'opportunità di ricorrere a simboli diversi dalle scritte, come si faceva un tempo con le insegne cesellate nel metallo, ed accade tuttora, per chissà quale misterioso accordo, per le insegne dei barbieri di tutto il mondo.

Per quanto riguarda gli avvisi pubblicitari non è possibile esercitare su di essi un controllo qualitativo, ma se ne può regolare la collocazione, delimitandola entro spazi ristretti, così da creare un alternarsi di zone in cui si apprezzi il riposo delle pareti libere degli edifici e zone in cui predominino le macchie multicolori dei cartelloni.

Inviti e divieti.

Ma la città non comunica messaggi agli spettatori soltanto attraverso scritte e figure: la maggior parte degli oggetti che popolano la strada stanno lì a significare un invito ad una certa azione o il divieto di compierla.

Non è necessario, però, rinchiudere i fiori entro vasche da bagno, perché non vengano calpestati, né i passanti entro recinti da zoo, perché non attraversino nei punti proibiti. La maggior parte degli inviti e divieti potrebbero assolvere alla loro funzione in maniera molto più semplice ed essere simpatici messaggi invece che ingombri.

Dacché l'elettricità ha sostituito il gas nella illuminazione stradale i lampioni si sono mol-tiplicati nelle vie e nelle piazze: li incontriamo ogni trenta metri, nel buio divengono i punti d'attrazione più importanti. Ma la loro apparenza è andata progressivamente peggiorando: nel passaggio dalla statura modesta dei lampioni a gas a dimensioni molto maggiori, dal ferro al cemento armato non si è ricercata una forma corrispondente a queste trasformazioni.

Questi accessori, come ogni altro, dovrebbero essere in armonia e in scala coll'ambiente circostante.

Prodotti in serie, come sono, da grosse Aziende, non è possibile pensarli fatti su misura: ma se ne potrebbero studiare alcuni tipi meglio adatti alle diverse categorie di ambiente che devono servire: il cemento armato, ad esempio, non sopportando diametri molto ridotti né gli ornamenti con cui si pretende ingentilirlo, si presta meglio ai lampioni alti e largamente intervallati propri delle autostrade, mentre per quelli dei percorsi urbani è necessario trovare una sagoma il più possibile sottile, semplice che riduca al minimo l'ingombro visuale.

E in questo caso il cemento armato darà difficilmente un buon risultato.

Nei percorsi pedonali dei quartieri residenziali si potrà avere una ulteriore riduzione di scala, come spaziatura e dimensione dei lampioni, ed una dosatura dell'illuminazione che crei zone più chiare in corrispondenza di ingresso di edifici, parcheggi o punti di posta.

Il criterio di valorizzare la città notturna coll'illuminazione, oggi applicato alle rovine dei fori e a qualche fontana, potrebbe essere esteso alla città intera: una volta entrati in quest'ordine di idee sarebbe aperta la strada all'invenzione di altri sistemi di illuminazione, oltre ai fanali che fan piovere la luce dall'alto, in particolare modo per ambienti con uno speciale carattere, come le piazze, i giardini, gli spazi dove si concentra la vita notturna.

Pavimentazione – tessitura.

Uno dei dati urbanistici più noti è la percentuale di strade nel piano di una città: dal 20 al 25% della superficie totale. Cosa succede di questo quarto di città, che abbiamo continuamente sotto agli occhi, camminando, aspettando un amico ad un angolo, andando in macchina o affacciandosi alla finestra?

Un tempo ogni paese, ogni regione, ogni città usava un tipo diverso di pavimentazione, a seconda dei materiali locali, dei mezzi di locomozione e della fantasia degli scalpellini e architetti. Oggi asfalto e battuto di cemento hanno risolto il problema per tutti gli usi e tutte le località e la risposta alla domanda precedente è una sola: un quarto della città apparirà come una superficie uniforme di colore grigio.

Ecco perché alla pavimentazione va dedicata una particolare attenzione. Ma, a parte l'importanza quantitativa, la pavimentazione è il regno della tessitura: come un bel tappeto in una stanza, essa non ha valore soltanto in sé, ma serve a collegare le pareti e valorizza gli oggetti che vi sono posati sopra. Un buon rapporto tra case e strada è impossibile se vi è incompatibilità tra superfici verticali e orizzontali.

Inoltre la varietà di tessitura è un mezzo di comunicazione con i passanti, né più né meno che le frecce o le strisce bianche di attraversamento, unico linguaggio consentito dalla lavagna dell'asfalto. Ma questo è un simbolismo più adatto alle larghe visuali delle autostrade che non alle superfici ridotte degli spazi urbani; qui la trama più minuta dell'insieme richiede un trattamento più delicato delle superfici; ci si può giovare di materiali diversi, in accordo con i materiali degli edifici e di disegni diversi nello stesso materiale.

Una volta stabilito un linguaggio convenzionale non sarà più necessario ricorrere a cartelli: «per soli pedoni», «parcheggio a sinistra» ecc.; il variare della pavimentazione sarà molto più eloquente e la strada più vivace.

Un esempio dell'effetto psicologico della tessitura sul passante è dato da certe strade commerciali del centro vecchio di Roma (via della Croce, via del Lavatore) dove l'assenza di marciapiedi dà al pedone un senso particolare di padronanza della strada e all'automobilista un senso di inferiorità, che lo fa procedere a passo d'uomo. Ma è bastato che in una strada con questo carattere (via del Gambero) venissero aggiunti i marciapiedi perché la situazione si capovolgesse a favore degli automobilisti.

Edifici.

Finora si è soltanto accennato agli edifici, come elementi di chiusura di spazi. Per quanto l'architettura abbia un grande peso nell'effetto complessivo, non è di questa che si deve discutere nell'argomento scena urbana. Esistono però alcuni fattori, relativi agli edifici, che entrano in giuoco qualunque sia l'architettura.

Inserimento nell'ambiente naturale.

Edifici ed ambiente naturale devono essere in simpatia perché il nuovo paesaggio, da essi creato, sia un buon paesaggio. In ogni ambiente tradizionale, che raggiunga una fusione tra architettura e paesaggio, troviamo un rapporto stretto tra forma del terreno, tipo di vegetazione e colori naturali e forme e colori degli elementi costruiti. Esattamente lo stesso avviene nei quartieri attuali migliori: così nel quartiere di Malmo le case basse e continue corrono lungo la striscia serpeggiante di verde come il greto di un fiume e in quello di Copenhagen i blocchi geometrici degli edifici fanno apparire più libero il paesaggio di alberi, rocce ed acqua.

Il contributo del paesaggio preesistente è essenziale: un terreno movimentato, già ricco di vegetazione, è un campo d'azione molto più fertile di suggerimenti a chi deve disegnare il nuovo insediamento. Ogni difficoltà da superare, ogni albero da rispettare può diventare uno spunto ad una soluzione originale. Un terreno di per sé ricco, porterà in definitiva ad una tale facilitazione nelle sistemazioni esterne, indispensabili per ottenere un complesso completo, da compensare largamente il maggior prezzo di acquisto. Basti pensare al vantaggio di trovare già presenti alcuni alberi alti: se piantati ex novo soltanto la seconda o terza generazione che abita il quartiere potrebbe godere l'ombra dei grandi alberi che di solito abbelliscono le prospettive disegnate dai progettisti.

Vittoria Calzolari
I campi di gioco per bambini e ragazzi nei loro aspetti particolari (1961)

Das Buch *Verde per la città (Grün für die Stadt)* verfasste Vittoria Calzolari gemeinsam mit ihrem Ehemann und Kollegen Mario Ghio. Die Publikation beginnt mit
drei Hinweisen: „I. Dieses Buch behandelt öffentliche Grünflächen, die dem Spiel,
dem Sport, dem Lesen, der Erholung zugewiesen werden sollen [...] In Italien sind
sie sowohl innerhalb als auch außerhalb der Städte nötig: innerstädtisch, um das
erstickende engmaschige Gitternetz der Stadt aufzubrechen und jedes Viertel
und jede Schule mit umfassenden modernen Einrichtungen auszustatten; außerhalb der Städte, um Ziele für den Tourismus zu schaffen [...] und um Gehölze und
Wälder, Uferbereiche von Flüssen, Seen und Meere vor dem Beton zu bewahren."
(S. 5) „II. Ausgeschlossen von den hier behandelten Flächen sind eingezäunte, für
Vorstellungen konzipierte Sportanlagen mit Zuschauertribünen." (S. 6) „III. Ziel der
vorliegenden Studie ist nicht zu wissen, wie viele Sportplätze, öffentliche Parks und
Bibliotheken heute in unterschiedlichen Städten Europas existieren. Die zahlreichen
durchgeführten Untersuchungen [...] haben vor allem die minimale Anzahl der in
Zukunft benötigten Parks, Sport- und Spielplätze und Bibliotheken für Städte in
Industrieländern errechnet und dies begründet." (S. 8)

 Eine Anmerkung zu Beginn des Buchs ordnet die verschiedenen Kapitel den beiden Autoren zu: Einige sind das Ergebnis gemeinsamen Schreibens, andere wurden
individuell verfasst. Vittoria Calzolari redigierte insbesondere Text und Bilder des dritten Kapitels, das sich mit der Erkundung der Freiflächen in vier europäischen Städten
(Amsterdam, Zürich, Stockholm und Ulm) beschäftigt, des fünften Kapitels, das eine
Beschreibung von „playground" und Freiflächen für das Spielen der Kinder vorlegt,
sowie des achten Kapitels, das dem Zustand der Grünflächen in der Stadt Rom im
Jahr 1961 gewidmet ist, den sie ermittelt und für den sie Maßnahmen formuliert.

 Die im Folgenden vorgestellten anthologischen Auszüge stammen aus dem
fünften Kapitel, „I campi di gioco per bambini e ragazzi nei loro aspetti particolari"
(„Die Spielplätze für Kinder und Jugendliche in ihren besonderen Aspekten"), das
mit einer Art Reportage von einem Spielplatz in Zürich einsetzt. Die betont erzähle-
rische Struktur dieses ersten Teils des Textes erinnert stark an die Reportagen, die
Antonio Cederna in jenen Jahren zu nordeuropäischen Städten verfasste. Calzolaris
Interpretationsschlüssel, wie auch die von ihr eingesetzte Argumentation bewegen
sich auf drei Ebenen: Die Spielplätze werden 1. in ihrer städtebaulichen Dimension
betrachtet, nämlich im Zusammenhang mit den Beziehungen, die sie zur Umgebung
und zu den benachbarten öffentlichen Einrichtungen (Schulen, Bibliotheken und so
weiter) herstellen; 2. in ihrer sozialen und erzieherischen Dimension, das heißt in
Verbindung mit der Rolle, die der öffentliche Raum innerhalb des Ausbildungsprozes-
ses und der ‚staatsbürgerlichen' Bewusstseinsbildung von Kindern und Jugendlichen
übernehmen kann; schließlich 3. in ihrer planerischen Qualität, in Verbindung mit
der Auslegung von städtischen Materialien und Objekten, die die physische Qualität
der Spielplätze ausmachen.

Vittoria Calzolari, „I campi di gioco per bambini e ragazzi nei loro aspetti particolari", in: Mario Ghio und Vittoria Calzolari, *Verde per la città. Funzioni,
dimensionamento, costo, attuazione di parchi urbani, aree sportive, campi da
gioco, biblioteche e altri spazi per il tempo libero*, Rom: De Luca Editore, 1961,
S. 157–187. Auszüge: S. 159–164, 173.

17 – Il lettore è stato già introdotto a questo argomento.

Nel primo capitolo, a pag. 83 e seguenti, si è visto che per i bambini e i ragazzi il problema
non consiste nel creare semplicemente una serie più o meno numerosa di aree variamente
attrezzate, ma una vera e propria organizzazione nuova, indipendente, per il possibile, da
quella scolastica, con altre attrezzature e altro personale. Lo scopo è di promuovere una
graduale autoeducazione attraverso il gioco.

Per formarcene un'idea più chiara, supponiamo di visitare all'estero uno di questi campi
di gioco, ad esempio nei pressi di un gruppo scolastico completo ove, in tre edifici separati,
sono sistemati un asilo, una scuola elementare, una scuola media. Questi tre edifici non
sono recintati. Essi sorgono nell'ambito stesso della grande area attrezzata per lo svago e
di pomeriggio, quando le scuole vengono chiuse, i campi restano aperti a chiunque voglia
accedervi, come qualsiasi parco pubblico. Al mattino parte degli stessi campi viene usata
per le lezioni di ginnastica e per la ricreazione all'aperto. Teniamo sempre presente che *i
migliori campi di gioco e di svago sono improntati ad una grande semplicità di materiali e
attrezzature, pur avendo qualità ambientali ben pronunciate.*

Appena entrati, non lontano dall'asilo, troviamo una zona in cui il terreno, mosso ad arte
e grazie ad una sapiente opera di giardinaggio, riproduce in miniatura l'aspetto di una piccola
valle verdeggiante attraversata da un breve ruscello; sul ruscello, un ponticello di legno retto
da grosse corde e grandi pietre in mezzo all'acqua. Poco oltre il ruscello forma una specie di
stagno dalle rive sabbiose e lì presso una costruzione fatta di assi ricorda qualcosa di simile alla
rimessa di una fattoria. All'esterno c'è un carretto, una o due carriole, alcuni mattoni, un cumulo
di sabbia, qualche barile; alcuni travi ben scortecciati formano un castello su cui arrampicarsi.
All'interno il pavimento è di legno perché i bambini possano sedersi per terra giocando e, al
centro, c'è una stufa di ferro o un camino, che viene acceso nei pomeriggi di inverno.

Lungo due pareti della stanza ci sono dei rozzi sedili e su altre due sono applicati fogli di
plastica su cui disegnare col gesso. In un angolo c'è un tavolo e, dietro il tavolo, una guardiana
vende a poco prezzo carte colorate, giunchi, colla, pezzi di legno tenero, corde, strisce di gomma,
insomma quanto serve per costruire un aquilone, un piccolo aeroplano o una barchetta a vela;
vende anche biglie, palette, secchielli e, in una piccola ghiacciaia, conserva delle bevande fresche.

Presso lo stagno una zona di un migliaio di mq. è pianeggiante, tenuta a prato e circondata
di alberi; qui i bambini giocano a tamburello, corrono, lanciano gli aquiloni. Tra gli alberi, in
un angolo sui bordi del prato, c'è qualche scivolo e qualche altalena.

Questo insieme è solo l'inizio del grande campo di svago: è la zona preferita dai bambini
più piccoli fino a cinque o sei anni, e solo in parte dai ragazzi tra i sei e i dieci, ed è la zona
prevalentemente riservata a loro e alle madri che li accompagnano.

Fino a cinque o sei anni non si desidera altro che correre, arrampicarsi, nascondersi in un barile, fare correre fuscelli e barche in un ruscello, scavare buche nella sabbia e con la sabbia costruire castelli e vulcani.

In questa zona troveremo un istruttore: spesso è una maestra giardiniera o un maestro elementare che, dopo aver seguito un corso speciale, si è dedicato interamente a questo nuovo genere di lavoro e non insegna a scuola. L'istruttore aiuta ad eseguire lavori con giunchi e carta, ad organizzare giuochi di gruppo, sorveglia i bambini, ma, nel corso preventivo, ha imparato ad operare senza far mai sentire la propria presenza, ad aiutare un bambino nei pasticci più quando il suo aiuto viene richiesto che quando a lui stesso sembra il caso di intervenire, a non chiedere mai ad un bambino di applicarsi ad un gioco né a trattenerlo.

È opinione accettata che non possa fare l'istruttore in questi campi chi contemporaneamente continua ad insegnare a scuola, ove prende l'abitudine (e deve prenderla) di mantenere una disciplina. Le stesse « maestre giardiniere », che devono preparare gradualmente i bambini alla disciplina scolastica, sono inadatte a questo compito. Notiamo di passaggio che si tende a compensare l'attività degli istruttori dei campi di svago con stipendi analoghi a quelli dei maestri di scuola.

La sala or ora visitata è in comunicazione con un altro piccolo padiglione anch'esso costruito senza alcuna pretesa e sorvegliato da un altro istruttore. Questo padiglione è pieno di banchi da falegname e alle pareti sono appesi attrezzi di ogni tipo per piccoli lavori in legno e in metallo; una tettoia lì accanto è attrezzata per lavori in creta, per dipingere e decorare oggetti e c'è un altro istruttore. Qui troviamo, assorbiti in una attività, ragazzi dai 6–7 anni in su fino a 10–12 anni, a volte anche adulti che, con la scusa di far vedere ai figlioli e ai fratelli minori « come si fa » passano il tempo a costruire qualcosa.

In una vetrina bene in vista, (è una estensione della biblioteca, costruita non molto lontano nello stesso campo di giochi), sono esposti libri adatti alle diverse età.

L'istruttore di questa zona sorveglia i lavori di falegnameria, di scultura e pittura e presta i libri in lettura a chi ne fa richiesta.

Usciti all'esterno, siamo ora dal lato opposto dello stagno e del ruscello, e si apre davanti a noi un nuovo panorama:

a sinistra un gruppo di alberi, una serie di sedili, fatti di tronchi tagliati per lungo, e alcuni tavoli di appoggio, fatti degli stessi tronchi, formano un angolo tranquillo per la lettura all'aperto; di fronte a noi si apre, ampia, un'altra zona a prato contornata di alberi, con dei ragazzi che giocano a squadre: calcio, palla a volo, palla canestro. Le « porte », i « cesti », le « reti » sono mobili: ogni giorno su questo prato (grande quasi un ettaro) la disposizione dei campi di gioco può variare, solo spostando alcuni segnali infissi nel terreno, e gli stessi ragazzi possono modificarne la dimensione a seconda della loro età. Il prato è tenuto con cura: qui, come in qualsiasi altro complesso di svago, si nota una certa rozzezza nelle costruzioni e nelle attrezzature, ma il giardinaggio è sempre opera di raffinata e sperimentata fantasia ed è tenuto ad alto livello grazie ad una manutenzione ammirevole.

Alla nostra destra infine una scena veramente strana: sembra una « bidonville » in miniatura, un villaggio fatto di casette di legno e lamiera, irregolare, pittoresco.

Alcune casette sono in costruzione e dei ragazzi, aiutati da qualche genitore, ci lavorano intorno. Questo villaggio occupa una zona di 6–700 mq. C'è in mezzo un recinto con qualche animale da cortile (papere, caprette, un asinello). Come tutte le altre zone anche questa è circondata da alberi ed è il settore più animato di tutto l'insieme.

Portando materiali vari da casa, o sfruttando tavole e lamiere di scarto che il Comune fa affluire dai propri depositi o riceve gratuitamente dalle imprese della città, i ragazzi imparano a costruirsi ciascuno una casetta e ad arredarla. Alcuni montano un'insegna su cui è scritto « BAR », altri immaginano che sia la casa di un cacciatore e attaccano sulla porta pezzi di pelliccia, altri ancora ne fanno un laboratorio personale, ci lavorano legno, carta, costruiscono oggetti da decorare. Insomma è la città dei ragazzi.

I più grandi stampano ogni settimana un giornalino a ciclostile, con poesie e composizioni di vario genere. Non manca un teatrino all'aperto dove si tengono rappresentazioni improvvisate o preorganizzate.

18 – L'indagine qualitativa e quantitativa svolta sullo sport per adulti presso città inglesi, danesi, tedesche, svedesi, olandesi è stata estesa ai luoghi di gioco per ragazzi allo scopo di avere, anche in questo caso, dei termini di confronto; i dati riassuntivi sono già stati riportati nelle tabelle del Cap. II, pag. 99.

Uno studio più particolareggiato è stato condotto per le città di Ulm, Zurigo e Stoccolma, che sono tra le più interessanti in quanto gli ottimi risultati raggiunti e gli sviluppi ulteriori previsti per il futuro sono legati a precisi criteri di pianificazione e alla collaborazione tra Municipalità e Organizzazioni specializzate nel problema dello svago dei ragazzi (Cap. III).

Simili organizzazioni, di cui fanno parte educatori, sociologi, architetti dei giardini, urbanisti, operano da lungo tempo in molti Paesi: in Inghilterra la National Playing Fields Association, in Svizzera la Pro Juventute, negli Stati Uniti la National Recreation Association, in Germania l'Azione « Sand-Floh » hanno studiato il comportamento e le attitudini dei ragazzi, finanziato esperimenti, sostenuto l'opera delle Municipalità e, cosa ancora più importante, convinto il pubblico della possibilità di partecipare attivamente alla creazione di ambienti favorevoli allo sviluppo fisico e mentale dei fanciulli e adolescenti.

Come si è visto, vengono generalmente definiti tre tipi di campi di gioco per diversi gruppi di età: *a)* quelli per bambini fino ai 5 anni, il cui requisito fondamentale sono la vicinanza alle abitazioni e la presenza di verde, acqua e sabbia; *b)* quelli per bambini dai 6 ai 10 anni, che devono offrire una maggiore indipendenza e scelta di attività, esercizi fisici, giochi di gruppo, e individuali, attività di costruzioni; *c)* quelli per ragazzi tra gli 11 e i 14 anni, in cui, oltre agli spazi per giochi liberi ed attività ricreative, devono trovare posto attrezzature sportive su scala ridotta. Nella pagina seguente sono riassunte le caratteristiche di queste 3 categorie: distribuzione, superficie, utilizzazione dello spazio. Gli indici di utilizzazione suggeriti hanno ovviamente lo scopo di dare una guida orientativa poiché ogni luogo si configurerà in base a particolari esigenze di ambiente naturale e sociale e le tre categorie dovranno essere riunite, ogni volta che la disponibilità di spazio lo consenta, in un complesso unico simile a quello descritto nel paragrafo precedente: il campo per ogni ordine di età di cui, a titolo d'esempio, riportiamo nella pagina a fronte uno schema completo.

Vittoria Calzolari
Relazione alla prima conferenza cittadina sui problemi urbanistici (1978)

Auf Initiative der römischen Stadtregierung wurde 1977 die erste städtische Konferenz zu städtebaulichen Problemen als Begegnungsplattform zwischen Verwaltung und Bürgern durchgeführt. Dabei nutzte man zugleich die Gelegenheit, um die von der Verwaltung – unter dem Vorsitz von Bürgermeister Giulio Carlo Argan – in Angriff genommenen Maßnahmen einer breiten Öffentlichkeit vorzustellen.

In ihrer Eigenschaft als Dezernentin für das historische Zentrum präsentierte Calzolari einen detaillierten Bericht, in dem sie die durchgeführten Aktivitäten, die laufenden Untersuchungen und das für Sanierung und Aufwertung entwickelte Instrumentarium illustriert. Das von den Maßnahmen betroffene Gebiet ist sehr ausgedehnt und seine Grenzen können nicht auf den – wenn auch großräumigen – Verlauf der Aurelianischen Stadtmauern reduziert werden. Denn in Rom sind die archäologischen Zeugnisse und Denkmäler, die historischen, kulturellen landschaftlichen und natürlichen Spuren der Vergangenheit eng miteinander wie auch mit dem gesamten Territorium verwoben und erfordern daher eine sehr weitblickende systemische Vision.

Aus Calzolaris langem Beitrag wird hier ein Auszug präsentiert, um einen gegenwärtig schwer zugänglichen Text bekannt zu machen und um die Komplexität der mutig in die Tat umgesetzten Entscheidungen zu veranschaulichen.

Vittoria Calzolari, „Relazione", in: *Atti della prima conferenza cittadina sui problemi urbanistici*, Comune di Roma, Palazzo Braschi 8.–9.7.1977, Rom: Ufficio Stampa del Comune, 1978, S. 47–69. Auszug: S. 47–50.

1a parte
Questa relazione illustra l'attività svolta fino ad oggi per gli interventi nel Centro Storico e propone ad un confronto allargato le linee dei futuri programmi.
L'esposizione riguarda l'ambito degli interventi, le ricerche già compiute, gli obiettivi generali di lungo e breve termine, nonché i modi e gli strumenti di intervento riferiti ai vari periodi.
Alla relazione sono unite note più specifiche su alcune basi conoscitive elaborate e ricerche in corso, e sugli interventi di prossima attuazione.

L'ambito degli interventi esaminati e proposti nel seguito di questa relazione è per definizione il Centro Storico, ma occorre ricordare che i limiti del Centro Storico sono, per ogni Amministrazione, una convenzione sempre provvisoria.

Notoriamente non esiste e non potrà mai esistere un solo modo di identificare il Centro Storico, valido per tutte le città. È anche evidente che i limiti assunti convenzionalmente, in una città, in un certo periodo, non potranno restare gli stessi in periodi di tempo successivi. Ogni Centro Storico è parte di un tessuto di preesistenza, di interesse non solo storico, ma archeologico, artistico, culturale, paesaggistico, naturalistico. Tessuto che si estende sempre entro ed oltre il territorio urbano fino a connettersi, all'esterno, ad altri tessuti e ad altri sistemi. L'analisi storico-critica e storico-geografica di questi insiemi di preesistenze è, specialmente oggi, in piena evoluzione. Evoluzione che influenza, tra l'altro, i modi di concepire e di amministrare l'urbanistica, anzi di concepire e di amministrare l'insieme del territorio, interessato o no da edificazioni.
Questa influenza dell'evoluzione dell'analisi storico-critica sugli strumenti del pubblico amministrare ha lasciato una traccia anche nel Piano Regolatore di questa Città.
Traccia debole e tardiva, ma ben rilevabile dal confronto tra le successive varianti al Piano e dall'esame delle documentazioni raccolte in funzione di varianti da apportare.
Ad esempio, nel '71, furono riconosciute come «Centro Storico» alcune aree urbane esterne alle Mura Aureliane; e già prima, erano state iniziate le indagini per la Carta delle preesistenze di interesse storico-archeologico nell'Agro Romano. Questo processo continuerà con molta probabilità negli anni a venire.
Finora si è restati nella logica delle delimitazioni per «aree» e per «zone». Così che, per gli amministratori, ufficialmente, tutto ciò che è all'interno di un limite convenzionale è di interesse storico, ciò che ne è al di fuori non lo è. È augurabile che negli anni a venire questo modo ancor grezzo di dare risposte al problema delle preesistenze di un qualche interesse culturale, sia superato; che ne subentrino altri, più adeguati alla complessità e alle sfumature del problema stesso.

Ma i modi di delimitare zone di speciale interesse, come di formulare norme e prevedere interventi che le riguardano, cambiano da città a città e nel tempo anche per altre cause. Non ultimo il progresso in corso nel campo delle discipline urbane e territoriali, grazie al quale si è ormai vicini alla possibilità di studiare la città e le amministrazioni che la governano come «sistemi» di accumulazione e di distribuzione delle ricchezze nel corpo sociale. Progresso di ordine scientifico ma sollecitato a sua volta dal progresso verificatosi nella coscienza politica dei cittadini, dai più alti livelli di partecipazione, dal rifiuto di ulteriori speculazioni e conseguenti emarginazioni e sprechi. Se le possibilità di speculazione fossero realmente ridotte al minimo, tutti gli atti amministrativi, ivi incluse le delimitazioni delle diverse zone, le ripartizioni degli interventi pubblici tra zone diverse, i vincoli su ciascuna zona, potrebbero variare da città a città e nel tempo solo in relazione al caratteri strutturali dei vari contesti, in vista del miglioramento continuo delle correlazioni tra usi, fatti costruttivi, aspetti formali, valori culturali da un lato, ed interessi sociali ed economici «di insieme» dall'altro.

Allo stato attuale le delimitazioni, i regolamenti e gli interventi pubblici da prefigurare non possono non tener conto delle spinte speculative da contrastare: non possono non essere *anche* strumenti di difesa dei meno abbienti, che la speculazione tende ad emarginare. Occorre, oggi avviare, con tutti gli strumenti possibili, un processo nuovo, che trasformi ogni città in un organismo di accumulazione di ricchezza certo, ma con esclusione di stridenti privilegi; e di distribuzione di ricchezze, ma caratterizzata dall'equità; perciò procedente verso l'equilibrio sociale, economico, territoriale.

Nell'ambito di un processo riequilibrante del tipo appena indicato, anche il concetto di «bene storico» potrà essere esteso a contesti urbani più ampi di quelli attualmente delimitati come «centri storici».

Potrà prendere corpo e trovare attuazione l'idea che le salvaguardie, le limitazioni alle trasformazioni ed agli incrementi di volumi, non potranno riguardare più soltanto terreni ed edifici ricadenti entro i convenzionali confini dei «centri storici».

Specialmente nelle città in cui è stato raggiunto un più che ragionevole rapporto tra numero di abitanti e numero di vani residenziali, tra numero di famiglie e numero di appartamenti disponibili, il *miglioramento qualitativo* deve diventare il problema preminente in tutta la città e non solo in alcune sue parti; *l'incremento quantitativo* non può che favorire ulteriori speculazioni, rendite di posizione, sprechi di edifici già esistenti ma non utilizzati e di terre agricole da utilizzare per la produzione.

È perfettamente noto il fatto che un così profondo cambiamento di direzione nell'evoluzione qualitativa e quantitativa della città, e di Roma in particolare, è ostacolato da numerosissimi fattori. Tra i più importanti vanno ricordati:
a) l'organizzazione produttiva edilizia attuale, orientata dagli attuali sbocchi di mercato. Ne fanno parte tutte le imprese di costruzioni ancora attive; a monte, le imprese di produzione di materiale edile e quelle di produzione e di forniture di materie prime; inoltre le imprese di trasporto, distribuzione, commercializzazione di materie prime, di elementi e di componenti per l'edilizia. In tutto il sistema operano ancora a Roma e per Roma nel Lazio numerosi lavoratori spesso scarsamente qualificati e difficilmente impiegabili in settori produttivi alternativi. Così che una brusca frenata nella produzione di nuove residenze, produzione oggi ancora prevalente, coinvolgerebbe lavoratori, capitali, impianti. D'altra parte sarebbero indispensabili, per l'inversione rapida della tendenza, investimenti massicci, (ed altamente

coordinati tra loro) in realizzazioni di opere di interesse pubblico, in risanamenti profondi delle aree di interesse storico e di tutte le altre aree già edificate, in attivazioni di nuove attività agricole ecc.

Sono scelte da fare anche a livello nazionale e regionale, che condizionano la nuova Amministrazione capitolina, tanto più se si tiene conto dell'eredità pesantissima ricevuta dalle precedenti Amministrazioni;

b) gli strumenti legislativi e finanziari nazionali, ancora orientati, in grande prevalenza, a promuovere più nuove costruzioni (e, in particolare, nuove residenze) che riqualificazioni, restauri, attuazioni di servizi, attrezzature e impianti di pubblico interesse;

c) l'orientamento degli utenti di residenze, ancora soggiogati dalla suggestione della «casa moderna», ma soprattutto l'orientamento dei possessori di risparmi individuali, tuttora più favorevoli ad investirli in appartamenti nuovi (anche se poi resteranno sfitti per anni) che in altri beni o settori, attualmente considerati, non senza ragione, sotto troppi aspetti più incerti;

d) le spinte delle grandi organizzazioni finanziarie e immobiliari di livello internazionale e nazionale, che svolgono nel Centro Storico attività di carattere speculativo;

e) le necessità di organismi di livello nazionale, regionale, locale, che hanno nel Centro Storico le loro sedi.

Questi ed altri fatti, nel loro insieme, hanno ostacolato e ostacolano ancora risanamenti e riqualificazioni di tessuti urbani esistenti, siano essi delimitati come Centri Storici o ne restino all'esterno. Roma ne è condizionata molto più di altre città per la scarsità di industrie non legate all'edilizia.

Comunque, in particolare per i Centri Storici, è necessario registrare che dopo 20 anni dall'inizio del dibattito culturale su di essi e quasi 10 anni dopo i primi piani e programmi di risanamento (Bologna, Verona, ecc.) solo pochi alloggi, più decine che centinaia, sono stati risanati in tutta Italia per intervento pubblico.

La battaglia per una politica dei Centri Storici e del riuso urbano risulta essere ancora tutta da fare. Né potrà avere esito positivo, finché non si vedrà il recupero del patrimonio di edificazioni esistenti anche come problema economico-produttivo e occupazionale e non più solo come problema «culturale».

Problema economico-produttivo e occupazionale da vedere nella sua generalità e non per settori, perché molte contraddizioni vanno risolte con ampi energici e complessi interventi tra loro strettamente coordinati.

Ad esempio, se da un lato si rischiano diseconomie future in ogni tentativo di conversione del sistema produttivo edilizio di Roma e del Lazio, cui prima si è accennato, dall'altro *esiste attualmente e pesa costantemente sulla città*, lo spopolamento del Centro Storico; spopolamento che crea squilibri sempre più gravi tra aree di insediamento residenziale della popolazione e attrezzature, servizi, impianti di cui si giova, come tra residenza e luoghi di lavoro nel territorio; si determinano incrementi crescenti di pendolarismo e quindi costi di trasporto, gravanti sia sulle amministrazioni pubbliche che sui bilanci privati. Le due cose non possono essere affrontate separatamente e bruscamente, ma insieme e gradualmente. Le deviazioni da indurre nelle linee di tendenza dei due fenomeni devono essere calibrate l'una rispetto all'altra. Ma è un fatto che l'accettare l'una e l'altra quali esse sono è la strada del fallimento della città, dell'impoverimento progressivo di gran parte dei suoi abitanti, dell'arricchimento ulteriore di pochi che spesso vivono addirittura all'esterno di essa.

Lo spopolamento delle aree centrali, che in Italia generalmente coincidono con Centri Storici, ha investito negli ultimi venti anni quasi tutte le città italiane. In molti casi la popolazione si è dimezzata in venti anni. A Roma, nei rioni (escluso Prati), si passa da 370.617 abitanti del 1951 ai 167.051 del 1971, con riduzione che supera largamente il 50%. Dei 167.051 rimasti nel 1971, solo 64.000 circa erano ancora residenti originari, come risulta dal rilevamento dei cambi di residenza. Dalle cifre disaggregate per Rioni risulta poi che in alcuni di essi la sostituzione della residenza è stata quasi totale.
Il decennio 1951–1961 è caratterizzato dalla trasformazione soprattutto dei piani alti e dei palazzetti di maggiore prestigio per residenze di lusso e dei piani terra per negozi.
Il decennio 1961–1971 è caratterizzato dalla completa ristrutturazione di immobili con frazionamenti in mini appartamenti o trasformazione in sedi di attività direzionale.
In questo processo di trasformazione resta una notevole quota di vani, pubblici e privati, non occupati e spesso abbandonati al degrado, in attesa della occasione di utilizzazione più propizia. Il patrimonio edilizio non occupato è passato da 3.596 alloggi nel 1961 a 7.250 nel 1971 mentre gli alloggi occupati scendevano da 59.398 nel 1961 a 51.000 nel 1971 e le famiglie occupanti le abitazioni da 64.530 a 54.000.
Sommando patrimonio utilizzato e non utilizzato si rileva che nel Centro sono «scomparsi» in dieci anni 5.000 appartamenti e 24.000 stanze. Il che non sorprende in quanto gli interventi di «risanamento conservativo» operati nel centro storico hanno spesso conservato il solo involucro modificando e accorpando l'interno.

I dati sul patrimonio edilizio sono stati elaborati dall'Ufficio studi e programmazione del Comune in base ai dati ISTAT; tutta la materia è oggi in corso di approfondimento mediante indagini dirette. Oltre alla diminuzione quantitativa, si verifica un indebolimento della capacità produttiva della popolazione residua per l'aumento del tasso di invecchiamento: nel 1971 la percentuale di ultra-sessantenni è del 24% (nel resto della città la media è del 17%) e oggi si avvia al 28%. Ciò incide in modo particolare sulla estinzione delle attività artigianali per la mancanza di riciclaggio di forze giovani in imprese a carattere familiare.
Spopolazione e indebolimento colpiscono anche le attività culturali: alcune sedi di attività a carattere urbano emigrano in altre parti della città, altre vivono in modo asfittico con scarsi mezzi, scarso personale e insufficiente spazio vitale. Non è certo avvertibile che nel Centro storico di Roma siano presenti ancora 94 biblioteche, 19 accademie, 22 istituti culturali.
D'altra parte anche le attività direzionali e commerciali che sono rimaste o hanno sostituito le abitazioni e le sedi culturali si trovano nella impossibilità di adeguare le loro strutture alle esigenze emergenti, a meno, come è accaduto spesso in questi ultimi anni, di conquistarsi nuovo spazio a prezzo di abusi e di sfratti forzosi.
Questa situazione abnorme provoca squilibri gravi tra popolazione residente, servizi, attività: il pendolarismo non è solo verso le attività addensate nel centro (con le conseguenze sul traffico che conosciamo) ma anche verso i servizi scolastici e sanitari.

Ne deriva il fatto che i servizi perdono la loro funzione di centri di aggregazione sociale e sono sotto utilizzati.

Solo come esempio citiamo le 50 scuole superiori con 30.000 alunni contro i circa 5.000 dovuti alla popolazione del centro storico: le loro palestre, le sale di riunione restano vuote nelle ore non scolastiche.

Così gli oltre 70 ambulatori (in gran parte di ministeri ed enti) sono scarsamente fruiti dai non addetti e nelle ore di chiusura degli uffici.

È chiaro da queste schematiche considerazioni che un processo di rivitalizzazione e riappropriazione del Centro Storico deve investire contemporaneamente la sfera sociale, economica, culturale, tenendo presenti i problemi generali prima ricordati.

È evidente che problemi di quel tipo non sono risolvibili a livello di singolo Assessorato e ancor meno di Circoscrizione. Devono investire tutta la Giunta e tutto il Consiglio, interessare i Comuni vicini, la Regione, il Governo, le forze politiche e culturali; con una battaglia politica di alto livello che permetta di uscire dalle secche delle speculazioni politiche ed economiche allignanti sul finora mancato chiarimento del problema.

Gli obiettivi generali

Per avviare e guidare questo processo la Giunta ha assunto fin dall'inizio alcuni obiettivi di fondo dai quali far discendere i criteri guida per i programmi immediati e futuri, per la formulazione delle ricerche e l'adeguamento degli strumenti operativi.

Primo obiettivo è conservare la residenza alla popolazione nata nel Centro Storico, e che ha lavorato in esso per lungo tempo o vi lavora tutt'ora e favorire l'incremento della residenza, innanzi tutto realizzando la piena utilizzazione degli immobili vuoti e dei servizi esistenti: ciò comporta il miglioramento della qualità degli alloggi e dei servizi, la garanzia di livelli di affitti contenuti, la riconversione in abitazioni degli edifici vuoti o trasformati per altri usi non legittimi, la protezione e rivitalizzazione delle attività deboli, in particolare dell'artigianato.

Secondo obiettivo è il recupero del significato culturale del centro storico, il che implica sia una maggiore funzionalità, accessibilità, programmazione delle attività culturali, sia una diversa importanza attribuita ai valori della storia, dell'arte, del pensiero nelle scuole e nei mezzi di comunicazione di massa.

È senza senso infatti auspicare una «utilizzazione» del centro storico da parte dei suoi abitanti e del resto della città se questa risorsa non è conoscibile e valutabile anche per i non iniziati; se non si arriva a considerare gli investimenti sociali come produttivi; se non si disincetivano le forme di svago passivo instaurate dalla società dei consumi.

Un contributo a questo impegno deve venire, in primo luogo, dalla riunificazione di quelle sfere di attività legate alla conoscenza, alla conservazione, alla utilizzazione del patrimonio culturale che la società attuale tende a segregare in categorie chiuse e classiste; la ricerca scientifica, la preparazione professionale, le attività produttive, le attività di svago. Il programma studiato per il riuso del complesso dell'ex Mattatoio, di cui si dirà in seguito, è una prima risposta a questo impegno.

Terzo obiettivo al secondo strettamente legato, è la scelta del tipo e della funzione delle attività direzionali che devono continuare a vivere nel Centro di Roma, in quanto centro politico-culturale, e del loro legame con la città e il territorio. È indubbio che organi del Governo centrale e locale, organi dei partiti, dell'informazione e istituzioni a questi strettamente connessi abbiano nel centro storico la loro sede propria. Mentre altre attività di tipo finanziario e direzionale con elevato numero di addetti e di scambi di merci potranno trovare nelle nuove sedi direzionali proposte nella relazione generale una collocazione più appropriata.

Vittoria Calzolari
Il parco nella struttura urbana (1987)

Ungeachtet der Bedeutung ihrer Studien in den Vereinigten Staaten schimmert der Einfluss der für die kulturelle Bildung des italienischen Vorkriegsbürgertums sehr wichtigen französischen Kultur in diesem Essay („Der Park in der städtischen Struktur") durch, den Vittoria Calzolari für ein Kolloquium verfasste, zu dem sie 1984 von der École française de Rome eingeladen wurde.

An dem Kolloquium nehmen zahlreiche Wissenschaftler teil, um über die städtischen und territorialen Transformationen der napoleonischen Zeit nachzudenken. Der Beitrag von Calzolari beginnt mit ausgedehnten Bezugnahmen auf die Geschichte der Grünflächen und der „promenades" in Europa, um dann die Aufmerksamkeit auf Rom zu lenken. Der Text macht ihre tiefgehende Kenntnis der Stadtgeschichte sowie Calzolaris Fähigkeit deutlich, auf historische Quellen wie Archivdokumente und Karten zurückzugreifen und sie als Instrument für die Analyse und die Planung der zeitgenössischen urbanen Struktur zu verwenden.

Vittoria Calzolari, „Il parco nella struttura urbana", in: *Villes et territoire pendant la période napoléonienne. France et Italie* (Publications de l'École française de Rome, 96), hrsg. von André Guillerme, Marcel Roncayolo und Georges Teyssot, Akten des Kolloquiums, 3.–5.5.1984, Rom: École Française de Rome, 1987, S. 247–258. Auszug: 247–254.

« Dès qu'on voit une promenade plantée d'arbres en Italie on peut être assuré qu'elle est l'ouvrage de quelque préfet français ». Così Stendhal in « Promenades dans Rome »[1]. Ma già prima – nel 1739 – De Brosses, grande censore dei costumi stranieri, passando per Bologna lamentava che le più belle città italiane visitate non avessero « promenades » quali si trovavano anche nelle più modeste città francesi; e arrivato a Roma commentava sdegnato: « Non riesco a mandare giù questa piatta maniera italiana di passeggiare in carrozza in mezzo a una città soffocata dal caldo e dalla polvere »[2].

Si sarebbe potuto fare osservare a De Brosses che una delle prime passeggiate aperte al pubblico di Parigi, il Cour-la-Reine, fu fatta fare da Maria dei Medici nel 1616 a somiglianza e rievocazione delle Cascine di Firenze.

Certamente però la passeggiata lungo la Senna, risultò diversa da quella lungo l'Arno non solo perché diversi erano il colore del cielo e degli alberi, le acque e il clima, ma soprattutto perché diverse erano le città in cui la passeggiata si collocava e le abitudini degli abitanti che l'avrebbero usata.

La qualità degli spazi liberi ed il modo di utilizzarli sono tra gli elementi più caratterizzanti dell'immagine della città e del rapporto tra città e abitanti.

Nelle città italiane le piazze e le vie – soprattutto il « Corso » – sono stati e continuano ad essere nella maggior parte dei casi i luoghi di incontro e passeggio.

Salvo poche aree libere a ridosso delle mura, quando esistevano, e salvo l'eccezione di Roma dove alcune delle molte ville erano periodicamente accessibili al pubblico, piazze e vie erano gli unici spazi ufficialmente pubblici; e lungo il corso la passeggiata di chi aveva mezzi avveniva in carrozza piuttosto che a piedi.

È significativo che la prima passeggiata pubblica realizzata in Italia, (a Parma nel 1767 per iniziativa di Du Tillot ministro dell'infante Don Filippo e su progetto di Petitot), venga presto ribattezzata « lo stradone », e che il percorso principale del giardino di Boboli sia chiamato « il viottolone ». L'idea della strada è dominante.

Nelle città inglesi, anche se si deve aspettare il XIX sec. per la creazione di veri parchi pubblici, le forme di spazi accessibili liberi e verdi per la vita all'aria aperta sono molteplici: dalle spianate intorno alle cattedrali, ai cimiteri aperti e sistemati a giardino, ai boschi della Corona; ma esistono anche i « commons », spazi della comunità dei cittadini destinati ai giochi e - fin dal 1600 – si sviluppano insieme ai quartieri residenziali borghesi gli « squares »[3]. L'uso

---

1   Stendhal, *Promenades dans Rome*, Parigi, 1955, p. 153.
2   C. de Brosses, *Viaggio in Italia. Lettere familiari*, Bari, 1973, p. 320 (lett. XXXVII).
3   « Lo square » secondo un *Dictionary of Architecture* pubblicato nel 1887 « è un terreno nel quale esiste un giardino chiuso, circondato da una strada pubblica che dà accesso alle case prospicienti sui suoi lati » cit. in S. Giedion, *Spazio, tempo, architettura*, Firenze, 1954, p. 611. Il primo square di Londra è Covent Garden realizzato dal conte di Bedford intorno al 1630.

più raffinato del concetto di « square » e il massimo livello di qualità urbana derivante dal rapporto construito – elemento naturale si realizza a Bath tra il 1730 e il 1776 con l'attività dei Wood padre e figlio e la creazione del Circus e del Royal Crescent.

« Ciò che è importante a Bath sono i rapporti reciproci tra i vari ‹ squares › e ‹ crescents ›; rapporti tanto più sottili di quelli puramente assiali seguiti dall'urbanistica francese. Questi rapporti ponderatamente calcolati furono raggiunti a Londra soltanto verso la fine del Settecento »[4]. Da quel momento in poi Londra e le altre maggiori città inglesi si arricchivano anche di parchi di tipo naturalistico nuovamente creati come parchi pubblici o trasformati all'uso pubblico.

Nelle città francesi in media povere di verde e soggette per quanto riguarda le maggiori città e soprattutto Parigi ai fenomeni dell'affollamento urbano, le « promenades » restano fino all'epoca del Secondo Impero i soli spazi verdi pubblici o semipubblici: tali sono il Mail de l'Arsenal di Enrico IV, il giardino delle Tuileries ridisegnato da Le Nôtre nel 1666 e gli esempi successivi di Bordeaux, Nantes, ecc. All'esterno delle città restano i boschi riservati alle attività di caccia.

Con Luigi XIV e Colbert il tessuto di Parigi e soprattutto il territorio intorno a Parigi si costellano di microsistemi di viali alberati collegati ai boschi e parchi (da Vincennes, al Bois de Boulogne, a Versailles, a Vaux), che nel loro insieme danno luogo al grande sistema di percorsi e spazi verdi che prefigura la nuova struttura urbana della città borghese fine '800. « ... La nuova città intravista da Colbert e dai suoi artisti per la gloria di Luigi XIV sarà realizzata solo due secoli dopo per la gloria e la sicurezza di Napoleone III: le prospettive monumentali che Colbert apre in campagna e tra gli alberi Haussmann potrà aprirle in piena città in mezzo alle case; ma i progettisti non saranno più Le Nôtre, Le Vau o Mansart, bensì gli ingegneri e gli accademici del Secondo Impero e della Terza Repubblica »[5]. P. Abercrombie individua nel diverso carattere delle strutture verdi di Londra e Parigi – gli invasi dei grandi parchi dell'una e gli assi verdi geometricamente disegnati dell'altra – una delle differenze fondamentali tra le due città.[6]

La « promenade » può acquistare il significato di elemento catalizzatore della struttura urbana se è concepita non come semplice asse rettilineo ma come percorso, con le possibili variazioni di andamento, di prospettive, di rapporto costruito – verde – acqua, di qualità degli spazi in cui e tra cui si sviluppa. Possono rientrare nella categoria delle « promenades » così intese l'elegantissimo insieme di piazze di Nancy (1752), cerniera tra la cittadella e la nuova città e vero nuovo centro urbano, come la sistemazione a passeggiata alberata delle mura e bastioni di Lucca (1800, sotto Elisa Baciocchi) che mette in risalto la forma geometrica della città e la rende simile a una pietra incastonata. E può considerarsi una lunga passeggiata ricchissima di monumenti e attrezzature il Ring di Vienna.

Anche come luogo di vita all'aria aperta la differenza intrinseca tra « promenade » e parco di tipo inglese è marcata: la « promenade » è soggetta ad un ordine geometrico, il parco ad un ordine topologico; la prima è un percorso con prospettive orientate secondo direzioni precise su insiemi di oggetti (naturali o artificiali), il secondo è uno spazio o meglio

4   S. Giedion, op. cit., p. 615. Per la qualità degli squares di Bath vedi anche: V. Marulli, Su l'architettura e su la nettezza delle città, Firenze, 1808, p. 12–15.

5   L. Benevolo, Storia dell'architettura del Rinascimento, Bari, 1968, p. 1022.

6   P. Abercrombie, London and Paris, in Town Planning Review, II, p. 116.

un insieme di spazi con prospettive molteplici che vengono scoperte camminando secondo itinerari non sempre prestabiliti; la « promenade » è fatta per passeggiare, sulla ghiaia o sul terreno compatto, le possibilità di sedere sono solitamente rare e tanto più in zone ombrose; il parco offre occasioni di camminare o fermarsi, sedersi o sdraiarsi sull'erba, su un ponte, su una panca, su un tronco. Una parte almeno del paesaggio vegetale della « promenade » – quello delle siepi e delle « broderies » – è stabile, quello del parco può mutare totalmente di stagione in stagione.

Quando il deterioramento delle condizioni di vita della città industriale, le nuove aspirazioni della popolazione borghese, i nuovi interessi per quelle che verranno chiamate un secolo dopo le « attività del tempo libero » portano a formulare l'idea del parco pubblico attrezzato, verrà assunto come modello il parco all'inglese; il che avviene non solo per l'orientamento culturale dell'epoca ma anche perchè esso è più flessibile, più adatto ad ospitare attività diverse, quindi strutturalmente più rispondente ai requisiti richiesti ad un parco pubblico.

E infatti, secondo la descrizione che ne fa E. Silva nel 1813, « ... Nel giardino pubblico bisogna che vi sia tutto per tutti; in esso le madri conducono i teneri figli a godere dell'aria aperta ed a sviluppare con semplici giochi l'agilità delle loro membra; in essi l'artista concorre a sollevarsi nei giorni di riposo dalle fatiche ordinarie; la gioventù robusta vuol rinvenirvi i facili modi onde esercitare la ginnastica forza; il pensatore vi cerca i passeggi solitari e i momenti istruttivi; il grave magistrato vi rintraccia le piacevoli distrazioni e le molli donzelle vi gustano la dolce frescura; il delicato olezzo e la voluttà del riposo ».

« I viali (siano) larghi e comodi moltiplicati in linea retta. Ciononpertanto un pubblico giardino d'una vasta estensione oltre i viali rettilinei potrà contenere larghi sentieri tortuosi praticati nel folto dei boschi ... Devono in recondita parte i bagni prestare il loro refrigerio e le ampie vasche addestrare i nuotatori ... gli edifici pubblici eretti dall'eleganza e dal gusto accoglieranno nelle ampie sale le danze, i giuochi, i festini: nessuno dei piaceri della vita sarà trascurato »; a tutto si sarà provveduto »[7].

E tra questo « tutto », vanno ancora compresi serragli di fiere, collezioni botaniche, teatri all'aperto, opere d'arte e scienza. È logico allora che la Parigi di Napoleone III e di Haussmann – città ottocentesca per eccellenza – assuma i due ordini di valori urbani, quello dei grandi viali alberati della città del Re Sole e quello dei grandi parchi restaurati (Bois de Boulogne, Bois de Vincennes) o nuovi (Buttes Chaumont, Monceau, ecc.), ma tutti disegnati in stile inglese e ricchi di tutti i requisiti del parco pubblico attrezzato.

La « promenade » è, come nota Lavedan[8] uno dei cavalli di battaglia del piano di « embellissements », che è a sua volta l'obiettivo centrale dei programmi dell'urbanistica classica e in particolare di quella napoleonica. Sarebbe quindi più giusto intitolare questo intervento « la *promenade* nella struttura urbana » piuttosto che il « *parco* nelle struttura urbana ».

Il piano di « embelissements » abbraccia un largo ventaglio di intenti e significati: di tipo igienico-sociale, estetico-culturale, celebrativo-storico, economico-funzionale. L'una o l'altra finalità prevalgono a seconda dello status della città, status economico, igienico, storico, politico, ecc.

---

7   E. Silva, *Dell'arte dei giardini inglesi*, Milano [1800], p. 268.
8   P. Lavedan, *op. cit.* [*Histoire de l'urbanisme à Paris*, 1975.]

Così i piani di « embellissements » proposti nel 1807–08 e poi nel 1808–12 per Torino, città abbastanza prospera, regolare e ordinata[9], curano soprattutto il miglioramento estetico della città e le sue possibilità di futura espansione: rettificazione di strade, viali alberati tra la cerchia delle mura e i giardini disegnati per occupare lo spazio tra le mura e i viali di circonvallazione; e ancora piazze e nodi stellari di viali che proiettano la città verso la campagna e il fiume.

Mentre per Firenze (piano del 1812) e per Roma (proposta 1809–13) il tema ricorrente è la necessità di far lavorare e redimere dall'ozio masse di vagabondi che – soprattutto a Roma – avevano perduto il sostegno della beneficenza ecclesiastica. Così a Roma vengono instituiti « i lavori pubblici di beneficenza » con un proprio bilancio e una propria commissione, di cui dal novembre 1810 sono responsabili G. Valadier e G. Camporesi; lavori che consistono soprattutto in operazioni di sterro e trasporto fattibili da chiunque anche da donne e ragazzi, pagati però la metà degli uomini, i quali erano pagati un terzo di quanto percepiva nella stessa epoca un operaio specializzato di Parigi[10]. Ma a Roma l'intento celebrativo era altrettanto determinante, stante la possibilità di glorificare attraverso la rimessa in luce delle glorie imperiali romane l'imperatore attuale.

Non a caso il terzo punto del decreto istitutivo della Consulta straordinaria per gli Stati Romani dice: « I monumenti della grandezza di Roma saranno custoditi e mantenuti a spese del nostro tesoro ».

In questo contesto le « promenades » diventano un elemento di primaria importanza perchè consentono di usare molta manodopera per lavori di movimenti di terra (l'obiettivo che De Tournon propone al governo di Parigi nel 1811 è di occupare 2000–2500 persone per anno su di una popolazione di circa 140.000 persone) e insieme di portare alla luce monumenti da inserire in prospettive grandiose; e inoltre creare luoghi salubri contro l'insalubrità dei vicoli e delle paludi malariche che circondano la città. E infatti tre promenades – la Villa Napoleone, il Giardino del Grande Cesare, la passeggiata del Campidoglio sono i pezzi forti del programma urbanistico napoleonico per Roma 1809–1814.[11] I tre programmi di intervento riguardano zone della città per le quali erano già stati formulati dei progetti sotto il governo pontificio.

Un progetto con due varianti per la creazione di una passeggiata parallela alla Via Flaminia tra Ponte Milvio e porta del Popolo e la sistemazione a giardino della zona compresa tra questa e l'ansa del Tevere era stato studiato da G. Valadier nel 1805 insieme al progetto di restauro del ponte e sistemazione del piazzale antistante. Contemporaneamente altre

---

9   Il solito De Brosses commentava: « Ici rien n'est fort beau mais tout y est égal, et rien n'est médiocre, ce qui forme un total, petit à la vérité (car la ville est petite), mais charmant ». C. de Brosses, *Lettres familières sur l'Italie*, Parigi, 1969, p. 421.

10 Nel 1810–11 per i lavori di scavo ai Fori gli uomini erano pagati 1 Fr. al giorno, le donne ed i ragazzi 0.40–0.55 Fr. (da J. Moulard, *Le comte Camille de Tournon*, Parigi, 1927, pag. 317). A Parigi nel 1811 un operaio specializzato era pagato 3.50–4 Fr. al giorno (da J. Tulard, Paris. *Le Consulat et l'Empire*, Parigi, 1970).
    Vedi per i piani di Torino, Firenze e Roma, G. Simoncini, *Le capitali italiane dal Rinascimento all'Unità*, 1982.

11 Per il Nuovo Campo Marzio e la Villa Napoleone, il Giardino del Grande Cesare e la Passeggiata del Campidoglio vedansi:
    – C. de Tournon, *Études statistiques sur Rome*, Parigi, 1831; A. La Padula, *Roma e la regione nell'epoca napoleonica*, Roma, 1969; J. Moulard, *Le comte Camille de Tournon*, Parigi, 1927; F. Boyer, *L'architecte Giuseppe Valadier et le projet de la Villa Napoléon à Rome 1809*, in *Études italiennes*, 1931; P. Marconi, *Giuseppe Valadier*, Roma, 1964.

tre soluzioni venivano presentate dall'équipe Camporesi, Stern, Palazzi: le soluzioni, non particolarmente fantasiose e stranamente distaccate dal luogo, sono molto simili tra loro salvo il diverso disegno di viali e aiuole e qualche edificio di « plaisance » in più o in meno.

Il « Nuovo Campo Marzio » – come avrebbe dovuto chiamarsi il giardino in onore dell'omonimo rione divenuto zona residenziale privilegiata – non fu realizzato. Pochi mesi dopo la instaurazione del governo francese, nell'agosto 1809, Valadier ripresenta su richiesta della Consulta un progetto, col nome di Villa Napoleone, simile al precedente ma più elaborato negli elementi decorativi e celebrativi e egualmente immemore della presenza di un fiume noto per le sue piene stravolgenti e, dall'altro lato, di un costone roccioso morfologicamente e paesisticamente rilevante.

Anche questo progetto fallì per lo sdegnato rifiuto di Napoleone che rudemente ammonì la Consulta straordinaria degli Stati Romani a non occuparsi di passeggiate. Forse impegnato come era in difficili campagne di guerra giudicava che le passeggiate non fossero un intervento prioritario.

Anche il progetto per la sistemazione di Piazza del Popolo e del Pincio ha una lenta e travagliata evoluzione; vede Valadier come protagonista, dal primo progetto di piazza trapezoidale chiusa tra edifici (presentato a Pio VI nel 1784) alle soluzioni sempre più tendenti a mettere la piazza al centro di una composizione che coordini il Tridente con la Porta del Popolo e con gli spazi naturali del Pincio e della sponda del Tevere (ott. 1810 – dic. 1812). Nasce la piazza a doppia esedra che alcuni contestano sia invenzione di Valadier, altri sostengono sia la logica evoluzione di sue precedenti proposte: ma anche qui sembra che la topografia non preoccupi il progettista che traccia in pianta simmetrie, improponibili in sezione, tra il lato della piazza pianeggiante verso il Tevere e quello verso il Pincio dove il dislivello della parete rocciosa è di 35 metri.

Nelle soluzioni successive dello stesso Valadier la necessità di risolvere il problema dell'accesso al Pincio porta a rinunciare alla simmetria delle esedre; simmetria che viene ricostituita nei due progetti di Berthault, che ha il merito di chiarire la correlazione tra forme geometriche molto diverse tra loro, stabilendo gerarchie e punti di snodo in orizzontale e in verticale; e soprattutto, si potrebbe dire, pensando *in sezione* e *in prospettiva* anzichè solo in pianta.

Berthault, inviato a Roma da Parigi all'inzio del 1813 come ispettore insieme a Gisors, diventa progettista e segue la filosofia che troviamo espressa nel rapporto che accompagna la presentazione del suo progetto per il Giardino del Grande Cesare: « La scienza dei giardini non si limita al solo spazio che si deve sistemare e piantare. Bisogna anche – se possibile – legare tra loro tutti i monumenti, tutti i punti di vista che lo circondano e farli contribuire a migliorarsi reciprocamente. Così i giardini del Grande Cesare devono ingrandirsi per la vicinanza a piazza del Popolo e farla contribuire al loro ornamento ». Si deve ragionare e progettare insomma in termini di struttura urbana.

La stessa idea di grandi rapporti spaziali informa il progetto di Berthault per il giardino del Campidoglio e del Foro: non si limita, secondo le precedenti proposte degli architetti italiani e di Tournon, a liberare i monumenti e sistemare gli spazi intorno con qualche opera di giardinaggio ma propone di eliminare dappertutto per strati successivi il terreno accumulatosi nei secoli, ritrovando il livello originale. Il monte Palatino, nel progetto, sarebbe stato sistemato con giardino geometricamente disegnato comprendente un orto botanico; l'immenso spazio comprendente il Palatino, il Colosseo e il Foro sarebbe stato circondato da un grande viale a quattro o sei file d'alberi percorribile dalle carrozze.

Tra i grandi interventi previsti per Roma il Giardino del Grande Cesare fu quello che al momento della restaurazione era allo stadio più avanzato. Quando il prefetto De Tournon lasciò Roma, all'inizio del 1814, erano state realizzate del progetto del Giardino del Grande Cesare una delle esedere della piazza, buona parte delle rampe d'accesso al Pincio, le piantagioni sul piazzale superiore, l'adduzione dell'acqua per le cascate.

Die Städtebautheoretikerin Françoise Choay. Eine diskursbildende Propagatorin der Disziplin

Thierry Paquot

Die Herkunft – aufgeklärtes Bildungsbürgertum

Françoise Choay ist eine international bekannte Städtebau- und Ideenhistorikerin, Kunst- und Architekturkritikerin. Zu ihrem Wissen und ihrer Kompetenz in Bezug auf die historische und zeitgenössische Städtebauentwicklung, die sie stets als Publizistin und Lehrende vermittelt und geteilt hat, fügt sich auch ihre Rolle als Theoretikerin, mit einem Schwerpunkt auf Kulturerbe. Mit den von ihr in Auftrag gegebenen oder selbst verfassten Übersetzungen verfolgt sie unermüdlich das Ziel, vergessene Texte zum Städtebau bekannt zu machen und deren Autorinnen und Autoren neu zu entdecken. Der intellektuelle Weg, den sie dabei beschreitet, stellt hohe konzeptuelle und moralische Ansprüche, wobei ihre Position niemals nostalgisch, sondern stets bestrebt ist, sich in einem freien Denkraum zu entfalten.

   Der Großvater väterlicherseits von Françoise Choay, die als Françoise Weiss am 29. März 1925 in Paris geboren wurde, Paul Louis Weiss, war Absolvent der École polytechnique und Bergbauingenieur.[1] Er heiratete Jeanne-Félicie Javal, mit der er fünf Kinder hatte, darunter Louise Weiss, Frauenrechtlerin, Journalistin und überzeugte Europäerin, wie auch Marie Jenny Aubry, Kinderärztin im Bereich der Neurologie und anerkannte Psychoanalytikerin.[2] Der Vater von Choay, André Weiss (1899–1950), ebenfalls Absolvent der École polytechnique, war als Rechtsanwalt international tätig und verstarb früh an den Folgen eines Autounfalls. Choays Familie lässt sich eindeutig in einem großbürgerlichen sozialen Umfeld verorten, dessen Mitglieder Bankiers, Ingenieure der École polytechnique, Ärzte und Industrielle waren. Ein laizistisch geprägtes Milieu, in dem sich elsässischer Protestantismus und republikanisches Judentum vermischten und das dem sozialen Fortschritt offen gegenüberstand. Choays behütete Jugendjahre wurden vom Ausbruch des Zweiten Weltkrieges abrupt unterbrochen; sie folgte ihrer Mutter Colette Weiss und tauchte mit ihr in einem kommunistischen Maquis im Departement Corrèze unter, wo sie der stalinistischen Ideologie begegnete und auch lernte, sich niemals unüberlegt

Françoise Choay in einer Aufnahme
von 1994

politisch zu engagieren. In dieser Zeit war sie für die Résistance als Überbringerin
von Nachrichten aktiv, unter eingeschränkten Lebensbedingungen sowie parallel zu
ihrem Philosophiestudium, das sie als Fernstudium an der Universität von Toulouse
fortsetzte.

Nach der Befreiung 1945 wurde Choays Vater von der Übergangsregierung
zum Präfekten des Departements Hérault ernannt, bevor er nach Paris in seine
Anwaltskanzlei zurückkehren konnte. Aus diesem Grund absolvierte Choay in
Montpellier ihr Examen (Certificat d'études supérieures) der Philosophie über
Søren Kierkegaard, einen Autor, dem sie in der Folge kritisch gegenüberstehen
sollte. Dank ihrer Sprachkenntnisse – während ihrer Schulzeit lernte sie Deutsch
und Englisch – wurde sie von einer internationalen Vereinigung mit Sitz in Brüssel
angestellt, die sich um die Entschädigung der Kriegsopfer kümmerte. Ihren Lebensunterhalt konnte sie dabei sehr gut verdienen, doch nach zwei Jahren erschien ihr
dieser Lebensstil oberflächlich, und so beschloss sie, ihr Studium an der Sorbonne
fortzuführen. Sie belegte die Kurse von Jean Hyppolite über Hegel und von Gaston
Bachelard, die sie später „zwei Lehrmeister" nannte. Anfang der 1950er-Jahre
heiratete sie Jean Choay (1923–1993), wissenschaftlicher Leiter des von seinem
Großvater gegründeten gleichnamigen Pharmaunternehmens, ein kultivierter Mann,[3]
mit dem sie zwei Töchter hat: Corinne, die Geschichte studierte, und Pauline, die
ein Anglistikstudium absolvierte.[4]

Vom Journalismus zur Universität

Um die Mitte der 1950er-Jahre lernte Choay den Bauingenieur Jean Prouvé kennen, der ihr Interesse für Architektur erweckte. Er hatte gerade das „Haus der besseren Tage" („maison des jours meilleurs"), eine Notunterkunftsarchitektur fertiggestellt, für das sich auch der Sozialaktivist Abbé Pierre eingesetzt hatte: Im Zuge des harten Winters 1954, in dem viele Obdachlose erfroren, hatte sich ein „Aufstand der Güte" („insurrection de la bonté") formiert, der die Regierung dazu verpflichten konnte, einen Notfallplan mit Unterkünften für die Ärmsten zu finanzieren. In diesem Zusammenhang hatte Jean Prouvé ein Haus aus Metallblech entworfen, das industriell als Fertigbau hergestellt werden konnte, einfach zu transportieren und zu montieren war. Françoise Choay besichtigte das Haus und schrieb über dessen Prototyp einen Artikel, den sie beim wöchentlich erscheinenden *France observateur* vorlegte und der im März 1956 publiziert wurde.[5] Obwohl sie niemanden bei der Zeitung kannte, überbrachte sie ihren Text dem Chefredakteur Gilles Martinet persönlich, der im Anschluss weitere Artikel bei ihr in Auftrag gab. So begann ihre Karriere als Kritikerin für den *France observateur*, ein politisch, sozial und kulturell links ausgerichtetes Nachrichtenmagazin, das seine Leserschaft vor allem unter den Pariser Intellektuellen fand und in dem Choay den ersten in Frankreich veröffentlichten Artikel über Yves Klein publizierte.[6] Später erschienen darin auch ihre Reportagen über die „grands ensembles", die sie als „Hasenställe" bezeichnete, womit sie als eine der ersten Stimmen die Großsiedlungsprojekte, mit denen der Staat die Wohnungsnot der Nachkriegszeit zu beheben versuchte, kritisierte.[7] Choay schrieb außerdem für die Kunstzeitschrift *L'œil*, für die sie den ersten Artikel über Jackson Pollock verfasste, mit dem dieser in Frankreich eingeführt wurde,[8] darüber hinaus für das wissenschaftliche Philosophiejournal *Revue d'esthétique* und für die marxistische Kulturzeitschrift *Preuves*, der sie eine umfangreiche Untersuchung zum Thema „Stadt und Utopie" lieferte.[9] Choay war auch Beiträgerin für *Critique, Art en France*, für die Literaturmagazine *La NEF* und *La quinzaine littéraire* sowie für die US-amerikanische Zeitschrift *Architectural Forum*, für die sie als Frankreich-Korrespondentin fungierte.

Dieses an der Praxis orientierte Erlernen des journalistischen Metiers stärkte, wie Choay selbst in verschiedenen Gesprächen befand, ihren Beobachtungssinn, ihr kritisches Denken sowie ihren Wunsch, für ein breites Publikum zu schreiben. Es bestärkte sie in der Angewohnheit, alles zu überprüfen und sich auf das Wesentliche zu konzentrieren. In späteren Jahren, als sie nur noch selten für die Presse arbeitete, betrachtete sie ihre frühere journalistische Tätigkeit als bemerkenswert lehrreich und bedauerte, dass so vielen Doktoranden eine solche Herangehensweise, die Forschungsarbeit und effizientes Schreiben zu verbinden vermag, vorenthalten bleibt.[10]

Die Anthologie zum Städtebau von 1965 – eine einflussreiche Publikation

Im Jahr 1965, während der Fünften Republik, unter der Regierung von Charles de Gaulle und mitten im Modernisierungsschub, der Frankreich erfasst hatte, veröffentlichte Françoise Choay eine Anthologie zum Städtebau.[11] Es war nicht ein Lehrauftrag, der sie veranlasste bedeutsame Texte zusammenzustellen, um gleichermaßen Architektur wie Städtebau einer breiten Leserschaft näherzubringen, sondern einzig ihr intellektuelles Interesse. Der Verlag Le Seuil hatte 1964 die französische Übersetzung des Buches von Lewis Mumford, *The City in History*, veröffentlicht,[12] und so erschien es Choay plausibel, dort ihr Manuskript einzureichen. Man muss hinzufügen, dass Städtebau damals eine wenig erforschte Disziplin war, die allgemein als unattraktives Publikationsthema galt, das sich vornehmlich mit juristischen, bürokratischen und technischen Aspekten befasse.

Choays Textsammlung mit dem Titel *L'urbanisme, utopies et réalités. Une anthologie* umfasst 38 Autoren, von denen sie jeweils Auszüge präsentiert, in neun Kapitel gegliedert, wobei ihre Disposition absolut innovativ ist: „Vordenker des progressiven Städtebaus" („pré-urbanisme progressiste": hauptsächlich die Utopisten), „Vordenker des kulturalistischen Städtebaus" („pré-urbanisme culturaliste": Augustus Welby Northmore Pugin, John Ruskin und William Morris), „Vordenker des Städtebaus ohne Modelle" („pré-urbanisme sans modèle": Karl Marx, Friedrich Engels, Pjotr Alexejewitsch Kropotkin, Nikolai Iwanowitsch Bucharin und Jewgeni Alexejewitsch Preobraschenski), „progressiver Städtebau" („urbanisme progressiste": Tony Garnier, Georges Benoit-Lévy, Walter Gropius, Le Corbusier und Stanislaw Gustawowitsch Strumilin), „kulturalistischer Städtebau" („urbanisme culturaliste": Camillo Sitte, Ebenezer Howard und Raymond Unwin), „naturalistischer Städtebau" („urbanisme naturaliste": Frank Lloyd Wright), „Technotopie" („technotopie": Eugène Hénard, Rapport Buchanan und Iannis Xenakis), „Anthropopolis" („anthropolis": Patrick Geddes, Marcel Poëte, Lewis Mumford, Jane Jacobs, Leonard Duhl und Kevin Lynch) und zuletzt die „Philosophen" der Stadt („philosophie de la ville": Victor Hugo, Georg Simmel, Oswald Spengler und Martin Heidegger).[13] Den meisten dieser Autoren ist gemein, dass sie in Vergessenheit geraten waren, jedenfalls schon gar nicht übersetzt vorlagen; die Anthologie brachte sie erneut und in französischer Sprache an den Tag, so dass die Veröffentlichung schon unmittelbar nach ihrem Erscheinen als Handbuch für die allgemein knapp gehaltene theoretische Ausbildung von Architekten und Städtebauern rezipiert wurde.

Choay schreibt in der Einleitung: „Dieses Buch addiert keinen zusätzlichen Beitrag zur Kritik der tatsächlichen Begebenheiten; es geht nicht darum, erneut die architektonische Monotonie der neuen Städte oder die soziale Segregation, die dort herrscht, anzuprangern. Wir wollen vielmehr nach der wahren Bedeutung der Fakten suchen und hervorheben, was die Gründe der begangenen Fehler sind, was der Grund der Ungewissheiten und der Zweifel ist, die heute bei jedem neuen städtebaulichen Projekt auftreten. Unsere Analyse und unsere Kritik konzentrieren sich daher auf die Ideen, die als Grundlage für städtebauliche Planung gelten."[14] In diesem Sinne hält das Werk in seinen Ansätzen, was es verspricht, während die Anmerkungen den

Reichtum der zusammengetragenen, mehrsprachigen Dokumente widerspiegeln, von den Klassikern bis zu den neuesten und hoch spezialisierten Forschungsarbeiten. Ihre Publikation will aber dennoch nicht als Handbuch, das parallel zum Universitätsstudium gelesen wird, verstanden werden, vielmehr unterstreicht Choay mehrfach ihren programmatischen, manifestartigen Charakter.[15] Die Anthologie steht auch für Choays typische wissenschaftlich-argumentative Herangehensweise an ein Thema und für den charakteristischen Ton, den sie dabei gewöhnlich anschlägt, so zum Beispiel in den beiden folgenden Sätzen: „Der Stadtplaner darf nicht mehr die städtische Agglomeration ausschließlich als Modell und funktionalistisches Beispiel entwerfen. Es kann nicht sein, dass festgefahrene Formeln wiederholt werden, die den Diskurs in ein Ding verwandeln; anstelle dessen müssen Beziehungssysteme definiert, flexible Strukturen geschaffen und eine neue Grammatik aufgestellt werden, die offen ist für noch nicht festgefahrene Bedeutungen." Und auch: „Klarsicht ist die erste Aufgabe des Bewohners. Er darf sich weder durch die wissenschaftlichen Behauptungen des gegenwärtigen Städtebaus täuschen, noch seine Freiheiten von ihm einschränken lassen. Er muss sich sowohl vor progressiven Illusionen als auch vor kulturalistischer Nostalgie hüten."[16]

50 Jahre später prägt diese Anthologie, die zwischenzeitlich als Taschenbuch erschienen ist, immer noch Generationen von Studierenden sowie Städteplanerinnen und -planern. Tatsächlich entwickelte sich ihr Standpunk fort, und Choay entdeckte im Laufe der Zeit weitere Denker, die sie vermutlich in eine neue Ausgabe der *Anthologie* eingebracht hätte, wie zum Beispiel Ildefonso Cerdà, Edward Hall, Melvin Webber, Gustavo Giovannoni und weitere mehr. Retrospektiv stellt Choay ihre ursprüngliche Aufteilung in drei Haupttendenzen – „progressiver Städtebau", „kulturalistischer Städtebau", „naturalistischer Städtebau" – in Frage, zweifelt an der dritten Kategorie, deren Bezeichnung sie von „Naturalismus" in „Naturismus" ändern würde, verwirft sie schließlich komplett und lässt nur die ersten beiden gelten, im Bewusstsein, dass sich dadurch ein enger Schematismus ergibt.[17]

In ihrer Anthologie stellt Choay die Stimme einer einzigen Frau vor, diejenige von Jane Jacobs. Dieses Ungleichgewicht steht sicherlich dafür, dass Städtebau ebenso wie Architektur zum Zeitpunkt der ersten Ausgabe, 1965, fast ausschließlich von Männern besetzte Domänen waren. Seitdem hat sich die Situation geändert, inzwischen sind es mehr Studentinnen als Studenten, die die Fächer Architektur, Städtebau und Landschaftsgestaltung belegen und abschließen, dennoch bleiben weiterhin die männlichen Kollegen im Mittelpunkt des Interesses, prägen die Städte, den öffentlichen Raum und die Architekturen. Eine geschlechterbewusste Herangehensweise an die Geschichte der Stadtplanung war jedoch 1965 in Frankreich noch kein Thema, obwohl Simone de Beauvoirs *Das andere Geschlecht* schon 1949 erschienen war.[18]

Die akademischen Optionen

Robert Louis Delevoy, Historiker, Kritiker und Direktor der Architekturschule La Cambre, holte Françoise Choay 1965 als Dozentin nach Brüssel.[19] Ihr Lehrauftrag begann im Januar 1966 mit einer wöchentlichen Vorlesung über „Die Stadt und die Sprache", die sie in der ersten Ausgabe der *Cahiers de La Cambre* (1967) wie folgt vorstellt: „Der Unterricht zielt darauf ab, die rein funktionalistische Konzeption von Stadtplanung kritisch zu betrachten; es geht darum, die Grundansätze der Stadtplanung auf ihren Sinngehalt hin zu überprüfen; die Aufgaben des Städtebaus zu hinterfragen."[20]

In der Zwischenzeit wurde sie von Pierre Merlin, Geograf und Absolvent der École polytechnique, kontaktiert, der im Herbst 1968 zusammen mit dem Soziologen und Stadtplaner Hubert Tonka den Fachbereich Städtebau an der experimentellen Universität Vincennes gegründet hatte – das zukünftige Französische Städtebauinstitut – und der dazu verschiedene Spezialisten miteinbeziehen wollte, wie den Biologen und Begründer der „Aggressologie" Henri Laborit, den Ethnologen Pierre Clastre, Absolvent der École nationale d'administration (ENA), sowie Françoise Choay.[21] Sie begann 1971 mit den Vorlesungen und entschied sich gleichzeitig dafür, eine Doktorarbeit zu verfassen, die ihr eine Universitätskarriere ermöglichen würde, an die sie zuvor schon gedacht hatte, ohne dafür aber Maßnahmen zu ergreifen. Sie genoss es zu unterrichten, die jungen Studierenden dazu zu animieren, die grundlegenden und wichtigen Texte kritisch zu lesen und zu analysieren, selbst vor Ort zu gehen, um den Raum und seine Proportionen physisch zu erfahren.

Ins Herz städtebauhistorischer Fragen – Forschen und Publizieren

Choays erste Bücher – über Le Corbusier und über Stadtplanung – erschienen in den Vereinigten Staaten,[22] aber es war die *Anthologie* von 1965, die ihr die Türen zur französischen Universität öffnete und die es ihr erlaubte, sich den wesentlichen Themen, die ihre Arbeit nachhaltig bestimmen würden, zu widmen. Ihre Fragestellung adressierte existenzielle Probleme: Warum und inwieweit verändern die seriellen Methoden der industriellen Produktion und Kommunikation unsere Beziehung zu den Orten, dass Städte und Landschaften ausgelöscht und in Nicht-Städte und Nicht-Landschaften verwandelt werden? Von spezieller Bedeutung in ihrem Spektrum städtebaulicher Argumente ist auch das Phänomen des zum Kronzeuge des Kulturerbes avancierten „historischen Monuments", dem ihre kritische Aufmerksamkeit gilt. Eine weitere Diskussion führt Choay in Zusammenhang mit dem Verschwinden des menschlichen Körpers, der nicht mehr als Maßstab von Proportionssystemen der Architektur und des Städtebaus gilt, obgleich er grundsätzlich nicht zu umgehen ist.

Choays erste Studien erwiesen der Semiotik einen Tribut, relativ schnell aber wechselte sie zu einer abstammungshistorischen Perspektive auf den Städtebau und suchte nach dessen Ursprüngen in der italienischen Renaissance. 1965 kündigte sie ein Buch mit dem Titel *Le désir et le modèle* an, für das sie mit den Forschungsarbeiten gerade begonnen hatte und welches dann 1978 als Doktorarbeit bei André Chastel abgeschlossen und 1980 unter dem Titel *La règle et le modèle. Sur la théorie de l'architecture et de l'urbanisme* veröffentlicht wurde.[23] Im Vorwort zur Neuausgabe von 1996 schreibt sie: „Die umfassende technische Vernetzung, anhand derer, egal wo, alle möglichen Arten menschlicher Siedlungen verbunden werden können, hat den uralten Unterschied zwischen Stadt und Land abgeschafft."[24] Für Choay ist aber Verstädterung weder ein „Synonym für Urbanität noch für Stadt", sie ruft sogar dazu auf, dieses letzte Wort nicht mehr zu verwenden, da es irreführend geworden sei, es bezeichne nämlich nicht mehr jene Wirklichkeit, von der es erschaffen wurde.[25] Ferner erklärt Choay, dass sie das Buch in seiner ursprünglichen Fassung belassen habe, denn um es an die neuen Gegebenheiten anzupassen, hätte es einer tiefgreifenden Überarbeitung bedurft. Hingegen sei ihre Analyse der Texte von Leon Battista Alberti und Thomas Morus immer noch gültig und aktuell, da diese Autoren weiterhin nachhaltig das städtebauliche Denken beeinflussen würden.

Albertis *De re aedificatoria* ist für Choay ein wesentlicher Text, dessen Übersetzung sie schon im Jahr 1980, dann 1995 zusammen mit Pierre Caye, angekündigt und schließlich im Jahr 2004 unter dem Titel *L'art d'édifier* veröffentlicht hatte, ausgestattet mit einem umfassenden Anmerkungsapparat.[26] Selbst wenn Alberti in seiner posthum veröffentlichten Schrift (1485) Vitruvs Architektur-Triade – Festigkeit, Nützlichkeit und Schönheit – schlichtweg übernommen und sie in *necessitas*, *commoditas* und *voluptas* umbenannt hatte, erkennt Choay in seinem Traktat einen substantiellen Beitrag für die Architektur und die Stadt. Albertis Abhandlung beschränke sich nicht auf Aspekte des Bauens und auf Bautechniken, sondern untersuche gleichermaßen die Stadt und die urbane Gesellschaft als historische und kulturelle Phänomene, erforsche ihre spezifischen Werte, Regierungsformen, ihre Ökonomie und Dynamik.[27]

Thomas Morus' wesentlich kürzerer Text, der im Jahr 1516 veröffentlicht wurde und bei der Leserschaft unmittelbar große Erfolge feiern durfte, entwickelte sich im Laufe der Jahrhunderte zum wahrhaften Modell utopischer Literatur. Im Städtebau zeitigte er langfristige Folgen, vor allem mit der Erarbeitung einer exemplarischen Wohnstruktur, die für den späteren sozialen Wohnungsbau richtungsweisend wurde.[28]

Von diesen beiden Texten ausgehend, und von zahlreichen anderen, die ebenfalls vorgestellt und kommentiert werden, diskutiert Choay den Einfluss des Humanismus in der Zeit seines Untergangs. Sie konstatiert dabei, wie die entscheidenden Faktoren, die alles tiefgreifend verändern – vom Territorium bis hin zur Lebensweise, von der Wahrnehmung bis hin zum Denken – nicht mehr von der Vorstellungskraft ausgehen, sondern aus der Aktion heraus gesteuert werden, so dass man den Übergang vom „imaginativen Menschen" zum „prothetischen Menschen" feststellen könne.[29]

Mit ihrer Publikation aus dem Jahr 1992 *L'allégorie du patrimoine* vollzieht Choay die Geschichte der Beziehung zwischen Gesellschaft und ihrer Vergangenheit nach, eine Geschichte, die durch das Gebaute sichtbar und erfahrbar wird. Das Label der UNESCO, das heute das „Weltkulturerbe" auszeichnet, hat die Frage des kulturellen Erbes von der Expertise der Fachleute abgekoppelt und daraus eine staatliche, das heißt eine politische Angelegenheit gemacht, bei der viel Geld im Spiel ist; vor allem profitiert die Tourismusindustrie von der Auszeichnung.[30] Françoise Choay macht sich vor diesem Hintergrund Gedanken über die Bewahrung und Instandhaltung, nicht von Ruinen, sondern von alten Gebäuden, sowie über die Beweggründe für

Françoise Choays *L'allégorie du patrimoine* von 1992 und dessen Übersetzungen
auf Italienisch (1996), Deutsch (1997), Rumänisch (1998), Portugiesisch (2000),
Englisch (2001) und Spanisch (2007)

deren Schutz und die Kriterien für deren Klassifizierung, wobei sie den Begriff der
Authentizität überprüft und historisch nachverfolgt. Sie unterscheidet zwischen
„Denkmal" („monument") und „historisches Denkmal" („monument historique"):
Ersteres findet sich in allen Kulturen der Menschheitsgeschichte, während das zweite
eine Erfindung der modernen westlichen Welt ist.[31] Das „Denkmal" wendet sich an
alle, es „erinnert" und gerinnt selbst zur Erinnerung, wie schon seine Etymologie an-
deutet. Wenn das „Denkmal" seine Ausdruckskraft verliert, stirbt es eines natürlichen
Todes, es wird nicht länger erhalten, erinnert nicht mehr an einen Glauben und regt
nicht mehr zu Riten an. Das „historische Denkmal" hingegen ist von politischen oder
institutionellen Entscheidungen abhängig, die der Einwohnerschaft nicht bewusst
oder gar fremd sind. Choay plädiert für ein „lebendiges" Kulturerbe, das einen Zweck
erfüllt, ansonsten sei es, als ob man die Geschichte durch Ideologie ersetzen würde
oder der touristischen Vermarktung opfere.[32]

Beide Bücher – *La règle et le modèle* und *L'allégorie du patrimoine* –, die mit
ihrer Fülle von Beispielen und Referenzen hohe Ansprüche an die Leserschaft stellen, zeugen vom umfassenden Wissen und der kosmopolitischen Gelehrsamkeit der
Autorin, aber auch von ihrem didaktischen Engagement, das die Leserschaft zum
Mitdenken anregt. Ihre Texte bieten zudem eine doppelte Verständnisebene, zum

einen der Narration des Haupttexts folgend, zum anderen entlang der Anmerkungen, die in ihrer bibliografischen Fülle zahlreiche Ausblicke liefern. Choays fachliches Engagement kommt auch deutlich in ihren Artikeln zum Tragen, wie beispielweise in denjenigen, die sie Le Corbusier widmete und in denen sie kritisch die Ansätze seiner Thesen hinterfragte,[33] oder in jenen, mit denen sie versuchte, dem französisch-kolumbianischen Architekten Rogelio Salmona zu Bekanntheit zu verhelfen.[34]

Sprachen und Propädeutik – Übersetzerin und Autorin einführender Essays

Françoise Choay hat gute Englisch-, Deutsch- und Italienischkenntnisse, des Spanischen ist sie weniger mächtig, kann es jedoch lesen. Sie beherrscht außerdem die lateinische Sprache und deren grammatikalische Finessen, was es ihr ermöglichte, Alberti zu übersetzen. Diese umfassenden Fremdsprachenkenntnisse eröffneten ihr den weiten Horizont der globalen Debatten und der internationalen Forschung, und das lange bevor diese in Frankreich rezipiert wurden.

Das französische Verlagswesen verhält sich gegenüber Übersetzungen von Fachliteratur eher zurückhaltend, denn wenngleich man gute Übersetzerinnen und Übersetzer findet, sind die Kosten hoch, und es ist ungewiss, ob die Verkäufe der Bücher die Investition decken werden. Choay waren aber manche Autoren so wichtig, dass sie alles dafür tat, sie übersetzen zu lassen, wenn auch nicht ohne Schwierigkeiten. Während ihrer Studienreisen in die Vereinigten Staaten oder nach Italien lernte sie interessante Autoren kennen und kaufte Bücher, die sie übersetzen lassen wollte.

Es war eine glückliche Fügung, dass François Wahl, promovierter Philosoph und seit 1966 Herausgeber bei Le Seuil, sie mit dem Verlagswesen vertraut machte und ihr 1976 die Leitung einer Buchreihe anvertraute, die sie „Espacements" nannte, nach dem Titel eines Buchs, das sie 1969 als privaten Auftrag veröffentlichte.[35] Diese Publikation war mit Fotografien von Jean-Louis Bloch-Lainé illustriert und enthielt einen Text von Choay, in dem sie sich mit verschiedenen Raumtypologien beschäftigt: dem engen mittelalterlichen Raum, dem repräsentativ-theatralischen klassischen Raum, dem Raum der Haussmann'schen Verkehrsachsen und dem Raum der totalen Vernetzung, der die Stadt auseinanderfallen lässt.[36] Man kann sich gut vorstellen, wie Françoise Choay als Verantwortliche der Buchreihe ihre gesammelten Kenntnisse mit Begeisterung einbrachte, vielleicht nicht immer mit Erfolg. Edward Halls *The Hidden Dimension* von 1966,[37] das sie zur Übersetzung empfohlen hatte, wurde nicht in die Reihe aufgenommen, wie auch der Text von Alois Riegl *Der moderne Denkmalkultus* von 1903, der erst Dank der Bemühungen des Historikers Paul Veyne veröffentlicht werden konnte, der sich bereit erklärt hatte, den Text andernfalls in der von ihm mitgeleiteten Reihe „Travaux" bei Le Seuil zu publizieren;[38] dies gilt ebenso für die Edition der *Memoires* des Georges-Eugène Haussmann, die Choay anlässlich seines 100. Todestages 1991 vorschlug, die der Verlag aber erst sehr viel später publizierte.[39]

Françoise Choay eröffnete ihre Reihe 1976 mit dem Buch *La maison d'Adam au paradis* des britischen Architekturhistorikers und Architekten Joseph Rykwert,

Die Petite Place in Arras, ein typischer mittelalterlicher Marktplatz als offene Hallenstruktur. Aufnahme von Jean-Louis Bloch-Lainé, aus Françoise Choays *Espacements* von 1969

das eine große Herausforderung an die Übersetzerin darstellte, galt es doch, den eleganten Schreibstil des Autors ins Französische zu übertragen.[40] Danach stand John Turners Buch *Freedom to Build* auf dem Verlagsprogramm, und seine Übersetzung wurde in Auftrag gegeben, diese fiel jedoch unbefriedigend aus, und die Veröffentlichung des Werks wurde gestrichen.[41] Ein weiteres Buch desselben Autors, *Housing by People. Towards Autonomy in Building Environments. Ideas in Progress*, erschien dafür 1979 unter dem Titel *Le logement est votre affaire* in einer anderen Reihe desselben Verlags („Collection techno-critique").[42] Es folgten die Übersetzung aus dem Englischen von *The Oregon Experiment* von Christopher Alexander (1976), die Veröffentlichung von *La rurbanisation ou la ville éparpillée* von Gérard Bauer und Jean-Michel Roux (1977) und von *Pas à pas. Essais sur le cheminement quotidien en milieu urbain* von Jean-François Augoyard (1979) und schließlich die Übersetzung auf Französisch von Ildefonso Cerdàs *Teoría general de la urbanización* (1979).[43]

Diese Reihe wurde 1985 beendet, aber Choay arbeitete weiterhin unermüdlich daran, über andere Kanäle weitere Schriften sowie Autorinnen und Autoren bekannt zu machen, Übersetzer zu finden oder selbst zu übersetzen sowie Begleitworte zu den Publikationen zu verfassen. Drei Texte sind ihr dabei von vorrangiger Bedeutung: Gustavo Giovannonis *Vecchie città ed edilizia nuova*, 1931 auf Italienisch erschienen und dann 1998 auf Choays Veranlassung hin in französischer Übersetzung unter dem Titel *L'urbanisme face aux villes anciennes*; Melvin Webbers Aufsatz „The Urban

Place and the Non-Place Urban Realm", 1964 in den USA veröffentlicht und 1994 auf Choays Initiative als *L'urbain sans lieu ni bornes* auf Französisch herausgegeben, sowie Alberto Magnaghis *Il progetto locale*, 2000 in Italienisch publiziert und 2003 auf Französisch unter der Überschrift *Le projet local* auf Choays Initiative hin erschienen.[44]

Zentrale Thesen und Gedanken dieser Autoren tangieren Choays Hauptinteressen und haben einen starken Bezug zu ihrer theoretischen Auseinandersetzung. Giovannoni beispielsweise definiert den Begriff des „städtischen Kulturerbes" („patrimonio urbano") als über die Erhaltung von einzelnen Bauten hinausgehend und avisiert einen ganzen baulichen Kontext, beispielsweise ein Stadtviertel, das als Ganzes geschützt werden muss und dessen Gebäude neue Nutzungsaufgaben erhalten sollen, damit die Bausubstanz lebendig erhalten bleibt.

Webber beschäftigt sich hingegen mit der Rolle der hochmodernen Kommunikations- und Transportmittel, die die Gesetzmäßigkeiten des Raums relativieren, indem sie Faktoren wie geografische Entfernung, topografische Unterschiede oder die Verteilung der Ballungsräume neutralisieren.[45] Er erkennt, dass dort, wo die Stadt nicht mehr in ihrer urbanen Eindeutigkeit besteht, sich das Städtische überall diffus ausbreitet und den ehemaligen, klassischen Gegensatz zwischen Stadt und Land aufhebt. Webber schlägt hierzu einen neuen Denkansatz vor, dem Choay teilweise beipflichtet, nämlich dass die Stadt nicht mehr nach herkömmlichem Verständnis, also nicht mehr als bloße physische Form, sondern als Kommunikationssystem, das soziale Interaktion ermöglicht, begriffen und geplant werden soll.

Magnaghi setzt in gewisser Weise den Gedanken fort, den Choay in ihrem Beitrag „Le règne de l'urbain et la mort de la ville" zum Ausstellungskatalog von 1994 *La ville, art et architecture en Europe, 1870–1993* diskutiert.[46] In diesem grundlegenden Text rekurriert sie ihrerseits auf Magnaghis analytische Definition des Territoriums, die wesentlich auf ökologischen Faktoren, der Ortsgeschichte und -kultur sowie auf der Einwohnerschaft beruht. Im Text „Espacements" von 1969 und in „Patrimoine, quel enjeu de société?" – dem zweiten Teil eines Buches, das sie 2011 unter dem alarmierenden Titel *La terre qui meurt* herausgab – wendet sich Choay ebenfalls diesen Themen zu.[47] Sie gelangt zu einem Fazit, indem sie die Arbeiten von Alberto Magnaghi in Italien und von Jean-Marie Billa in Frankreich rezipiert und ihre Leitgedanken zu einer Serie von Grundsätzen verbindet:[48] „Vorrang des Territoriums und des lokalen Maßstabs; Ausschluss des Tourismus zu Gunsten der lokalen Bewohnerschaft; Ausschluss jeglicher Art von ‚Kommunitarismus', die Ortsidentität wird von Individuen und Familien repräsentiert, die vor Ort wohnen und arbeiten: ob es sich um Einwanderer derselben Nationalität oder um Ausländer handelt, eingeschlossen sind Fahrende wie Sesshafte; direkte Beteiligung dieser ‚lokalen Gemeinschaften' an allen Entscheidungen und Maßnahmen, die sie betreffen."[49]

Eine Auswahl von Françoise Choays bedeutendsten Publikationen zur Geschichte und zur Theorie des Städtebaus von 1960 bis 2006

Eine Intellektuelle für den Städtebau

Choays Laufbahn und ihre Arbeit zeugen von ihrem bemerkenswerten Wissen, ihrer humanistischen Kulturauffassung und einer dezidierten Hinwendung zu Fragen und Geschichte des theoretischen Wissens, gepaart mit einem scharfen kritischen Verstand und einem effizienten und präzisen Schreibstil. Zu diesen akademischen Fertigkeiten gesellt sich ihr Bedürfnis, sich vor Ort zu begeben – sie unternimmt ausgiebige Wanderungen –, um sich an der Quelle zu informieren und dort ihre Positionen zu vertreten. Dieses Vorgehen bringt ihr nicht nur Zustimmung, sondern auch Kritik ein, weshalb sie sich oft verteidigen muss – was sie mit großer Ernsthaftigkeit tut.

Um Choays bahnbrechende und aufklärerische Leistung im Bereich der Historiografie und Theorie des Städtebaus würdigen zu können, sind auch quantitative Faktoren zu berücksichtigen: So muss die kapillare und nachhaltige Verbreitung ihrer Arbeit mit einbezogen werden, das heißt ihre sehr umfangreiche Publikationsliste, die hohen Auflagenzahlen ihrer Bücher, deren zahlreiche Übersetzungen und die unüberschaubare Anzahl der Buchbesprechungen, die vielen offiziellen Auszeichnungen sowie die weitreichende Rezeption ihrer Texte bei Forscherinnen, Forschern und Studierenden. Es sind aber der Fokus ihrer Forschung, die Themen, die sie definiert, und die Fragestellungen, die sie formuliert, die ihr spezifisches, hochprofessionelles und gleichzeitig unkonventionelles Forscherinnenprofil ausmachen. Die Ideengeschichte der Stadt und die Analyse des Kulturerbes sind zwei der thematischen Schwerpunkte, die sie über die Jahrzehnte ausweitet, weiterentwickelt und substantiell erneuert. Bei der Lektüre ihrer Texte wird die Fundiertheit und Selbstreflexivität ihrer Ausführungen deutlich, wie auch die antizipatorische Fähigkeit, Entwicklungen, urbane und kulturelle Veränderungen zu erkennen, beispielsweise die neuen Herausforderungen zur Erhaltung der Umwelt, die heute so brisant geworden sind. Choays Selbstverständnis als Frau ihrer Zeit kommt zum Tragen, wenn sie aktuelle Themen im Zusammenhang mit der Stadt und der Architektur aufgreift, etwa die digitale Revolution, den Klimawandel und ökologische Problemstellungen wie auch die Folgen der kapitalistischen Globalisierung. Ohne den Begriff des Feminismus jemals zu beanspruchen oder sich jemals dezidiert geschlechtsanalytischen Ansätzen zuzuwenden, behauptete Choay als Intellektuelle in einem von Männern besetzten Diskurs ihre Stimme und ihre Position mit bewundernswertem Erfolg.

1 Die Angaben zu Françoise Choays Herkunft und Jugendjahren sowie zu den frühen Jahren ihrer Laufbahn stammen hauptsächlich aus den Gesprächen, die der Autor mit ihr während fünf Radiosendungen „A voix nue" für den Kultursender France Culture vom 8. bis 12. Januar 2007 geführt hat. Vgl. auch „Françoise Choay", Gespräch mit Marc Emery, in: *Métropolis*, Nr. 6, Mai 1974, S. 65–69; Bruno Vayssière, „Le chant du signe, entretien avec Françoise Choay", in: *AMC*, Nr. 36, 1975, S. 11–15; „L'invitée: Françoise Choay", Gespräch mit Thierry Paquot, in: *Urbanisme*, Nr. 278–279, Nov.–Dez. 1994, S. 5–11 und „Les ressorts de l'urbanisme européen d'Alberti et Thomas More à Giovannoni et Magnaghi", Gespräch mit Olivier Mongin und Thierry Paquot, in: *Esprit*, Okt. 2005, S. 76–92.

2 Jeanne-Félicie Javals Vater war Saint-Simonist und ermutigte seine Schwester Sophie Wallerstein dazu, sich nach dem Tod des Vaters im Jahr 1872 um den Familienbesitz zu kümmern. Auf 3.000 Hektar Land im Bassin d'Arcachon eröffnete sie 1913 das „Aérium", ein Sanatorium für Kinder, die an Rachitis und Asthma litten.

3 Der Filmemacher und Schriftsteller Alain Fleischer porträtiert in seinem Roman *Le carnet d'adresses* die Figuren von Jean und Françoise Choay: „On les appelait ‚les Choay' parce qu'ils formaient un couple remarquable, recevant chez eux la bonne société parisienne des sciences, des arts et des lettres, comme on dit. Je me souviens d'avoir été invité à deux ou trois dîners, dans leur bel appartement du faubourg Saint-Honoré, où les plans de tables distribuaient judicieusement biologistes, philosophes, écrivains, cinéastes, artistes, mélangeant aussi les générations, les célébrités et les débutants. On trouvait, rassemblés autour de tables rondes, des personnages tels que Philippe Sollers, Pierre-Jean Rémy, Noëlle et François Chatelet, Roland Barthes, Gérard Titus-Carmel. […] ‚les Choay' étaient des personnalités fortes […] Cet homme, d'une grande distinction, parvenait à faire passer son érudition et son humour à travers le handicap sévère d'une maladie de Parkinson […] C'était une femme en qui le charme physique le disputait à la séduction de l'intelligence." (Alain Fleischer, *Le carnet d'adresses*, Paris: Seuil, 2008, S. 220–221.)

4 Corinne Verdet[-Choay] war die Herausgeberin einer Anthologie von Texten aus dem bekannten *Paris-guide par les principaux écrivains et artistes de la France*, 2 Bde., Paris: Lacroix-Verboeckhoven, 1869. Vgl. Corinne Verdet (Hrsg.), *Paris-guide par les principaux écrivains et artistes de la France*, Paris: François Maspero, 1983. Pauline Choay-Lescar übersetzte das Buch von Paul V. Turner, *The Education of Le Corbusier*, New York:

Garland, 1977; ders., *La formation de Le Corbusier. Idéalisme et mouvement moderne*, Übersetzung von Pauline Choay, Paris: Macula, 1987; ferner veröffentlichte sie Studien über Walt Whitman.

5   Françoise Choay, „Vous pouvez construire une maison pour le prix de deux voitures", in: *France observateur*, Nr. 305, 15.3.1956, S. 15. Zur Industrialisierung der Architektur vgl. dies. „L'industrialisation et le bâtiment", in: *Revue d'esthétique*, Bd. 15, Nr. 3/4 (Themenheft „L'architecture actuelle dans le monde"), Juli–Dez. 1962, S. 278–291 und dies., „Fonctionnalisme et conscience. Situation de l'*industrial design*", in: *Revue d'esthétique*, Bd. 17, Nr. 3/4 (Themenheft „Art et modernité"), Aug.–Dez. 1964, S. 264–269.

6   Vgl. dies., „La peinture et les mots", in: *France observateur*, Nr. 367, 23.5.1957, S. 17.

7   Vgl. dies., „Cités jardins ou cages à lapins?", in: *France observateur*, Nr. 474, 4.6.1959, S. 12–13. Der Diskurs über die „grands ensembles", denen man zunächst hoffungsvoll begegnete, änderte sich mit den ersten polemischen Artikeln, die sowohl den Staat als mächtiger Planer als auch die Architektur selbst und die mangelnde Infrastruktur kritisierten. Vgl. Louis Caro, „Psychiatre et sociologues dénoncent la folie des grands ensembles", in: *Sciences et vie*, Nr. 504, Sept. 1959, S. 30–37 und Pierre Sudreau, „Introduction", in: *Urbanisme*, Nr. 62–63, 1959, S. 3. Vgl. dazu Annie Fourcault, „Trois discours, une politique?", in: *Urbanisme*, Nr. 322, Jan.–Feb. 2002, S. 39–45 und Yves Lacoste, „Un problème complexe et débattu: les grands ensembles", in: Marcel Roncayolo und Thierry Paquot (Hrsg.), *Villes et civilisation urbaine XVIIIe–XXe siècle*, Paris: Larousse, 1992, S. 500–501.

8   Vgl. Françoise Choay, „Jackson Pollock", in: *L'Œil*, Nr. 42–44, Jul.–Aug. 1958, S. 42–47.

9   Vgl. dies., „La ville et l'imaginaire: une enquête de Françoise Choay", in: *Preuves*, Nr. 209/210, Aug.–Sept. 1968, S. 42–64; Nr. 211, Okt. 1968, S. 40–53 und Nr. 212, Nov. 1968, S. 29–33.

10 Vgl. „Françoise Choay", Gespräch mit Marc Emery, in: *Métropolis*, Nr. 6, Mai 1974, S. 65–69, bes. S. 67.

11 Dies., *L'urbanisme, utopies et réalités. Une anthologie*, Paris: Seuil, 1965.

12 Lewis Mumford, *The City in History. Its Origins, Its Transformations, and Its Prospects*, New York: Harcourt Brace, 1961; ders., *La cité à travers l'histoire* (Collection Esprit), übersetzt von Guy und Gérard Durand, Paris: Seuil, 1964.

13 Vgl. Choay 1965 (wie Anm. 11).

14 „Ce livre ne se propose pas d'apporter une contribution supplémentaire à la critique des faits; il ne s'agit pas de dénoncer une fois de plus la monotonie architecturale des villes neuves ou la ségrégation sociale qui y règne. Nous avons voulu chercher la signification même des faits, mettre en évidence les raisons des erreurs commises, la racine des incertitudes et des doutes que soulève aujourd'hui toute nouvelle proposition d'aménagement urbain. Notre analyse et notre critique portent donc sur les idées qui fournissent ses bases à l'urbanisme" (Choay 1965 (wie Anm. 11), S. 8).

15 Vgl. ebd., S. 82–83.

16 „L'urbaniste doit cesser de concevoir l'agglomération urbaine exclusivement en termes de modèles et de fonctionnalisme. Il faut cesser de répéter des formules figées qui transforment le discours en objet, pour définir des systèmes de rapports, créer des structures souples, une présyntaxe ouverte à des significations non encore constituées." Und: „Quant à l'habitant, sa première tâche est la lucidité. Il ne doit ni se laisser leurrer par les prétentions scientifiques de l'urbanisme actuel, ni aliéner ses libertés dans les réalisations de celui-ci. Il doit se garder autant de l'illusion progressiste que de la nostalgie culturaliste." (Ebd., S. 81.)

17 Vgl. Françoise Choay, „Urbanisme: théories et réalisations", in: *Encyclopaedia Universalis*, Paris: Encyclopaedia Universalis, 1992, S.187–197; „L'invitée: Françoise Choay", Gespräch mit Thierry Paquot, in: *Urbanisme*, Nr. 278–279, Nov.–Dez., 1994, S. 5–11, bes. S. 7 und „Françoise Choay", Gespräch mit Marc Emery, in: *Métropolis*, Nr. 6, Mai 1974, S. 65–69, bes. S. 66.

18 Vgl. Simone de Beauvoir, *Le deuxième sexe*, 2 Bde., Paris: Gallimard, 1949.

19 Die Schule La Cambre, namentlich das Institut supérieur des arts décoratifs in Brüssel – die heutige École nationale supérieure des arts visuels (ENSAV) de La Cambre – wurde 1927 von Henry van de Velde gegründet und bis 1936 von ihm geleitet. Der Name stammt von der Abtei La Cambre, in deren Räumlichkeiten die Schule eingerichtet worden war. Robert Louis Delevoy, ein Kenner James Ensors, Fernand Khnopffs, des Symbolismus und des Jugendstils, leitete La Cambre von 1965 bis 1979.

20 „Le cours se propose de: polémiquer contre une conception étroitement fonctionnaliste de l'aménagement urbain; définir une approche de l'aménagement sous l'angle de la signification; problématiser la tâche de l'urbanisme." (Françoise Choay, „La ville et le langage", in: *Cahiers de La Cambre*, Nr. 1, 1967, S. 50.) Choay hielt diese Vorlesungen bis zum Jahr 1972.

21 Gemeinsam mit Pierre Merlin publizierte Choay das zur Referenzliteratur avancierte Nachschlagewerk zur Stadtplanung: Françoise Choay und Pierre Merlin (Hrsg.), *Dictionnaire de l'urbanisme et de l'aménagement*, Paris: PUF, 1988. Weitere Ausgaben folgten 2000, 2005 und 2010.

22 Françoise Choay, *Le Corbusier*, Fotografien von Lucien Hervé, New York: Braziller, 1960 und dies., *The Modern City. Planning in the 19th Century*, übersetzt von Marguerite Hugo und George R. Collins, New York: Braziller, 1969.

23 Dies., *La règle et le modèle. Sur la théorie de l'architecture et de l'urbanisme* (Espacements), Paris: Seuil, 1980. Erweiterte und korr. Ausgabe, Paris: Seuil, 1996. Vgl. „L'invitée: Françoise Choay", Gespräch mit Thierry Paquot, in: *Urbanisme*, Nr. 278/279, Nov.–Dez., 1994, S. 5–11, bes. S. 8.

24 „Les grands réseaux techniques, sur lesquels peuvent en tous lieux se brancher tous les types possibles d'établissements humains, ont aboli l'ancestrale différence entre villes et campagnes." (Choay 1996 (wie Anm. 23), S. 11.)

25 Ebd., S. 12.

26 Leon Battista Alberti, *De re aedificatoria*, Florenz: Nicolaus Laurentii, 1485; ders., *L'art d'édifier* (Sources du Savoir), aus dem Lateinischen übersetzt, vorgestellt und kommentiert von Pierre Caye und Françoise Choay, Paris: Seuil, 2004.

27 Vgl. Choay 1996 (wie Anm. 23), S. 17–22 sowie das Kapitel über Alberti, S. 30–168; dies., „Le *De re aedificatoria* et l'institutionnalisation de la société", in: *Alberti, humaniste, architecte*, hrsg. von Françoise Choay und Michel Paoli, Paris: École nationale supérieure des Beaux-Arts, Musée du Louvre, 2006, S. 93–109 und dies., *Le De re aedificatoria et l'institutionnalisation de la société. Suivi de Patrimoine, quel enjeu de société ? L'évolution du concept de patrimoine*, Saint-Etienne: Publication de l'université de Saint-Etienne, 2006.

28 Vgl. Choay 1996 (wie Anm. 23), S. 20–22 sowie das Kapitel über Morus, S. 171–212.

29 Die Bezeichnung „homo protheticus" hat Françoise Choay von Sigmund Freud entlehnt und verwendet sie im Zusammenhang mit der Technik- und Telekommunikationsgesellschaft. „Der Mensch ist sozusagen eine Art Prothesengott geworden [...]" (Sigmund Freud, *Das Unbehagen in der Kultur*, Wien: Internationaler Psychoanalytischer Verlag, 1930, S. 50). Vgl. hierzu Françoise Choay, „Sept propositions sur le concept d'authenticité

et son usage dans les pratiques du patrimoine historique", in: Knut Einar Larsen (Hrsg.), *Proceedings Nara Conference on Authenticity in Relation to the World Heritage Convention*, Trondheim: Tapir Publishers, 1995, S. 101–120, S. 118 und dies., „Ville et société à l'ère électro-télématique: une mutation à l'œuvre", in: *Pour une anthropologie de l'espace* (La couleur des idées), Paris: Seuil, 2006, S. 233.

30 Dies., *L'allégorie du patrimoine*, Paris: Seuil, 1992. 3. erweiterte Ausgabe 1999. Dieses Buch gehört zu den wenigen von Choays Veröffentlichungen, die auf Deutsch übersetzt wurden: dies., *Das architektonische Erbe: eine Allegorie. Geschichte und Theorie der Baudenkmale*, aus dem Französischen von Christian Voigt Braunschweig, Wiesbaden: Vieweg, 1997. Zum Thema Kulturgut, siehe auch dies., „Penser la non-ville et la non-campagne de demain", in: *La France au-delà du siècle. Histoire d'un siècle 1843–1944*, Paris: Datar, L'Aube, 1994, S. 23–32; dies., „Patrimoine urbain et cyberspace", in: *La pierre d'angle*, Nr. 20/21, Okt. 1997, S. 98–101; dies., *Les rapports de Ruskin et de Viollet-le-Duc ou la longue durée des idées reçues* (Nouveaux Cahiers de l'Académie d'architecture, 3), [Paris]: Académie d'architecture, Apr. 2008; dies., *Le patrimoine en question. Anthropologie pour un combat*, Paris: Seuil, 2009 und dies., *Victor Hugo avec Claude Lévi-Strauss*, Paris: Les Mille et une Nuits, 2014. Unter den Büchern, die Françoise Choay zu diesem Thema präsentierte, einleitete, mit Anmerkungen versah oder übersetzte, seien vor allem folgende hervorgehoben: Camillo Boito, *Conserver ou restaurer. Les dilemmes du patrimoine*, aus dem Italienischen von Jean-Marc Mandosio, vorgestellt von Françoise Choay, Besançon: Les éditions de l'Imprimeur, 2000. In dieser Publikation werden neben den zwei Aufsätzen von Boito, „La restauration en architecture" und „La basilique d'or", die in seinem Buch *Questioni pratiche di belle arti: restauri, concorsi, legislazione, professione, insegnamento*, Mailand: Ulrico Hoepli, 1893 erschienen waren („I restauri in architettura", S. 3–48 und „La basilica d'oro", S. 127–138), weitere Dokumente veröffentlicht: Ein Brief von Prosper Mérimée, „Lettre sur la cathédrale de Strasbourg", vom 15. Juni 1836, der bereits in seiner *Correspondance générale. Bd. 2 1836–1840*, hrsg. von Maurice Parturier, Paris: Le Divan, 1942 enthalten ist (S. 51–55), sowie ein Text von Eugène Viollet-le-Duc, „De la restauration des anciens édifices en Italie", der in der Monatsschrift *Encyclopédie d'architecture*, 2. Serie, Bd. 1, 1872, S. 15–16, 57–59 veröffentlicht worden war. Eine weitere bedeutende Herausgeberschaft sind die Akten der *Conférence d'Athènes sur la conservation artistique et historique des monuments (1931)*, hrsg. von Françoise Choay, Besançon: Les éditions de l'Imprimeur, 2002; neue Ausgabe mit einem Vorwort von Françoise Choay, Paris: Le Linteau, 2012. Einen wichtigen Kommentar und eine Übersetzung aus dem Italienischen lieferte sie in *La lettre à Léon X. Raphaël et Baldasar Castiglione*, hrsg. von Francesco Di Teodoro, Vorwort von Françoise Choay, aus dem Italienischen von ders. und Michel Paoli, Besançon: Les éditions de l'Imprimeur, 2005. Vgl. *Raffaello e Baldassar Castiglione e la lettera a Léon X*, hrsg. von Francesco P. Di Teodoro, Bologna: Nuova Alpha, 1994.

31 Vgl. Françoise Choay, *L'allégorie du patrimoine*, Paris: Seuil, 1992, S. 9.

32 Vgl. ebd., S. 9–25.

33 Françoise Choay, „Le Corbusier's Concept of Human Nature", in: *Critique. The Cooper Union School of Art and Architecture*, Bd. 3, 1974, S. 141–145; dies., „Le Corbusier", in: *Les faiseurs de villes*, hrsg. von Thierry Paquot, Gollion: Infolio, 2010, S. 267–289 und dies., „Le Corbusier", in: *The New Encyclopædia Britannica*, Bd. 3, 15. Edition, Chicago, London [...]: Encyclopædia Britannica, 1974–2010, S. 621–623.

34 Vgl. Françoise Choay, „Rogelio Salmona, une figure exemplaire de l'architecture contemporaine", in: *Urbanisme*, Nr. 357, Nov.–Dez. 2007, S. 86–90 und ihre Übersetzung von

Rogelio Salmona, *Espacios abiertos – espacios colectivos*, Bogotá: Sociedad Colombiana de Arquitectos, 1997; ders., *Espaces ouverts – espaces collectifs*, aus dem Spanischen von Pierre Caye und Françoise Choay, Bogotá: Sociedad Colombiana de Arquitectos, 2007.

35 Françoise Choay, *Espacements. L'évolution de l'espace urbain en France*, mit Fotografien von Jean-Louis Bloch-Lainé, Paris: Groupe de l'Immobilière-Construction de Paris, 1969. Das Buch wurde von Claude Alphandéry, dem Präsidenten des Bauunternehmens l'Immobilière-Construction in Auftrag gegeben und als Weihnachtsgeschenk an die Kunden verteilt. Vgl. dies., „Trente ans après", in: dies., *Espacements. L'évolution de l'espace urbain en France*, mit Fotografien von Jean-Louis Bloch-Lainé, hrsg. von Ernesto d'Alfonso, Mailand: Skira, 2003, S. 7–8.

36 Zum städtischen Raum und zur Kunst des Städtebaus vgl. Françoise Choay „La ville et le domaine bâti comme corps", in: *Nouvelle revue de psychanalyse*, Nr. 9 (Themenheft „Le dehors et le dedans"), 1974, S. 239–251; dies. „Pour une nouvelle lecture de Camillo Sitte", in: *Communications*, Nr. 27, 1977, S. 112–121; dies. „Pensées sur la ville, arts de la ville", in: *Histoire de la France urbaine*, Bd. 4, hrsg. von Maurice Agulhon, Paris: Seuil, 1983, S. 159–271; dies. „Production de la ville, esthétique urbaine et architecture", in: *Histoire de la France urbaine*, Bd. 5, hrsg. von Marcel Roncayolo, Paris: Seuil, 1985, S. 233–279; dies., „La metafora del labirinto e il destino dell'architettura", in: *La metafora del labirinto*, zum Anlass der internationalen Tagung „Mitologie di Roland Barthes", Reggio Emilia: Comune di Reggio Emilia, 1985; dies., „L'utopie et statut anthropologique de l'espace édifié", in: *Esprit*, Okt. 2005, S. 93–110 und Choay 2006 (wie Anm. 29). Mit einem Vor- oder Nachwort, mit einer Einführung, mit Kommentaren oder gar mit einer Übersetzung hinterließ Françoise Choay die Spuren ihrer Forschungsarbeit und ihres Denkens in vielen grundlegenden Werken zum Städtebau, so beispielsweise zum schriftlichen Werk von Camillo Sitte. Vgl. Camillo Sitte, *Der Städte-Bau nach seinen künstlerischen Grundsätzen. Ein Beitrag zur Lösung modernster Fragen der Architektur und monumentalen Plastik unter besonderer Beziehung auf Wien*, Wien: Graeser, 1889; ders., *L'art de bâtir les villes. L'urbanisme selon fondements artistiques*, aus dem Deutschen von Daniel Wieczorek, mit einem Vorwort von Françoise Choay, Paris: L'équerre, 1980; Neuausgabe: Paris: Seuil, 1993.

37 Edward Hall, *The Hidden Dimension*, Garden City, New York: Doubleday, 1966; ders., *La dimension cachée*, aus dem Amerikanischen von Amélie Petita, Nachwort von Françoise Choay, Paris: Seuil, 1971.

38 Aloïs Riegl, *Der moderne Denkmalkultus. Sein Wesen und seine Entstehung*, Wien: K.K. Zentral-Kommission für Kunst- und historische Denkmale, 1903; ders., *Le culte moderne de monument, son essence et sa genèse* (Espacements), aus dem Deutschen von Daniel Wieczorek, Vorwort von Françoise Choay, Paris: Seuil, 1984.

39 Vgl. Baron Haussmann, *Mémoires*, hrsg. und eingeführt von Françoise Choay, unter Mitwirkung von Bernard Landau und Vincent Sainte Marie Gauthier, Paris: Seuil, 2000. Vgl. auch ihre weiteren Texte zu Haussmann: dies., „L'art dans la ville. Haussmann et le mobilier urbain", in: *Temps libre*, Nr. 12, 1985, S. 91–100 und *Haussmann conservateur de Paris*, hrsg. von Françoise Choay und Vincent Sainte Marie Gauthier, Arles: Actes Sud, 2013.

40 Joseph Rykwert, *On Adam's House in Paradise. The Idea of the Primitive Hut in Architectural History*, New York: Museum of Modern Art, 1972; ders., *La maison d'Adam au paradis* (Espacements), aus dem Englischen von Lucienne Lotringer, unter Mitwirkung von Daniel Grisou und Monique Lulin, Paris: Seuil, 1976.

41 John F. C. Turner, *Freedom to Build. Dweller Control of the Housing Process*, New York: Macmillan, 1972.

42 John F. C. Turner, *Housing by People. Towards Autonomy in Building Environments. Ideas in Progress*, London: Marion Boyars, 1976; ders., *Le logement est votre affaire* (Collection techno-critique), aus dem Englischen von Maud Sissung, Paris: Seuil, 1979.

43 Christopher Alexander et al., *The Oregon Experiment*, New York: Oxford University Press, 1976; ders., *Une expérience d'urbanisation démocratique* (Espacements), aus dem Englischen von Robert Davreu und Amélie Petita, Paris: Seuil, 1976; Gérard Bauer und Jean-Michel Roux, *La rurbanisation ou la ville éparpillée* (Espacements), Paris: Seuil, 1977; Jean-François Augoyard, *Pas à pas. Essais sur le cheminement quotidien en milieu urbain* (Espacements), Paris: Seuil, 1979 und Ildefonso Cerdà, *Teoría general de la urbanización, y aplicación de sus principios y doctrinas á la reforma y ensanche de Barcelona*, Madrid: Imprenta española, 1867; ders., *La théorie générale de l'urbanisation* (Espacements), aus dem Spanischen übersetzt und kommentiert von Antonio Lopez de Aberasturi, Paris: Seuil, 1979.

44 Gustavo Giovannoni, *Vecchie città ed edilizia nuova*, Turin: UTET, 1931 (der Text erschien bereits 1913 in: *Nuova antologia*, Bd. 48, Nr. 995, Juni 1913, S. 449–473); ders., *L'urbanisme face aux villes anciennes* (Points essais), aus dem Italienischen von Jean-Marc Mandosio, Amélie Petita und Claire Tandille, Einleitung von Françoise Choay, Paris: Seuil, 1998; Melvin Webber, „The Urban Place and the Non-Place Urban Realm", in: ders. et al., *Explorations into Urban Structure*, Philadelphia (PA): University of Pennsylvania Press, 1964, S. 79–153; ders., *L'urbain sans lieu ni bornes*, aus dem Amerikanischen von Xavier Guillot, Vorwort und Kommentare von Françoise Choay, La Tour d'Aigues: L'Aube, 1994; Alberto Magnaghi, *Il progetto locale*, Turin: Bollati Boringhieri, 2000 und ders., *Le projet local*, aus dem Italienischen von Marilène Raiola und Amélie Petita, Vorwort von Françoise Choay, Liège: Mardaga, 2003.

45 Vgl. Webber 1994 (wie Anm. 44), S. 10.

46 Vgl. Françoise Choay, „Le règne de l'urbain et la mort de la ville", in: *La ville, art et architecture en Europe, 1870–1993*, Ausstellungskatalog Centre Georges Pompidou, Paris, 10.2.–9.5.1994, Paris: Editions du Centre Georges Pompidou, 1994, S. 26–35; erneut abgedruckt in dies. 2006 (wie Anm. 29), S. 165–198.

47 Vgl. Choay 1969 (wie Anm. 35) und dies., „Patrimoine, quel enjeu de société?", in: dies., *La terre qui meurt*, Paris: Fayard, 2011, S. 63–96.

48 Alberto Magnaghi gründete 2010 die Società dei Territorialisti (Gesellschaft der Territorialisten) und verfasste dazu den „Manifesto della società dei territorialisti". Vgl. die verschiedenen Fassungen des Dokuments auf der Webseite der Società dei Territorialisti: <http://www.societadeiterritorialisti.it/2010/06/15/manifesto-societa/> (17.4.2018). Zu Jean-Marie Billa vgl. ders., „Le patrimoine comme sens de l'histoire urbaine: les obstacles", in: Jean-Pierre Augustin und Michel Favory (Hrsg.), *Cinquante questions à la ville: comment penser et agir sur la ville*, Bordeaux: Maison des sciences de l'homme d'Aquitaine, 2010, S. 61–64.

49 „primauté du territoire et de l'échelle locale; – exclusion du tourisme au profit des habitants locaux; – exclusion de tout ‚communautarisme', l'identité locale étant représentée par les individus et les familles qui habitent et qui travaillent sur les lieux: qu'il s'agisse d'immigrants de même nationalité ou d'étrangers, y compris gens du voyage, ainsi sédentarisés; – participation directe de ses ‚communautés locales' à toutes les décisions et actions les concernant." (Choay 2011 (wie Anm. 47), S. 92.)

Françoise Choay
L'urbanisme, utopies et réalités. Une anthologie (1965)

Françoise Choay begann im Alter von 40 Jahren an diesem Buch zu arbeiten – als Journalistin, aus intellektueller Neugierde und dem Wunsch folgend, sowohl die Architektur als auch die Kunst des Städtebaus einem breiten Publikum zugänglich zu machen. Diese Anthologie trug Texte von Autoren zusammen, die nicht mehr gelesen wurden oder nicht übersetzt waren, und galt bald als theoretisches Lehrbuch für Architektur und Städtebau. Das Werk zeichnet sich aus durch eine bemerkenswerte Gliederung, einen sehr gut dokumentierten Einführungstext zum Konzept Städtebau – das Wort „Urbanismus" gibt es in französischer Sprache seit 1910 – sowie durch Anmerkungen, die auf eine reichhaltige Bibliografie in mehreren Sprachen verweisen. Für Choay war es jedoch weniger als Begleit-Handbuch für das Universitätsstudium gedacht, sondern sollte ein Engagement markieren, das bereits die darauffolgenden Publikationen ankündigt. Im gleichen Jahr erschien in Paris bei der Documentation française der unter der Leitung von Paul Delouvrier, dem Generaldelegierten der Region Paris, erarbeitete Raumordnungsplan *Schéma d'aménagement et d'urbanisme* (SDAU) für die Pariser Region, der die bisherige staatliche Städteplanung in Frage stellte.

Choay beschäftigte sich immer wieder kritisch und analytisch mit städtebaulichen Theorien, sie griff dabei grundsätzlich auf die Quellentexte zurück, diskutierte deren Modelle und untersuchte deren Realisierungen und Akteure. In späteren Jahren sollte sie sich jeder städtebaulichen Theorie entziehen und Lösungen vorziehen, die von Fall zu Fall ausgearbeitet werden, und dabei alle Merkmale des Territoriums berücksichtigen sowie die Erwartungen der Bewohner. In Choays Verständnis definiert sich Städtebau als eine vor allem politisch bestimmte Disziplin.

Der hier abgedruckte Auszug stammt aus dem Schlussteil des Einführungskapitels „L'urbanisme en question".

Françoise Choay, *L'urbanisme, utopies et réalités. Une anthologie*, Paris: Seuil, 1965. Auszug: S. 74–80.

Conclusion

Quelle signification donner à la crise de l'urbanisme? Pourquoi l'aménagement urbain soulève-t-il aujourd'hui tant de doutes et de difficultés? A notre question initiale, nous pouvons maintenant apporter des éléments de réponse.

1. Un contresens a été commis et continue de l'être sur la nature et la véritable dimension de l'urbanisme. Malgré les prétentions des théoriciens, l'aménagement des villes n'est pas l'objet d'une science rigoureuse. Bien plus: l'idée même d'un urbanisme scientifique est un des mythes de la société industrielle.

A la racine de toute proposition d'aménagement, derrière les rationalisations ou le savoir qui prétendent la fonder en vérité, se cachent des tendances et des systèmes de valeurs. Ces motivations directrices sont apparues dès le début de l'ère industrielle; et elles se rattachent en fait à la problématique générale de la société machiniste. On peut schématiquement les ramener à ces quelques systèmes antagoniques, que nous avons nommés: progressisme, culturalisme, naturalisme. Foi dans le progrès et la toute puissance des techniques; aversion pour la société mécanisée et nostalgie des anciennes communautés culturelles; aversion pour un monde «dénaturalisé» et nostalgie d'une relation formatrice avec la nature: tels furent les fondements effectifs – parfois inconscients – du pré-urbanisme et de l'urbanisme.

2. Au début de l'ère industrielle également, ces motivations se sont objectivées dans des modèles ou types idéaux d'agglomération urbaine.

Cette objectivation s'explique pour une part par une situation intellectuelle nouvelle. La ville, fait culturel mais à demi naturalisé par l'habitude, était pour la première fois l'objet d'une critique radicale. Une telle mise en question ne pouvait manquer d'aboutir à une interrogation sur les fondements. A la présence de la cité se substituait alors son idée. Et, après avoir qualifié de désordre l'ordre urbain existant, on s'efforçait de lui opposer des ordres idéaux, des modèles, qui sont, en fait, les projections rationalisées d'imaginaires collectifs et individuels.

Par leur caractère à la fois rationnel et utopique, ces modèles se sont révélés des instruments d'action puissants: ils ont exercé une influence corrosive sur les structures urbaines établies, ils ont contribué à définir et mettre en place certaines normes urbaines de base, particulièrement dans le domaine de l'hygiène.

Seulement, construit dans l'imaginaire, le modèle ouvre forcément sur l'arbitraire. Arbitraire qui amuse, au niveau de la description, chez les pré-urbanistes, mais qui tourne au scandale au niveau de la réalisation, chez les urbanistes. Les phalanges de Fourier font sourire, mais lorsque Le Corbusier propose de remplacer Saint-Dié, détruite, par huit unités d'habitation et un centre civique, les habitants se sentent directement menacés par l'absurde. De même Brasilia, édifiée selon les règles les plus strictes de l'urbanisme progressiste, est le grandiose manifeste d'une certaine avant-garde, mais en aucune façon la réponse à des problèmes sociaux et économiques précis. L'arbitraire de ce type de méthodes et de solutions sera pleinement perçu devant le spectacle – combien banal – de l'architecte urbaniste jouant à déplacer sur ses maquettes, au gré de son humeur ou de sa fantaisie, les petits cubes qui figurent des demeures, des lieux de réunion, les éléments d'une ville.

3. Il est donc logique qu'une critique au second degré ait contesté un urbanisme dominé par l'imaginaire, et qu'elle ait cherché dans la réalité le fondement de l'aménagement urbain, remplaçant le modèle par la quantité d'information. Selon cette critique, tout projet d'aménagement doit être subordonné à une enquête préalable – définie d'ailleurs de deux façons suivant la dimension du temps qu'elle privilégie. Si, dans l'esprit progressiste, l'on donne la priorité au futur, on intégrera à l'enquête les techniques prévisionnelles: prévisions démographique et économique apparaîtront alors comme le fondement de toute planification urbaine. Si l'on suit la tradition culturaliste, c'est le passé qui unifiera une information anthropologique culminant dans une phénoménologie de la conscience percevante.

La mise en œuvre de ces techniques d'information permettrait d'élaborer des plans d'aménagement qui au lieu de répondre aux fonctions élémentaires d'un homme théorique, intégreraient dans leur richesse et leur diversité les besoins des hommes réels, situés *hic et nunc*. Il s'agit bien là d'un véritable renversement méthodologique.

Mais cet aménagement fondé sur l'information n'a pu encore se généraliser En pratique, il se heurte à la fois à des habitudes mentales et à l'urgence de l'action. De fait, la plupart des réalisations urbanistiques actuelles ressortissent à ce que les neuro-psychologues nommeraient un «comportement réduit»[1]: la nécessité de parer dans l'immédiat à l'afflux démographique et au drame des non-logés empêche une planification globale et soigneusement concertée. On va au plus pressé, selon des schèmes préétablis. En France, l'urgence est la seule justification de Sarcelles.

Il y a plus. Imaginons un instant l'urbaniste délivré des contraintes de temps et doté de techniques d'enquête beaucoup plus fines que celles dont il dispose actuellement. Demandons lui alors de construire une ville de cent mille habitants. L'ensemble des renseignements obtenus ne sera à son tour utilisable qu'à l'intérieur d'une option préalable qu'aucune quantité d'information ne peut fonder: ville ou non-ville, ville asphalte ou ville verte, ville casbah ou ville éclatée, ces options de base ne relèvent finalement que d'une décision humaine. En matière d'aménagement urbain, la science du réel n'est qu'un garde-fou de l'imaginaire; elle ne constitue pas un fondement qui permette d'éliminer l'arbitraire.

C'est pourquoi à défaut de modèle, une idéologie se réintroduit jusque chez les critiques de l'urbanisme: idéologie progressiste chez les adeptes des techniques prévisionnelles, culturaliste chez des anthropologues comme L. Mumford, naturaliste chez certains sociologues américains comme D. Riesman.

C'est ce qu'illustrent les quelques projets ou réalisations inspirés par la méthode critique. La «nouvelle ville» anglaise de Stevenage et le projet français de Toulouse-Le Mirail sont l'un et l'autre explicitement fondés sur des études démographiques, économiques et écologiques: la première doit être rattachée au culturalisme, tandis que le deuxième appartient au progressisme.

4. Un faux problème de fondement est donc au cœur de la crise de l'urbanisme. Les systèmes de valeurs sur lesquels l'urbanisme repose en dernier ressort ont été masqués par l'illusion naïve et persistante d'une assise scientifique.

Les conséquences de cette illusion apparaîtront à la lumière d'une comparaison avec l'objet industrialisé. Il semble qu'une connaissance exhaustive du contexte (services exigés et gestes

---

1   Cf. K[urt] Goldstein, *loc. cit.* [The *Organism*, American Book Company, 1939.]

impliqués, du côté de l'utilisateur; conditions de fabrication, du côté du producteur) doive permettre de déterminer la forme optima d'un fer à repasser, d'un téléphone ou d'un fauteuil: telle fut effectivement l'assise de la théorie fonctionnaliste lancée par les architectes rationalistes et l'école du *Bauhaus*. Pour eux, chaque objet était réductible à une bonne forme absolue, qui coïncïdait avec un prototype industrialisable. Mais la précarité de ce platonisme[2] apparaît aujourd'hui avec la crise de l'objet de série et de l'*industrial design*. Les créateurs de l'*industrial design* s'étaient en effet laissés obnubiler par la fonction d'usage des objets, par leur «ustensilité», en négligeant leur valeur sémiologique. Ils avaient visé exclusivement la réalisation universelle du bien-être et méconnu le statut réel de l'objet socialisé, qui est à la fois utilisable pratiquement et porteur de significations. Or, le sens n'émerge pas naturellement de la bonne forme industrialisée; au contraire, celle-ci veut ignorer l'épaisseur de sens de l'objet. C'est pourquoi (surtout dans les milieux socialement favorisés et parmi les consciences «saturées» de bien-être) on assiste aujourd'hui à une crise du fonctionnalisme. C'est pour pallier sa carence sémantique que le jeu et la dérision commencent à s'introduire dans certains secteurs de la production industrielle.

Ces remarques sont transposables au plan de la ville. Elle aussi a subi, à travers le modèle, le traumatisme de la bonne forme. Et c'était là, certes, le moyen de satisfaire rationnellement les grandes fonctions urbaines de base: celles qui font défaut aux non-logés, aux affamés de bien-être pour qui, temporairement, Sarcelles représente le salut. Mais, au-delà de ce fonctionnalisme, au-delà du logement, il reste l'habiter. La ville n'est pas seulement un objet ou un instrument, le moyen d'accomplir certaines fonctions vitales; elle est également un cadre de relations inter-conscientielles, le lieu d'une activité qui consomme des systèmes de signes autrement complexes que ceux évoqués plus haut.

5. L'urbanisme a méconnu cette réalité, méconnaissant par là même la nature de la ville. L'apport essentiel de la critique de l'urbanisme aura précisément été de faire apparaître les significations multiples de l'établissement urbain. On peut néanmoins estimer qu'elle n'a pas encore su les *relier* assez explicitement en un *système sémiologique global*, à la fois ouvert et unifiant.

L'idée d'un tel système n'est pas neuve. Victor Hugo déjà, dans un célèbre chapitre de *Notre-Dame de Paris*[3], n'avait pas hésité à comparer l'architecture à une écriture et les villes à des livres.

La métaphore hugolienne est cohérente. En la développant à la lueur des recherches contemporaines[4], on s'aperçoit qu'elle éclaire les faits passés et présents. Chaque ville

2 Exprimé de façon particulièrement éclairante par Henry Van de Velde, qui fut le précurseur de Gropius au *Deutsches Werkbund* et l'un des créateurs de l'*industrial design*: «La forme pure se range d'emblée dans la catégorie des formes éternelles. Le besoin qui a provoqué sa naissance peut être nouveau, particulier à notre époque, mais si elle est le résultat précis et spontané d'une stricte conception rationnelle de l'objet, de l'adaptation la plus logique à ce qu'il doit être pour répondre à l'usage le plus pratique que l'on attend de lui, il s'en suivra que cette forme annexe d'emblée es traits les plus frappants de la grande famille qui se perpétue depuis l'aurore de l'humanité jusqu'à nos jours, celle des formes pures et radicales. Le temps ne compte pour rien.» (*Le style moderne, contribution de la France*, Librairie des Arts décoratifs, Paris 1925.)

3 *Ceci tuera cela*, ajouté dans l'édition de 1832.

4 Cf. pour tout ce qui suit A. J. Greimas, *Cours de sémantique*, fascicules ronéotypés, Ecole Normale Supérieure de Saint-Cloud, 1964; R. Jakobson, *Essais de linguistique générale*, Ed. de Minuit, Paris 1963; A. Martinet, *Eléments de linguistique générale*, A. Colin, Paris 1960; ainsi que l'ensemble des articles de R. Barthes et en particulier *Eléments de sémiologie*, in *Communications*, n° 4, Ed. du Seuil, 1964.

ancienne, avec sa physionomie et ses formes propres, peut être comparée à un livre avec son écriture particulière, son langage «fermé»[5], bref: son style. Et l'écriture, dans chaque cas, renvoie nécessairement à une langue, à ses structures: système plus général, apanage commun des particuliers, des clercs, des architectes ou des rois qui, par leurs paroles, ont fait évoluer cette langue dans le temps.

L'ancien mode d'aménagement des villes est devenu une langue morte. Une série d'événements sociaux – transformation des techniques de production, croissance démographique, évolution des transports, développement des loisirs, entre autres – ont fait perdre leur sens aux anciennes structures de proximité, de différence, de rues, de jardins. Celles-ci ne se réfèrent plus qu'à un système archéologique. Dans le contexte actuel, elles n'ont plus de signification.

Mais, à cette langue morte conservée par la tradition, les urbanistes ont-ils substitué une langue vivante? Les nouvelles structures urbaines sont, en fait, la création de ces micro-groupes de décision qui caractérisent la société de directivité. Qui élabore aujourd'hui les villes nouvelles et les ensembles d'habitation? Des organismes de financement (étatiques, semi-étatiques, ou privés), dirigés par des techniciens de la construction, ingénieurs et architectes. Ensemble, arbitrairement, ils créent leur langage propre, leur «logotechnique».

Les groupes de décision étant étroitement spécialisés, leur langage a un contenu, un champ de signification restreint. Au niveau de l'expression – des signifiants –, il se caractérise par sa pauvreté lexicographique (unités interchangeables devant assumer diverses significations) et sa syntaxe rudimentaire, qui procède par juxtaposition de substantifs, sans disposer d'éléments de liaison; par exemple, l'espace vert lui-même est substantisé, alors qu'il devrait avoir une fonction de coordination.

Dans ces conditions, il n'est pas surprenant que les messages transmis par la logotechnique soient si minces. Que signifient les barres[6] à bureaux qui, tel le complexe Maine-Montparnasse, envahissent le centre de nos grandes villes, en *barrent* l'horizon et en disloquent la trame? Rien autre que la puissance de la directivité. Et de même, la monotonie de Poissy exprime essentiellement l'idéologie simpliste d'un groupe de polytechniciens. Dans certains cas, la collusion de l'économie et de l'esthétique peut, étant donnés les deux extrêmes sémantiques (infrastructure et superstructure) impliqués, aboutir à un message totalement incompréhensible – et, de fait, incohérent.

Dans tous les cas, le micro-langage de l'urbanisme est impératif et contraignant. Non seulement l'habitant n'a pas participé à son élaboration: telle est, dans notre société, la situation des usagers devant la plupart des systèmes sémiologiques constitués. Mais, davantage, il est privé de la liberté de réponse. L'urbaniste monologue ou harangue; l'habitant est forcé d'écouter, sans toujours comprendre. Bref, il est frustré de toute l'activité dialectique que devrait lui offrir l'établissement urbain.

---

5   Cf. R. Barthes, *Le degré zéro de l'écriture*, Ed. du Seuil, Paris, 1953.

6   Il y aurait une étude sémantique à faire de la différence apparente entre les grandes constructions américaines et les grandes constructions françaises. Les premières prennent rarement la forme de barres mais plutôt celle de tours. Peut-être cette verticalité exprime-t-elle l'individualisme et tout un romantisme de l'aventure capitaliste aux Etats-Unis.

Françoise Choay
Pour une nouvelle lecture de Camillo Sitte (1977)

Der Architekt, Historiker und Hochschullehrer Camillo Sitte (1843–1903) prägte den Begriff „Städtebau" als die Kunst Städte zu bauen – eine Definition, die eigentlich dem Inhalt des französischen „urbanisme" entsprechen sollte. Sitte rückt aber die ästhetischen Grundlagen in den Vordergrund, während die französischen Städteplaner sich mehrheitlich mit Fragen des Verkehrs, des Eigentumsrechts, der städtischen Dienste und so weiter auseinandersetzen.

Daniel Wieczorek, einer von Françoise Choays Studenten, übersetzte 1980 Sittes Buch, aber sie hatte es bereits auf Deutsch und Englisch gelesen und schon im hier vorgestellten Artikel von 1977 kommentiert. Sie äußert sich auch wiederholt zu Leben und Werk des Autors, vornehmlich, um ihn davor zu bewahren, in die Kategorie der Nostalgiker relegiert zu werden. Sie vergleicht ihn mit Ildefonso Cerdà, der 1867 für sein unvollendetes Traktat über die „Wissenschaft der Städte" den spanischen Neologismus „urbanización" geprägt hatte. Françoise Choay wird später auch Cerdàs Buch übersetzen lassen. Mit diesen editorischen Leistungen machte Choay die Texte zweier Gründungsgestalten des europäischen Städtebaus der französischsprachigen Leserschaft in einer kritischen Ausgabe zugänglich.

Françoise Choay, „Pour une nouvelle lecture de Camillo Sitte", in: *Communications*, Nr. 27 (Themennummer „Sémiotique de l'espace", hrsg. von Pierre Boudon), 1977, S. 112–121. Auszug: S. 115–119.

Certes, le noyau théorique qui sous-tend sa démarche est formulé par Sitte de façon fragmentaire, éparse et peu cohérente, puisque aussi bien trois options différentes se manifestent selon les sections du livre. D'une part, Sitte développe une conception, sans doute directement empruntée à Semper[1], qui définit le processus de création esthétique comme une lutte contre les contraintes de la matière, en l'occurrence représentée par les exigences pratiques de la vie urbaine[2]. D'autre part, lorsqu'il insiste, aux dépens des contenus, sur la valeur des structures et systèmes formels analysables par la vision, il semble bien défendre la théorie de «la visualité pure» développée par K. Fiedler (puis Hildebrand et Riegl) précisément contre les idées de Semper. Enfin nul doute que Sitte s'installe dans le sillage de la psychologie de l'art lancée par Lipps et que par sa recherche de constantes formelles satisfaisantes pour la sensibilité visuelle, il n'anticipe avant le grand ouvrage d'Ehrenfels, la démarche de la Gestaltpsychologie[3]. Au gré des chapitres, on le voit donc alternativement évoquer un *Kunsttrieb*[4] inné et sans lien avec un quelconque contenu culturel, et un *Kunstwollen*[5] inséparable d'une «vision du monde», liée à la tradition ethnique (*Volkseele*), ou invoquer les lois de la perspective naturelle ou celles de la perspective artificielle[6].

Néanmoins, ces contradictions (qui trahissent les difficultés d'une discipline naissante) ne changent rien à l'intentionnalité du texte qui, dans sa formulation assertorique et impersonnelle, s'affirme porteur d'objectivité et véridictoire. Par rapport à l'ouvrage beaucoup plus systématisé de Cerdà, les hypothèses théoriques sont disséminées et le plan n'est pas élaboré dans son détail. Mais la méthode est bien précisée au départ selon laquelle «les cités anciennes et modernes seront analysées en termes purement d'art et de technique» et les objectifs définis: «en découvrir les éléments composants[7]», ailleurs désignés principes. Chaque principe (il y en a schématiquement six, respectivement développés dans les six premiers chapitres) ou règle, est ainsi confirmé, étayé, prouvé, par l'analyse d'une série

1 Cf. *Der Stil in der Technischen und Tektonischen Künsten*, Vienne, 1878. Semper est effectivement mentionné à plusieurs reprises par Sitte, mais en référence à son travail d'architecte et non en tant que théoricien de l'art.

2 «Le conflit inné entre le pictural et le pratique ... caractéristique de la nature même des choses ... ce sourd conflit entre deux exigences opposées n'est pas caractéristique du seul urbanisme. On le trouve dans tous les arts, même ceux qui semblent les plus libres où il se présente alors comme conflit entre leurs objectifs idéaux et les restrictions que leur impose la matière dans laquelle l'œuvre d'art est supposée prendre forme ... Dans le concret, l'artiste est toujours confronté à la nécessité de matérialiser ses idées dans le cadre d'un certain nombre de possibilités techniques. Ces restrictions sont étroites ou considérables selon les aspirations et les possibilités de chaque période de l'histoire» (*op. cit.* [Camillo Sitte, *Der Städtebau nach seinen künstlerischen Grundsätzen*, Vienne, 1889. Nos citations renvoient en premier à la pagination de la traduction en anglais de G. et C. Collins (Random-House, 1965), en second (entre parenthèses) à celle de la douzième édition en langue allemande (Vienne, 1972).] p. 110 (p. 118)).

3 Cf. en particulier l'exposé de la théorie de la vision (p. 133), le rôle donné aux illusions d'optique (p. 48), et l'analyse de la perception de la place de Santa Maria Novella à Florence (p. 49); (p. 145, 56, 57).

4 Op. cit., p. 20 et 21, p. 125 (p. 22 et 23, p. 135).

5 *Id.*, p. 110 (p. 118). Sitte emploie le terme «künstlerische Gründidee».

6 *Id.*, cf. p. 78–79 (p. 84–85).

7 *Id.*, p. 4 (p. 3–4).

d'exemples empruntés à des lieux et des temps différents. Car l'histoire est une dimension nécessaire de la description, même si Sitte la structure moins fermement et univoquement que Cerda, et hésite, pour périodiser l'aventure urbaine, entre des critères renvoyant à la nature, à la peinture, ou encore au niveau d'incidence des problèmes pratiques. C'est ce dernier, en particulier, qui permet à Sitte de définir, à son tour, la mutation urbaine du XIXe siècle, dont il reconnaît le caractère inéluctable, et, l'un des premiers, souligne son lien avec une réflexivité généralisée[8].

Ainsi, méthodiquement, en s'aidant de perspectives et de plans[9], Sitte décrit les variantes structurelles de son objet. Et c'est sur cette description scientifique de l'objet urbain, sur le discours véridictoire qui la délivre, que va s'articuler la figure discursive de l'utopie. En apparence, et à en croire ses propres paroles[10], Sitte ne décrit qu'un seul et unique objet, la ville, à travers les diverses configurations qu'elle prend au cours du temps. Pourtant, deux images, opposées point par point[11], se glissent dans ce cadre descriptif, qui correspondent bien aux deux images inversées de l'utopie. On nous objectera que les deux images en question correspondent à deux objets, la ville présente et la ville passée, donnée à voir dans ses vestiges spatiaux réels, et excluent donc l'objet imaginaire, l'idéal du moi social, de l'utopie. Mais en fait, c'est en partie à un objet imaginaire que renvoient les descriptions sittesques de Pompéi, Padoue, Nuremberg, Rome ou Dresde, puisque son contenu institutionnel a disparu à jamais et qu'au présent immédiat de la ville du XIXe siècle s'oppose l'ailleurs temporel, mais cependant décrit au présent de l'indicatif[12], de la ville antique, médiévale ou baroque. En fait, l'important est d'une part le rapport de générativité que pointe l'opposition systématique des traits respectifs des deux images (fermée et ouverte, régulière et irrégulière, symétrique et asymétrique, au centre dégagé et au centre occupé), d'autre part, le travail qu'opère sur les deux images (du présent et du passé) le jugement de valeur qui, subrepticement, se substitue au jugement thétique, lorsque l'auteur glisse d'une réflexion sur le procès esthétique à l'œuvre dans un ensemble urbain, à une appréciation esthétique de ce procès. Le passage de l'observation scientifique, à l'appréciation esthétique se fait de la même façon que, chez Cerda, le glissement de l'observation biologique à l'appréciation thérapeutique, puis critique, l'assimilation des normes biologiques aux normes éthiques. C'est la science de référence (biologie ou Kunstwissenschaft) qui, ici comme là, est l'instrument du glissement, rend possible la superposition du thétique et du normatif. Analysant l'organisation spatiale qui rend belles les villes anciennes, Sitte ne résiste pas à s'en enchanter, à louer cette beauté et symétriquement à stigmatiser la laideur du milieu contemporain. En utopiste orthodoxe, il fait cumuler aux villes du passé, en plus de la beauté, la vertu, la vérité et en filigrane, la

---

8   *Op. cit.*, p. 111, 125 (p. 119, 135).

9   Ceux-ci ne sont pas toujours orientés, ni méticuleusement exacts: Sitte cherche simplement, par leur moyen, à dégager des structures ou des principes morphologiques, il ne se veut pas géographe, ni ne vise à une reproduction fidèle du réel, il dessine et schématise en psychologue de l'art.

10 Cf. la citation de la note 1 [2] *supra* [*Op. cit.*, p. 111, 125 (p. 119, 135)] qui commence par «On ne développera ici ni le point de vue historique, ni le point de vue critique».

11 Sitte précise lui-même que la «belle» ville est l'exact opposé de la ville moderne et qu'elle est le produit de principes exactement inverses (op. cit. p. 2, 133 [p. 2, 145]).

12 De façon caractéristique, la description utopique interrompt, par son présent de l'indicatif, la narration faite au passé (imparfait, prétérit) de l'histoire des villes exemplaires du passé.

santé, tandis que la ville du présent est chargée outre de la laideur, du mal[13], de l'erreur[14] et, en pointillé, de la maladie[15]. Ainsi, le descripteur, homme de science, mais aussi artiste et éventuellement sauveur[16], occupe une double position qui lui permet de faire fonctionner la même description schématique formulée au présent de l'indicatif, alternativement comme «système[17]» scientifique et comme image utopique. Et si, contrairement au cas de l'utopie classique où la critique du mauvais présent génère l'image positive inverse de la cité idéale, c'est l'appréciation du passé qui commence, dans les sept premiers chapitres, par révéler les manques du présent, quoique inversée, la relation générative des deux images n'en subsiste pas moins. Davantage, la deuxième partie du livre fait assister à un retournement du mode d'exposition: le moment est venu de la synthèse et dès lors Sitte commence par la dénonciation des tares de la ville contemporaine pour livrer ensuite son modèle.

Mais bien que Sitte lui-même emploie couramment ce terme (*Muster*), peut-on légitimement parler ici de modèle, au sens utopien? Il ne faut pas se laisser abuser par la diversité des objets que, sous l'une ou l'autre catégorie esthético-éthique, analyse Sitte. En effet, si, dans la première partie du *Städtebau*, on est confronté à des dizaines d'instances anciennes, la ville moderne s'oppose à celles-ci en tant que référent unique. Inversement, dans la deuxième partie, la ville moderne est à son tour dispersée en une multiplicité d'exemples tandis que la ville ancienne devient une entité unique. Le lecteur se trouve donc bien finalement en face de deux images unitaires et globales dont cependant, contrairement à la pratique utopienne, aucune n'est nommée. Et pour cause: leur référent cesse d'être un objet précis, donné, pour se résoudre en règles de formation (dotées d'un coefficient positif dans le cas de la ville du passé, négatif pour celle du présent). Ainsi, exactement comme dans la *Teoria*, et à l'encontre de ce qui se passe dans les textes de Howard ou Le Corbusier, la nature objectale du modèle utopien est altéré par un propos trattatiste, ou encore, le procès régulateur dont la découverte et la détermination constituent la finalité des Traités, est modélisé par une figure utopienne.

Toutefois, ce modèle synthétique, construit par un double travail d'inversion (par rapport à une image globale) et d'abstraction (par rapport à des objets multiples) ne laisse pas de renvoyer à une sorte d'arché-modèle, de paradigme fondamental qui, comme dans la *Teoria*, s'inscrit également dans le discours véridictoire (où il fait partie des hypothèses théoriques) et trouve son garant et son fondement dans le concept duel aussi, de nature humaine, dont le fonctionnement dans la figure utopique, remplace la saga trattatiste du héros détenteur-créateur de valeurs.

L'arché-modèle de Sitte est le *forum* antique[18]. Celui-ci est effectivement évoqué dès la troisième page de l'Introduction, mais sa valeur fonctionnelle est masquée non seulement par la tonalité affective et nostalgique du contexte dont il semble une illustration aléatoire, mais par les propos explicites de l'auteur décidé, dit-il, «à ne prêter attention aux concep-

---

13 P. 82, 86, 102, 106 (p. 86, 92, 109, 113).

14 Cf. p. 123 (p. 134).

15 Cf. d'une part (p. 30, 45 [p. 34, 53]), les allusions à la maladie mentale des nouveaux créateurs, d'autre part l'assimilation de l'urbanisme moderne à l'anti-naturel et de ce fait à l'a-normal.

16 Cf. p. 104, 161 (p. 111, 176).

17 Mot constamment employé par Sitte.

18 Auquel se substitue parfois l'agora, ou encore, de même importance sémantique et organisé selon les mêmes principes, le sanctuaire.

tions grecques et romaines que lorsqu'elles aident à comprendre les arrangements urbains de la Renaissance, ou éclairent l'analyse des périodes ultérieures, bien que la signification et l'importance de certains éléments fondamentaux des plans des villes aient depuis subi un changement radical[19]». Cependant, un peu plus loin, Sitte indique clairement le processus qui lui fait adopter le forum comme paradigme. Il part de la grande identité structurale posée par Alberti et reprise encore par Cerda, selon laquelle la maison est une petite ville et la ville une grande maison, et qui permet ainsi d'aborder la théorie du bâtir par l'une ou par l'autre. Ainsi, «le forum est à la ville entière ce que l'atrium représente pour la demeure unifamiliale[20]», son cœur. Et par voie de conséquence, Sitte va traiter la ville métonymiquement, sous les espèces de la partie dont sa valeur lui donne autorité pour représenter le tout: réduction de la ville (et du modèle urbain) à un fragment signifiant qui a pour homologue la réduction consistant à faire fonctionner les dichotomies utopiennes au seul niveau de la beauté, de l'esthétique urbaine.

Que le forum joue bien ce rôle paradigmatique, posé dès l'Introduction du livre, est davantage prouvé par la construction des trois premiers chapitres[21] qui, avant les places, font d'abord, à chaque fois, référence au vieux forum, successivement analysé du point de vue de sa décoration, du dégagement de son centre, de sa fermeture. Le nombre des illustrations (perspectives et plans) concernant des ensembles antiques[22], comme le nombre de références qui y sont faites dans le texte, pointe l'importance accordée à ces organisations spatiales de l'Antiquité. La critique n'y a cependant point pris garde et a polarisé son attention sur les exemples (métonymiques) empruntés au Moyen Age ou aux époques postérieures. Elle n'a pas vu que ces derniers ne sont pour Sitte que des dérivés du paradigme antique: Le Moyen Age édifie ses places sur des vestiges, la Renaissance tente une reconstitution et le baroque une adaptation.

Bien entendu, le modèle du forum, dans la mesure où il subsume une multiplicité d'objets différents (celui de Rome n'est pas celui de Pompéi[23]), n'est pas un objet-modèle mais un modèle opératoire constitué par un ensemble de principes générateurs qui trahit le même projet trattatiste que le modèle cerdien de «l'urbanisation ruralisée». Toutefois, la visée trattatiste ne parvient, pas plus que dans la *Teoria*, à s'autonomiser. Elle demeure informée par le procès de modélisation utopien. On en verra l'évidence dans le fait que le paradigme opératoire soit fondé en vérité par le cautionnement de la nature humaine. Le choix, déroutant chez un historien et un apologiste de la tradition urbaine occidentale, d'un modèle emprunté à l'Antiquité, s'explique par la plus grande proximité qu'il entretient avec un état de nature à jamais perdu, mais dont certains éléments ont pu longtemps subsister. Car le *Städtebau* est traversé par le thème de la dégradation du milieu urbain, plus précisément

19   *Op. cit.*, p. 5 (p. 4).

20   *Id.*, p. 8 (p. 10).

21   Le cinquième chapitre (concernant l'asymétrie) comporte lui aussi une référence à l'Antiquité, mais située à la fin, en confirmation des principes livrés par l'analyse des exemples italiens.

22   Un plan (Pompéi), quatre perspectives.

23   A ces modèles romains, Sitte ajoute des exemples grecs (acropole et agora d'Athènes, sanctuaires de Delphes, Éleusis, Olympie).

d'une détérioration qui est une *perte*[24]. Les villes *naturelles*[25] d'antan et la démarche spontanée de leurs créateurs ont à jamais disparus, exclues ou altérées par l'hypertrophie de la raison. La planification massive, sur la table à dessin, symbolise cette déchéance pour Sitte[26]. L'idée de la chute lui est, comme à Cerdà et à l'ensemble des théoriciens de l'urbanisme, imposée par le fait de fonder une démarche utopienne sur le trouble concept de nature humaine. Et plus rousseauiste[27] encore que d'autres théoriciens, il est conduit à poursuivre la quête de son paradigme au-delà même de la culture antique, jusqu'à le découvrir à l'état naissant chez l'enfant.

24 Cf. p. 21, 85, 104 (p. 23, 89, 111), tout particulièrement le chapitre X, p. 105 sq. (p. 112 sq.) qui dresse l'inventaire des pertes subies par la ville moderne et le ponctue par le *leitmotiv* «mais nous n'y pouvons rien changer»; cf. aussi les formules nostalgiques: «l'Acropole d'Athènes … aujourd'hui impensable … une impossibilité dans la situation actuelle», «événements irréversibles», «beautés … irrémédiablement perdues pour l'urbanisme» (ch. XI, p. 125 [p. 135]).
25 Curieusement Sitte adopte pour caractériser les villes de la période pré-industrielle le même adjectif *naturelles* que Marx et Engels. Mais bien entendu la connotation de ce terme est inverse, laudative et non péjorative. (Sur le thème des villes naturelles ou artificielles, cf. Riehl, *Naturgeschichte des Volkes*, 1854.)
26 Cf. p. 75 (p. 77).
27 L'ensemble des théories de l'urbanisme sont marquées par les implications de l'idée rousseauiste de nature humaine. Même dans les cas où une idéologie anti-rousseauiste est à l'œuvre comme chez Cerdà, héraut du machinisme et d'une dénaturation très proche des idées de Marx, le concept de nature humaine leur impose ses limitations et un totalitarisme du besoin qui condamne le déploiement du désir.

Françoise Choay
Sept propositions sur le concept d'authenticité et son usage dans les pratiques
du patrimoine historique (1995)

François Choay besuchte Japan mehrere Male. Ob ihr Interesse für das Land und seine Kultur von Roland Barthes und Claude Lévi-Strauss inspiriert war, die sie bewunderte und die beide davon fasziniert waren, lässt sich nicht mit Sicherheit sagen. Sie nahm in Japan an mehreren internationalen Symposien teil: 1987 am Symposium *La qualité de la ville*, das Augustin Berque in Tokyo organisiert hatte, wo sie den Vortrag „Mémoire de la ville et monumentalité" hielt; ebenso referierte sie 1994 bei der Konferenz in Nara über Authentizität – im Rahmen der UNES-CO-Konvention des Weltkulturerbes (1.–6.11.1994) – und publizierte ihren Vortrag in den Kongressakten. Dieser Beitrag erschien später erneut in ihrem Buch *Pour une anthropologie de l'espace* (Paris: Le Seuil, 2006) unter dem verkürzten Titel „Le concept d'authenticité en question".

Ausgehend von den Gedanken über den Unterschied zwischen „Baudenkmal" („monument") und „historischem Baudenkmal" („monument historique"), die sie 1992 in ihrer Publikation *L'allégorie du patrimoine* entwickelt hatte, überprüft Choay den Begriff von Authentizität und erschließt seine historische Dimension. Die Idee von „Baudenkmal" lasse sich in allen historischen und gegenwärtigen Kulturen und Zivilisationsformen nachweisen, argumentiert sie, sie sei für jedermann nachvollziehbar und fordere dazu auf, sich zu erinnern, wie es die Wort-Etymologie suggeriere. Hingegen sei das sogenannte „historische Baudenkmal" von einer politischen oder institutionellen Agenda bestimmt, die es von der Einwohnerschaft entfremde. Am Beispiel Japans und seines Umgangs mit dem baulichen Erbe findet sie Argumente, um die zeitgenössischen Dogmen des Kulturerbes zu hinterfragen und neu auszulegen. Ihre Überlegungen betreffen die Bewahrung und Instandhaltung, nicht von Ruinen, sondern von alten Gebäuden, die Beweggründe für deren Schutz sowie die Kriterien für deren Klassifizierung.

Françoise Choay, „Sept propositions sur le concept d'authenticité et son usage dans les pratiques du patrimoine historique", in: *Proceedings Nara Conference on Authenticity in Relation to the World Heritage Convention*, hrsg. von Knut Einar Larsen, Trondheim: Tapir Publishers, 1995, S. 101–120. Auszüge: S. 106–108, 111–114.

4. La Convention du Patrimoine mondial *lie la notion d'authenticité aux valeurs «universelles» qu'elle entend promouvoir; elle confond et assimile monument et monument historique. Cette confusion entraîne un dogmatisme qui appelle un questionnement et une interprétation.*

La *Convention du Patrimoine mondial* fait de l'authenticité la condition qui valide les valeurs universelles portées par ce patrimoine. Mais les quatre critères dont elle est assortie n'en assurent pas pour autant la pertinence: on vient de le voir, ni les «matériaux», ni «l'exécution», ni la «conception», qu'il s'agisse de sa forme ou de sa signification, ne relèvent de l'authenticité. Quant à la «situation», exiger qu'elle soit originelle revient à faire passer dans la catégorie de l'inauthentique tous les objets de musée, ce qui n'était pas le but de l'opération. On a vu, enfin, que la critériologie de la Convention laissait la possibilité d'inscrire sur sa liste des faux avérés.

On peut donc conclure que la notion d'authenticité ne présente pas de valeur opératoire pour la discipline qui se donne pour tâche de conserver le patrimoine historique. Celle-ci ne progressera qu'en abandonnant la rhétorique de l'authenticité, en inventoriant et analysant toutes les notions complexes et souvent ambivalentes, assimilées ou associées à ce terme (original/originel, conservation, reproduction ...) et en élaborant une casuistique assortie d'une batterie de concepts opératoires.

Cependant, la valeur attribuée par la *Convention du Patrimoine mondial* à l'authenticité présente un intérêt considérable, qui n'est pas d'ordre pratique, mais sémantique. Le privilège accordé à ce terme, originellement associé aux notions d'autorité et de référence, trahit la recherche latente mais non reconnue et occultée d'un fondement et elle appelle une interrogation quant aux règles du jeu patrimonial et à leurs conditions de validité.

La première notion à analyser dans la Convention est celle de valeur universelle appliquée à la notion de patrimoine historique[11]. Je ne m'attarderai pas sur les difficultés introduites par l'accolement du qualificatif «exceptionnelle» (quelle exception souffrirait-elle dès lors qu'elle est universelle?). Je me bornerai à l'essentiel: faire du patrimoine historique ou *a fortiori* du monument historique qui l'a précédé le support de valeurs universelles revient à lui assigner le rôle d'un universel culturel.

Nous nous trouvons ici au cœur de la question *car le patrimoine historique n'est pas un universel culturel.* Ce statut lui est faussement attribué, par suite de la confusion, entretenue faute d'une terminologie spécifique, entre monument et patrimoine d'un côté, monument et patrimoines historiques de l'autre. Il importe donc de rappeler et d'affiner cette différence, déjà montrée par Riegl au seuil du *Moderne Denkmalkultus.*

Qu'est-ce qu'un monument? L'étymologie du mot *monumentum* (dérivé du verbe *monere*, avertir, faire ressouvenir) l'indique, un instrument de mémoire. Le monument est un artefact, de quelque nature, forme ou dimensions que ce soient, poteau-totem ou cathédrale, inscription dans le marbre ou peinture sur le bois, explicitement construit par un groupe humain, quelle qu'en soit l'importance (famille ou nation, clan ou cité) afin de se remémorer et de commémorer les individus et les événements, les rites et les croyances qui fondent conjointement leur généalogie et leur identité. Le monument sollicite et mobilise par sa présence physique une mémoire vivante, corporelle, organique. Il existe chez tous les peuples, il est effectivement un universel culturel. Référence vivante à une origine, à un fondement, il ressortit à la catégorie de l'authenticité; il fait partie des dispositifs qui ancrent les humains dans leur condition de vivants dotés de parole, il institue et constitue. Il est partie intégrante d'une anthropologie fondamentale[12].

Le monument historique, lui, n'engage pas le statut anthropologique des humains. Il est une création, datée et localisée, de la culture européenne que les nations non-européennes se sont appropriées tardivement. L'adhésion, bientôt planétaire, des peuples des cinq continents à la *Convention du Patrimoine mondial* est un processus entamé il y a à peine vingt ans, mais le monument historique a derrière lui une longue histoire dont je rappellerai schématiquement[13] deux phases essentielles.

A la différence du monument, le monument historique n'est pas édifié délibérément à des fins mémoriales. Il est choisi par le regard érudit, parmi des édifices anciens, qu'il s'agisse ou non de monuments, indépendamment de toute finalité pratique, en raison de sa valeur pour l'histoire et pour l'art. C'est à Rome, au début du XVe siècle, que naquit ainsi sous le nom d'*antiquités*, et pour bientôt se répandre à travers l'Europe, la première forme du monument historique. Les deux valeurs dont il était investi relevaient de concepts spécifiquement ouest-européens qui commencèrent d'être élaborés lors de la révolution culturelle du *Quattrocento italien*. Qu'on m'entende bien, car cette affirmation est essentielle. Je ne dis pas que les autres cultures mondiales ne possédaient ni art ni histoire, bien au contraire. Je dis seulement, d'abord, qu'en ce moment matinal de la Renaissance italienne, l'Europe occidentale commence à élaborer les soubassements rationnels d'une discipline historique et critique qui postule la linéarité d'une histoire universelle. C'est la raison qui en fonde l'universalité. Je dis ensuite que, dans le même temps et sous le même regard critique, à l'issue du même procès de réflexion, l'art est dissocié de la pratique religieuse et de l'utilité quotidienne pour accéder au statut d'activité spécifique autonome. Mais comme Fiedler déjà, puis Riegl l'ont souligné quatre siècles plus tard, il ne faut pas confondre deux formes discursives qui s'esquissent dès cette époque: l'histoire de l'art, savoir historique qui relève des mêmes catégories que l'historiographie[14] – et la réflexion sur l'art. Celle-ci tente de percer le secret d'une activité qui ne ressortit pas à la science, qui résiste à l'analyse par le concept: sans doute dotée d'une universalité mais, comme l'a vu Kant, d'une universalité non déterminable par concept, qui échappe à son appréhension. L'art, après Fiedler[15] des auteurs comme Merleau-Ponty[16] et, plus encore, Dino Formaggio[17] l'ont bien montré, ne se réalise que dans et par une expérience corporelle immédiate vécue au présent, qu'il s'agisse de sa production ou de sa perception.

Au fil du temps, les deux valeurs, pour l'histoire et pour l'art n'ont cessé d'être réaffirmées dans les pratiques d'étude, de conservation et de restauration du patrimoine historique. Mais il est clair que la première (valeur pour l'histoire) n'a d'universalité qu'en tant que savoir, placé en l'occurrence sous l'autorité de la raison scientifique. C'est d'ailleurs sous la même caution qu'ont été annexées d'abord les valeurs pour l'histoire de l'art, puis aujourd'hui pour l'anthropologie culturelle et l'ethnographie. Quant à la seconde (valeur pour l'art), elle échappe à toute définition universelle comme à toute discrimination scientifique des objets et des lieux de son actualisation. La différence de statut de ces deux valeurs apparaît dans le cas de l'authentification d'une œuvre d'art: le savoir de l'expert porte sur son état civil, sur le nom de son auteur et son origine, non sur sa qualité.

[...]

6. Le Japon présente la particularité de jouer exemplairement sur deux tableaux: celui du monument, dans le cadre d'une tradition mémoriale étrangère à celle de l'Occident, et celui du monument historique construit selon les canons occidentaux. L'analyse du cas japonais ouvre la voie à une herméneutique de la dogmatique patrimoniale actuelle.

Dans le cadre de l'ère Meiji et dans la perspective d'une occidentalisation délibérée, le Japon a adopté, bien avant les autres pays non européens, la pratique européenne de conservation du patrimoine historique. Sous l'impulsion de figures comme Ernest Francisco Fenollosa, cette démarche fut associée à d'autres emprunts qui s'inscrivent dans la même constellation: la conception de l'histoire universelle ainsi que celle de l'art et de son institutionnalisation par le musée.

Dans le même temps cependant le Japon a, dans tous ces champs, conservé ses propres traditions. A titre d'exemple, l'histoire mythique officielle des origines de la nation et de l'ininterruption du lignage impérial a continué jusqu'à ce jour d'être enseignée aux enfants des écoles[18]. Mais nous ne nous intéressons ici qu'aux monuments. En ce qui concerne les monuments religieux, deux traditions ont subsisté parallèlement, bouddhique et shintoïste. L'entretien des temples bouddhiques est assez comparable à celui des monuments chrétiens.

En revanche, le traitement des monuments Shinto dans la durée apparaît singulier à notre regard d'Occidentaux. Ainsi la pratique périodique du démantèlement rituel suivi de reconstruction à l'identique, telle qu'elle demeure en vigueur au temple d'Isè (encore reconstruit en 1994) nous semble incompatible avec la notion de conservation: essentiellement parce que nous ne faisons pas le départ entre monument et monument historique. En l'occurrence, le temple d'Isè est un monument, bien vivant: dans la vision du monde Shinto sa destruction périodique est nécessaire à son fonctionnement; elle est exigée comme un acte de purification non seulement du lieu sur lequel le bâtiment est édifié, mais de la matière corruptible (le bois) de sa structure. Ce que Riegl nommait la valeur d'intégrité du monument (*Geschlossenheit*) est en l'occurrence indispensable pour que son pouvoir sur la mémoire puisse opérer et permettre l'accomplissement des rites que celle-ci rappelle. Plus que la conservation d'un même support matériel, c'est donc celle de conditions symboliques qui importe.

Mais la valeur que la tradition occidentale attribue à la durée et à ses marques qu'elle reconnaît et apprécie identiquement sur le monument et sur le monument historique nous incite à confondre leurs deux modes de conservation pour lesquels nous ne disposons, on l'a vu, que d'un seul et même mot. Et pourtant l'un, dans le cas du monument, suppose l'accommodement avec les forces de destruction et la négativité, la faculté de laisser perdre pour mieux refonder. L'autre, dans le cas du monument historique, est comme une manière d'embaumement. Autrement dit, en dépit des conduites touristiques actuelles qui traitent le temple d'Isè comme un monument historique, cet édifice demeure, pour ses prêtres et ses fidèles un monument qui mobilise une mémoire vivante. Il ne peut être comparé au Parthénon ou à tout autre sanctuaire désaffecté: en tant que mémorial, le Parthénon est aujourd'hui mort et bien mort, il ne s'adresse plus qu'à notre mémoire historique. Il ne vit plus, ponctuellement, aléatoirement, qu'à travers l'émotion esthétique dont témoigne, par exemple Flaubert dans une de ses dernières lettres à George Sand[19]: «Je me souviens d'avoir eu des battements de cœur, d'avoir ressenti un plaisir violent en contemplant un mur de l'Acropole, un mur nu (celui qui est à gauche quand on monte aux Propylées)».

Après avoir compris que l'entretien du temple d'Isè passe par sa destruction, on peut évoquer quelques exemples spectaculaires de monuments européens qui furent détruits et réédifiés en vue d'un meilleur fonctionnement. Faut-il rappeler que le plus vénérable monument de la chrétienté, la basilique de Saint-Pierre de Rome, fut démolie et reconstruite au XVIe siècle sous l'autorité des papes Jules II et Léon X? Oubliera-t-on davantage la destruction par l'abbé Suger de l'antique basilique carolingienne de Saint-Denis? Dans une relation émouvante[20], il nous en a livré les raisons et les conditions. De l'ancienne fondation, Suger ne garde qu'une partie qui opère comme une relique, comme un lien généalogique affirmant de façon symbolique l'autorité du nouvel édifice en tant que fondement d'une identité.

Le temple d'Isè offre encore un autre enseignement: il ne peut durer, c'est-à-dire conserver son efficacité religieuse et donc mémoriale que par la grâce d'un art de faire. La permanence et la disponibilité de cet art de faire est la condition de tout démantèlement et de toute destruction possibles de l'édifice.

La législation japonaise le reconnaît dans la notion de *trésor national intangible* qui confère au savoir-faire des artisans chargés de la reconstruction des édifices sacrés la même valeur qu'à leur œuvre.[21] La qualification de leur travail authentifie la valeur référentielle du monument. On insiste aujourd'hui sur le fait que la reconstruction d'Isè se fait «à l'identique». Il faut cependant noter qu'à travers l'histoire ni les formes de ce sanctuaire ni celles des autres temples shintoïstes n'ont été reproduites selon une logique de stricte identité. Significatif est à cet égard le témoignage d'un artisan qui, après avoir participé à la dernière reconstruction d'Isè, confiait à M. Bourdier[22] sa déception de n'avoir, cette fois, pas eu l'occasion d'innover. Cette confidence confirme la nature symbolique de la reconstruction autant que de l'objet reconstruit: la seule permanence incontournable étant en l'occurrence d'ordre intangible. Mais notre civilisation de l'image est obsédée par l'exactitude et la «fidélité» visuelles de la copie. Elle ne connaît plus l'identification symbolique dont le rôle durant le Moyen-âge européen fut naguère reconnu et analysé par R. Krautheimer dans un magistral essai consacré à l'iconographie de l'architecture médiévale[23]. Observant que nombre de fondations religieuses qui s'affirmaient à l'époque comme «copies architecturales» d'un grand prototype, tel par exemple l'église du Saint-Sépulcre à Jérusalem, présentent à nos yeux du XXe siècle la plus grande diversité entre elles et guère de ressemblance avec leur modèle, il montrait que leur parenté réside dans des analogies matérielles fragmentaires, numériques plutôt que géométriques, et surtout dans des identités intangibles comme celles de leur nom et de leurs cérémonies de fondation, autrement dit que leur authenticité de monuments ne consiste ni dans des formes exactes ni dans des matières définies, mais dans la dimension symbolique conférée par l'association de traits immatériels et de quelques traits matériels.[24]

En résumé, les charpentiers d'Isè nous offrent un double avertissement. D'une part, grâce à leur savoir-faire qui fonde l'efficacité mémoriale du temple, ils nous montrent où chercher un usage légitime de la notion d'authenticité, sans connexion avec l'état physique du monument. D'autre part, ces artisans nous découvrent l'ambiguïté de leur statut. La législation du patrimoine, à laquelle ils ressortissent dans l'exercice de leur métier, les introduit *pari passu* dans le double champ des monuments et des monuments historiques. Cette ambivalence éclate dans la dénomination de *trésors nationaux vivants* qu'ils ont acquise par contagion avec la qualification officielle de leur savoir-faire. L'adjectif *vivants* dit l'importance des pratiques corporelles, organiques dans le fonctionnement de la mémoire instaurative des sociétés humaines et de l'avènement du symbolique[25]. Mais le substantif *trésors* pointe la rareté et la précarité des ces vivants qui sont, en réalité, des survivants. Dès lors qu'on veille à leur conservation en tant que patrimoine historique, ne risque-t-on pas en effet de transformer ces artisans en objets de musée et, paradoxalement, de les condamner à mort en les soustrayant à la temporalité et à l'historicité?

Cette précarité tient au fait que si le Japon est demeuré jaloux de ses traditions nationales, il s'est cependant investi dans une exploitation intensive de la technologie occidentale et se trouve notamment, à l'heure actuelle, le pays le plus avancé dans la maîtrise des techniques de mémorisation artificielle, d'images de synthèse et de virtualisation. Il est par conséquent aussi l'un de ceux où, à la faveur d'une révolution technicienne sans précédent, qui s'accomplit depuis une trentaine d'années sans que nous y prêtions garde, s'installe une nouvelle civilisation. Car, n'ayons pas peur des mots, c'est bien de cela qu'il s'agit. Forte de ses prothèses mécaniques et électroniques, cette nouvelle civilisation promeut une déréalisation du monde et instaure de nouveaux rapports avec l'espace et le temps. En effet, dissimulée derrière la permanence des anciens vocables (espace, lieu, ville, village, campagne, monument...), une mutation des mentalités et des comportements est en cours. Elle semble récuser un ensemble d'institutions traditionnelles qui reposaient sur un ancrage local, sur une expérience corporelle de l'espacement et de la spatialité et sur une immersion dans la durée.

Le Japon qui, non seulement mise à fond sur les deux tableaux de la tradition et de la modernité technicienne mais qui, grâce à une conception du temps originellement étrangère à celle de l'Occident, échappe mieux au fétichisme de l'objet et de l'objet ancien, nous renvoie ainsi une image plus contrastée de la différence entre patrimoine et patrimoine historique. La notion de trésor national vivant nous fait plus dramatiquement percevoir les enjeux dont le maintien de cette différence est le support. Et elle nous conduit au seuil d'une interprétation du dogmatisme patrimonial.

11 L'introduction de l'expression «patrimoine historique» est récente. Elle a été motivée par et coïncide avec l'inflation, poursuivie depuis les années 1960, des types de biens ainsi désignés et qui, antérieurement, étaient appelés monuments historiques ou monuments d'art et d'histoire.

12 Sur ce concept philosophique, de portée universelle à ne pas confondre avec celui d'anthropologie culturelle qui vise la relativité des cultures, voir l'œuvre de P. Legendre et en particulier *op. cit., infra* [P. Legendre, *Dieu au miroir*, Paris, Fayard, 1994], *Les enfants du texte*, Paris, Fayard, 1992.

13 Pour un exposé détaillé de cette genèse, voir F. Choay, *L'Allégorie du patrimoine*, Paris, Le Seuil, 1992.

14 Riegl l'exprime par le concept de *Kunsthistorisches Denkmal*, monument pour l'histoire de l'art.

15 K. Fiedler, Über die Beurteilung der bildenden Kunst, 1876, rééd. in *Schriften zu Kunst*, München, Fink, 1971.

16 En particulier, «L'œil et l'esprit», Paris, *Art de France*, i, 1961, et *Le Visible et l'invisible*, Paris, Gallimard, 1964.

17 *L'idea di artisticità*, Milano, Ceschina, 1962.

18 Pesant lourdement, en particulier, sur le développement de l'archéologie. Sur tous ces problèmes voir l'excellente synthèse de M. Bourdier, «Le mythe et l'industrie ou la protection du patrimoine culturel au Japon», dans le numéro spécial *Patrie-patrimoines* de la revue *Genèses, sciences sociales et histoire*, Paris, Belin, mars 1993. Voir aussi K. E. Larsen *Architectural Preservation in Japan*, Icomos International, Trondheim, Tapir Publishers, 1994.

19   Du 3 avril 1876, *Correspondance Flaubert-Sand*, Paris, Flammarion, 1981, p. 530.

20   *Mémoire de l'Abbé Suger sur son administration abbatiale*, traduction française par A. Lecroy de La Marche, in *Oeuvres complètes de Suger*, Paris, 1867. En anglais, voir l'édition critique et la traduction de E. Panofsky, Princeton, 1946, *Abbot Suger on the Abbey Church of St Denis and its treasure*.

21   Voir M. Bourdier, *op. cit.*, ainsi que *Law for the protection of cultural properties*, oct. 1994, provisional translation, Agency for cultural Affairs, Government of Japan.

22   *Ibid.*

23   «Introduction to an ‹Iconography of Medieval architecture›», Journal of the Warburg and Courtauld Institute, V 1942, republié in *Studies in early Christian, medieval and Renaissance art*, New York, N. Y. Univ. Press; London, Univ. of London Press, 1969.

24   «The architect of a medieval copy did not intend to imitate the prototype as it looked in reality; he intended to reproduce it typice and figuraliter, as a memento of a venerated site and simultaneously as a symbol of a promised salvation», op. cit., p. 128.

25   Voir J. T. Desanti, *Réflexions sur le temps*, Paris, Grasset, 1992, notamment p. 218 sq. La corporéité de la mémoire et son rôle fondateur sont la trame de cet ouvrage.

Françoise Choay
Patrimoine, quel enjeu de société? (2011)

Dieser Text nimmt Ideen auf, die Françoise Choay bereits zu einem früheren Zeitpunkt entwickelt hatte. Es geht dabei um die Folgen des technischen Fortschritts für
den Menschen, die Auswirkungen auf seinen Körper, seine Empfindsamkeit sowie
seine Art, in der Welt zu leben, und dies in einer Epoche, in der die Gesellschaft
einstimmig vom Fortschritt begeistert zu sein scheint. Dieses Thema führt Choay in
Bezug auf die Industrialisierung des Baugewerbes aus, unter anderem in dem Artikel
„L'industrialisation et le bâtiment", der in der *Revue d'esthétique* (Bd. 15, Nr. 3–4,
Juli–Dez. 1962, S. 278–291) erschien.

Choay beschreibt, wie die außerordentliche Verbreitung der „Neuen Infor-
mations- und Kommunikationstechnologien" (NIKT), die heute alle Bereiche des
täglichen Lebens durchdringen, tiefgreifende und unumkehrbare Entwicklungen
befürchten lässt. Technologieskeptische Positionen werden nicht mehr allein von
philosophischer Seite formuliert, auch viele ArchitektInnen, StädteplanerInnen,
LandschaftsarchitektInnen und DesignerInnen distanzieren sich zunehmend von
hochmoderner Technologie, die invasiv Natur und Menschen verändert. Sie wenden
sich vermehrt dem Vorhandenen zu, der Landschaft, den lokalen Besonderheiten
und der Vorstellung, Altes wiederzuverwenden und zu reparieren.

Françoise Choay blieb stets ihren Prinzipien und ihrem kritischen Ansatz treu,
dennoch beobachtete sie mit Interesse und Offenheit die neuesten technischen
Entwicklungen. Mit intellektueller Genugtuung entdeckte sie zum Beispiel die
französische Übersetzung des Buches von Günther Anders, *Die Antiquiertheit des
Menschen* (München: Beck, 1956; *L'obsolescence de l'homme*, Paris: Ivréa, 2002).
Darin untersucht Anders den Menschen und seine Konfrontation mit der Maschine
im industriellen Zeitalter sowie den Unterschied zwischen seinem Vermögen, etwas
herzustellen, und der Fähigkeit, die Konsequenzen dieser Produktion von vornherein
mitzubedenken. Anders behandelte darin zahlreiche Themen, die Choay in Bezug
auf die durch neue Technologien bedingten gesellschaftlichen Veränderungen beschäftigten, sodass sie das Buch in ihrem Umfeld weiterempfahl.

Der hier vorgestellte Text ist dem Kapitel „La révolution électro-télématique" aus
dem Aufsatz „Patrimoine, quel enjeu de société?" entnommen, der den zweiten Teil
des Buches *La terre qui meurt* bildet.

Françoise Choay, „Patrimoine, quel enjeu de société?", in: *La terre qui meurt*, hrsg. von ders., mit Fotografien von Jean-Louis Bloch-Lainé, Paris: Fayard, 2011, S. 65–99. Auszüge: S. 88–93, 96, 98–99.

La révolution électro-télématique

Cette dénomination tient en effet compte de ses deux facteurs dominants : le développement de l'informatique et celui, qui en dépend étroitement, des grands réseaux de transport, hors d'échelle, dont la résille couvre désormais notre planète.

Comme toute révolution technique, la révolution électro-télématique exerce un impact direct sur l'ensemble des comportements sociétaux, auxquels les lient des boucles de rétroaction. Emblématique est la position, désormais régalienne, de la «techno-science», qui, sous le vocable fallacieux de *technologie*, assimile et confond les deux concepts de science et de technique.

De façon nécessairement réductrice et schématique, mais à l'aide de néologismes expressifs, j'évoquerai quelques-uns des effets culturels de la révolution électro-télématique:
– *dédifférenciation*: en particulier appauvrissement ou même, dans certaines contrées, disparition des langues vivantes au profit d'un sabir, en majeure partie dérivé de l'anglo-américain. Dans l'Europe de l'Ouest, cet appauvrissement n'en est pas moins spectaculaire, touchant, dans chaque cas, la spécificité de la langue concernée (syntaxe du français, richesse terminologique de l'anglais...);
– *détemporalisation*: vie dans une immédiateté qui nie la fonction créatrice de la durée;
– *décorporéisation*: triomphe du monde virtuel et perte de contact avec le monde de la terre et des vivants que les humains appréhendent au moyen de tous leurs sens : vision, odorat, toucher, audition et goût. Cette méconnaissance est confirmée et encouragée par l'UNESCO avec sa labellisation « patrimoine immatériel de l'humanité », représenté par des pratiques matérielles et parfaitement sensibles : récits, chants et danses traditionnels locaux ou même, plus récemment, en 2010, la cuisine locale, ainsi muséifiée et offerte à la consommation touristique;
– *désinstitutionalisation*: réduction des relations humaines qui fondent la culture par les contacts humains directs.

Vers le posthumain ou la singularité
Au plan de la spatialité qui nous concerne ici, on peut d'ores et déjà attribuer à la révolution électro-télématique les effets suivants:
– disparition d'un lexique pertinent applicable aux établissements humains ;
– remplacement des anciennes disciplines d'aménagement (architecture et urbanisme) au profit d'un urbanisme de branchement[23];
– élimination des praticiens traditionnels engagés dans un rôle de passeurs et effacement corrélatif de la pratique du dessin manuel, remplacé par la CAO (conception assistée par ordinateur);
– apparition des architectes et/ou urbanistes vedettes focalisés (voir leurs plans et iconographies) sur l'espace de circulation au détriment des espaces d'usage;

– méconnaissance croissante de la fonction symbolique de l'édification, que j'ai appelée *compétence d'édifier*[24]. Et je rappellerai ici que ce rôle symbolique ne revient pas seulement aux édifices à fonction mémorielle (monuments), mais bien aussi à toutes les œuvres matérielles édifiées non consciemment, tels les paysages et les équipements les plus humbles. Voir à ce sujet ce qu'en ont écrit, au moyen des concepts disponibles à leurs époques respectives, des auteurs comme Leon Battista Alberti ou John Ruskin, pour ne citer que les plus grands.

À terme, selon les craintes de quelques visionnaires, les prévisions de certains futurologues et les vœux de certains technolâtres, cette évolution vers un espace abstrait pourrait bien aboutir à la disparition de notre espèce au profit de ce qui fut d'abord nommé explicitement *le posthumain*[25] puis aujourd'hui la *singularité* – le dernier terme dérivant de la désinstitutionalisation de nos sociétés au profit des libertés individuelles, *singulières*, offertes par la virtualisation du monde. Depuis la parution en 2005 de son livre *The Singularity is Near: When Humans Transcend Biology*[26], Ray Kurzweil[27] dirige le Singularity Institute for Artificial Intelligence, mais il ne cherche pas pour autant à dissimuler le problème éthique posé par cette singularité. Pour finir sur une comparaison plus réjouissante, le statut de nos remplaçants serait alors analogue à celui des êtres virtuels décrits par Villiers de L'Isle-Adam dans son roman *L'Ève future*.

Que faire?
Cette analyse catastrophiste répond au même parti rhétorique que celui de Günther Anders[28]: il est destiné à faire mesurer, par une prise de conscience, les risques inhérents à la globalisation. L'intérêt que je porte au patrimoine bâti ne doit en aucune façon être interprété comme une marque de passéisme. Si je dénonce la muséification des monuments et monuments historiques, c'est afin de les réintroduire dans la vie d'aujourd'hui. Et si je m'insurge contre ce que Giorgio Ferraresi nomme, avec pertinence, la «dictature de la raison instrumentale[29]», c'est pour reconnaître pleinement la valeur de l'informatique en tant que précieux instrument technique.

On trouve, en effet, les signes d'un combat possible contre le processus qui menace notre espèce dès les années 1970, où les conséquences de la globalisation deviennent mieux perceptibles. De nombreux praticiens – connus ou inconnus – entreprennent alors un travail qui se développe dans la durée, à mesure de leur expérience.

À titre emblématique, je citerai ici un nom : celui de l'architecte-urbaniste et historien Rogelio Salmona (1927–2007). Jusqu'à son dernier jour, sans relâche, Salmona poursuivit et développa son travail sur le sol de la Colombie. En associant les techniques de pointe à l'écoute des populations, à une prise en compte toujours plus attentive des sols, des reliefs, des végétaux, des ciels et de l'ancien cadre bâti, il a édifié une œuvre semblable à aucune autre aujourd'hui parce qu'elle affirme avec lyrisme, en même temps que notre modernité, l'identité, l'altérité et les différences d'une culture[30].

Mais on trouve aussi des noms exemplaires parmi les générations suivantes. Sans pouvoir échapper à l'arbitraire d'une sélection, j'évoquerai le travail convergent et spectaculaire, accompli dans la durée jusqu'aujourd'hui, autour d'Alberto Magnaghi en Italie[31] et de Jean-Marie

Billa[32] en France. Leur double travail, enrichi par des échanges vécus sur place, présente les caractéristiques suivantes:
– primauté du territoire et de l'échelle locale;
– exclusion du tourisme au profit des habitants locaux;
– exclusion de tout « communautarisme », l'identité locale étant représentée par les individus et les familles qui habitent et qui travaillent sur les lieux: qu'il s'agisse d'immigrants de même nationalité ou d'étrangers, y compris gens du voyage, ainsi sédentarisés;
– participation directe de ses « communautés locales » à toutes les décisions et actions les concernant.

«La Société des territorialistes a pour objectif l'élaboration d'une démarche globale transdisciplinaire: qu'il s'agisse de la physique, des sciences de la nature et de la vie; qu'il s'agisse des sciences humaines et de l'anthropologie; ou qu'il s'agisse des pratiques (artisanats, architecture, aménagement) ou des techniques (y compris informatiques) liées à l'édification de notre cadre de vie. [...]

« Sous les coulées de lave de l'urbanisation contemporaine, survit un patrimoine territorial d'une extrême richesse, prêt à une nouvelle fécondation, par des nouveaux acteurs sociaux capables d'en prendre soin comme d'un bien commun. Le processus est désormais en voie d'émergence. [...]»

23   *Cf.* F. Choay, « Le règne de l'urbain et la mort de la ville », 1994, republié in *Pour une anthropologie de l'espace, op. cit.*, p. 165 *sq.*

24   *Cf.* F. Choay, *L'Allégorie du patrimoine, op. cit.*, p. 180 sq.

25   *Cf.* la synthèse de N. Katherine Hayles, *How We Became Posthuman*, Chicago et Londres, University of Chicago Press, 1999.

26   Ray Kurzweil, *The Singularity is Near : When Humans Transcend Biology*, New York, Viking Press Inc, 2005.

27   *Cf. supra*, Avant-propos.

28   *Ibid.*

29   Giorgio Ferraresi, *Produrre e scambiare valore territoriale. Dalla città diffusa allo scenario di forma urbis et agri*, Alinea, Firenze, 2009.

30   Rogelio Salmona, *Espaces ouverts/espaces collectifs*, adaptation française d'*Espacios abiertos/espacios colectivos*, Société colombienne d'architectes, en collaboration avec les ministères des Affaires étrangères et de la Culture, Bogota, 2007.

31   Alberto Magnaghi, *Il Progetto locale*, Bollati Bolinghieri, Turin, 2000, nouvelle édition 2010 ; trad. fr. *Le Projet local*, Liège, Mardaga, 2003.

32   Jean-Marie Billa, « Le patrimoine comme sens de l'histoire urbaine : les obstacles », p. 61–64, *in* Jean-Pierre Augustin et Michel Favory (dir.), *Cinquante questions à la ville : comment penser et agir sur la ville*, Bordeaux, Maison des sciences de l'homme d'Aquitaine, 2010.

Auf dünnem Eis. Wenyuan Wu und die Suche nach Alternativen für den städtebaulichen Wandel im heutigen China

Chen Ting

Alternativen zur Tabula-rasa

Im heutigen China wird an Stadtplanung und Stadtplanern sehr viel Kritik geübt. Die übliche Vorgehensweise – eine Tabula-rasa-Politik, die auf die städtebauliche Erneuerung durch Großprojekte ohne Berücksichtigung sozialer, ökonomischer und ökologischer Aspekte setzt – hat dazu geführt, dass viele Menschen ihr Zuhause und ihre Lebensgrundlage verloren haben, ohne dass das Versprechen, neue Arbeitsplätze zu schaffen und die ökonomische Entwicklung voranzutreiben, eingelöst worden wäre. Stadtplaner mögen zu ihrer Verteidigung ins Feld führen, sie seien nur für diejenigen Entwürfe zuständig, die ihre Kunden (Verwaltungen oder Bauunternehmer) so und nicht anders in Auftrag gegeben haben. Doch ebenso häufig mangelt es den beteiligten Fachleuten an dem Wissen, der Erfahrung oder dem Willen, vernünftige und praktikable Lösungen zu finden, die den Bedürfnissen der Betroffenen tatsächlich gerecht werden, zum Beispiel jenen der Verwaltung, Bauunternehmer, Einheimischen und künftigen Bewohner. In Anbetracht eines sprunghaft wachsenden Immobilienmarkts und der Tatsache, dass die gegenwärtige Praxis am meisten Profit erzeugt, sind nur wenige Mitwirkende – von jungen Uniabsolventen bis hin zu erfahrenen Fachleuten – bereit, mehr Zeit und Energie auf die Entwicklung behutsamer Strategien mit detailliert ausgearbeiteten Methoden zu verwenden. So wird überall im Land, trotz ständiger Kritik, an dieser zerstörerischen Baupraxis festgehalten.

Natürlich gibt es noch Menschen, die sich alle Mühe geben, die Dinge zu ändern. Eine von ihnen ist Wenyuan Wu, Gründerin und Chefin des Design- und Planungsbüros APECLAND in Shenzen.[1] Für sie hat Städtebau in erster Linie mit der Verteilung öffentlicher Ressourcen zu tun: Wo sollen Arme leben, wo Reiche? Soll ein Park oder ein Küstengebiet für die Allgemeinheit zugänglich bleiben? Sollen Straßen auf den Autoverkehr oder eher auf Fußgänger und Radfahrer zugeschnitten werden? Dabei geht es um weit mehr als nur um Gestaltungsfragen. Vielmehr spiegeln sich in diesen Überlegungen persönliche Werte wider: „Als ich jung war, war ich erpicht

Wenyuan Wu in ihrem Büro in Shenzhen, 2017

darauf, meine Talente vorzuführen, indem ich schöne Formen gestaltete [...] Doch als ich nach und nach realisierte, dass eine Planungsentscheidung großen Einfluss auf die Zuteilung von Steuergeldern und folglich auf das Leben und die Zukunft von Hunderttausenden Menschen haben kann, wurde ich nervös und wagte es nicht mehr, auch nur eine einzige Linie zu zeichnen, ehe ich mir über meine Aufgabe vollkommen im Klaren war [...]."[2] Mit dieser Einstellung stemmt Wu sich tapfer und ohne jemals aufzugeben gegen den allgemeinen Trend.

Familiärer Einfluss und wissenschaftliche Ausbildung (1966–1990)

Wenyuan Wu wurde 1966 in der Provinz Guizhou im Südwesten Chinas geboren.[3] Wie viele Menschen ihrer Generation hatte sie eine sehr unglückliche Kindheit. Ihr Vater – Leiter einer riesigen staatseigenen Fabrik – wurde während Maos antikapitalistischer Kampagne als zweitgrößter „kapitalistischer Verräter" der Provinz verurteilt,[4] ihre Mutter wurde bei der Antiintellektuellen-Kampagne von 1968 verhaftet. Tag für Tag musste Wus Vater, einen schweren gusseisernen Hut auf dem Kopf und eine große Holztafel mit der Aufschrift „kapitalistischer Verräter" umgehängt, durch die Straßen laufen, wo er mit faulen Eiern, Kartoffeln oder Steinen beworfen und öffentlich ge-demütigt wurde. Bei zahllosen Massenveranstaltungen wurde er, so wie viele andere, „kritisiert", das heißt: verbal und körperlich misshandelt. Auf die Fassaden einiger Gebäude in der Nachbarschaft der Familie Wu malte man in großen Schriftzeichen Losungen wie „Vernichtet den kapitalistischen Verräter [Name ihres Vaters]" auf.

Angesichts dessen verwundert es nicht, dass Wu als Kind von ihren Altersgenossen unablässig schikaniert und erniedrigt wurde und sich zum Spielen nicht nach draußen traute. „Ich erlebte die Öffentlichkeit als extrem feindselig",[5] erinnert sich Wu.

Mit Maos Tod kam das Ende der Kulturrevolution und anderer antiintellektueller Kampagnen, und die zuvor unterdrückten Intellektuellen – unter ihnen Wus Eltern – wurden nach und nach rehabilitiert. Als die liberalen Führer Chinas Anfang der 1980er-Jahre eine Wirtschaftsreform einleiteten, wurde Wus Vater zum Leiter des Komitees für wirtschaftliche Entwicklung in der Provinz Guizhou ernannt, das sich um die Leichtindustrie und den Ausbau der Energieversorgung kümmern sollte. Trotz der vorausgegangenen Schikanen stellte er sich schnell auf die neuen Verhältnisse ein und arbeitete sehr engagiert an der Einführung neuer Technologien und Ideen, indem er die internationale Kommunikation und die lokale Industrieentwicklung in der armen Provinz förderte. Dank seiner Bemühungen mechanisierte Guizhou schließlich als erste chinesische Provinz die Weinproduktion – was der Hygiene sehr zugute kam – und stellte elektrische Reiskocher her, um die Stadtbevölkerung dazu zu bewegen, von der wärmeenergetisch äußerst ineffizienten Kohle auf Strom umzusteigen.[6] Die Begeisterung, mit der ihr Vater sich neues Wissen aneignete und Veränderungen, die das Leben der Menschen verbessern sollten, trotz großer Schwierigkeiten vorantrieb, muss ihre Arbeitseinstellung geprägt haben. Ihre Mutter arbeitete am Guizhou Institute of Architectural Design.[7] Als Wu dieses Institut als Jugendliche besuchte und Erwachsene beim Entwerfen von Plänen beobachtete, wurde ihr Interesse für Architektur geweckt.

Zu dieser Zeit galt die Architektur in China im Allgemeinen lediglich als eine Art Werkzeug, als neutrale Disziplin, die sich auf ästhetische und technologische Belange konzentrierte und sozialpolitische Fragen weitgehend außer Acht ließ. Da Wu einen Beruf anstrebte, der ihr ermöglichen sollte, das Leben der Menschen zu verbessern, zugleich aber nichts mit Politik zu tun haben wollte, erschien ihr Architektur als das ideale Studienfach. Im Jahr 1982 bewarb sie sich am renommierten Chongqing College of Civil Engineering and Architecture (CCCEA) um einen Architekturstudienplatz. Da es für diesen Studiengang zu viele Bewerber gab, wurde Wu von der Hochschule dem Fach Stadtplanung zugeteilt.[8] Dessen Inhalte basierten auf den Prinzipien und Methoden, die die Chinesen in den 1950er-Jahren von sowjetischen Beratern gelernt hatten.[9] Im Vordergrund stand die Anfertigung formschöner Entwurfszeichnungen für die sozialistischen Arbeitseinheiten (Danweis) sowie für architektonische Wahrzeichen mit Symbolcharakter. Anstatt problemorientiertes und schlussfolgerndes Denken zu fördern, wurden die Studierenden dazu angeleitet, anhand vorgegebener Zahlen aus den Handbüchern zu planen, zum Beispiel gemäß der für eine Gemeinde angestrebten Anzahl von Bewohnern Kliniken und Kindergärten zu entwerfen. Gelangweilt von diesem Unterricht, beschloss Wu, ihren Master in Architektur zu machen, obwohl sie als Studentin des Fachs Stadtplanung sehr gute Leistungen erzielt hatte.

Im dritten Jahr ihres Bachelorstudiums wendete sich das Blatt. Die erste Generation chinesischer Wissenschaftler aus der Volksrepublik,[10] die im Ausland ausgebildet worden waren, kehrte zurück und leitete Reformen an den Hochschulen ein. Neue

Planungsmethoden und Denkweisen hielten Einzug. Nach ein paar Kursen bei Rück-
kehrern wie Xia Yimin und Li Zaichen, die den Einsatz von Überlagerungstechniken,
Feldforschung und ähnlichem lehrten, hatte Wu das Gefühl, Zutritt zu einer neuen
Welt erlangt zu haben. Die Heimgekehrten etablierten versuchsweise einen neuen
Masterstudiengang in Landschaftsarchitektur, der mit drei Stellen ausgestattet wurde. Es war der erste und jahrelang auch der einzige in China. Fasziniert von diesen
Lehrerpersönlichkeiten, begrub Wu ihren Traum von der Architektur und schrieb
sich für den Masterstudiengang Landschaftsarchitektur ein. In den nächsten Jahren
lernte sie brandneue Entwurfs- und Planungsmethoden kennen, denn die Rückkehrer
unterrichteten nicht nur selbst, sondern luden auch ausländische Wissenschaftler
ein, in Workshops zu lehren oder Vorlesungen zu halten. So veranstaltete etwa
der bekannte japanische Architekt und Städtebautheoretiker Yoshinobu Ashihara
einen einwöchigen Intensivworkshop, der sich mit der Frage beschäftigte, wie man
öffentliche Räume nach menschenfreundlichen Maßstäben und Proportionen gestaltet. Der kanadische Landschaftsarchitekt Alexander Rattray, der für Louis Kahn
gearbeitet hatte und zu der Zeit Dekan an der Fakultät für Landschaftsarchitektur
der Universität Manitoba war, lehrte für ein Semester als Gastdozent und brachte
den Studierenden bei, in informellen urbanen Räumen Untersuchungen durchzuführen, um die in der Stadt Chongqing herrschende Vielfalt und Toleranz wahrnehmen
und schätzen zu lernen. Dishen Wu, der Wus Masterarbeit betreute, regte sie zur
Lektüre vieler klassischer Werke der Philosophie und Geisteswissenschaft an. Dies
ermöglichte es ihr, die „morphologische Planung" hinter sich zu lassen und stattdessen in das Verständnis der Komplexität des urbanen Lebens und der menschlichen
Gesellschaft einzutauchen.

Erste Karriereschritte: Von Peking nach Shenzhen (1990–2000)

Nach Abschluss ihres Masterstudiums 1990 zog Wu nach Peking, wo sie ihren
Freund Shuxia Wang, einen früheren Kommilitonen, der inzwischen Stadtplaner
war, heiratete. Da die Ereignisse, die auf dem Tiananmen-Platz stattgefunden
hatten,[11] noch nicht lange zurücklagen, wollten die meisten Universitäten keine
frischgebackenen Absolventen einstellen, sodass es für Universitätsabgänger nur
wenige Möglichkeiten gab. An ausgebildeten Landschaftsarchitekten herrschte
jedoch Mangel, und so wurde Wu schließlich Dozentin an der Northern Jiatong
University (NJU). Anders als die experimentierfreudige CCCEA, die dem Reformen
zugeneigten Erziehungsministerium unterstand, wurde die NJU von dem deutlich
konservativeren Eisenbahnministerium verwaltet und verwendete noch die alten
sowjetischen Lehrbücher. In den folgenden Jahren bemühte Wu sich sehr, zumindest
in ihren Kursen Neuerungen einzuführen: Sie forderte ihre Studierenden auf, die
Lehrbücher wegzuwerfen und zur Datengewinnung Untersuchungen vor Ort durchzuführen, machte Hunderte Fotos auf 35-mm-Diafilmen, um international bekannte
Entwurfsbeispiele zu präsentieren, und vieles mehr. Doch die mangelnde finanzielle
und administrative Unterstützung durch die Universität frustrierte sie zunehmend.

So wurden ihr beispielsweise die Kosten für das Lehrmaterial nicht erstattet, und für Abschlussexamina waren immer noch die alten Lehrbücher ausschlaggebend. Nach vier Jahren permanenter Auseinandersetzungen verließ Wu die NJU und zog nach Shenzhen, in Chinas erste Sonderwirtschaftszone, wo mit Unterstützung zahlloser ausländischer Experten und Investoren marktwirtschaftliche Szenarien erprobt wurden und ihr Mann bereits eine gute Stelle hatte.

Shenzhen war für Wu wie eine neue Welt. In einer Zeitung stieß sie auf die Stellenanzeige eines neuen Bauträgers namens Nanyou Property, der eine/n leitende/n Projektentwickler/in suchte. Dank ihres wissenschaftlichen Backgrounds und ihrer Expertise bei der Beurteilung unterschiedlicher Entwurfsvorschläge war Wu für diese Arbeit geradezu prädestiniert und erhielt den Job sofort. Als leitende Projektentwicklerin der Firma war sie in jeden Arbeitsschritt einbezogen, von der anfänglichen Strategieplanung bis hin zur finalen Gestaltung der Innenräume. Um in Shenzhens halbliberalisierter Gesellschaft Projekte verwirklichen zu können, lernte sie, mit unterschiedlichen Beteiligten, wie Regierungsbeamten, Architekten, Arbeitsmigranten und Dorfbewohnern, zusammenzuarbeiten und zu verstehen, was diese umtrieb. Während ihrer Schwangerschaft wechselte Wu zu China Merchants Property, einem größeren staatseigenen Immobilienentwickler, der eine bessere soziale Absicherung bot. Da die Unternehmenszentrale ihren Sitz in Hongkong hatte, reiste sie aus beruflichen Gründen häufiger in die Metropole, um sich mit der fortschrittlichen Praxis dort vertraut zu machen. In Hongkong erlebte Wu zum ersten Mal, wie eine Stadt pulsieren konnte, wenn die staatliche Kontrolle weniger rigide und patriarchal war, und vor allem, wie aktiv und innovativ Individuen und Privatwirtschaft auf einem freien Markt agieren konnten. Wäre sie in Peking oder in einer anderen chinesischen Stadt geblieben, hätte sie diese Erfahrungen nicht machen können.

Obwohl sie mit ihrem Arbeitgeber gut zurechtkam, wurde Wu mit ihrer Arbeit immer unzufriedener: Die meisten Projekte, so berichtet sie im Gespräch, folgten einem typischen, konservativen Muster und waren weit entfernt von dem, was sie eigentlich wollte. 1999 organisierte Wu einen internationalen Wettbewerb für ein 40 Hektar großes aufgeschüttetes Uferareal. Im Rahmen dieses Projektes konnte sie Entwürfe von Nihon Sekkei, einem der größten japanischen Architektur- und Stadtplanungsbüros, sowie von Sasaki, dem weltberühmten US-amerikanischen Planungsbüro, einsehen. Dies gab ihr den entscheidenden Impuls: Statt den vorhandenen Platz wie alle anderen in funktionale Zonen aufzuteilen, konzentrierten sich diese beiden Bewerber auf die fußgängerfreundliche Gestaltung des öffentlichen Raums, mit dem Ziel, Kommunikation, Offenheit, Diversität und Lebensqualität zu fördern. Wu erahnte, dass diese Art der Planung ihren Vorstellungen genau entsprach. Da ihre familiären Pflichten sie nicht mehr so einengten – ihre Tochter war bereits sechs Jahre alt und ihre Eltern unterstützten sie bei der Kinderbetreuung –, machte Wu Nägel mit Köpfen: Im Dezember 2001 gründete sie ein Büro,[12] das sie APECLAND (APL) nannte. Dieses programmatische Acronym steht für die raumspezifische (LAND) Umsetzung von Architektur (A), Planung (P), Technik (Engineering) und Konstruktion (Construction) und ist zugleich als Kritik an Chinas allgegenwärtig verbreiteten Bausünden zu verstehen.

Lernen aus Zusammenarbeit und Praxis (2001–2008)

In China hatten Frauen es in Vergangenheit schwerer als Männer, unabhängige Unternehmen zu gründen, vor allem zu Beginn der 2000er-Jahre. Zu dieser Zeit waren die Kunden zumeist männliche Regierungsbeamte und Immobilienentwickler, die sich häufig trafen, gut vernetzt waren und zusammen Nachtclubs frequentierten. Doch Wu nahm weder an solchen Unternehmungen teil, noch zahlte sie Bestechungsgelder, was die meisten Auftraggeber enttäuschte. Über einen langen Zeitraum hatte Wu nur wenige Stammkunden, denn die Leute bevorzugten Auftragnehmer, die sie „besser behandelten".

Trotz dieser Probleme waren die ersten Jahre für Wu und ihre Mitarbeiterinnen und Mitarbeiter eine wertvolle Lehrzeit. Sie lernte eine Menge von dem japanischen Stadtplaner Muneharu Yokomatsu (Yo), dem ehemaligen Direktor der Abteilung für Städtebau bei Nihon Sekkei, der zunächst als externer Berater fungierte und später als Partner in Wus Firma einstieg.[13] Sie profitierte nicht nur von seinem reichhaltigen Wissens- und Erfahrungsschatz, sondern auch von seiner Arbeitsphilosophie und seinem unerschütterlichen Respekt für den Status quo eines Ortes – selbst bei sehr entschlossenen Auftraggebern.

Ein Neubauprojekt für ein Stadtviertel in Rizhao, einer Küstenstadt in der Provinz Shandong, entwickelte sich für Wu zu einer beeindruckenden Lektion. Der dortige Gouverneur wollte einen heruntergekommenen Tempel des Drachengottes aus den 1960er-Jahren abreißen lassen, weil das Gebäude hässlich und für die künftigen Bewohner des neuen Stadtviertels bedeutungslos sei und das künftige Stadtbild stören würde. Der Drachengott gilt als Herrscher der Meere. Da APL erkannte, dass der Tempel ein sehr wichtiger spiritueller Ort für viele einheimische Fischer war, die dem Drachengott huldigten, ehe sie aufs Meer hinausfuhren, plädierten die Planer für den Erhalt des Tempels. Nach tagelangen heftigen Debatten machte der Gouverneur den Vorschlag, den ursprünglichen Tempel durch einen neuen, hübscheren zu ersetzen. Wu schien dies ein gangbarer Mittelweg zu sein, und sie war geneigt, dem Kompromiss zuzustimmen. Doch Yo widersetzte sich mit folgendem Argument: „Geschichte lässt sich nicht nach eigenen Vorstellungen selektiv verändern. Alles, was man in der Geschichte erlebt hat, auch das Unvollkommene, Hässliche, Banale und Einfache, macht einen Ort zu einem realen Ort und die Gesellschaft zu einer realen Gesellschaft."[14] Yo drohte damit, sich im Falle eines Abrisses aus dem Projekt zurückzuziehen, ja sogar die Firma zu verlassen, sollte Wu dem Neubauplan zustimmen. Obwohl sie nicht ganz verstand, warum Yo derart insistierte, unterstützte Wu ihn und teilte dem Gouverneur mit, dass sie den Vertrag auf Eis legen werde, wenn er auf dem Abriss des Tempels bestehe. Ihre Sturheit schockierte ihn dermaßen, dass er einer Renovierung des Tempels zustimmte. Nicht lange nach dem Abschluss des Projekts versammelten sich eines Tages zur allgemeinen Überraschung um fünf Uhr morgens viele Tausend einheimische Fischer am Meeresufer vor dem Tempel, um ein großes Ritual zu Ehren des Drachengottes durchzuführen. Die Menschen sangen und tanzten bis Mitternacht. Dieses selbst organisierte Fest bewies, wie tief sich die Gemeinschaft diesem spirituellen Ort verbunden fühlte. Selbst wenn solche

Bindungen zeitweise vielleicht in Vergessenheit geraten, können sie wiederbelebt werden, sobald sich die Chance dazu bietet, etwa in Form eines angemessenen Eingriffs in die Planung. Zudem lässt sich aus diesem Beispiel ersehen, dass ein Gebäude nicht nur nach seiner ästhetischen und baulichen Qualität bewertet werden sollte. Viel wichtiger ist, wie es in die sozioökonomischen Aktivitäten und spirituellen Bedürfnisse der Menschen eingebunden ist. Diese Philosophie ist seither in Wus Denken tief verwurzelt.

Wenyuan Wu erläutert dem Direktor der Verwaltung vom Chancheng-Distrikt den Plan von Qicha (rechts, links ist Yokomatsu zu sehen), 2015

Durch ihre Beteiligung an zahlreichen Projekten – wie der Planung einer 40 Hektar großen Wohnstadt in einer sehr ländlichen Gegend mit einer einzigen riesigen Anzugfabrik, einer sich über 3.500 Hektar erstreckenden Industriezone ohne konkretes Konzept (die Verwaltung hatte keine Ahnung, welche Arten von Fabriken sich ansiedeln würden) und einer 600 Hektar großen Satellitenstadt im spanischen Stil am Ende der Welt – begriff Wu die realen Mechanismen, die Chinas Urbanisierung zugrunde lagen, immer besser. Diese Projekte gingen zwangsläufig mit dem Abriss ganzer Siedlungen, riesigen Investitionen in die Infrastruktur und einem großen Risiko für künftige Unternehmenskonzepte einher, was zu großer Verschwendung von sozialen, ökonomischen und natürlichen Ressourcen führte. Doch die lokalen Gouverneure waren erpicht darauf, derartige Projekte umzusetzen, da sie die Leistungsfähigkeit der Verwaltung damit wirkungsvoll zur Schau stellen konnten. Dabei ging es nicht nur um die temporäre Steigerung des Bruttoinlandprodukts und der Beschäftigtenzahlen, sondern auch darum, das Image der von ihnen verwalteten Territorien durch eine übergroße Zahl brandneuer Gebäude aufzuwerten.[15] Bei der Ausführung solcher Projekte fragte, kämpfte und verhandelte das APL-Team unablässig mit den Auftraggebern, um möglichst viele Korrekturen an den ursprünglichen Plänen durchzusetzen.

Entwicklung einer Theorie der „passiven Intervention" durch forschungsorientierte Projekte (2009 bis heute)

Nach Jahren der Praxis fasste Wu im Jahr 2009 die fragmentarischen Ideen und Strategien aus früheren Projekterfahrungen in eine Art Leitfaden zur Arbeitsweise von APL zusammen und entwickelte die Theorie der „passiven Intervention".[16] Ihr zufolge sind für gewöhnlich willkürliche, von außen herangetragene Interventionen auf ein Minimum zu begrenzen, betroffene Regionen hingegen beim Verfolgen realer sozioökonomischer Trends zu fördern und die Einheimischen so gut wie möglich zu unterstützen. Die Theorie basiert auf drei Grundprinzipien:

1. *Respektierung vorhandener Elemente*: Der existierende physische, ökonomische, soziale und kulturelle Status quo ist ein wichtiges Element, das Eingriffe von außen beschränken soll.
2. *Minimierung der Instandhaltungskosten*: Die spätere Instandhaltung von Gebäuden und ihrer Umgebung ist in die Kostenkalkulation einzubeziehen und so einfach wie möglich zu gestalten.
3. *Flexible Planung*: Bei Projekten, die dramatische sozioökonomische Veränderungen nach sich ziehen, sollten die vorhandenen sozioökonomischen Ressourcen der betreffenden Region möglichst unangetastet bleiben.

Diese Prinzipien stellen allerdings das Gegenteil dessen dar, was bei städtischen Bauprojekten in China gegenwärtig praktiziert wird. Ab 2009 führte Wu pro Jahr mindestens ein forschungsorientiertes Projekt durch, um ihre Theorie zu verifizieren und zu konsolidieren. Meist ging es dabei um die Umgestaltung vorstädtischer oder ländlicher Regionen, die Wu zufolge nicht weniger dynamisch und kompliziert sind als urbane Gebiete und häufig zum Opfer schlechter Planung werden. Da die lokalen Auftraggeber meistens nicht sehr zahlungskräftig sind, werden diese Gebiete von Forschern und Planern oft kaum beachtet. Um neue Planungsstrategien und -werkzeuge zur Lösung bestimmter, mit dem städtebaulichen Wandel einhergehender Probleme zu erproben, arbeitete Wu mit unterschiedlichen Expertengruppen zusammen, von Ökonomen über Agrarwissenschaftler und Hydrologen bis hin zu Wärmetechnikern, und investierte eine Menge unbezahlte Arbeitszeit in die Projekte. Deshalb schaffte APL es kaum, ökonomisch zu überleben. Überdies war es sehr schwierig, die lokalen Gouverneure von den Entwicklungsstrategien zu überzeugen, die diesen als zu langsam erschienen. Nichtsdestotrotz gaben Wu und ihr

Team niemals auf, denn sie glaubten daran, dass ihr Wissen von Nutzen sein könnte, wenn China beschließen sollte, bei Entwicklungsprojekten umsichtiger vorzugehen.

Die folgenden Beispiele sollen verdeutlichen, welche Anstrengungen Wus Team unternahm, um pragmatische Planungsstrategien gemäß der Theorie der „passiven Intervention" zu entwickeln. Die Grundprinzipien dieser Theorie werden anhand einzelner Projekte erläutert, für die jeweils unter ganz speziellen Bedingungen und im Hinblick auf den städtebaulichen Wandel spezifische Strategien entworfen wurden.

Respektierung vorhandener Elemente

Das Prinzip des Respekts für das bereits Vorhandene ist die Ausgangbasis für Wus Planungsmethode. Dabei beziehen sich die „vorhandenen Elemente" nicht nur auf das bebaute Gelände, sondern auch auf die demografische Situation und den sozio-ökonomischen Status. In China ist es bis heute gang und gäbe, dass Verwaltungsmitarbeiter aufgrund ihrer eigenen unprofessionellen Einschätzung von Gegebenheiten und ohne jede Fachkenntnis Projektbeschreibungen erstellen, die den Planern dann als Grundlage für ihre Arbeit dienen sollen. Deshalb hat APL beschlossen, trotz vorliegender Verwaltungsvorschläge, das betroffene Gebiet erst einmal selbst zu untersuchen und anschließend eine genaue Projektbeschreibung zu erstellen.

Wenn es um die Bebauung der ländlichen Peripherie expandierender Städte ging, wurde Wu beispielsweise immer wieder aufgefordert, für die Tourismusindustrie oder Immobilienspekulanten zu planen – dies war viele Jahre lang die populärste „Therapie" für solche Gebiete. Doch sie erklärte Gouverneuren ein ums andere Mal, dass der Tourismus eine unsichere und saisonabhängige Angelegenheit sei und sich nicht als Haupteinnahmequelle für die Einheimischen eigne. Für ein Immobilienprojekt erhielten diese nämlich nur eine einmalige Kompensationszahlung, würden aber für immer ihr Ackerland verlieren. Benachteiligt und an den Rand gedrängt, müssten die meisten Einheimischen – vor allem alte Menschen – bald ein würdeloses Leben fristen. Wu ermutigte die lokalen Gemeinden, sich stattdessen um eine schrittweise Professionalisierung der lokalen Bevölkerung im Rahmen ihres ursprünglichen Broterwerbs zu bemühen. Um den sich verändernden Anforderungen des Marktes gerecht zu werden, muss es ihnen ermöglicht werden, neue Fähigkeiten zu erwerben, mit denen sie aktiv an der Verbesserung der lokalen Wirtschaft teilnehmen können.

Für die über sechs Quadratkilometer große Fischfarm auf der Nansha-Insel,[17] wo die meisten Einheimischen von der Fischzucht leben, plante Wu ein neues Wasserzirkulations- und Reinigungssystem, um den Anteil hochwertiger Teichanlagen von 12 auf 65 Prozent zu erhöhen, sowie ein kleines Industriegebiet für die Nahrungsmittelindustrie zur Steigerung der materiellen Wertschöpfung.[18]

In dem sich über 20 Quadratkilometer erstreckenden Bauerndorf Haotang,[19] dessen größtenteils ältere Bewohner oft allein an den Berghängen leben, ordnete Wu die fruchtbaren, aber zersplitterten Ackerflächen im flacheren, gut erschlossenen Dorfzentrum so um, dass sie problemlos erweitert werden konnten. Die armen und

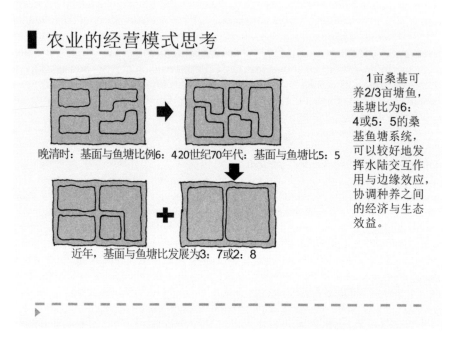

Das wechselnde Verhältnis zwischen Fischteichen (lokaler Konsum) und Maulbeerplantagen (Export) in Nansha seit der späten Qing-Dynastie bis heute

alten Bewohner im gebirgigen Teil des Dorfes konnten umgesiedelt werden und bekamen hochwertiges Ackerland, das es ihnen ermöglichte, ihren Lebensunterhalt wieder mit Landwirtschaft zu verdienen. Zugleich erhielten sie Zugang zur lokalen Sozialfürsorge.[20]

Im Falle der 30 Quadratkilometer großen Industriestadt Xingsha,[21] deren gesamtes Ackerland die Regierung ursprünglich von heute auf morgen in Industrieflächen umwandeln wollte, um die Entwicklung der Industrie- und Schwermaschinenindustrie zu fördern, warnte Wu vor sozialen Verwerfungen: Die meisten Einheimischen seien alte Menschen, die in einer Fabrik niemals Arbeit finden würden (die Mehrzahl der Fabrikarbeiter in der Region ist jünger als 45 Jahre). Ohne Land, das sie bebauen könnten, wären sie zu einem würdelosen Dasein verurteilt. Dieser Einwand überzeugte die Verwaltung und bewog sie dazu, so viel Ackerland wie möglich zu erhalten und das Industriegebiet überwiegend in den weniger fruchtbaren Bergregionen anzusiedeln. Wenn sich Industrieunternehmen in Xingsha niederlassen, können die Einwohner entweder Dienstleistungen für die steigende Zahl von Arbeitsmigranten erbringen oder ihren Lebensunterhalt weiterhin auf traditionelle Weise durch Landwirtschaft verdienen.[22]

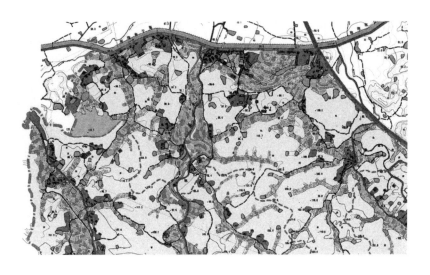

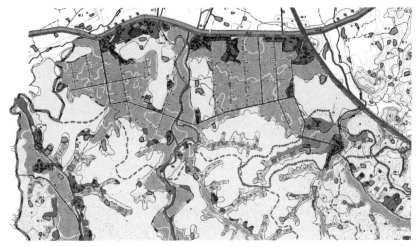

Die Reorganisation und Umstrukturierung der zerstückelten landwirtschaftlichen Parzellen der Bauern (oben) zu hochwertigem Agrarland (unten) im Zentrum des Dorfes

In der sich über 1,56 Quadratkilometer erstreckenden Stadt Longwu sollte die gesamte Altstadt inklusive ihrer 25.000 Teebauern umgesiedelt werden,[23] um Raum für exklusiven Teekultur-Tourismus zu schaffen. Wu bestand darauf, die Altstadt zu erhalten. Sie wies darauf hin, dass die Einheimischen auf sehr unterschiedliche Weise in der Tee-Industrie tätig seien: Einige zum Beispiel arbeiteten zusammen mit Krankenhäusern an der Züchtung phenolreicher Teesorten, andere produzierten Trockenfrüchte, die die lebensmittelverarbeitende Industrie zur Aromatisierung von

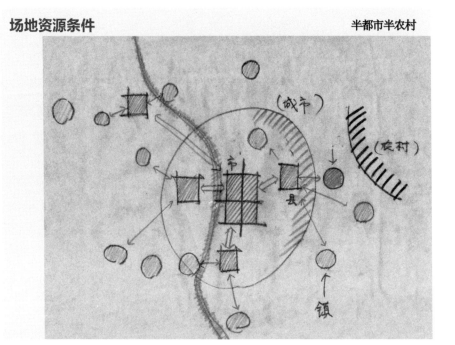

Das Verhältnis von Xingsha zur metropolitanen Region von Changsha illustriert den komplementären Bezug zwischen urbanen und ländlichen Zonen wie auch die Notwendigkeit einer ausgeglichenen Strategie der Ortsentwicklung

Tee benötige, wieder andere entwickelten spezielle Verfahren zur Trocknung von Tee. Würden all diese Menschen und Betriebe umgesiedelt, käme ein florierender Markt zum Erliegen, was der wirtschaftlichen Prosperität und der Lebendigkeit des Ortes schade. Deshalb schlug Wu vor, den öffentlichen Raum der Stadt neu zu organisieren und in der Umgebung einige kleine, erweiterbare Teelandgüter zu erschwinglichen Mieten anzusiedeln. Anschließend sollten die einheimischen Teebauern Anreize erhalten, ihre Läden oder Werkstätten in der Altstadt zu modernisieren oder in den Teelandgütern neue Dienstleistungen anzubieten. Um die Vielfalt des Angebots zusätzlich zu erweitern und möglichst unterschiedliche Besucher anzulocken, könnte auch die Ansiedlung von Künstlerinnen und Künstlern, Altenheimen, Kosmetikstudios und so weiter gefördert werden. Dies stärke die Widerstandskraft der regionalen ökonomischen Entwicklung, da man nicht alles auf eine Karte setze und so die Entfaltung weiterer Potenziale verhindere.[24]

Instandhaltungskosten minimieren

Im Rahmen der städtebaulichen Erneuerung in China wird das Problem der Instandhaltung zumeist ignoriert. Lange Zeit war die Geschwindigkeit, mit der sich Projekte verwirklichen ließen, für die Entscheidungsträger das ausschlaggebende Kriterium. Auch wenn keiner von ihnen es freiwillig zugeben würde – Qualität und Instandhaltung hatten nachrangige Bedeutung. Daran hat sich bis heute nichts Wesentliches geändert. Ergebnis dieser Entwicklung ist zum einen eine unglaubliche Verschwendung von Zeit und Ressourcen für Reparaturmaßnahmen an einem kollabierenden System, zum anderen resultieren daraus unkalkulierbare Gefahren für die natürliche Umwelt. Vor diesem Hintergrund versucht Wu für jeden Einzelfall realistische Strategien zur Minimierung von Instandhaltungskosten zu entwickeln. Bei der Planung ländlicher Siedlungen beispielsweise konzentriert sie sich zunächst auf eine sorgfältige Standortwahl und ein Gesamtkonzept, das die Reinhaltung von Gewässern durch die Selbstreinigungsmechanismen des Bodens sowie durch einige erschwingliche dezentrale Anlagen vorsieht und so die ökologische Unversehrbarkeit des Ortes gewährleistet. APL rät grundsätzlich dazu, Siedlungen oberhalb der 20-Jahre-Hochwassermarke und unterhalb von Hängen mit 25 Grad Neigung anzulegen, um sie vor Überflutung und Austrocknung des Bodens zu schützen. Waldgebiete oberhalb von Ortschaften sollen als Wasserspeicher und Erosionsschutz erhalten werden. Die meisten traditionellen Siedlungen in China wurden bereits nach diesen Grundprinzipien errichtet, doch zeitgenössische Planer schenken dem meist kaum Beachtung. Es ist gängige Praxis, neue Siedlungen auf ehemaligem Ackerland zu errichten, das immer unterhalb der durchschnittlichen Hochwassermarke liegt. Ohne hocheffizientes Drainagesystem ist der Boden in vielen Neubaugebieten oft über lange Zeit aufgeweicht.

Darüber hinaus plädiert APL in ländlichen Regionen für den Einsatz technisch einfacher, dezentraler Abwasserentsorgungsanlagen statt zentralisierter Systeme, die weithin als die effizienteste Lösung gelten und die Modernisierungsbemühungen der jeweiligen Region demonstrieren sollen. Wu argumentiert dagegen, dass die Instandhaltung der Anlagen in ländlichen Streusiedlungen viel zeitaufwendiger und teurer sei als in den dicht besiedelten urbanen Regionen, wo genügend Dienstleister zur Verfügung stünden. Beim Versagen einer zentralen Anlage sei sofort die gesamte Gemeinde betroffen und von einem Reparaturdienst abhängig, der womöglich mehrere Tage auf sich warten lasse. Kleine, technisch simple, individuell und unabhängig voneinander installierte Anlagen könnten von den Bewohnern nach einer entsprechenden Schulung selbst instandgehalten und repariert werden. Bei gravierenderen Problemen könnten die Betroffenen vorübergehend die Sanitäranlagen ihrer Nachbarn nutzen, während sie auf Handwerker aus weiter entfernten Ballungszentren warten. Nach diesem Prinzip prüft Wu vorhandene Techniken und ihre Verfügbarkeit in China und schlägt dann die für den jeweiligen Ort erschwinglichste Lösung vor. Außerdem etabliert sie nachhaltige Standards, indem sie die Landbewohner davon abhält, natürliche Gewässer zu verschmutzen, und den einzelnen Haushalten die Installation bezahlbarer und leicht zu wartender

Klärbehälter vorschlägt, die Schwarzwasser aus Toilette und Küche in Grauwasser verwandeln. An Flussläufen definiert sie einen 46 Meter breiten Uferstreifen als natürliche Versickerungszone und hält den Anteil der versiegelten Oberflächen bei unter 15 Prozent. Auf diese Weise wird das in der Siedlung produzierte Grauwasser ohne aufwendiges Drainagesystem größtenteils gereinigt, ehe es in den Kanal oder Fluss abgeleitet wird.

Flexible Planung

Das Prinzip der flexiblen Planung ist der Gegenentwurf zu den für China typischen monofunktionalen Planungsprojekten, die große sozioökonomische Risiken bergen. Sie reichen von Industriezonen über Touristengebiete und neue Wohnstädte bis hin zu Geschäftsvierteln. Die betroffenen Gebiete sind manchmal gigantisch, da die städtischen Bebauungspläne immer sorgloser erstellt werden. Für die Stadt Changsha zum Beispiel entwickelte die China Academy of Urban Design and Planning 2011 einen Masterplan, der eine sich über 30 Quadratkilometer erstreckende Blockbebauung am Stadtrand vorsah. Auch die Größe künftiger Zonen, ob Industrie- oder Wohngebiete, war damit definiert.

Darüber hinaus gilt: Wenn eine Gemeinde beschließt, die Entwicklung der Tourismusindustrie voranzutreiben, muss sie als kleinste administrative Einheit jeweils ein Dorf überplanen. Dadurch kommt es häufig vor, dass ganze Dörfer von drei bis fünf Quadratkilometern Größe nur um der touristischen Erschließung willen radikal umgewandelt werden.

Wird APL mit solchen Projekten beauftragt, versucht Wu jedes Mal, auf der Basis von Daten, die aus detaillierten Erhebungen im jeweiligen Gelände gewonnen werden, umzusteuern. Besteht der jeweilige Gouverneur auf seiner ursprünglichen Idee, versucht Wu ihn davon zu überzeugen, dass die Planung zumindest revidierbar sein müsse. Das bedeutet, dass die ursprünglichen Ressourcen eines Gebiets erhalten bleiben sollten, denn sollte·das Projekt während der Implementierungsphase scheitern oder die Wirtschaft nicht im anvisierten Zeitraum florieren, hielte sich der sozioökonomische Schaden für die Gemeinde in Grenzen und die Einheimischen könnten auf der Grundlage der bestehenden Ressourcen wie üblich weiter wirtschaften.

Auf der Nansha-Insel sollte Wu 2015 Museen, Hotels und Einkaufszentren planen, um Touristen, die sich für das Aquafarming interessierten, anzulocken. Sie beschloss, diese Einrichtungen an einigen wenigen Stellen und in einer gewissen Distanz zur Fischfarm zu konzentrieren, um sicherzustellen, dass die Touristen – mochten sie nun kommen oder nicht – die Entwicklung des Hauptwirtschaftszweigs nicht stören würden.

In Haotang wurde Wu 2013 damit beauftragt, das Straßennetz dem zunehmenden Strom motorisierter Touristen anzupassen. Sie plante jedoch keine riesigen Parkplätze, sondern schlug vor, auf bereits existierenden kleinen Plätzen temporäres Parken zu erlauben, und verschmälerte die Straßen des Dorfs auf viereinhalb Meter, um die durchfahrenden Autos zum Abbremsen zu zwingen. Auf diese Weise wurde kein wertvolles Ackerland für die Verkehrsinfrastruktur verschwendet. Darüber hinaus wird die Dorfgemeinschaft in der Hochsaison von den auswärtigen Besuchern nicht allzu sehr gestört.

In der Industriestadt Xingsha, wo ursprünglich 30 Quadratkilometer Ackerland in eine Industriezone verwandelt werden sollten, konnte Wu 2011 die Verwaltung davon überzeugen, dass es besser sei, die Entwicklung phasenweise voranzutreiben. Ihr Plan sah vor, nur die von der ersten Erschließungsphase betroffenen Anrainer (ungefähr 35 Prozent) umzusiedeln, während die übrigen 65 Prozent der ursprünglichen Bewohner ihr Ackerland behalten durften. Sollte das Projekt in irgendeiner Phase vorzeitig beendet werden oder scheitern, wäre das verbleibende Gebiet nicht betroffen, sodass die ansässigen Bauern weiterhin Landwirtschaft betreiben könnten. Würden in der ersten Bauphase jedoch genügend bauwillige Unternehmen angelockt, hätten die Bauern die Chance, ihre Erzeugnisse zu verkaufen oder, der steigenden Nachfrage Rechnung tragend, verschiedene Dienstleistungen anzubieten. Würde dann noch mehr Ackerland in Bauland umgewandelt, seien die bereits halb urbanisierten Bauern besser darauf vorbereitet, mit der Zeit zu gehen und ihren Lebensstil den veränderten sozioökonomischen Bedingungen in ihren Wohngebieten anzupassen.

Öffentlichkeitsarbeit

Wus Bemühungen, lokale Gouverneure von der Sinnhaftigkeit ihrer drei Grundprinzipien zu überzeugen, sind meist nicht von Erfolg gekrönt: Sowohl auf der Nansha-Insel als auch in Haotang bewarben die Gouverneure in freudiger Erwartung der Besuchermassen ihre Hotspots von Neuem und ließen weitere Tourismuseinrichtungen bauen, in der Erwartung, dass dieser Wirtschaftszweig sich kontinuierlich weiterentwickeln würde. Nachdem mehr und mehr Touristenzentren mit bäuerlichem Flair aus dem Boden geschossen waren und die Besucherzahlen signifikant abnahmen, überdachten die Entscheidungsträger die Maßnahmen wieder und kehrten auf den von Wu vorgeschlagenen Weg zurück, der eine beständigere Entwicklung versprach. Was Longwu widerfuhr, lässt sich hingegen als Ironie des Schicksals beschreiben. Obwohl der etwas außerhalb von Hanghzou gelegene Ort die von APL erarbeiteten Pläne befolgt und sich so innerhalb von sechs Jahren in ein florierendes Zentrum der Tee-Industrie entwickelt hatte, wurde er 2017 plötzlich niedergerissen – einzig, weil Hangzhou sich bei der Nationalbank um einen neu aufgelegten Großkredit für die „Rekonstruktion von Elendsvierteln" bewerben wollte. Da die Bank vom Darlehensnehmer vorab den kompletten Abriss der städtischen Elendsviertel forderte, wurde die relativ alte Siedlung Longwu – bei der es sich keinesfalls um ein Elendsviertel handelte – geopfert.

Wu, die sich darüber bewusst ist, dass bei der Umsetzung einzelner Projekte immer wieder die gleichen Schwierigkeiten auftauchen, bemüht sich dennoch weiter darum, die breite Öffentlichkeit und die in Stadt- und Landplanung involvierten Fachleute aufzuklären. Sie lehrt und schreibt seit Langem, um ihre Kenntnisse und ihr Wissen einem größeren Publikum zugänglich zu machen. Über ihre forschungsorientierten Projekte berichtet sie in den Social Media, in Seminaren der Verwaltung und an Universitäten. Von 2005 bis 2015 lehrte sie als Gastprofessorin an der Peking University Shenzhen Graduate School Landschaftsplanung und gab ihre Erfahrungen an die nächste Generation von Planerinnen und Planern weiter. Sie schrieb Artikel für Zeitschriften und verfasste zusammen mit dem einflussreichen Ökonomen Dang Guoying vom Rural Development Institute an der China Academy of Social Science ein Buch, in dem beide ihre Sorgen in Bezug auf die aktuelle städtebauliche Entwicklung in China zum Ausdruck brachten.[25] Dazu kamen Kolumnen für einflussreiche Zeitungen, in denen sie einfache, aber praktische Kriterien für die Auswahl von Bauplätzen auf dem Land und für die Wahl von Sanitäreinrichtungen erörterte, weil sie der Ansicht ist, dass Landbewohner, die über die grundlegenden Prinzipien modernen Bauens informiert werden, ihre Siedlungen auch ohne Stadtplaner, die selbst nicht unbedingt über das nötige Wissen verfügen, planen können. Darüber hinaus gründete Wu das dem Thinktank China Urban Development Institute in Shenzhen angegliederte Silver-Lake Forum, zu dem sie viele ausgewiesene Denker und Fachleute aus unterschiedlichen Bereichen zu Vorträgen und Diskussionen mit dem Publikum einlädt: „Viele Fachleute realisieren nicht, dass eine einzige Linie auf ihrem Plan große sozioökonomische Kosten verursachen und zu dramatischen Veränderungen im Leben eines Menschen führen kann. Deshalb liegt es mir so sehr am Herzen, das Thema öffentlich zu erörtern, Kenntnisse für jedermann transparent zu machen und den Menschen zu vermitteln, wie sie zu besseren Entscheidungen oder Verhandlungsergebnissen gelangen. Das Leben ist kurz, und ich gebe mein Bestes."[26]

1 Eine Großstadt in der Provinz Guangdong. Shenzhen liegt nördlich von Hongkong und war die erste Sonderwirtschaftszone Chinas.

2 Interview der Autorin mit Wenyuan Wu vom 11.1.2017. Aus diesem Gespräch stammen die biografischen Angaben zur Planerin.

3 Eine 176.167 Quadratkilometer große Provinz im Südwesten Chinas, in der 1953 15 Millionen Menschen lebten. Vgl. Fangling Zhou und Liu Yulian, „Development and Transition: The social structure in Guizhou within 60 years" [发展与变迁：贵州社会结构六十年], in: *Journal of Bijie University*, Nr. 5, 2010, S. 91–96.

4 Die Kampagne war Bestandteil des Reformprogramms von Mao Zedong, dem Gründer der Volksrepublik China. Als „kapitalistische Verräter" wurden Vertreter der kapitalistischen Klasse innerhalb der kommunistischen Partei sowie all jene bezeichnet, die versuchten, die politische und ökonomische Herrschaft des Kapitalismus wiederherzustellen, während sie vorgaben, den Sozialismus zu verteidigen. Der Begriff wurde von Mao zwischen 1956 und 1957 geprägt. Die Kampagne sollte Maos Machtbasis stärken, indem sie politische Gegner zu Fall brachte – vor allem jene, die sich mit Ökonomie und Management auskannten. Auch Deng Xiaoping wurde von Mao als „kapitalistischer Verräter" bezeichnet. Die Sowjetunion war nach Maos Ansicht nach Josef Stalins Tod ebenfalls kapitalistischen Verrätern aus den Reihen der kommunistischen Partei anheimgefallen.

5 Interview vom 11.1.2017 (wie Anm. 2).

6 Ein japanischer Energieexperte sagte ihm, dass die in Guizhou abgebaute Kohle sehr wertvoll sei, aber nur zum Kochen verwendet werde, obwohl ihre Energieeffizienz bei der Wärmerzeugung bei unter fünf Prozent liege. Wus Vater versammelte Experten um sich, mit denen er den ersten elektrischen Reiskocher Chinas entwickelte und herstellte. Peking unterstützte ihn dabei, die Einheimischen zum Kochen mit elektrischer Energie statt mit Kohle anzuhalten.

7 Wus Mutter hatte im Hauptfach Festkörpermechanik studiert. Doch zu diesem Zeitpunkt wurden Arbeitsplätze meist von irgendeiner Verwaltungsstelle ohne Berücksichtigung fachlicher Kriterien zugeteilt. So wurde sie an das Institut für Architektur berufen und arbeitete dort bis zur Rente als leitende Mitarbeiterin.

8 Das Fach hieß zwar „Stadtplanung", doch seine Inhalte entsprachen nicht dem, was wir heute unter Stadtplanung verstehen. Zur besseren Unterscheidung verwende ich daher an den entsprechenden Textstellen den Begriff „Städtebau".

9 Schon bald nach der Gründung der Volksrepublik China im Jahr 1949 wurde die Sowjetunion ihr engster Verbündeter. Pläne, Ausrüstung und Facharbeiter kamen aus der UdSSR und sollten bei der Industrialisierung und Modernisierung Chinas helfen. Das blieb so bis zum chinesisch-sowjetischen Zerwürfnis Ende der 1950er-Jahre.

10 Anfang der 1980er-Jahre, als China Reformen einzuleiten begann, finanzierte die Regierung vielen Wissenschaftlern Weiterbildungsaufenthalte im kapitalistischen Ausland, das heißt in den USA, in Europa und Japan. Als sie zurückkehrten, leiteten sie an bedeutenden Universitäten in allen Disziplinen Studienreformen ein. Auch das Chongqing Institute of Architecture and Engineering, die wichtigste Architekturschule im südwestlichen China, erhielt diese Chance.

11 Im Sommer 1989 protestierten chinesische Studenten und breite Bevölkerungskreise gegen die korrupte Regierung und verlangten politische Reformen. Nachdem die Proteste auf Befehl der politischen Führung gewaltsam niedergeschlagen worden waren, sperrte die Regierung sich noch vehementer gegen politische Reformen und verschärfte die Kontrollen, leitete zugleich aber die Liberalisierung der Wirtschaft ein.

12 Ein Jahr später stieg Donglin Li, ein früherer Student Wus, der bei der öffentlichen Wohnungsbaubehörde in Singapur gearbeitet hatte, als stellvertretender Leiter in Wus Firma ein.

13 Yo wurde Partner von APECLAND, nachdem er bei Nihon Sekkei ausgeschieden war.

14 Interview vom 11.1.2017 (wie Anm. 2).

15 Auf Chinesisch 提升形象.

16 Auf Chinesisch 消极规划.

17 Diese Insel liegt etwa 34 Kilometer entfernt vom Zentrum Foshans, einer Stadt in der südöstlichen Provinz Guangdong. Das Verwaltungsgebiet umfasst rund 3.848 Quadratkilometer und hatte im Jahr 2012 rund 7, 2 Millionen Einwohner.

18 Diese Informationen basieren auf einem Interview der Autorin mit Wenyuan Wu vom 12.1.2017 und auf dem originalen Planungsdokument: APECLAND Design, „Shunde National Agricultural Zone for Demonstration 顺德国家示范农业区", Juni 2015.

19 Das Dorf Haotang liegt etwa 15 Kilometer vom Zentrum Xinyangs entfernt, einer Stadt in der Provinz Henan im östlichen Zentralchina. Das Verwaltungsgebiet umfasst rund 18.900 Quadratkilometer und hatte 2014 rund 6,4 Millionen Einwohner.

20 Die Informationen zu diesem Projekt basieren auf Wus Vortrag vom 13.12.2014 am China Institute of Urban Development in Shenzhen und auf dem Planungsdokument: APECLAND Design, „Strategic Development Plan for Haotang Village Preservation and Development, Pingqiao District, Xinyang 信阳市平桥区郝堂村乡村保护及发展概念规划", September 2014.

21 Die Industriestadt Xingsha liegt rund 18 Kilometer entfernt vom Zentrum Changshas, der Hauptstadt der Provinz Hunan im östlichen Zentralchina. Das Verwaltungsgebiet umfasst rund 11.819 Quadratkilometer und hatte 2014 rund 7,3 Millionen Einwohner.

22 Die Informationen zu diesem Projekt basieren auf dem Interview vom 12.1.2017 (wie Anm. 18) und dem originalen Planungsdokument: APECLAND Design, „Report on the Concept Plan for Xingsha New Town 星沙新城概念规划汇报", September 2011.

23 Der Ort liegt etwa 15 Kilometer entfernt vom Zentrum Hangzhous, der Hauptstadt der Provinz Zhejiang im Osten Chinas. Das Verwaltungsgebiet umfasst rund 16.596 Quadratkilometer und hatte 2017 rund 9,2 Millionen Einwohner.

24 APECLAND Design, „Concept Plan for Longwu Area and Longwu Tourism Complex in Hangzhou 杭州市龙坞片区暨龙坞旅游综合体概念规划", September 2009.

25 Guoying Dang und Wenyuan Wu, *A Summary on Integrated Urban-rural Development* 城乡一体化发展要义, Hangzhou: Zhejiang University Press, 2016.

26 Interview vom 12.1.2017 (wie Anm. 18).

Wenyuan Wu
Probleme und Methoden der Planung in ländlichen Gebieten (2015)

In diesem Text aus dem Jahr 2015 macht Wenyuan Wu zum ersten Mal auf problematische Entwicklungen in Chinas Raumplanung aufmerksam, insbesondere auf die ungleiche und unangemessene Verteilung von Geldern, die zur Zerstörung riesiger Ackerflächen und zu einer zunehmend homogenen, von Subventionen abhängigen bäuerlichen Ökonomie geführt haben. Wu untersuchte dafür zunächst traditionelle Dörfer im Hinblick auf technische Kriterien bei der Auswahl von Bauplätzen sowie in Bezug auf die Planung ergänzender Strukturen wie Reisfelder und Straßen. Auf der Grundlage ihrer Beobachtungen zu den in sozioökonomischer Hinsicht instabilen und unvorhersagbaren Urbanisierungsprozessen der Gegenwart entwickelte sie das Konzept der „passiven Intervention". Darüber hinaus formulierte sie einige grundlegende Gestaltungsprinzipien, die auf minimalen, aber höchst wirkungsvollen Eingriffen in die natürliche und soziale Umgebung beruhen. Ihre Hauptkriterien sind Resilienz, Flexibilität und Nachhaltigkeit. Auch äußerte sie sich detailliert zu Techniken zum Schutz von Ackerland, Gewässern und Boden, zum Umgang mit Abwasser, zum Überschwemmungsschutz, zur Vermeidung von Bauabfall und anderem mehr, um darzulegen, wie sich Baugebiete eingrenzen und die Auswirkungen menschlicher Bautätigkeit auf die natürlichen Ressourcen reduzieren lassen.

Diese Gestaltungsprinzipien und „dem gesunden Menschenverstand entsprechende" Praktiken, wie Wu sie nennt, stellen die Summe ihrer in den letzten Jahrzehnten gewonnenen praktischen Einsichten dar. Aus ihrer Sicht ist der hier abgedruckte kurze Text nur ein vergleichsweise unbedeutender Anfang, denn Wu möchte ihre Theorien auch weiterhin erproben, anpassen und verbreiten, um Strategien für die aktuell drängendsten Bedürfnisse zu entwickeln: „Es ist noch nicht an der Zeit, Bilanz zu ziehen", sagt sie.

Wenyuan Wu, „Probleme und Methoden der Planung in ländlichen Gebieten"
(乡村规划的思考与探索), in: *Design Community (住区)*, Nr. 5, 2015, S. 72–81.
Auszüge: S. 72–76, 78–81.

Herausforderungen ländlicher Übergangsplanung
Schon immer lagen in China die Dörfer außerhalb der Planungsgebiete und es fehlten entsprechende Entwicklungsrichtlinien. [...] Eine große Anzahl plötzlich auftauchender Probleme bei der ländlichen Planung offenbarte neben dem Mangel an verlässlichem allgemeinen Wissen auch den zunehmend literarisch-artistischen Charakter der Ansätze wie auch die Hilflosigkeit angesichts praktischer Fragestellungen.

   [...]
   Bei der Planung einer Stadt besteht eine wichtige Aufgabe darin, die Flächen aufzuteilen, die für Produktions- und Wohngebiete genutzt werden sollen. Ein guter Stadtplaner sollte über die Struktur und die Funktionsweise von Produktionsbetrieben Bescheid wissen und in der Lage sein, die Entfernung zwischen diesen und den Wohngebieten, die Auswirkungen auf die Ökologie (zum Beispiel, dass Gerüche emittierende Betriebe im Windschatten einer Stadt angesiedelt werden sollten), die Bedingungen für Pendler sowie die jeweilige Struktur des Personen- und Güterverkehrs angemessen zu berücksichtigen. Dennoch fehlt es dem Großteil der gegenwärtigen Planungskräfte im ländlichen Bereich an landwirtschaftlichen Kenntnissen, und ebenso fehlt ihnen das Verständnis für den Wunsch der Bauern, deren Existenz von der Landwirtschaft abhängt, ein Leben in der Stadt zu wählen. Noch seltener setzen sie sich mit pragmatischen Problemen auseinander, etwa wenn landwirtschaftliche Einrichtungen nicht aufeinander abgestimmt, die Bebauungsfelder fragmentiert, die Agrarproduktionsweise rückständig und die Landwirtschaft nur geringfügig industrialisiert sind, was zur Folge hat, dass in den Dörfern große Flächen Ackerlands brach liegen und es zu einem raschen Bevölkerungsabfluss kommt. Wenn man aber lediglich fortwährend den Niedergang der Dörfer und den Verlust der Tradition beklagt, dann wird die Rückkehr zu einem vermeintlich idyllischen agrarischen Zeitalter das artifizielle Ziel der sogenannten „Entwicklungsmaßnahmen" für die Dörfer. Durch Planungen dieser Art wurden bereits kostbare Investitionen der Regierung und der Gesellschaft für den ländlichen Aufbau fehlgeleitet, indem diese Investitionen nicht in die Bereiche der betrieblichen Modernisierung flossen, wie etwa die Reorganisation großer Felder oder die Erneuerung von landwirtschaftlichen Maschinen. Stattdessen wurden gewaltige Vorauszahlungen für den Aufbau von Infrastruktur verwendet, was umfangreiche, von der Gesellschaft getragene Investitionen bedeutete. [...] Diese innerhalb kurzer Zeit formulierten Entwicklungsimpulse werden sehr wahrscheinlich nicht nur die natürliche Umgebung zerstören, die sich aufgrund der sinkenden Umweltbelastung bereits langsam zu regenerieren begonnen hatte, sondern ebenso das bestehende Gepräge der Dörfer vernichten. Gleichzeitig bedeuten diese Programme eine unerträgliche Belastung für den öffentlichen Dienst. Die durch die „Verschönerung" der Dörfer entstandene Erwartung von neuen, nicht-agrarischen Einkommen verstärkt zusätzlich die Abneigung der Bauern gegenüber der Landwirtschaft und bedroht so latent auch die Nachhaltigkeit der Agrarindustrie.
   [...]

Seit mehr als zehn Jahren sind der als Wundermittel geltende *Ethno-* und *Ökotourismus* wie auch der Erholungsurlaub auf dem Dorf als Königswege für ländliche Planung angezeigt worden, einhergehend mit der dogmatischen Nostalgie der Eliten und allen möglichen Entwicklungsideen für eine „Renaissance" der Dörfer. Wenn ein Dorf zufällig noch ein paar historische Bauwerke besitzt und von einigen schönen Bergen und Flüssen umgeben ist, dann wird der Fremdenverkehr prompt als ein wesentlicher Träger von industrieller Entwicklung und potenzieller Einkommenssteigerung beschrieben. Er gilt außerdem als grundlegende Motivation einer großen Zahl von Arbeitskräften aufs Land zurückzukehren. Es wird berichtet, dass nach der administrativen Zusammenlegung von ursprünglich 3.900 rund um Peking gelegenen Dörfern zu 1.000 Dörfern [um Ressourcen einzubinden] sich 90% der Strategien im Entwicklungsplan dieser 1.000 Dörfer auf Tourismus, Freizeit und Urlaub stützen. Diese im Hinblick auf Ressourcen und Umgebung völlig homogenisierten Dörfer werden im Nu zu Konkurrenten, und ihre Zukunftsperspektive hat nicht einmal eine entfernte Ähnlichkeit mit dem, was sämtliche Planungsberichte behaupten: Es würde eine „Win-Win-Situation" geschaffen.

[...]

Bei der Durchführung konkreter Bauvorhaben entscheidet sich die Regierung bei ihrer Planung darüber hinaus für die Unterstützung sogenannter „Leerstandhaus-Pläne": Die ursprüngliche Bevölkerung zieht aus, und Kultur- und Kreativprojekte ziehen dafür dauerhaft ein. Diese Strategie der „Bluterneuerung" durch die Kultur- und Kreativwirtschaft verkörpert tatsächlich eine Art kultureller Arroganz – man will nur die schöne landschaftliche Umgebung und die alten Häuser aus Holz und Ziegeln bewahren. Es verschwinden aber die wirklichen Dörfer mit ihren einfachen sanitären Einrichtungen, in denen Hunde und Hühner anzutreffen sind und Menschen und Tiere tatsächlich noch zusammenleben. In noch mehr Gegenden werden, um Touristen anzuziehen, unermüdlich landesübliche Tempelmärkte organisiert. Bei diesen Tempelmärkten spielen Verehrungs- und Glaubensformen, die mit dem Landleben eng verbunden wären, aber keine Rolle, es handelt sich vielmehr um rein kommerzielle Veranstaltungen. Was dabei herauskommt, sind Dörfer im Disney-Stil und geschauspielerte Nostalgie. [...]

Gleichzeitig ist das Problem entstanden, dass sich ländliche Einrichtungen in Sehenswürdigkeiten verwandeln: Die Anlage aller möglichen Kapitalformen der Regierung und der Gesellschaft in ländliche Gebiete bedeuteten einzig Investitionen in touristisch genutzte Infrastruktur, zum Beispiel in Parkplätze, spezialisierte Hotels und sogar Mautstationen. Touristenströme sind jedoch den Gezeiten unterworfen und erreichen nur an Urlaubs- und Feiertagen Spitzenwerte. Die Einrichtungen dagegen bleiben meistens fast ungenutzt. Gemessen an den hohen Zielvorgaben, für die sie realisiert werden, kann dieses Vorgehen tatsächlich als riesige Verschwendung bezeichnet werden. Da diese Einrichtungen außerdem ein hohes Aufkommen an motorisiertem Verkehr fördern und Massen von Menschen dazu ermuntern, in die Dörfer zu strömen, steigt die Zahl der Touristen ständig an. Als Folge davon vermehrt sich der Müll sowie die Menge des Brauch- und Abwassers. Die Aufrechterhaltung der Sicherheit und eine Reihe anderer Probleme haben die kollektiven Ausgaben der Dörfer für öffentliche Dienstleistungen erhöht. Für den Fall, dass keine lang anhaltenden Investitionen durch die Regierung getätigt werden sollten, wird sich das ländliche Umfeld rapide zersetzen. [...]

Das Konzept der „Passiven Intervention"

Es wird allgemein angenommen, dass ein Merkmal der Dörfer ihr ursprüngliches, harmonisches Verhältnis zur Natur sei. Doch tatsächlich war es bei der bestehenden Landwirtschaft den größten Teil der Zeit über so, dass die Menschen kontinuierlich die Natur veränderten und in ihre Abläufe eingriffen. Auch war Landschaft allgemein, was den größten Flächenteil der Erde betrifft, immer ein von Menschen gemachtes Konstrukt. Indem Landwirtschaft nur das Wachstum einzelner Pflanzenarten erlaubt, wird an sich schon das Gesetz der Artenvielfalt natürlicher Ökologie verletzt. Vor allem in Reisanbaugebieten sorgt das aus einer langen Tradition resultierende künstliche Wasserversorgungssystem dafür, dass die tatsächliche Wasserspeicherkapazität der Reisfelder viel geringer ist als die des umgebenden natürlichen Oberbodens. Darüber hinaus hat der moderne massive Einsatz von Pestiziden und Düngemitteln zu einer beträchtlichen Verschmutzung des Grundwassers und des Erdreichs geführt. Wenn man landwirtschaftliche Flächen nach ihrer Funktion in „industriell nutzbares Land" unterteilt, wird man feststellen, dass die Dörfer zu winzigen, von produktiven Nutzflächen umgebenen Ansiedlungen werden, mit deren gegebenen ökologischen Qualitäten es nicht zum Besten bestellt ist.

[...]

Dörfer in städtischen Außenbezirken folgen der Entwicklungstendenz der Städte, und während das Interesse an Grund und Boden steigt, geraten sie zudem unter sozialen und ökologischen Druck. Weil Dorfgruppen und einzelne Bauernhaushalte ungleiche Entwicklungsmöglichkeiten aufweisen, manifestiert sich der soziale Druck in einer Differenzierung der Interessen bei gleichzeitiger Anhäufung von Widersprüchen. Der ökologische Druck dagegen zeigt sich in der beträchtlichen Herausforderung, dass die Bevölkerung zunehmend dichter wird, dennoch ungenügend zusätzliche öffentliche Dienstleistungen angeboten werden; sehr hoch ist vor allem der Druck auf die aquatische Umwelt. Kann Planung als solche die Probleme dieser Dörfer lösen?

[...]

Die Frage nach dem zukünftigen Planungsmanagement für die Dörfer und die Frage nach Erneuerung kann man zu einer einzigen Forderung zusammenfassen, nämlich dass Innovation erforderlich ist. Wir müssen anerkennen, dass wir im ländlichen Planungsmanagement nicht über ausreichende Erfahrungen verfügen und es uns auch an elementaren Standards und vernünftigen Kriterien fehlt, um den Planerinnen und Planern dabei zu helfen, grundsätzliche Fehler zu vermeiden. Darüber hinaus ist es aufgrund der Reform des Landsystems, des demographischen und sozialen Wandels sowie anderer, noch größerer Einflüsse externer Systeme bei der ländlichen Planung das Vernünftigste, mit der Erstellung eines „Entwicklungsplanes", der ähnlich wie bei den Städten auf der Bevölkerungszahl basiert, vorsichtig zu sein. Man sollte vielmehr soweit als möglich mit Plänen „passiv" umgehen, die zu stark in den Status Quo von Natur und Gesellschaft eingreifen, und stattdessen Wirksamkeit und Nachhaltigkeit zum entscheidenden Maßstab erheben. Wir nennen eine solche nachhaltige und ausbaufähige Planungsweise, die eine geringe Störanfälligkeit besitzt und deren räumliche Verteilungsstruktur dauerhaft effektiv ist, weil sie mit der Natur eine hervorragende Stütze wechselseitiger Interaktion besitzt, „passive Intervention".

Planung ist ein kontinuierlicher Prozess, der von einer Reihe subtiler und sich verändernder Faktoren der Außenwelt beeinflusst wird. Sobald wir Stadt und Land als unterschiedliche Aspekte einer gemeinsamen Vision betrachten, entdecken wir daher außer wechselwirkenden Beziehungen, dass in jeder Phase zwischen den jeweiligen Fragestellungen und Zielsetzungen erhebliche Unterschiede bestehen, ja manchmal sogar Widersprüche und Konflikte. Ein planerisches Lösungskonzept, das vollständig aus den intensiven Verhandlungen aller beteiligten Stakeholder resultiert, hat zwei Besonderheiten: Erstens führt es nicht zu einseitigen und endgültigen Ergebnissen, sondern bietet unterschiedliche Blickwinkel und verschiedene Optionen an. Die Ergebnisse einer jeden getroffenen Auswahl können außerdem durch Umstellung und Kombination eine vollständige Flexibilität entwickeln. Der wesentliche Faktor, der diesen Prozess steuert, ist allein die Vision. Die zweite Besonderheit: Noch wichtiger als Blaupausen sind eine Reihe von Arbeitsplänen, die in Umsetzungsschritte unterteilt sind, wobei es ökologische, ländliche, städtische und andere Arbeitspläne gibt. Was die Entwicklung eines Gebietes betrifft, ist niemand ein Prophet, am wenigsten bei den urban-ländlichen Transitionsgebieten, die sich gewaltig voneinander unterscheiden. Deshalb sind starre oder von gesetzlichen Bestimmungen dominierte Generalpläne für städtische und ländliche Gebiete schädlich. [...]

Prinzipien bei der ländlichen Übergangsplanung
Bei der ländlichen Planung werden zunächst die negativen Faktoren aufgelistet. Sogenannte Negativlisten sollen klarstellen, was die Menschen nicht tun dürfen und wozu sie nicht in der Lage sind. Auch sollen sie den Preis für das, was getan werden muss, kalkulieren sowie die Instandhaltungskosten abschätzen. Im Kontrast zu den Städten bilden die Produktions- und Wohnbereiche in traditionellen Dörfern ein Ganzes. Der erste Schritt in der ländlichen Planung ist für gewöhnlich die Wahl des Standorts, die sich grundsätzlich nach der Einschätzung der natürlichen Ressourcen und der Evaluation der ökologischen Sicherheit richten muss. Ackerflächen und Wasserquellen sind grundlegende Faktoren dafür, ob landwirtschaftliche Dörfer existieren und sich weiterentwickeln können. Welche Ausdehnung beide haben und wie fruchtbar die Felder beziehungsweise wie ergiebig die Wasserquellen sind, entscheidet über die bevölkerungsbezogene Tragfähigkeit eines Ortes. Die weiten Flächen in Nordchina sind dünn besiedelt, da die Tragfähigkeit vom Faktor Wasser begrenzt wird; in Chinas dicht besiedeltem Süden hingegen sind die Böden knapp, da die Tragfähigkeit vom Faktor Acker-flächen beschränkt wird. Aus diesen Gründen ist es Dörfern nicht möglich, ihren Umfang unbeschränkt auszudehnen. Wenn in der frühen Vergangenheit die Bevölkerungszahl eines Dorfes durch die Ansammlung und Fortpflanzung mehrerer Generationen von Menschen die Grenze der Tragfähigkeit dieses Ortes zu sprengen drohte, dann musste ein Teil der Bevölkerung wegziehen und sich auf die Suche nach einem neuen Siedlungsort begeben. [...]

Angefangen bei der richtigen räumlichen Aufteilung von Produktions- und Wohnbereichen über die Katastrophenvorsorge und -minderung bis zum Aufbau von Einrichtungen, die nicht die Kernbereiche des Lebens betreffen, haben sich unsere Vorfahren immer nach dem Grundsatz der minimalen Kosten gerichtet. In allen Dörfern, die auf eine relativ lange Geschichte zurückblicken, können wir dieses Grundprinzip erkennen. Wir wollen das Konzept der minimalen Kosten im Folgenden einmal genauer betrachten, um herauszufinden, welchen gedanklichen Schritten die Planung folgen sollte:

– Erstens müssen wir die gegebenen Verhältnisse respektieren und verstehen. Wir wissen, dass Bautätigkeiten, die nach den Gesetzen der Natur und den Bedingungen der Umwelt erfolgen, sehr selten zu destruktiven Korrekturen führen. Um sich beispielsweise vor Überschwemmungen zu schützen, ist das erste Mittel die Vermeidung – Dörfer sollten nicht an gefahrenträchtigen Orten errichtet werden. Erst danach kommen defensive Maßnahmen.

– Zweitens: Bei der Kostenabwägung werden vorrangig Konzepte gewählt, die die Kosten minimal halten. Indem man sich zum Beispiel für lokal verfügbare Baumaterialien entscheidet, kann man bei Neubauten unnötige Ausgaben vermeiden und auch die zukünftige Instandhaltung profitiert davon, was die wichtigste Garantie für Nachhaltigkeit ist. Ein anderes Beispiel: In allen von mir besuchten Bergdörfern liegen Dorfhäuser und Hauptverkehrsstraßen oberhalb der Linie, bis zu der vor zwanzig Jahren das Hochwasser stieg. Diese Höhenverteilung hat zur Folge, dass Produktions- und Wohnbereiche in naher Entfernung liegen; sie bietet außerdem einen wirksamen Schutz für Leben und Eigentum. Auch führt sie weder zu langfristigen Unannehmlichkeiten für das Leben der Menschen noch zu allzu hohen Instandhaltungskosten, da die Sicherheitsanforderungen nicht überzogen sind.

– Drittens: Alle Einrichtungen besitzen ein Potenzial für flexible Erweiterung und Erneuerung. So müssen Wohn- und Produktionseinrichtungen, die über Generationen weitergegeben wurden, nicht unter hohen Kosten abgerissen und wieder neu aufgebaut werden.

– Viertens: Die Kontrolle des Entwicklungsrahmens bewegt sich auf einem Niveau, auf dem die Lebensressourcen gesichert sind und der Ressourcenverbrauch durch eine metabolische Wiederverwertung direkt in den natürlichen Kreislauf einfließen kann. Weil in der Nähe keine Unterstützung durch externe öffentliche Dienste angeboten wird, muss die Sicherheit der dörflichen Trinkwasserversorgung und Abwasserentsorgung sowie die Energiebereitstellung direkt vor Ort gewährleistet werden. Das Lösungskonzept, das wir häufig beobachten konnten, bestand nicht in der Erweiterung bestehender Einrichtungen oder im Zukauf von außen, sondern darin, die Ausdehnung des eigenen Systems auf einen funktionierenden, nachhaltigen Bereich zu beschränken.

Daher umfasste die Planung von Dörfern, historisch gesehen, zahlreiche Design- und Planungskonzepte, die wir heute als himmlische Gesetze betrachten, wie das Konzept der Nachhaltigkeit, des intelligenten Wachstums oder der Entwicklung anhand minimalistischer Eingriffe in die Umwelt.

Es ist leicht zu erkennen, dass der Ausgangspunkt für alle Ausführungskonzepte Betrachtungen waren, die den Menschen in den Mittelpunkt stellten. Egal, ob man sich gegenseitig unterstützte oder spielerisch seine Kräfte miteinander maß: Die grundlegende Logik, nach der die Dörfer für Kontinuität und Entwicklung sorgten, folgte der Frage, wie man sich als Schicksalsgemeinschaft in der Natur eine Existenz aufbauen konnte. Jene Art von Aufbau und Entwicklung, die den Bedingungen der Natur folgte, hatte nicht die Unterjochung der Natur zur Folge, sondern operierte mit der Weisheit der Koexistenz, nach einer realistischen Einschätzung der eigenen Kräfte. Jedes Mal, wenn die Technik Fortschritte machte, bewegte sich die Menschheit einen Schritt auf die von der Natur gesetzte rote Linie zu. Dorfstrukturen mit gewundenen Straßen, die wie haarfeine Adern kreuz und quer verlaufen, sind nicht allein ästhetischen Bemühungen zu verdanken, sie sind ebenso das Produkt der Geschichten der gesamten Gemeinschaft, bei denen es immer wieder um die Abwägung von Interessen, um organisatorische Tabus und um die Verteilung von Macht ging. Die mittlerweile grenzenlos beschönigte und idealisierte Dorfkultur kann dagegen auch als schlichte gemeinschaftliche Konvention beschrieben werden, die dazu diente die ländlichen Produktionsbeziehungen zu festigen. Entfernt man aber den Menschen als Schlüsselelement, dann zerfällt und verschwindet jegliche Schönheit. In Chinas Dörfern, die heute mit einer rasanten Verstädterung konfrontiert sind, kann man dies überall beobachten.

[...]

Berge und Flüsse sind natürliche Beschränkungen, die dazu genutzt werden, „unbrauchbare" Grenzen zu definieren. Besonders Flussnetze berühren die Lebensqualität und Sicherheit der Menschen grundlegend. Doch gegenwärtig kann man in vielen sogenannten Umweltschutzplänen innerhalb künstlich abgesteckter gesperrter Baugebiete Dörfer mit einer mehr als hundertjährigen Geschichte entdecken. Wie soll nun aus einer bereits von den Spuren der Menschheitsgeschichte geprägten natürlichen Landschaft ein Gebiet erschaffen werden, das man schützen muss, aber nicht nutzen darf? Unserer Einschätzung nach sollte das Kriterium für ein bebaubares Gebiet lauten, dass es ohne Gefährdung nutzbar ist und die Menschen den aus der Intervention resultierenden Preis zahlen können und auch zahlen wollen. Darüber hinaus ist bereits existierendes Ackerland eine wertvolle Produktionsressource und muss daher besonderen Einschränkungen unterliegen, sodass es nicht für andere Zwecke genutzt wird. Durch das Studium der Geschichte der Dörfer entdeckten wir, dass die Bauern über Generationen hinweg landwirtschaftlich nutzbare Flächen nur sehr ungern für den Bau von Häusern verwendeten, vor allem nicht in Reisanbaugebieten, wo es endloser Anstrengungen aufeinander folgender Generationen bedarf, damit Bewässerungssysteme den benötigten Umfang erreichen. Alle Dörfer sind auf Flächen verteilt, die nicht für den Anbau geeignet sind und oberhalb der Äcker liegen, was umso mehr dem Prinzip der Sicherheit genügt. Daher sind gerade jene zahlreichen Pläne fragwürdig, die zuerst Ackerland zu Bauzwecken verwenden und dann die Wohngrundstücke wieder urbar machen wollen.

Im 20 Quadratkilometer umfassenden Dorf H., in dem wir beauftragt wurden, einen Plan zu erstellen, sind die Berge dicht bewaldet, es gibt eine üppige Vegetation und ein entwickeltes Flussnetz, Hänge und Täler wechseln sich ab. Die annähernd 3 000 hier ansässigen Haushalte verteilen sich entlang dreier Talsohlen auf 28 verstreute, organisch gewachsene Siedlungen. Bei unserer Untersuchung fanden wir heraus, dass sämtliche Siedlungen auf Hängen mit weniger als 25% Steigung liegen. Für unsere anschließende Planungsarbeit verwendeten wir diese empirischen Daten zunächst als Schutzlinie für das Bauen im Gebirge: Bei mehr als 25% Gefälle bestand ein strenges Bauverbot, bei einem Gefälle von 10–25% durfte maßvoll gebaut werden; in den wichtigsten Wasserstauzonen, d.h. zu beiden Seiten der Kammlinie, war Bautätigkeit ebenfalls streng untersagt. Darüber hinaus wurden die ursprünglichen natürlichen Uferlinien der Flussläufe geschützt und die Überschwemmungsebenen entlang der Flüsse erhalten, künstliche Dämme durften nicht errichtet werden; auf die unterschiedlichen Funktionen der Flussläufe zielend wurde die Breite ihrer Pufferzonen abgesteckt, innerhalb von diesen konnten Teiche, Fußwege und Ähnliches angelegt werden. Streng verboten war jegliche Erschließungs- und Bautätigkeit der in den Tälern sich befindenden besten Äckern (erste Güteklasse), und als ebenso erhaltenswert sollten die Äcker zweiter Güteklasse betrachtet werden.

Nach diesen Kriterien erstellten wir zunächst zwei verbindliche Planzeichnungen des Gebietes, eine davon veranschaulichte das Areal, auf dem nicht gebaut werden durfte. Auf der Grundlage der Überlagerungen der beiden Zeichnungen entstand dann sozusagen automatisch ein Distributionsplan, der die verstreut liegenden Böden, die für eine Bebauung geeignet waren, klar hervortreten ließ. Zu unserer Überraschung befanden sich alle bereits bestehenden historisch gewachsenen Siedlungen innerhalb der Baulandbereiche, die wir durch unsere Analyse ermittelt hatten. „Gelehnt an die Berge aber nahe am Wasser", „Von dunklen Weiden umgeben und hellen Blumen", „Liegen sie verstreut wie Sterne am Himmel oder Figuren eines Schachbretts": Der Umstand, dass die geeigneten Bebauungsflächen weit verstreut lagen, verriet uns auch, dass sich hinter der poetisch-ästhetisierenden Beschreibung kleiner Dörfer, wie sie in zahlreichen literarischen Werken nachzulesen ist, eine stringente technische Logik verbarg.

Natürlich muss nicht sämtliches Land, das sich zur Bebauung eignet, auch bebaut werden. Hat man geeignetes Bauland gefunden, dann muss für die festgelegten Bauplätze noch über die Bodenbedeckungsrate und die Intensität der Bebauung entschieden werden.

[...]

Wird in jedem von einer Wasserscheide begrenzten Wassersammelgebiet die Quantität der Bodenversiegelung durch Baumaßnahmen auf maximal 10% begrenzt, dann kann die Biodiversität sichergestellt und eine kumulative Verschmutzung vermieden werden. Übersteigt aber das Ausmaß der Bodenversiegelung durch bauliche Eingriffe die Zehn-Prozent-Marke (einschließlich der von Straßen eingenommenen Flächen), dann wird die Biodiversität negativ beeinflusst; übersteigt die Bodenversiegelung 25%, kann die Biodiversität abhanden kommen. In dem von uns untersuchten Dorf überstieg der Umfang der verhärteten Flächen innerhalb eines Wassersammelgebiets selbst zu Spitzenzeiten nicht 10%. Bei der Planung jedes Dorfes sollte daher das Ausmaß der Bodenversiegelung durch Baumaßnahmen ausreichend berücksichtigt werden. Sobald aber die Bodenversiegelung einen bestimmten Rahmen überschreitet, sollte man überlegen, wie man mit dem Abwasser umgeht.

Außer den einschränkenden Bedingungen durch die Natur sind auch künstliche Einschränkungen unerlässlich. Diese Einschränkungen sind hauptsächlich von der Infrastruktur, wie dem Wasserversorgungs-, Entwässerungs- und Stromversorgungssystem vorgegeben. Wenn die Bewohner eines Dorfes willkürlich und ohne jede Vorgabe Häuser errichten, dann erhöhen sich dadurch zwangsläufig die Bau- und Betriebskosten der öffentlichen Infrastruktur, was die kommunalen Behörden unmöglich akzeptieren können. Aus der Sicht des Marktes sind die Kosten umso niedriger, je höher die Nutzungskonzentration der öffentlichen Infrastruktur ist. Daher sollten Infrastruktur und öffentliche Dienste nur bis zu einer bestimmten Grenze angeboten werden, nicht aber über diese Grenze hinaus. Wohnhäuser, die keinen Zugang zum Infrastruktur- und Dienstleistungssystem haben, sind illegal, weil die Auswirkungen ihrer Emissionen auf die Umwelt keiner Kontrolle unterliegen.

Vorschläge zum Siedlungs- und Infrastrukturbau

Die ländlichen Gebiete im China von heute befinden sich gerade in einer Phase, in der sich die Bevölkerungsstruktur dramatisch verändert. Zum Beispiel hat das Dorf H., für das wir unseren Plan erstellten, ungefähr 4.000 im Melderegister registrierte Einwohner. Permanent wohnen dort mehr als 1.700 Menschen, mehr als 1.000 davon gehen einer nebenberuflichen Tätigkeit nach. Keine 1.000 Menschen leben bereits längere Zeit im Dorf, der Anteil der über Sechzigjährigen liegt bei annähernd 30%. Da die Regierung in den letzten Jahren massiv in den Bau neuer Dörfer investiert hat und zudem die Dörfer selbst in den Vorstädten situiert sind, kehren etwa 13% der Bevölkerung aus den Städten in ihre Dörfer zurück. Weil die meisten Rückkehrer jedoch junge Männer sind, ist dieser Rückfluss instabil. Angesichts dieses scheinbar definitiven Trends demografischen Wandels stellt der Bau dörflicher Siedlungen und vor allem die Art und Weise, wie in ihre Einrichtungen investiert wird, unsere Intelligenz auf die Probe.

Wer also wird in absehbarer Zukunft auf dem Land wohnen? Zunächst einmal die Bauern. Unterteilt man genauer, dann gibt es zum einen die professionellen Bauernhaushalte, die weiterhin von der Landwirtschaft leben, zum anderen die nebenberuflich tätigen Bauern, die nur eine geringe Zahl an Äckern besitzen, des Weiteren die alten Bauern, die sich gegenwärtig noch immer mit Ackerbau beschäftigen und ihren Lebensabend weiterhin auf dem Land verbringen. Ganz gleich, zu welcher Gruppe sie gehören: Ihre Lebensqualität hängt vom Grad der Reorganisation des Ackerlandes ab, den Verkehrswegen zwischen den Ackerflächen, ihrer Größe sowie den Verbindungen zwischen den landwirtschaftlichen Produktionsanlagen. [...]

Mit der Intensivierung der Verstädterung wird es auch Stadtbewohner geben, die sich dafür entscheiden, periodisch oder langfristig auf dem Land zu leben. Nimmt man eine weitere Feinunterteilung vor, so möchte ein Teil dieser Stadtbewohner an einem Ort mit geringerer Bevölkerungsdichte leben, während ein anderer Teil seine Bequemlichkeit opfert, um sie gegen geringere Lebenshaltungskosten einzutauschen. Beide Gruppen unterscheiden sich sehr von reinen Touristen: Weil sie für deutlich längere Zeiträume auf dem Land leben, sind sie dort nicht bloß Konsumenten, sondern tätigen auch Investitionen. Auf diese Weise können sie zu den Menschen vor Ort eine relativ stabile Dienstleistungsbeziehung aufbauen und gleichzeitig dazu beitragen, den Betrieb von gewerblichen und öffentlichen Dienstleistungseinrichtungen aufrecht zu erhalten. Deshalb ist es nachhaltiger, in den Vorstädten notwendiges Bauland adäquat zu erschließen anstatt Ferien auf dem Dorf zu fördern. [...]

Im Hinblick darauf, dass der von den Bautätigkeiten in ländlichen Gebieten verursachte Bauschutt in Zukunft eine immense Umweltbelastung darstellen wird, schlagen wir vor, dass in Gebieten mit geeigneten Klima- und Temperaturverhältnissen für die Struktur von Wohngebäuden nach Möglichkeit leichtgewichtige Stahlkonstruktionen verwendet werden sollen. Weil die bestehenden alten Häuser in den ländlichen Regionen aufgestockt, umgestaltet und armiert oder aufgrund anderer Erfordernisse verändert werden müssen, wird die Zunahme dörflicher Bautätigkeiten das Problem der Entsorgung von Bauschutt zunehmend verschärfen. Gegenwärtig sind die jungen Arbeitskräfte aus dem Bausektor in den ländlichen Gebieten verhältnismässig kostspielig, gleichzeitig entstehen aber eine große Anzahl von Projekten mit traditionellen Baumethoden, die sehr zeitaufwendig und teuer sind; mit leichten Stahlkonstruktionen dagegen kann man einfach und schnell bauen, außerdem spart man Arbeitskosten. Die traditionellen Backstein-Beton-Strukturen der ländlichen Gebiete schränken die Möglichkeiten ein, wo Fenster und Türen eingesetzt werden können, während sich diese in Gebäuden mit einer leichten Stahlkonstruktion flexibel an unterschiedlichen Stellen anbringen lassen und somit hinsichtlich Tageslichteinfall, Belüftung und Rohrleitungen sehr komfortabel sind. Mittlerweile gibt es bereits zahlreiche Architekten, die sich bemühen, alte Paradigmen hinter sich zu lassen, um die Kosten für Wohngebäude mit Hilfe leichter Stahlkonstruktionen zu reduzieren. Als ein innovatives Instrument, das für den Fortbestand ländlicher Entwicklung sorgen kann, sollten diese Technologien energisch gefördert werden.

[...]

Die Umwelttechnologien, die heute bei der Planung von ländlichen Einrichtungen, insbesondere von ökologisch wertvollen Feuchtgebieten, sehr gefragt sind, erweisen sich in der Praxis als nicht hochgradig zuverlässig. Sie nehmen große Mengen Land in Beschlag, ihre Planungsvorlaufzeiten sind groß und der Betriebsaufwand ist hoch. Da zusätzlich das Wachstum von Organismen und die biologische Absorption in den verschiedenen Jahreszeiten instabil sind, und auch weil die Fähigkeit der Organismen, die Verschmutzung durch Stickstoff oder Phosphor zu bewältigen, während der verschiedenen Wachstumsstadien gewaltig schwankt, sind diese Technologien nur bedingt anwendbar und können einzig als Ergänzungsmaßnahmen eingesetzt werden.

[...]

In den ländlichen Gebieten wohnt die Bevölkerung sehr verstreut und das Gelände ist sehr hügelig, daher ist die Methode der zentralisierten Sammlung und Aufbereitung für die Lösung des Problems der dörflichen Haushaltsabwässer ungeeignet. Wenn man außerdem die Gegebenheiten des Bevölkerungswandels berücksichtigt, so erkennt man, dass möglichst kleine Einheiten unmittelbare Bedeutung erhalten. Am besten ist es, man geht von eigenständigen Haushalten als Aufbereitungseinheiten aus. Daher empfehlen wir, bei der Planung nach Möglichkeit ein Lösungskonzept zu verwenden, bei dem die Frage des Abwassers an der Quelle behandelt wird. Auch empfehlen wir eine Aufbereitung mittels Biotechnologie – durch Reinigungsbecken mit integrierter Aufbereitungsanlage –, und für die dezentralisierte Abwasserreinigung raten wir zur Nutzung unterschiedlicher Behandlungsmethoden, je nach Größe der Wohnsiedlung. [...]

Auf diese Weise kann die Abwasserreinigung weder von der Größe des Dorfes, der Anzahl seiner Einwohner, den natürlichen Bedingungen oder der Umwelt beeinflusst werden. Außerdem hat diese Art von Abwasser-Aufbereitungstechnik folgende Vorteile: Die Konstruktionszeit ist kurz, man kann die Produktion industrialisieren und Installation und Wartung standardisieren; die Reinigung ist äußerst effizient, der Wasserausfluss stabil, der Automatisierungsgrad hoch und man braucht kein Aufsichtspersonal; sie ist sehr verlässlich und ihre Lebensdauer beträgt mehr als 30 Jahre; sie benötigt wenig Platz, außerdem erspart man sich Rohrleitungsnetze; die Gesamtinvestitionskosten sind niedrig. Daher ist ihre Investitionseffizienz weitaus höher als die von ökologischen Feuchtgebieten und anderen Umwelttechnologien [...]

Abbildungsnachweise

Adler

Abb. S. 200
Foto: © Markus Hawlik-Abramowitz, Berlin.

Abb. S. 203
Aus: Marita Grote, Marlis Pianka und Ute Stibba (Hrsg.), *Frauen, Planen, Bauen, Wohnen. Katalog zur Ausstellung der Internationalen Bauausstellung Emscher Park GmbH*, Gelsenkirchen: Internationale Bauausstellung Emscher Park GmbH, 1991, S. 57.

Abb. S. 206
Aus: Myra Warhaftig und Bernd Ruccius, *2,26 x 2,26 x 2,26 M. Spiel mit Wohnkuben* (Projekt 7. Ideen für die Umwelt von Morgen), Stuttgart, Bern: Karl Krämer, 1969, o. S.

Abb. S. 210
Aus: Myra Warhaftig, *Die Behinderung der Emanzipation der Frau durch die Wohnung und die Möglichkeit zur Überwindung*, Köln: Pahl-Rugenstein Verlag, 1982, S. 162–163.

Abb. S. 214
Aus: Myra Warhaftig, *Die Behinderung der Emanzipation der Frau durch die Wohnung und die Möglichkeit zur Überwindung*, Köln: Pahl-Rugenstein Verlag, 1982, S. 5.

Albrecht

Abb. S. 61
Aus: Niccolò Pasolini dall'Onda, *Ricordi della famiglia Pasolini tra due secoli 1844–2004*, Ravenna: Longo, 2008, 2. erw. Aufl., S. 109.

Abb. S. 63
Aus: Niccolò Pasolini dall'Onda, *Ricordi della famiglia Pasolini tra due secoli 1844–2004*, Ravenna: Longo, 2008, 2. erw. Aufl., S. 108.

Abb. S. 71
Aus: Associazione Artistica fra i Cultori di Architettura (Hrsg.), *Architettura minore in Italia. Roma*, Bd. 1, Turin: C. Crudo & C., [1926], S. 146–147.

Chen

Abb. S. 316
Foto: Chen Weijun, Shenzhen, © APECLAND.

Abb. S. 321
Foto: Liu Xiaoyan, Shenzhen, © APECLAND.
Abb. S. 324, 325, 326
© APECLAND.

Frey / Perotti
Abb. S. 19
Aus: Adelheid Gräfin Poninska, *Annunciata, die Lilie des Himalaja und ihre Mission im Deutschen Reiche. Ein Weckruf zu Lösung der brennenden christlich-socialen Aufgaben*, Bd. 1, Leipzig: Müller, 1883, 2. Aufl., o. S.
Abb. S. 23
Aus: *Illustrirte Zeitung*, Bd. 65, Nr. 1680, 11. Sept. 1875, S. 196–197.
Abb. S. 26
Aus: Johann Friedrich Geist und Klaus Küvers, *Das Berliner Mietshaus. 1862–1945. Eine dokumentarische Geschichte von ‚Meyer's-Hof' in der Ackerstraße 132–133, der Entstehung der Berliner Mietshausquartiere und der Reichshauptstadt zwischen Gründung und Untergang* (Das Berliner Mietshaus, 2), München: Prestel, 1984, S. 65.
Abb. S. 30
Aus: *Die Großstädte in ihrer Wohnungsnoth und die Grundlagen einer durchgreifenden Abhilfe. Von Arminius. Mit einem Vorwort von Dr. Th. Freiherrn von der Holtz, Professor an der Universität Königsberg*, Leipzig: Duncker & Humblot, 1874, Faltblatt im Anhang.
Abb. S. 35
Stadtgeschichtliches Museum Leipzig, Inv.-Nr. S 206.

Heynen
Abb. S. 128 und 134
Mit freundlicher Genehmigung von Hattula Moholy-Nagy.
Abb. S. 131
Aus: Sibyl Moholy-Nagy, „Villas in the Slums", in: *The Canadian Architect*, Bd. 5, Sept. 1960, S. 39.
Abb. S. 137
Aus: Sibyl Moholy-Nagy, *Matrix of Man. An Illustrated History of Urban Environment*, New York: Frederick A. Praeger, 1968, S. 28.
Abb. S. 140
Aus: Sibyl Moholy-Nagy, *Matrix of Man. An Illustrated History of Urban Environment*, New York: Frederick A. Praeger, 1968, S. 274.

Hoekstra
Abb. S. 99
Nachlass Karl Hubacher, gta Archiv, ETH Zürich.
Abb. S. 102 und 103
Architekturmuseum Wroclaw, Abteilung 19. und 20. Jahrhundert, Sammlung Zwischenkriegszeit, Sign. MAT IIIb-457/25.
Abb S. 108 und 111
The New Institute Rotterdam, Leihgabe der Collection Van Eesteren-Fluck-Van Lohuizen Foundation, Amsterdam, EEST X-10.1048.

Mattogno / Renzoni

Abb. S. 232
Aus: Vittoria Calzolari, *Paesistica. Pajsage*, Valladolid: Universidad de Valladolid, 2012, S. 49.
Abb. S. 235
Aus: Vittoria Calzolari, „Gli elementi della scena urbana", in: *La Casa. Quaderni di architettura e di critica*, Nr. 3, 1953, S. 152–153.
Abb. S. 240
Aus: Vittoria Calzolari, *Storia e natura come sistema. Un progetto per il territorio libero dell'area romana*, Rom: Argos, 1999, S. 52.
Abb. S. 242
Aus: Vittoria Calzolari, *Paesistica. Pajsage*, Valladolid: Universidad de Valladolid, 2012, S. 227.

Paquot

Abb. 276
Foto von Daniel Mordzinski in: „L'invitée: Françoise Choay", Gespräch mit Thierry Paquot, in: *Urbanisme*, Nr. 278–279, Nov.–Dez., 1994, S. 5.
Abb. S. 284
Françoise Choay, *Espacements. L'évolution de l'espace urbain en France*, hrsg. von Ernesto d'Alfonso, Fotografien von Jean-Louis Bloch-Lainé, Mailand: Skira, 2003, S. 43.

Pepchinski

Abb. S. 167
Foto von Heinz Engels, Stadtarchiv und Stadthistorische Bibliothek Bonn, Signatur N 80/96.
Abb. S. 172
Aus: Wera Meyer-Waldeck, „Menschlich wohnen – glücklich leben – für alle", in: *Blätter der Gesellschaft für Christliche Kultur Düsseldorf*, Nr. 11–12, 1960, S. 24.
Abb. S. 173
Aus: Wera Meyer-Waldeck, „Menschlich wohnen – glücklich leben – für alle", in: *Blätter der Gesellschaft für Christliche Kultur Düsseldorf*, Nr. 11–12, 1960, S. 25.
Abb. S. 175
Aus: Wera Meyer-Waldeck, „Menschlich wohnen – glücklich leben – für alle", in: *Blätter der Gesellschaft für Christliche Kultur Düsseldorf*, Nr. 11–12, 1960, S. 26.
Abb. S. 176
Aus: Wera Meyer-Waldeck, „Menschlich wohnen – glücklich leben – für alle", in: *Blätter der Gesellschaft für Christliche Kultur Düsseldorf*, Nr. 11–12, 1960, S. 29.

Kurzbiografien der Autorinnen und Autoren

Gerald Adler ist stellvertretender Leiter der Kent School of Architecture (KSA) an der University of Kent in Canterbury und Mitbegründer des dortigen Forschungszentrums für europäische Architektur (CREAte). Zuvor war er als praktizierender Architekt in London, Tokyo, Winchester, Stuttgart und Wien tätig. Zu seinen neueren Publikationen zählen ein Aufsatz zum Festspielhaus Dresden-Hellerau („The German Reform Theatre: Heinrich Tessenow and Eurhythmic Performance Space at Dresden-Hellerau", Ashgate, 2015), zu Siegfried Ebeling in Dessau („Energising the Building Edge: Siegfried Ebeling, Bauhaus Bioconstructivist", Routledge, 2012) und über den deutschen Philosophen und Soziologen, Exponent der philosophischen Anthropologie, Helmuth Plessner (in: *Architecture Philosophy*, 2018).

Katrin Albrecht studierte Architektur an der ETH Zürich und arbeitete als Architektin in Zug und Zürich. Sie wurde an der ETH Zürich mit einer Arbeit zur Architektur von Angiolo Mazzoni promoviert (erschienen bei Reimer 2017), anschließend forschte sie als Postdoc am Lehrstuhl für Geschichte des Städtebaus an der ETH Zürich und veröffentliche 2017 *Manuale zum Städtebau. Die Systematisierung des Wissens von der Stadt 1870–1950* (mit Helene Bihlmaier, Vittorio Magnago Lampugnani und Lukas Zurfluh; DOM Publisher). Gegenwärtig ist sie im Rahmen des vom Schweizerischen Nationalfonds (SNF) geförderten Projekts „Flora Ruchat-Roncati" an der ETH Zürich sowie als Dozentin an der Architekturwerkstatt der Fachhochschule St. Gallen tätig.

Die Architektin **Ting Chen** promovierte 2016 an der ETH Zürich. Sie begann ihre akademische Laufbahn 2009 an der Professur für Geschichte des Städtebaus (ETH Zürich), von 2011 bis 2015 forschte sie am Singapore-ETH Centre über die Transformationen verschiedener Stadtquartiere in Shenzhen und Singapur, und

2017 publizierte sie ihre Monografie *A State Beyond the State: Shenzhen and the Transformation of Urban China* (erschienen bei nai010 Publishers). Derzeit arbeitet sie am Singapore-ETH Centre als Projektleiterin und Senior Researcher im Projekt „Urban-Rural System", das zeitgenössische Modelle, Prozesse sowie die Praxis der urban-ruralen Siedlungen in asiatischen Monsungebieten untersucht.

Katia Frey ist promovierte Kunsthistorikerin. Sie hat ausführlich im Bereich der Geschichte der Städtebautheorie mit besonderer Berücksichtigung sozial-, kultur- und ideengeschichtlicher Aspekte geforscht und publiziert (Mitherausgeberin von *Anthologie zum Städtebau*, Gebr. Mann, 2005–2014). Ihre aktuellen Forschungsschwerpunkte bilden, neben der Geschichte der urbanen Grünplanung, gender-orientierte Fragestellungen; dazu erschien zuletzt *Theoretikerinnen des Städtebaus* (hrsg. mit Eliana Perotti, Reimer 2015). Derzeit ist sie als Senior Researcher am Schweizerischen Nationalfonds-Projekt „Flora Ruchat-Roncati" (angesiedelt an der ETH Zürich) beteiligt sowie am Ausstellungs- und Buchprojekt zur „SAFFA 1958, Schweizerische Ausstellung für Frauenarbeit" der Forscherinnengruppe dedra.

Hilde Heynen ist Professorin für Architekturtheorie an der belgischen Katholischen Universität Leuven. Ihre Forschungsschwerpunkte sind Modernität, Moderne und Gender in der Architektur. In *Architecture and Modernity. A Critique* (MIT Press, 1999) untersucht sie die Beziehung zwischen Architektur, Modernität und Wohnen. Als Resultat ihrer Forschungen an der Schnittstelle zwischen Architektur und Gender Studies erschien *Negotiating Domesticity. Spatial Productions of Gender in Modern Architecture* (hrsg. mit Gulsum Baydar, Routledge, 2005). Sie ist Mitherausgeberin vom 2012 veröffentlichten *Sage Handbook of Architectural Theory* (mit Greig Crysler und Stephen Cairns). Ihre intellektuelle Biografie von Sibyl Moholy-Nagy erscheint 2019 bei Sandstein in Dresden, die englische Ausgabe ist bei Bloomsbury Publishing in Vorbereitung.

Rixt Hoekstra ist Architekturhistorikerin und wurde 2006 an der Reichsuniversität Groningen mit einer Arbeit über Manfredo Tafuri promoviert. Ihre Spezialgebiete sind moderne Architekturtheorie, Historiografie und Architekturdiskurse im 20. Jahrhundert. Sie hat über den Einfluss des Poststrukturalismus auf die Arbeit der niederländischen Architekten und Intellektuellen für die Zeitschrift *Archimaera* (Sondernummer: *Architektur. Kultur. Kontext*, 2013) geschrieben und über die Entwicklung des Architekturdiskurses in der DDR für die Zeitschrift *History & Theory of Architecture* (2014). Gegenwärtig forscht sie zu den weiblichen Protagonistinnen der CIAM.

Claudia Mattogno ist promovierte Architektin, Professorin für Stadtplanung an der Universität Sapienza in Rom und Direktorin des interdepartementalen Forschungszentrums zur Revitalisierung kleiner historischer Zentren (Fo.Cu.S.). Seit 2006 war sie akademischer Gast an der University of California in Berkeley, an der Northeastern University in Boston, an der San Diego State University, am Centre canadien d'architecture in Montreal, am Getty Research Institute in Los Angeles sowie Gastprofessorin an der University of Tokyo (2016). Ihre Forschungsschwerpunkte sind Pflege und Schutz von Landschaft und grüne Infrastruktur, Erneuerung von Quartieren mit sozialen Wohnbauten und von großstädtischen Peripherien in Europa und genderorientierte Forschung.

Mary McLeod ist Professorin für Architektur an der Columbia University in New York, wo sie Geschichte und Theorie der Architektur unterrichtet. Zuvor lehrte sie an der Harvard University, an der University of Kentucky sowie am Institute for Architecture and Urban Studies in New York. Der Fokus ihrer Forschungen und Veröffentlichungen liegt auf der Geschichte und Theorie der Moderne sowie auf der zeitgenössischen Architektur, und sie widmet sich insbesondere den Fragestellungen zum Zusammenhang zwischen Architektur und Politik. Sie ist Mitherausgeberin von *Architecture, Criticism, Ideology* und *Architecture Reproduction*, Herausgeberin und Autorin des Buchs *Charlotte Perriand: An Art of Living* (Abrams, 2003) und Mitherausgeberin der Website *Pioneering Women of American Architecture* (Beverly Willis Architecture Foundation).

Thierry Paquot ist Philosoph und war Direktor der Zeitschrift *Urbanisme* (1994–2012), Produzent beim Radiosender France-Culture (1996–2012), Professor am Institut d'urbanisme der Universität Paris-Est Créteil Val-de-Marne sowie Autor von rund 60 Büchern über Städtebau, Utopien und Ökologie. Er schreibt für verschiedene Zeitschriften, u. a. *Books*, *Esprit*, *Hermès*, *Diversité*. Zusätzlich engagiert er sich in Vereinen, die sich mit dem Thema des urbanen Lebens auseinandersetzen: Er ist Präsident von „Image de Ville" (Veranstaltungsorganisation von jährlich zwei Filmfestivals in Aix-en-Provence), er wirkt an der Université Populaire de l'écologie de Choisy mit, ist Mitglied der Commission du Vieux Paris und Präsident des jährlich stattfindenden Wettbewerbs „Rue aux enfants, rue pour tous".

Mary Pepchinski war von 1993 bis 2018 Professorin für Architektur an der Hochschule für Technik und Wirtschaft Dresden. 2004 wurde sie an der Universität der Künste Berlin zum Thema Ausstellungen weiblicher Kunst und Kultur im 19. und frühen 20. Jahrhundert in Deutschland promoviert. Seit September 2018 forscht und lehrt sie an der Technischen Universität Dresden zum Themengebiet Architekturtheorie und Gesellschaft. Ihre Forschungsschwerpunkte sind Architekturkritik, Biografien von Architektinnen im 20. Jahrhundert sowie die Schriften von Frauen zur modernen Stadt.

Die Architektur- und Städtebauhistorikerin **Eliana Perotti** arbeitete über eine längere Zeitspanne als Forscherin und Dozentin am Institut für Geschichte und Theorie der Architektur der ETH. Gegenwärtig leitet sie das Schweizer Nationalfonds-Forschungsprojekt „Flora Ruchat-Roncati" am Departement Architektur der ETH Zürich und ist am Ausstellungs- und Buchprojekt zur „SAFFA 1958, Schweizerische Ausstellung für Frauenarbeit" der Forscherinnengruppe dedra beteiligt. Beim ETH Wohnforum – ETH CASE zeichnet sie für die Buchreihe „Wohnen" (Birkhäuser) verantwortlich. Ihre Publikationen legen den Schwerpunkt auf die Theorie und Geschichte des Städtebaus, Gender Studies, koloniale Architektur und Urbanistik.

Cristina Renzoni promovierte in Städtebau an der Universität Iuav in Venedig und arbeitet als Assistenzprofessorin für Stadtplanung und Urban Design am Departement für Architektur und Urban Studies (DASTU) des Politecnico di Milano. Die Hauptinteressen ihrer Forschung betreffen die Geschichte der italienischen Raumplanung in der zweiten Hälfte des 20. Jahrhunderts, wobei sie insbesondere die Rolle der öffentlichen Dienstleistungen in der Produktion von städtischem Raum während der Nachkriegszeit untersucht. Zu ihren neueren Publikationen zählen *Il Progetto '80: un'idea di paese nell'Italia degli anni Sessanta* (Alinea, 2012), „Questions of Gender, Questions of Space. Women and Cultures of Inhabiting" (in: *Territorio*, 2014), *Explorations in the Middle-Class City: Turin 1945–80*, mit Gaia Caramellino und Filippo De Pieri (Lettera 22, 2015), „Fifty Years of ‚Planning Standards' (1968–2018). Roots" (in: *Territorio*, 2018).

Namensregister

Abbé Pierre (Henri Antoine Grouès)   277
Abercrombie, Patrick   269
Addams, Jane   24, 35, 47
Alberti, Leon Battista   281, 283, 287, 289, 302, 313
Alexander, Christopher   284, 292
Alice, Prinzessin von Grossbritannien und Irland, Großherzogin von Hessen und bei Rhein   41
Alphandéry, Claude   291
Anders, Günther   311, 313
Anderson, Benedict   98, 113
Andrian-Werburg, Viktor Franz von   23, 43
Anversa, Luisa   247
Apollinaire, Guillaume   108
Argan, Giulio Carlo   231, 242, 248, 260
Arminius (Pseudonym von Adelheid Poninska)   23–24, 28, 33, 36–38, 43–49, 51
Arnim, Bettina von   17, 37
Ashihara, Yoshinobu   318
Ashley-Cooper, Anthony, 7. Earl of Shaftesbury   18
Astorri, Giuseppe   83
Aubry, Marie Jenny   275
Augoyard, Jean-François   284, 292

Baccelli, Guido   82, 239
Bachelard, Gaston   276
Baciocchi, Elisa   269
Bafile, Mario   247
Bangert, Dietrich   213

Baltard, Victor   205
Balzaretto, Giuseppe   61
Bandel, Ernst von   24
Banham, Reyner   13, 205, 217
Barbe, Pierre   104
Barthes, Roland   287, 291, 296–297, 304
Bartoli, Alfonso   79
Barucci, Beata   247
Baudelaire, Charles   108
Bauer, Gérard   284, 292
Bauer Wurster, Catherine   12, 146, 168
Baumeister, Reinhard   17, 33, 37, 47, 49
Bäumer, Gertrud   36, 38, 43-46, 48
Beauvoir, Simone de   279, 289
Beecher Stowe, Harriet   12
Belluschi, Pietro   246
Benevolo, Leonardo   269
Benoit-Lévy, Georges   278
Benso di Cavour, Camillo   78
Bernhardt, Sarah   79
Berque, Augustin   304
Berthault, Louis-Martin   272
Bertini, Giuseppe   78
Biddle Shipman, Ellen   84
Billa, Jean-Marie   285, 292, 314
Bisi Albini, Sofia   67, 77, 80
Blake, Peter   218
Bloch-Lainé, Jean-Louis   283–284, 291, 312
Bodio, Luigi   64, 79, 82
Boito, Camillo   61, 78, 290

Bonaparte, Maria Letizia (Prinzessin Letizia)
  65
Bonghi, Ruggero 67, 79, 81–82, 239
Bourdier, Marc 308-310
Bourgeois, Victor 107, 124
Breuer, Marcel 124
Brosses, Charles de 268, 271
Brown, Ford Madox 68, 87
Bruch, Ernst 27, 37, 45
Brukalski, Barbara 100, 105, 114
Brukalski, Stanisław 100, 105, 114
Buchanan, Colin Douglas 278
Bucharin, Nikolai Iwanowitsch 278
Büchner, Luise 41
Buls, Charles 14, 70, 79, 81–82
Burckhardt, Jacob 79
Burne-Jones, Edward 68
Busiri Vici, Michele 247

Caccia, Aristide 82
Calzolari, Vittoria 231–251, 256–257,
  260–261, 267–268
Camporesi, Giuseppe 271–272
Candilis, Georges 200–201, 204–205,
  212, 215–216, 222
Capponi, Gino 78
Carducci, Giosuè 79
Cartwright, Julia 83–84
Caye, Pierre 281, 289, 291
Cederna, Antonio 239, 248, 256
Cerdà, Ildefonso 279, 284, 292, 298–300,
  302–303
Cerletti, Ugo 79
Cézanne, Paul 100
Chastel, André 280
Chatelet, François 287
Chatelet, Noëlle 287
Chmielewski, Jan 101, 105, 113–114
Choay-Verdet, Corinne 276
Choay, Françoise 8, 11, 14–16, 78,
  275–294, 298–299, 304–305, 309,
  311–312, 314
Choay, Jean 276, 287
Choay, Pauline 276, 287–288
Chyrosz, Wacław 114
Ciarrocchi, Luigi 83
Cipriani, Annalisa 239, 248
Clastre, Pierre 280

Coates, Wells 106
Colbert, Jean-Baptiste 269
Colly, Nicolai siehe Kolly, Nikolai 125
Colombo, Cristoforo 78
Colonna, Prospero 70
Colquhoun, Alan 13
Costa, Lúcio 135, 148, 161
Cotta von Cottendorf, Johann Georg 20, 22
Crane, David A. 158
Croce, Bendetto 79
Cruger Coffin, Marian 84
Curtis, William 13

Dal Co, Francesco 13
Dami, Luigi 72, 83
D'Annunzio, Gabriele 79
d'Arezzo, Guido 78
De Carlo, Giancarlo 247
De Gubernatis, Angelo 77
Delevoy, Robert Louis 279, 289
Delouvrier, Paul 293
Denby, Elizabeth 12
Deng, Xiaoping 330
De Renzi, Mario 83
Desanti, Jean-Toussaint 310
De Vico, Raffaele 247
De Viti De Marco, Antonio 79
Dohna, Adelheid 18, 38–39, 43
Dohna, Bernhard 18, 38–39
Dohna, Hermann 18, 38
Dohna, Ursula 37–38, 43
Dohna, Ursula Burggräfin 38
Dohna-Schlobitten, Siegmar 39
Dohna-Schlodien, Ottilie 22, 42
Dohna-Schlodien, Wilhelm 18
Dörhöfer, Kerstin 181, 216, 219
Doxiadis, Konstantinos 134
Duhl, Leonard 278
Duse, Eleonora 79

Ehrenfels, Christian von 299
Einaudi, Luigi 79, 248
Elena von Montenegro 65
Eliasberg, Helena 98
Engels, Friedrich 220, 278, 303
Ensor, James 289
Erbani, Francesco 245, 249
Esengrini, Luigi 62

Falkenberg-Liefrink, Liv   106
Farrand, Beatrix   84
Fassbender, Eugen   33, 47
Fatal-Warhaftig, Orly   215
Fenollosa, Ernest Francisco   307
Ferraresi, Giorgio   313–314
Fiedler, Konrad   299, 306, 309
Filippo di Borbone-Spagna (Infante Don
      Filippo)   268
Fischer, Wend   171
Flaubert, Gustave   308, 310
Fleischer, Alain   287
Fluck, Frieda   16, 98, 105, 110, 115
Fontaine, Pierre-François-Léonard   72, 83
Formaggio, Dino   306
Fourier, Charles   31, 46, 294
Frampton, Kenneth   13
Franck, Karen   217
Franz Joseph I. von Habsburg-Lothringen
      24, 44
Frederick, Christine   12
Freud, Sigmund   289
Frick, Dieter   205, 217
Friedan, Betty   226
Fromm, Erich   229
Frommes, Bob   173, 182, 193

Galilei, Galileo   78
Gallo, Nicolò   85
Gantner, Joseph   120
Garibaldi, Giuseppe   78
Garnier, Tony   278
Gaulle, Charles de   278
Geddes, Patrick   64, 157, 159, 278
Gentile, Giovanni   79
Gessner, Albert   208, 211, 213, 218
Ghio, Mario   232, 234–238, 246–247,
      256–257
Giacosa, Giuseppe   79
Gibberd, Frederick Ernest   246, 250
Giedion, Sigfried 13, 97, 99, 107, 110,
      112, 114, 116, 123–125, 129, 142,
      268–269
Giedion-Welcker, Carola   105
Giesebrecht, Karl   86,
Gilpin, William   82
Ginsburg, Moissei   123, 125
Giovannetti, Francesco   249

Giovannoni, Gustavo   69–70, 74, 78–79,
      81–84, 279, 284–285, 287, 292
Giovenale, Fabrizio   235, 247
Gisors, Alphonse de   272
Gnoli, Domenico   79
Goecke, Theodor   33, 47
Goldstein, Kurt   295
Goltz, Theodor von der   25, 37
Gori, Claudia   65, 78–80
Gothein, Marie Luise   72, 74, 83–84
Gottschalk, Dora   182
Gray, Eileen   12
Gregorovius, Ferdinand   79
Griffin, Walter Burley   161
Gropius, Walter 104, 109–110, 116, 121,
      124–125, 163–164, 180, 234, 246,
      278, 296
Gruen, Victor   148, 150
Guoying, Dang   330, 332
Guyer, Lux   29, 45

Hadid, Zaha   199–200, 206–207, 214,
      219–220
Hall, Edward   279, 283, 291
Hämer, Hardt-Waltherr   206
Hamilton, Hector   125
Häring, Hugo   104
Hartmann, Kristiana   46, 211, 219
Haussmann, Georges-Eugène   269–270,
      283, 291
Hayden, Dolores   217
Hayles, Katherine   314
Hazemann, Robert-Henri   175, 196
Hegel, Georg Wilhelm Friedrich   112, 276
Hegemann, Werner   13, 17–18, 24,
      36–37, 39, 43–44, 46–47, 207, 218
Heidegger, Martin   170, 181, 278
Heilborn, Ernst   214–215, 221
Heinrich IV. von Frankreich   180
Hempel, Stanisław   114
Hénard, Eugène   278
Hennebo, Dieter   36, 46, 48
Henselmann, Hermann   207, 218
Hertz, Henriette (Enrichetta)   69
Heuss, Theodor   167, 180
Heuss-Knapp, Elly   167
Hilberseimer, Ludwig   130, 139, 142, 146,
      149, 159, 164

Hildebrandt, Adolf von   299
Hill, Octavia   35, 41, 47
Hitchcock, Henry-Russell   13
Hoadley, David   134
Hobrecht, James   27, 37, 44–45
Hoechel, Albert   124
Hoffmann, Carl Wilhelm   25, 44
Holston, James   141, 145
Hooker, Katharine   72, 83
Hooker, Marian O.   72, 83
Howard, Ebenezer   139, 159, 278, 301
Hryniewiecka-Piotrowska, Anatolia   114
Hubacher, Carl   106
Huber, Victor Aimé   20, 24, 28, 37, 40, 45
Hudnut, Joseph   234
Hugo, Victor   278, 290, 296
Hunt, Myron   72, 83
Hutten, Ulrich von   43
Hyppolite, Jean   276

Jachmann, Christina   199, 207
Jacobi, Lotte   128
Jacobs, Jane   11, 133, 153–155, 162, 191, 278–279
Jahn Rusconi, Arturo   84, 89
Jansen, Bernd   213
Javal, Jeanne-Félicie   275, 287
Jekyll, Gertrude   84
Johnson, Philip   151
Josic, Alexis   200–201, 204–205, 212, 215–216, 222
Julius II., Papst (Giuliano della Rovere)   308

Kabel, Erich   37
Kahn, Louis   318
Kalckreuth, Marie von   78
Kanes, Leslie   217
Kant, Immanuel   306
Kardec, Allan   18
Karpinski, Daniel   218
Kepes, Gyorgy   234, 246
Khnopff, Fernand   289
Kierkegaard, Søren   276
Kikutake, Kiyonori   139
Kindt, Otto   216
Kleihues, Josef Paul   200, 206–207, 213, 218, 220–221

Klein, Alexander   199, 201–203, 211–212, 216, 219–220, 228
Klein, Yves   277
Klenze, Leo von   161
Kobro, Katarzyna   100
Kokoschka, Oskar   167
Kolli, Nikolai Dschemsowitsch   125
Kostof, Spiro   138, 144
Kramsztyk, Roman   98, 112
Krautheimer, Richard   308
Krier, Rob   213
Kromrei, Claudia   208, 218
Kropotkin, Pjotr Alexejewitsch   278
Kuntze, Liselotte   36, 38, 48
Kurzweil, Ray   313–314

Laborit, Henri   280
Lachert, Bohdan   100, 114
Lafargue, Laura   220
La Padula, Attilio   271
Larsen, Knut Einar   290, 305, 309
Lavedan, Pierre   270
Le Blond, Aubrey   83–84
Le Corbusier (Charles-Édouard Jeanneret-Gris)   99, 102–104, 106, 109–110, 112–113, 116, 119, 123–124, 135–136, 139–140, 144, 159, 161, 205, 278, 280, 283, 287–290, 294, 301
Lee, Vernon (Pseudonym von Violet Paget)   73, 84
Legendre, Pierre   309
Lenbach, Franz   79
L'Enfant, Pierre Charles   161, 303
Lenné, Peter Joseph   33, 46
Le Nôtre, André   269
Leo X., Papst (Giovanni di Lorenzo de' Medici)   290, 308
Leonidow, Iwan Iljitsch   123, 125
Le Play, Frédéric   64
Le Vau, Louis   269
Lévi-Strauss, Claude   290, 304
Li, Donglin   331
Li, Zaichen   318
Libera, Adalberto   232, 236
Lipps, Theodor   299
Loegler, Romuald   218
Logue, Edward J.   154, 158
Lonberg-Holm, Fred   106

Loos, Adolf   166, 180, 187, 211, 215, 219
Loudon, John Claudius   31, 33, 46–47
Lovatelli, Ersilia   69
Lubetkin, Berthold   106
Lüders, Hermann   23
Ludwig XIV. von Frankreich   269
Lynch, Kevin   151, 234–235, 246, 278

Macauley Trevelian, George   79
Magnaghi, Alberto   285, 287, 292,
    313–314
Maguire, Robert   219
Malewitsch, Kasimir   104
Manili, Lorenzo   94
Mansart, François   269
Maraini, Carolina   80
Marchi, Mario   83
Marconi, Guglielmo   79
Marconi, Plinio   83, 271
Marcuse, Herbert   223
Margherita di Savoia/Margarethe von Italien
    65, 80
Maria de' Medici/Maria von Medici   268
Marsio-Aalto, Aino   105
Martin, Camille   81
Martinet, Gilles   277
Marx, Karl   278, 303
Masi, Ernesto   67, 79
May, Ernst   104, 120–121, 123
Meccoli, Giuseppe   247
Mercadal, Fernando García   124
Mérimée, Prosper   290
Merleau-Ponty, Maurice 306
Merlin, Pierre   280, 289
Messel, Alfred   46
Meyer, Erna   12
Meyer, Gustav   33–34, 46
Meyer, Hannes   120, 163–165, 169,
    179–180
Meyer-Waldeck, Alfred   180
Meyer-Waldeck, Wera   8, 11–13, 15, 29,
    45, 163–186, 188–189, 191–192
Michelangelo Buonarroti   88
Mies van der Rohe, Ludwig   129–130,
    132, 136, 142, 146–147, 149–151,
    163–164
Minghetti, Marco   78
Moholy-Nagy, László   127–129, 142

Moholy-Nagy, Sibyl   8, 11–12, 14–16,
    127–147, 153–154, 156–157, 348
Mondrian, Piet   149
Monneret de Villard, Ugo   81
Montessori, Maria   67, 79
Moroni, Piero   247
Morris, William   68, 87, 278
Morus, Thomas   281, 289
Moser, Karl   106, 114, 120
Moser, Werner Max   120–121
Moulard, Jacques   271
Mowitz, Robert J.   149, 151
Mozzoni, Anna Maria   67, 80
Müller, Adam   46
Müller, Eduard   20
Mumford, Lewis   16, 141, 157, 160–161,
    278, 288, 295
Murray, Keith   219
Mussolini, Benito   76

Nagy, Jenö   143
Najmann, Jan   114
Napoleon III.   269–272
Nathan, Ernesto   65, 248
Neuenschwander, Leni   182
Niemeyer, Oscar   135
Niemirowska, Helena   98
Nochlin, Linda   15–16

Obtulowicz, Wojciech   218
Ochitowitsch, Michail Alexandrowitsch   123
Oestereich, Christopher   167, 179–182
Ojetti, Ugo   83
Oliver, Paul   141, 145
Olivetti, Adriano   234
Olivieri, Massimo   246, 248–249
Orth, August   34, 37, 47
Otto-Peters, Louise   41, 43
Owen, Robert   31, 46

Paget, Violet (Pseudonym von Vernon Lee)
    73, 84
Palazzi, Giuseppe   272
Pantaleoni, Maffeo   64, 67, 79
Pareto, Vilfredo   79
Parpagliolo Shepard, Maria Teresa   83, 247
Pascarella, Cesare   79
Pasolini, Angelica   78

Pasolini, Giuseppe   62, 78
Pasolini, Guido   63
Pasolini, Maria   8, 11–16, 59–86, 89–90,
     93–94, 247–248
Pasolini, Pasolino   63
Pasolini, Pier Desiderio   62, 65, 69, 76,
     78, 81
Pasolini dall'Onda, Desideria   61, 82, 248
Pasteur, Louis   79
Pawlikowska-Jasnorzewska, Maria   15
Peech, S. D. (Pseudonym von Sibyl Moholy-
     Nagy)   127, 142
Pei, Ieoh Ming   132, 151
Percier, Charles   72, 83
Perriand, Charlotte   12, 349
Petitot, Ennemond Alexandre   268
Petroselli, Luigi   231,
Piacentini, Marcello   70, 79, 82
Piccinato, Luigi   232
Pietzsch, Martin   127, 142
Pietzsch, Sibylle   127
Pigna, Virginia   62
Piotrowski, Roman   105, 114
Pius VI., Papst (Giovanni Angelo Braschi) 272
Pius IX., Papst (Giovanni Mastai Ferretti)   78
Poëte, Marcel   278
Pollini, Gino   124
Pollock, Jackson   277, 288
Poninska, Adelheid   8, 11–50
Poninski, Adolf   18, 38–39
Poninski, Ignaz   18
Ponti, Andrea   60–61, 67, 78, 80
Ponti, Antonia   62
Ponti, Ester   62
Ponti, Ettore   62
Ponti Pasolini, Maria   11, 59, 61, 73, 77,
     79–84, 89–90, 93–94
Porcinai, Pietro   247
Posener, Julius   36, 48, 201, 208, 218,
     228
Preobraschenski, Jewgeni Alexejewitsch
     278
Prouvé, Jean   222, 277
Pugin, Augustus Welby Northmore   278

Quaroni, Ludovico   232, 247, 250
Quétant, Francis   124

Raffaello Sanzio da Urbino   290
Rahm, Berta   29, 45
Rasponi, Angelica   79
Rasponi dalle Teste, Giuseppe   62
Rasponi-Spalletti, Gabriella   65–66
Rattray, Alexander   318
Rava, Luigi   65, 81
Raymond, Eleanor   168
Reden-Dohna, Armgard von   38
Reich, Lilly   12, 182
Reichenbach-Goschütz, Friederike von   18
Reidy, Eduardo   135
Rémy, Pierre-Jean   287
Respighi, Ottorino   79
Ricci, Corrado   79, 81
Ricci, Elvezio   236, 247
Richard, Johanna   171
Riegl, Alois   283, 291, 299, 305–307, 309
Riehl, Wilhelm Heinrich   303
Riesmann, David   295
Rietveld, Gerrit   104
Ristock, Harry   206
Roh, Juliane   168
Römer, Willy   26
Ronchi Torossi, Lisa   247
Rosenthal, Harry   200
Rossetti, Dante Gabriel   68, 87
Rossi, Aldo   202, 207, 213, 220
Roth, Alfred   112, 115
Rothzeid, Bernard   235, 246
Rousseau, Jean-Jacques   92
Roux, Jean-Michel   284, 292
Ruccius, Bernd   204–206, 217, 222–223
Rudofsky, Bernard   205, 218, 222
Ruskin, John   88, 278, 290, 313
Russell, Francis, 4. Earl of Bedford   268
Rykwert, Joseph   283, 291

Safdie, Moshe   204
Salis, Meta von   60, 78
Salmona, Rogelio   313–314, 283, 290–291
Sand, George   308, 310
Sarfatti, Margherita   76
Sartoris, Alberto   13, 112
Sasaki, Hideo   319
Scamozzi, Vincenzo   107
Schalk, Meike   213, 220
Schiedhelm, Manfred   201, 215

Schmidt, Auguste   41, 43
Schmidt, Hans   107, 120
Scholz, Stefan   213
Schultes, Alex   213
Schütte-Lihotzky, Grete   12, 199, 215
Schwippert, Hans   163, 171, 180, 185
Scimemi, Gabriele   217, 246
Segal, Walter   141, 145
Sekkei, Nihon   319–320, 331
Semper, Gottfried   299
Sert, Josep Lluís   106–107, 124, 138,
    234, 246
Siedler, Wolf Jobst   191
Sieveking, Amalie   41
Silva, Ercole   270
Simmel, Georg   278
Sitte, Camillo   160, 208, 218, 251, 278,
    291, 298–303
Sitwell, George   83–84
Skibniewski, Zygmunt   114
Sokolow, Nikolai Borissowitsch   123
Sollers, Philippe   287
Späing, Eleonore   168
Spengler, Oswald   278
Stalin, Josef   104, 125, 330
Stam, Mart   104, 120, 164
Standish Nichols, Rose   84
Steiger, Rudolf   106, 109, 120, 124
Steiger-Crawford, Flora   106
Stein, Clarence   74, 149
Steinmann, Martin   109–110, 115–117,
    125
Stendhal (Pseudonym von Marie-Henri
    Beyle)   268
Stern, Raffaele   272
Stone, Edward Durell   151
Storonov, Oscar   148
Strumilin, Stanislaw Gustawowitsch   278
Strzemińsiki, Wladisław   100
Stuart, Charlotte   78
Stübben, Josef   70, 75, 81–82
Suardi, Antonia   62, 67, 79
Suardi, Gianforte   62
Suger von Saint-Denis   308, 310
Syrkus, Helena   8, 11–16, 97–120
Syrkus, Szymon   13, 97–110, 112–114
Szanajca, Józef   114
Szniolis, Aleksander   114

Tafuri, Manfredo   13, 348
Tarchiani, Nello   83
Taut, Bruno   184, 201
Taverna, Lavinia   67
Terlinden, Ulla   41, 48, 216, 219
Tessenow, Heinrich   201, 216, 347
Tillot, Guillaume du   268
Tijen, Willem von   106
Titus-Carmel, Gérard   287
Tonka, Hubert   280
Tournon-Simiane, Camille de   271–273
Trilussa (Pseudonym von Carlo Alberto
    Salustri)   79
Turner, John   284, 291–292

Ungers, Oswald Mathias   206, 213, 218,
    220
Unwin, Raymond   139, 148, 159, 251, 278

Valadier, Giuseppe   271–272
Valle, Gino   246
van Bodengraven, Wim   125
van de Velde, Henry   289, 296
van Doesburg, Nelly   106
van Eesteren, Cornelis   16, 98, 105–110,
    112–113, 115–125
van Lohuizen, Theodoor Karel   105
Varrentrapp, Johann Georg   25, 44
Verdi, Giuseppe   79
Veyne, Paul   283
Villari, Pasquale   67, 79
Villiers de L'Isle-Adam, Auguste de   313
Vitruv (Marcus Vitruvius Pollio)   281
Vittoria, Eduardo   235, 247
Vittorio Emanuele II.   78
Volta, Alessandro   78

Wagner, Martin   106
Wahl, François   283
Walcker, Karl   36, 48
Wallerstein, Sophie   287
Wandersleb, Hermann   167
Wang, Shuxia   318
Ward, Mary Augusta   60, 77, 79
Warhaftig, Myra   8, 11–13, 15–16, 29, 45,
    183, 199–220, 222–221, 228–229
Warhaftig, Orly   214–215
Warhaftig, Tomari   214

Webber, Melvin   279, 284–285, 292
Weese, Harry   132, 151
Weiss, André   275
Weiss, Colette   275
Weiss, Louise   275
Weiss, Paul Louis   275
Weissmann, Ernest   106, 124
Wesnin, Alexander Alexandrowitsch   123, 125
Wesnin, Leonid Alexandrowitsch   123, 125
Wesnin, Wiktor Alexandrowitsch   123, 125
Weström, Hilde   168, 181, 188
Wharton, Edith   14, 72–75, 83–84, 89–90
Whitman, Walt   288
Whittlesey, Austin   72, 83
Wichern, Johann Hinrich   20, 39–40
Wieczorek, Daniel   291, 298
Wittwer, Hans   163
Wladimirow, Wladimir   123
Wood, John, der Ältere   269

Wood, John, der Jüngere   269
Wood, Robert C.   151
Woods, Shadrach   200–201, 204–205, 212, 215–216, 222, 229
Wright, Frank Lloyd   136, 278
Wu, Dishen   318
Wu, Wenyuan   8, 11–13, 16, 315–334

Xenakis, Iannis   278

Yamasaki, Minoru   148, 150
Yimin, Xia   318
Yokomatsu, Muneharu   320–321

Zarncke, Friedrich   22, 42
Zedong, Mao   316–317, 330
Zevi, Bruno   146, 234, 246
Zille, Heinrich   222
Zocca, Mario   79